Testamentsvollstrecker und Erbe

Europäische Hochschulschriften

Publications Universitaires Européennes
European University Studies

Reihe II
Rechtswissenschaft

Série II Series II
Droit
Law

Bd./Vol. 3370

PETER LANG
Frankfurt am Main · Berlin · Bern · Bruxelles · New York · Oxford · Wien

Axel Schmucker

Testamentsvollstrecker und Erbe

Begründung, Wirkung und Beendigung der Testamentsvollstreckung

PETER LANG
Europäischer Verlag der Wissenschaften

Die Deutsche Bibliothek - CIP-Einheitsaufnahme

Schmucker, Axel :

Testamentsvollstrecker und Erbe : Begründung, Wirkung und Beendigung der Testamentsvollstreckung / Axel Schmucker. - Frankfurt am Main ; Berlin ; Bern ; Bruxelles ; New York ; Oxford ; Wien : Lang, 2002
(Europäische Hochschulschriften : Reihe 2, Rechtswissenschaft ; Bd. 3370)
Zugl.: Mannheim, Univ., Diss., 2001
ISBN 3-631-38800-4

D 180
ISSN 0531-7312
ISBN 3-631-38800-4

www.peterlang.de

Inhaltsverzeichnis:

Literaturverzeichnis

Adams, Stephani	Interessenkonflikte des Testamentsvollstreckers, Diss. Bochum 1996.
Adams, Stephani	Der Alleinerbe als Testamentsvollstrecker, ZEV 1998, S. 321.
Auerbach, Wilhelm	Die Verpflichtung des Testamentsvollstreckers, Diss. Borna-Leipzig, 1914.
Baumbach/Lauterbach/Albers Hartmann	Zivilprozeßordnung mit Gerichtsverfassungsgesetz und anderen Nebengesetzen, 54. Aufl. München 1996
Belde, Dieter	Die angemessene Vergütung für die Tätigkeit des Testamentsvollstreckers; JurBüro 1969; S. 682.
Bengel, Manfred	Zur Rechtsnatur des vom Erblasser verfügten Erbteilungsverbotes, ZEV 1995, S. 178.
Bengel, Manfred	Rechtsfragen zum Vor- und Nachvermächtnis, NJW 1990, S. 1826.
Bengel/Reimann	Handbuch der Testamentsvollstreckung, 2. Auflage, München 1998.
Bestelmeyer, Horst	Zur Zulässigkeit eines nachlaßgerichtlichen Zeugnisses über die Fortdauer des Amtes des Testamentsvollstreckers, ZEV 1997, S. 316.
Bestelmeyer, Horst	Die Rechtsfolgen eines ohne gleichzeitige Verlautbarung der Erbfolge im Grundbuch eingetragenen Nacherben- oder Testamentsvollstreckervermerks; ZEV 1996, S. 261.
Bork, Reinhard	Testamentsvollstreckung durch Banken, WM 1995, S. 225.
Brox, Hans	Erbrecht, 15. Aufl. Köln, Berlin, Bonn, München 1994.

Bund, Elmar	Aufgaben und Risiko des Testaments vollstreckers, JuS 1966, S. 60.
Burghardt, Wolfgang	Verfügungen über Nachlaßkonten in der Bankpraxis, ZEV 1996, S. 136.
Chemnitz, Jürgen	Anmerkung zu OLG Karlsruhe, Urteil v. 20.02.1992, AnwBl 1992, S, 550.
Damrau, Jürgen	Auswirkungen des Testamentsvollstreckeramtes auf Elterliche Sorge, Vormundsamt und Betreuung; ZEV 1994, S. 1.
Damrau, Jürgen	Der Nachlaß vor Beginn des Testaments-vollstreckramtes, ZEV 1996, S. 81.
Damrau, Jürgen	Der Testamentsvollstrecker, JA 1984, S. 130.
Deckert, Martina	Testamentsvollstreckung, JA 1995, S. 111.
Dieterich, Roland	Testamentsvollstrecker zur Ausübung der Rechte des Nachvermächtnisnehmers vor Anfall des Nachvermächtnisses ?; NJW 1971, S. 2017.
Dittus, Rolf	Der Vergütungsanspruch des vermeintlichen Testamentsvollstreckers, NJW 1961, S. 590.
Dörrie, Robin	Reichweite der Kompetenzen des Testaments-vollstreckers an Gesellschaftsbeteiligungen; ZEV 1996, 370.
Dörrie, Robin	Die Testamentsvollstreckung im Recht der Personengesellschaften und der GmbH, Diss. Mannheim 1994.
Drewes, Fritz	Einziehung und Kraftloserklärung von Erbscheinen und Testamentsvollstreckerzeugnissen; in: JW 1926, 2427.
Ebenroth, Carsten Thomas	Erbrecht, München 1992.

Enneccerus/Nipperdey	Allgemeiner Teil des Bürgerlichen Rechts, 2. Halbband, 15. Aufl. Tübingen 1960.
Erman, Walter	Handkommentar zum Bürgerlichen Gesetzbuch 9. Auflage, Münster 1993
Frankfurter Kommentar zur Insolvenzordnung	hrsg. von Klaus Wimmer, Neuwied – Kriftel; 1999 (zitiert: FK- InsO/Bearbeiter)
Fromm, Karl	Die neue Erbrechtsregelung im Urheberrecht, NJW 1966, S. 1244.
Gehre, Horst	Steuerberatungsgesetz, 2. Aufl., München 1991.
Gernhuber, Joachim	Die fiduziarische Treuhand, JuS 1988, S. 355.
Garlichs, Erich Theodor	Der Testamentsvollstrecker privat, ZEV 1996, S. 447.
Gerold/Schmidt/ v.Eicken/Madert	Bundesgebührenordnung für Rechtsanwälte, 12. Auflage München 1995.
Glaser, Hugo	Die Vergütung für die Tätigkeit des Testamentsvollstreckers, DB 1979, S. 877.
Glaser, Hugo	Die Vergütung des Testamentsvollstreckers, NJW 1962, S. 1998.
Glaser, Hugo	Das Honorar des Testamentsvollstreckers, AnwBl 1983, S. 147.
Greiser	Über einige Fragen aus dem Recht des Testamentsvollstreckers, DFG 1936, 245.
Grunsky, Wolfgang	Die neuen Gesetze über Prozeßkosten- und Beratungshilfe, NJW 1980, S. 2041.
Haegele, Karl	Familienrechtliche Fragen um den Testamentsvollstrecker, Rpfleger 1963, S. 330.

Haegele, Karl	Der Testamentsvollstrecker und das Selbstkontrahierungsverbot des § 181 BGB, Rpfleger 1958, S. 370.
Haegele, Karl	Zur Vergütung des Testamentsvollstreckers, in: Die Justiz 1957, S. 158.
Haegele, Karl	Testamentsvollstreckerzeugnis und Erbschein, in: Die Justiz 1957, 99/128.
Haegele, Karl	Einzelfragen der Testamentsvollstreckung, BWNotZ 1974, S. 109.
Haegele, Karl	Recht des Testamentsvollstreckers zu unentgeltlichen Verfügungen und zur Erbteilung bei Dauervollstreckungen, BWNotZ 1962, S. 260.
Haegele/Winkler	Der Testamentsvollstrecker 14. Auflage, Regensburg, Bonn 1996
Häfke, Hans-Ulrich	Steuerliche Pflichten, Rechte und Haftung des Testamentsvollstreckers, ZEV 1997, S. 429.
Häußermann, Bezirksnotar	Überlassung von Nachlaßgegenständen durch den Testamentsvollstrecker, § 2217 Abs. 1 BGB, BWNotZ 1969, S. 234.
Hansens, Heinz	Die Rechtsprechung zum Anwaltshaftpflichtrecht im Jahre 1991, NJW 1992, S. 1352.
Henssler, Martin	Anmerkung zu OLG Karlsruhe, Urteil v. 20.02.1992; in AnwBl 1992, S. 333.
Henssler, Martin	Geschäftsmäßige Rechtsberatung durch Testamentsvollstrecker, ZEV 1994, S. 261.
Jaeger/Bearbeiter	Konkursordnung mit Einführungsgesetzen, Kommentar, 9. Aufl. Berlin 1977.
Jansen, Paul	Zur bindenden Wirkung der Ernennung eines Testamentsvollstreckers durch das Nachlaßgericht NJW 1966, S.331.

Jauernig/Stürner/ Schlechtriem/Teichmann	Bürgerliches Gesetzbuch, 6. Auflage, München 1991
Johannsen, Kurt Herbert	Erbrecht in der Rechtsprechung des Bundesgerichtshofes 1977 und 1978, WM 1979, S. 598.
Johannsen, Kurt Herbert	Die Rechtsprechung des Bundesgerichtshofes auf dem Gebiete des Erbrechts, 6. Teil, WM 1970, S. 738.
John, Uwe	Testamentsvollstreckung über ein einzelkaufmännisches Unternehmen, BB 1980, S. 757.
Kämmerer, Ludwig	Die Rechtsstellung der Vermögensverwalter, JR 1970, S. 328.
Kapp, Reinhard	Die rechtliche Stellung des Testamentsvollstreckers zum Erben, BB 1981, S. 113.
Kegel, Gerhard	Nemo minus iuris transferre potest, quam ipse habet, oder warum Erbteilungsverbote so kraftlos sind, in Festschrift für Richard Lange zum 70. Geburtstag, Berlin-New York 1976, S. 927.
Keidel/Kuntze/Winkler	Freiwillige Gerichtsbarkeit, Kommentar zum FGG, 14. Aufl. München 1999.
Kessler, Heinrich	Der Testamentsvollstrecker im Prozeß, DRiZ 1965, S. 195.
Kessler, Heinrich	Der Testamentsvollstrecker im Prozeß, DRiZ 1967, S. 299.
Kessler, Heinrich	Die Rechtsprechung des Bundesgerichtshofes zum Erbrecht, DRiZ 1969, S. 281.
Kipp/Coing	Erbrecht, 14. Bearbeitung, Tübingen, 1990.
Kirnberger, Christian	Testamentsvollstreckervergütung und Umsatzsteuer, ZEV 1998, S. 342.

Klumpp, Hans-Hermann	Handlungsspielraum und Haftung bei Vermögensanlagen durch den Testamentsvollstrecker, ZEV 1994, S. 65.
Klussmann, Günther	Zur Testamentsvollstreckung bei Beteiligungen an Personengesellschaften, BB 1966, S. 1209.
Kraiß, Harro	Testamentsvollstrecker und Vermächtnis, BWNotZ 1986, S. 12.
Krause	Der Alleinerbe als Testamentsvollstrecker, DJZ 1910, S. 962.
Krech, Adolf	Die Stellung des – befreiten – Vorerben zum Testamentsvollstrecker, DNotZ 1940, 269.
Kuntze/Ertl/Herrmann/ Eickmann	Grundbuchrecht: Kommentar zu Grundbuchordnung und Grundbuchverfügung einschließlich Wohnungseigentumsgrundbuchverfügung, 4. Aufl., Berlin-New-York 1991.
Lange, Heinrich	Die Rechtsmacht des Testamentsvollstreckers und ihre Grenzen, JuS 1970, S. 101.
Lange/Kuchinke	Lehrbuch des Erbrechts, 4. Aufl., München 1995.
Larenz, Karl	Allgemeiner Teil des deutschen Bürgerlichen Rechts. Ein Lehrbuch. 7. Aufl., München 1989.
Lehmann, Hannes	Die unbeschränkbare Verfügungsbefugnis des Testamentsvollstreckers, AcP 188, S. 1.
Leipold, Dieter	Erbrecht. Grundzüge mit Fällen und Kontrollfragen. 10. Aufl., Tübingen 1993.
Leonhard, Franz	Kommentar zum 5. Buch des Bürgerlichen Gesetzbuchs, 2. Aufl., Berlin 1912.
Lindacher, Walter	Verfahrensgrundsätze in der Freiwilligen Gerichtsbarkeit, JuS 1978, 579.
Löwisch, Christine	Kann der Testamentsvollstrecker Prozesse über das Erbrecht bestimmter Personen führen ? DRiZ 1971, S. 272.

Lübtow, Ulrich v.	Erbrecht, 2. Halbband, Berlin 1971.
Lübtow, Ulrich v.	Insichgeschäfte des Testamentsvollstreckers, JZ 1960, S. 151.
Madert, Wolfgang	Die Vergütung des Rechtsanwalts als Insolvenz-Verwalter, Sachwalter, Treuhänder oder Mitglied des Gläubigerausschusses nach der insolvenzrechtlichen Vergütungsordnung, AnwBl 1999, 91.
Mattern, Friedrich	In-sich-Geschäfte des Testamentsvollstreckers, BWNotZ 1961, S. 149.
Merkel, Kurt	Testamentsvollstrecker und Pflichtteilsanspruch, NJW 1969, S. 1285.
Meyding, Bernhard	Erbvertrag und nachträgliche Auswechslung des Testamentsvollstreckers, ZEV 1994, S. 98.
Möhring, Oskar	Zur Testamentsvollstreckervergütung, BB 1979, S. 868.
Möhring, Oskar	Vermögensverwaltung in Vormundschafts- und Nachlaßsachen, 5. Aufl., Heidelberg 1963.
Möhring/Beisswingert/ Klingelhöffer	Vermögensverwaltung in Vormundschafts- und Nachlaßsachen, 7. Aufl., Heidelberg 1992.
Möhring/Seebrecht	Aufwendungsersatz des vermeintlichen Testamentsvollstreckers, JurBüro 1978, S. 146.
Morgen, Robert v.	Die Testamentsvollstreckervergütung bei Erbteilsvollstreckungen, ZEV 1996, S. 170.
v. Morgen/Götting	„Gespaltene“ Testamentsvollstreckung bei gesamtdeutschen Nachlässen, DtZ 1994, 199.
Moritz, Klaus	Der Notarsozius als Testamentsvollstrecker, NJW 1992, S. 3215.
Motive	Motive zu dem Entwurfe eines Bürgerlichen Gesetzbuches für das Deutsche Reich, Band V: Erbrecht, Berlin/Leipzig 1988.

Müller, Klaus	Zur Heilung einer fehlenden Verpflichtungsbefugnis eines Testamentsvollstreckers, JZ 1981, S. 370.
MüKo/Bearbeiter	Münchner Kommentar zum Bürgerlichen Gesetzbuch, hrsg. Von Kurt Rebmann, 3. Auflage München 1993-1997.
Mümmler, Alfred	Die Vergütung des Testamentsvollstreckers, JurBüro 1988, S. 828.
Muscheler, Karlheinz	Die Freigabe von Nachlaßgegenständen durch den Testamentsvollstrecker, ZEV 1996, S. 401.
Muscheler, Karlheinz	Die Testamentsvollstreckung über Erbteile, AcP 195, S. 35.
Muscheler, Karlheinz	Die Haftungsordnung der Testamentsvollstreckung, Tübingen 1994.
Muscheler, Karlheinz	Die Entlassung des Testamentsvollstreckers, AcP 197, S. 226.
Muscheler, Karlheinz	Anmerkung zu OLG Hamburg, Urteil vom 12.09.1995, 2 U 5/95, ZEV 1996, 185.
Nägele, Stefan	Das vermeintliche Testamentsvollstreckeramt, Diss., Konstanz 1986.
Neuschwander, Walter	Testamentsvollstrecker und unentgeltliche Verfügung, BWNotZ 1978, S. 73.
Offergeld, Astrid	Die Rechtsstellung des Testamentsvollstreckers, Diss. Münster 1994.
Palandt, Otto	Bürgerliches Gesetzbuch, 58. Aufl. München 1999.
Pickel, Michael	Die Haftung des Testamentsvollstreckers und seine Versicherung, Diss. Köln 1986.
Planck, Gottlieb	Planck`s Kommentar zum Bürgerlichen Gesetzbuch nebst Einführungsgesetz, V. Band Erbrecht, 4. Aufl. Berlin und Leipzig 1930.

Plank, Susanne	Die Eintragungsfähigkeit des Testamentsvollstreckervermerks im Handelsregister, ZEV 1998, S. 325.
Protokolle	Protokolle der Kommission für die zweite Lesung des Entwurfs des Bürgerlichen Gesetzbuches, Band V: Erbrecht, Berlin 1899.
Pyszka, Tillmann	Unentgeltliche Verfügungen des Vorerben und des Testamentsvollstreckers, Diss. München 1989.
Rehmann, Wolfgang	Zur Beschränkung der postmortalen Vollmacht durch eine angeordnete Testamentsvollstreckung am Beispiel der Bankvollmacht, BB 1987, S. 213.
Reimann, Wolfgang	Die Kontrolle des Testamentsvollstreckers, FamRZ 1995, S. 588.
Reimann, Wolfgang	Notare als Testamentsvollstrecker, DNotZ 1994, S. 659.
Reimann, Wolfgang	Zur Festsetzung des Testamentsvollstrecker-Vergütung, ZEV 1995, 57.
Reimann, Wolfgang	Der Notar als Testamentsvollstrecker; in Festschrift zum 90. Geburtstag von Ulrich von Lübtow am 21.August 1990, hrsg. Klaus Slapnicar, Rheinfelden-Berlin 1991, S. 317.
Reithmann, Christoph	Testamentsvollstreckung und postmortale Vollmacht als Instrumente der Kautelarjurisprudenz, BB 1984, S. 1394.
RGRK/Bearbeiter	Das Bürgerliche Gesetzbuch mit besonderer Berücksichtigung der Rechtsprechung des Reichsgerichts und des Bundesgerichtshofes. Kommentar herausgegeben von Mitgliedern des Bundesgerichtshofes, 12. Aufl., Berlin-New-York 1974 ff.
Röhm, Eberhard	Rechtsfragen zu der vom Erblasser erteilten Vollmacht, DB 1969, S. 1973.

Rohlff, Reimer — Nießbraucher und Vorerbe als Testamentsvollstrecker, DNotZ 1971, S. 518.

Schack, Haimo — Weiterleben nach dem Tode – juristisch betrachtet, JZ 1989, S. 609.

Schaub, Bernhard — Testamentsvollstreckung durch Banken, FamRz 1995, S. 845.

Schaub, Bernhard — Die Legitimation des im öffentlichen Testament nicht bezeichneten Testamentsvollstreckers, ZEV 1995, S. 361.

Schaub, Bernhard — Die Rechtsnachfolge von Todes wegen im Handelsregister bei Einzelunternehmen und Personengesellschaften, ZEV 1994, S. 71.

Scheer, Ingrid — Der Erbschein. Erteilung, Einziehung und Änderung, Diss. Münster, 1986.

Scholtissek, Alfred — Die letztwillige Treuhand des älteren deutschen Rechts. Die gemeinrechtlichen Theorien über die Testamentsvollstreckung. Die Rechtsstellung des Testamentsvollstreckers im BGB; Diss. Breslau 1911.

Schlüter, Wilfried — Erbrecht, Ein Studienbuch, 13. Auflage München 1996

Soergel, Hans Theodor — Bürgerliches Gesetzbuch mit Einführungsgesetz und Nebengesetzen, 12. Auflage Stuttgart-Berlin-Köln-Mainz 1987 ff.

Staudinger, Julius — J. von Staudingers Kommentar zum Bürgerlichen Gesetzbuch, 13. Auflage Berlin 1996.

Strohal, Emil — Das deutsche Erbrecht auf Grundlage des Bürgerlichen Gesetzbuches. 2. Band, 3. Aufl., Berlin 1904.

Sturm, August — Die Lehre von den Testamentsvollziehern nach Gemeinem und Preußischem Recht, in: JherJb 20. Band, Neue Folge, VIII. Buch, Jena 1882, S. 91 ff.

Tiedke, Klaus — Der Testamentsvollstrecker als gesetzlicher oder gewillkürter Prozeßstandschafter, JZ 1981, S. 429.

Thomas/Putzo — Zivilprozeßordnung mit Gerichtsverfassungsgesetz und Einführungsgesetz, 18. Auflage, München 1993

Thielmann, Georg — Sittenwidrige Verfügungen von Todes wegen, Berlin 1973.

Thietz-Bartram, Joachim — Die Befugnisse des Testamentsvollstreckers im Erbschaftssteuerverfahren, DB 1989, S. 798.

Tiling, Johann — Die Vergütung des Testamentsvollstreckers, ZEV 1998, 331.

Trageser, Werner — Die Verwaltungsvollstreckung bei Vermächtnissen, Diss. Frankfurt 1978.

Trapp, Andreas — Die post- und transmortale Vollmacht zum Vollzug lebzeitiger Zuwendungen, ZEV 1995, S. 314.

Trees, Manfred — Die Begründung von Nachlaßverbindlichkeiten durch rechtsgeschäftliches Handeln des Testamentsvollstreckers, Diss., Mainz 1981.

Tschischgale, Max — Die Vergütung des Testamentsvollstreckers, JurBüro 1965, S. 89.

Vortmann, Jürgen — Banken als Testamentsvollstrecker, WM 1995, S. 1745.

Wacke, Andreas — Die Testamentsvollstreckung im deutschen und europäischen Recht, Jura 1989, S. 577.

Weidlich, Dietmar — Die Testamentsvollstreckung an Beteiligungen einer werbenden OHG bzw. Kommanditgesellschaft, ZEV 1994, S. 205.

Weimar, Wilhelm — Zur Ausbildungsförderung: Der Testamentsvollstrecker, MDR 1982, S. 198 ff.

Weirich, Hans-Armin — Erben und Vererben, Handbuch des Erbrechts, Berlin 1983.

Wertenbruch, Johannes	Die Vereinbarkeit der Beratungs- und Vermittlungstätigkeit für Berufssportler/Lizenzspieler mit dem Rechtsberatungsgesetz und dem neuen Arbeitsförderungsgesetz, NJW 1995, 223.
Wessels, Hans Ulrich	Testamentsvollstreckung an einem Kommanditanteil, Frankfurt/M. - Bern - New York- Paris, 1989.
Wiegand, Wolfgang	Der öffentliche Glaube des Erbscheins, JuS 1975, S. 283.
Zeuner, Albrecht	Zur Stellung des wirklichen und vermeintlichen Testamentsvollstreckers gegenüber Nachlaß und Erben, Festschrift für Otto Mühl, Stuttgart, Berlin, Köln, Mainz 1981, S. 721.

Abkürzungsverzeichnis:

a.A.	anderer Ansicht
a.a.O.	am angegebenen Ort
abl.	ablehnende Anmerkung
Abs.	Absatz
AcP	Archiv für die civilistische Praxis
a.E.	am Ende
a.F.	alte Fassung
allg.	allgemein(e)
a.M.	anderer Meinung
Anm.	Anmerkung
AnwBlatt	Anwaltsblatt
Art.	Artikel
Aufl.	Auflage
BayObLG	Bayrisches Oberstes Landesgericht
BayObLGZ	Entscheidungen des Bayrischen Obersten Landesgerichts
BB	Der Betriebs-Berater
Bd.	Band
BFH	Bundesfinanzhof
BGB	Bürgerliches Gesetzbuch
BGH	Bundesgerichtshof
BGHZ	Entscheidungen des Bundesgerichtshofes in Zivilsachen
BRAGO	Bundesrechtsanwaltsgebührenordnung
bspw.	beispielsweise
BWNotZ	Zeitschrift für das Notariat in Baden-Württemberg
ca.	circa
DB	Der Betrieb
ders.	derselbe
DFG	Deutsche Freiwillige Gerichtsbarkeit
d.h.	das heißt
DNotZ	Deutsche Notar Zeitschrift
DRiZ	Deutsche Richterzeitung
einschr.	einschränkende Anmerkung
ErbStG	Erbschaft- und Schenkungssteuergesetz
EStG	Einkommenssteuergesetz
etc.	et cetera
evtl.	eventuell

f.	folgende (Seite)
FamRZ	Zeitschrift für das gesamte Familienrecht
ff.	fortfolgende (Seiten)
FGG	Gesetz über die Angelegenheiten der freiwilligen Gerichtsbarkeit
Fn.	Fußnote
FS	Festschrift
GBO	Grundbuchordnung
gem.	gemäß
ggf.	gegebenenfalls
GmbH	Gesellschaft mit beschränkter Haftung
h.M.	herrschende Meinung
i.E.	im Ergebnis
InsO	Insolvenzordnung
i.S.	im Sinne
i.S.v.	im Sinne von
i.ü.	im übrigen
i.V.m.	in Verbindung mit
JFG	Jahrbuch für Angelegenheiten der freiwilligen Gerichtsbarkeit und des Grundbuchrechts
JR	Juristische Rundschau
JurBüro	Das juristische Büro
JuS	Juristische Schulung
JW	Juristische Wochenschrift
JZ	Juristenzeitung
Kap.	Kapitel
KG	Kammergericht
KO	Konkursordnung
LG	Landgericht
LM	Nachschlagewerk des Bundesgerichtshofes, herausge geben von LINDEMAIER, MÖHRING u.a. (Loseblattsammlung)
m.Anm.	mit Anmerkung
MDR	Monatsschrift des Deutschen Rechts
MittBayNot	Mitteilungen des Bayrischen Notarvereins
Mot.	Motive zum Entwurf des Bürgerlichen Gesetzbuchs
MüKO	Münchner Kommentar zum BGB
m.w.N.	mit weiteren Nachweisen

NJW	Neue Juristische Wochenschrift
NJW-RR	Neue Juristische Wochenschrift, Rechtsprechungsreport
Nr.	Nummer
n.v.	nicht veröffentlichte Entscheidung
OLG	Oberlandesgericht
OLGZ	Entscheidungen der Oberlandesgerichte in Zivilsachen einschließlich der freiwilligen Gerichtsbarkeit
Prot.	Protokolle der zweiten Lesung des Entwurfs des Bürgerlichen Gesetzbuches
Rdn.	Randnummer
Recht	Das Recht
RGZ	Entscheidungen des Reichsgerichts in Zivilsachen
Rpfleger	Der Deutsche Rechtspfleger
Rspr.	Rechtsprechung
S.	Seite
s.a.	siehe auch
SeuffA	Seuferts Archiv für Entscheidungen des obersten Gerichts in den deutschen Staaten
s.o.	siehe oben
sog.	sogenannte(r)
st.	ständig(e)
str.	streitig
Tv	Testamentsvollstrecker
TVZ	Testamentsvollstreckerzeugnis
u.a.	und andere
u.U.	unter Umständen
u.s.w.	und so weiter
v.	vor
vgl.	vergleiche
Vorbem.	Vorbemerkung
WarnR	Rechtsprechung des Reichsgerichts in der Sammlung von WARNMEYER
WM	Wertpapiermitteilungen
z.B.	zum Beispiel
ZEV	Zeitschrift für Erbrecht und Vermögensnachfolge

Ziff.	Ziffer
ZIP	Zeitschrift für Wirtschaftsrecht und Insolvenzpraxis
ZPO	Zivilprozeßordnung
zust.	zustimmend
ZVG	Zwangsversteigerungsgesetz

A. Einführung in das Rechtsinstitut der Testamentsvollstreckung

I. Das Wesen der Testamentsvollstreckung

1. Begriff und Bedeutung

Eine steigende Anzahl von Menschen scheint sich heutzutage schon zu Lebzeiten immer mehr Gedanken darüber zu machen, was nach ihrem Tod mit den von ihnen im Laufe ihres Lebens angehäuften Vermögenswerten geschehen soll. Dies vermag nicht zu verwundern, wird doch die Generation des Verfassers - manchmal etwas zynisch - als die „Erbengeneration" bezeichnet. Tatsache ist, daß nach zuverlässigen Prognosen im Jahr 2000 in Deutschland Vermögen im Gesamtwert von 155 Milliarden DM zu vererben ist.[1] Angesichts dieser gewaltigen Vermögensmassen, die sich zu annähernd 50% aus Immobilien, 35% aus Kapitalvermögen und 15 % aus Versicherungsleistungen zusammensetzen, ist es verständlich, daß mehr und mehr Menschen sich schon zu Lebzeiten Gedanken über eine gerechte Vermögensübertragung machen. Dabei kommt zum einen der Wunsch zum Ausdruck, eine funktionsfähige Erbregelung zu hinterlassen.[2]

Zum anderen scheint tief in vielen Mitbürgern der Wunsch verwurzelt zu sein, noch über den eigenen Tod hinaus, das erworbene Vermögen zusammenzuhalten und Einfluß auf dessen Verwendung ausüben zu können.[3] Komplexe Nachlässe, nicht oder jedenfalls noch nicht geeignete Nachfolger und schwierige oder unsichere Familienverhältnisse gefährden dieses Ziel. Großeltern erleben mit Unverständnis, wie ihre Kinder geschieden werden und wollen den Nachlaß daher oftmals direkt an Enkel oder Urenkel weitergeben. Diese haben jedoch oftmals noch nicht das notwendige Alter und die gewünschte Reife, um sich um den Nachlaß verantwortungsvoll kümmern zu können. Auch kann die Befürchtung bestehen, der nachlässige Erbe werde das Erbe verschleudern oder die Verbindlichkeiten, insbesondere Vermächtnisse und Auflagen nicht erfüllen.[4] Ein wichtiges Instrumentarium für den Erblasser, für den Zeitraum einer weiteren Generation zu planen und so zu sagen mit verlängertem Arm darauf hinzuwirken, daß sein letzter Wille auch tatsächlich ausgeführt wird, ist die Testamentsvollstreckung.

---

[1] Vgl. dazu etwa „Die Last mit dem Fiskus beim Erben", Die Rheinpfalz, Nr. 151 vom Donnerstag, den 3.7.1997, Wirtschaftsteil , S. 2.

[2] Vgl. REIMANN, Die Kontrolle des Testamentsvollstreckers, FamRZ 1995, 588.

[3] Vgl. auch SCHACK, Weiterleben nach dem Tode – juristisch betrachtet, JZ 1989, 609, 611.

[4] Vgl. auch BROX, Erbrecht, Rz. 372; BENGEL/REIMANN, Handbuch der Testamentsvollstreckung, Rz. 5; vgl. auch MÖHRING/BEISWINGERT/KLINGELHÖFFER, Vermögensverwaltung in Vormundschafts- und Nachlaßsachen, S. 165.

Mit der Anordnung der Testamentsvollstreckung bestimmt der Erblasser, daß eine bestimmte Person seine letztwilligen Verfügungen ausführen und den Nachlaß lenken, verwalten und abwickeln soll.[5] Um so detaillierter die Vorstellungen des Erblassers sind, was nach seinem Tod mit seinem Vermögen zu geschehen hat, um so mehr bietet es sich an, die möglichst genaue Vollziehung seines letzten Willens einer besonderen Vertrauensperson zu übertragen, die mit weitreichenden Befugnissen ausgestattet ist.[6] Aufgrund dieses Regelungsbedürfnisses kommt dem Instrument der Testaments-vollstreckung eine immer größere Bedeutung zu.[7] Nachdem das Erbrecht als die „Fortsetzung des Vermögensrechts und der vermögensrechtlichen Herrschaft des Menschen über seinen Tod hinaus" verstanden wird,[8] eignet sich das erbrechtliche Instrument der Testamentsvollstreckung hervorragend, eine vom Erblasser bestimmte Verwaltung des Nachlasses auszuführen oder die Auseinandersetzung unter den Erben zu bewirken. Testamentsvollstreckung ist demnach eine vom Erblasser angeordnete Verwaltung des Nachlasses, um seine letztwilligen Verfügungen auszuführen und gegebenenfalls die Auseinandersetzung unter den Erben zu bewirken.[9]

Das Rechtsinstitut der Testamentsvollstreckung, das dem römischen Recht unbekannt gewesen ist,[10] hat sich dabei allmählich in einer jahrhundertelangen Entwicklung aus der germanischen Salmannschaft[11] und der „letztwilligen Treuhand" entwickelt.[12] Das heute bestehende Institut der Testamentsvollstreckung muß daher als das Ergebnis eines langdauernden Entwicklungsprozesses angesehen werden, in dessen Verlauf germanische Rechtsgedanken an römische Erbrechtsgrundsätze angepaßt und zusammengefügt wurden.[13] Der Testamentsvollstrecker hat nach der Konzeption des BGB gegenüber dem Erben eine selbständige Stellung, auch wenn der Erbe als Gesamtrechtsnachfolger Eigentümer des Nachlasses wird.

---

[5] Vgl. MÖHRING/BEISSWINGERT/KLINGELHÖFFER, a.a.O., S. 165.
[6] So v. LÜBTOW, Erbrecht, 2. Halbband, S. 922; BROX, a.a.O., Rz. 372.
[7] Jüngst auch DECKERT, Testamentsvollstreckung, in JA 1995, 111.
[8] Vgl. LANGE/KUCHINKE, Erbrecht, § 1 V c.
[9] Vgl. HAEGELE/WINKLER, Der Testamentsvollstrecker, S. 31.
[10] So v. LÜBTOW, a.a.O., S. 922; STAUDINGER/REIMANN, Vorbem. zu § 2197, Rz. 1.
[11] Zur Salmannschaft vgl. OFFERGELD, Die Rechtsstellung des Testamentsvollstreckers, Diss. Münster 1994, S. 29 ff.
[12] So KAPP, Die rechtliche Stellung des Testamentsvollstreckers zum Erben, in BB 1981, 113. Zur geschichtlichen Entwicklung der Testamentsvollstreckung, welche nicht Gegenstand dieser Arbeit ist, vgl. ausführlich SCHOLTISSEK, Die letztwillige Treuhand des älteren deutschen Rechts. Die gemein-rechtlichen Theorien über die Testamentsvollstreckung. Die Rechtsstellung des Testamentsvollstreckers im BGB, Diss. Erlangen 1911, S. 16 ff.; AUERBACH, Die Verpflichtungsbefugnis des Testaments-vollstreckers, Diss. Leipzig 1914; LANGE/KUCHINKE, a.a.O. § 31 I 1; OFFERGELD, a.a.O., S. 25 ff.
[13] Vgl. hierzu OFFERGELD, a.a.O., S. 29 ff, 40.

Der vom Testamentsvollstrecker betreute Nachlaß wird ein *Sondervermögen*[14], welches der Testamentsvollstrecker in Besitz nimmt und verwaltet. Der Erbe hingegen ist nur mittelbarer Besitzer und von Verfügungen über Nachlaßgegenstände, die der Testamentsvollstreckung unterliegen, ausgeschlossen.[15] Das Wesen der Testamentsvollstreckung ist jedoch fremdnützig. Es darf nicht übersehen werden, daß nach der gesetzlichen Regelung der Erbe der wahre Herr des Nachlasses und der Testamentsvollstrecker lediglich sein Verwalter ist.[16] Mit anderen Instituten der Vermögensverwaltung bestehen Gemeinsamkeiten und Unterschiede. Mit der Vormundschaft und der Betreuung hat die Testamentsvollstreckung gemeinsam, daß fremdes Vermögen verwaltet wird. Mit der Nachlaßverwaltung bestehen Gemeinsamkeiten hinsichtlich der Trennung des Eigenvermögens von dem der Testamentsvollstreckung unterliegenden Vermögen.[17] Die Bedeutung dieser Trennung darf nicht unterschätzt werden, da auf diese Weise durch die Testamentsvollstreckung verhindert wird, daß sich die Eigengläubiger der Erben an den der Testamentsvollstreckung unterliegenden Nachlaß halten können, § 2214 BGB. Hierdurch wird erreicht, daß der Nachlaß vor den Gläubigern der Erben geschützt wird.[18]

Andererseits ist die Rechtsstellung und Machtfülle der Testamentsvollstrecker im deutschen Recht außerordentlich groß, so daß die Testamentsvollstrecker teilweise als die eigentlichen Erben angesehen werden[19] und in der Vergangenheit bereits vereinzelt vor Testamentsvollstreckungen gewarnt wurde.[20] Dem Erblasser dürfe nicht gestattet werden, „unbegrenzt aus dem Grabe heraus über sein Vermögen zu bestimmen" und seine Erben an die Leine des Testamentsvollstreckers zu legen.[21] Gleichwohl gibt es keinen Anlaß, dieses Rechtsinstitut zu verteufeln oder generell abzulehnen. Denkbare Nachteile einer Testamentsvollstreckung, wie etwa die befürchtete „übermäßige Selbstherrlichkeit"[22] oder Herrschsucht der Testamentsvollstrecker, eine „hämische Gesinnung"[23] des Erblassers oder ein zu hoher Vergütungsanspruch, schließlich die Gefahr, daß der Testamentsvollstrecker seine Tätigkeit als „Lebensaufgabe" ansehen könnte[24], können unschwer durch eine richtige Ausgestaltung der Art und des Umfangs der Testaments-

---

[14] Vgl. BGHZ 48, 214,219; vgl. auch STAUDINGER/REIMANN, Vorbem zu § 2197 ff, Rz. 8.
[15] Ebenso BENGEL/REIMANN, Handbuch der Testamentsvollstreckung, Rz. 3.
[16] Vgl. RG 1930, 1487, 2049; Kapp, a.a.O., S. 113.
[17] So MÖHRING/BEISSWINGERT/KLINGELHÖFFER, a.a.O., S. 166.
[18] Vgl. dazu auch MÜKO-BRANDNER, § 2214, Rz 1; MÖHRING/BEISSWINGERT/KLINGELHÖFFER, a.a.O., S. 166.
[19] Vgl. REIMANN, FamRZ 1995, 588.
[20] So etwa Manager Magazin, 1991, 118.
[21] Vgl. SCHACK, JZ 1989, 609,612.
[22] Vgl. MüKo-BRANDNER, vor § 2197, Rz. 2.
[23] Vgl. KIPP/COING[11] § 66 vor I.
[24] So aber LANGE/KUCHINKE, § 31 II 2.

vollstreckung ausgeschlossen werden.[25] Schließlich steht dem Erben - wie später zu zeigen sein wird - auch ein umfangreiches Arsenal an Kontrollmöglichkeiten zur Verfügung, mit dem er sich gegen eigenmächtiges, pflichtwidriges oder unwirtschaftliches Handeln des Testamentsvollstreckers zur Wehr setzen kann.[26] So ist der Testamentsvollstrecker dem Erben gegenüber nach § 2216 BGB zu einer ordnungsgemäßen Verwaltung des Nachlasses verpflichtet, er haftet nach § 2219 BGB für Schäden, die durch fehlerhafte Verwaltungsmaßnahmen entstehen, und der Erbe verfügt über ein ganzes Bündel an Auskunfts- und Rechenschaftsansprüchen, die wegen § 2220 BGB nicht abbedungen werden können. Hieraus ergibt sich ein gesetzlich geregeltes Rechtsverhältnis zwischen Testamentsvollstrecker und Erben, welches im Rahmen dieser Arbeit näher untersucht werden soll.

2. Zweck und Aufgaben der Testamentsvollstreckung

Typischerweise ist der Testamentsvollstrecker also ein Gehilfe des Erblassers bei der Regelung großer Nachlässe. Oftmals will der Erblasser seine Herrschaft nicht mit dem Tode aufgeben, sondern sie über diesen hinaus weiter ausüben. Dies geschieht teilweise in der Überzeugung, selbst am besten zu wissen, was für den Nachlaß und die Erben am besten ist und wie ein begonnenes Lebenswerk über den Tod hinaus fortgesetzt oder vollendet werden soll.[27] Überall da, wo der Erblasser Sorge hat, daß seine Erben uneins sein könnten oder daß die von ihm vorgesehene Verteilung der Erbmasse nicht reibungslos vonstatten geht, können die erforderlichen Aktivitäten einem Testamentsvollstrecker übertragen werden.[28] Dies gilt insbesondere auch dann, wenn Erben und Vermächtnisnehmer noch minderjährig sind oder die Erbmasse Handelsgeschäfte oder Unternehmensbeteiligungen umfaßt.[29] Der Testamentsvollstrecker leitet seine Legitimation, seine Befugnisse und seinen Aufgabenbereich dabei unmittelbar von dem Willen des Erblassers ab. Beschränkungen ergeben sich lediglich aus den gesetzlichen Regelungen des BGB und dem allgemeinen Grundsatz, daß die Testamentsvollstreckung auf die vermögensrechtlichen Aufgaben beschränkt bleibt.

---

[25] Ebenso BENGEL/REIMANN, Handbuch der Testamentsvollstreckung, Rz.7.

[26] Vgl. dazu unten Teil D II dieser Arbeit.

[27] Vgl. auch LANGE, Die Rechtsmacht des Testamentsvollstreckers und ihr Grenzen, JuS 1970, 101.

[28] So auch BENGEL in Handbuch der Testamentsvollstreckung, 1. Kap., Rz. 5.

[29] Die Testamentsvollstreckung über Unternehmensbeteiligungen oder Anteile an Gesellschaften ist nicht Gegenstand dieser Arbeit. Ein guter Überblick hierzu findet sich bei DECKERT, Testamentsvollstreckung, JA 1995, 111, 114; ausführlich DÖRRIE, Die Testamentsvollstreckung im Recht der Personengesellschaften und der GmbH, Diss. Mannheim, 1992; HAEGELE/WINKLER, Der Testamentsvollstrecker, S. 155-229; DAMRAU, Zur Testamentsvollstreckung an einem Kommanditanteil, NJW 1984, 2785.

Fortwirkende Persönlichkeitsrechte werden daher nicht von dem Testamentsvollstrecker wahrgenommen. Ihre Beachtung und Durchsetzung fällt vielmehr in die Personensorge der Familienangehörigen.[30] Die Testamentsvollstreckung dagegen beruht ausschließlich auf dem besonderen Interesse des Erblassers an dem künftigen Schicksal seines Vermögens.[31] Dabei laufen die Anordnungen des Erblassers oftmals den Interessen der Erben zuwider. Daher muß auch der Testamentsvollstrecker teilweise gegen die Interessen des Erben handeln, etwa wenn er die Belange eines Vermächtnisnehmers wahrzunehmen hat. Dazu ist es erforderlich, daß der Testamentsvollstrecker dem Erben gegenüber eine besondere Stellung hat, auch wenn dieser als Gesamtrechtsnachfolger Eigentümer des Nachlasses wird. Je stärker die Stellung des Testamentsvollstreckers ist, um so mehr fühlen sich die Erben jedoch durch den Erblasser „entmündigt" und gemaßregelt. Der Erblasser wird dies bei der Ausgestaltung der Testamentsvollstreckung berücksichtigen müssen, damit nicht der Erbe - rechtlich beraten - eine durch die Testamentsvollstreckung zu stark gebundene Erbschaft ausschlägt und dafür den Pflichtteil verlangt.[32] Der Erblasser wird daher den Aufgabenbereich und die Befugnisse des Testamentsvollstreckers so wählen müssen, daß es nicht zu einer vollständigen „Entmündigung" des Erben in Bezug auf den Erbteil kommt. Der Testamentsvollstrecker soll auch nicht zum Feind oder Gegenspieler des Erben erwachsen, sondern den Nachlaß für diesen verwalten. Im Regelfall hat der Testamentsvollstrecker daher folgende Aufgaben:

- Konstituierung und Inbesitznahme des Nachlasses
- Ausführung der letztwilligen Verfügungen des Erblassers
- Bewirkung der Auseinandersetzung bei mehreren Miterben
- Verwaltung des Nachlasses bis zum Eintritt eines bestimmten Zeitpunkts oder Ereignisses oder als „Selbstzweck".

Die vorgenannten Aufgaben bestimmen sich nach den testamentarischen Anordnungen des Erblassers in Verbindung mit den gesetzlichen Vorschriften. Das Gesetz nimmt dabei an, daß dem Testamentsvollstrecker eine den gesamten Nachlaß umfassende Befugnis eingeräumt wird, daß er „Generalvollstrecker" ist.[33] Es ist jedoch auch möglich, daß der Erblasser dem Vollstrecker nur einen begrenzten Aufgabenbereich zuweist oder ihn für eine bestimmte Aufgabe als „Spezialvollstrecker" einsetzt.

[30] So auch BENGEL/REIMANN, Handbuch der Testamentsvollstreckung, Rz. 2; REIMANN, Festschrift für Küchenhoff, 1972, S. 341 ff.
[31] Vgl. v. LÜBTOW, a.a.O., S. 926.
[32] Vgl. REIMANN, FamRZ 1995, 588.
[33] Vgl. LANGE/KUCHINKE, § 31 V 1.

Der Erblasser kann den gesetzlichen Aufgabenkreis des Testamentsvollstreckers aber auch erweitern und etwa anordnen, daß der Testamentsvollstrecker in der Eingehung von Verbindlichkeiten für den Nachlaß nicht beschränkt sein soll.[34] Weiter kann der Erblasser dem Testamentsvollstrecker Befugnisse einräumen, die er auch jedem Dritten übertragen könnte, etwa bei Vermächtnissen und Auflagen bestimmte Punkte zu regeln.[35] Was der Erblasser im konkreten Fall gewollt hat, muß durch eine Auslegung der letztwilligen Verfügung unter Berücksichtigung der besonderen Umstände des Einzelfalles ermittelt werden. Die einzelnen Aufgaben, welche im weiteren Verlauf der Darstellung noch näher zu untersuchen sein werden, machen deutlich, daß die Testamentsvollstreckung verschiedenartig ausgestaltet sein kann.

3. Arten der Testamentsvollstreckung:

a) Abwicklungsvollstreckung

Bei der Abwicklungsvollstreckung - auch ausführende Vollstreckung genannt - welche den gesetzlichen Regelfall nach §§ 2203, 2204 BGB darstellt[36], trifft den Testamentsvollstrecker die Pflicht, die letztwilligen Verfügungen des Erblassers zur Ausführung zu bringen, vom Erblasser ausgesetzte Vermächtnisse zu erfüllen, Auflagen zu vollziehen und Teilungsanordnungen zu berücksichtigen. Der Testamentsvollstrecker, der von seiner Ernennung Kenntnis hat, wird sich daher umgehend beim Nachlaßgericht melden und die Eröffnung des Testaments betreiben. Er hat den Nachlaß in Besitz zu nehmen und die letztwilligen Verfügungen des Erblassers zu befolgen. Dazu steht ihm auch ein Verwaltungsrecht zu.[37] Nach der Konstituierung des Nachlasses hat der Testamentsvollstrecker zuerst die Schulden zu bezahlen, § 2046 BGB. Bei unzureichendem Nachlaß kann er gem. § 317 Abs. 1 InsO die Durchführung eines Nachlaßinsolvenzverfahrens beantragen. Ist der Nachlaß dagegen ausreichend, um die Nachlaßverbindlichkeiten zu berichtigen, wird der Testamentsvollstrecker den verbleibenden Nachlaß nach den Vorschriften der §§ 2042-2056 BGB auseinandersetzen, dazu nötigenfalls einen Teilungsplan erstellen und sodann die Nachlaßgegenstände an die Erben aushändigen oder veräußern.[38] Der Testamentsvollstrecker ist also regelmäßig schon kraft Gesetzes zu der Durchführung der Auseinandersetzung unter den Erben berufen, einer besonderen Anordnung des Erblassers bedarf es hierzu nicht.[39]

---

[34] Siehe dazu HAEGELE-WINKLER; a.a.O., Rz. 141.
[35] So auch STAUDINGER/REIMANN, Rz. 12 vor § 2197.
[36] Vgl. etwa HAEGELE/WINKLER, a.a.O., Rz. 120.
[37] Vgl. etwa PALANDT/EDENHOFER, § 2203, Rz. 5.
[38] Vgl. EBENROTH, Erbrecht, Rz, 643.
[39] So auch STAUDINGER/REIMANN, § 2204 Rz. 1.

Das Gesetz geht also davon aus, daß die Auseinandersetzung des Nachlasses durch den Testamentsvollstrecker regelmäßig dem mutmaßlichen Willen des Erblassers entspricht.[40] Ist nichts anderes testamentarisch bestimmt, so hat der Testamentsvollstrecker die Auseinandersetzung alsbald zu bewirken.[41] Auch eine gleichzeitige Miterbenstellung des Testamentsvollstreckers steht der Auseinandersetzung nicht entgegen.[42]

b) Dauer- oder Verwaltungstestamentsvollstreckung[43]

Bei der Dauervollstreckung gem. § 2209 BGB kann der Erblasser dem Testamentsvollstrecker die Verwaltung des Nachlasses als selbständige Aufgabe übertragen. In diesem Zweck dient die Verwaltung des Nachlasses nicht dem Zweck, andere letztwillige Anordnungen des Erblassers oder die Auseinandersetzung unter den Miterben vorzubereiten, sondern geschieht „um ihrer selbst willen".[44] Die Verwaltungsvollstreckung stellt demnach hinsichtlich der Aufgaben eine inhaltliche Beschränkung der Testamentsvollstreckung, andererseits aber auch eine zeitliche und sachliche Erweiterung der Testamentsvollstreckeraufgaben dar. Aufgrund des mit der Dauervollstreckung lang andauernden Entzugs der Erbmasse ist die Verwaltungsvollstreckung oft als eine Art Bevormundung der Erben kritisiert worden.[45] Dabei muß zwischen zwei Arten von Verwaltungsvollstreckung unterschieden werden:

(1) Verwaltungsvollstreckung im engeren Sinn, § 2209 Satz 1 Halbsatz 1:
Bei der Verwaltungsvollstreckung im engeren Sinn weist der Erblasser dem Testamentsvollstrecker überhaupt keine anderen Aufgaben zu als die bloße Verwaltung des Nachlasses. Die Testamentsvollstreckung hat demnach den Zweck das verwaltete Vermögen nutzbar zu machen und daraus Erträge zu erzielen.[46] Der Testamentsvollstrecker hat dabei die Aufgabe, wie ein „sorgfältiger Kaufmann" die ihm zur Verwaltung übertragenen Werte weiterzuentwickeln und umzuschichten.[47] Eine Mehrung des Nachlasses ist indes nicht die Aufgabe des Testamentsvollstreckers.[48]

---

[40] Vgl. Protokolle V 273.
[41] Vgl. etwa HAEGELE/WINKLER, a.a.O., Rz. 120; STAUDINGER/REIMANN, § 2204 Rz. 12.
[42] Zur Miterbenstellung des Testamentsvollstreckers vgl. unter Teil B II 3 c.
[43] In der Literatur wird zwischen diesen beiden Begriffen teilweise noch unterschieden, vgl. etwa HAEGELE/WINKLER, a.a.O., Rz. 3; der besseren Überschaubarkeit wegen soll diese Form der Testamentsvollstreckung hier zunächst einheitlich betrachtet werden.
[44] So auch STAUDINGER/BAUMANN, § 2209, Rz. 1.
[45] Vgl. KAPP, a.a.O., S. 113; krit. jüngst auch REIMANN, FamRZ 1995, 588.
[46] Vgl. BGH NJW 1991, 835, 836.
[47] So auch vgl. MÖHRING/BEISSWINGERT/KLINGELHÖFFER, a.a.O., S. 184.
[48] Vgl. BGH NJW-RR 1989, 642.

(2) Dauervollstreckung, § 2209 Satz 1 Halbsatz 2:
Hier ordnet der Erblasser an, daß der Testamentsvollstrecker nach Beendigung seiner sonstigen Aufgaben die Verwaltung des Nachlasses fortführen soll, während sonst die Testamentsvollstreckung mit Erledigung dieser Aufgaben endet. Auf die gewöhnliche Tätigkeit des Testamentsvollstreckers nach § 2203 ff BGB folgt zusätzlich eine fortdauernde Verwaltungsvollstreckung zur „fürsorglichen Bevormundung der Erben".[49]

Der Testamentsvollstrecker erhält seine besondere Rechtsstellung, welche mit dem besonderen Verwaltungsrecht verbunden ist, schon mit dem Erbfall und nicht erst mit der Erledigung der sonstigen Aufgaben.[50] Die speziellen Aufgaben des Testamentsvollstreckers bei der Dauervollstreckung sind dabei so unterschiedlich wie die der Vollstreckung unterliegenden Nachlaßgegenstände selbst. Es kann sich etwa um die Nutzbarmachung von bebauten oder unbebauten Grundstücken, die Verwaltung von Gesellschaftsanteilen oder Wertpapieren, um die Fortführung eines Einzelhandelgeschäfts oder um die Errichtung einer Stiftung handeln.[51]

c) Nacherbentestamentsvollstreckung, § 2222 BGB

Auch die Nacherbentestamentsvollstreckung ist praktisch ein Unterfall der Verwaltungsvollstreckung gem. § 2209 BGB.[52] Hierunter versteht man gewöhnlich, daß der Erblasser den Testamentsvollstrecker zu dem Zweck einsetzt, daß er während der Dauer der Vorerbschaft die Rechte der Nacherben ausübt und deren Pflichten erfüllt.[53] Dabei sind auch verschiedene Gestaltungsmöglichkeiten zu unterscheiden, auf welche später näher einzugehen sein wird.[54]

d) Vermächtnisvollstreckung

Bei der Testamentsvollstreckung zur Vermächtnisausführung zieht der Testamentsvollstrecker die Vermächtnisforderung ein oder nimmt den Gegenstand in Besitz und verwaltet ihn.[55] Dabei kann es zunächst die Aufgabe des Testamentsvollstreckers sein, Untervermächtnisse zu erfüllen oder die Einhaltung von Auflagen zu überwachen. Im Normalfall des § 2223 BGB endet die Vermächtnisvollstreckung mit der Auseinandersetzung und

---

[49] Vgl. Jauernig/Stürner, § 2209, Rz. 2b.
[50] So auch Staudinger/Baumann, § 2209, Rz. 4.
[51] Vgl. Möhring/Beisswingert/Klingelhöffer, a.a.O., S. 184.
[52] Vgl. Jauernig/Stürner, § 2222, Anm. 1.
[53] Eingehend dazu Haegele/Winkler, a.a.O., Rz. 153 ff.
[54] Vgl. dazu unten Teil 2 II dieser Arbeit.
[55] Vgl. Jauernig/Stürner, § 2223, Anm. 1.

Ausführung der letztwilligen Verfügung, indem der Testamentsvollstrecker dem Vermächtnisnehmer den Vermächtnisgegenstand herausgibt. Es kann jedoch auch eine Dauervollstreckung an dem Vermächtnis angeordnet sein.[56] Dies ergibt sich schon daraus, das sich auch die Verwaltungsvollstreckung auf einen einzelnen Gegenstand erstrecken kann. So hat der BGH entschieden, daß schon nach dem Willen des Gesetzgebers dem Erblasser die Möglichkeit gegeben werden solle, durch die Ernennung eines Testamentsvollstreckers seinen letzten Willen zur Ausführung zu bringen. Es sei dem Gesetz nicht zu entnehmen, daß hierbei nur der letzte Wille in Betracht kommen solle, „soweit er den Erben betrifft".[57] Es ist demnach zulässig, daß der Erblasser wie für den Erben auch für einen Vermächtnisnehmer die Verwaltung eines einzelnen Nachlaßgegenstandes anordnet. Schließlich finden sich auch im Pflichtteilsrecht gesetzliche Vorschriften über die Verwaltungsvollstreckung an Vermächtnissen (vgl. insbesondere §§ 2307, 2238 I Satz 2 BGB). Die Stellung des Vermächtnisnehmers gegenüber dem Testamentsvollstrecker ist weitaus stärker als die eines sonstigen Nachlaßgläubigers.[58] Dies ergibt sich schon aus dem Umstand, daß der Testamentsvollstrecker gegenüber den Vermächtnisnehmern genau wie gegenüber den Erben gem. § 2216 BGB zur ordnungsgemäßen Verwaltung des Nachlasses verpflichtet ist und der Vermächtnisnehmer bei fehlerhaften Handlungen des Testamentsvollstreckers genau wie die Erben einen Anspruch auf Schadensersatz gem. § 2219 BGB hat.[59] Die Stellung des Vermächtnisnehmers gegenüber dem Testamentsvollstrecker entspricht jedoch in vielerlei Hinsicht der des Erben[60] und soll im Rahmen dieser Arbeit daher nicht gesondert erörtert werden.

---

[56] Vgl. SOERGEL/DAMRAU, § 2209, Rz. 8; grundlegend BGHZ 13, 203,205 = DNotZ 1954, 399 = JZ 1954, 447 = NJW 1954, 1036; eingehend dazu auch HAEGELE/WINKLER, a.a.O., Rz. 162 f.; TRAGESER, die Verwaltungsvollstreckung bei Vermächtnissen, Diss. Frankfurt 1978.

[57] Vgl. BGHZ 13, 203, 205.

[58] Vgl. BGH NJW 1971, 2264.

[59] Vgl. MÖHRING/BEISSWINGERT/KLINGELHÖFFER, a.a.O., S. 189.

[60] Vgl. HAEGELE/WINKLER, a.a.O., Rz. 162; MÖHRING/BEISSWINGERT/KLINGELHÖFFER, a.a.O., S. 189.

e) Testamentsvollstreckung mit beschränktem Aufgabenkreis, § 2208 BGB:

Schließlich kann der Erblasser den Wirkungskreis des Testamentsvollstreckers in jeder Hinsicht beschränken.[61] Er kann ihm einzelne Rechte entziehen, die Befugnisse auf bestimmte Gegenstände beschränken oder anordnen, daß dem Testamentsvollstrecker nur das Aufsichtsrecht über die Ausführung der letztwilligen Verfügungen zustehen soll.[62] Maßgeblich ist einzig und allein der Erblasserwille, der nötigenfalls durch Auslegung genau zu bestimmen ist.[63] So kann gewollt sein, daß dem Testamentsvollstrecker bestimmte Rechte nur eingeschränkt oder sogar überhaupt nicht zustehen sollen. Der Erblasser kann etwa anordnen, daß derVollstrecker keine Verfügungsbefugnis hinsichtlich eines bestimmten Nachlaßgegenstandes haben soll. Eine derartige Beschränkung ist auch Dritten gegenüber wirksam.[64] Derartige Einschränkungen der Befugnisse sind im Testamentsvollstreckerzeugnis anzugeben.[65] Sie entfalten dingliche Wirkung gegenüber Dritten, sofern sie im Testamentsvollstreckerzeugnis angegeben sind.[66] Auf die tatsächliche Kenntnis des Dritten kommt es dann nicht an. Ist die Eintragung unterblieben, so ist der Dritte durch § 2368 BGB durch den öffentlichen Glauben des Zeugnisses geschützt. In diesem Fall spricht der öffentliche Glaube des Testamentsvollstreckerzeugnisses für die uneingeschränkte Rechtsmacht des Testamentsvollstreckers.[67] Andernfalls kann sich der Dritte nicht auf Unkenntnis berufen.

§ 2208 Abs. 1 Satz 2 BGB ermöglicht darüber hinaus auch gegenständliche Beschränkungen der Testamentsvollstreckung. So kann etwa angeordnet werden, daß der Testamentsvollstrecker nur einen bestimmten Nachlaßgegenstand, etwa ein bestimmtes Grundstück oder einen zum Nachlaß gehörenden Betrieb verwalten soll.[68] Die Beschränkungen können sich aber auch auf einen zu einem Gesamthandsvermögen gehörenden Gegenstand, wie einen Grundstücksanteil oder Anteile an einer bestimmten Gesellschaft erstrecken. Hinsichtlich dieser Gegenstände bestehen dann sämtliche Verwaltungs-, Verpflichtungs- und Verfügungsbefugnisse, während der übrige Teil des Nachlasses von der Testamentsvollstreckung frei ist.[69]

---

[61] WEIMAR, MDR 1982, 198,199.

[62] Sogenannte „beaufsichtigende Testamentsvollstreckung", vgl. dazu KREGEL, BGB-RGRK, § 2208,
Rz. 9; ERMAN/SCHMIDT, BGB, § 2209, Rz. 5, MüKo-BRANDNER; § 2208, Rz. 12.

[63] Vgl. OLG Düsseldorf, NJW 1952, 1259; ebenso SOERGEL/DAMRAU, § 2208 Rz 3.

[64] Vgl. KREGEL, BGB-RGRK, § 2208, Rz. 3.

[65] ERMAN/SCHMIDT, BGB, § 2208, Rz. 4, MüKo-BRANDNER; § 2208, Rz. 4.

[66] MüKo-BRANDNER; § 2208, Rz. 4; KREGEL, BGB-RGRK, § 2208, Rz. 3.

[67] Vgl. MüKo-BRANDNER; § 2208, Rz. 4.

[68] Vgl. KREGEL, BGB-RGRK, § 2208, Rz. 5.

[69] So auch ERMAN/SCHMIDT, BGB, § 2208, Rz. 4.

Schließlich kann die Testamentsvollstreckung auch in zeitlicher Hinsicht beschränkt werden. Der Erblasser kann etwa einen festen Endtermin setzen, eine auflösende Bedingung anordnen oder bestimmen, daß die Verwaltung auf bestimmte Verwaltungsaufgaben beschränkt wird.[70] Die verschiedenen Beschränkungsmöglichkeiten können dabei auch kombiniert angewendet werden. Der Erblasser kann etwa anordnen, daß dem Testamentsvollstrecker nur die Aufgabe zukommen soll, ein bestimmtes Hausgrundstück bis zur Volljährigkeit eines Erben zu verwalten, ohne ihm andere Rechte oder Aufgaben zuzuweisen.[71]

Bei der *beaufsichtigenden Testamentsvollstreckung* hat der Testamentsvollstrecker selbst keine ausführenden Befugnisse. Er kann aber die Ausführung der Erblasseran-ordnungen durch den Erben überwachen und etwa die Erfüllung von Vermächtnissen, Auflagen und Erbteilungsanordnungen notfalls im Klageweg gegenüber dem Erben geltend machen.[72]

---

[70] Vgl. SOERGEL/DAMRAU, § 2208, Rz. 2 ff; STAUDINGER/REIMANN, § 2208, Rz. 5; HAEGELE/WINKLER, a.a.O:, Rz. 143.

[71] Beispiel aus der Praxis des Verfassers.

[72] MüKo-BRANDNER; § 2208, Rz. 13.

II. Die Rechtsnatur der Testamentsvollstreckung

1. Allgemeines:

Die Stellung des Testamentsvollstreckers wird im Gesetz wie beim Nachlaß- und Konkursverwalter als „Amt“ bezeichnet, § 2202 BGB. Seine Stellung ist die einer Vertrauensperson des Erblassers, die berechtigt und verpflichtet ist, den Nachlaß in eigenem Namen im fremden Interesse zu verwalten.[73] Testamentsvollstrecker, Konkursverwalter oder Nachlaßverwalter haben dabei in ihrer rechtlichen Stellung und Aufgabe grundsätzlich eine Gemeinsamkeit: Sie werden aufgrund eines nichtöffentlichen Amtes tätig und verwalten fremdes Vermögen kraft eigenen Rechts.

Über die genaue dogmatische Struktur dieser Rechtsfiguren bestand lange Zeit heftiger Streit[74], welcher durch die Entscheidung des BGH zur Prozeßstandschaft[75] wieder stärker aufgelebt war und offensichtlich auch noch nicht völlig abgeklungen ist.[76] Während Teile der Literatur davon ausgehen, daß dieser Streit von rein theoretischer Natur sei und keine praktische Relevanz habe,[77] weist *Damrau* zu Recht darauf hin, daß mit der richtigen dogmatischen Einordnung der Rechtsfigur des Testamentsvollstreckers auch materielle und prozessuale Probleme verbunden sind.[78] So spielt es etwa für die Beurteilung des zu verwaltenden Nachlaßvermögens, die Zulässigkeit des Selbstkontrahierens des Testamentsvollstreckers sowie bei der Heranziehung der Bestimmungen über die Vertretung und des Treuhandgedankens durchaus eine praktische Rolle, wie die rechtliche Natur der Testamentsvollstreckung eingeordnet wird. Zuzugeben ist den Kritikern des Theorienstreits jedoch, daß der Streit seit der Rechtsprechung des BGH zugunsten der herrschenden Amtstheorie entschieden ist.[79] Dennoch sollen die verschiedenen Theorien über die Rechtsstellung des Testamentsvollstreckers kurz dargestellt werden, da hierdurch das Verständnis verschiedener Probleme für den weiteren Gang der Abhandlung erleichtert wird.

---

[73] Vgl. MüKo-BRANDNER; vor § 2197, Rz. 5; ERMAN/SCHMIDT, BGB, vor § 2197, Rz. 3.
[74] Vgl. dazu LANGE/KUCHINKE, § 31 III 1; ausführlich auch SOERGEL/DAMRAU, Vor § 2197, Rz 1 ff.
[75] Vgl. BGHZ 35, 180; BGHZ 38, 281.
[76] So auch SOERGEL/DAMRAU, vor § 2197, Rz 1; MÜKO-BRANDNER, Rz. 5 vor § 2197; a.A. offenbar BENGEL/REIMANN, Handbuch der Testamentsvollstreckung, Rz. 11.
[77] So etwa LANGE/KUCHINKE, § 31 III 1; HAEGELE/WINKLER, a.a.O., Fn. 3.
[78] Vgl. SOERGEL/DAMRAU, vor § 2197, Rz. 1.
[79] Vgl. BGHZ 13, 203, 205; 25, 275,279; vgl. auch PALANDT/EDENHOFER, Einf. v. „ 2197, Rz. 1; JAUERNIG/STÜRNER; vor § 2197, Anm. 1; EBENROTH, Erbrecht, Rz. 620; MÜKO-BRANDNER, Rz. 5 vor § 2197.

2. Die verschiedenen Theorien über die Rechtsstellung des Testamentsvollstreckers:

a) Die Vertretertheorie

Zunächst war vielfach die Auffassung vertreten worden, der Testamentsvollstrecker handele als gesetzlicher Vertreter. Uneinigkeit bestand jedoch bereits darüber, wer der Vertretene sei. Hier wurden sowohl der Erblasser, der Erbe als auch der Nachlaß genannt.[80] So hatte man um die Jahrhundertwende gelehrt, der Erblasser habe dem Testamentsvollstrecker seinen Willen übertragen und ihm die Befugnis verliehen, diesen Willen auch in gewissem Umfang durchzusetzen. Der Testamentsvollstrecker sei daher als ein Vertreter des Erblassers anzusehen.[81] Gegen diese Theorie ist jedoch zu Recht bereits sehr früh eingewandt worden, daß eine Stellvertretung nur vorliegen könne, wenn eine natürliche oder juristische Person „unmittelbar im Willen vertreten wird".[82] Nachdem der Erblasser jedoch bereits tot und damit nicht mehr existent sei, könne er nicht mehr vertreten werden.[83]

Einer anderen Auffassung zufolge sollte der Testamentsvollstrecker ein Vertreter des Nachlasses sein.[84] Man dachte sich den Erblasser als „im Nachlasse fortlebend" und ging teilweise davon aus, daß dieser ein Rechtssubjekt sein könne.[85] *Sturm* erblickte in der Testamentsvollstreckung ein „positives Institut des Erbrechts", welches auf „ der germanischen Treue bis über den Tod hinaus" beruhe und das „dem Testamentsvollstrecker das Recht und die Pflicht gibt, dem Erblasser die Treue über den Tod hinaus zu wahren und zum Zwecke der Vollziehung seines Willens den Nachlaß zu vertreten".[86] Hiergegen ist jedoch bereits frühzeitig eingewandt worden, daß der Nachlaß keine juristische Person und damit kein Träger von Rechten und Pflichten ist.[87]

---

[80] Eingehend dazu SCHOLTISSEK, a.a.O., S. 24 f.; v. LÜBTOW, a.a.O., S. 924 m.w.N.

[81] So etwa MEISCHEIDER, Die letztwilligen Verfügungen nach dem Bürgerlichen Gesetzbuche für das Deutsche Reich, 1900, S. 459; LEONHARD, Erbrecht, 2. Auflage 1912, § 2197 Anm. II A.

[82] Vgl. SCHOLTISSEK, a.a.O., S. 24, m.w.N.

[83] Vgl. bereits PATZELT, Die rechtliche Natur und Stellung des Testamentsvollstreckers nach gemeinem Recht und nach dem BGB, Diss. Greifswald 1904, S. 29.; ebenso SCHOTISSEK, a.a.O., S. 24; v. LÜBTOW, a.a.O., S. 923 f.

[84] Vgl. etwa DERNBURG, Lehrbuch des Preußischen Privatrechts, Halle 1881, Bd. III, S. 484 f.; SIBER, Prozeßführung des Vermögensverwalters nach dem deutschen BGB, in Festschrift für Wach, 1918, S. 67, 71; HELLWIG, Lehrbuch des Deutschen Zivilprozeßrechts I, S. 301 f.

[85] So etwa KOHLER, Lehrbuch des Bürgerlichen Rechts I, 1906, S. 356, der den Nachlaß als „stillschweigende (konstruktive) juristische Person" ansieht.

[86] Vgl. STURM, Die Lehre von den Testamentsvollstreckern nach dem Bürgerlichen Gesetzbuch für das Deutsche Reich, Leipzig, 1898, S. 15.

[87] So etwa SCHOLTISSEK, a.a.O., S. 25; v. LÜBTOW, a.a.O., S. 924; m.w.N.

Diese Konstruktion versagt darüber hinaus bereits dann, wenn dem Testamentsvollstrecker die Verwaltung des Nachlasses wegen § 2223, 2208 II BGB nicht zusteht.[88] Die Auffassung, der Testamentsvollstrecker sei ein Vertreter des Nachlasses ist daher schon frühzeitig wieder aufgegeben worden.

Schließlich ist noch die vereinzelt vertretene Theorie zu erwähnen, die in der Testamentsvollstreckung eine Stellvertretung des Erben sieht.[89] Diese Theorie findet eine Stütze vor allem darin, daß der I. Entwurf zum BGB den Testamentsvollstrecker in § 1903 Abs. 1 noch als gesetzlichen Vertreter der Erben bezeichnet hatte.[90] Diese Bezeichnung ist jedoch in der entsprechenden Vorschrift des heutigen § 2212 BGB gestrichen worden.[91] Dieser Theorie steht entgegen, daß der Testamentsvollstrecker seine Befugnis vom Erblasser herleitet und demnach ausschließlich dazu berufen ist, dessen Interessen zu vertreten.

Die Vertretungsmacht des Testamentsvollstreckers ist auch keine rechtsgeschäftliche, da sie nicht auf dem Willen des vertretenen Erben beruht. Vielmehr muß der Testamentsvollstrecker in zahlreichen Fallkonstellationen die Verfügungen des Erblassers auch gegen den Willen der Erben vollziehen.[92] Dieses Argument kann jedoch nur gegen eine *rechtsgeschäftliche* und nicht gegen eine *gesetzliche* Vertretung des Erben durch den Testamentsvollstrecker eingewandt werden, weil der gesetzliche Vertreter sich nicht um den Willen des von ihm Vertretenen zu kümmern braucht.[93] Zwar haben sich die vom Gesetz geregelten Institutionen, etwa die elterliche Gewalt oder die Pflegschaft in erster Linie auf eine sachgerechte Wahrnehmung der Belange der Vertretenen zu konzentrieren, dies bedeutet jedoch nicht, daß sich die gesetzlichen Vertreter jeweils dem Willen der Vertretenen zu beugen haben. Daher wird gegen diese Auffassung zu Recht eingewandt, daß dem Argument der Interessenwahrung kein entscheidendes Gewicht beigemessen werden darf, sondern es vielmehr auf andere Gesichtspunkte ankommen muß.[94] Außerdem ist jedoch mit einer angeblichen Stellung des Testamentsvollstreckers als Vertreter des Erben nicht zu vereinbaren, daß der Erbe als Eigentümer und Herr des Nachlasses dem Testamentsvollstrecker keinerlei Weisungen erteilen, ihn nicht abberufen kann und keine eigene Verfügungsbefugnis besitzt.[95]

---

[88] Vgl. v. LÜBTOW, a.a.O., S. 924, 925.

[89] So etwa KÖPPEN, Lehrbuch des heutigen römischen Erbrechts, Würzburg 1895, S. 586; GERBER, System des deutschen Privatrechts, Jena 1886, S. 546.

[90] Vgl. Motive V, 236.

[91] Vgl. Protokolle V, 270, 290.

[92] So bereits Scholtissek, a.a.O., S. 26; v. LÜBTOW, a.a.O., S. 925; SOERGEL/DAMRAU, vor §2197, Rz. 10.

[93] So auch v. LÜBTOW, a.a.O., S. 925, m.w.N.

[94] Vgl. v.LÜBTOW, a.a.O., S. 926.

[95] Vgl. SOERGEL/DAMRAU, a.a.O., vor § 2197, Rz. 10.

b) Die Amtstheorie

Nachdem es der Vertretertheorie also nicht gelungen war, das Wesen der Testamentsvollstreckung hinreichend plausibel zu erklären und im Hinblick darauf, daß das Gesetz mehrfach von einem „Amt" spricht,[96] geht die herrschende Meinung in der Literatur[97] und auch die Rechtsprechung[98] davon aus, daß es sich bei der Testamentsvollstreckung um ein privates Amt handelt. So hat der BGH in seiner Entscheidung vom 2. Oktober 1957[99] ausdrücklich ausgeführt:

> *„Der Testamentsvollstrecker ist weder Vertreter des Erblassers noch Vertreter des Erben. Er hat die Stellung eines Treuhänders und ist Inhaber eines privaten Amtes, zu dem er allein durch den Willen des Erblassers berufen ist, auch wenn er von anderer Seite zum Testamentsvollstrecker ernannt worden sein sollte."*

Ausschlaggebend hierfür ist, daß der Testamentsvollstrecker kraft eigenen Rechts, also unabhängig vom Willen der Erben und im eigenen Namen, aber - wegen der Bindung an die letztwilligen Verfügungen des Erblassers - doch im Interesse anderer, vor allem der Erben ausübt.[100] Zudem muß der Testamentsvollstrecker die Interessen verschiedener Personen, insbesondere des Erblassers, der Erben und auch der Vermächtnisnehmer berücksichtigen. Wesen und Natur des vom Testamentsvollstrecker bekleideten Amtes erforderten es daher, daß der Testamentsvollstrecker in seiner Amtsführung unabhängig ist, soweit nicht das Gesetz oder der Erblasser selbst ihm Bindungen auferlegt.[101] Die Beschreibung der Rechtsstellung des Testamentsvollstreckers als Inhaber eines privaten Amtes hat sich in der Literatur und in der Rechtsprechung durchgesetzt und kann insoweit als herrschende Meinung angesehen werden.

---

[96] Vgl. etwa §§ 2197 Abs. 2; 2201, 2202 BGB.

[97] So etwa BENGEL/REIMANN, a.a.O., Rz. 11; DAMRAU, JA 1984, 130; HAEGELE/WINKLER, a.a.O., Rz. 1; EBENROTH, a.a.O., Rz. 620; MÜKO-BRANDNER, vor § 2197, Rz. 5; JAUERNIG/STÜRNER, vor § 2197, Anm. 1; PALANDT/EDENHOFER, Einf. vor § 2197, Rz. 2; STAUDINGER/REIMANN, Vorbem. zu §§ 2197 ff., Rz. 14; vgl. MÖHRING/BEISSWINGERT/KLINGELHÖFFER, a.a.O., S. 174.

[98] Vgl. BGHZ 13, 203, 205; 25, 275,279; BGH NJW 1983, 40; OLG Köln in NJW-RR 1987, 71.

[99] BGHZ 25, 275, 279 = NJW 1957, 1916.

[100] Vgl. STAUDINGER/REIMANN, Vorbem zu §§ 2197 ff., Rz. 14.

[101] So auch BGHZ 25, 275, 279.

c) Die Treuhandtheorie

Einer lediglich vereinzelt vertretenen anderen Auffassung[102] zufolge soll die Rechtsstellung des Testamentsvollstreckers derjenigen eines Treuhänders entsprechen.[103] Unter einem Treuhänder versteht man denjenigen, „dem ein Vermögensgegenstand aus dem Vermögen des Treugebers mit der Verpflichtung übertragen wurde, davon nur im Rahmen der zwischen ihnen getroffenen Abmachungen Gebrauch zu machen".[104]

Aus dieser Definition wird deutlich, daß die Treuhand normalerweise aus zwei Elementen besteht, nämlich einem Übertragungsakt und einer organisierenden und steuernden Abrede, der Treuhandabrede. Zum anderen ist festzuhalten, daß der Treuhänder regelmäßig nach außen mehr tun kann, als er aufgrund der schuldrechtlichen Treuhandabrede tun darf.[105] Eine solche Begrenzung der Rechtsmacht wird ein der gesetzlichen Beschränkung des Testamentsvollstreckers nach § 2206 Abs. 1 Satz BGB gesehen. Es sei daher lediglich streitig, ob der Testamentsvollstrecker als gesetzlicher oder rechtsgeschäftlicher Treuhänder zu begreifen ist.[106] Für eine Einordnung der Testamentsvollstreckung als Treuhand spricht insbesondere, daß sich die Rechtsstellung des Testamentsvollstreckers als die einer Vertrauensperson des Erblassers beschreiben läßt, die berechtigt und verpflichtet ist, entsprechend dem Willen und den Anordnungen des Erblassers den Nachlaß im fremden Interesse zu verwalten.[107]

Auch der BGH hat in seiner Entscheidung vom 2. Okt. 1957 ausgesprochen, daß der Testamentsvollstrecker die Stellung eines Treuhänders habe.[108] Nach einer neueren Ansicht erlangt der designierte Testamentsvollstrecker mit dem Erbfall die Stellung eines Treuhänders.[109] Treuhänderische Züge erhält die Testamentsvollstreckung insbesondere dadurch, daß der Testamentsvollstrecker in eigenem Namen fremdes Vermögen in fremden Interesse zu verwalten hat.[110] Auch die Rechtsfigur der Treuhand ist jedoch mit der rechtlichen Ausgestaltung der Testamentsvollstreckung durch das BGB nur unvollkommen vereinbar.

---

102 So zuletzt noch KÄMMERER, JZ 1970, 328, 331; KIPP/COING, Erbrecht, 14. Aufl. 1990, S. 370, 371;

103 KIPP/COING, Erbrecht, 14. Aufl. 1990, S. 370,371; SEUFFERT/WALSMANN, ZPO, 12. Aufl. 1932, vor § 50 Anm. 2.

104 Vgl. ENNECCERUS-NIPPERDEY, Allgemeiner Teil, 1. Halbband, S. 771; GERNHUBER, Die fiduziarische Treuhand, in JuS 1988, 355, 366.

105 So auch GERNHUBER, a.a.O., S. 356.

106 Vgl. GERNHUBER, a.a.O., S. 356, Fn. 7 m.w.N.

107 Vgl. auch MÜKO-BRANDNER, Vor § 2197, Rz. 5.

108 Vgl. BGHZ 25, 275, 279.

109 Vgl. MÖHRING/BEISSWINGERT/KLINGELHÖFFER, a.a.O., S. 174.

110 So auch SOERGEL/DAMRAU, Vor § 2197, Rz. 11.

Als römisch-rechtlicher Treuhänder müßte der Testamentsvollstrecker Träger der gesamten materiellen Berechtigung am Nachlaß zu eigenem Recht sein und damit die volle Rechtsmacht des Erben innehaben, während ihm nach seiner Aufgabe im Innenverhältnis zum Treugeber nur eine Verwaltungs- und Verwertungsmacht an dem fremden Nachlaß zustehen würde.[111] Als deutschrechtlicher Treuhänder wäre der Testamentsvollstrecker zwar durch seinen Aufgabenkreis stärker nach außen hin begrenzt, aber auch hier wäre er Träger der materiellen Rechtsmacht hinsichtlich des Nachlasses. Dagegen steht ihm nach den Regelungen des BGB nur eine Verwaltungs- und Verfügungsbefugnis hinsichtlich des Sondervermögens „Nachlaß" zu. Eine eigentümerähnliche Stellung hat der Testamentsvollstrecker nicht. Während der echte Treuhänder also zum einen vertraglich gegenüber dem Treugeber gebunden wird und dafür das Treugut zu Eigentum auf den Treuhänder übertragen wird, hat der Testamentsvollstrecker gem. § 2205 BGB lediglich ein Besitzrecht und eine - wenn auch umfassende - Verwaltungsbefugnis. Darüber hinaus hat der Testamentsvollstrecker nur eine begrenzte Verfügungsbefugnis hinsichtlich der einzelnen Nachlaßgegenstände, während der Erbe der Eigentümer des Nachlasses bleibt. Schließlich fehlt eine Treuhandabrede zwischen Testamentsvollstrecker und Erblasser - eine solche könnte lediglich in der testamentarischen Anordnung der Testamentsvollstreckung und der Annahme des Amtes durch den Testamentsvollstrecker gesehen werden. Dieses Defizit deckt sich jedoch mit der allgemeinen Vertragspraxis, die der großen Bedeutung der Treuhandabrede in aller Regel höchst ungenügend Rechnung trägt.[112]

d) Stellungnahme

Keine der soeben skizzierten Theorien vermag das Rechtsinstitut der Testamentsvollstreckung widerspruchsfrei zu beschreiben. Einer Einordnung der Testamentsvollstreckung in rechtsdogmatische Kategorien bekannter Rechtsfiguren ist meines Erachtens auch nicht sinnvoll, da es sich bei der Testamentsvollstreckung um ein Rechtsinstitut eigener Art handelt, welches Züge der Stellvertretung, der Treuhand und der Amtsträgerschaft in sich vereint, darüber hinaus jedoch bestimmte Besonderheiten aufweist, die von keiner Theorie vollständig und dogmatisch sauber erfaßt werden können. Das wird schon dadurch deutlich, daß der I. Entwurf den Testamentsvollstrecker in § 1903 Abs. 1 BGB den Testamentsvollstrecker noch als gesetzlichen Vertreter des Erben bezeichnet hatte. Die zweite Kommission hat diese Fassung offenbar bewußt weggelassen, um die Klärung der Rechtsstellung der Wissenschaft zu überlassen.[113]

---

[111] Vgl. LANGE/KUCHINKE, § 31 III 3.
[112] Vgl. GERNHUBER, a.a.O., S. 357 f.
[113] So auch LANGE/KUCHINKE, § 31 III 4.

Dennoch ist die Rechtsstellung des Testamentsvollstreckers der eines Vertreters angenähert.[114] Die Annäherung geht sogar so weit, daß die Vorschriften in den §§ 181, 207, 278, 254 BGB und 241 ZPO entsprechend auf den Testamentsvollstrecker angewandt werden können.[115] Andererseits darf nicht außer Acht bleiben, daß der Testamentsvollstrecker in erster Linie eine Vertrauensperson des Erblassers ist und nur dessen Willen und Anordnungen verpflichtet ist. Die Testamentsvollstreckung beruht nämlich hauptsächlich auf dem Interesse des Erblassers an dem künftigen Schicksal seines Vermögens. Der Testamentsvollstrecker übt demnach nicht ein fremdes, sondern ein eigenes - vom Willen des Erblassers abgeleitetes - Verwaltungs- und Verfügungsrecht im Hinblick auf den Nachlaß aus.[116]
Dabei kann der Testamentsvollstrecker jedoch nicht in eigenem Namen als Privatperson auftreten. Vielmehr bedarf es des Zusatzes „... als Testamentsvollstrecker über den Nachlaß des ....", sofern der Testamentsvollstrecker vermeiden will, durch die von ihm vorgenommenen Rechtsgeschäfte selbst verpflichtet zu werden.[117] Dieser Umstand spricht sowohl für die Stellvertretungslösung als auch für die Amtstheorie, da in beiden Fällen der in fremden Namen oder auf fremde Rechnung Handelnde dies zu erkennen geben muß, sofern er nicht Gefahr laufen will, in direkter oder analoger Anwendung des § 164 II BGB persönlich haftbar gemacht zu werden.

Andererseits übt der Testamentsvollstreckers die ihm zustehende Verwaltungs- und Verfügungsbefugnis jedoch nicht eigennützig, sondern vielmehr „zu treuen Händen" aus.[118] Dieser Sicherung und Beachtung fremder Interessen trägt das Gesetz Rechnung, wenn es von dem „Amt" des Testamentsvollstreckers spricht. Auch der BGH hat diese doppelte Funktion des Testamentsvollstreckers erkannt, wenn er in seiner Entscheidung aus dem Jahre 1957 den Testamentsvollstrecker als „Treuhänder und Inhaber eines privaten Amtes" bezeichnet hat.[119] Zu Recht führt der BGH weiter aus, daß es das Amt des Testamentsvollstreckers sei, den Willen des Erblassers auszuführen und nach der Verwirklichung der Zwecke zu trachten, wegen derer der Erblasser die Testamentsvollstreckung angeordnet hat. Auch wenn der BGH damit den Grundstein für den Sieg der heute herrschenden Amtstheorie gelegt hat, zeigt die gewählte Formulierung, daß man sich der treuhänderischen Züge sehr wohl bewußt gewesen ist. Dies wird auch durch die weiteren Ausführungen der Entscheidung deutlich, in der sich das Gericht mit dem Wesen der Testamentsvollstreckung eingehend auseinandergesetzt hat:

---

[114] So auch PALANDT/EDENHOFER, Einf. vor § 2197, Rz. 2.
[115] Vgl. SOERGEL/DAMRAU, Vorbem. zu § 2197, Rz. 15.
[116] Ebenso OLG Hamburg OLGZ 4, 123; v. LÜBTOW, a.a.O., S. 927.
[117] Vgl. STAUDINGER/REIMANN, Vorbem. vor § 2197, Rz. 15, so auch PALANDT/EDENHOFER,
Einf. vor § 2197, Rz. 2.
[118] Vgl. v. LÜBTOW, a.a.O., S. 925.
[119] BGHZ 25, 275, 279.

„... Da die Befugnisse des Testamentsvollstreckers als Treuhänder und Inhaber eines privaten Amtes auf dem Willen des Erblassers beruhen, kann auch nur dieser ihm in Form der letztwilligen Verfügungen Weisungen für die Führung seines Amtes erteilen, wie es sich u.a. aus § 2216 Abs. 2 Satz 1 BGB ergibt. Wesen und Natur des vom Testamentsvollstrecker bekleideten Amtes fordern, daß dieser in seiner Amtsführung unabhängig ist, soweit nicht das Gesetz oder der Erblasser selbst ihm Bindungen auferlegt haben.“

Die Verwendung des Amtsbegriffes schließt jedoch keineswegs die vertreterähnliche Stellung des Testamentsvollstreckers aus. Ansonsten müßte man konsequenterweise davon ausgehen, daß auch der Vormund kein Vertreter des Mündels sei, denn auch er bekleidet ein Amt (§§1886, 1890 BGB). Dennoch ist anerkannt, daß der Vormund gem. § 1793 gesetzlicher Vertreter des Mündels ist.[120] Man darf daher aus dem Begriff „Amt“ nicht zuviel über die rechtliche Struktur der Testamentsvollstreckung herauslesen. Dieser Begriff dient lediglich dazu, die Fremdnützigkeit herauszustellen.[121] Dennoch ist die Stellung von Vormund und Testamentsvollstrecker nicht ganz vergleichbar. Zwar steht beiden ein selbständiges eigenes Verwaltungsrecht an fremdem Vermögen zu, ein wesentlicher Unterschied ist jedoch darin zu sehen, daß der Vormund das gesamte Vermögen seines Schützlings verwaltet, während dem Testamentsvollstrecker nur die Verwaltung eines bestimmten Sondervermögens, nämlich des Nachlasses zusteht.

Insbesondere die prozeßrechtliche Stellung des Testamentsvollstreckers[122] zeigt, daß sich die Rechtsfigur weder mit dem Begriff Amt, noch dem Institut der Stellvertretung völlig in Einklang bringen läßt. Gemäß § 327 Abs. 1 ZPO wirkt ein Urteil, welches zwischen einem Testamentsvollstrecker und einem Dritten über der Verwaltung des Testamentsvollstreckers unterliegendes Recht ergeht, für und gegen den Erben. Wäre der Testamentsvollstrecker nur Vertreter des Erben, so hätte es dieser Vorschrift nicht bedurft. Nachdem der Testamentsvollstrecker nach den Beschlüssen der II. Kommission aber nicht als Vertreter des Erben angesehen werden sollte, bedurfte es einer besonderen Vorschrift, um dem Urteil, welches in einem Prozeß zwischen dem Testamentsvollstrecker und einem Dritten ergangen war, eine Rechtskraftwirkung gegen den Erben zu sichern.[123] Darüber hinaus kann der Testamentsvollstrecker als solcher gegen den Erben klagen, etwa um seinen Anspruch auf Einwilligung des Erben gem. § 2206 Abs. 2 BGB durchzusetzen.[124]

---

[120] Vgl. v. LÜBTOW, a.a.O., S. 929.
[121] So auch v. Lübtow, a.a.O., S. 929.
[122] Vgl. dazu unten Teil D V dieser Arbeit.
[123] Vgl. OLG Hamburg, OLGZ 4, 123; RGZ 56, 327, 330; so auch v. LÜBTOW, a.a.O. S. 927.
[124] Vgl. dazu MÜKO-BRANDNER, § 2206 Rz. 11.

Dieser Umstand ist ebenfalls mit der Theorie der Stellvertretung nur schwer vereinbar.[125] Der Testamentsvollstrecker übt dabei nämlich kein Recht des „vertretenen“ Erben, sondern ein eigenes, auf ihn übergegangenes Recht aus. Die Amtstheorie muß sich hier indes entgegenhalten lassen, daß sich dieses Recht nicht auf hoheitliche Befugnisse oder auf einen staatlichen Verleihungsakt stützt, sondern auf den Regeln des Privatrechts und dem Willen des Erblassers beruht. Aus diesem Grund kann man die Tätigkeit und Stellung des Testamentsvollstreckers nicht als Amt im juristischen Sinne ansehen. Zudem finden auf das Rechtsverhältnis zwischen ihm und dem Erben die bürgerlich-rechtlichen Auftragsvorschriften Anwendung.[126] Auch dieser Umstand spricht gegen die Annahme eines Amtes in juristischem Sinn. Wenn das Gesetz an verschiedenen Stellen dennoch von einem Amt spricht, so ist davon auszugehen, daß es sich nicht um einen formaljuristischen, sondern um einen dem allgemeinen Sprachgebrauch entlehnten Ausdruck handelt.[127] Zusammenfassend läßt sich also an dieser Stelle festhalten, daß die Testamentsvollstreckung weder durch die Vertretertheorie, noch durch die Treuhandtheorie oder die herrschende Amtstheorie widerspruchsfrei und schlüssig erfaßt wird. Die Amtstheorie greift zwar in der Praxis und insbesondere im Prozeßrecht am besten, dennoch sind auch ihr die oben angeführten Widersprüchlichkeiten entgegenzuhalten. Dies verwundert allerdings nicht, wenn man berücksichtigt, daß sich die Testamentsvollstreckung aus einem mittelalterlichen deutschrechtlichen Institut, insbesondere der kirchlichen Rechtspraxis, entwickelt hat und durch die Gesetzgebung und Rechtsprechung ausgeformt und modifiziert worden ist.[128] Keines der bekannten Rechtsinstitute vermag daher die Stellung des Testamentsvollstreckers in all ihren Facetten vollständig zu erklären.

So mag sich die Wissenschaft damit begnügen, die Testamentsvollstreckung als Institut eigener Art zu begreifen, ohne sie in ein Schema eines anderen Rechtsinstitutes hineinpressen zu wollen. Dieser Verzicht genügt auch den praktischen Bedürfnissen, da die Testamentsvollstreckung hinsichtlich der Ausführung der letztwilligen Verfügungen des Erblassers auch ohne eine vollständige Angleichung an bekannte juristische Konstruktionen ihren Zweck zu erfüllen vermag. Zudem muß berücksichtigt werden, daß gewisse juristische Fundamentalbegriffe die Einsicht in das Wesen der Rechtsvorgänge auch erschweren können.[129] Es mag demnach bei der offenen Definition des BGH bleiben, wonach der Testamentsvollstrecker die Stellung eines Treuhänders hat *und* Inhabereines privaten Amtes ist.[130] Durch diese Doppeldefinition wird die Eigenart der Testamentsvollstreckung als Rechtsinstitut *sui generis* deutlich.

---

[125] Vgl. v. LÜBTOW, a.a.O., S. 926.

[126] Vgl. dazu JAUERNIG/STÜRNER, § 2218 Anm. 1; STAUDINGER/REIMANN, § 2218, Rz. 2 ff.

[127] So auch KÄMMERER, JR 1970, 328,331.

[128] Vgl. auch KIPP/COING, a.a.O., S. 368.

[129] Vgl. KÄMMERER, a.a.O., S. 332.

[130] BGHZ 25, 275, 279.

3. Abgrenzung von anderen Rechtsfiguren:

Der Erblasser kann abgesehen von der Testamentsvollstreckung auch noch auf nicht-erbrechtlichem Wege versuchen, die Verwaltung einzelner Nachlaßgegenstände oder der gesamten Erbmasse auf eine Person seines Vertrauens zu übertragen. Hierzu bieten sich zum einen Vollmachtslösungen und zum anderen Treuhandlösungen an.[131]

a) Bevollmächtigungen über den Tod hinaus

Ungeachtet der durch das Gesetz für den Wirkungskreis des Testamentsvollstreckers gezogenen Grenzen besteht die Möglichkeit, daß außerhalb und unabhängig von den Aufgaben der Testamentsvollstreckung eine über den Tod hinaus wirkende Vollmacht erteilt wird (transmortale Vollmacht)[132]. In einem solchen Falle unterliegt der Bevollmächtigte - ohne Rücksicht darauf, ob er Testamentsvollstrecker ist oder nicht - in seiner Eigenschaft als Bevollmächtigter nicht den Beschränkungen, die für den Testamentsvollstrecker gem. § 2207, 2209 BGB gelten.[133] So kann der Bevollmächtigte durchaus ermächtigt sein, unentgeltliche Verfügungen vorzunehmen. Allerdings ist in Grenzfällen durch Auslegung zu ermitteln, ob der Erblasser eine Testamentsvollstreckung gewünscht hat oder eine Vollmacht erteilen wollte.[134] Die Vollmacht ist normalerweise für den Rechtsverkehr unter Lebenden vorgesehen. Sie ist aber auch über den Tod des Vollmachtgebers hinaus wirksam (§§ 168 Satz 1, 672 Satz 1 BGB) und kann in Verbindung mit einer aufschiebenden Bedingung auch so ausgestaltet werden, daß von ihr erst nach dem Tod des Vollmachtgebers Gebrauch gemacht werden kann.[135] Eine solche, durch den Tod des Vollmachtgebers aufschiebend bedingte Vollmacht wird als *postmortale Vollmacht* bezeichnet.[136] Vollmachten über den Tod hinaus oder auf den Todesfall werden oft als Übergangslösung erteilt, da sie den Zugriff auf den Nachlaß sowie Verfügungen über Nachlaßgegenstände erleichtern.[137]
Aus unterschiedlichen Gründen kann es nämlich vielfach einige Zeit dauern, bis ein Erbnachweis vorliegt oder der Testamentsvollstrecker sein Amt

---

[131] Vgl. hierzu auch MüKo-Brandner, vor § 2197, Rz. 7 ff.; Haegele/Winkler, a.a.O., Rz. 4; Staudinger/Reimann, Vorbem. zu § 2197, Rz. 53 ff.
[132] Vgl. Staudinger/Reimann, a.a.O., Rz. 53.
[133] Vgl. Möhring/Beisswingert/Klingelhöffer, a.a.O., S. 175.
[134] So auch Haegele/Winkler, a.a.O:, Rz. 12.
[135] Vgl. Jauernig/Stürner, Vor § 2197 Anm. 2; Haegele/Winkler, a.a.O., Rz. 4; Ebenroth, a.a.O., Rz. 626; Staudinger/Reimann, Vorbem. zu § 2197, Rz. 53.
[136] Vgl. dazu auch Röhm, Rechtsfragen zu der vom Erblasser erteilten Vollmacht, in DB 1969, 1978; Haegele, Rpfleger 1968, 346; Palandt/Edenhofer, Einf. vor § 2197, Rz. 16, Reithmann, Testamentsvollstreckung und postmortale Vollmacht als Instrumente der Kautelarjurisprudenz, in BB 1984, 1394,1396.
[137] So auch MüKo-Brandner, Vor § 2197, Rz. 9; Haegele/Winkler, a.a.O., Rz. 4.

angenommen hat und ihm ein Testamentsvollstreckerzeugnis erteilt ist. Bis eine entsprechende Legitimation vorliegt, kann es im Hinblick auf Bankguthaben,[138] Schließfächer oder Versicherungssummen schwierig sein, Zugang zu den Vermögenswerten zu erhalten. Dagegen kann der Bevollmächtigte das „zeitliche Vakuum" bis zur Erteilung eines Nachweises überbrücken und im Sinne des Erblassers handeln, ohne eines Testamentsvollstreckerzeugnisses oder eines Erbscheins zu bedürfen.[139]

Die Vollmacht kann schon durch Rechtsgeschäft unter Lebenden erteilt werden, indem der Vollmachtsgeber dem Vertreter oder einem Dritten, dem gegenüber er vertreten werden will, eine entsprechende Erklärung übergibt. Eine solche Erklärung ist grundsätzlich formfrei (§ 167 Abs. 2 BGB) und auch dann wirksam, wenn sie dem Erklärungsempfänger erst nach dem Tod des Vollmachtgebers zugeht.[140] Durch § 130 Abs. 2 BGB wird nämlich sichergestellt, daß auch bei Erteilung der Vollmacht durch Verfügung von Todes wegen die Bevollmächtigung mit ihrem Zugang wirksam wird. Umstritten war dagegen die Frage, ob eine Bevollmächtigung auch durch eine letztwillige Verfügung erteilt werden könne. Während die ältere Rechtsprechung diese Frage noch problematisiert hatte und insbesondere bezweifelte, ob in einer letztwilligen Verfügung die „Abgabe" einer empfangsbedürftigen Willenserklärung gesehen werden könne, ist diese Frage heute geklärt:[141] Der Vollmachtgeber muß in diesem Fall lediglich sicherstellen, daß dem Bevollmächtigten die Vollmachtserteilung als empfangsbedürftige Willenserklärung auch zugeht.[142] Bei öffentlichen Testamenten ist dabei bereits durch die gesetzlichen Vorschriften dafür Sorge getragen, daß der Vertreter, welcher als Beteiligter im Sinne der §§ 2260, 2262 BGB anzusehen ist, von der testamentarischen Vollmachtserteilung Kenntnis erlangt.[143]

---

[138] Vgl. hierzu insbesondere REHMANN, Zur Beschränkung der postmortalen Vollmacht durch eine angeordnete Testamentsvollstreckung am Beispiel der Bankvollmacht, in BB 1987, 213.

[139] Vgl. HAEGELE/WINKLER, a.a.O., Rz. 5; so auch RÖHM, DB 1969, 1973.

[140] Vgl. STAUDINGER/REIMANN, Vorbem zu § 2197, Rz. 55; JAUERNIG/STÜRNER, Vorbemerkung zu § 2197, Anm. 2; MÜKO-BRANDNER, Vor § 2197, Rz. 12.

[141] So auch MÜKO-BRANDNER, Vor § 2197, Rz. 12; STAUDINGER/REIMANN, Vorbem zu § 2197, Rz. 56 m.w.N.

[142] Vgl. RGZ 65, 274; 170, 380, 383; OLG Köln NJW 1950, 702, STAUDINGER/REIMANN, Vorbem zu § 2197, Rz. 56; PALANDT/EDENHOFER, Einf vor § 2197, 17, OLG Köln, Rechtspfleger 1992,299.

[143] So auch OLG Köln, Rechtspfleger 1992, 299.

Gleiches gilt auch für diejenigen Testamente, welche auf Verlangen des Erblassers in amtliche Verwahrung genommen wurden.[144] Bei eigenhändigen Testamenten, welche nicht in amtliche Verwahrung genommen werden, kann die darin enthaltene Vollmachtserteilung freilich nur dann wirksam werden, wenn die Vollmachtserklärung dem Empfänger auch tatsächlich zugeht. Hierfür muß der Erblasser als Vollmachtgeber durch geeignete Maßnahmen Sorge tragen. Zwar soll genügen, daß der Erblasser schon zu Lebzeiten alles getan hat, um die Erklärung ohne weiteres Zutun in Richtung auf den Erklärungsempfänger in Gang zu setzen.[145] Geeignete und vor allem sichere Maßnahmen sind jedoch kaum denkbar. Allenfalls könnte der Erblasser eine Person seines Vertrauens damit beauftragen, das Testament an den Bevollmächtigten auszuhändigen. Aber auch diese Lösung bietet kaum eine Gewähr für den sicheren Zugang. Es verwundert daher nicht, daß die Literatur die Erteilung einer solchen Vollmacht durch ein separates Schriftstück empfiehlt, welches zum anderen auch den Nachweis hinsichtlich des Bestehens der Vollmacht erleichtert,[146] da es im Gegensatz zum Testament nicht bei den Nachlaßakten verbleibt. Darüber hinaus kann es insbesondere in den Fällen, in denen die Vollmachtserteilung durch Testament erfolgt, zu problematischen Auslegungsfragen kommen. So kann die Ernennung des Bevollmächtigten als Testamentsvollstreckung ausgelegt werden, wenn sich bei der Auslegung ergibt, daß der Bevollmächtigte eine für die Erben unwiderrufliche Stellung einnehmen und die Erben aus der Verwaltungsbefugnis hinsichtlich des Nachlasses verdrängen sollte.[147]

Durch die postmortale Vollmacht wird der Bevollmächtigte Stellvertreter des Erben.[148] Der Umfang der Vertretungsmacht bestimmt sich nach dem Willen des Erblassers. Sie kann als „Generalvollmacht“[149] oder aber nur für bestimmte Geschäfte (etwa als Bankvollmacht) erteilt werden.[150]

---

[144] Beteiligte im Sinne des § 2262 BGB sind alle im Testament mit Rechten und Pflichten bedachte Personen, also auch die postmortalen Bevollmächtigen. Sie sind durch das Nachlaßgericht zu ermitteln und von dem Inhalt des Testaments in Kenntnis zu setzen; vgl. JAUERNIG/STÜRNER, § 2262, Anm. 1; STAUDINGER/REIMANN, Vorbem. zu § 2197, Rz. 57.

[145] Vgl. OLG Köln, NJW 1950, 702.

[146] Vgl. HAEGELE/WINKLER, a.a.O., Rz. 5; STAUDINGER/REIMANN, Vor § 2197, Rz. 59.

[147] So auch MÜKO-BRANDNER, Vor § 2197, Rz. 13; auch eine „unwiderrufliche“ Vollmacht kann jedoch aus wichtigem Grund durch die Erben widerrufen werden; die unwiderrufliche Generalvollmacht ist zudem als sittenwidrige Umgehung der Vorschriften über die Testamentsvollstreckung unwirksam, da sie eine Knebelung der Erben darstellt, vgl. JAUERNIG/STÜRNER, Vor § 2197, Anm. 2.

[148] Vgl. BGHZ 87, 19, 25.

[149] Vgl.. dazu STAUDINGER/REIMANN, Vor § 2197, Rz. 74; RÖHM, DB 1969, 1973, 1977.

[150] Vgl. dazu HAEGELE/WINKLER, a.a.O., Rz. 7, der zutreffend darauf hinweist, daß zumindest für den Grundbuchverkehr die Form des § 29 GBO gewahrt wird.

Der Bevollmächtigte ist aber zur Verwaltung des Nachlasses und zu entsprechenden Verfügungen nur solange befugt, bis die Erben die Vollmacht widerrufen.[151] Hierin unterscheidet sich der Bevollmächtigte wesentlich von dem Testamentsvollstrecker, welcher von den Erben nicht ohne weiteres „abberufen" werden kann.[152] Zum Widerruf der Vollmacht ist - auch während des Bestehens einer Erbengemeinschaft - jeder einzelne Erbe befugt.[153]

Durch den Widerruf der Vollmacht kann der Bevollmächtigte nicht mehr mit Wirkung für und gegen den widerrufenden Erben verfügen. Gegenüber den nicht widerrufenden Miterben bleibt die Vollmacht dagegen bestehen.[154] Schließlich braucht sich der innerhalb seiner Vertretungsmacht handelnde Bevollmächtigte nicht zu vergewissern, ob die Erben zustimmen oder die Vollmacht widerrufen wollen.[155] Der Bevollmächtigte kann darüber hinaus auch unentgeltlich über Nachlaßgegenstände oder Rechtsgeschäfte mit sich selbst abschließen, soweit er von den Beschränkungen des § 181 BGB befreit ist.[156] Der Bevollmächtigte kann ein Dritter, aber auch der zukünftige Testamentsvollstrecker oder ein Erbe sein.[157] Selbst die Erteilung einer Generalvollmacht und die gleichzeitige Einsetzung zum Testamentsvollstrecker stoßen nach der Rechtsprechung des Bundesgerichtshofes auf keine rechtlichen Bedenken.[158] Auch wird die Generalvollmacht nicht dadurch eingeschränkt, daß der Bevollmächtigte zugleich Testamentsvollstrecker ist.[159] Dem Testamentsvollstrecker gibt eine zusätzlich vom Erblasser erteilte postmortale Vollmacht die Möglichkeit schon vor Amtsbeginn im Sinne des § 2202 BGB über Nachlaßgegenstände zu verfügen oder Verwaltungsanordnungen zu treffen.[160] Die Vollmachtserteilung verschafft dem Testamentsvollstrecker insgesamt mehr Rechte, als ihm in seiner Eigenschaft als Testamentsvollstrecker zustehen.[161] So kann der Erblasser die Vorteile beider Rechtsinstitute kombinieren und dem Testamentsvollstrecker und Bevollmächtigten umfassende Befugnisse verleihen.[162]

---

[151] Vgl. RGZ 139, 41; STAUDINGER/REIMANN, Vorbem zu § 2197, Rz. 62.
[152] Vgl. dazu unten Teil E II dieser Arbeit.
[153] Vgl. HAEGELE/WINKLER, a.a.O., Rz. 8, PALANDT/EDENHOFER, Einf. vor § 2197, Rz. 20, MÜKO-BRANDNER, Vor § 2197, Rz. 18; einschränkend STAUDINGER/REIMANN, Vorbem vor § 2197, Rz. 73.
[154] So bereits RG JW 38, 1892; BGH NJW 1990, 507, HAEGELE/WINKLER, a.a.O., Rz 8.
[155] Vgl. BGH NJW 1995, 215; MÜKO-BRANDNER, Vor § 2197, Rz. 14, PALANDT/EDENHOFER, Einf. vor § 2197, Rz. 18.
[156] So auch STAUDINGER/REIMANN, Vorbem zu § 2197, Rz. 65.
[157] PALANDT/EDENHOFER, Einf. vor § 2197, Rz. 18.
[158] Vgl. BGH NJW 1962, 1718,1719.
[159] Str., wie hier STAUDINGER/REIMANN, Vorbem. zu § 2197, Rz. 76, differenzierend REHMANN, BB 1987, 213,214 f.
[160] So auch MÜKO-BRANDNER, Vor § 2197, Rz. 15.
[161] Ebenso HAEGELE/WINKLER, a.a.O., Rz. 14.
[162] Vgl. HAEGELE/WINKLER, a.a.O., Rz. 14.

Der Testamentsvollstrecker kann in diesem Fall auch unentgeltliche Verfügungen vornehmen[163] oder Rechtsgeschäfte mit sich selbst abschließen, soweit er durch die Vollmacht von der Vorschrift des § 181 BGB befreit ist.[164] Wird dagegen ein Dritter vom Erblasser postmortal bevollmächtigt, so wird die Wirkung der Vollmacht durch die Testamentsvollstreckung eingeschränkt.[165] Der Bevollmächtigte ist nämlich als Vertreter der Erben anzusehen. Er kann daher auch nur im Rahmen der Verfügungsmacht der Erben handeln.[166] Diese ist jedoch durch die Rechte des Testamentsvollstreckers eingeschränkt (vgl. § 2211, 2212 BGB).[167] Auch die Weisungs- und Widerrufsrechte liegen - soweit sie bei Vollmachtserteilung nicht wirksam ausgeschlossen worden sind - nunmehr bei dem Testamentsvollstrecker.[168] Umstritten ist, ob die Einschränkung der Vertretungsmacht des Bevollmächtigten bereits durch die Anordnung der Testamentsvollstreckung oder erst durch die Annahme des Amtes durch den Testamentsvollstrecker beginnt.[169] Zu Recht hat der BGH jedoch bereits in seiner Entscheidung vom 2.10.1957 festgestellt, daß die Verfügungsmacht der Erben nicht nur während der Zeit beschränkt ist, in der ein Testamentsvollstrecker tatsächlich vorhanden ist und sein Amt ausübt, sondern „in der ganzen Zeit, während der nach dem im Testament zum Ausdruck gelangten Willen des Erblassers eine Testamentsvollstreckung bestehen soll und bestehen *kann.*“[170] Nach dem Willen des Gesetzgebers kann eine Testamentsvollstreckung jedoch nicht bereits mit dem Erbfall bestehen, sondern erst dann, wenn wenigstens einer der Testamentsvollstrecker sein Amt angenommen hat. Eine Beschränkung der postmortalen Vollmacht ergibt sich nach zutreffender Auffassung demnach auch erst durch die Annahme des Testamentsvollstreckeramtes.[171]

Eine postmortale Vollmacht bringt jedoch auch Nachteile mit sich, vor denen der Erbe geschützt werden muß. Eine über den Tod hinaus wirkende Vollmacht ist nämlich nicht unbedenklich, weil die Gefahr besteht, daß zwingende gesetzliche Bestimmungen für die Beschränkungen des Testamentsvollstreckers umgangen werden.[172] So hatte bereits das Reichsgericht die Frage aufgeworfen, ob dem Erblasser neben der erbrechtlichen Befugnis, mittels eines Testamentsvollstreckers einer Person seines Vertrauens eine

[163] Vgl. BGH NJW 1962, 1718,1719.
[164] STAUDINGER/REIMANN, Vorbem. zu § 2197, Rz. 76.
[165] So auch STAUDINGER/REIMANN, Vorbem zu § 2197, Rz. 68; MÜKO-BRANDNER, Vor § 2197, Rz. 14; PALANDT/EDENHOFER, Einf. vor § 2197 Rz. 19.
[166] Differenzierend REHMANN, a.a.O., S. 214.
[167] Ebenso STAUDINGER/REIMANN, a.a.O., Rz. 68.
[168] MÜKO-BRANDNER, Vor § 2197, Rz. 15; STAUDINGER/REIMANN, Vor § 2197, Rz. 73.
[169] Str., vgl. STAUDINGER/REIMANN, Vorbem zu § 2197, Rz. 68; PALANDT/EDENHOFER, Einf. vor § 2197, Rz. 19, a.A. MÜKO-BRANDNER, Vor § 2197, Rz. 15; ERMAN/SCHMIDT, vor § 2197 Rdnr. 9; REHMANN, BB 1987, 213,214; vgl. auch BGH NJW 1962, 1718.
[170] Vgl. BGHZ 25, 275,282.
[171] So auch STAUDINGER/REIMANN, Vorbem. zu § 2197, Rz. 68.
[172] vgl. MÖHRING/BEISSWINGERT/KLINGELHÖFFER, a.a.O., S. 175.

umfassende Verwaltungsbefugnis über sein Vermögen einzuräumen, andere Rechtshandlungen zum gleichen Zweck zulässig sein sollen, die unter Außerachtlassung der erbrechtlichen Formen erfolgen.[173] Das Gericht hat diese Frage hinsichtlich eines formlos erteilten, postmortalen Auftrages verneint, da dieser dem Beauftragten eine einem Testamentsvollstrecker entsprechende Stellung verschafft hätte. Unter ähnlichen Gesichtspunkten ist auch die postmortale Vollmacht kritisch betrachtet worden.

So hat man in der Vergangenheit vielfach die Auffassung vertreten, daß sie ein „Umgehungsgeschäft" unter Lebenden zur Erreichung erbrechtlicher Verfügungen sei, und daher unwirksam sein müsse, zumindest soweit sie nicht in der vom Gesetz vorgeschriebenen testamentarischen oder testamentsvollstreckungsrechtlichen Form erteilt worden sei.[174] Dieser Auffassung wird heute jedoch zu Recht einhellig entgegengehalten, daß die Vollmacht vom Augenblick des Erbfalles an nicht mehr auf der Verfügungsbefugnis des Erblassers beruht, sondern die Erben in das Rechtsverhältnis zwischen dem Vollmachtgeber und dem Bevollmächtigten eingetreten sind. Die Vollmacht besteht also nur „unter geänderten Vorzeichen" weiter.[175] Infolge des Erbfalles wechselt der Geschäftsherr, der Bevollmächtigte leitet seine Befugnisse nunmehr vom Erben ab.[176] Nachdem es auch dem Erben zusteht, die Vollmacht zu widerrufen, liegt in der Vollmachtserteilung keine Umgehung der erbrechtlichen Vorschriften über die Testamentsvollstreckung.
Problematisch ist jedoch darüber hinaus, daß der Erbe in seinen Befugnissen hinsichtlich des Nachlasses durch eine postmortale Bevollmächtigung in starkem Maße beeinträchtigt und faktisch aus seiner rechtsgeschäftlichen Handlungsfähigkeit verdrängt werden kann.[177] Dies würde insbesondere dann gelten, wenn der Erbe eine dem Bevollmächtigten erteilte Vollmacht nicht jederzeit widerrufen könnte. Ob eine post- oder transmortale Vollmacht widerruflich ist, richtet sich jedoch zunächst in erster Linie nach dem ihr zugrundeliegenden Rechtsverhältnis.[178] Dies folgt schon aus § 168 BGB. Hat der Erblasser jedoch bei Vollmachtserteilung das Widerrufsrecht beschränkt oder ausgeschlossen, so liegt hierin eine unangemessene Benachteiligung der Erben, da der Sache nach unter Umgehung der testamentarischen Formvorschriften eine Testamentsvollstreckung angeordnet wurde.[179]

---

[173] Vgl. RGZ 139, 41,43.
[174] Eingehend RÖHM, Rechtsfragen zu der vom Erblasser erteilten Vollmacht, in DB 1969, 1973,1975 m.w.N.; vgl. auch RGZ 83, 223; 98, 281.
[175] So auch RÖHM, a.a.O., S. 1976.
[176] Vgl. MÜKO-BRANDNER, Vor § 2197, Rz. 19; ebenso RÖHM, a.a.O., S. 1976.
[177] Vgl. dazu auch MÜKO-BRANDNER, Vor § 2197, Rz. 16.
[178] Vgl. STAUDINGER/REIMANN, Vorbem zu § 2197, Rz. 71 f.
[179] vgl. JAUERNIG/STÜRNER, vor § 2197, Anm. 2; STAUDINGER/REIMANN, Vorbem. zu § 2197, Rz. 71.

Eine entsprechende Anordnung bei der Bevollmächtigung wird man daher so auslegen müssen, daß der Widerruf der Vollmacht aus wichtigem Grund durch die Erben oder den Testamentsvollstrecker jederzeit möglich ist. Dies gilt auch für eine Generalvollmacht, soweit sie über den Tod hinaus oder auf den Todesfall erteilt ist.[180]

Eine Bevollmächtigung über den Tod hinaus bietet sich daher lediglich als Ergänzung der Testamentsvollstreckung bzw. als Zwischenlösung an, um die Handlungsfähigkeit auch zwischen dem Erbfall und der Annahme des Amtes durch den Testamentsvollstrecker bzw. die Erteilung des Testamentsvollstreckerzeugnisses zu sichern. Als solche Übergangslösung erleichtern sie insbesondere den Zugang zu Bankguthaben. Als Ersatz für die Anordnung einer Testamentsvollstreckung kommen sie wegen der Widerruflichkeit durch die Erben nicht in Betracht. Eine besondere Bedeutung erlangen sie teilweise dann, wenn der Erblasser als überlebender Ehegatte durch ein gemeinschaftliches Testament oder einen Erbvertrag daran gehindert ist, einseitig eine Testamentsvollstreckung anzuordnen.[181]

b) Treuhandlösungen

Insbesondere zur Sicherung der Fortführung eines Unternehmens nach dem Tode des Unternehmers kennt die Kautelarjurisprudenz neben der Testamentsvollstreckung und der post- oder transmortalen Vollmacht noch die treuhänderische Übertragung auf einen Vertrauensmann, um neben oder als Ersatz der Testamentsvollstreckung die Fortführung des Unternehmens im Sinne des Erblassers zu sichern.[182] Dabei soll die Unternehmensinhaberschaft bzw. der Geschäftsanteil auf den Testamentsvollstrecker oder einen Dritten als „Sachwalter und Treuhänder der Erben" übertragen werden.[183] Dazu kann der Erblasser durch eine letztwillig angeordnete Bedingung oder Auflage den Erben dazu anhalten, der Vertrauensperson des Erblassers die treuhänderische Rechtsinhaberschaft einzuräumen oder selbst dem Dritten eine „Treuhand auf den Todesfall" übertragen. Als Treuhand bezeichnet man ein Rechtsverhältnis, das ein Rechtsgut zum Gegenstand hat, welches einem Vertragspartner, (dem Treuhänder) zu vollem Recht übertragen wird, jedoch mit der Verpflichtung, dem anderen Vertragspartner (dem Treugeber) gegenüber, von der unbeschränkten Rechtsmacht nur in bestimmten Grenzen Gebrauch zu machen.[184]

---

[180] Ebenso STAUDINGER/REIMANN, a.a.O., Rz. 74, BGH NJW 1962, 1718,1719; BGH DNotZ 1972, 229; PALANDT/EDENHOFER, Einf. vor § 2197, Rz. 20.

[181] Vgl. HAEGELE/WINKLER, a.a.O., Rz. 6 m.w.N.

[182] Vgl. REITHMANN, BB 1984, 1394; MÜKO-BRANDNER, Vor § 2197, Rz. 21, HAEGELE/WINKLER, a.a.O., Rz. 298 ff.

[183] So auch MÜKO-BRANDNER, Vor § 2197, Rz. 21.

[184] Ebenso GERNHUBER, Die fiduziarische Treuhand, in JuS 1988, 355,356.

Ist das fortzuführende Unternehmen ein Handelsgeschäft, so kann der Testamentsvollstrecker nach herrschender Meinung das Handelsgeschäft nicht in seiner Eigenschaft als solcher fortführen, da es den Bestimmungen des Handelsrechts zuwider laufen würde, wenn die Haftung des Geschäftsinhabers (der Erben) für die nach dem Erbfall begründeten Geschäftsverbindlichkeiten auf den Nachlaß beschränkt werden könnte.[185] Der Testamentsvollstrecker kann das Geschäft daher nur im eigenen Namen, als Treuhänder für die Erben fortführen oder er muß die Vollmachtslösung wählen und das Geschäft als Bevollmächtigter der Erben in deren Namen weiterführen.[186] Betreibt er das Handelsgeschäft im eigenen Namen weiter, hat er es im Innenverhältnis im Interesse und für Rechnung der Erben „als deren Treuhänder" fortzuführen. Bei einer solchen Treuhandlösung in Ergänzung zur Testamentsvollstreckung sind zwei Varianten denkbar, die Vollrechtstreuhand und die sog. Ermächtigungstreuhand.[187]

(1) Ermächtigungstreuhand

Bei der Ermächtigungstreuhand erhält der Treuhänder nicht das volle Recht an den übertragenen Nachlaßgegenständen, sondern lediglich eine uneingeschränkte Verfügungsmacht.[188] Diese Form der Treuhand ist in ihren Wirkungen der Testamentsvollstreckung sehr ähnlich. Der maßgebliche Nachteil besteht jedoch in der Haftung. Während der Testamentsvollstrecker zwar in eigenem Namen auftritt, stellt er doch durch den Zusatz „als Testamentsvollstrecker über den Nachlaß des ..." sicher, daß er nur in Bezug auf den Nachlaß handelt und nicht persönlich haftet.[189] Der Treuhänder dagegen handelt im eigenen Namen und haftet im Außenverhältnis demnach auch vollständig.

(2) Vollrechtstreuhand

Bei der Vollrechtstreuhand werden dem Treuhänder bestimmte Nachlaßgegenstände - insbesondere die Gesellschaftsanteile oder sämtliche Gegenstände des einzelkaufmännischen Unternehmens - zu vollem Recht übertragen. Dadurch ist gewährleistet, daß das in dem Unternehmen zusammengefaßte Nachlaßvermögen für die von dem Treuhänder im eigenen Namen einzugehenden Geschäftsverbindlichkeiten haftet.[190] Der Treuhänder ist demnach der zivilrechtliche Vertragspartner hinsichtlich sämtlicher Geschäfte, die nach dem Erbfall in Verbindung mit dem Handelsgeschäft getätigt werden.

---

[185] Vgl. JOHN, Testamentsvollstreckung über ein einzelkaufmännisches Unternehmen, in BB 1980, 757 f.; ebenso BFH, Urteil vom 11.10.1990 in BB 1991, 537.
[186] Vgl. BFH BB 1991, 537.
[187] Vgl. HAEGELE/WINKLER, a.a.O., Rz. 298 ff.
[188] Vgl. RGZ 133, 234,241; BGHZ 19, 69,71.
[189] Vgl. dazu unten Teil C V 1 dieser Arbeit.
[190] So auch HAEGELE/WINKLER, a.a.O.:, Rz. 300 m.w.N.

Bei der Vollrechtstreuhand werden daher nicht die Erben, sondern allein der Testamentsvollstrecker bzw. der Treuhänder aus den Geschäften, die das Handelsgeschäft betreffen, berechtigt und verpflichtet.[191] Konsequenterweise wird demgemäß auch der treuhänderische Testamentsvollstrecker als Steuerschuldner hinsichtlich der Umsatzsteuer herangezogen.[192] Die Diskrepanz zwischen der Außenhaftung des Treuhänders und der beschränkten Haftung des Erben wird die Vertrauensperson des Erblassers in vielen Fällen davon abhalten, eine treuhänderische Verwaltung des Nachlasses übernehmen zu wollen. Die praktische Durchführung der Treuhandlösung stößt daher meist auf kaum zu überwindende Hindernisse.[193]

B. Voraussetzungen für die Entstehung der Testamentsvollstreckung

I. Anordnung durch den Erblasser

1. Grundsatz der Eigenanordnung

Unerläßliche Voraussetzung für die Begründung der Testamentsvollstreckung ist deren Anordnung durch den Erblasser. Die Anordnung erfolgt durch Testament, § 2197 Abs. 1 BGB und ist damit grundsätzlich Sache des Erblassers. Eine Vertretung im Willen scheidet somit aus. Eine Testamentsvollstreckung ohne oder sogar gegen den Willen des Erblassers, etwa als Fürsorgemaßnahme des Nachlaßgerichts gegenüber dem Nachlaß kennt das BGB nicht.[194] Der Erblasser muß daher durch letztwillige Verfügung seinem Wunsch dahingehend Ausdruck verleihen, daß eine Person seines Vertrauens mit der Vermögenssorge um seinen Nachlaß betraut werden soll. Dabei muß jedoch grundsätzlich zwischen der vom Erblasser eigenhändig anzuordnenden Testamentsvollstreckung und der Ernennung des Testamentsvollstreckers unterschieden werden.[195] Der Erblasser kann nämlich gem. § 2198-2200 BGB die Bestimmung der Person des Erblassers einem Dritten überlassen, die Entscheidung, ob Testamentsvollstreckung angeordnet sein soll oder nicht muß er jedoch selbst treffen.[196] Hierzu genügt jedoch schon ein Ersuchen des Erblassers an das Nachlaßgericht, einen Testamentsvollstrecker zu bestimmen, denn ein solches Ersuchen wird von der Rechtsprechung regelmäßig als wirksame Anordnung der Testamentsvollstreckung ausgelegt.[197] Dies ist auch sachgerecht, weil sich aus einer derartigen Verfügung ergibt, daß der Erblasser eine Testamentsvollstreckung gewollt hat.

---

[191] so auch BFH BB 1991, 537.
[192] vgl. BFH BB 1991, 537,538.
[193] vgl. KLUSSMANN, BB 1966, 1209,1210; MÜKO-BRANDNER, Vor § 2197, Rz. 21.
[194] so auch LANGE/KUCHINKE, § 31 IV 1.
[195] vgl. SOERGEL/DAMRAU, § 2197, Rz. 1; HAEGELE/WINKLER, a.a.O., Rz. 38.
[196] vgl. STAUDINGER/REIMANN, § 2197, Rz. 10;
[197] vgl. MÜKO-BRANDNER, § 2197, Rz. 3.

2. Form und Inhalt der Anordnung

Die Anordnung der Testamentsvollstreckung erfolgt grundsätzlich durch letztwillige Verfügung, in der Regel also durch ein Testament. Eine Anordnung der Testamentsvollstreckung durch Rechtsgeschäft unter Lebenden ist nicht möglich.[198] Die Anordnung der Testamentsvollstreckung kann aber auch durch ein gemeinschaftliches Testament oder einen Erbvertrag erfolgen.[199]

Auch wenn das Gesetz in § 2197 BGB nur von der Ernennung durch Testament spricht und auch § 2278 BGB die Testamentsvollstreckung nicht speziell als Gegenstand erbvertraglicher Regelungen erwähnt, so bedeutet dies lediglich, daß eine Anordnung im Erbvertrag nicht den erbvertraglichen Bindungen unterliegt.[200] Gemäß § 2299 BGB können in einem Erbvertrag auch einseitige Verfügungen von Todes wegen getroffen werden. Demnach kann der Erblasser die einseitige und widerrufliche Ernennung eines Testamentsvollstreckers mit dem Erbvertrag verbinden.[201] Er muß dies sogar in dieser Form tun, da eine nachträgliche oder vorherige Anordnung unwirksam ist. Eine vorhergehende Anordnung der Testamentsvollstreckung wird durch den entgegenstehenden Erbvertrag aufgehoben, eine spätere stellt für den Vertragserben eine Beschränkung dar, welche nur wirksam ist, wenn sie im Erbvertrag vorbehalten war.[202] Die nachträgliche Anordnung der Testamentsvollstreckung wird nach Auffassung der Literatur nicht einmal dadurch wirksam, daß der Vertragserbe vor oder nach dem Erbfall formlos zustimmt.[203] Eine Anordnung muß daher in Verbindung mit dem Erbvertrag erfolgen oder zumindest in diesem vorbehalten sein. Auch die Anordnung der Testamentsvollstreckung in einem gemeinschaftlichen Testament kann Probleme nach sich ziehen. Zwar ergibt sich schon aus § 2270 Abs. 3 BGB, daß eine solche Anordnung keine wechselseitige Verfügung ist und daher jederzeit frei widerrufen werden kann.[204] Allerdings ist in diesem Fall der Wille der Beteiligten anhand einer Auslegung des Vertragsinhalts zu ermitteln.

---

198 Vgl. STAUDINGER/REIMANN, § 2197, Rz. 17; sowie oben Teil A II 3. a) in Abgrenzung zur postmortalen Vollmacht, welche durch Rechtsgeschäft unter Lebenden erteilt wird.

199 So auch LEIPOLD, Erbrecht, Rz. 559; STAUDINGER/REIMANN, § 2197, Rz. 11; JAUERNIG/STÜRNER, § 2197, Anm. 1; SOERGEL/DAMRAU, § 2197, Rz. 2.

200 Vgl. DAMRAU, JA 1984, 130; STAUDINGER/REIMANN, § 2197, Rz. 19; MÜKO-BRANDNER, § 2197, Rz. 4, differenzierend KIPP/COING, § 67 I.1.

201 So auch KIPP/COING, § 67 I.1.; MÜKO-BRANDNER, § 2197 Rz. 4.

202 Vgl. STAUDINGER/REIMANN, § 2197, Rz. 19; KIPP/COING, § 67 I.1.

203 Vgl. HAEGELE/WINKLER, a.a.O., Rz. 64; STAUDINGER/REIMANN, § 2197, Rz. 21; LG Stuttgart, Rpfleger 1993, 68; OLG Hamm FamRZ 1974, 389.

204 Vgl. MÜKO-BRANDNER, § 2197, Rz. 5; HAEGELE/WINKLER, a.a.O., Rz. 63.

Dabei ist zu prüfen und ggf. durch Auslegung zu ermitteln, ob die Bestimmung, daß der überlebende Ehegatte für sich allein berechtigt sein soll, Testamentsvollstreckung anzuordnen, dahin auszulegen ist, daß jeder einzelne Ehegatte für sich und seinen Nachlaß Testamentsvollstreckung angeordnet hat oder ob erst zu dem Zeitpunkt des Ablebens des überlebenden Ehegatten Testamentsvollstreckung eintreten soll.[205]

Im übrigen bestehen keinerlei gesetzliche Beschränkungen hinsichtlich der Form der Anordnung. So ist anerkannt, daß das Testament keine anderen Verfügungen als die bloße Anordnung der Testamentsvollstreckung zu enthalten braucht.[206] Es muß sich lediglich um eine ansonsten wirksame Verfügung von Todes wegen handeln. Die Testamentsvollstreckung kann darüber hinaus auch bedingt, befristet und eingeschränkt angeordnet werden.[207] Selbst die Begriffe *Testamentsvollstrecker* oder *Testamentsvollstreckung* müssen in der letztwilligen Verfügung nicht enthalten sein. Vielmehr ist nach der Rechtsprechung ausreichend, wenn aus dem Inhalt der Verfügung deutlich wird, daß der Erblasser Testamentsvollstreckung anordnen wollte.[208] So hat die Rechtsprechung Bezeichnungen wie *Verwalter*, *Treuhänder*, *Pfleger*, *Beistand*, *Kurator* und *Bevollmächtigter* ausreichen lassen.[209] Selbst die Bestimmung „*... Die Vollstreckung des Testaments soll mit Hilfe von Frau S. , ... , Frau W. ...., besorgen*“, wurde als wirksame Anordnung der Testamentsvollstreckung ausgelegt.[210]

Die Auslegung ist insoweit Sache des Tatrichters. Erforderlich ist jedenfalls, daß aus dem Inhalt des Testaments und den Umständen des Einzelfalls mit ausreichender Deutlichkeit der Wille des Erblassers ergibt, daß der Benannte oder ein noch zu bestimmender Dritter den Nachlaß oder Teile davon im Sinne des Willens des Erblassers verwalten oder sonstige Geschäfte eines Testamentsvollstreckers, etwa die Auseinandersetzung unter den Miterben besorgen soll.[211] Es reicht also aus, wenn nach sinngemäßer Auslegung feststeht, daß der Erblasser einer bestimmten oder noch zu bestimmenden Person eine Stellung einräumen will, die die wesentlichen Merkmale der Testamentsvollstreckung erfüllt.[212] Je mehrdeutiger der Wortlaut des Testaments jedoch ist, desto stärker sind bei der Auslegung andere Möglichkeiten in Betracht zu ziehen.

---

[205] Vgl. MüKo-Brandner, § 2197, Rz. 5.
[206] So etwa Staudinger/Reimann, § 2197 Rz. 13; Soergel/Damrau, § 2197, Rz. 2; vgl. Haegele/Winkler, a.a.O., Rz. 38.
[207] Vgl. hierzu MüKo-Brandner, § 2197, Rz. 13 f.
[208] Vgl. Leipold, Erbrecht, Rz. 559 und Fn. 2; Kipp/Coing, § 67 I.1.
[209] Vgl. MüKo-Brandner, § 2197, Rz. 6 m.w.N.; Jauernig/Stürner, § 2197, Anm. 2.
[210] Vgl. BayObLG Beschluß vom 5.11.1985, in FamRZ 1987, 98, 100.
[211] Vgl. Soergel/Damrau, § 2197, Rz. 5; MüKo-Brandner, § 2197, Rz. 6.
[212] Vgl. Kipp/Coing, § 67, I.1.; vgl. auch Haegele/Winkler, Rz. 58.

So kann etwa eine Anordnung, bei der erkennbar das eigene Interesse des Dritten und nicht der Wille des Erblassers im Vordergrund stehen soll, als letztwillige Zuwendung und nicht als Anordnung einer Testamentsvollstreckung angesehen werden.[213] Für nicht ausreichend gehalten wurden etwa eine Einsetzung als Hausverwalter oder die auf einen Zettel geschriebene Bitte des Erblassers an seinen Vermieter, sich nach seinem Tode seiner Sachen anzunehmen und sie zu ordnen.[214] Derartige Willensbekundungen wurden – meist im Hinblick auf den Schutz der Erben – nicht als wirksame Anordnung einer Testamentsvollstreckung angesehen.

Schließlich muß bei der Auslegung letztwilliger Verfügungen und der Prüfung der Frage, ob die Anordnung einer Testamentsvollstreckung vorliegt, berücksichtigt werden, daß der Bedachte auch als Vorerbe eingesetzt worden sein kann, wenn ihm die Verwaltung einzelner Nachlaßgegenstände oder des gesamten Nachlasses bis zu einem bestimmten Zeitpunkt in eigenem Interesse zustehen soll.[215] Die Bestimmung, daß die Kinder erst nach dem 25. Lebensjahr über die Erbschaft verfügen dürfen und bis dahin die Verwaltung einem Dritten zustehen soll, ist dagegen als wirksame Anordnung einer Testamentsvollstreckung angesehen worden.[216]

Eine Auslegungsfrage ist schließlich auch die Bestimmung, daß einer der Miterben die Verwaltung des Nachlasses oder die Verteilung der Nachlaßgegenstände allein ausüben soll. Bereits der Satz *„Mein Bruder F. soll die Verteilung aller Dinge übernehmen"*, kann ausreichend für die Annahme einer Testamentsvollstreckungsanordnung sein.[217] Hierbei sind jeweils die besonderen Umstände des Einzelfalls durch die Gerichte zu prüfen und bei der Auslegung heranzuziehen. Auch aus einer solch einfachen Bestimmung des Testaments kann sich ergeben, daß der Erblasser wirksam Testamentsvollstreckung angeordnet hat.

---

[213] So etwa RGRK-KREGEL, § 2197, Rz. 3; MÜKO-BRANDNER, § 2197, Rz. 7.
[214] Vgl. SOERGEL/DAMRAU, § 2197 Rz. 7 m.w.N.
[215] MÜKO-BRANDNER, § 2197, Rz. 7; SOERGEL/DAMRAU, § 2197, Rz. 7.
[216] Vgl. BayObLGZ 21, 361.
[217] Vgl. etwa das Beispiel bei Schlüter, Erbrecht, Rz. 814; ebenso BayObLG FamRZ 1992, 1354,1355.

II. Die Ernennung des Testamentsvollstreckers

1. Ernennung durch den Erblasser

Die Ernennung des Testamentsvollstreckers ist, wie bereits deutlich gemacht wurde, streng von der Anordnung der Testamentsvollstreckung zu unterscheiden, auch wenn beides meistens in einem Satz erfolgt. Schreibt der Testator etwa *„zu meinem Testamentsvollstrecker bestimme ich Herrn Rechtsanwalt X“*, so ist in diesem Satz die Anordnung der Testamentsvollstreckung und zugleich auch die Ernennung des X zum Testamentsvollstrecker zu sehen. Dennoch müssen beide Begriffe voneinander getrennt werden. Während nämlich nur der Erblasser selbst Testamentsvollstreckung anordnen kann, bleibt die Ernennung oftmals einem Dritten oder dem Nachlaßgericht vorbehalten. Will der Erblasser den Testamentsvollstrecker selbst ernennen, so hat er den Namen der betreffenden Person im Testament anzugeben. Er kann dabei einen oder mehrere Testamentsvollstrecker ernennen, §§ 2197 Abs. 1, 2224 BGB. Sind mehrere Testamentsvollstrecker ernannt, so führen diese das Amt gemeinschaftlich. Der Erblasser kann aber auch für den Fall, daß der von ihm ernannte Testamentsvollstrecker wegfällt, einen Ersatzmann bestimmen, § 2197 Abs. 2 BGB. Diese Ersatzbenennung gilt auch für den Fall, daß der zuerst Ernannte das Amt ablehnt oder dessen Ernennung nach § 2201 BGB unwirksam ist. Auch mehrere Ersatzvollstrecker können benannt werden.[218] Bei einer solchen Art der Ernennung besteht jedoch die Gefahr, daß es überhaupt nicht zu einer Testamentsvollstreckung kommt, nämlich dann, wenn der letzte der benannten Ersatzmänner das Amt nicht antritt oder verliert.[219] Diese Möglichkeit kann der Erblasser vermeiden, indem er die Bestimmung der Person einem Dritten oder dem Nachlaßgericht überläßt.

2. Ernennung des Testamentsvollstreckers durch einen Dritten oder das Nachlaßgericht

Gem. § 2198 BGB kann der Erblasser die Bestimmung der Person des Testamentsvollstreckers einem Dritten überlassen. Der Gesetzgeber ist dabei davon ausgegangen, daß es praktische Bedürfnisse des täglichen Lebens gebe, die als Ausnahme zu dem Grundsatz des § 2065 Abs. 1 BGB die Zulassung eines Drittbestimmungsrechts rechtfertigen.[220] So sei es denkbar, daß der Erblasser bei Lebzeiten die künftigen Verhältnisse nicht mehr ausreichend überblicken könne, aber eine Vertrauensperson kenne, die die notwendigen Kenntnisse habe, um die Wahl zu einem späteren Zeitpunkt sachgemäß und im Interesse des Erblassers zu treffen.

---

[218] Vgl. HAEGELE/WINKLER, a.a.O., Rz. 43 f.; DAMRAU, Der Testamentsvollstrecker, JA 1984, 130.
[219] Vgl. DECKERT, Testamentsvollstreckung, JA 1995, 111.
[220] Protokolle V, S. 249.

Keinesfalls kann der Erblasser es jedoch der Bestimmung eines Dritten überlassen, ob überhaupt eine Testamentsvollstreckung stattfinden soll.[221] Eine solche letztwillige Verfügung kann lediglich wohlwollend dahingehend ausgelegt werden, daß der Erblasser Testamentsvollstreckung angeordnet hat, jedoch nur die Bestimmung der Person dem Dritten zustehen soll.[222] Dabei darf jedoch nicht außer acht gelassen werden, daß der Dritte die Testamentsvollstreckung praktisch verhindern kann, indem er sein Bestimmungsrecht schlichtweg nicht ausübt. Daher kann es zweckmäßig sein, auch für diesen Fall einen Ersatzmann zu benennen, da der Dritte jedenfalls nicht dazu gezwungen werden kann, sein Bestimmungsrecht auszuüben.[223] Dritter im Sinne des § 2198 BGB kann jede Person, auch der Erbe selbst sein.[224] Auch eine juristische Person, eine Behörde oder eine Körperschaft des öffentlichen Rechts kann zur Bestimmung des Testamentsvollstreckers berufen werden.[225]

Schließlich kann der Erblasser auch das Nachlaßgericht (gem. § 72 FGG das Amtsgericht) ersuchen, einen Testamentsvollstrecker auszuwählen.[226] Diese Form der Ernennung hat große praktische Bedeutung, da sich damit Unsicherheiten, die in der Person der vorgesehenen Testamentsvollstrecker liegen, vermeiden lassen. So könnte der vorgesehene Testamentsvollstrecker selbst sterben, geschäftsunfähig werden oder aus anderen Gründen das Amt nicht annehmen können. Der Erblasser könnte hier zwar auch eine ganze Reihe von Eventualernennungen vornehmen, eine vollständige Sicherheit bietet diese Methode jedoch nicht. Einfacher und sicherer ist es, sich mit dem Ersuchen an das Nachlaßgericht zu wenden.[227] Insbesondere kann der Erblasser das Nachlaßgericht nämlich auch für den Fall um Ernennung eines Testamentsvollstreckers ersuchen, daß eine eigene Ernennung aus irgendeinem Grund fehlschlägt oder das Amt des Testamentsvollstreckers vorzeitig endet.[228] Auf diese Weise kann der Erblasser sicherstellen, daß es in jedem Fall zu einer Testamentsvollstreckung kommt. Die Ernennung durch das Nachlaßgericht ist darüber hinaus dann von Vorteil, wenn der Erblasser zwar unbedingt Testamentsvollstreckung anordnen will, jedoch keine geeignete Person kennt.[229] Das Ersuchen an das Nachlaßgericht erfolgt durch letztwillige Verfügung, muß also dem Testament oder dem Erbvertrag zu entnehmen sein..

---

[221] Vgl. MüKo-Brandner, § 2198, Rz. 2; Haegele/Winkler, a.a.O., Rz. 45, vgl. auch Möhring/Beisswingert/Klingelhöffer, a.a.O., S. 168.
[222] Vgl. Greiser, DFG 1939, 216.
[223] So auch MüKo-Brandner, § 2198, Rz. 2.
[224] Vgl. Jauernig/Stürner, § 2198 Anm. 1.
[225] So auch Soergel/Damrau, § 2198, Rz. 2.
[226] Vgl. Deckert, a.a.O., S. 111; ausführlich hierzu MüKo-Brandner, § 2200, Rz. 1 ff; Staudinger/Reimann, § 2200 Rz. 1 ff.
[227] So auch Soergel/Damrau, § 2200, Rz. 1.
[228] Vgl. MüKo-Brandner, § 2200, Rz. 1; Haegele/Winkler, a.a.O., Rz. 74.
[229] Vgl. Haegele/Winkler, a.a.O., Rz. 74.

Dagegen kann kein anderer Beteiligter das Nachlaßgericht um Ernennung eines Testamentsvollstreckers ersuchen, insbesondere auch keiner der Erben und auch nicht der Testamentsvollstrecker selbst, etwa um einen Nachfolger oder Mitvollstrecker zu erhalten.[230] Das Ersuchen, einen Testamentsvollstrecker zu ernennen muß stets vom Erblasser selbst ausgehen. Es kann ausdrücklich, aber auch konkludent erfolgen. Erforderlich ist jedoch, daß sich ein darauf gerichteter Wille wenigstens aus bestimmten Anhaltspunkten dem Testament entnehmen läßt.[231] Erfolgt eine Ernennung, ohne daß ein entsprechendes Ersuchen an das Nachlaßgericht vorliegt, so ist die Ernennung fehlerhaft und von jedem der Beteiligten anfechtbar.[232] Sie kann auch einen Entlassungsgrund nach § 2227 BGB darstellen.[233]

Die Rechtsprechung ist aber insofern oftmals sehr großzügig und neigt dazu, im Wege der „wohlwollenden oder ergänzenden Testamentsauslegung" zu einer Ernennungszuständigkeit des Nachlaßgerichts zu gelangen.[234] So sei ein Ersuchen bereits dann zu unterstellen, wenn der Erblasser die Testamentsvollstreckung eindeutig gewollt habe und die von ihm selbst vorgesehenen Ernennungsmodalitäten versagen[235] oder der Erblasser für den konkret eingetretenen Fall die Ernennung durch das Nachlaßgericht gewünscht haben würde.[236] Dagegen hatte der erste Senat des Bayrischen Obersten Landesgerichtes in einer Entscheidung aus dem Jahr 1985 noch eindeutig klargestellt, daß ein vom Erblasser an das Nachlaßgericht gerichtetes Ersuchen, einen Testamentsvollstrecker zu ernennen, nicht bereits deshalb angenommen werden könne, weil der vom Erblasser als Testamentsvollstrecker Bestimmte das Amt nicht angenommen hat.[237] Vielmehr müsse der Wille zu einem solchen Ersuchen im „Testament irgendwie, wenn auch verdeckt und unvollkommen, zum Ausdruck gekommen" sein.[238] Im Ergebnis hat das Gericht als Anhaltspunkt jedoch bereits genügen lassen, daß der Erblasser in dem Testament zum Ausdruck gebracht hatte, daß seine geschiedene Ehefrau, bei der die beiden zu Erben eingesetzten Kinder des Erblassers zum Zeitpunkt des Erbfalls lebten, von jedem Einfluß auf den Nachlaß ausgeschlossen sein sollte.

---

230 Ebenso MÜKO-BRANDNER, § 2200, Rz. 2.

231 Vgl. LANGE/KUCHINKE, § 31 IV, Fn. 74 m.w.N.

232 Vgl. REIMANN, in Handbuch der Testamentsvollstreckung, 2. Kap., Rz. 161.

233 Vgl. dazu unten Teil E IV dieser Arbeit.

234 Vgl. etwa BayObLG FamRz 1988, 325; KG OLGZ 1992, 139; krit. hierzu MÜKO-BRANDNER, § 2200 Rz. 4, der mit Recht darauf hinweist, daß es keineswegs statthaft ist, dem Nachlaßgericht eine allgemeine Hilfszuständigkeit für eine im Nachlaßinteresse angezeigte Testamentsvollstreckung zuzubilligen; vgl. auch LANGE/KUCHINKE, a.a.O., § 31 IV Fn. 74; JANSEN, Zur bindenden Wirkung der Ernennung des Testamentsvollstreckers, NJW 1966, 331,332.

235 So JAUERNIG/STÜRNER, § 2200, Anm. 1.

236 BayObLG FamRz 1988, 325.

237 BayObLG FamRZ 1987, 98, 100.

238 HAEGELE/WINKLER, a.a.O., Rz. 76; differenzierend SOERGEL/DAMRAU, § 2200, Rz. 3.

Ohne Testamentsvollstreckung habe der Erblasser nämlich - trotz der Volljährigkeit der beiden Kinder - eine Einflußnahme seiner früheren Ehefrau auf die Nachlaßangelegenheiten befürchten müssen. Daher sei davon auszugehen, daß der Erblasser das Amtsgericht um Ernennung eines Testamentsvollstreckers ersucht hätte, wenn er den Wegfall der beiden von ihm als Testamentsvollstrecker benannten Personen bedacht hätte.[239]

In einer weiteren Entscheidung aus dem Jahr 1987 hat es dem gleichen Senat des BayObLG genügt, daß durch ergänzende Auslegung ein auf die Ernennung eines Testamentsvollstreckers gerichteter Wille irgendwie festgestellt werden kann.[240] So könne ein Ersuchen auch dann anzunehmen sein, wenn der vom Erblasser ernannte Testamentsvollstrecker das Amt nicht annimmt oder - wie in dem zu beurteilenden Fall geschehen - vor dem Erbfall verstirbt.

Hat der Erblasser jedenfalls die Testamentsvollstreckung selbst wirksam angeordnet und ist der von ihm ernannte Testamentsvollstrecker vor dem Erbfall verstorben, so ist nach der Rechtsprechung zu prüfen, ob das Testament in seiner Gesamtheit erkennen läßt, daß die Testamentsvollstreckung auch nach Wegfall der vom Erblasser benannten Person fortdauern soll.[241] Von maßgeblicher Bedeutung sei insoweit, welche Gründe den Erblasser zur Anordnung der Testamentsvollstreckung bestimmt haben und ob diese Gründe, von seinem Standpunkt aus, auch nach dem Wegfall der im Testament benannten Personen fortbestehen, insbesondere ob noch Aufgaben des Testamentsvollstreckers zu erfüllen sind.[242] Mit einer dermaßen weiten Testamentsauslegung hilft die Rechtsprechung den teilweise unbeholfenen und wenig vorausschauenden Testamentsformulierungen auf die Sprünge. Problematisch erscheint eine derartige Auslegung jedoch dann, wenn es sich nicht mehr um eine *ergänzende* Auslegung handelt, also ein zuverlässiger Anhaltspunkt für den entsprechenden Willen des Erblassers im Testament fehlt und die Gerichte Spekulationen über den *mutmaßlichen Willen* des Erblassers anstellen. Es muß nämlich aufgrund der „einschneidenden Wirkung der Testamentsvollstreckung“[243] bei dem vorerwähnten Grundsatz bleiben, daß jede Testamentsvollstreckung auf eine entsprechende wirksame Anordnung derselben durch den Erblasser zurückgehen muß. Fehlt es an einer solchen Anordnung, darf die Gerichtsbarkeit hier nicht zugunsten des Nachlasses oder eines vermeintlichen Erblasserwillens nachhelfen.

---

239 BayObLG FamRZ 1987, 98,100.
240 Vgl. BayObLG in NJW-RR 1988, 387,388.
241 Vgl. BayObLG in NJW-RR 1988, 387,388.
242 So auch OLG Hamm, OLGZ 1976, 20,21.
243 Vgl. dazu REIMANN, Die Kontrolle des Testamentsvollstreckers, FamRZ 1995, 588 f. sowie unten Teil E I dieser Arbeit.

Auch § 2084 BGB bietet hierzu keinen hinreichenden Anhaltspunkt, da er nur an die Auslegung vorhandener Verfügungen anknüpft, eine über das tatsächlich Angeordnete hinausgehende ergänzende Auslegung kann nicht auf Mutmaßungen und insoweit auch nicht auf § 2084 BGB gestützt werden. Größte Zurückhaltung ist daher geboten, wenn die Bestimmungen des Erblassers zweideutig sind und nicht auf eine unbedingte Testamentsvollstreckung schließen lassen. Es muß schließlich berücksichtigt werden, daß es dem Erblasser auch darauf ankommen kann, eine bestimmte Person zum Testamentsvollstrecker zu ernennen und für den Fall, daß diese Person die Annahme des Amtes ablehnt, zugunsten des Erben auf Testamentsvollstreckung zu verzichten. Ähnliches gilt, wenn ein anderer, vom Erblasser ermächtigter Bestimmungsberechtigter, sein Bestimmungsrecht nach § 2198 BGB nicht oder nicht fristgerecht ausübt[244] oder das Amt des vom Erblasser ernannten Testamentsvollstreckers vorzeitig - etwa durch Tod, Kündigung oder Entlassung endet.[245]
In einem solchen Fall darf eine Zuständigkeit des Nachlaßgerichts nur dann angenommen werden, wenn sich im Testament ein *konkreter* Hinweis oder Anhaltspunkt findet, daß der Erblasser auch für diesen Fall ein Fortbestehen der Testamentsvollstreckung gewünscht hat.[246] Dafür reicht es beispielsweise nicht aus, wenn der Erblasser dem Testamentsvollstrecker selbst die Pflicht auferlegt hatte, einen Nachfolger zu benennen.[247] Zur Feststellung des Erblasserwillens muß der gesamte Inhalt des Testaments, aber auch Umstände, welche außerhalb der Urkunde liegen, herangezogen werden. Auch die allgemeine Lebenserfahrung ist dabei zu berücksichtigen.[248] Eine solche Prüfung hat das Nachlaßgericht von Amts wegen durchzuführen. Wenn eine solche Prüfung ergibt, daß ein - zumindest konkludentes - Ersuchen durch den Erblasser vorliegt und noch Verwaltungsaufgaben durch den Testamentsvollstrecker zu erfüllen sind, ist das bei dem Nachlaßgericht liegende Ermessen dahingehend eingeschränkt, daß es einen Testamentsvollstrecker ernennen *muß*.[249] Die gegenteilige Auffassung, welche sich insbesondere auf den Wortlaut des § 2200 Abs. 1 BGB stützen kann, läßt sich mit der Vorstellung nicht vereinbaren, daß die Ernennung im Fall eines wirksamen Ersuchens eine dem Nachlaßgericht gesetzlich übertragene Aufgabe ist.[250] Eine Ablehnung unter Hinweis auf die geringe Konsistenz des Nachlasses

---

[244] So wohl auch KIPP/COING, § 67 I 4, der für diesen Fall davon ausgeht, daß dann eben niemand Testamentsvollstrecker wird.
[245] Vgl. MÜKO-BRANDNER, § 2200, Rz. 3; SOERGEL/DAMRAU, § 2200, Rz. 3; a.A. PALANDT/EDENHOFER, § 2200 Rz. 1.
[246] Anders die Rechtsprechung, die einen hypothetischen Willen des Erblassers genügen lassen will, vgl. etwa BayObLG FamRZ 1988, 325, 326; OLG Düsseldorf MDR 1957, 421.
[247] Vgl. BayObLG NJW-RR 1988, 387,388.
[248] Vgl. BGHZ 86, 41,45 = NJW 1983, 672.
[249] So auch MÜKO-BRANDNER, § 2200, Rz. 5, a.A. aber HAEGELE/WINKLER, a.a.O., Rz. 79, der von einem pflichtgemäßen Ermessen des Nachlaßgerichts ausgeht; vgl. auch KIPP/COING, § 67, I 7; JAUERNIG/STÜRNER, § 2200, Anm. 2
[250] vgl. MÜKO-BRANDNER, § 2200, Rz. 5;

oder bei Feststellung, daß die Aufgaben des Testamentsvollstreckers abgeschlossen oder gegenstandslos sind, wird dagegen zulässig sein.[251] Bei der Auswahl der Person des Testamentsvollstreckers durch das Nachlaßgericht ist in erster Linie der Erblasserwille maßgeblich. Auch insoweit bedarf es einer Auslegung des Testaments, bei der sämtliche Umstände des Einzelfalles zu berücksichtigen sind. Sind keine Anhaltspunkte vorhanden, so steht die Auswahl der Person im pflichtgemäßen Ermessens des Nachlaßgerichts.[252] Das Nachlaßgericht ist dabei so gestellt, wie der Erblasser selbst, jedoch mit der Maßgabe, daß es an dessen Weisungen und Wünsche gebunden ist und daher vom Erblasser ausgeschlossene Personen nicht ernennen darf.[253]

Nach § 2200 Abs. 2 BGB soll das Nachlaßgericht vor der Ernennung einer bestimmten Person die Beteiligten anhören. Bei einer solchen Anhörung wird das Gericht den Beteiligten Gelegenheit geben, zu Fragen der Gültigkeit und Auslegung des Testaments Stellung zu nehmen und prüfen, ob bereits Testamentsvollstreckeraufgaben erledigt sind.[254] Auch hinsichtlich der Person des zu ernennenden Testamentsvollstreckers kann das Gericht die Beteiligten anhören. Eine Einigung der Erben hinsichtlich einer bestimmten Person hat jedoch keine bindende Wirkung und daher lediglich die Bedeutung einer Anregung an das Gericht.[255] Der zu ernennende Testamentsvollstrecker ist kein Beteiligter im Sinne des § 2198 und wird daher regelmäßig nicht angehört. Bei seiner Entscheidung, welche das Nachlaßgericht gem. § 16 Abs. 1 Nr. 2 RpflG durch den richterlichen Beschluß trifft, kann grundsätzlich jede Person zum Testamentsvollstrecker ernannt werden, die auch der Erblasser selbst hätte ernennen können. Der Beschluß wird wirksam, wenn er der betreffenden Person zugestellt wird.[256] Er unterliegt der sofortigen Beschwerde (§§ 81, 19, 22 FGG). Das Beschwerderecht steht jedoch nur den Erben, Vermächtnisnehmern, Pflichtteilsberechtigten und den sonstigen Nachlaßgläubigern zu.[257] Der Ernannte selbst ist nicht beschwerdeberechtigt. Für ihn ist ein Beschwerderecht jedoch auch nicht vonnöten, da er das Amt nicht annehmen muß.[258]

3. Persönliche Voraussetzungen des Testamentsvollstreckers

---

[251] Vgl. REIMANN, in Handbuch der Testamentsvollstreckung, 2. Kap., Rz. 162.
[252] Vgl. HAEGELE/WINKLER, a.a.O., Rz. 80.
[253] So auch STAUDINGER/REIMANN, § 2200, Rz. 11.
[254] MÜKO-BRANDNER, § 2200, Rz. 8.
[255] Vgl. etwa OLG Hamm, Rpfleger 1959, 53; MÜKO-BRANDNER, § 2200, Rz. 6; HAEGELE/WINKLER, a.a.O., Rz. 78.
[256] a.A. SOERGEL/DAMRAU, § 2200 Rz. 8; JAUERNIG/STÜRNER, § 2200, Anm. 2, der die formlose Mitteilung genügen lassen will, nachdem der Ernannte kein Beschwerderecht hat; wie hier aber MÜKO-BRANDNER, § 2200, Rz. 9, HAEGELE/WINKLER, Rz. 82.
[257] Vgl. HAEGELE/WINKLER, a.a.O., Rz. 84; REIMANN, in Handbuch der Testamentsvollstreckung, 2. Kap., Rz. 169.
[258] Vgl. KIPP/COING, Erbrecht § 67 II 1.

a) Allgemeine Voraussetzungen

Zum Testamentsvollstrecker können sowohl natürliche als auch juristische Personen ernannt werden.[259] Eine Einschränkung sieht das Gesetz gem. § 2201 BGB lediglich bei Personen vor, die zur Zeit, in der sie das Amt anzutreten hätten, geschäftsunfähig oder in der Geschäftsfähigkeit beschränkt sind oder wegen Gebrechlichkeit nach § 1896 BGB zur Besorgung ihrer Vermögensangelegenheiten einen Pfleger erhalten haben. Der Erblasser kann also insbesondere auch Banken, Treuhandgesellschaften, Vereine oder Körperschaften zu Testamentsvollstreckern ernennen.[260] Für juristische Personen führen deren Organe das Amt im Namen der juristischen Person. Dagegen kann eine Behörde nicht zum Testamentsvollstrecker ernannt werden, weil es dem Erblasser verwehrt sein soll, den Aufgabenkreis der Behörde zu erweitern.[261] Ist aber der Behördenleiter, etwa der Präsident des Landgerichts oder der Oberbürgermeister zum Testamentsvollstrecker ernannt, so bezieht sich die Ernennung nicht auf die Behörde, sondern auf den Inhaber des Amtes als Privatperson und ist daher zulässig.[262] Daher kann auch der jeweilige Vorsteher einer bestimmten Behörde oder der amtierende Notar zum Testamentsvollstrecker ernannt werden. Lediglich der beurkundende Notar oder einer seiner nahen Angehörigen, kann wegen §§ 27, 7 BeurkG in der von ihm beurkundeten Verfügung nicht selbst zum Testamentsvollstrecker ernannt werden.[263]

b) Eignung zum Amt

Regelmäßig führt der Testamentsvollstrecker seine Ernennung auf den Willen des Erblassers zurück. Eine besondere Eignung für das Amt ist daher nicht erforderlich.[264] Das Nachlaßgericht kann daher auch nicht einen vom Erblasser ernannten oder von einem Dritten nach § 2098 BGB bestimmten Testamentsvollstrecker wegen fehlender Eignung ablehnen. Das Nachlaßgericht darf jedoch umgekehrt selbst keine für das Amt völlig ungeeignete Person auswählen.

Eine fehlende Eignung ist insbesondere dann zu bejahen, wenn von vornherein feststeht, daß ein Grund vorliegt, der die spätere Entlassung im Sinne des

---

259 Vgl. SCHLÜTER, Erbrecht, Rz. 816; HAEGELE/WINKLER, a.a.O., Rz. 88.

260 Vgl. SOERGEL/DAMRAU, § 2197, Rz. 8; HAEGELE/WINKLER, a.a.O., Rz. 88.

261 So bereits KG JW 1938, 1900 wonach der Erblasser nur den jeweiligen Inhaber eines Amtes als Privatperson um die Bestimmung eines Testamentsvollstreckers bitten kann; vgl. auch PLANCK/FLAD, § 2197 Rz. 7; SOERGEL/DAMRAU, § 2197 Rz. 9, LANGE/KUCHINKE, § 31 IV 3 b Fn. 93; MÜKO-BRANDNER, § 2197, Rz. 9.

262 Vgl. SOERGEL/DAMRAU, § 2197, Rz. 9.

263 Ausführlich dazu REIMANN, DNotZ 1994, 659.

264 So auch LANGE/KUCHINKE, § 31 IV 3 b).

§ 2227 BGB rechtfertigen würde,[265] also etwa ein objektiver Interessenwiderstreit[266] oder Feindschaft zwischen dem Testamentsvollstrecker und den Erben.[267] Auch das Alter der zu ernennenden Person spielt keine Rolle, solange der betreffende jedenfalls volljährig ist, § 2201 BGB. Die Literatur empfiehlt jedoch auf bestimmte Eignungskriterien - etwa rechtliche Kenntnisse und menschliche Qualifikation - Wert zu legen und insbesondere bei länger andauernden Vollstreckungen auch auf ein nicht allzu hohes Alter zu achten.[268] Diese Anforderungen sind zwar nachvollziehbar und werden sich sicher in der Regel auch vorteilhaft auf die Vollstreckung auswirken, eine gesetzliche Grundlage haben sie jedoch nicht. Das Gericht wird daher keine eingehende Prüfung bestimmter Eignungskriterien vornehmen, auch wenn nach einer vereinzelten Meinung die Ernennung eines ungeeigneten Testamentsvollstreckers zu einer Staatshaftung gemäß § 839 BGB, Art. 34 GG führen soll.[269] Es ist aber davon auszugehen, daß im Zweifelsfall erst eine fehlende Eignung durch das Vorliegen eines Entlassungsgrundes positiv festgestellt werden muß, bevor der Testamentsvollstrecker sein Amt verliert.[270] Daher ist es für den Erblasser besonders wichtig, bei der Auswahl einer vorgesehenen Person, die persönliche Eignung des Betreffenden für die Ausübung des Amtes sorgfältig zu erwägen.

c) Ausgeschlossene Personen

(1) Alleinerbe

Bestimmte Personen sind jedoch - teilweise aus rechtlichen, teilweise aus tatsächlichen Gründen - von vornherein von der Übernahme des Testamentsvollstreckeramtes ausgeschlossen. So kann zunächst der Alleinerbe nach einer bislang einhelligen Auffassung nicht Testamentsvollstrecker über seinen eigenen Nachlaß sein, da die Testamentsvollstreckung eine Beschränkung des Erben darstellt und eine Beschränkung der eigenen Rechtsposition durch sich selbst sinnwidrig wäre.[271]

Darüber hinaus würde der Alleinerbe, der schon der Natur der Sache nach alleiniger Herr des Nachlasses ist, als Testamentsvollstrecker nicht mehr

---

[265] Vgl. MüKo-Brandner, § 2200, Rz. 6.

[266] So auch Jauernig/Stürner, § 2227, Anm. 1; Palandt/Edenhofer, § 2220 Rz. 3.

[267] MüKo-Brandner, § 2200 Rz. 6; vgl. auch Haegele/Winkler, a.a.O., Rz. 80; a.A. Jauernig/Stürner, § 2227 Anm. 1 und OLG Köln in OLGZ 69, 281.

[268] Vgl. Haegele/Winkler, a.a.O., Rz. 88 f. m.w.N.

[269] So etwa MüKo-Brandner, § 2219, Rz. 19; jedoch selbst gleich wieder stark einschränkend unter Hinweis auf den weiten Ermessensspielraum des Nachlaßgerichts.

[270] Vgl. Lange/Kuchinke, § 31 IV 3 b), der trefflich formuliert, daß es sich auch hier um einen der Fälle handelt, bei denen ein Unglück erst eingetreten sein muß, bevor ein weiteres verhütet werden kann.

[271] Allgemeine Meinung, vgl. etwa RGZ 77, 177; 163, 57 f.; Haegele/Winkler, a.a.O., Rz. 90; Kipp/Coing, § 67 I 9; MüKo-Brandner, § 2197, Rz. 11; a.A. aber neuerdings Adams, Der Alleinerbe als Testamentsvollstrecker, ZEV 1998, 321.

Befugnisse und Rechte erhalten, als er schon als Erbe besitzt.[272] Darüber hinaus ergebe sich aus dem Rechtsverhältnis zwischen Testamentsvollstrecker und Erbe und den damit verbundenen auftragsrechtlichen Pflichten des Vollstreckers, daß eine Mehrzahl von Personen vorausgesetzt werde. Ein weiterer Einwand wird auf § 2306 Abs. 1 Satz 1, 2376 Abs. 1 BGB gestützt: Aus dem Wortlaut dieser Vorschriften ergebe sich daß die Testamentsvollstreckung als Beschränkung des Erben gedacht sei, der sich aber nicht selbst beschränken könne.

Neuerdings hat ADAMS versucht, das Dogma des Alleinerbenvollstreckers zu widerlegen.[273] Dabei geht ADAMS davon aus, daß die beim Alleinerbenvollstrecker vermißte Personenmehrheit keine zwingende Voraussetzung für die Testamentsvollstreckung sei.[274] Dem formalen Standpunkt , wonach sich aus den §§ 2211 ff BGB die Notwendigkeit einer Personenmehrheit ableite, könne nicht gefolgt werden, da sich mit der Figur des Alleinerbenvollstreckers billigenswerte Ziele erreichen ließen. Insbesondere sei die Personalunion nicht sinnlos, da sie geeignet sei, den Nachlaß vor dem Zugriff der Eigengläubiger des Erben zu schützen. Auf diesem Weg könnte sich der verschuldete Alleinerbe einen angenehmen Nebeneffekt der Testamentsvollstreckung zunutze machen, ohne daß ihm zugleich – in seiner Eigenschaft als Vollstrecker – die Verfügungsbefugnis über die Nachlaßgegenstände entzogen wäre.[275] Den Mangel seiner Rechtsmacht als Vollstrecker könne er umgekehrt durch seine Zustimmung als Erbe ersetzen.

Diese Idee erscheint einerseits verlockend, andererseits aber nahe an einem Rechtsmißbrauch angesiedelt zu sein. Es erscheint mit der ratio legis schlechthin unvereinbar zu sein, wenn es dem Erblasser auf diesem Weg möglich sein soll, ein Sondervermögen zu schaffen, welches einerseits dauerhaft vor dem Zugriff der Eigengläubiger des Erben geschützt ist, andererseits aber dessen freier Verfügung unterliegt.[276] Diesen Bedenken hält ADAMS jedoch entgegen, daß auch bei der normalen Testamentsvollstreckung der Schutz des Nachlasses vor dem Zugriff der Erbengläubiger nicht eine Begleiterscheinung, sondern auch ein anerkannter Zweck der Testamentsvollstreckung und ein wesentliches Motiv gerade bei der Anordnung einer Verwaltungsvollstreckung sein könne.[277]
Das BGB kenne keine Sippenhaftung, der Erbe könne daher frei über seinen Nachlaß verfügen. Wenn der Erblasser nicht wolle, daß dieser Nachlaß in die Hände von Eigengläubigern seines Erben falle, so müsse auch das Erbrecht

[272] Vgl. SOERGEL/DAMRAU, § 2197 Rz. 10.
[273] Vgl. ADAMS, Der Alleinerbe als Testamentsvollstrecker, ZEV 1998, 321.
[274] Kritisch zu dieser Voraussetzung auch KRAUSE, Der Alleinerbe als Testamentsvollstrecker, DJZ 1910, 962.
[275] Vgl. ADAMS, ZEV 1998, 321,322.
[276] So bereits PLANCK/RITGEN, BGB, 2.Aufl. § 2197, Anm. 1.
[277] Vgl. ADAMS, ZEV 1998, 321,323.

dafür Sorge tragen. Das Interesse des Erblassers daran, daß Familienvermögen zu erhalten und weiterzugeben, rechtfertige es, demgegenüber die Interessen der Eigengläubiger der Erben zurücktreten zu lassen. Die Personalunion von Vollstrecker und Alleinerbe stelle sich daher als ein sinnvolles, in die Gesetzessystematik eingliederbares Institut dar, dessen Zulässigkeit nicht einfach so von der Hand zu weisen sei.[278]

Diese Überlegungen lassen aber eine differenzierte Auseinandersetzung mit dem Wesen der Testamentsvollstreckung als fremdnütziges, treuhänderisches privates Amt vermissen. Der Testamentsvollstrecker übt nach richtiger Vorstellung sein Amt für eine andere Person aus, nämlich den Erben aus, dessen Verfügungsbefugnis er verdrängt. Allein dieses Auseinanderfallen von Rechtsinhaberschaft und Verfügungsbefugnis rechtfertigt es, dem Nachlaß den Status eines Sondervermögens zu geben und den Testamentsvollstrecker als Amtsinhaber mit gewissen Privilegien zu verstehen, aufgrund derer das Interesse der Eigengläubiger der Erben an einer unmittelbaren Vollstreckung in den Nachlaß zurückstehen muß. Der Nachlaß wird geschützt, indem der Erblasser seine eigene Einflußmöglichkeit noch nicht aufgibt und den Erben noch nicht vollständig an seine Stelle treten läßt. Der Erblasser verlängert ja praktisch seine eigene Einflußmöglichkeit über den Nachlaß, indem er sie gerade nicht dem Erben, sondern einem Testamentsvollstrecker überträgt. Dieser wird Herr des Nachlasses und ist dabei an den „verlängerten Willen" des Erblassers gebunden, während der Erbe keinen Zugriff auf den Nachlaß hat. Wollte man demgegenüber auch eine Personalunion von Alleinerbe und Testamentsvollstrecker zulassen, so wäre das gesamte System der Testamentsvollstreckung ausgehebelt, ihr Sinn und ihre Berechtigung damit in Frage gestellt.

Der Alleinerbenvollstrecker könnte nach der „Rosinentheorie" verfahren und sich jeweils auf die für ihn günstigere Rechtsposition zurückziehen. Dies ist mit der ratio legis der Vorschriften über die Testamentsvollstreckung nicht zu vereinbaren, die als Institut zur Beschränkung der Rechte des Erben in das Gesetz aufgenommen wurden, nicht um ihm eine Möglichkeit zur Verfügung zu stellen, mit deren Hilfe er einerseits unbeschränkt über den Nachlaß verfügen, andererseits aber die Vorteile eines Sondervermögens ausnutzen und dadurch seine Privatgläubiger benachteiligen könnte. Das Gesetz geht erkennbar davon aus, daß mit der Testamentsvollstreckung eine Beschränkung des Erben einhergehen muß, die bei dem Alleinerbenvollstrecker nicht gegeben wäre.

Es muß daher bei dem - im Gesetz zwar nicht ausdrücklich verankerten, im Wege der teleologischen und historischen Auslegung gleichwohl zu

---

278 ADAMS, ZEV 1998, 321,325.

ermittelnden - Grundsatz bleiben, daß der Alleinerbe nicht zugleich sein eigener Testamentsvollstrecker sein kann.

(2) Vorerbe

Umstritten ist auch, ob der alleinige Vorerbe zum Testamentsvollstrecker ernannt werden kann. Während die herrschende Meinung dies einhellig verneint und dabei im wesentlichen – ohne hierfür eine dogmatische Begründung zu liefern - auf eine Entscheidung des Reichsgerichts vom 26.10.1911[279] abstellt, wollen verschiedene Literaturstimmen[280] die gleichzeitige Stellung als Vorerbe und Testamentsvollstrecker zulassen. Die herrschende Meinung stützt ihre Auffassung dabei mit dem Reichsgericht auf den Gedanken, daß der alleinige Vorerbe im Hinblick auf den Nachlaß nur durch die Vorschriften der § 2112 ff. BGB beschränkt ist und innerhalb dieser Schranken nicht sein eigener Testamentsvollstrecker sein kann.[281] Darüber hinaus wird angenommen, daß dem Vorerben die Ernennung zum Testamentsvollstrecker mehr Rechte gegenüber den Nacherben verschaffen würde, als ihm als Vorerbe zustehen.[282] Zweck der Testamentsvollstreckung sei es aber, die Rechte des Erben zu beschränken und nicht seine Befugnisse zu verstärken.[283] Indes ist diese Auffassung zutreffend. Die Testamentsvollstreckung dient einer Beschränkung der Erbenbefugnisse und nicht deren Erweiterung bei gleichzeitiger Schaffung eines Sondervermögens. Eine Beschränkung durch sich selbst ist sinnwidrig. Daher können Alleinerbe und alleiniger Vorerbe lediglich zu Mitvollstreckern im Sinne des § 2224 ernannt werden.[284] In diesem Fall wirke sich die Anordnung nämlich wieder als eine Beschränkung ihrer Befugnisse aus, weil sie auf die Mitwirkung der Mitvollstrecker angewiesen sind.[285] Bei mehreren Erben kann einer oder sogar jeder der Erben Mitvollstrecker sein.[286] Die Beschränkung ihrer Erbenstellung liegt in diesem Fall darin, daß bei Meinungsverschiedenheiten an die Stelle des Mehrheitsbeschlusses der Erbengemeinschaft (vgl. §§ 2038 Abs. 2; 745 BGB) die Mitwirkung und Entscheidung des Nachlaßgerichtes tritt, § 2224 BGB.[287]

Der Interessengegensatz zwischen dem alleinigen Vorerben und den Nacherben verhindert schließlich, daß der alleinige Vorerbe während der

[279] Vgl. RGZ 77, 177,178.

[280] So etwa ROHLFF, Nießbraucher und Vorerbe als Testamentsvollstrecker, DNotZ 1971, 518,528; KRAUSE, DJZ 1910, 962,963.

[281] So auch MÜKO-BRANDNER, § 2197, Rz. 11; HAEGELE/WINKLER, a.a.O., Rz. 90; SOERGEL/DAMRAU, § 2197, Rz. 11; vgl. auch OLG Karlsruhe, MDR 1981, 943.

[282] Vgl. OLG Karlsruhe, MDR 1981, 943; RGZ 77, 177, 179.

[283] Vgl. SOERGEL/DAMRAU, § 2197, Rz. 11.

[284] So auch REIMANN, in Handbuch der Testamentsvollstreckung, 2. Kap., Rz. 177, 180.

[285] Vgl. MÜKO-BRANDNER, § 2197, Rz. 11, SOERGEL/DAMRAU, § 2197, Rz. 10.

[286] Vgl. RGZ 163, 57, 58; HAEGELE/WINKLER, a.a.O., Rz. 90.

[287] Vgl. SOERGEL/DAMRAU, § 2197, Rz. 13.

Dauer der Vorerbschaft zum Testamentsvollstrecker für den Nacherben ernannt wird, § 2222 BGB.[288] Das Reichsgericht hat hierzu ausgeführt: „Denkt man sich endlich den Vorerben als Testamentsvollstrecker i.S. von § 2222 BGB zugleich zur Wahrung der Rechte des Nacherben berufen, so wäre er damit in einen so schroffen Interessenwiderstreit hineingestellt, daß von einer gedeihlichen Führung des Amtes (§ 2202 BGB), die vor allem die Unbefangenheit des Amtsträgers voraussetzt, nicht die Rede sein könne."[289] Auch die Kommentarliteratur hat sich dieser Auffassung angeschlossen und bejaht einen generellen Interessenkonflikt.[290]

Dagegen hat ROHLFF eingewandt, daß das Vorliegen eines Interessenwiderstreits allein nicht zur Unwirksamkeit der Ernennung des Vorerben zum Testamentsvollstrecker des Nacherben führen könne.[291] Auch die Vorschriften über die Vorerbschaft und die daraus resultierenden Beschränkungen des Vorerben seien nicht dazu geeignet, eine Unvereinbarkeit einer Doppelstellung als Vorerbe und Testamentsvollstrecker zu begründen.[292] Dies trifft jedoch nicht uneingeschränkt zu. Während der Vorerbe gewöhnlich nicht berechtigt ist, über Nachlaßgrundstücke zu verfügen (§ 2113 BGB), kann er als Testamentsvollstrecker ein zum Nachlaß gehörendes Grundstück wirksam veräußern, sofern sich aus den Anordnungen des Erblassers nichts Gegenteiliges ergibt.

Nun könnte man einwenden, daß in der gleichzeitigen Anordnung der Vorerbschaft und der Ernennung des Vorerben zum Testamentsvollstrecker eine Befreiung des Vorerben liegt und der Erblasser den Vorerben mit einem zusätzlichen Instrumentarium an rechtlichen Möglichkeiten ausstatten wollte. Dabei darf aber nicht übersehen werden, daß damit eine Umgehung des § 2136 BGB einhergeht, die dem Vorerben die Möglichkeit eröffnen würde, sich selbst ein Nachlaßgrundstück nach der Vorschrift des § 2217 BGB zur freien Verfügung zu überlassen und dieses sodann zu veräußern. Derartige Konstellationen wird der Erblasser regelmäßig nicht im Sinn gehabt und wohl auch nicht überblickt haben, da ansonsten die Anordnung der Vorerbschaft sinnlos wäre.

---

[288] Vgl. dazu RGZ 77, 177,178; zum Nacherbentestamentsvollstrecker ausführlich insbesondere auch HAEGELE/WINKLER, a.a.O., Rz. 153 ff.

[289] Vgl. RGZ 77, 177,178.

[290] Vgl. MüKo-BRANDNER; § 2197, Rz. 11; ERMAN/SCHMIDT, BGB, § 2197, Rz. 3; KREGEL, BGB-RGRK, § 2197, Rz. 5; STAUDINGER/REIMANN, § 2197, Rz. 54; PALANDT/EDENHOFER, § 2197, Rz. 3.

[291] ROHLFF, Nießbraucher und Vorerbe als Testamentsvollstrecker, DNotZ 1971, 518,528.

[292] Vgl. ROHLFF, DNotZ 1971, 529.

Die im Interesse der Nacherben durch § 2136 BGB gezogenen Grenzen sollen nicht dadurch umgangen werden, daß der Erblasser den Vorerben gleichzeitig noch zum Testamentsvollstrecker ernennt.[293] Dagegen kann der Vorerbe oder einer der Mitvorerben nach Ende der Vorerbschaft zum Testamentsvollstrecker über die Nacherbschaft ernannt werden, da nach Beendigung der Vorerbschaft der Interessenwiderstreit wegfällt. Umgekehrt kann auch der Nacherbe Testamentsvollstrecker des Vorerben sein, sofern er als solcher nur den Vorerben beschränken soll.[294] Dabei wird von der Überlegung ausgegangen, daß sowohl der Nacherbe als auch der Testamentsvollstrecker an einer ordnungsgemäßen Verwaltung der Vorerbschaft interessiert sind und aus diesem Grund kein wesentlicher Interessengegensatz besteht.[295] Auch ein Vermächtnisnehmer kann zum Testamentsvollstrecker ernannt werden. Insoweit geht die Literatur offensichtlich nicht von einem erheblichen Interessenkonflikt aus.[296]

(3) Geliebte des Erblassers

Umstritten ist, ob die Einsetzung der Geliebten als Testamentsvollstrecker des verheirateten Erblassers sittenwidrig und daher unwirksam ist.[297] So hatte der BGH im Jahr 1954 über einen Fall zu entscheiden, bei dem ein verheirateter Mann unter Enterbung seiner Ehefrau seine Kinder und seine Geliebte als Erben eingesetzt und die Geliebte zur Testamentsvollstreckerin bestimmt hatte.[298] Der BGH hat dabei - ausgehend von der damaligen ständigen Rechtsprechung - festgestellt, daß eine letztwillige Verfügung gegen die guten Sitten verstößt und daher gem. § 138 BGB nichtig ist, wenn ein verheirateter Mann eine Frau für ehebrecherischen Verkehr, den beide unterhalten haben, belohnen will.[299] Dem ehebrecherischen Verkehr müsse ehewidriger Verkehr gleichgestellt werden, der den Verdacht des Ehebruchs begründe. Andererseits ist nach Auffassung des BGH eine derartige Verfügung von Todes wegen dann als ganz oder teilweise gültig anzusehen, wenn das Motiv des Erblassers nicht vordergründig durch die erotischen Beziehungen zu der Frau veranlaßt gewesen sei, sondern auch andere, beachtenswerte Beweggründe den Ausschlag gegeben hätten. Hierbei sei das jeweilige Gesamtbild entscheidend.[300]

---

[293] MüKo-GRUNSKY; § 2136, Rz. 5.

[294] Vgl. BGH DNotZ 1992, 241; SOERGEL/DAMRAU, § 2197, Rz. 12; HAEGELE/WINKLER, a.a.O., Rz. 90.

[295] So etwa KIPP/COING, § 67 I 9 c).

[296] Vgl. MüKo-BRANDNER, § 2197, Rz. 10; SOERGEL/DAMRAU, § 2197, Rz. 13; LANGE/KUCHINKE, § 31 IV 3 a).

[297] Vgl. PALANDT/MAYER-MALY, § 138, Rz. 53; MüKo-BRANDNER, § 2197, Rz. 8.

[298] Vgl. BGH FamRZ 1954, 195 f., mit ausführlichem Sachverhalt.

[299] So bereits RG JW 1910, 6; 1911, 29.

[300] BGH FamRZ 1954, 195,196.

Zwar erlaube es die Testierfreiheit, in einer zerrütteten Ehe die Ehefrau auf den Pflichtteil zu setzen, dem Sittengesetz widerspreche es jedoch, daß sich die Ehefrau mit dem Pflichtteil begnügen müsse, während diejenige Frau, deren Beziehungen zu dem Erblasser sich nachteilig auf die Entwicklung seiner Ehe ausgewirkt haben, durch Zuteilung eines wesentlichen Nachlaßgegenstandes derart bevorzugt wird, daß ihr Erbteil höher als derjenige der anderen Erben ist. Auch müsse es die Familienangehörigen in hohem Maße kränken, wenn die Geliebte nach dem Testament ohne Einschränkung berechtigt sein soll, die persönlichen Sachen zu übernehmen, die der Erblasser um sich hatte. Eine derartige Testamentsbestimmung zugunsten desjenigen, welcher den Familienfrieden nachhaltig gestört habe, werde allgemein als Verstoß gegen die rechte Ordnung und die guten Sitten empfunden. Gleiches gelte für eine Bestimmung, die die Geliebte zur Testamentsvollstreckerin bestimmt. Eine solche Testamentsbestimmung sei daher nichtig.[301]

Auch die Literatur geht teilweise davon aus, daß es zu einer nicht hinnehmbaren Verletzung der Würde der Angehörigen führen könne, wenn die Testamentsbestimmung dazu führt, daß Geliebte und eheliche Familienangehörige in Beziehungen zueinander treten müßten, die über die bloße Abwicklung des Nachlasses hinausgehen.[302] Eine dadurch hervorgerufene, ständige Konfrontierung mit der Rivalin sei der Ehefrau nicht zuzumuten. Nachdem bei der Testamentsvollstreckung die Geliebte der Ehefrau quasi noch übergeordnet werde, und sich die notwendigen Kontakte keineswegs auf die vermögensrechtliche Auseinandersetzung beschränkten, sei von einer Verletzung der Würde der Familienangehörigen auszugehen.[303]

Ob eine derartige Argumentation auch heute noch Gültigkeit haben kann, muß angesichts der gewandelten Anschauungen und einem weit liberaleren sittlichen Maßstab stark bezweifelt werden.[304] Hierbei ist insbesondere zu berücksichtigen, daß die Anwendung des § 138 BGB zu einer Einschränkung der Testierfreiheit des Erblassers führt und damit einen Eingriff in die grundrechtlich geschützte Privatautonomie darstellt.[305] Darüber hinaus unterliegen die Sitten- und Moralvorstellungen gerade in unserer Zeit einem immer schnelleren Wandel. Während noch vor wenigen Jahrzehnten die Rechtsprechung die Auffassung vertreten hat, daß außereheliche geschlechtliche Beziehungen grundsätzlich sittenwidrig seien, ist die nichteheliche Lebensgemeinschaft heute allgemein anerkannt.

---

[301] BGH a.a.O., S. 198.

[302] Vgl. THIELMANN, Sittenwidrige Verfügungen von Todes wegen, S. 242; SIMSHÄUSER, Zur Sittenwidrigkeit der Geliebtentestamente, S. 57 f.

[303] THIELMANN, Sittenwidrige Verfügungen von Todes wegen, S. 243.

[304] Vgl. JAUERNIG/STÜRNER, § 2197 Anm. 3.

[305] Vgl. BGHZ 111, 36, BGH NJW 1994, 248; PALANDT/EDENHOFER, § 1937, Rz. 20.

Auch die nichteheliche Lebensgemeinschaft stellt heute eine geschützte und der Ehe teilweise sogar gleichgestellte Form des Zusammenlebens dar.[306] Maßgeblicher Zeitpunkt für die Beurteilung der Frage, ob die Einsetzung einer bestimmten Testamentsvollstreckers sittenwidrig ist, kann auch nicht die Vornahme des Rechtsgeschäfts, bzw. hier die Errichtung der letztwilligen Verfügung sein,[307] sondern es ist vielmehr auf die sittlichen Maßstäbe zum Zeitpunkt des Erbfalls abzustellen.[308] Dementsprechend ist davon auszugehen, daß - der allgemeinen Rechtsprechung zu Zuwendungen an Geliebte folgend[309] - letztwillige Verfügungen zugunsten eines außerehelichen Partners nur noch in krassen Einzelfällen als sittenwidrig angesehen werden können, etwa wenn die Zuwendung einzig und allein den Zweck verfolgt, geschlechtliche Hingabe zu belohnen oder den ehelichen Partner unangemessen zu benachteiligen. Eine Vermutung, daß Zuwendungen an den Ehebruchpartner eine Belohnung für geschlechtliche Zuwendung darstellen, besteht jedoch nicht mehr.[310]

Dennoch ist auch in jüngerer Zeit die Veräußerung des Miteigentumsanteils am gemeinsamen Haus an den nichtehelichen Partner als sittenwidrig und daher unwirksam angesehen worden, wenn sie zu dem Zweck erfolgt ist, die Teilungsversteigerung des ehelichen Hauses herbeizuführen.[311] Diese Rechtsprechung zeigt, daß der Schutz der Ehe und der damit einhergehenden Moralvorstellungen noch fest in der Rechtsprechung verankert ist. Auch heute noch wird man daher bei der Einsetzung der Geliebten zum Testamentsvollstrecker sämtliche Umstände des Einzelfalls und die Motive des Erblassers prüfen müssen.[312] So wird es nicht zu beanstanden sein, wenn der Erblasser die geschäftstüchtige Geliebte als Testamentsvollstreckerin vorgesehen hat, um den geschäftlich ungewandten gesetzlichen Erben, insbesondere unmündigen Kindern des Erblassers zur Seite zu stehen. Umgekehrt kann sich aus der Einsetzung der Geliebten zur Testamentsvollstreckerin eine Sittenwidrigkeit ergeben, wenn der Erblasser auf diesem Wege eine Kränkung oder Knebelung des Ehepartners erreichen wollte, indem er ihn bewußt einer langandauernden Bevormundung durch den außerehelichen Partner ausgesetzt hat.[313]

---

306 Vgl. PALANDT/EDENHOFER, § 138 Rz. 51; MÜKO-LEIPOLD, § 1932, Rz. 3a, der selbst eine analoge Anwendung der Vorschrift über den Ehegattenvoraus auf die nichteheliche Lebensgemeinschaft fordert.

307 So aber noch BGHZ 20, 71.

308 Vgl. OLG Hamm, OLGZ 1979, 427; STAUDINGER/SACK, § 138 Rz. 87; PALANDT/EDENHOFER, § 138 Rz. 10; ERMANN/BROX, § 138 Rz. 52.

309 Vgl. hierzu PALANDT/EDENHOFER, § 138, Rz. 50.

310 Vgl. BGH FamRZ 71, 638.

311 OLG Schleswig, NJW-RR 1995, 900.

312 Vgl. HAEGELE/WINKLER, Rz. 88.

313 Vgl. auch THIELMANN, Sittenwidrige Verfügungen von Todes wegen, S. 243 f.

In derartigen Fällen dürfte trotz des gewandelten Sittenmaßstabes von einer Unwirksamkeit der letztwilligen Verfügung auszugehen sein, nachdem sich die hinter der Verfügung stehende Absicht als Rechtsmißbrauch darstellen und zudem die in diesem Fall oftmals tiefe Feindschaft zwischen der Erbin und der Testamentsvollstreckerin auch einen Entlassungsgrund nach § 2227 BGB darstellen kann.[314]

(4) Der beurkundende Notar

Auch der Notar, welcher die letztwillige Verfügung beurkundet hat, kann nach vorherrschender Ansicht in der von ihm beurkundeten Verfügung nicht zum Testamentsvollstrecker ernannt werden.[315] Eine derartige Ernennung verstößt gegen die §§ 7, 27 BeurkG und ist daher gem. § 125 BGB nichtig.[316] Die Nichtigkeit erstreckt sich jedoch nicht auf die gesamte letztwillige Verfügung, sondern lediglich auf die Ernennung des beurkundenden Notars.[317] Will der Erblasser dennoch den Urkundsnotar zum Testamentsvollstrecker ernennen, so muß er dies in einer privatschriftlichen oder von einem anderen Notar beurkundeten Verfügung von Todes wegen tun.[318] Dieses Mitwirkungsverbot für den Urkundsnotar beruht auf der Annahme, daß die Ernennung zum Testamentsvollstrecker zwar keine Zuwendung von Todes wegen zugunsten des Ernannten ist, ihm aber gleichwohl eine erhebliche Machtposition über den Nachlaß einräumt und schon von Gesetzes wegen (§ 2221 BGB) mit einem Vergütungsanspruch verknüpft ist. Die Ernennung zum Testamentsvollstrecker bedeutet daher oft einen erheblichen finanziellen Vorteil. Auf die Zuwendung eines solchen Vorteils soll der beurkundende Notar nicht spekulieren.[319] Umstritten ist, ob das die Ernennung eines Notars enthaltende Testament von dessen *Sozius* beurkundet werden kann.[320] So hatte ein Notar das Testament eines Mandanten beurkundet, indem sein Sozius zum Testamentsvollstrecker ernannt wurde. Nach dem Sozietätsvertrag sollten die Honorare aus der Testamentsvollstreckung der Sozietät zufließen. Dies stellte eine übliche Praxis dar, das Verbot der Selbstbegünstigung zu umgehen.[321]

---

[314] Vgl. dazu unten Teil E II 1 c) aa) dieser Arbeit; vgl. auch OLG Köln, OLGZ 69, 281, 283 das davon ausgeht, daß eine Feindschaft zwischen Erben und Testamentsvollstrecker zumindest dann dessen Entlassung rechtfertigt, wenn der Testamentsvollstrecker zu der Entstehung der Spannungen nicht unwesentlich beigetragen hat. Dies dürfte bei der Geliebten des Erblassers anzunehmen sein.

[315] So auch DAMRAU, JA 1984, 130,131; DECKERT, JA 1995, 111,112; LANGE/KUCHINKE, § 31 IV 3 a); vgl. dazu auch REIMANN, DNotZ 1994, 659; HAEGELE/WINKLER, a.a.O., Rz. 92; MÜKO-BRANDNER, § 2197, Rz. 12.

[316] Vgl. REIMANN, in Handbuch der Testamentsvollstreckung, 2. Kap., Rz. 186

[317] Vgl. PALANDT/EDENHOFER, § 2197 Rz. 3.

[318] HAEGELE/WINKLER, a.a.O., Rz. 92, PALANDT/EDENHOFER, § 2197, Rz. 3.

[319] Vgl. WACKE, Jura 1989, 577,578.

[320] Vgl. BGH DNotZ 1987, 786; OLG Oldenburg in DNotZ 1990, 431 mit abl. Anm. von REIMANN; bejahend dagegen HAEGELE/WINKLER, a.a.O., Rz. 92.

[321] Eingehend MORITZ, Der Notarsozius als Testamentsvollstrecker, NJW 1992, 3215.

Im Hinblick auf diesen Umstand hatte das OLG Oldenburg mit einer Entscheidung aus dem Jahre 1989[322] für Unsicherheit gesorgt, in der es in der Beurkundung durch den Sozius ebenfalls einen Verstoß gegen §§ 27 , 7 BeurkG gesehen hatte, nachdem der Urkundsnotar über den Sozietätsvertrag an der Vergütung des Testamentsvollstreckers beteiligt war und auf diesem Wege einen rechtlichen Vorteil erlange. Dem Urteil hatten sich verschiedene Literaturmeinungen angeschlossen[323] und eingewandt, auf diesem Wege sei einem mißbräuchlichen Einwirken auf die Erblasser zu überflüssigen Testamentsvollstreckungen Tür und Tor geöffnet.

Zu Unrecht hat das OLG Oldenburg jedoch in der Testamentsvollstreckervergütung einen rechtlichen Vorteil i.S.d. § 7 BeurkG gesehen.[324] Generell wird unter einem rechtlichen Vorteil die Verbesserung der Rechtspositionen gesehen. Einer solchen wird die Ernennung zum Testamentsvollstrecker gleichgestellt. Damit werden die Selbstbegünstigungstatbestände auf mittelbare wirtschaftliche Vorteile ausgedehnt. Dabei soll nicht verkannt werden, daß die Stellung des Testamentsvollstreckers mit Verwaltungsrechten und Vergütungsansprüchen einhergeht, welche durchaus einen rechtlichen Vorteil darstellen. Diese Vorteile fließen jedoch nur dem Testamentsvollstrecker - und nicht seinem Sozius – und das auch nur beim Vorliegen von weiteren Voraussetzungen zu. So entsteht die neue Rechtsposition keineswegs bereits mit der Beurkundung des Testaments. Vielmehr könnte der Testator seinen letzten Willen jederzeit ändern und ein neues Testament verfassen. Auch die Vergütungsansprüche entstehen erst, wenn der Testamentsvollstrecker sein Amt antritt. Schließlich erlangt der beurkundende Sozius auch wirtschaftliche Vorteile nur dann, wenn bis zu diesem Zeitpunkt der Sozietätsvertrag nicht aufgehoben oder geändert wird. Nur mittelbar ist mit der Beurkundung daher die „Aussicht" verbunden, wirtschaftliche Vorteile aus der Beurkundung ziehen zu können.

Der BGH hat daher zu Recht zwischenzeitlich in einer Vorlageentscheidung vom 18.12.1996[325] die bestehenden Unsicherheiten beseitigt und zutreffend darauf abgestellt, daß schon das Reichsgericht zu dem Vorläufer des § 7 BeurkG, dem § 171 FGG entschieden habe, daß es sich um einen rechtlichen Vorteil handeln müsse, der sich unmittelbar aus der beurkundeten Willenserklärung ergebe und nicht erst als deren Folge eintrete oder gar erst eintreten könne.[326] Die Vergütung des Notarsozius als Testamentsvollstrecker ergibt sich jedoch gerade nicht unmittelbar aus dem Testament, sondern erst als Folge der Amtsführung.

---

[322] Vgl. OLG Oldenburg DNotZ 1990, 431.
[323] Vgl. PALANDT/EDENHOFER, (56. Auflage) § 2197, Rz. 3; MORITZ, NJW 1992, 3215.
[324] Dagegen bereits HAEGELE/WINKLER, a.a.O., Rz. 92 und Fn. 2.
[325] BGH NJW 97, 946 = DNotZ 1997, 466 mit Anm. REIMANN.
[326] Vgl. RGZ 88, 147,150.

Diese gesetzliche Rechtsfolge tritt zudem auch nur dann ein, wenn das Testament nicht noch nachträglich widerrufen wird und der Ernannte das Amt auch antritt. Schließlich verstehe sich auch bei einem Sozietätsverhältnis keineswegs von selbst, daß der beurkundende Notar an der Testamentsvollstreckervergütung beteiligt ist. Es könne von dem Erblasser auch nicht beeinflußt werden, wie der Testamentsvollstrecker über seine Vergütung verfügt und welche Verpflichtungen er gegenüber seinen Sozien eingeht.

Der BGH hat daher klargestellt, daß die beurkundete Willenserklärung nicht auf einen unmittelbaren rechtlichen Vorteil i.S.d. § 7 BeurkG „gerichtet" und daher wirksam ist. Zudem hat der BGH in seiner Argumentation auch darauf abgestellt, daß die verfahrensrechtlichen Vorschriften „entwertet" würden, wenn sich die Wirksamkeit bei der Beurkundung nicht verhältnismäßig leicht aus dem Inhalt der Urkunde erschließen ließe, sondern nähere Aufklärung voraussetze, welche - möglicherweise nur mündlich getroffene - Vereinbarungen innerhalb der Sozität hinsichtlich der Testamentsvollstreckervergütung bestanden haben.[327] Nachdem die Entscheidung auch in der Literatur[328] begrüßt worden ist, steht in Zukunft die Beurkundung durch den Notarsozius einer wirksamen Ernennung des Notars zum Testamentsvollstrecker nicht mehr entgegen.

(5) Vormund/Betreuer des Erben

Umstritten ist weiterhin, welche Auswirkungen die Ernennung eines Vormundes oder Betreuers zum Testamentsvollstrecker nach sich zieht. Das Bayrische Oberste Landesgericht hatte mit Beschluß vom 8. Mai 1926[329] über einen Fall entschieden, bei dem ein verstorbener Weingroßhändler seine Ehefrau als Testamentsvollstreckerin und zwei seiner Söhne und die Abkömmlinge eines dritten Sohnes zu unterschiedlichen Anteilen als Erben eingesetzt hatte. Nachdem die Abkömmlinge des einen Sohnes noch minderjährig waren, hatte der Erblasser die anderen Söhne zu Testamentsvollstreckern und Pflegern für die Abkömmlinge des dritten Sohnes bestimmt. Der Senat hat hierzu festgestellt, daß es auf der Hand liege, daß bei dieser Sachlage zwischen dem Pfleger einerseits und dem Testamentsvollstrecker andererseits ein Interessengegensatz bestehe, der die Wahrnehmung beider Funktionen durch ein und dieselbe Person unmöglich macht.[330] Dieser Interessengegensatz ergebe sich daraus, daß der Pfleger der Kinder den Testamentsvollstrecker beaufsichtigen soll. Niemand könne jedoch zu seiner eigenen Beaufsichtigung bestellt werden.

---

[327] Vgl. BGH DNotZ 1997, 466,468.

[328] Vgl. KUMMER, ZEV 1997, 114; zustimmend auch REIMANN, DNotZ 1997, 469.

[329] Vgl. BayObLGZ 25, 193.

[330] BayObLGZ 25, 193, 197.

Inzwischen gehen Literatur[331] und Rechtsprechung[332] zwar übereinstimmend davon aus, daß sowohl der Vormund als auch der Betreuer eines minderjährigen Kindes zum Testamentsvollstrecker ernannt werden können, Uneinigkeit besteht jedoch darüber, ob in diesem Fall für den Erben Ergänzungspflegschaft nach § 1909 BGB angeordnet werden muß.[333] Während der Vormund der Überwachung durch das Vormundschaftsgericht unterliegt, welches gegen Pflichtwidrigkeiten durch geeignete Gebote und Verbote einzuschreiten hat (vgl. § 1837 Abs. 1 BGB), besteht eine vergleichbare Aufsicht des Nachlaßgerichts über den Testamentsvollstrecker nicht. Zudem erhält das Mündel für Angelegenheiten, an deren Besorgung es verhindert ist, einen Pfleger (§ 1909 Abs. 1 BGB). Die Verhinderung kann dabei tatsächlicher oder rechtlicher Natur sein. Eine rechtliche Verhinderung ist insbesondere dann anzunehmen, wenn das Interesse des Mündels zu dem des Vormunds in erheblichem Gegensatz steht, § 1796 Abs. 2 BGB. Eine solche rechtliche Verhinderung ist auch für die Doppelstellung als Testamentsvollstrecker und Vormund des Erben bejaht worden. Dies beruht auf der Erwägung, daß niemand sein eigener Aufseher sein kann.[334] Es gehört aber zu den Aufgaben des Vormunds des Erben, dessen Rechte gegenüber dem Testamentsvollstrecker geltend zu machen. Daher besteht bei der Doppelstellung des Testamentsvollstreckers einerseits und des Vormunds/Betreuers andererseits ein Interessengegensatz, der die Wahrnehmung der beiden Ämter durch ein und dieselbe Person ausschließt. Ein solcher Interessengegensatz könne nur durch die Maßgabe ausgeglichen werden, daß ein Pfleger bestellt werde, dessen Wirkungskreis die Wahrnehmung aller Rechte umfasse, die dem Mündel gegen den Testamentsvollstrecker zustehen.[335]

Gegen einen derartigen Interessengegensatz ist jedoch neuerdings eingewandt worden, daß der zum Testamentsvollstrecker berufene Vormund nunmal ein gesteigertes Vertrauen des Erblasser besitze und zudem stärkere Überwachungsmöglichkeiten schon von Gesetz wegen bestehen, § 1839 BGB. Eine Pflegerbestellung sei lediglich erforderlich, um die Anhörung des minderjährigen Kindes zu dem Auseinandersetzungsplan des Testamentsvollstreckers zu gewährleisten, eine Dauerpflegschaft sei dagegen weder zulässig noch sachlich geboten.[336]

---

[331] Vgl. etwa SOERGEL/DAMRAU, § 2197, Rz. 13; MÜKO-BRANDNER, § 2197, Rz. 10; REIMANN, in Handbuch der Testamentsvollstreckung, 2. Kap., Rz. 183; PALANDT/EDENHOFER,, § 2197, Rz. 3; HAEGELE/WINKLER, a.a.O., Rz. 91; LANGE/KUCHINKE, § 31 IV 3 a); KIPP/COING, § 67 I 9 f) Fn. 24; ausführlich DAMRAU, ZEV 1994, 1 ff.

[332] Vgl. KG DNotZ 17, 278; BayObLG Rpfleger 1977, 440.

[333] So etwa HAEGELE/WINKLER, a.a.O., Rz. 91.

[334] Vgl. BayObLG, Rpfleger 1977, 440.

[335] Vgl. SOERGEL/DAMRAU, § 2197 Rz. 13; HAEGELE/WINKLER, a.a.O., Rz. 91.

[336] Vgl. DAMRAU, ZEV 1994, 1,6.

Dieser Ansicht ist zuzugeben, daß verschiedene Pflichten des Testamentsvollstreckers und des Vormundes oder Betreuers nahezu deckungsgleich sind. Insbesondere trifft beide die Verpflichtung zur jährlichen Rechnungslegung und zur Rechenschaftslegung bei Beendigung der Amtsgeschäfte. Problematisch ist jedoch die Überprüfung derartiger Handlungen. Während im Normalfall die Erben in der Lage sein werden zu beurteilen, ob die Verwaltung des Testamentsvollstreckers den gesetzlichen Anforderungen genügt oder ob dieser seine Befugnisse überschreitet, und zumindest die Möglichkeit haben, bei Verdachtsmomenten einen Rechtsbeistand hinzuzuziehen und die Tätigkeit des Testamentsvollstreckers einer rechtlichen Überprüfung zuzuführen, besteht bei minderjährigen oder geschäftsunfähigen Erben diese Möglichkeit faktisch nicht.

Ein beispielsweise 6-jähriger Erbe hat auf Jahre hinaus schlichtweg keinerlei Möglichkeiten, zu überblicken welche Handlungen der Testamentsvollstrecker mit „seinem" Nachlaß unternimmt. Eine Kontrolle durch das Vormundschaftsgericht wird möglicherweise viel zu spät kommen. Die einzige Möglichkeit, hier Abhilfe zu schaffen, ist dem Vormund und Testamentsvollstrecker einen Pfleger zur Seite zu stellen, welcher die Interessen des Erben zu wahren in der Lage ist. Dieser Pfleger hat daher echte Überwachungsaufgaben und nötigenfalls die Rechte der Erben gegenüber dem Vormund und Testamentsvollstrecker durchzusetzen.[337] Daraus folgt, daß die Stellung als Vormund eine gleichzeitige Ernennung zum Testamentsvollstrecker nicht ausschließt, in diesem Fall aber ein Ergänzungspfleger bestimmt werden muß.

d) Einschränkungen durch das Rechtsberatungsgesetz

Nachdem sich die Testamentsvollstreckung infolge der angehäuften und nunmehr im Wege der Erbfolge zu übertragenden Vermögensmassen als in zunehmendem Maße lukrativ herausgestellt hat, sind immer häufiger Banken und Sparkassen sowie Vermögens- und Anlageberater dazu übergegangen, sich als geschäftsmäßige Testamentsvollstrecker anzubieten und auf diesem Wege am „Geschäft mit dem Erben" teilzuhaben.[338] Nachdem Neuakquisition von Kunden für die Kreditinstitute in erster Linie nur noch über den Preis der angebotenen Leistungen möglich ist, bietet sich die Testamentsvollstreckung als eine interessante Möglichkeit an, den Abfluß des bislang verwalteten Kapitals an Konkurrenzunternehmen zu verhindern und neue Kunden hinzuzugewinnen.[339]

---

337 So zu Recht auch BayObLG, Rpfleger 1977, 440.

338 Krit. dazu auch HENSSLER, ZEV 1994,

339 Vgl. VORTMANN, Banken als Testamentsvollstrecker, WM 1995, 1745.

Die Vermögensverwaltung, zu der die Testamentsvollstreckung nach Auffassung der Interessenvertreter der Kreditwirtschaft gehört, bietet sich insoweit geradezu als eigenständige Erwerbsquelle an und wird von der deutschen Kreditwirtschaft als eine der stärksten Wachstumsbranchen abgesehen.[340] Problematisch ist jedoch, daß diese Tätigkeit - soweit sie geschäftsmäßig betrieben wird - möglicherweise mit dem Rechtsberatungsgesetz kollidiert.[341] Während die Kommentarliteratur[342] und auch die Monographien[343] zur Testamentsvollstreckung diese Problematik weitgehend außer Acht gelassen haben oder Bedenken schlicht unter Hinweis auf den Erlaubnistatbestand des Art. 1 § 5 Nr. 3 RBerG zur Seite wischen, hat neuerdings eine gerichtliche Entscheidung[344], die die geschäftsmäßige Betätigung als Testamentsvollstrecker durch Kreditinstitute und Anlageberater einschränken und dem generellen Verbot mit Erlaubnisvorbehalt des Rechtsberatungsgesetzes unterstellen will, für Aufsehen und Verunsicherung unter den Kreditinstituten gesorgt.[345] So hatte das OLG Karlsruhe im Jahr 1994 über einen Fall zu entscheiden, bei dem eine Bank in einer von ihr herausgegebenen Broschüre auf ein neues „Dienstleistungsangebot" aufmerksam machte und den Leser darüber informierte, daß man jetzt auch Testamentsvollstreckungen für ihre Kunden durchführe. Gegen diese Werbung hatte der Anwaltsverein Konstanz eine einstweilige Verfügung beantragt. Während das Gericht im Eilverfahren den Antrag noch zurückgewiesen hatte, war die Klage im Hauptsacheverfahren erfolgreich. In der Urteilsbegründung führt das OLG Karlsruhe - offensichtlich erstmals - aus, geschäftsmäßige Testamentsvollstreckung sei vom Rechtsberatungsgesetz erfaßt.[346]
Diese Kontroverse und vor allem die Aktualität der Problematik gibt Anlaß, sich mit der Frage eingehend zu befassen. Dazu ist zunächst der Wortlaut und der Hintergrund der Vorschrift des Art. 1 § 1 Abs. 1 RBerG zu beleuchten. Dessen Vorschriften waren im Zuge stark antiliberaler Tendenzen entstanden und sollten dem Mißstand begegnen, daß die Besorgung fremder Rechtsangelegenheiten weitgehend in die Hände sogenannter Winkeladvokaten geraten war, die keine Gewähr für die erforderliche Sachkunde und Zuverlässigkeit boten.[347]

---

[340] Vgl. Handelsblatt v. 28.11.1994, S. 48.

[341] So neuerdings auch PALANDT/EDENHOFER, BGB, 57. Aufl., § 2197, Rz. 3.

[342] Vgl. etwa MÜKO-BRANDNER, § 2197, Rz. 9; ALTENHOFF/BUSCH/CHEMNITZ, RBerG, 10. Aufl. 1993, Rz. 435 f.

[343] Keine Hinweise auf diese Problematik finden sich etwa bei PICKEL, Die Haftung des Testamentsvollstreckers und seine Versicherung, Diss. Köln 1981; NÄGELE, Das vermeintliche Testamentsvollstreckeramt, Diss. Konstanz 1986; OFFERGELD, Die Rechtsstellung des Testamentsvollstreckers, Diss. Münster 1995.

[344] OLG Karlsruhe, ZEV 1994, 300 = WM 1994, 688 = NJW-RR 1994, 236.

[345] Vgl. VORTMANN, Banken als Testamentsvollstrecker, in WM 1995, 1745.

[346] OLG Karlsruhe, NJW-RR 1994, 236, 237.

[347] Vgl. BGH NJW 1967, 1562,1563.

Demgemäß bestimmt Art. 1 § 1 RBerG, daß die geschäftsmäßige Besorgung fremder Rechtsangelegenheiten der Erlaubnis einer hierfür zuständigen Behörde bedarf. Unter Besorgung fremder Rechtsangelegenheiten wird dabei allgemein die unmittelbare Förderung fremder Rechtsangelegenheiten verstanden, die entweder der Verwirklichung, der Sicherung oder der Gestaltung von Rechten Dritter dient.[348]

Die Aufgaben des Testamentsvollstreckers stellen - selbst nach Auffassung der Gegner eines Erlaubniszwanges[349] - einen klassischen Fall der Besorgung fremder Rechtsangelegenheiten dar, nachdem der Testamentsvollstrecker das Vermögen der Erben unter Berücksichtigung des Erblasserwillens zu verwalten und ggf, auseinanderzusetzen hat.[350] Demnach gehört es zu den Aufgaben des Testamentsvollstreckers, den Nachlaß zu sichten, Sicherungsmaßnahmen zu ergreifen, Forderungen einzuziehen und ggf. einzuklagen. Dabei handelt es sich um Maßnahmen, mit denen die Rechtsverhältnisse der Erben zu den Nachlaßgläubigern und untereinander teilweise gesichert und teilweise gestaltet werden, so daß die Tätigkeit des Testamentsvollstreckers typischerweise mit Rechtsbesorgung einhergeht.[351] Auch nach einer im Zusammenhang mit einem gewerblichen „Erbensucher" ergangenen Entscheidung des BGH[352] unterfällt die Hilfe bei der Durchsetzung von Erbenrechten und die Nachlaßabwicklung grundsätzlich dem Erlaubnisvorbehalt des Art. 1 § 1 RBerG.

Der Testamentsvollstrecker besorgt auch *fremde* Rechtsangelegenheiten im Sinne dieser Vorschrift. Es kann zwar nicht geleugnet werden, daß der Testamentsvollstrecker auch ein gewisses Eigeninteresse an der Verwaltung des Nachlasses oder der Auseinandersetzung haben wird, maßgeblich ist jedoch, daß der Testamentsvollstrecker treuhänderisch ein privates Amt ausübt[353] und dabei den Willen des Erblassers und die Interessen der Erben zu berücksichtigen hat. Das mittelbare Eigeninteresse des Testamentsvollstreckers an der Erledigung der ihm übertragenen Aufgaben beseitigt die Fremdheit insoweit nicht.[354]

---

[348] Vgl. BGHZ 38, 71,75; BGH NJW 1989, 2115; RENNEN/CALIEBE, RBerG, Art. 1 § 1, Rz. 24.

[349] Vgl. BORK, WM 1995, 225,226; VORTMANN, WM 1995, 1745,1746 will danach unterscheiden, ob der Erblasser den Testamentsvollstrecker zum Zwecke der rechtlichen oder wirtschaftlichen Gestaltung eingesetzt hat. Eine derartige Abgrenzung wird sich in der Praxis jedoch kaum einwandfrei durchführen lassen.

[350] HENNSLER, ZEV 261, 262.

[351] Vgl. BORK, WM 1995, 225,226.

[352] Vgl. BGH NJW 1989, 2115,2116.

[353] Vgl. dazu BGHZ 25, 275,279; sowie oben Teil A II 2 d) dieser Arbeit.

[354] So auch BGH NJW 1974, 50; OLG Karlsruhe, NJW 1988, 838.

Die fremdnützige Ausübung eines eigenen Verwaltungs- und Verfügungsrechts, welche auf der Einsetzung durch den Erblasser beruht, stellt nach einhelliger Ansicht einen Fall der Besorgung fremder Rechtsangelegenheiten dar.[355] Dieser Befund wird auch von der bislang herrschenden Meinung nicht beanstandet, welche gleichwohl einen Erlaubnisvorbehalt ablehnt.[356] Dieses Ergebnis wird nicht etwa darauf gestützt, daß die Tätigkeit des Testamentsvollstreckers keine Besorgung fremder Rechtsangelegenheiten sei, sondern vielmehr entweder unter den Ausnahmetatbestand des Art. 1 § 3 Nr. 6[357] oder unter den des Art. 1 § 5 Nr. 3[358] RBerG falle. Ob dies zutreffend ist, soll nunmehr untersucht werden.

(1) Der Ausnahmetabestand des Art. 1 § 3 Nr. 6 RBerG

Beide ins Feld geführte Ausnahmetatbestände treffen den Kern des eigentlichen Problems jedoch nicht. Die Ausnahmevorschrift des Art. 1 § 3 Nr. 6 RBerG erfaßt lediglich die Tätigkeit als Zwangsverwalter, Konkursverwalter oder Nachlaßpfleger sowie die Tätigkeit sonstiger für ähnliche Aufgaben *behördlich* eingesetzter Personen. Der Testamentsvollstrecker wird jedoch entgegen der in der gesetzlichen Aufzählung genannten Amtsträger regelmäßig nicht durch eine Behörde, sondern durch den Erblasser, also eine Privatperson ernannt. Die Funktion des Nachlaßgerichtes beschränkt sich in diesem Fall darauf, die Erklärung über die Annahme oder die Ablehnung des Amtes entgegenzunehmen.[359] Eine Prüfung der Wirksamkeit der Erklärung oder gar der Eignung des Testamentsvollstreckers erfolgt nicht.

Auch die besonderen Ernennungsmöglichkeiten der §§ 2198-2200 BGB rechtfertigen keine andere Betrachtungsweise. Sie stellen vielmehr Ausnahmen von der gesetzlichen Vorstellung dar, daß der Erblasser selbst in der Lage ist, einen Testamentsvollstrecker zu ernennen. Darüber hinaus erfolgt die Ernennung in den Fällen der §§ 2198 und 2199 BGB ebenfalls durch Privatpersonen. Ein behördliches Einsetzungsverfahren, welches mit dem der in Art. 1 § 3 Nr. 6 RBerG genannten Personen vergleichbar ist, existiert in diesen Fällen nicht. Daher kann man auch keinen Vergleich mit den dort genannten Personen ziehen und den Grund der Privilegierung darin sehen, daß diese der staatlichen Kontrolle unterstünden und so Gewähr dafür bestehe, daß die einzelnen Aufgaben auch tatsächlich pflichtgemäß wahrgenommen werden.[360]

---

[355] Vgl. etwa LANGE/KUCHINKE, § 31 III 6; HENNSLER, ZEV 1994, 261,262; wohl auch PALANDT/EDENHOFER, § 2197, Rz. 3.
[356] Vgl. etwa CHEMNITZ, AnwBl. 1992, 550,551.
[357] ALTENHOFF/BUSCH/CHEMNITZ, RBerG, Rz. 435 f.; LANGE/KUCHINKE, § 31 III 6.
[358] MÜKO-BRANDNER, § 2197 Rz. 9; BORK WM 1995, 225, LEVERENZ, ZBB 1995, 156.
[359] Vgl. MÜKO-BRANDNER,, § 2202 Rz. 9.
[360] Krit. dazu auch HENSSLER, ZEV 1994, 261,263.

Eine derartige Kontrolle gibt es bei der Testamentsvollstreckung nunmal gerade nicht. Selbst eine Entlassung des Testamentsvollstreckers durch das Nachlaßgericht ist nur auf Antrag eines Beteiligten und bei Vorliegen eines wichtigen Grundes nach § 2227 BGB möglich.[361] Wollte man dennoch auch den von privater Seite ernannten Testamentsvollstrecker unter den Anwendungsbereich des Art. 1 § 3 Nr. 6 RBerG fassen, so würde dies auch dem Zweck dieser Vorschrift eklatant zuwiderlaufen. Der Schutzbereich des Rechtsberatungsgesetzes umfaßt neben dem Schutz des rechtssuchenden Publikums nämlich vor allem auch die Funktionsfähigkeit der Rechtspflege.[362] Damit soll verhindert werden, daß sich die Gerichte und Behörden mit ungeeigneten Rechtsberatern auseinandersetzen müssen. Schließlich wird die Anwaltschaft vor dem Wettbewerb mit Personen geschützt, die im Gegensatz zum Rechtsanwalt keinen standesrechtlichen Beschränkungen unterworfen sind, nachdem ein solcher Wettbewerb das Bild der freien Berufe nachhaltig stören, wenn nicht sogar zerstören würde. Der Begriff der behördlichen Einsetzung in Art. 1 § 3 Nr. 6 RBerG ist daher eng auszulegen. Das Regelungsmotiv des Gesetzgebers muß darin gesehen werden, daß bei Einsetzung von Zwangsverwaltern, Konkursverwaltern oder Nachlaßpflegern eine umfassende Überprüfung und Auswahl durch das Amtsgericht erfolgt. Eine solche Prüfung findet bei dem von privater Seite ernannten Testamentsvollstrecker nicht statt. Das Nachlaßgericht kann von sich aus nicht einmal den Beginn der Amtstätigkeit eines für unfähig erachteten Testamentsvollstreckers verhindern.[363]

Letzten Endes kann dem Gesetzgeber nicht unterstellt werden, er habe den Testamentsvollstrecker bei der Fassung des Ausnahmetatbestandes übersehen, wenn dieser den viel seltener in Erscheinung tretenden Nachlaßpfleger ausdrücklich erwähnt hat. Auch der Hinweis, die Tätigkeit des vom Erblasser eingesetzten Testamentsvollstreckers könne nicht gleichzeitig erlaubt und gesetzlich verboten sein[364], verkennt, daß es vorliegend keineswegs um jedwede Form der Testamentsvollstreckung geht, sondern lediglich um eine solche, die *geschäftsmäßig* betrieben wird. Dem Gesetzgeber war es insofern unbenommen, 35 Jahre nach Inkrafttreten des BGB die Befugnis zur Testamentsvollstreckung in einem bestimmten Punkt nachträglich einzuschränken und mit Blick auf Gemeinwohlinteressen einem Erlaubnisvorbehalt zu unterstellen. Die bürgerlich-rechtliche Regelung enthält keinen Freibrief, durch den sich der Testamentsvollstrecker nunmehr über andere Rahmenbedingungen seiner Tätigkeit hinwegsetzen könnte.[365]

---

[361] Vgl. zu den Kontrollbefugnissen des Nachlaßgerichts REIMANN, FamRZ 1995, 588,589.
[362] Vgl. HENSSLER, ZEV 1994, 261,263.
[363] Vgl. LANGE/KUCHINKE, § 31 IV 3 b); HENSSLER, ZEV 1994, 261,263.
[364] So aber LANGE/KUCHINKE, § 31 III 6; LG Chemnitz, AnwBl 1992, 550,551.
[365] HENSSLER, ZEV 1994, 261,263.

Während es die behördliche Einsetzung der in Art. 1 § 3 Nr. 6 RBerG genannten Personen überflüssig macht, ihre Zuverlässigkeit, Eignung und Sachkunde in einem besonderen Erlaubnisverfahren festzustellen, besteht ein solches Erfordernis durchaus bei dem, der geschäftsmäßig Testamentsvollstreckungen anbieten möchte. Die Kontrollmöglichkeiten des Staates sind, ungeachtet der Möglichkeiten des § 2227 BGB, unzureichend. Insbesondere steht dem Nachlaßgericht gerade kein direktes, allgemeines und *ex officio* wahrzunehmendes Aufsichtsrecht zu.[366] Selbst eine Anordnung des Erblassers, die den Testamentsvollstrecker dieser Aufsicht unterstellen möchte, ist unwirksam.[367] Das Nachlaßgericht ist nicht einmal befugt, regelnd in die Amtsführung des Testamentsvollstreckers einzugreifen[368] oder diesen durch Ordnungsstrafen zur Führung seiner Geschäfte anzuhalten.[369]

Der entscheidende Unterschied zu den in Art. 1 § 3 Nr. 6 RBerG genannten Personen liegt demnach darin, daß die Behörden, hier insbesondere das Nachlaßgericht, nicht aufgrund eigner Erkenntnisse über grobe Verfehlungen des Testamentsvollstreckers tätig werden können, sondern den Antrag eines der Beteiligten abwarten müssen.[370] Dies trifft auch für die gem. § 2200 BGB vom Nachlaßgericht ernannten Testamentsvollstrecker zu. Insoweit liegt zwar eine, dem Wortlaut des Art. 1 § 3 Nr. 6 RBerG entsprechende behördliche Einsetzung vor. Auch in diesem Fall mangelt es jedoch an einer sachgerechten Kontrollmöglichkeit.

Zudem sind die Nachlaßgerichte in ihrer Entscheidung hinsichtlich der Person des Testamentsvollstreckers frei[371] und werden sich vielfach nach Vorschlägen des Erblassers oder anderer Beteiligter richten. Zur Ernennung ist insofern jeder geeignet, den auch der Erblasser ernennen könnte.[372] Es ist daher nicht ersichtlich, daß in jedem Fall eine eingehende Prüfung der Eignung durch das Nachlaßgericht erfolgt. Insoweit ist es sachgerecht - hinsichtlich der geschäftsmäßig betriebenen Testamentsvollstreckung - ein Zusatzerfordernis aufzustellen und die potentiellen geschäftsmäßigen Anbieter einem Erlaubnisverfahren zu unterziehen oder aber denjenigen Personen vorzubehalten, die ohnehin zur geschäftsmäßigen Besorgung von fremden Rechtsangelegenheiten ausgebildet sind.[373]

---

[366] Ebenso REIMANN, FamRZ 1995, 588,589; SOERGEL/DAMRAU, § 2205, Rz. 11.
[367] SOERGEL/DAMRAU, § 2205, Rz. 11.
[368] Vgl. OLG Köln OLGZ 1987, 280.
[369] So auch REIMANN, FamRZ 1995, 588,589.
[370] Vgl. HENSSLER, ZEV 1994, 261,264.
[371] Vgl. SOERGEL/DAMRAU, § 2200, Rz. 5; PALANDT/EDENHOFER, § 2200, Rz. 3.
[372] SOERGEL/DAMRAU, § 2200 Rz. 6; HENSSLER, ZEV 1994, 261,264.
[373] a.A. insoweit HENSSLER, ZEV 1994, 261,264, der davon ausgeht, daß persönliche oder fachliche Hinderungsgründe schon im Bestellungsverfahren berücksichtigt werden.

(2) Der Ausnahmetatbestand des Art. 1 § 5 Nr. 3 RBerG

Auch die Berufung auf den Ausnahmetatbestand des Art. 1 § 5 Nr. 3 RBerG rechtfertigt kein anderes Ergebnis. Mit dieser eng auszulegenden Ausnahmevorschrift[374] hat der Gesetzgeber zwar klargestellt, daß die Tätigkeit der Vermögensverwalter, Hausverwalter und ähnlicher Personen nicht unter den Erlaubnisvorbehalt fällt, soweit die Tätigkeit in unmittelbarem Zusammenhang mit der Verwaltungstätigkeit steht.

Andererseits darf nicht verkannt werden, daß sich die Tätigkeit des Testamentsvollstreckers keineswegs lediglich auf Vermögensverwaltung beschränkt und seine Aufgaben daher nicht mit denen der in Art. 1 § 5 Nr. 3 RBerG genannten Personen gleichgestellt werden können. Vermögensverwaltung in diesem Sinne ist die selbständige und dauerhafte Verwaltung fremden Vermögens.[375] Sowohl die Tätigkeit bei der Dauervollstreckung als auch bei der Abwicklungsvollstreckung kann unter diese Definition subsumiert werden, da der Testamentsvollstrecker den Nachlaß selbständig verwaltet, ohne an Weisungen der Erben oder Anordnungen des Nachlaßgerichts gebunden zu sein.[376] So ist es neben der schlichten Abwicklungs- und Auseinandersetzungsvollstreckung insbesondere bei der Dauervollstreckung Aufgabe des Testamentsvollstreckers, selbst Entscheidungen zu treffen und diese - nötigenfalls gegen den Willen der Erben - durchzusetzen.[377] Darüber hinaus ist nur der Testamentsvollstrecker befugt, Nachlaßforderungen einzuklagen. Die Forderungen gehören zwar zum Nachlaß und stehen insoweit den Erben zu, die Erben sind jedoch wegen § 2212 BGB nicht prozeßführungsbefugt.[378] Vielmehr macht der Testamentsvollstrecker fremde Rechte in eigenem Namen geltend[379], so daß seine Stellung und Verantwortung regelmäßig weit über die bloße Vermögensverwaltung hinausgeht.

Die unzureichenden Kontrollmöglichkeiten[380] erfordern - zumindest für die geschäftsmäßig ausgeübte Testamentsvollstreckung einen grundsätzlichen Erlaubnisvorbehalt und rechtfertigen keine Durchbrechung des Rechtsberatungsmonopols der Anwaltschaft. Vielmehr gebietet es der Schutz der Rechtspflege auf der einen Seite und der notwendige Schutz der Erben vor gewinnstrebenden Testamentsvollstreckern auf der anderen Seite, daß eine solche Tätigkeit als Erwerbsquelle lediglich von fachlich qualifizierten Testamentsvollstreckern ausgeübt wird, welche auch gewissen Standesregeln unterworfen sind.

---

[374] Vgl. BGH AnwBl. 1994, 254; ALTENHOFF/BUSCH/KAMPMANN/CHEMNITZ, RBerG, Art. 1 § 5 Rz. 383; SCHAUB, FamRZ 1995, 846,848.

[375] So auch RENNEN/CALIEBE, RBerG, Art. 1 § 5, Rz. 70 ff.

[376] Vgl. SCHAUB, FamRZ 1995, 846,848.

[377] Vgl. KLUMPP, ZEV 1994, 65,66.

[378] So auch TIEDKE, JZ 1981, 429; vgl. dazu unten Teil C IV 1 dieser Arbeit.

[379] Vgl. dazu unten Teil C V 1 dieser Arbeit.

[380] Vgl. REIMANN, FamRZ 1995, 588,593.

Zum anderen ist es ein weiteres Tatbestandsmerkmal der Ausnahmevorschrift des Art. 1 § 5 Nr. 3 RBerG, daß der genannte Personenkreis zwei Geschäfte besorgt, und zwar ein Hauptgeschäft (etwa Haus- oder Vermögensverwaltung) und ein notwendiges Hilfsgeschäft, welches die mit dem Hauptgeschäft einhergehende Rechtsbesorgung mit sich bringt.[381] Der Grund der mit Art. 1 § 5 RBerG einhergehende Privilegierung liegt nämlich darin, daß sich gewisse Tätigkeiten und Berufe nicht ohne ein gewisses Maß an gleichzeitiger rechtlicher Beratung ausüben lassen, daß aber einem Unternehmen die Ausübung eines bestimmten Berufes nicht unmöglich gemacht werden soll, nur weil hiermit gleichzeitig eine gewisse rechtsberatende Tätigkeit verbunden ist.[382]

Bei dem Hauptgeschäft muß es sich nach dem soeben erläuterten Zweck der Privilegierung um ein von dem Unternehmer betriebenes wirtschaftliches Geschäft handeln, das zu seiner eigentlichen Berufsaufgabe gehört.[383] Hieran fehlt es jedoch bei der Testamentsvollstreckung durch Banken.[384] Deren eigentliche Berufsaufgaben und Tätigkeitsgebiete ergeben sich aus § 1 KWG.[385] Dort ist die Testamentsvollstreckung nicht genannt. Sie stellt auch nach allgemeinen Anschauungen keine typische Aufgabe der Kreditinstitute dar.

Somit fehlt es an dem notwendigen Erfordernis des Ausnahmetatbestandes, welcher darauf zugeschnitten ist, daß mit der eigentlichen Berufsaufgabe notwendigerweise eine bestimmte rechtsberatende Tätigkeit erforderlich ist. Die Testamentsvollstreckung durch Banken läßt sich daher nicht unter die Ausnahmevorschrift des Art. 1 § 5 Nr. 3 RBerG fassen. Auch die anderen Ausnahmetatbestände des Rechtsberatungsgesetzes sind auf Testamentsvollstrecker nicht anwendbar, so daß die geschäftsmäßige Testamentsvollstreckung durch Kreditinstitute einen Verstoß gegen die Vorschriften des Art. 1 § 1 RBerG darstellt, sofern sie ohne die erforderliche Erlaubnis ausgeübt wird.[386]

---

[381] Vgl. BGH NJW 1989, 2125.

[382] So bereits BGH NJW 1967, 1562,1563; vgl. auch SCHAUB, FamRZ 1995, 846,848.

[383] So auch SCHAUB, FamRZ 1995, 846,848 unter Berufung auf BGH NJW 1989, 2125 und BGHZ 102, 128,132.

[384] Vgl. SCHAUB, FamRZ 1995, 846,848.

[385] Sartorius Nr. 856; Gem. § 1 KWG gehört zu den Bankgeschäften etwa das Einlagengeschäft, das Kreditgeschäft, Diskontgeschäft, Effektengeschäft, Depotgeschäft, Investmentgeschäft, Garantiegeschäft und Girogeschäft, selbst die Vermögensverwaltung wird nicht ausdrücklich als Bankgeschäft erwähnt.

[386] a.A. CHEMNITZ, AnwBl. 1992, 550, 551; so zuletzt aber auch OLG Düsseldorf, Urteil vom 30.05.2000, BRAK. Mitt. 2000, S. 266. Das OLG Düsseldorf hat in dem entschiedenen Fall festgestellt, daß es Steuerberatern untersagt ist, mit dem Tätigkeitsschwerpunkt Testamentsvollstreckung zu werben, weil die geschäftsmäßige Testamentsvollstreckung einen Verstoß gegen das RBerG darstellt.

Dabei soll nicht verkannt werden, daß Kreditinstitute prinzipiell geeignet sein können, Testamentsvollstreckungen durchzuführen, insbesondere dann, wenn sie schon zu Lebzeiten des Erblassers dessen Vermögen betreut haben.[387] Eine entsprechende Testamentsvollstreckeranordnung des Erblassers bleibt demnach ungeachtet eines möglicherweise vorliegenden Verstoßes gegen das RBerG wirksam.[388]

Die Literatur schlägt daher Vermeidestrategien für die Banken vor, um ungeachtet der Entscheidung des OLG Karlsruhe weiter Testamentsvollstreckungen durchführen zu können. So wird etwa vorgeschlagen, bis zu einer endgültigen Klärung der Rechtslage auf eine entsprechende Werbung zu verzichten, oder aber Testamentsvollstreckerzeugnisse oder eine Erlaubnis nach Art. 1 § 1 Satz 2 RBerG einzuholen.[389] Andere schlagen vor, bei den potentiellen Erblassern darauf hinzuwirken, daß die Testamentsvollstreckungsanordnung möglichst eng gefaßt und zur Vermeidung von Konfliktsituationen bestimmte Aufgaben an Rechtsanwälte, Notare oder Steuerberater delegiert werden.[390] Durch ein solches Outsourcing kann die Bank vermeiden, daß die bei ihr verbleibende Tätigkeit, nämlich die Vermögensverwaltung, von den Vorschriften des RBerG erfaßt wird. Ob sich eine derartige Vorgehensweise jedoch als praktikabel erweist, ist zweifelhaft. Die bestehenden Zweifel lassen eine derartige Vorgehensweise allenfalls bei bestimmten, sehr komplexen Testamentsvollstreckungen sinnvoll erscheinen.

[387] Vgl. REIMANN in Handbuch der Testamentsvollstreckung, 2. Kapitel, Rz. 192; BORK, WM 1995, 225.

[388] So auch SCHAUB in Handbuch der Testamentsvollstreckung, 11. Kapitel, Rz. 63.

[389] Vgl. VORTMANN, WM 1995, 1745,1747.

[390] So etwa SCHAUB in Handbuch der Testamentsvollstreckung, 11. Kapitel, Rz. 87; auch insoweit dürften nach dem Urteil des OLG Düsseldorf vom 30.05.2000, BRAK-Mitt. 2000, S. 266 jedoch Bedenken bestehen, da auch Steuerberatern eine geschäftsmäßige Testamentsvollstreckung nicht gestattet ist.

4. Unwirksamkeit der Ernennung:

a) Ernennung durch den Erblasser

Die Ernennung eines nach § 2201 BGB unfähigen Testamentsvollstreckers bedarf keiner Aufhebung oder Entlassung der ernannten Person. Sie ist unwirksam, so daß das Amt von vornherein nicht entsteht.[391] Dies gilt sogar dann, wenn der Unfähigkeitsgrund in der Person des Ernannten nachträglich wegfällt.[392] Wollte man in diesem Fall nämlich eine ex nunc oder gar rückwirkende Gültigkeit der Ernennung annehmen, so würde dies zu unüberwindlichen Schwierigkeiten führen, wenn zwischenzeitlich ein anderer Testamentsvollstrecker das Amt angetreten hat. Etwas anderes gilt jedoch dann, wenn der Ernennung andere als die in § 2201 BGB genannten Gründe entgegenstehen. So ist auch die Ernennung eines zur Amtsführung ungeeigneten oder untauglichen Testaments-vollstreckers wirksam.[393] In diesem Fall ist die Unwirksamkeit auf Antrag eines Beteiligten festzustellen oder der Testamentsvollstrecker nach § 2227 BGB zu entlassen.

b) Ernennung durch das Nachlaßgericht

Umstritten ist dagegen, welche Folge die Ernennung eines Testamentsvollstreckers durch das Nachlaßgericht hat, ohne daß ein wirksames Ersuchen des Erblassers dazu vorgelegen hat.[394] Einigkeit besteht insoweit lediglich dahingehend, daß die Ernennung „fehlerhaft" ist und das Nachlaßgericht die Verfügung nicht selbst von Amts wegen wieder beseitigen kann.[395] Einer Ansicht zufolge ist die Ernennung als rechtsgestaltende Verfügung mit ihrer Bekanntgabe an den Testamentsvollstrecker wirksam und soll insoweit auch für das Prozeßgericht, das Registergericht und das Grundbuchamt bindend sein.[396] Nach der Gegenauffassung ist eine derartige Ernennung gegenstandslos und vom Beschwerdegericht aufzuheben, um den Rechtsschein der Wirksamkeit und Gültigkeit zu beseitigen.[397] Dem BGH hat bislang nur die Frage vorgelegen, welche Bedeutung der Ernennungsverfügung beizumessen ist, wenn die Testamentsvollstreckung zur Zeit der Ernennung wegen Erledigung aller Aufgaben bereits beendet war.[398]

---

[391] Vgl. MüKo-Brandner, § 2201 , Rz. 4; Palandt/Edenhofer, § 2201 Rz. 1.

[392] Vgl. etwa Soergel/Damrau, § 2201 Rz. 4; MüKo-Brandner, § 2201 Rz. 4.

[393] MüKo-Brandner, § 2201 Rz. 6.

[394] Vgl. dazu auch Haegele/Winkler, a.a.O., Rz. 87; Soergel/Damrau, § 2200, Rz. 9 f.

[395] Vgl. etwa Palandt/Edenhofer, § 2200, Rz. 4.

[396] OLG Hamburg NJW 1965, 968; Jansen, NJW 1966, 331,332; Soergel/Damrau, § 2200, Rz. 10; MüKo-Brandner, § 2200, Rz. 11; Kipp/Coing, § 67 I 1.

[397] Vgl. etwa BayObLG FamRz. 1995, 124 = ZEV 1995, 22 mit krit. Anm. Leipold, JZ 1996, 287, 295; Palandt/Edenhofer, § 2200, Rz. 4.

[398] Vgl. BGHZ 41, 23 = BGH NJW 1964, 1316 mit Anmerkung Strickrodt.

Der BGH hat in dieser Entscheidung jedoch offengelassen, ob eine derartige Ernennung nichtig ist und lediglich festgestellt, daß die Verfügung jedenfalls materiell ohne Inhalt und gegenstandslos sei. Diese Entscheidung ist in der Literatur auf Kritik gestoßen, da die Ernennung eines Testamentsvollstreckers durch das Nachlaßgericht eine rechtsgestaltende Verfügung der freiwilligen Gerichtsbarkeit sei, die nach Bekanntmachung verbindliche Kraft habe und die Wirkungen äußere, die sie nach ihrem Inhalt herbeizuführen geeignet und bestimmt sei.[399] Das Prozeßgericht könne daher nur prüfen, ob die Ernennungsverfügung durch Bekanntmachung an den Ernannten wirksam geworden ist. Die Nichtigkeit könne daher nur angenommen werden, wenn der Akt der Ernennung, losgelöst von den besonderen Umständen des einzelnen Falles, bei keiner denkbaren Sachlage gerechtfertigt sein kann.[400] Zur Begründung wird auf die Lehre vom „fehlerhaften Staatsakt" verwiesen bzw. ein Vergleich mit behördlichen Verwaltungsakten gezogen.[401] Danach ist ein von der sachlich zuständigen Behörde erlassener Hoheitsakt auch dann wirksam, wenn er anfechtbar ist, etwa weil die Behörde zu Unrecht angenommen hat, daß ein die Anordnung rechtfertigender Sachverhalt vorliege.[402] Hier handelt es sich zudem um eine gerichtliche Entscheidung, die in Rechtskraft erwächst und gegen die eine sofortige Beschwerde zulässig ist. Schon daraus läßt sich entnehmen, daß nicht etwa die Nichtigkeit der gerichtlichen Entscheidung vom Gesetzgeber vorgesehen war, sondern die Wirksamkeit der Entscheidung vielmehr in einem weiteren Verfahren endgültig geklärt werden soll.

Demnach wird man der Auffassung folgen müssen, daß eine Ernennungsverfügung auch dann (formell) wirksam ist, wenn das Nachlaßgericht zu Unrecht angenommen hat, daß ein Ersuchen des Erblassers nach § 2200 BGB vorliegt.[403] Bedeutung erlangt diese Frage insbesondere dann, wenn der fehlerhaft ernannte Testamentsvollstrecker bereits bestimmte Rechtshandlungen vorgenommen hat und deren Wirksamkeit in Frage steht oder die Vergütungsansprüche des betreffenden Testamentsvollstreckers umstritten sind. Hier wird man den Vertrauensschutzargumenten den Vorrang geben müssen. Dementsprechend geht die Literatur und auch die Rechtsprechung davon aus, daß Rechtshandlungen des „vermeintlichen Testamentsvollstreckers" grundsätzlich jedenfalls dann wirksam sind, wenn der Testamentsvollstrecker im guten Glauben an die Innehabung des Amtes gehandelt hat.[404]

---

[399] Vgl. JANSEN, NJW 1966, 331,332, m.w.N.; zweifelnd auch BUND, JuS 1966, 60,64.
[400] JANSEN, a.a.O., S. 332; so auch STAUDINGER/REIMANN, § 2200, Rz. 23.
[401] So auch BUND, JuS 1966, 60,64.
[402] Vgl. BGHZ 4, 10,22.
[403] So auch SOERGEL/DAMRAU, § 2200, Rz. 9; JANSEN, a.a.O., S. 332.
[404] Ausführlich dazu NÄGELE, Das vermeintliche Testamentsvollstreckeramt, Diss. Konstanz, 1986; vgl. auch BENGEL in Handbuch der Testamentsvollstreckung, 1. Kapitel, Rz. 231 ff.; SOERGEL/DAMRAU, § 2200, Rz. 9; HAEGELE/WINKLER, a.a.O., Rz. 632 f; STAUDINGER/REIMANN, § 2200, Rz. 19.

Davon wird insbesondere dann auszugehen sein, wenn eine Ernennung durch das Nachlaßgericht vorliegt und die Erben die Testamentsvollstreckung nicht von vornherein bestreiten.[405] Dementsprechend wird zugunsten des Testamentsvollstreckers eine analoge Anwendung der §§ 2218, 674 BGB vorgeschlagen, sofern er im guten Glauben an die Innehabung des Amtes gehandelt hat, wobei das vom BGH zusätzlich geforderte Kriterium, daß die Erben der Testamentsvollstreckung nicht widersprochen hätten, von der Literatur weitgehend abgelehnt wird.[406]

Auf das Fehlen eines derartigen Widerspruchs kann es für die Frage, ob der Testamentsvollstrecker gutgläubig darauf vertraut hat, wirksam ernannt zu sein, auch nicht ankommen, nachdem er sich zum einen auf die testamentarische Anordnung des Erblassers sowie den gerichtlichen Ernennungsbeschluß verlassen kann. Ein Widerspruch der Erben ist auch nicht generell geeignet, den guten Glauben des Testamentsvollstreckers zu zerstören, da die Erben oftmals - in Sorge um eine durch die Testamentsvollstreckung bestehende Beschneidung ihrer Position - Widerspruch gegen die Testamentsvollstreckung erheben werden. Lediglich wenn sich im Testament bereits kein hinreichender Hinweis auf eine Anordnung der Testamentsvollstreckung findet, wird man dem Widerspruch entsprechende Bedeutung beizumessen haben. Dann fehlt es jedoch bereits an einer entscheidenden Voraussetzung für die Gutgläubigkeit des Testamentsvollstreckers, so daß es auch in diesem Fall nicht auf den Widerspruch der Erben ankommen kann.

---

405 Vgl. HAEGELE/WINKLER, a.a.O., Rz. 632; BayObLGZ 1985, 233,238.

406 Vgl. BENGEL in Handbuch der Testamentsvollstreckung, 1. Kapitel, Rz. 238; HAEGELE/WINKLER, a.a.O., Rz. 633; SCHELTER, DNotZ 1978, 495; SOERGEL/DAMRAU, § 2218, Rz. 20.

III. Beginn des Testamentsvollstreckeramtes

1. Die Annahme des Amtes

Eine Testamentsvollstreckung entsteht nicht bereits mit dem Erbfall, auch wenn der Erblasser sie in einer letztwilligen Verfügung wirksam angeordnet und eine bestimmte (geeignete) Person zum Testamentsvollstrecker ernannt hat. Dies folgt aus dem Willen des Gesetzgebers, daß es weder eine Testamentsvollstreckung ohne Anordnung des Erblassers noch ohne den Willen des Testamentsvollstreckers geben soll.[407] Das wirksame Bestehen einer Testamentsvollstreckung ist vielmehr ein Gesamttatbestand, der sich aus vier Elementen zusammensetzt:

- der Anordnung der Testamentsvollstreckung durch den Erblasser,
- der Ernennung des Testamentsvollstreckers durch den Erblasser, das Nachlaßgericht oder einen hierzu ermächtigten Dritten,
- der Annahme des Amtes durch den Ernannten,
- dem Fehlen von Endigungsgründen für die Testamentsvollstreckung.[408]

Nachdem festgestellt wurde, daß eine Ernennung des Testamentsvollstreckers durch den Erblasser, einen Dritten oder das Nachlaßgericht vorliegt, bedarf es für den Beginn des Amtes also noch der Annahme durch den Ernannten., § 2202 Abs. 1 BGB.[409] Die Annahme hat durch unbedingte, unbefristete formlose Erklärung gegenüber dem Nachlaßgericht nach dem Eintritt des Erbfalls zu erfolgen.[410] Eine einmal abgegebene Annahmeerklärung ist gem. § 130 BGB unwiderruflich, jedoch steht dem Erklärenden jederzeit die Kündigungserklärung nach § 2226 BGB zu. Das Nachlaßgericht kann dem Ernannten zur baldigen Klarstellung eine Frist für die Annahme des Amtes nach § 2202 Abs. 3 BGB setzen. Schweigt der Ernannte, so gilt dies als Ablehnung. Dies gilt auch, wenn das Nachlaßgericht dem zukünftigen Testamentsvollstrecker von Amts wegen eine Frist gesetzt hat.[411] Der Testamentsvollstrecker kann vom Nachlaßgericht eine Bestätigung für die Annahme des Amtes verlangen, die jedoch nicht mit dem Testamentsvollstreckerzeugnis verwechselt werden darf.[412]

---

[407] Vgl. auch REIMANN in Handbuch der Testamentsvollstreckung, 2. Kapitel, Rz. 218.
[408] So auch JANSEN, NJW 1966, 331, 332.
[409] Vgl. STAUDINGER/REIMANN, § 2197, Rz. 1.
[410] Vgl. REIMANN in Handbuch der Testamentsvollstreckung, 2. Kapitel, Rz. 222 ff; SOERGEL/DAMRAU, § 2202 Rz. 4; HAEGELE/WINKLER, a.a.O., Rz. 103.
[411] a.A. insoweit MÜKO-BRANDNER, § 2202, Rz. 10, der davon ausgeht, daß in diesem Fall die Ablehnungswirkung nicht eintritt.
[412] Vgl. REIMANN in Handbuch der Testamentsvollstreckung, 2. Kapitel, Rz. 230.

Da der Testamentsvollstrecker das Amt gemäß § 2226 BGB jederzeit kündigen kann, besteht selbstverständlich auch keine (rechtliche) Pflicht zur Annahme des Amtes.[413] Selbst im Falle einer vertraglichen Vereinbarung zwischen Erblasser und dem Testamentsvollstrecker, wonach dieser verpflichtet sein soll, das Amt anzunehmen, kann die Erfüllung dieser Verpflichtung nicht im Klagewege durchgesetzt werden.[414] Zwar wird ein solcher Vertrag allgemein als wirksam angesehen, die Einklagbarkeit oder Durchsetzbarkeit der Verpflichtung wird jedoch zutreffend mit der Begründung verneint, daß der Ernannte zum einen das Amt schon nach der gesetzlichen Regelung jederzeit wieder niederlegen könnte und zum anderen der Gesetzgeber die Übernahme und Beibehaltung des Amtes in die freie Entscheidung des Ernannten stellt, weil nur eine freiwillige Amtsübernahme auch die notwendige ordentliche und gewissenhafte Amtsführung des Vertrauensamtes gewährleistet.[415] Auch wäre ein entsprechendes Urteil wegen § 888 Abs. ZPO nicht im Wege der Zwangsvollstreckung durchzusetzen.[416] Schließlich dürfte ein etwaiger Nichterfüllungsschaden nur schwerlich nachzuweisen sein[417], so daß dieser Streit allenfalls für eine in der Verpflichtung enthaltene Vertragsstrafenregelung praktische Bedeutung hat. Insoweit ist die Begründung der ablehnenden Auffassung, der Ernannte könne sein Amt jederzeit ablehnen, so daß anzunehmen sei, daß sein Versprechen keinerlei einklagbare Verpflichtung, auch nicht auf eine vorgesehene Vertragsstrafe, erzeugen solle,[418] wenig überzeugend. Immerhin bringt der Vertragspartner dem Erblasser gegenüber durch die Unterzeichnung einer strafbewehrten Vereinbarung doch deutlich zum Ausdruck, daß er sich der daraus resultierenden Verpflichtung hinreichend bewußt ist. In derartigen Fällen stellt die Vertragsstrafe quasi eine Art Garantieversprechen dar. Konsequenterweise sollte die Nichtigkeit einer entsprechenden Vertragsstrafenregelung daher mit einem Verstoß gegen die guten Sitten und damit gegen § 138 BGB begründet werden. Es ist anerkannt, daß Vertragsstrafen auch nach § 138 BGB nichtig sein können, wenn Umstände hinzutreten, die die Strafregelung in Bezug auf Zweck, Inhalt oder Beweggrund verwerflich erscheinen lassen.[419]

---

[413] Vgl. WEIMAR, MDR 1982, 198; HAEGELE/WINKLER, a.a.O., Rz. 102; PALANDT/EDENHOFER, § 2202, Rz. 2.

[414] Umstr., wie hier PALANDT/EDENHOFER, § 2202 Rz. 2; MÜKO-BRANDNER, § 2202 Rz. 2; REIMANN in Handbuch der Testamentsvollstreckung, 2. Kapitel, Rz. 219; a.A. HAEGELE/WINKLER, a.a.O., Rz. 102; RGZ 139, 41; RGR/KREGEL, § 2202, Rz. 3; EBENROTH, a.a.O., Rz. 635.

[415] Vgl. auch MÜKO-BRANDNER, § 2202 Rz. 2; PALANDT/EDENHOFER, § 2202 Rz. 2.

[416] Vgl. SOERGEL/DAMRAU, § 2202, Rz. 2, der es gleichfalls der Entscheidung der Erben überlassen will, ob im Klagewege Druck auf den vertraglich gebundenen TV ausgeübt werden soll.

[417] Vgl. LANGE/KUCHINKE, § 31 IV 4; MÜKO-BRANDNER, § 2202, Rz. 2.

[418] So aber MÜKO-BRANDNER, § 2202, Rz. 2.

[419] Vgl. PALANDT/HEINRICHS, § 343, Rz. 3; RGZ 114, 307.

Solche Umstände sind insbesondere eine Knebelung und Verpflichtung durch Ehrenwort[420], sowie die Koppelung mit familienrechtlichen Pflichten.[421] Einen vergleichbaren Fall stellt die Verpflichtung zur Übernahme einer Testamentsvollstreckung dar, da sich der vom Erblasser Ausersehene regelmäßig einer moralischen Zwangslage gegenübersehen wird, die Tragweite seiner Verpflichtung möglicherweise noch gar nicht übersehen kann und sowohl die gesetzliche Regelung als auch die gesellschaftlichen Anschauungen von einer freiwilligen Amtsübernahme ausgehen. Eine Vertragsstrafenregelung in Bezug auf die Übernahme einer Testamentsvollstreckung steht dem unvereinbar gegenüber und ist daher als Verstoß gegen die guten Sitten anzusehen. Der Erblasser kann aber dahingehend wirksam auf die Annahme des Testamentsvollstreckeramtes hinwirken, indem er dem Ernannten eine Zuwendung unter der Bedingung aussetzt, daß der Ernannte das Amt annimmt.[422] Der Erblasser kann diese Zuwendung sogar mit einer auflösenden Bedingung für den Fall versehen, daß der Testamentsvollstrecker das Amt vorzeitig wieder niederlegt. Ob damit jedoch in sinnvoller Weise die Amtsführung durch die betreffende Person gefördert wird, erscheint mehr als zweifelhaft. Es ist dem Erblasser daher eher anzuraten, für den Fall der Nichtannahme eine oder mehrere Ersatzpersonen vorzusehen und schließlich ein Ersuchen an das Nachlaßgericht gem. § 2200 BGB in die letztwillige Verfügung aufzunehmen.[423]

2. Die Rechtsstellung vor Beginn des Amtes

Das Amt des Testamentsvollstreckers und die damit verbundenen Befugnisse beginnen erst mit dem Zeitpunkt, in dem der Testamentsvollstrecker das Amt annimmt. Vor Annahme des Amtes hat der Ernannte keinerlei Verfügungsbefugnis über den Nachlaß. Rechtsgeschäfte, die der Testamentsvollstrecker im Hinblick auf seine zukünftige Funktion vor Amtsannahme vornimmt, sind unwirksam.[424] Umstritten ist, ob die vor Amtsannahme vorgenommenen Rechtsgeschäfte durch die spätere Annahme des Amtes durch den Testamentsvollstrecker wirksam werden. Eine Auffassung geht davon aus, daß vorzeitige Amtsgeschäfte des Testamentsvollstreckers mit Annahme des Amtes ohne weiteres verbindlich werden und stützt sich hierfür auf § 1959 Abs. 2 BGB.[425]

---

[420] Vgl. RGZ 68, 229.
[421] RGZ 158, 300.
[422] Vgl. auch EBENROTH, a.a.O., Rz. 635; MÜKO-BRANDNER, § 2202, Rz. 2.
[423] Vgl. REIMANN in Handbuch der Testamentsvollstreckung, 2. Kapitel, Rz. 219.
[424] Vgl. SOERGEL/DAMRAU, § 2202, Rz. 5; REIMANN in Handbuch der Testamentsvollstreckung, 2. Kapitel, Rz. 236; HAEGELE/WINKLER, a.a.O., Rz. 109; MÜKO-BRANDNER, § 2202, Rz. 4.
[425] Vgl. LANGE/KUCHINKE, § 31 V 3.

Die Gegenmeinung will dagegen die §§ 177 ff. BGB entsprechend anwenden.[426] Demnach soll ein vom Testamentsvollstrecker vorzeitig eingegangenes Verpflichtungsgeschäft nur dann wirksam werden, wenn der Testamentsvollstrecker es nach seinem Amtsantritt gem. § 184 BGB genehmigt. Diese Auffassung ist in sich schlüssig und verdient den Vorzug, auch wenn es in der Tat zu Problemen führen kann, wenn der designierte Testamentsvollstrecker möglicherweise gehindert ist, eilbedürftige Entscheidungen sofort wirksam vorzunehmen.[427] Die Problematik zeigt, daß sich das Rechtsinstitut der Testamentsvollstreckung eben nicht mit der „nackten" Amtstheorie lösen läßt, sondern auf die Regeln der Stellvertretung zurückgreifen muß, um in bestimmten Fällen sachgerechte Lösungen zu finden.[428] Da dem Testamentsvollstrecker vor Amtsannahme die notwendige Verfügungsmacht fehlt, sind die von ihm getätigten einseitigen Rechtsgeschäfte grundsätzlich unwirksam, §§ 180, 141 BGB. Dagegen können die von ihm geschlossenen Verpflichtungsgeschäfte analog § 177 BGB nach Amtsannahme vom Testamentsvollstrecker selbst genehmigt werden. Hinsichtlich der Verfügungsgeschäfte besteht Einigkeit, daß diese nach § 185 Abs. 2 BGB gleichfalls vom Testamentsvollstrecker nach Amtsantritt genehmigt werden können. Darüber hinaus will eine Auffassung hier die Verfügungen ohne Genehmigungserklärung ex nunc wirksam werden lassen, sobald der Testamentsvollstrecker mit dem Amtsbeginn Verfügungsmacht erlangt.[429] Diese Ansicht verkennt jedoch, daß die Testamentsvollstreckung zwar schon vor der Annahme als angeordnet gilt, insoweit jedoch noch keine Wirkungen entfaltet, da - außer im Falle des § 2200 BGB - nicht feststeht, ob einer der ernannten Kandidaten das Amt auch annehmen wird und ob es insoweit überhaupt zu einer wirksamen Testamentsvollstreckung kommt. Die Frage hat jedoch kaum praktische Bedeutung, da der Testamentsvollstrecker nach Amtsbeginn die vorher vorgenommen Verfügungen jedenfalls (auch konkludent) genehmigen kann.[430]

Weit bedeutungsvoller ist die Frage, auf welche Weise der mißlichen Lage begegnet werden kann, daß die Testamentsvollstreckung zwar bereits wirksam angeordnet und ein Testamentsvollstrecker ernannt ist, mangels Annahme des Amtes niemand da ist, der berechtigterweise rasche Entscheidungen treffen und notwendige Verwaltungs- und Erhaltungsmaßnahmen in Ansehung des Nachlasses vornehmen könnte.[431]

---

[426] Vgl. KIPP/COING, § 67 II Fn. 25; MÜKO-BRANDNER, § 2202 Rz. 4; REIMANN in Handbuch der Testamentsvollstreckung, 2. Kapitel, Rz. 236; HAEGELE/WINKLER, a.a.O., Rz. 109; SOERGEL/DAMRAU, § 2202, Rz. 5.

[427] Auf dieses Problem weist LANGE/KUCHINKE, § 31 V 3 Fn. 136 zutreffend hin.

[428] Vgl. dazu oben Teil A II 2 d) dieser Arbeit.

[429] Vgl. STAUDINGER/REIMANN, § 2202, Rz. 31; MÜKO-BRANDNER, § 2202 Rz. 4.

[430] So auch MÜKO-BRANDNER, § 2202, Rz. 4.

[431] Vgl. HAEGELE/WINKLER, a.a.O., Rz. 111a.

Diese Situation, die als Testamentsvollstreckung ohne amtierenden Testamentsvollstrecker bezeichnet wurde, wirft bislang von der Rechtsprechung und der Literatur kaum behandelte Probleme auf.[432] Der Erbe selbst ist aufgrund der angeordneten Testamentsvollstreckung wegen § 2211 BGB nicht in der Lage, Verfügungen in Bezug auf den Nachlaß vorzunehmen, eine andere Person, die dazu berechtigt und imstande wäre, fehlt, solange ein amtierender Testamentsvollstrecker nicht vorhanden ist. Die Literatur schlägt insoweit neuerdings vor, einen Pfleger für den unbekannten Testamentsvollstrecker zu bestellen und dazu entweder auf die Vorschrift des § 1913[433] oder des § 1960 BGB[434] zurückgreifen.

Fraglich ist zunächst, ob es eines derartigen Pflegers überhaupt bedarf. Dazu ist zu berücksichtigen, daß sich die Amtsannahme durch den Testamentsvollstrecker aus vielfältigen Gründen erheblich verzögern kann.[435] So kann insbesondere geraume Zeit vergehen, bis das Nachlaßgericht den testamentarisch ernannten Testamentsvollstrecker ausfindig gemacht hat. Sodann folgt zunächst eine Anfrage, ob der Ernannte bereit ist das Amt anzunehmen. Bis zur Beantwortung dieser Anfrage kann es erneut aus unterschiedlichen Gründen abermals geraume Zeit dauern, insbesondere dann, wenn ein Streit um die Auslegung des Testaments entsteht oder die letztwillige Verfügung insgesamt in Zweifel gezogen wird. Selbst wenn derartige Unsicherheiten ausgeräumt sind, wird es dem Testamentsvollstrecker *in spe* zuzubilligen sein, eine gewisse Bedenkzeit für seine Entscheidung in Anspruch zu nehmen. Zwar kann ihm insoweit vom Nachlaßgericht gem. § 2202 Abs. 3 BGB eine Frist gesetzt werden, dies geschieht jedoch nur auf Antrag eines Beteiligten. Lehnt der Ernannte schließlich das Amt ab, so eröffnen sich neue Schwierigkeiten. Das Testament muß auf Anhaltspunkte untersucht werden, die darauf schließen lassen, daß der Erblasser ein Ersuchen an das Nachlaßgericht i. S. d. § 2200 Abs. 1 BGB gerichtet hat. Sind derartige Anhaltspunkte festgestellt, so muß das Nachlaßgericht, ggf. nach Anhörung der Beteiligten gem. § 2200 Abs. 2 BGB eine geeignete Person auswählen und diese nunmehr zur Erklärung über die Annahme des Amtes auffordern. Sind die Erben mit der ausgewählten Person nicht einverstanden, so kann sich u.U. sogar noch ein Beschwerdeverfahren gem. § 81 Abs. 1 FGG anschließen. Dieses hat zwar keine aufschiebende Wirkung, der Testamentsvollstrecker wird sich in einem solchen Fall jedoch zumeist tunlichst davor hüten, vor Abschluß des Beschwerdeverfahrens seine Amtsgeschäfte aufzunehmen und die Beseitigung der bestehenden Unsicherheiten abwarten.[436]

---

[432] Vgl. HAEGELE/WINKLER, a.a.O., Rz. 111 a; STAUDINGER/REIMANN, § 2197 Rz. 5 f.

[433] So etwa DAMRAU, Lange-Festschrift, S. 797 ff; *derselbe* in ZEV 1996, 81, 83; ebenso PALANDT/EDENHOFER, § 2200, Rz. 5.

[434] Vgl. dagegen BENGEL in Handbuch der Testamentsvollstreckung, 1. Kapitel, Rz. 14 f.; HAEGELE/WINKLER, a.a.O., Rz. 111a.

[435] Ausführlich dazu Damrau, ZEV 1996, 81.

[436] DAMRAU, ZEV 1996, 81, 82.

Andererseits kann es aus genauso vielfältigen Gründen in diesem Zwischenstadium notwendig sein, bestimmte rechtliche Handlungen in Bezug auf den Nachlaß vorzunehmen. So ist zum einen daran zu denken, daß bestimmte Sicherungs- und Erhaltungsmaßnahmen ergriffen werden müssen, zum anderen kann sich eine Konstellation ergeben, in der Dritte dem Nachlaß gegenüber handeln wollen. Selbst die Nachlaßgläubiger kann der Erbe nicht wirksam mit Mitteln aus dem Nachlaß befriedigen. Diesen steht zwar die Möglichkeit offen, den Erben auf Zahlung zu verklagen, eine solche Klage bringt den Gläubigern jedoch wenig Nutzen, nachdem zur Zwangsvollstreckung in den Nachlaß, solange und soweit er der Testamentsvollstreckung unterliegt gem. § 748 ZPO ein Urteil gegen den Testamentsvollstrecker erforderlich ist.[437] Es ist demnach notwendig, durch geeignete Maßnahmen dafür Sorge zutragen, daß auch in der Zeit zwischen Erbfall und dessen Amtsantritt Rechtshandlungen für und gegen den Nachlaß möglich sind.[438]
Als eine derartige Maßnahme zur vorläufigen Regelung wird von verschiedener Seite die postmortale Vollmacht angesehen.[439] Eine solche Vollmachtslösung stellt zwar ein taugliches Mittel dar, um die Handlungsfähigkeit in Bezug auf den Nachlaß unmittelbar nach dem Erbfall zu erhalten,[440] das Problem wird jedoch lediglich entschärft und keineswegs völlig beseitigt, vor allem dann, wenn die Erben nach dem Erbfall die erteilten Vollmachten widerrufen. Darüber hinaus kann es Konstellationen geben, in denen die erteilte postmortale Vollmacht für die notwendige Rechtshandlung nicht ausreichend ist.[441] In diesen Fällen kann demnach höchstens der Erbe selbst als Vertreter ohne Vertretungsmacht handeln und Verfügungen über den Nachlaß treffen, in der Hoffnung, daß diese vom Testamentsvollstrecker zu einem späteren Zeitpunkt genehmigt werden. Auch diese Möglichkeit ist jedoch unbefriedigend, da der Erbe bei Nichtgenehmigung durch den Testamentsvollstrecker als vollmachtsloser Vertreter gem. § 179 BGB mit seinem eigenen Vermögen haftet. Es bedarf demnach eines Organs, welches in der Zeit zwischen Erbfall und Amtsantritt des Testamentsvollstreckers Rechtshandlungen in Bezug auf den Nachlaß wirksam vornehmen kann. Das Gesetz sieht für solche Fälle eine Pflegschaft vor. Eine solche wird allgemein als Fürsorgetätigkeit für besondere Angelegenheiten eines Pfleglings verstanden.[442] Der Gesetzgeber hat in § 1960 BGB geregelt, daß das Nachlaßgericht bis zur Annahme der Erbschaft für die Sicherung des Nachlasses zu sorgen hat, soweit hierfür ein Bedürfnis besteht.

---

[437] so auch MüKo-Brandner, § 2213, Rz. 5; Staudinger/Reimann, §2213, Rz. 26.
[438] Vgl. Haegele/Winkler, a.a.O., Rz. 111a; Staudinger/Reimann, § 2197, Rz. 9.
[439] So etwa Damrau, ZEV 1996, 81, 84; ihm folgend Haegele/Winkler, a.a.O., Rz. 111 a; Soergel/Damrau, § 2202, Rz. 10.
[440] Vgl. dazu oben Teil A II 3 a) dieser Arbeit.
[441] Vgl. dazu auch Damrau, ZEV 1996, 81,83.
[442] Palandt/Diederichsen, Einf. vor § 1909 Rz. 1; Jauernig/Schlechtriem, Vorbem. vor § 1909, Anm. 1.

Grundgedanke ist hierfür, daß es die Aufgabe des Nachlaßgerichts ist, dafür Sorge zu tragen, daß dem Erben der Nachlaß in seinem ursprünglichen Zustand erhalten wird.[443] Diese Norm ist jedoch auf den hier interessierenden Fall auf den ersten Blick offenbar nicht direkt anwendbar, da das Fürsorgebedürfnis für den Nachlaß nicht aus der Unbekanntheit des Erben, sondern vielmehr aus dem Fehlen eines Testamentsvollstreckers herrührt. Aus diesem Grund will DAMRAU auf die allgemeinere Norm des § 1913 BGB zurückgreifen.[444] Dabei handelt es sich um eine Personalpflegschaft für unbekannte Beteiligte, deren Anordnung es erfordert, daß in einer bestimmten Angelegenheit ein Beteiligter unbekannt oder ungewiß ist und ein Fürsorgebedürfnis besteht.[445] Richtigerweise geht DAMRAU davon aus, daß der hier interessierende Fall von dem Wortlaut des § 1913 BGB gedeckt ist, nachdem es sich bei dem unbekannten Testamentsvollstrecker zweifellos um einen Beteiligten im Sinne dieser Vorschrift handelt.[446] Gleichwohl bedarf es entgegen der von DAMRAU vertretenen Auffassung eines Rückgriffs auf die Vorschrift des § 1913 BGB nicht. Die Voraussetzungen des § 1960 Abs. 1 Satz 2 BGB liegen nämlich auch dann vor, wenn alle in Frage kommenden Erben bekannt sind, aber noch ein Rechtsstreit über die Erbberechtigung schwebt und damit den Erben die Möglichkeit zu wirksamen Verfügungen über den Nachlaß regelmäßig noch fehlen wird.[447]

Sachnäher ist es demnach, § 1960 BGB auch bei fehlender Verfügungsmöglichkeit anzuwenden, die auf Streitigkeiten um eine wirksame Testamentsvollstreckungsanordnung oder auf eine noch nicht erfolgte Amtsannahme zurückzuführen ist, da es insoweit - wie bei den in § 1960 BGB geregelten Fällen - der Sache nach um eine Nachlaßsicherung geht.[448] Entgegen der Ansicht von DAMRAU kann auch nicht angenommen werden, daß es sich nicht um eine planwidrige Lücke in der gesetzlichen Regelung handelt.

Es gibt keinen Hinweis darauf, daß der Gesetzgeber den hier behandelten Fall direkt unter die Vorschrift des § 1913 BGB fassen wollte. Dagegen spricht schon die Stellung dieser Norm im dritten Abschnitt des familienrechtlichen IV. Buches. Dabei soll nicht verkannt werden, daß die Vorschrift des § 1913 BGB sehr wohl Fälle erfaßt, welche auf erbrechtlichen Problemen beruhen.[449] Die Vorschrift des § 1960 BGB stellt jedoch den speziellen Fall einer Pflegschaft für unbekannte Beteiligte in Nachlaßsachen dar.[450]

---

443 Vgl. MÜKO-LEIPOLD, § 1960, Rz. 1.
444 DAMRAU, ZEV 1996, 81,83.
445 Vgl. PALANDT/DIEDERICHSEN, § 1913, Rz. 2 f.
446 Hierfür genügt jedwede Beteiligung rechtlicher Natur, auch eine zukünftige Beteiligung ist ausreichend; vgl. ; JAUERNIG/SCHLECHTRIEM, Vorbem. vor § 1909, Anm. 1.
447 Vgl. MÜKO-LEIPOLD, § 1960, Rz. 16.
448 Vgl. auch BENGEL in Handbuch der Testamentsvollstreckung, 1. Kapitel, Rz. 16.
449 Vgl. PALANDT/DIEDERICHSEN, § 1913, Rz. 2.
450 So auch MÜKO-LEIPOLD, § 1960, Rz. 32.

Hätte der Gesetzgeber eine Pflegschaft für den unbekannten Testamentsvollstrecker in das Gesetz aufnehmen wollen, so hätte er dies im Zusammenhang mit den erbrechtlichen Vorschriften des V. Buches tun müssen. Es ist nicht anzunehmen, daß der Gesetzgeber eine direkte Anwendung des § 1913 BGB auf Erbschaftsangelegenheit gewollt hat, nachdem für diese Fälle das Vormundschaftsgericht und nicht das - in Nachlaßsachen üblicherweise berufene - Nachlaßgericht zuständig ist.[451] Die hier behandelte Konstellation, daß der Testamentsvollstrecker sein Amt verspätet antritt oder nach Wegfall eines Testamentsvollstreckers ein bestimmter Zeitraum vergeht, bis ein neuer Testamentsvollstrecker ernannt wurde und sein Amt auch angetreten hat, hat der Gesetzgeber ganz offensichtlich nicht geregelt. Es ist demnach zulässig und geboten, den nicht geregelten Fall im Wege der Analogie unter die Vorschrift des § 1960 BGB zu subsumieren, der eine vergleichbare Interessenlage zugrunde liegt.[452] Für die analoge Anwendung des § 1960 BGB streitet im übrigen vor allem ein wichtiger praktischer Gesichtspunkt: Die Anwendung des § 1913 BGB würde wegen §§ 35, 41 FGG zu einer Zuständigkeit des Vormundschaftsgerichtes führen. Dagegen ist für die Bestellung des Nachlaßpflegers gem. §§ 1960, 1962 BGB das Nachlaßgericht zuständig. Diese Regelung, welche der Gesetzgeber aus Gründen der Zweckmäßigkeit getroffen hat,[453] darf bei dem hier interessierenden Problem nicht außer Acht gelassen werden. Es kann nämlich nicht zweckmäßig sein, daß für die Auswahl des Testamentsvollstreckers nach § 2200 BGB das Nachlaßgericht zuständig ist, im Falle, daß sich der Amtsantritt dieses Testamentsvollstreckers verzögert, jedoch nunmehr plötzlich das Vormundschaftsgericht zu einer Entscheidung berufen sein soll. Daran ändert auch die von DAMRAU aufgestellte These nichts, daß erbrechtliche Angelegenheiten dem Vormundschaftsgericht nicht völlig fremd seien.[454] Bei der größeren Sachnähe des Nachlaßgerichts verbleibt es schließlich auch dann, wenn sowohl für die Anordnung der Pflegschaft nach § 1913 BGB als auch für die Anordnung der Nachlaßpflegschaft nach § 1960 BGB jeweils der Rechtspfleger zuständig ist.[455] Demnach sollte eine ggf. erforderliche Pflegerbestellung für den unbekannten Testamentsvollstrecker in Analogie zur Pflegerbestellung für den unbekannten Erben durch das Nachlaßgericht erfolgen und auf die Vorschrift des § 1960 BGB gestützt werden.[456]

---

[451] Insoweit ging die Rechtsprechung bislang davon aus, daß über die ausdrücklich geregelten Fälle hinaus die Anordnung einer Pflegschaft unzulässig ist; vgl. etwa KG OLGZ 6, 303; vgl. auch PALANDT/DIEDERICHSEN, Einführung vor § 1909, Rz. 4.

[452] a.A. DAMRAU, ZEV 1996, 81,83; wie hier BENGEL in Handbuch der Testamentsvollstreckung, 1. Kapitel, Rz. 15.

[453] Vgl. PALANDT/EDENHOFER, § 1962, Rz. 1.

[454] Vgl. DAMRAU, ZEV 1996, 81,83.

[455] Vgl. einerseits für das Verfahren bei § 1913 BGB die §§ 3 Nr. 2a, 14 RPflG und andererseits für das Verfahren bei § 1960 BGB die §§ 3 Nr. 2c, 16 RPflG.

[456] Wie hier auch HAEGELE/WINKLER, a.a.O., Rz. 111a; BENGEL in Handbuch der Testamentsvollstreckung, 1. Kapitel, Rz. 16.

3. Die Erteilung des Testamentsvollstreckerzeugnisses

a) Funktion und Wirkung des Testamentsvollstreckerzeugnisses

Während sich der Erbe zu seiner Legitimation als Berechtigter in Bezug auf Nachlaßgegenstände und -rechte des Erbscheins bedienen kann, erfüllt während der Dauer der Testamentsvollstreckung das Testamentsvollstreckerzeugnis diese Funktion.[457] Zwar beginnt das Amt sofern die bereits dargelegten Voraussetzungen vorliegen, auch ohne daß ein Testamentsvollstreckerzeugnis ausgestellt wurde.[458] Es ist allerdings einleuchtend, daß der Amtsinhaber gegenüber Dritten den Nachweis seiner Berechtigung führen muß, insbesondere um Gutglaubensschutzprobleme zu vermeiden.[459] Gerade Banken und Behörden werden oftmals zur Vermeidung von Haftungsrisiken die Vorlage eines Testamentsvollstreckerzeugnisses verlangen.[460] Dies gilt insbesondere dann, wenn über das Bestehen oder den Wirkungskreis der Testamentsvollstreckung Zweifel bestehen. Zu diesem Zweck hat das Gesetz in § 2368 BGB vorgesehen, daß dem Testamentsvollstrecker auf Antrag ein Zeugnis ausgestellt wird, durch das der Nachweis der Befugnisse erbracht werden kann.

Das Testamentsvollstreckerzeugnis ist in seiner Natur dem Erbschein ähnlich und dient wie er als gerichtliche Bescheinigung über eine bestimmte erbrechtliche Rechtszuständigkeit.[461] Dies dürfte auch der Grund für die Stellung der Vorschrift sein, die nicht bei den Vorschriften über die Testamentsvollstreckung, sondern vielmehr im 8. Abschnitt des V. Buches bei den Vorschriften über den Erbschein plaziert wurde. Wie der Erbschein begründet das Testamentsvollstreckerzeugnis eine Vermutung für seine Vollständigkeit und Richtigkeit und genießt öffentlichen Glauben.[462] Die Vorschriften über den Erbschein gelten gem. § 2368 Abs. 3 BGB für das Testamentsvollstreckerzeugnis entsprechend. Wie beim Erbschein wird auch hier lediglich die eingetretene Rechtsstellung, nicht aber deren Fortbestand bescheinigt.[463]

---

[457] Vgl. LANGE/KUCHINKE, § 39 VIII 1; MüKO-PROMBERGER, § 2368, Rz. 1.
[458] Vgl. REIMANN in Handbuch der Testamentsvollstreckung, 2. Kapitel, Rz. 237.
[459] Vgl. REIMANN in Handbuch der Testamentsvollstreckung, 2. Kapitel, Rz. 237 f.; HAEGELE/WINKLER, a.a.O., Rz. 685 f.
[460] Vgl. BURGHARDT, Verfügungen über Nachlaßkonten in der Bankpraxis, in ZEV 1996, 136,138.
[461] Vgl. MüKO-PROMBERGER, § 2368, Rz. 1; vgl. auch KG NJW 1964, 1905.
[462] REIMANN in Handbuch der Testamentsvollstreckung, 2. Kapitel, Rz. 269; MüKO-PROMBERGER, § 2368, Rz. 1; EBENROTH, Erbrecht, Rz. 636; HAEGELE/WINKLER, a.a.O:, Rz. 703; STAUDINGER/FIRSCHING, § 2368, Rz. 11.
[463] Vgl. MüKO-PROMBERGER, § 2368, Rz. 3; KG NJW 1964, 1905; HAEGELE, Testamentsvollstreckerzeugnis und Erbschein, Die Justiz, 1957, 99,100.

Das Testamentsvollstreckerzeugnis weist demnach nur die Gültigkeit der Ernennung zum Testamentsvollstrecker nach und begründet die Vermutung, daß der Genannte durch keine anderen als die im Zeugnis angegebenen Anordnungen beschränkt ist.[464] Fehlen derartige Angaben, so wird vermutet, daß dem Testamentsvollstrecker das Amt in seinem regelmäßigen rechtlichen Umfang zusteht.[465] Die umgekehrte Vermutung, wonach sich die Rechtsmacht des Testamentsvollstreckers auf einen bestimmten Nachlaßgegenstand beschränkt oder im Zeugnis angegebene Beschränkungen positiv bestehen, wird dagegen nicht begründet.[466] Es bezeugt schließlich auch nicht, daß das Amt noch besteht, da es keine Aussage über die Beendigung des Amtes enthält.[467]

Gleichwohl bestehen zwei wesentliche Unterschiede zum Erbschein. Im Umfang seiner Schutzwirkung geht das Testamentsvollstreckerzeugnis über den Erbschein hinaus, während es in Bezug auf die Dauer seiner Wirkungen hinter ihm zurückbleibt.[468] Erfaßt der öffentliche Glaube des Erbscheins nämlich nur Verfügungsgeschäfte des Erben, so erstreckt sich der öffentliche Glaube des Testamentsvollstreckerzeugnisses auch auf Verpflichtungen, die in den Rahmen des Amtes fallen.[469] Während der Erbschein erst durch Einziehung, Kraftloserklärung oder Rückgabe seine Rechtswirkung verliert, bestimmt § 2368 Abs. 3 Hs. 2, daß das Testamentsvollstreckerzeugnis unmittelbar mit der Beendigung des Testamentsvollstreckeramtes automatisch seine Wirkung verliert, ohne daß es einer Einziehung oder Kraftloserklärung bedarf.[470] Der Geschäftspartner des Testamentsvollstreckers wird sich daher stets gesondert über die Fortdauer des Amtes vergewissern müssen, wodurch das Testamentsvollstreckerzeugnis in seiner Bedeutung stark entwertet wird.[471]

---

[464] Allg. M., vgl. REIMANN in Handbuch der Testamentsvollstreckung, 2. Kapitel, Rz. 269; MÜKO-PROMBERGER, § 2368, Rz. 3; PALANDT/EDENHOFER, § 2368 , Rz. 8; EBENROTH, Erbrecht, Rz. 636.

[465] LANGE/KUCHINKE, § 39 VIII 3 a).

[466] So auch STAUDINGER/SCHILKEN, § 2368, Rz. 13; REIMANN in Handbuch der Testamentsvollstreckung, 2. Kapitel, Rz. 270; LANGE/KUCHINKE, § 39 VIII 3a).

[467] Ein guter Glaube an das Fortbestehen der Testamentsvollstreckung wird daher regelmäßig nicht geschützt; vgl. HAEGELE/WINKLER, a.a.O., Rz. 704; MÜKO-PROMBERGER, § 2368, Rz. 3, PALANDT/EDENHOFER, § 2368 Rz. 8; BGHZ 41,23.

[468] Vgl. LANGE/KUCHINKE, § 39 VIII 1 und VIII 3,4.

[469] PALANDT/EDENHOFER, § 2368, Rz. 9; LANGE/KUCHINKE § 39 VIII 3 b); MÜKO-PROMBERGER, § 2368, Rz. 43; HAEGELE/WINKLER, a.a.O., Rz. 704.

[470] Vgl. EBENROTH, Erbrecht, Rz. 636; LANGE/KUCHINKE, § 31 V 5; JAUERNIG/STÜRNER, § 2368, Anm. 1d); PALANDT/EDENHOFER, § 2368, Rz. 10.

[471] Zutreffend JAUERNIG/STÜRNER, § 2368, Rz. 1d); vgl. dazu auch unten Teil B III 3 c dieser Arbeit.

Da das Testamentsvollstreckerzeugnis mit Beendigung des Amtes automatisch kraftlos wird, besteht für ein förmliches Einziehungsverfahren nach § 2361 BGB weder ein Bedarf noch eine Rechtsgrundlage.[472] Gleichwohl wird das Nachlaßgericht das Zeugnis zu den Akten zurückfordern können, um einen Mißbrauch zu verhindern.[473] Eine solche Rückgabeanordnung hat jedoch einen ganz anderen Inhalt und ganz andere Auswirkungen als eine förmliche Einziehungsentscheidung, mit welcher eine Entscheidung darüber getroffen wäre, ob die Testamentsvollstreckung noch fortbesteht. Dagegen kann die Rückgabeanordnung nur dem Zweck dienen, das Zeugnis aus Gründen der Rechtssicherheit aus dem Verkehr zu nehmen.[474] Der Nachlaßrichter kann eine solche Verfügung auch von Amts wegen jederzeit wieder ändern, wenn er zu der Auffassung gelangt, daß das Amt noch fortbesteht und das Zeugnis wieder an den Testamentsvollstrecker herausgeben.[475]

Anstelle der Rückgabeanordnung kann das Nachlaßgericht die Beendigung auch auf der Zeugnisurkunde vermerken.[476] Diese Verfahrensweise bietet den Vorteil, daß das Zeugnis auch mit diesem Vermerk zu einem späteren Zeitpunkt noch zu Beweiszwecken zur Verfügung steht.[477] Umgekehrt kann ein eingezogenes Zeugnis (ohne einen solchen Vermerk) jederzeit wieder herausgegeben werden, wenn sich herausstellt, daß das Amt nicht beendet war.[478] Eine echte Einziehung kommt jedoch dann in Betracht, wenn das Testamentsvollstreckerzeugnis von Anfang an unrichtig ist, etwa weil eine angeordnete Beschränkung nicht enthalten war.[479] In diesem Fall gehen Literatur und Rechtsprechung zutreffend davon aus, daß es durchaus ein Bedürfnis geben kann, ein unrichtiges Zeugnis einzuziehen und gegebenenfalls durch ein neues zu ersetzen.[480]

---

[472] Vgl. BayObLGZ 1953, 357,361; KG NJW 1964, 1905; OLG Köln, Rpfleger 1986, 261; MüKo-Promberger; § 2368 Rz. 27; Palandt/Edenhofer, § 2368, Rz. 10; Ebenroth, Erbrecht, Rz. 636; a.A. Lange/Kuchinke, § 39 VIII 5, die mit einleuchtender Begründung darauf hinweisen, daß eine echte Einziehung rechtlich zulässig und notwendig sein kann, wenn das Testamentsvollstreckerzeugnis seine Schutzwirkung über das Ende der Vollstreckung hinaus behält.

[473] Str., wie hier OLG Köln, Rpfleger 1986, 261; BayObLGZ 1953, 357,361; Jauernig/Stürner, § 2368 Anm. 1 d), Palandt/Edenhofer, § 2368, Rz. 10; Kipp/Coing, § 67 III.

[474] Vgl. KG NJW 1964, 1905.

[475] Vgl. BayObLGZ 1953, 357,362; OLG München NJW 1951, 74.

[476] Staudinger/Schilken, § 2368, Rz. 24; KG NJW 1964, 1905.

[477] Vgl. dazu MüKo-Promberger, § 2368, Rz. 27.

[478] OLG Köln, Rpfleger 1986, 261; Keidel/Kuntze/Winkler, § 84, Rz. 27 a.

[479] So etwa BayObLGZ 1953, 357,361; BayObLG, Rpfleger 1991, 196 (LS); BayObLGZ 1992, 175; BayObLG FamRZ 1992, 1354,1356.

[480] Vgl. nur BGHZ 40, 54,56; Haegele/Winkler, a.a.O., Rz. 705; Palandt/Edenhofer, § 2368, Rz. 11; Reimann in Handbuch der Testamentsvollstreckung, 2. Kapitel, Rz. 292; Jauernig/Stürner, § 2368, Anm. 1d).

So nimmt die Rechtsprechung insbesondere an, daß es erforderlich ist, das Testamentsvollstreckerzeugnis einzuziehen und zu ersetzen, wenn ein Vermerk über die Dauervollstreckung nicht angegeben ist, weil dann zu Unrecht der Eindruck entsteht, daß dem Testamentsvollstrecker (nur) die Befugnisse der §§ 2203-2206 BGB zustünden.[481] Dies folgt aus der Annahme, daß nach Erteilung eines Testamentsvollstreckerzeugnisses allein dieses für den Umfang der Befugnisse des Testamentsvollstreckers maßgeblich ist.[482] Eine Einziehung ist auch dann erforderlich, wenn das Testamentsvollstreckerzeugnis unrichtig wird, nachdem das Testament infolge einer wirksamen Anfechtung unwirksam wird.[483] Der Erbe kann in derartigen Fällen einen Antrag auf Einziehung des Testamentsvollstreckerzeugnisses stellen. Lehnt das Gericht diesen Antrag ab, so ist der Erbe beschwerdeberechtigt.[484] Die Beschwerdeberechtigung folgt aus § 20 I FGG, weil der Erbe durch die Ablehnung der Einziehung des Testamentsvollstreckerzeugnisses ebenso beeinträchtigt wird wie durch die Ablehnung der Einziehung eines unrichtigen Erbscheins, in welchem der Erbanteil als mit einer Testamentsvollstreckung belastet ausgewiesen wird.[485]

Dieser Ansicht ist zuzustimmen, da es einer Beseitigung des durch die gerichtliche Bescheinigung begründeten Rechtsscheins jedenfalls dann bedarf, wenn dieser Rechtsschein inhaltlich unrichtig ist oder aufgrund eines schwerwiegenden Verfahrensverstoßes keinen Bestand haben darf. Das Interesse des ehemaligen Testamentsvollstreckers, weiter über einen Nachweis bezüglich seines bereits beendeten Amtes in Händen zu haben , muß gegenüber dem Interesse an der Sicherheit des Rechtsverkehrs und dem Gutglaubensschutz zurücktreten. Schließlich besteht für den Testamentsvollstrecker die Möglichkeit, sich ein „Zeugnis über das erloschene Amt“ ausstellen zu lassen. Es ist nämlich anerkannt, daß dem Testamentsvollstrecker auch nach der Beendigung des Amtes ein Zeugnis erteilt werden kann, aus welchem sich die frühere Amtsinhaberschaft ergibt, sofern ein besonderes Rechtsschutzinteresse an der nachträglichen Erteilung eines solchen Zeugnisses besteht[486]

---

[481] Vgl. BayObLGZ 1992, 175, 178 = FamRZ 1992, 1354,1356; KG OLGZ 1991, 261.
[482] BayObLGZ 1992, 175,178; KG OLGZ 1991, 261,267.
[483] BGHZ 40, 54,56; OLG Köln FamRZ 1993, 1124,1126.
[484] Vgl. OLG Karlsruhe, MDR 1981, 943.
[485] So auch OLG Köln, FamRZ 1993, 1124,1126.
[486] Vgl. KG NJW 1964, 1905,1906; OLG Stuttgart DNotZ 1981, 294,295; BayObLGZ 1990, 51,56; LANGE/KUCHINKE, § 39 VIII 2; MÜKO-PROMBERGER, § 2368, Rz. 16; PALANDT/EDENHOFER, § 2368, Rz. 10.

b) Inhalt des Testamentsvollstreckerzeugnisses

Das Testamentsvollstreckerzeugnis dient zur Legitimation des Testamentsvollstreckers. Es bestätigt, daß der darin Genannte wirksam zum Testamentsvollstrecker ernannt wurde und daß keine anderen als die genannten Beschränkungen oder Erweiterungen seiner Befugnisse bestehen.[487] Aus dieser Funktion im Rechtsverkehr ergibt sich auch der notwendige Inhalt des Zeugnisses. Es muß demnach

- die Bezeichnung des Erblassers,
- die Namen aller Testamentsvollstrecker
- Abweichungen von der gesetzlichen Verfügungsmacht sowie
- Beschränkungen oder Erweiterungen der Befugnisse des Testamentsvollstreckers

enthalten.[488] Das Zeugnis bezieht sich dabei nicht nur auf das Amt, sondern bezeichnet dessen Inhaber als Person. Es muß deshalb sowohl den Erblasser als auch den Testamentsvollstrecker namentlich angeben.[489] Darüber hinaus sollen Ort und Zeit des Todes des Erblassers sowie die Verfügung, auf der das Amt beruht, angegeben werden.[490] Bezüglich des Vollstreckers sind der Beruf und der Wohnort anzugeben.[491] Nicht aufgenommen wird dagegen der Zeitpunkt der Amtsannahme. Sofern bei einem gemeinschaftlichen Zeugnis für mehrere Vollstrecker einer wegfällt, so kann das Zeugnis durch einen einfachen Vermerk berichtigt werden. Hat der Erblasser bei Ernennung mehrerer Testamentsvollstrecker besondere, von der gesetzlichen Regelung des § 2224 BGB abweichende Regelungen getroffen, so müssen auch diese Anordnungen in das Testamentsvollstreckerzeugnis aufgenommen werden.[492] Dagegen müssen die der gesetzlichen Regelung der §§ 2208-2210 BGB entsprechenden Beschränkungen der Befugnisse des Testamentsvollstreckers nicht in das Zeugnis aufgenommen werden.[493]

---

[487] Vgl. OLG Hamm in OLGZ 77, 422,423; OLG Stuttgart, DNotZ 1981, 294,295; ebenso PALANDT/EDENHOFER, § 2368, Rz. 1; MÜKO-PROMBERGER, § 2368, Rz. 2.

[488] Vgl. die Aufstellung bei REIMANN in Handbuch der Testamentsvollstreckung, 2. Kapitel, Rz.282.

[489] HAEGELE/WINKLER, a.a.O., Rz. 691; MÜKO-PROMBERGER, § 2368, Rz. 5; JAUERNIG/STÜRNER, § 2368, Anm. 1b).

[490] Str., LANGE/KUCHINKE, § 39 VIII 2; a.A. KGJ 37, 249,254; MÜKO-PROMBERGER, § 2368, Rz. 6.

[491] So jedenfalls LG Berlin, Rpfleger 1976, 182; LANGE/KUCHINKE, § 39 VIII 2.

[492] HAEGELE/WINKLER, a.a.O., Rz. 698; MÜKO-PROMBERGER, § 2368, Rz. 9 f.

[493] So wohl auch BGH ZEV 1996, 110,111; vgl. auch HAEGELE/WINKLER, a.a.O., Rz. 691;

Ist der Testamentsvollstrecker dagegen in der Verwaltung des Nachlasses beschränkt oder hat der Erblasser eine Anordnung dahingehend getroffen, daß der Vollstrecker in der Eingehung von Verbindlichkeiten für den Nachlaß nicht beschränkt sein soll, so ist diese Abweichung von den gesetzlichen Befugnissen in das Testamentsvollstreckerzeugnis aufzunehmen.[494] Auch eine zeitliche Beschränkung der Testamentsvollstreckung gilt als inhaltliche Abweichung, mit der ein Dritter nicht zu rechnen braucht.[495] Einzutragen sind auch gegenständliche Beschränkungen, wie etwa die Beschränkung der Testamentsvollstreckung auf bestimmte Nachlaßgegenstände, Bruchteile des Nachlasses oder bestimmte Miterben.[496] Weitere Zusätze, wie etwa Beschränkungen des Testamentsvollstreckers, die sich aus dem Gesellschaftsrecht ergeben oder sonstige, von der Rechtsprechung entwickelte Grenzen der Befugnisse des Testamentsvollstreckers gehören nicht in das Zeugnis.[497]

Zusammenfassend ist festzustellen, daß sämtliche Abweichungen von der gesetzlichen Normalregelung der §§ 2203 - 2206 BGB anzugeben sind, die sich auf den Rechtsverkehr mit Dritten auswirken können. Nicht anzugeben sind dagegen interne Verwaltungsanordnungen, die der Erblasser gem. § 2216 Abs. 2 BGB hinsichtlich des Nachlasses getroffen hat.[498]

c) Verfahren bei der Erteilung des Testamentsvollstreckerzeugnisses

Für die Erteilung des Testamentsvollstreckerzeugnisses ist das Nachlaßgericht zuständig.[499] Nachdem das Testamentsvollstreckerzeugnis nur auf Antrag erteilt wird (§ 2368 Abs. 1 BGB), von dem das Nachlaßgericht nicht abweichen darf,[500] hat der Testamentsvollstrecker als Antragsteller die erforderlichen Angaben zu machen und die notwendigen Urkunden vorzulegen.[501] Umstritten ist, ob auch der Erbe einen Antrag auf Erteilung eines Testamentsvollstreckerzeugnisses stellen kann.

---

[494] Ausführlich dazu mit zahlreichen Beispielen HAEGELE/WINKLER, a.a.O., Rz. 691 f.
[495] So wohl auch RGZ 83, 348,352; vgl. MüKo-PROMBERGER, § 2368, Rz. 3.
[496] Vgl. REIMANN in Handbuch der Testamentsvollstreckung, 2. Kapitel, Rz. 285; zur Eintragung entsprechender Beschränkungen in den Erbschein vgl. LG M'Gladbach, Rpfleger 1982, 382.
[497] Vgl. BGH ZEV 1996, 110,111.
[498] So auch PALANDT/EDENHOFER, § 2368, Rz. 4; HAEGELE/WINKLER, a.a.O., Rz. 691, der darauf abstellt, ob die abweichende Anordnung für den Rechtsverkehr mit Dritten „erheblich" ist.
[499] Gem. § 16 Nr. 6,7 RPflG der Richter; vgl. HAEGELE/WINKLER, a.a.O., Rz. 688.
[500] Vgl. LANGE/KUCHINKE, § 39 VIII 2; OLG Zweibrücken, OLGZ 1989, 153, 155.
[501] Dies ergibt sich aus den §§ 2355, 2354 Abs. 1, 2356 Abs. 1 BGB, welche über § 2368 Abs. 3 auch auf das Testamentsvollstreckerzeugnis Anwendung finden.

Während die Literatur teilweise fordert, der Erbe müsse ein eigenes Antragsrecht haben, da er ein legitimes Interesse daran habe, daß der Testamentsvollstrecker durch das klarstellende Zeugnis ausgewiesen ist[502], geht die Rechtsprechung[503] und die überwiegende Literaturmeinung[504] dahin, dem Erben ein entsprechendes Antragsrecht nicht zuzubilligen. Letztere Ansicht ist folgerichtig, da sie sich im Einklang mit dem Wortlaut des § 2368 Abs. 1 BGB steht und ein Bedürfnis, auch auf Antrag des Erben hin ein Testamentsvollstreckerzeugnis zu erteilen, nicht besteht. Es dient im Gegensatz zum Erbschein[505] nämlich nicht der Legitimation des Erben oder der Feststellung des Erbrechts, sondern hat ausschließlich die Funktion, dem Testamentsvollstrecker selbst im Rechtsverkehr als Nachweis seiner Rechtsstellung zu dienen. Es läßt zwar auch Rückschlüsse auf die Rechtsstellung des Erben zu, dieser kann sich jedoch nicht auf die Wirkungen des Testamentsvollstreckerzeugnisses berufen. Umgekehrt hat bei einem unrichtigen Zeugnis, durch das der Erbe zweifelsfrei betroffen ist, der Erbe die Möglichkeit gegen die Erteilung dieses Zeugnisses im Wege der Beschwerde gem. § 20 Abs. 1 FGG vorzugehen. Eines eigenen Antragsrechts bedarf der Erbe daher nicht, da das Zeugnis seine Rechtsstellung nicht ausweist und er nur durch ein unrichtiges Zeugnis nachteilig betroffen ist, insoweit aber bereits ein entsprechendes Beschwerderecht besteht.

Den Antrag auf Erteilung des Testamentsvollstreckerzeugnisses muß der Testamentsvollstrecker daher selbst stellen. Er muß auch die notwendigen Angaben machen, die für die inhaltlich Richtigkeit und Bestimmtheit des Zeugnisses erforderlich sind. Gegebenenfalls muß der Testamentsvollstrecker, der ein Zeugnis beantragt, die erforderlichen Angaben an Eides Statt versichern.[506] Das Nachlaßgericht ist demgegenüber verpflichtet, von Amts wegen die notwendigen Ermittlungen anzustellen und insbesondere die Gültigkeit der letztwilligen Verfügung, welche die Ernennung des Testamentsvollstreckers enthält, zu prüfen, weil das Testamentsvollstreckerzeugnis die Überzeugung des Nachlaßgerichts in Bezug auf die Richtigkeit der in dem Zeugnis enthaltenen Angaben wiedergibt.[507]

---

[502] Vgl. MüKo-Promberger, § 2368, Rz. 20; Haegele/Winkler, a.a.O., Rz. 687; Brox, Erbrecht, Rz. 598; Lange/Kuchinke, § 39 VIII 2, Fn. 273.

[503] Vgl. OLG Hamm, OLGZ 1974, 64,65 f.; BayObLG ZEV 1995, 22,23.

[504] Vgl. Palandt/Edenhofer, § 2368, Rz. 3; Soergel/Damrau, § 2368 Rz. 7; Staudinger/Schilken, § 2368, Rz. 4; Schlüter, Erbrecht, § 37 VII 1, Reimann in Handbuch der Testamentsvollstreckung, 2. Kapitel, Rz. 274.

[505] Vgl. dazu Scheer, Der Erbschein, S. 54 ff.

[506] Haegele/Winkler, a.a.O., Rz. 687.

[507] Ebenso Lange/Kuchinke, § 39 VIII 2.

Gegen eine ablehnende Entscheidung steht dem Testamentsvollstrecker ein Beschwerderecht gem. § 20 Abs. 2 FGG zu, gegen die Erteilung eines Zeugnisses ist die Beschwerde gem. § 20 Abs. 1 FGG statthaft.[508] Beschwerdeberechtigt ist jeder, dessen Recht durch die Verfügung beeinträchtigt wird,[509] demnach jeder Erbe, auch der Nacherbe[510] und jeder Testamentsvollstreckerprätendent.[511] Dies ergibt sich bereits aus der Anwendung der Vorschriften über den Erbschein.[512] Daneben kann nach richtiger Auffassung auch die Einziehung des unrichtigen Testamentsvollstreckerzeugnisses durch das Nachlaßgericht gem. § 2361 BGB beantragt und bei Ablehnung dieses Antrags Beschwerde nach § 20 FGG eingelegt werden.[513]

d) Nachweis des Amtes durch andere Urkunden

Neben dem Testamentsvollstreckerzeugnis gibt es noch eine Reihe anderer Urkunden, aus denen sich der Umstand, daß wirksam Testamentsvollstreckung angeordnet wurde, ergibt. So wird die Testamentsvollstreckung im Grundbuch sowie im Schiffs- und Luftfahrtregister[514] und auch im Erbschein vermerkt. Neben dem Testamentsvollstreckerzeugnis können auch weitere gerichtliche Bescheinigungen existieren, aus denen sich die Amtsinhaberschaft ergibt, etwa die Bescheinigung über die Annahme des Amtes oder eine entsprechende Protokollabschrift. Diese Urkunden sind jedoch nur teilweise geeignet, dem Testamentsvollstrecker als Legitimationsnachweis gegenüber Dritten zu dienen. Ein Gutglaubensschutz ist mit ihrer Vorlage regelmäßig nicht verbunden. So ist es insbesondere nicht ausreichend, wenn der Erbschein vorgelegt wird, in dem nach § 2364 BGB die Ernennung des Testamentsvollstreckers anzugeben ist. Der Vermerk im Erbschein enthält regelmäßig nur die Tatsache der Testamentsvollstreckung und ihren Umfang, um auf die Verfügungsbeschränkung der Erben aufmerksam zu machen, nicht jedoch den Namen des Testamentsvollstreckers.[515]

---

[508] Str., wie hier REIMANN in Handbuch der Testamentsvollstreckung, 2. Kapitel, Rz. 294; PALANDT/EDENHOFER, § 2268, Rz. 7; LANGE/KUCHINKE, § 39 VIII 2; MÜKO-PROMBERGER, § 2368, Rz. 25; a.A. HAEGELE/WINKLER, a.a.O., Rz. 700; SOERGEL/DAMRAU, § 2368 Rz. 13; PLANCK/GREIFF, § 2368, 6d).

[509] instruktiv zur Zulässigkeit einer Beschwerde im Verfahren der freiwilligen Gerichtsbarkeit BayObLG 1973, 224,225.

[510] Vgl. OLG Karlsruhe, MDR 1981, 943.

[511] Vgl. REIMANN in Handbuch der Testamentsvollstreckung, 2. Kapitel, Rz. 294.

[512] Zutreffend LANGE/KUCHINKE, § 39 VIII 2 Fn. 290; JAUERNIG/STÜRNER, § 2353 Anm. 5c; BayObLG FamRZ 1988, 1321.

[513] HAEGELE/WINKLER, a.a.O., Rz. 700; LANGE/KUCHINKE, § 39 VIII 2.

[514] Vgl. dazu REIMANN in Handbuch der Testamentsvollstreckung, 2. Kapitel, Rz. 252 ff; eine Eintragung im Handelsregister ist umstritten, vgl. KG FGPrax 1995, 202; SCHAUB, ZEV 1994, 7.

[515] Vgl. LG M'gladbach, Rpfleger 1982, 382; JAUERNIG/STÜRNER, § 2364, Anm. 1 a); REIMANN in Handbuch der Testamentsvollstreckung, 2. Kapitel, Rz. 239, 240; PALANDT/EDENHOFER, § 2364, Rz. 1; MÜKO-PROMBERGER, § 2364, Rz. 15.

Selbst wenn einmal versehentlich der Name des Testamentsvollstreckers in den Erbschein aufgenommen worden sein sollte, kann dieser das Testamentsvollstreckerzeugnis nicht ersetzen.[516] Das Testamentsvollstreckerzeugnis darf auch nicht mit der Bescheinigung über die Annahme des Amtes verwechselt werden, welche das Nachlaßgericht dem Testamentsvollstrecker auf seinen Antrag hin erteilt.[517] Diese Bescheinigung hat zwar - für die Frage der Amtsannahme - den Charakter eines Testamentsvollstreckerzeugnisses[518] und wird auch verfahrensmäßig wie ein solches behandelt.[519] Sie genügt jedoch nur in bestimmten Fällen zur Legitimation des Testamentsvollstreckers, z.B. als Nachweis gegenüber dem Grundbuchamt, wenn die sonstigen Voraussetzungen des Testamentsvollstreckeramtes nach § 35 GBO nachgewiesen werden können.[520]

Der Nachweis der Amtsannahme kann gegenüber dem Grundbuchamt auch durch das Protokoll über die Annahmeerklärung des Testamentsvollstreckers oder durch Vorlage der öffentlich beglaubigten Annahmeerklärung geführt werden, sofern der Testamentsvollstrecker in einer öffentlich beurkundeten Verfügung von Todes wegen ernannt worden ist.[521] Ausreichend ist sogar die vom Nachlaßgericht ausgestellte Empfangsbescheinigung über die gegenüber dem Nachlaßgericht abgegebene Annahmeerklärung[522], nachdem dem Grundbuchamt in diesem Fall lediglich die Annahme des Amtes in öffentlicher oder öffentlich beglaubigter Urkunde besonders nachgewiesen werden muß.[523] Andererseits genügt der Eintrag im Grundbuch gem. § 52 GBO zur Legitimation des Testamentsvollstreckers nicht, nachdem dieser Eintragung lediglich die Funktion zukommt, daß Verfügungen der Erben nicht mehr eingetragen werden dürfen, da diesen die Verfügungsbefugnis gem. § 2211 BGB entzogen ist.[524]

---

[516] so auch HAEGELE/WINKLER, a.a.O., Rz. 718; SCHAUB in Handbuch der Testamentsvollstreckung, 5. Kapitel, Rz. 32.

[517] vgl. SOERGEL/DAMRAU, § 2202, Rz. 7; STAUDINGER/REIMANN, § 2202, Rz. 30; HAEGELE/WINKLER, a.a.O., Rz. 106, 717.

[518] vgl. Staudinger/Schilken, § 2368, Rz. 35; MÜKO-PROMBERGER, § 2368 Rz. 12.

[519] so auch SOERGEL/DAMRAU, § 2368, Rz. 5, 14.

[520] vgl. MÜKO-PROMBERGER, § 2368 Rz. 12.

[521] all. M., vgl. nur ; SCHAUB in Handbuch der Testamentsvollstreckung, 5. Kapitel, Rz. 27; HAEGELE/WINKLER, a.a.O., Rz. 717.

[522] vgl. HAEGELE/WINKLER, a.a.O., Rz. 717; MÜKO-PROMBERGER, § 2368 Rz. 15.

[523] ausführlich dazu ; SCHAUB in Handbuch der Testamentsvollstreckung, 5. Kapitel, Rz. 27.

[524] vgl. BESTELMEYER, ZEV 1996, 261, MEIKEL/KRAISS, Grundbuchrecht, § 52 GBO Rz. 2.

Umstritten ist schließlich, ob dem Testamentsvollstrecker auch ein Zeugnis über die *Fortdauer* des Amtes erteilt werden kann. Während die herrschende Meinung bislang von der Zulässigkeit derartiger Bescheinigungen des Nachlaßgerichts ausgeht,[525] hat BESTELMEYER[526] neuerdings die Auffassung vertreten, die Erteilung eines derartigen Fortbestandszeugnisses sei unzulässig, weil es nicht geeignet sei, irgendwelche materiellen Rechtswirkungen hervorzurufen.

Dieser Kontroverse liegt der Umstand zugrunde, daß sich die Vermutungs- und Gutglaubenswirkung des Testamentsvollstreckerzeugnisses nach allgemeiner Auffassung lediglich darauf beschränkt, daß der durch das Zeugnis ausgewiesene Testamentsvollstrecker rechtsgültig ernannt worden ist und das Amt angenommen hat, daß ihm das Amt in seinem regelmäßigen gesetzlichen Umfang zusteht und daß er nicht durch andere als die in dem Zeugnis angegebenen Anordnungen des Erblassers in seinen Befugnissen beschränkt wird.[527] In diesem Umfang kann sich ein redlicher Dritter auf den Inhalt des Testamentsvollstreckerzeugnisses verlassen, so daß die Möglichkeit des gutgläubigen Erwerbs von Nachlaßgegenständen eröffnet ist. Nicht bezeugt wird dagegen, daß die Testamentsvollstreckung noch fortbesteht.[528] Dieser Umstand, der auf der gesetzlichen Regelung des § 2368 Abs. 3, 2. Halbsatz BGB beruht, kann zu einiger Rechtsunsicherheit führen[529] und wird daher in der Literatur teilweise als mißlich empfunden.[530]

In der Tat erscheint es problematisch, wenn nach dieser Vorschrift mit dem Zeitpunkt der Beendigung des Amtes ein gutgläubiger Erwerb vom Testamentsvollstrecker selbst dann nicht mehr möglich ist, wenn der Dritte von der Beendigung des Amtes keinerlei Kenntnis erlangt hat und auf den Fortbestand des Amtes vertraut. Die Rechtsprechung[531] und die Literatur[532] haben daher versucht, für bestimmte Ausnahmefälle Einschränkungen von diesem gesetzlich normierten Grundsatz zu machen.

---

[525] Vgl. etwa MÜKO-PROMBERGER, § 2368, Rz. 13, PALANDT/EDENHOFER, § 2368, Rz. 11; HAEGELE/WINKLER, A.A.O., Rz. 708; SOERGEL/DAMRAU, § 2368, Rz. 5, 12; STAUDINGER/FIRSCHING, § 2368, Rz. 5.

[526] Vgl. BESTELMEYER, Zur Zulässigkeit eines nachlaßgerichtlichen Zeugnisses über die Fortdauer des Amtes des Testamentsvollstreckers, in ZEV 1997, 316.

[527] Vgl. PALANDT/EDENHOFER, § 2368 Rz. 8 sowie oben Teil B III 3 a) dieser Arbeit.

[528] REIMANN in Handbuch der Testamentsvollstreckung, 2. Kapitel, Rz. 270; MÜKO-PROMBERGER, § 2368, Rz. 3; PALANDT/EDENHOFER, § 2368, Rz. 8.

[529] Vgl. etwa HAEGELE/WINKLER, a.a.O., Rz. 707.

[530] Dazu BESTELMEYER, ZEV 1997, 316 m.w.N.

[531] Vgl. BayObLGZ 1959, 128, 131 f. = NJW 1959, 1920.

[532] Vgl. etwa EBENROTH, Erbrecht, Rz. 636; SCHLÜTER, § 42 XIII 3, 4b; MÜKO-PROMBERGER, § 2368, Rz. 41; BROX, Erbrecht, Rz. 599.

So wird insbesondere die Auffassung vertreten, daß ein gutgläubiger Erwerb auch nach Beendigung der Testamentsvollstreckung möglich sein soll, wenn der Wegfall des Testamentsvollstreckeramtes auf einer vom Erblasser angeordneten Befristung oder auflösenden Bedingung beruht und dieser Umstand fälschlicherweise nicht in das Testamentsvollstreckerzeugnis aufgenommen wurde.[533] Zur Begründung wird ausgeführt, daß es sich bei derartigen Beendigungsgründen um Umstände handele, mit denen ein redlicher Dritter nicht zu rechnen brauche.[534] Aufgrund dieser Unsicherheiten hält es die Literatur für angezeigt, daß sich der Testamentsvollstrecker nicht nur durch sein ursprüngliches Testamentsvollstreckerzeugnis, sondern auch durch ein aktuelles Zeugnis des Nachlaßgerichts über das Fortbestehen des Amtes ausweist.[535]

Dieser Auffassung ist BESTELMEYER[536] - mit einer nur auf den ersten Blick überzeugenden Begründung - entgegengetreten. Zuzugeben ist ihm zwar, daß der Gesetzgeber mit § 2368 Abs. 3, 2. Hs. BGB eine eindeutige Wertentscheidung zugunsten des Schutzes der Erben getroffen hat, diese schließt jedoch nicht aus, aus Gründen der Rechtssicherheit eine Bescheinigung zu erteilen, wonach nach dem Kenntnisstand des Nachlaßgerichts und der Aktenlage die Testamentsvollstreckung nicht beendet ist und das Amt des Testamentsvollstreckers noch fortbesteht. Die Intention einer solchen Bescheinigung kann ganz offensichtlich auch nicht darin liegen, entgegen der Absicht des Gesetzgebers den Erben zu benachteiligen und einen gutgläubigen Erwerb von dem nicht mehr im Amt befindlichen Testamentsvollstrecker zuzulassen.[537] Dies wird von der Literatur weitgehend abgelehnt.[538] Der Sinn und Zweck eines Fortbestandszeugnisses kann demnach nur darin gesehen werden, dem Testamentsvollstrecker den geschäftlichen Verkehr mit (vorsichtigen) Dritten etwas zu erleichtern. Ansonsten müßte konsequenterweise nämlich verlangt werden, den dem Testamentsvollstreckerzeugnis zukommenden Gutglaubensschutz ausnahmslos auch auf das Fortbestandszeugnis auszudehnen.[539]

---

[533] Vgl. etwa EBENROTH, Erbrecht, Rz. 636 unter Berufung auf RGZ 83, 348,352; MüKo-PROMBERGER, § 2368, Rz. 3, 41; HAEGELE/WINKLER, a.a.O., Rz. 704.
[534] So insbesondere MüKo-PROMBERGER, § 2368, Rz. 3.
[535] So bereits GREISER, DFG 1936, 245,248 f.
[536] Vgl. BESTELMEYER, ZEV 1997, 316 f.
[537] Diesen Umstand verkennt BESTELMEYER zu Unrecht, indem er der Literatur unterstellt, einseitig die Belange der Rechtssicherheit und des Rechtsverkehrs im Auge zu behalten.
[538] Vgl. REIMANN in Handbuch der Testamentsvollstreckung, 2. Kapitel, Rz. 270; WIEGAND, JuS 1975, 285; HAEGELE/WINKLER, a.a.O., Rz. 707.
[539] Von einem derartigen Begehren der Literatur geht BESTELMEYER, ZEV 1997, 316,317 offenbar aus, ohne diesen angeblichen Befund jedoch mit Nachweisen zu belegen.

Diese vermeintliche Konsequenz ist jedoch bislang ersichtlich nicht geltend gemacht worden.[540] Vielmehr hat Greiser bereits zutreffend darauf hingewiesen, daß einer solchen nachlaßgerichtlichen Bescheinigung keine Vermutungs- und Gutglaubenswirkung zukomme und auch eine solche daher keinen absoluten Schutz garantieren könne.[541] Bestelmeyer unterläuft damit ein Zirkelschluß, wenn er meint, daß die Erteilung eines Fortbestandszeugnisses unzulässig sei, weil es nicht geeignet sei, die gewünschten materiellen Rechtswirkungen herbeizuführen. Nachdem sich jeder Geschäftspartner des Testamentsvollstreckers irgendwie vergewissern muß, ob der im Zeugnis Genannte zum Zeitpunkt des Vertragsschlusses noch Testamentsvollstrecker ist, besteht ein legitimes Interesse daran, hierüber eine verbindliche Auskunft des Nachlaßgerichtes zu erlangen, nachdem andere zuverlässige Quellen nicht ersichtlich sind. Keineswegs wird man aus einer solchen Bescheinigung, sofern sie sich im Nachhinein als unzutreffend erweist, Schadensersatzansprüche gegen den Fiskus herleiten können.[542]

Sinnvoll ist jedoch der von Bestelmeyer neuerdings gemachte Vorschlag, der Bescheinigung über das Fortbestehen des Testamentsvollstreckeramtes einen ausdrücklichen Hinweis beizufügen, daß dieser Bescheinigung nicht die Wirkung eines Testamentsvollstreckerzeugnisses zukommt. Die Bedenken, welche die Möglichkeit eines gutgläubigen Erwerbs durch redliche Dritte nur aufgrund der Vorlage des Fortbestandszeugnisses befürchten, sind jedoch schon deshalb unbegründet, weil der gutgläubige Erwerb jedenfalls solange möglich ist, wie ein wirksames - also nicht aufgrund der Amtsbeendigung kraftlos gewordenes - Testamentsvollstreckerzeugnis in der Welt ist. Existiert ein solches, ist der redliche Dritte geschützt, fehlt es, hilft auch das Vertrauen auf das Fortbestandszeugnis nicht weiter, unabhängig davon, ob Einsicht in das Testamentsvollstreckerzeugnis gewährt wurde. Der Gutglaubensschutz besteht nämlich (nur), solange das Testamentsvollstreckerzeugnis in Kraft ist.[543] Die Funktion des Zeugnisses erstreckt sich nur auf Dritte, im Verhältnis zwischen Testamentsvollstrecker und Erben entfaltet das Testamentsvollstreckerzeugnis keine Wirkungen.[544]

---

[540] Soweit Bestelmeyer sie in der - wenig geglückten - Formulierung bei MüKo-Promberger, § 2368, Rz. 13 ae. erblickt, kann dem nicht gefolgt werden. Aus der Zusammenschau mit Rz. 12 ergibt sich , daß Promberger am Ende der Randziffer jeweils die verfahrensrechtlichen Übereinstimmungen der unterschiedlichen Nachweise behandelt, nicht aber auf die Gutglaubensvorschriften abstellt.

[541] Vgl. Greiser, DFG 1936, 245, 248/249.

[542] So aber Bestelmeyer, ZEV 1997, 316,319, der verkennt, daß es bereits an einer schuldhaften Amtspflichtverletzung fehlt.

[543] Vgl. Haegele/Winkler, a.a.O., Rz. 707; Bestelmeyer, ZEV 1997, 316,319 f.

[544] Vgl. BGHZ 41, 23, 30 = NJW 1964, 1316,1319; Soergel/Damrau, § 2368, Rz. 12, MüKo-Promberger, § 2368, Rz. 44.

Zusammenfassend ist festzuhalten, daß die Legitimation des Testamentsvollstreckers nicht nur durch Vorlage des Testamentsvollstreckerzeugnisses erfolgen kann.[545] Umgekehrt können Dritte, die mit dem Testamentsvollstrecker in rechtsgeschäftlichen Kontakt treten, nicht unter allen Umständen Vorlage des Zeugnisses verlangen.[546] Weder aus dem Wortlaut noch aus dem Sinn und Zweck des § 2368 BGB läßt sich herleiten, daß der Testamentsvollstrecker den Nachweis seines Amtes nur auf diesem Wege erbringen kann.[547] Der Testamentsvollstrecker kann den Beweis seiner Ernennung und Amtsannahme auch in anderer Weise, insbesondere durch Vorlage des Testaments und einer Ausfertigung der Annahmeerklärung führen.[548] In der Praxis muß jedoch berücksichtigt werden, daß der Dritte oftmals ein legitimes Interesse daran haben wird, sich das Testamentsvollstreckerzeugnis vorlegen zu lassen, da nur so die gegenständlichen Beschränkungen der Befugnisse des Testamentsvollstreckers ersichtlich sind und sich nur aus diesem die Vertrauens- und Gutglaubensschutzfunktion herleiten läßt. Im rechtsgeschäftlichen Verkehr kann daher - insbesondere von Banken - stets auch die Vorlage des Testamentsvollstreckerzeugnisses verlangt werden.[549]

---

[545] So auch REIMANN in Handbuch der Testamentsvollstreckung, 2. Kapitel, Rz. 268, HAEGELE/WINKLER, a.a.O., Rz. 717.

[546] Vgl. HAEGELE/WINKLER, a.a.O., Rz. 720 f.

[547] Vgl. BGH WM 61, 479; 67, 25; allerdings löst ein Verlangen auf Vorlage des Testamentsvollstreckerzeugnisses auch keinerlei Schadensersatzansprüche aus.

[548] REIMANN in Handbuch der Testamentsvollstreckung, 2. Kapitel, Rz.268.

[549] BGH WM 1961, 479.

C. Der Aufgabenbereich des Testamentsvollstreckers:

I. Überblick über die Aufgaben des Testamentsvollstreckers

Die Aufgaben des Testamentsvollstreckers richten sich in erster Linie nach den Anordnungen des Erblassers. Genauso vielfältig wie dessen Wünsche und Vorstellungen können demnach die Aufgaben des Testamentsvollstreckers sein. Die wichtigste Aufgabe des Testamentsvollstreckers ist deshalb auch ausdrücklich in den Gesetzeswortlaut aufgenommen worden: Nach § 2203 BGB hat der Testamentsvollstrecker die letztwilligen Verfügungen des Erblassers zur Ausführung zu bringen. Sie allein geben mit dem durch den Gesetzgeber gesteckten Rahmen eine Richtschnur für das Handeln des Testamentsvollstreckers.

Die zentrale Aufgabe des Testamentsvollstreckers ist es demnach, durch Abwicklung des Nachlasses den vom Erblasser gewünschten Endzustand des Vermögens herbeizuführen.[550] Dabei kommt es insbesondere darauf an, welchen Typus der Testamentsvollstreckung der Erblasser bestimmt hat. Sofern hierzu keine Angaben in der letztwilligen Verfügung enthalten sind, liegt meist der gesetzliche Regelfall der Abwicklungsvollstreckung vor. Die auszuführenden letztwilligen Anordnungen können dabei verschiedenster Art sein, z.B. Vermächtnisse oder Auflagen zu Lasten der Erben auszuführen, Teilungsanordnungen durchzuführen oder Nachlaßverbindlichkeiten zu erfüllen.[551] Der Erblasser kann den Testamentsvollstrecker sogar mit der Aufgabe betrauen, als Schiedsrichter[552] bei Streitigkeiten unter den Erben zu fungieren oder beispielsweise zu einem bestimmten Zeitpunkt zu entscheiden, welcher von den Söhnen des Erblassers oder von den sonstigen Mitgliedern seiner Familie die Leitung seines Unternehmens übernehmen soll.[553]

Die Aufgaben unterscheiden sich auch nach der Art der angeordneten Vollstreckung. Bei der Abwicklungsvollstreckung besteht die wichtigste Aufgabe des Testamentsvollstreckers regelmäßig darin, den Nachlaß zu ordnen, die Nachlaßverbindlichkeiten zu begleichen und sodann ggf. zu einem bestimmten Zeitpunkt die Auseinandersetzung des Nachlasses herbeizuführen. Dazu hat der Testamentsvollstrecker den Nachlaß nach dem Willen des Erblassers, den gesetzlichen Bestimmungen und billigem Ermessen unter die Erben zu verteilen.[554]

---

[550] Vgl. STAUDINGER/REIMANN, § 2203, Rz. 4; vgl. auch LANGE/KUCHINKE, § 31 V 1 a).
[551] Vgl. HAEGELE/WINKLER, a.a.O., Rz. 120;
[552] Str., wie hier vgl. RGZ 100, 76; HAEGELE/WINKLER, a.a.O., Rz. 126, KOHLER, DNotZ 1958, 245, 251; STAUDINGER/REIMANN, § 2203, Rz. 16; a.A. KIPP/COING, § 78 III 5.
[553] Vgl. STAUDINGER/REIMANN, § 2203, Rz. 5.
[554] KIPP/COING, § 68 II.

Mit der Vollendung der Abwicklung endet das Amt ipso iure, ohne daß es einer besonderen Niederlegung oder Feststellung bedarf.[555] Etwas anderes gilt jedoch, wenn der Erblasser die Aufgaben und Befugnisse des Testamentsvollstreckers erweitert und bestimmt hat, daß diesem die Verwaltung des Nachlasses für eine bestimmte Zeitspanne übertragen sein soll.

Bei der Verwaltungsvollstreckung, namentlich in der Form der Dauervollstreckung gem. § 2209 BGB, obliegt dem Testamentsvollstrecker die Verwaltung des Nachlasses und diese beinhaltet zugleich ein umfassendes Verfügungsrecht. Während bei der Abwicklungsvollstreckung die (vorübergehende) Verwaltung des Nachlasses lediglich ein Mittel zum Zweck darstellt, um später die Auseinandersetzung des Nachlasses betreiben zu können, läßt § 2209 BGB die Verwaltung des Nachlasses als Selbstzweck zu.[556] Der Erblasser kann auch beide Möglichkeiten kombinieren und anordnen, daß der Testamentsvollstrecker nach der Erledigung der anderen Aufgaben die Verwaltung des Nachlasses fortsetzen soll.[557] Die Erledigung der sonstigen Aufgaben führt in diesem Fall nicht zu einer automatischen Beendigung der Testamentsvollstreckung, sondern wandelt sich in eine Verwaltungsvollstreckung um, welche bis zu einem bestimmten Zeitpunkt, äußerstenfalls auch bis zur zeitlichen Grenze des § 2210 BGB fortdauern kann.

Das Gesetz geht dabei von der Vorstellung aus, daß der Testamentsvollstrecker *Generalvollstrecker* ist, d.h. daß ihm eine den gesamten Nachlaß umfassende Befugnis eingeräumt wird.[558] Der Erblasser kann jedoch auch von diesem Grundsatz abweichen und dem Testamentsvollstrecker andere, weniger weitgehende Spezialaufgaben zuweisen[559] oder den Aufgabenbereich des Testamentsvollstreckers auf bestimmte Befugnisse oder Nachlaßgegenstände beschränken. Das Gesetz legt dabei das Höchstmaß der Testamentsvollstreckerbefugnisse fest, über die hinaus auch der Erblasser die Befugnisse des Testamentsvollstreckers nicht wirksam erweitern kann.[560] Im folgenden soll nunmehr auf die einzelnen Aufgaben des Testamentsvollstreckers jeweils im Rahmen der vom Erblasser angeordneten Art der Vollstreckung näher eingegangen werden.

---

[555] Vgl. BGHZ 41, 23,25.
[556] HAEGELE/WINKLER, a.a.O., Rz. 130.
[557] Vgl. MüKo-BRANDNER, § 2203, Rz. 2; LANGE/KUCHINKE, § 31 V 1 a).
[558] Vgl. MüKo-BRANDNER, § 2203, Rz. 2; LANGE/KUCHINKE, § 31 V 1; SOERGEL/DAMRAU, § 2203, Rz. 1.
[559] Etwa die Ausübung von Urheberrechten, vgl. HAEGELE/WINKLER, a.a.O., Rz. 124.
[560] Vgl. dazu Mot. V S. 241; Prot. V, S. 308; vgl. auch unten Teil C III dieser Arbeit.

II. Die Aufgaben des Testamentsvollstreckers bei der Abwicklungsvollstreckung

1. Allgemeine Aufgaben

Im Rahmen der Abwicklungsvollstreckung hat der Testamentsvollstrecker die Aufgabe, den Nachlaß entsprechend dem Willen des Erblassers abzuwickeln.[561] Dabei ist er an die letztwilligen Verfügungen des Erblassers gebunden, soweit diese nicht vom Nachlaßgericht außer Kraft gesetzt worden sind.[562] Der Testamentsvollstrecker wird sich demnach - soweit noch nicht geschehen - durch eine baldige Testamentseröffnung über seinen Aufgabenbereich informieren und sich über die letztwilligen Verfügungen des Erblassers Klarheit verschaffen[563] und in Zweifelsfällen deren Rechtswirksamkeit prüfen.[564] Der Testamentsvollstrecker muß nämlich nach dem Willen des Gesetzgebers[565] die Ausführung einer Anordnung des Erblassers unterlassen, sofern er zu dem Ergebnis kommt, daß die entsprechende Anordnung unwirksam ist.[566] Dazu hat der Testamentsvollstrecker das Recht und auch die Pflicht, das Testament auszulegen, auch wenn es nicht in seiner Rechtsmacht steht, eine endgültige Interpretation des Testaments vorzunehmen.[567] Diese ist – insbesondere hinsichtlich derartiger Fragestellungen, die die Testamentsvollstreckung als solche betreffen – den Gerichten vorbehalten. Gleichwohl muß der Testamentsvollstrecker das Testament in eigener Verantwortung auslegen. Eine Ausführung der letztwilligen Verfügungen des Erblassers ist dem Testamentsvollstrecker nämlich erst dann möglich, wenn er sich über deren Inhalt Klarheit verschafft und die Wirksamkeit der Anordnungen durch eine erste Auslegung ermittelt hat.[568] In Zweifelsfällen wird er sich vor Ausführung einer letztwilligen Verfügung nach Möglichkeit mit den Erben oder dem Nachlaßgericht ins Benehmen[569] setzen, da schuldhafte Fehlhandlungen, etwa die Ausführung eines nichtigen Vermächtnisses Schadensersatzansprüche nach § 2219 BGB auslösen können.[570]

---

[561] Vgl. MüKo-Brandner, § 2203, Rz. 5.
[562] So auch Soergel/Damrau, § 2203, Rz. 2.
[563] Vgl. Staudinger/Reimann, § 2203 Rz. 11 ff, 22; Palandt/Edenhofer, § 2203, Rz. 2.
[564] Eingehend dazu MüKo-Brandner, § 2203, Rz. 7.
[565] Prot. V 300.
[566] So auch Staudinger/Reimann, § 2203, Rz. 11; Soergel/Damrau, § 2203, Rz. 2.
[567] Vgl. BayObLG FamRZ 1989, 668; MüKo-Brandner, § 2203, Rz. 7; Staudinger/Reimann, § 2203, Rz. 15; Klumpp in Handbuch der Testamentsvollstreckung, 3. Kapitel, Rz. 90; a.A. Palandt/Edenhofer, § 2203, Rz. 1, der ohne nähere Begründung meint, der Testamentsvollstrecker sei nicht befugt, die letztwilligen Verfügungen des Erblassers auszulegen.
[568] Zutreffend Klumpp in Handbuch der Testamentsvollstreckung, 3. Kapitel, Rz. 90.
[569] So auch Palandt/Edenhofer, § 2203 Rz. 2; MüKo-Brandner, § 2203, Rz. 7.
[570] Vgl. Staudinger/Reimann, § 2203, Rz. 12; MüKo-Brandner, § 2203, Rz. 7; Klumpp in Handbuch der Testamentsvollstreckung, 3. Kapitel, Rz. 91.

Andererseits kann es selbstverständlich nicht die Aufgabe des Testamentsvollstreckers sein, bei einem Streit über eine Testamentsauslegung selbst eine verbindliche Entscheidung zu treffen, insbesondere dann nicht, wenn es um den Bestand des Testamentsvollstreckeramtes selbst geht.[571] Dies folgt bereits aus dem allgemeinen Grundsatz, daß niemand Richter in eigener Sache sein kann.[572] Auch der Erblasser kann dem Testamentsvollstrecker diese Befugnis nicht übertragen.[573] Ein Streit über die Auslegung des Testaments oder die Tragweite einer letztwilligen Verfügung ist von dem Prozeßgericht zu entscheiden.[574] Die Rechtswirksamkeit der Testamentsvollstreckerernennung kann dabei als Vorfrage zu entscheiden sein. Gegebenenfalls muß der Testamentsvollstrecker Feststellungsklage gem. § 256 ZPO erheben.[575] Allerdings werden die Äußerungen des Testamentsvollstreckers bei der Auslegung der letztwilligen Verfügung vor Gericht schon wegen der Nähe und Vertrauensstellung zwischen Erblasser und Testamentsvollstrecker oftmals eine gewisse Beachtung finden.[576] Besonders in Fällen, in denen der Testamentsvollstrecker den Erblasser lange Jahre vor dessen Tod gut gekannt und daher Kenntnis über die Hintergründe und Motive des Erblassers hatte, wird das Gericht sich dieses Wissen zunutze machen. Dies gilt jedoch nicht für die Interpretation der Testamentsvollstreckerernennung oder damit zusammenhängender Verfügungen des Erblassers.

Dagegen ist der Testamentsvollstrecker an einem Erbprätendentenstreit, bei dem verschiedene Personen ein Erb- oder Nacherbrecht für sich beanspruchen, normalerweise nicht beteiligt, da er keinen bestimmten Erben vertritt.[577] Vielmehr verwaltet der Testamentsvollstrecker in diesem Fall den Nachlaß für den wahren Erben.[578] Wenn jedoch die Ausführung der letztwilligen Verfügungen des Erblassers entscheidend von der Frage abhängt, wer Erbe geworden ist, kann auch dem Testamentsvollstrecker ein entsprechendes Feststellungsinteresse und eine hieraus resultierende Sachbefugnis nicht abgesprochen werden.[579] Dementsprechend kann auch der Testamentsvollstrecker einen Erbschein beantragen oder die Einziehung eines unrichtigen Erbscheins gem. § 2361 BGB verlangen.[580]

---

[571] Allg. Meinung, vgl. nur HAEGELE/WINKLER, a.a.O., Rz. 126; STAUDINGER/REIMANN, § 2203, Rz. 13; SOERGEL/DAMRAU, § 2203, Rz. 4.
[572] Vgl. BGHZ 41, 23,25/26.
[573] So bereits RGZ 66, 103.
[574] HAEGELE/WINKLER, a.a.O., Rz. 126; MÜKO-BRANDNER, § 2203, Rz. 7.
[575] So auch JAUERNIG/STÜRNER, § 2203, Anm. 1.
[576] Vgl. STAUDINGER/REIMANN, § 2203, Rz. 15.
[577] KLUMPP in Handbuch der Testamentsvollstreckung, 3. Kapitel, Rz. 92; MÜKO-BRANDNER, § 2203, Rz. 8
[578] Vgl. MÜKO-BRANDNER, § 2203, Rz. 8; ERMAN/SCHMIDT, § 2203, Rz. 4.
[579] So auch SOERGEL/DAMRAU, § 2203, Rz. 5; MÜKO-BRANDNER, § 2203, Rz. 8.
[580] Zutreffend bereits OLG München DNotZ 1937, 704; STAUDINGER/REIMANN, § 2203, Rz. 18; MÜKO-BRANDNER, § 2203, Rz. 6.

Das Recht zur Anfechtung einer Verfügung von Todes wegen ist dagegen alleine die Sache des Erben und steht dem Testamentsvollstrecker nicht zu.[581] Gleiches gilt auch für die Erhebung der Einrede der Anfechtbarkeit gem. § 2083 BGB, da diese lediglich einen Ausfluß des Anfechtungsrechtes darstellt. Umgekehrt ist der Testamentsvollstrecker bei Streitigkeiten über die Wirksamkeit letztwilliger Verfügungen auch nicht gehalten, das Testament und die darin enthaltenen Anordnungen zu rechtfertigen oder zu verteidigen.[582] Der Testamentsvollstrecker ist nicht verpflichtet, den Erben den Beginn seiner Tätigkeit anzuzeigen. Es besteht weder eine allgemeine Anhörungs- noch eine Anzeigepflicht für Verwaltungs- oder Abwicklungsmaßnahmen.[583] Dennoch kann sich im Einzelfall aus der für den Testamentsvollstrecker bestehenden Auskunfts- und Rechenschaftspflicht[584] eine Verpflichtung ergeben, die Erben bereits vor einer beabsichtigten Maßnahme zu unterrichten und anzuhören.[585] Das Reichsgericht hat hierzu die Auffassung vertreten, daß eine Unterrichtungspflicht jedenfalls dann besteht, wenn sich der Testamentsvollstrecker aufgrund einer veränderten Sachlage zu einer bestimmten Maßnahme veranlaßt sieht, mit welcher der Erbe nicht zu rechnen brauchte.[586] Dementsprechend wird in der Literatur zu Recht weitgehend empfohlen, daß der Testamentsvollstrecker „durch eine offensive Informationspolitik Transparenz und Schnelligkeit in das Verfahren"[587] bringen sollte und eine „Fühlungnahme mit den Erben"[588] insbesondere dann angezeigt sei, wenn Zweifel über die Art der Ausführung einer letztwilligen Verfügung bestehen. Im übrigen hat der Testamentsvollstrecker generell alle Maßnahmen zu ergreifen, die notwendig sind, um den letztwilligen Verfügungen des Erblassers zur Durchsetzung zu verhelfen. Dazu gehört insbesondere die Erfüllung oder Sicherstellung von Vermächtnissen und Auflagen[589], die Erfüllung von Pflichtteilsansprüchen sowie die Erledigung sonstiger vom Erblasser angeordneter Verwaltungsaufgaben, wie etwa die Erledigung einer Bestattungsanordnung. Schließlich ist der Testamentsvollstrecker verpflichtet, an der Erhebung und Entrichtung der mit dem Nachlaß zusammenhängenden Steuern mitzuwirken.[590]

---

[581] BGH NJW 1962, 1058; SCHAUB in Handbuch der Testamentsvollstreckung, 3. Kapitel, Rz. 125; STAUDINGER/REIMANN, § 2203, Rz. 17.
[582] Vgl. STAUDINGER/REIMANN, § 2203, Rz. 14.
[583] Vgl. MÜKO-BRANDNER, § 2203, Rz. 16; HAEGELE/WINKLER, a.a.O., Rz. 127, einschränkend STAUDINGER/REIMANN, § 2203, Rz. 34.
[584] Vgl. dazu unten Teil D II 2 dieser Arbeit.
[585] So auch BGHZ 30, 67,73; STAUDINGER/REIMANN, § 2203, Rz. 34; SOERGEL/DAMRAU, § 2203, Rz. 7; MÜKO-BRANDNER, § 2203, Rz. 16; HAEGELE/WINKLER, a.a.O., Rz. 127.
[586] Vgl. RGZ 130, 131,139.
[587] HAEGELE/WINKLER, a.a.O., Rz. 127.
[588] STAUDINGER/REIMANN, § 2203, Rz. 34.
[589] Vgl. PALANDT/EDENHOFER, § 2203, Rz. 2.
[590] Ausführlich zu den steuerrechtlichen Pflichten des Testamentsvollstreckers, welche nicht Gegenstand dieser Arbeit sind, HÄFKE, Steuerliche Pflichten, Rechte und Haftung des

2. Die Konstituierung des Nachlasses

Damit der Testamentsvollstrecker seiner Aufgabe nachkommen und die letztwilligen Verfügungen des Erblassers ausführen kann, ist es zunächst erforderlich, sich einen Überblick über die unter Testamentsvollstreckung stehende Nachlaßmasse zu verschaffen. Zu diesem Zweck ist der Testamentsvollstrecker berechtigt und verpflichtet, die Nachlaßgegenstände in Besitz zu nehmen und ordnungsgemäß zu verwalten, §§ 2205 BGB.[591] Er wird Unterlagen und Grundbücher einsehen und Kontakt mit Banken, Versicherungen und Behörden aufnehmen. Darüber hinaus wird er wertvolle Einzelgegenstände, die zum Nachlaß gehören, sichten, in Besitz nehmen und gegebenenfalls an einem geeigneten Ort verwahren. Eine entsprechende Notwendigkeit folgt aus § 857 BGB, wonach der Besitz mit dem Erbfall nicht auf den Testamentsvollstrecker, sondern auf den Erben übergeht. Gleichwohl hat der Testamentsvollstrecker selbstverständlich kein Recht zur Eigenmacht, sondern lediglich einen Anspruch auf Besitzverschaffung, welcher nötigenfalls im Klageweg geltend gemacht werden muß.[592] Durch die Besitzergreifung wird der Testamentsvollstrecker unmittelbarer, der Erbe mittelbarer Besitzer.[593] Diese Maßnahmen des Testamentsvollstreckers, welche am Beginn einer Testamentsvollstreckung stehen, werden allgemein als Konstituierung des Nachlasses zusammengefaßt.

Die der Testamentsvollstreckung unterliegenden Nachlaßgegenstände erfahren demnach eine Doppelzuordnung, nachdem die Rechtsträgerschaft beim Erben verbleibt, die tatsächliche und rechtliche Sachherrschaft jedoch auf den Testamentsvollstrecker übergeht.[594] Der Nachlaß ist demnach auch vom Privatvermögen des Erben und des Testamentsvollstreckers abzusondern, er wird ein vom Testamentsvollstrecker verwaltetes Sondervermögen, wobei es nicht darauf ankommt, ob der Nachlaß einer Erbengemeinschaft oder einem Alleinerben zusteht.[595]

Testamentsvollstreckers, ZEV 1997, 429 ff.; vgl. auch HAEGELE/WINKLER, a.a.O., Rz. 749 ff.; PILTZ in Handbuch der Testamentsvollstreckung, 8. Kapitel, Rz. 1ff.

[591] Vgl. KLUMPP in Handbuch der Testamentsvollstreckung, 3. Kapitel, Rz. 1; HAEGELE/WINKLER, a.a.O., Rz. 165.

[592] So auch LANGE/KUCHINKE, § 31 VI 1, der zu Recht darauf hinweist, daß eine verbotene Eigenmacht jedoch dann nicht vorliegt, wenn nach dem Erbfall weder ein Erbe noch ein Dritter bislang die Nachlaßgegenstände an sich genommen haben oder in anderer Weise die tatsächliche Herrschaft ausüben.

[593] MÜKO-BRANDNER, § 2205, Rz. 48; KLUMPP in Handbuch der Testamentsvollstreckung, 3. Kapitel, Rz. 1; LANGE/KUCHINKE, § 31 VI 1; HAEGELE/WINKLER, a.a.O., Rz. 165.

[594] Vgl. KLUMPP in Handbuch der Testamentsvollstreckung, 3. Kapitel, Rz. 2; MÜKO-BRANDNER, § 2205, Rz. 1.

[595] Vgl. BGH NJW 1983, 2247.

Auf diesem Wege wird erreicht, daß der Erbe über den der Testamentsvollstreckung unterliegenden Nachlaß nicht verfügen kann und dieser dem Zugriff der persönlichen Gläubiger des Erben entzogen ist, § 2214 BGB.[596] Nach der Annahme des Amtes und der Inbesitznahme der der Testamentsvollstreckung unterliegenden Nachlaßgegenstände ist der Testamentsvollstrecker gem. § 2215 Abs. 1 BGB verpflichtet, dem Erben unverzüglich ein Nachlaßverzeichnis vorzulegen.[597] Ein solches Nachlaßverzeichnis dient dem Zweck, eine Kontrolle des Verwaltungshandelns und besonders der Herausgabe des Nachlasses nach Amtsbeendigung zu gewährleisten sowie eine verläßliche Grundlage für eine etwaige Haftung des Testamentsvollstreckers zu schaffen.[598] Die Verpflichtung zur Vorlage des Nachlaßverzeichnisses entspricht der des Vorerben gem. § 2121 BGB, wobei ein wesentlicher Unterschied darin besteht, daß der Testamentsvollstrecker das Nachlaßverzeichnis unverzüglich im Sinne des § 121 BGB nach Annahme des Amtes zu erstellen und vorzulegen hat, während die des Vorerben erst mit einem entsprechenden Verlangen des Nacherben beginnt.[599] Jedoch besteht die Möglichkeit, daß der Erbe den Testamentsvollstrecker von der Verpflichtung zur Erstellung eines Nachlaßverzeichnisses befreit, da diese Pflicht nicht unter das Befreiungsverbot des § 2220 BGB fällt.[600] Eine derartiger Verzicht kann gegebenenfalls sogar stillschweigend erklärt werden.[601] Umgekehrt kann der Erbe jedoch auch gem. § 2215 Abs. 4 BGB ein amtliches Nachlaßverzeichnis, d.h. dessen Aufnahme durch einen Notar oder eine Behörde[602] verlangen. Einen stillschweigenden Verzicht auf ein amtliches Nachlaßverzeichnis hat das Reichsgericht selbst dann verneint, wenn der Erbe sich jahrelang mit einem privaten Verzeichnis begnügt hat.[603] Die Erstellung eines amtlichen Verzeichnisses wird zur Vermeidung späterer Streitigkeiten auch vielfach im Interesse des Testamentsvollstreckers liegen, da das Nachlaßverzeichnis das wichtigste Beweismittel für die ordnungsgemäße Abwicklung des Nachlasses darstellt. Aus diesem Grund hat sie nicht nur auf Verlangen des Erben zu erfolgen, sondern ist gem. § 2215 Abs. 4 BGB auch in die Wahl des Testamentsvollstreckers gestellt.[604]

---

[596] Vgl. dazu unten Teil C II 7 und C IV 6 dieser Arbeit.

[597] SOERGEL/DAMRAU, § 2215, Rz. 1; KLUMPP in Handbuch der Testamentsvollstreckung, 3. Kapitel, Rz. 3.

[598] Vgl. MÜKO-BRANDNER, § 2215 Rz. 1; ausführlich dazu unten Teil E II 1 dieser Arbeit.

[599] So auch KLUMPP in Handbuch der Testamentsvollstreckung, 3. Kapitel, Rz. 4; SOERGEL/DAMRAU, § 2215, Rz. 1.

[600] MÜKO-BRANDNER, § 2215, Rz. 3; SOERGEL/DAMRAU, § 2215, Rz. 1; PALANDT/EDENHOFER, § 2215, Rz. 1; STAUDINGER/REIMANN, § 2215, Rz. 7.

[601] Vgl. SOERGEL/DAMRAU, § 2215, Rz. 1; STAUDINGER/REIMANN, § 2215, Rz. 7.

[602] Die sachlich zuständige Behörde ist in den einzelnen Bundesländern verschieden, in Baden-Württemberg ist gem. §§ 40 Abs. 3, 41 Abs. 5 LFGG der Notar als Nachlaßgericht zuständig; vgl. dazu die Aufstellung bei KLUMPP in Handbuch der Testamentsvollstreckung, 3. Kapitel, Rz. 28.

[603] Vgl. RG JW 1916, 673.

[604] Vgl. dazu Prot. V 312; STAUDINGER/REIMANN, § 2215, Rz. 11.

Die Kosten der Verzeichnisaufnahme sind Nachlaßverbindlichkeiten, im Nachlaßkonkurs Masseschulden gem. § 224 Abs. 1 Nr. 5 KO. Kommt der Testamentsvollstrecker seiner Verpflichtung, ein ordnungsgemäßes Nachlaßverzeichnis zu erstellen nicht nach und wird er hierauf erfolgreich vom Erben verklagt, so sind die hierdurch entstehenden Prozeßkosten vom Testamentsvollstrecker persönlich zu tragen.[605] In das Nachlaßverzeichnis sind die Nachlaßgegenstände und Nachlaßverbindlichkeiten aufzunehmen. Es genügt eine einfache Aufzählung aller Gegenstände, die der Verwaltung des Testamentsvollstreckers unterliegen. Dazu ist zunächst notwendig, den Nachlaß zu sichten und festzustellen, welche Gegenstände im einzelnen zum Nachlaß gehören. Bei Grundstücken und Betriebsvermögen wird eine entsprechende Aufstellung aufgrund der Nachweismöglichkeiten in Grundbuch und Handelsbilanz wenig Schwierigkeiten bereiten.[606] Problematischer kann eine solche Aufstellung dagegen hinsichtlich des übrigen beweglichen Nachlaßvermögens sein. Der Testamentsvollstrecker ist daher verpflichtet, alle ihm möglichen Erkenntnisquellen auszuschöpfen und alle verfügbaren Unterlagen zu sichten und auszuwerten.[607] Eine Beschreibung der Nachlaßgegenstände ist aber ebensowenig erforderlich wie eine genaue Angabe des Wertes.[608] Der Testamentsvollstrecker kann aber schon aus eigenem Interesse ihm bekannte Werte einzelnen Nachlaßgegenstände mit in das Verzeichnis aufnehmen, da eine solche für die Berechnung von Gerichtsgebühren sowie seiner eigenen Vergütung erforderlich sind.[609] Eine genaue Beschreibung bietet sich besonders bei Verwechslungsgefahr an, da sich der Testamentsvollstrecker auf diese Weise bezüglich späterer Herausgabeansprüche absichern kann. Soweit Wertpapiere zum Nachlaß gehören, ist eine Auflistung der einzelnen Stücke nicht erforderlich. Es genügt vielmehr, die summarische Aufführung etwa durch Angabe der Depotnummern bei den einzelnen Banken.[610] Darüber hinaus ist der Testamentsvollstrecker verpflichtet, den Erben bei der Erstellung des nach §§ 1993, 1994 BGB erforderlichen Inventars zu unterstützen. Durch die Errichtung eines solchen Inventars, die auch bei bestehender Testamentsvollstreckung Aufgabe des Erben und nicht die Aufgabe des Testamentsvollstreckers ist,[611] sichert sich der Erbe gegenüber den Nachlaßgläubigern die Vermutung des § 2009 BGB, daß zur Zeit des Erbfalls keine anderen als die im Nachlaßverzeichnis angegebenen Nachlaßgegenstände vorhanden gewesen sind.[612]

---

[605] Vgl. KG OLGE 10, 303; MüKo-Brandner, § 2215, Rz. 7; Staudinger/Reimann, § 2215, Rz. 18.
[606] Vgl. Haegele/Winkler, a.a.O., Rz. 487.
[607] BGH NJW 1981, 1271.
[608] Vgl. Haegele/Winkler, a.a.O., Rz. 487; Klumpp in Handbuch der Testamentsvollstreckung, 3. Kapitel, Rz. 6; Staudinger/Reimann, § 2215, Rz. 13.
[609] Vgl. dazu unten Teil D III 2 b) dieser Arbeit.
[610] So auch Klumpp in Handbuch der Testamentsvollstreckung, 3. Kapitel, Rz. 7.
[611] Vgl. MüKo-Brandner, § 2215, Rz. 10.
[612] Vgl. hierzu ausführlich Firsching, Nachlaßrecht, S. 307 f.

Will der Erbe von der Möglichkeit, seine Haftung auf den Nachlaß zu beschränken, Gebrauch machen, so erleichtert er sich damit den Nachweis über den Bestand des Nachlasses. Die Inventarerrichtung selbst vermag die beschränkte Erbenhaftung jedoch noch nicht herbeizuführen.[613] Sie bewirkt nur, daß ihm keine Inventarfrist nach § 1994 BGB mehr gesetzt werden kann.[614] Eine solche Frist kann nicht gegenüber dem Testamentsvollstrecker bestimmt werden.[615] Daher kann der Erbe die Errichtung des Inventars auch nicht auf den Testamentsvollstrecker abwälzen. Auch das von dem Testamentsvollstrecker erstellte Nachlaßverzeichnis stellt keinen hinreichenden Ersatz für das Inventar nach § 1993 BGB dar. Allerdings kann ein bereits von dem Testamentsvollstrecker erstelltes Nachlaßverzeichnis als Grundlage bei der Inventarerrichtung herangezogen werden. Nachdem sich ein Großteil des Nachlasses im Besitz des Testamentsvollstreckers befinden wird und oftmals nur der Testamentsvollstrecker genaue Kenntnis über den Bestand oder den Wert des Nachlasses hat, ist es folgerichtig, daß der Testamentsvollstrecker verpflichtet ist, dem Erben bei der Errichtung des Inventars jede erforderliche Hilfe zu leisten, namentlich bei der Beschreibung der Nachlaßgegenstände und der Wertermittlung behilflich zu sein.[616] Insoweit wird es für den Testamentsvollstrecker sinnvoll sein, schon bei der Erstellung des Verzeichnisses nach § 2215 BGB die erforderlichen Wertangaben und Beschreibungen vorzunehmen, da er auf diese Weise seine spätere Inanspruchnahme vorwegnehmen kann.[617]

3. Auseinandersetzung des Nachlasses

Die Hauptaufgabe des Testamentsvollstreckers bei der Abwicklungsvollstreckung besteht schließlich darin, die Auseinandersetzung des Nachlasses unter den Miterben vorzunehmen. Einer besonderen Anordnung des Erblassers bedarf es dazu nicht, da das Gesetz davon ausgeht, daß die Auseinandersetzung dem mutmaßlichen Willen des Erblassers entspricht.[618] Auch die Stellung als Miterbe steht der Auseinandersetzung durch den Testamentsvollstrecker nicht entgegen.[619] In diesem Fall kann der Testamentsvollstrecker - soweit keine Anordnungen des Erblassers entgegenstehen - sogar Gegenstände an sich selbst übertragen, ohne durch das Verbot des § 181 BGB daran gehindert zu sein.[620]

---

613 Vgl. dazu PALANDT/EDENHOFER, Vorbem. vor § 1993, Rz. 1.
614 Vgl. dazu auch FIRSCHING, Nachlaßrecht, S. 307.
615 FIRSCHING, Nachlaßrecht, S. 308.
616 So auch MÜKO-BRANDNER, § 2215, Rz. 10; STAUDINGER/REIMANN, § 2215, Rz. 3.
617 Vgl. KLUMPP in Handbuch der Testamentsvollstreckung, 3. Kapitel, Rz. 8.
618 Vgl. Prot. V 273; STAUDINGER/REIMANN, § 2204, Rz. 1.
619 Zutreffend HAEGELE/WINKLER, a.a.O., Rz. 508.
620 STAUDINGER/REIMANN; § 2204, Rz. 40; MÜKO-BRANDNER, § 2204, Rz. 12.

a) Richtlinien für die Auseinandersetzung

Gegenstand der Auseinandersetzung ist grundsätzlich der ganze Nachlaß.[621] Die Auseinandersetzung hat, soweit Teilungsanordnungen vorliegen, nach dem ausdrücklichen oder mutmaßlichen Willen des Erblassers, im übrigen nach dem pflichtgemäßen Ermessen des Testamentsvollstreckers sowie den gesetzlichen Teilungsbestimmungen der §§ 2042 bis 2056, 750-758 BGB zu erfolgen.[622]
Hat der Erblasser keine Anordnungen für die Auseinandersetzung getroffen, so muß der Testamentsvollstrecker gemäß den vorgenannten gesetzlichen Bestimmungen teilen.[623] Dies folgt aus § 2204 Abs. 1 BGB, wonach der Testamentsvollstrecker die Auseinandersetzung nach „Maßgabe der §§ 2042 bis 2056" BGB zu bewirken hat. Der Erblasser kann jedoch auch bestimmen, daß die Auseinandersetzung nach dem *billigen Ermessen* des Testamentsvollstreckers zu erfolgen habe, oder aber ins einzelne gehende Teilungsanordnungen vorgeben.[624] Hat der Erblasser bestimmt, daß der Testamentsvollstrecker die Auseinandersetzung nach billigem Ermessen vorzunehmen habe, so ist dessen Befugnis nicht unmaßgeblich erweitert. In diesem Fall könnte der Testamentsvollstrecker auch entgegen der gesetzlichen Vorschriften die Zuteilung einzelner Vermögensgegenstände an einzelne Miterben vornehmen.[625] Allerdings ist eine solche Befugnis des Testamentsvollstreckers nicht ohne hinreichende Anhaltspunkte in der Verfügung von Todes wegen anzunehmen. Fehlt es an einer entsprechenden Anordnung im Testament, so kann der Testamentsvollstrecker die Aufteilung nicht nach eigenen Gutdünken vornehmen, sondern ist an die Vorschriften über die Aufhebung der Gemeinschaft gebunden.[626] In beiden Fällen hat der Testamentsvollstrecker jedoch zunächst die Nachlaßverbindlichkeiten zu bereinigen, § 2046, 755 BGB. Dazu muß der Schuldenstand ermittelt und geprüft werden, welche Forderungen gegen den Nachlaß fällig sind. Streitige oder nicht fällige Forderungen darf der Testamentsvollstrecker nicht erfüllen, sondern muß den erforderlichen Betrag zunächst zurückhalten.[627] Soweit dies zur Erfüllung der Nachlaßverbindlichkeiten erforderlich ist, hat der Testamentsvollstrecker den Nachlaß durch Veräußerung einzelner Nachlaßgegenstände in Geld umzusetzen, § 2046 Abs. 3 BGB.

---

[621] Ausführlich zur Auseinandersetzung der Erbengemeinschaft auch JOHANNSEN, WM 1970, 738 ff.
[622] Vgl. MÜKO-BRANDNER, § 2204, Rz. 1, HAEGELE/WINKLER, a.a.O., Rz. 510.
[623] Vgl. RGZ 95, 325,329; KIPP/COING, § 68 II; LANGE/KUCHINKE, § 31 V 6; MÜKO-BRANDNER, § 2203, Rz. 11 f.; so zuletzt auch OLG Karlsruhe NJW-RR 1994, 905,906.
[624] Vgl. HAEGELE/WINKLER, a.a.O., Rz. 510.
[625] So auch OLG Karlsruhe, NJW-RR 1994, 905,906.
[626] Ausführlich dazu SOERGEL/DAMRAU, § 2204, Rz. 6-20; vgl. auch HAEGELE/WINKLER, a.a.O., Rz. 511.
[627] Vgl. HAEGELE/WINKLER, a.a.O., Rz. 511; SCHAUB in Handbuch der Testamentsvollstreckung, 4. Kapitel, Rz. 226;SOERGEL/DAMRAU, § 2204; Rz. 17.

Sind die Nachlaßverbindlichkeiten bereinigt, so ist der verbleibende Überschuß auf die Erben zu verteilen. Dabei müssen die gesetzlichen oder testamentarischen Erbteile berücksichtigt werden.[628] Soweit möglich, hat die Teilung in Natur zu erfolgen. Ist eine solche Teilung der Sache nach nicht möglich, wie etwa bei Hausgrundstücken[629], Kunstgegenständen und Unternehmen[630], so hat der Testamentsvollstrecker diese Nachlaßgegenstände im Wege des freihändigen Verkaufs zu veräußern oder aber gem. §§ 180 ff. ZVG im Wege der Zwangsversteigerung zu verwerten. Der Erlös ist sodann nach den Anordnungen des Erblassers oder den gesetzlichen Regeln unter die Erben zu verteilen.[631] Abweichend hiervon kann der Testamentsvollstrecker einen bestimmten unteilbaren Gegenstand auch einem der Miterben zuteilen und die anderen Miterben durch entsprechende Ausgleichszahlungen gleichstellen.[632] Zu diesem Zweck wird der Testamentsvollstrecker sogenannten Auseinandersetzungsplan aufstellen.

b) Der Auseinandersetzungsplan

Erbauseinandersetzungen sind oftmals kompliziert und häufig die Ursache von Streitigkeiten zwischen Testamentsvollstrecker und Erben oder aber auch zwischen den Erben untereinander.[633] Eine Möglichkeit, derartige Streitigkeiten gering zu halten, besteht darin, daß der Testamentsvollstrecker die Erben frühzeitig an der Erstellung des von ihm aufzustellenden Auseinandersetzungsplanes beteiligt. Die Aufstellung des Auseinandersetzungsplanes ist jedoch nicht in das Ermessen des Testamentsvollstreckers gestellt, sondern für den Regelfall vorgeschrieben.[634] Demnach muß der Testamentsvollstrecker einen Auseinandersetzungsplan aufstellen, wenn die Nachlaßverbindlichkeiten berichtigt sind und feststeht, daß ein zu verteilender Überschuß vorhanden ist.[635]

---

[628] Vgl. dazu auch STAUDINGER/REIMANN, § 2204, Rz. 18.
[629] Vgl. etwa OLG Hamm, NJW-RR 1992, 665; PALANDT/THOMAS, § 752, Rz. 3.
[630] So auch SCHAUB in Handbuch der Testamentsvollstreckung, 4. Kapitel, Rz. 231, PALANDT/THOMAS, § 752, Rz. 3; etwas anderes gilt freilich bei zum Nachlaß gehörenden GmbH-Anteilen; diese können, sofern die Satzung nicht etwas anderes bestimmt oder die Gesellschaft die Genehmigung nach § 17 Abs. 1 GmbHG nicht verweigert, auf mehrere Erben aufgeteilt werden. Oft wird die Satzung der Gesellschaft ohnehin vorsehen, daß die Gesellschaftsanteile des Erblassers automatisch auf die Erben aufgeteilt werden und jeder Erbe mit dem ihm zustehenden Anteil Gesellschafter wird.
[631] Vgl. hierzu STAUDINGER/REIMANN, § 2204, Rz. 18 ff; SCHAUB in Handbuch der Testamentsvollstreckung, 4. Kapitel, Rz. 233; HAEGELE/WINKLER, a.a.O., Rz. 512.
[632] Vgl. MÜKO-BRANDNER, § 2204, Rz. 14; PALANDT/EDENHOFER, § 2204, Rz. 5.
[633] Vgl. auch JOHANNSEN, WM 1970, 738,744.
[634] So auch KREGEL, BGB-RGRK, § 2204, Rz. 7.
[635] STAUDINGER/REIMANN, § 2204, Rz. 28; a.A. MÜKO-BRANDNER, § 2204, Rz. 5, der von einer „Sollvorschrift“ ausgeht und die Planaufstellung für nicht unbedingt erforderlich hält.

Eine Ausnahme von diesem Grundsatz wird sich jedoch dann ergeben, wenn aufgrund der besonderen Umstände des Einzelfalls ein Plan offenkundig entbehrlich ist, etwa dann, wenn eine Verteilung auf mehrere Erben nicht erfolgt. Bei dem Auseinandersetzungsplan handelt es sich jedoch nicht um einen Vertrag, sondern vielmehr um ein einseitiges empfangsbedürftiges Rechtsgeschäft[636], welches der Testamentsvollstrecker aufgrund der ihm in § 2204 Abs. 2 BGB zugewiesenen Aufgabe auszuführen hat. Eine bestimmte Form ist nicht erforderlich, insbesondere findet § 313 BGB keine Anwendung, da es sich gerade nicht um einen Vertrag handelt.[637] Auch kommt dem Auseinandersetzungsplan keine dingliche sondern nur schuldrechtliche Wirkung zu. Zu seinem Vollzug sind demnach anschließend noch die entsprechenden Verfügungsakte erforderlich.[638]

Der Auseinandersetzungsplan bindet jedoch sowohl die Erben als auch den Testamentsvollstrecker und kann ab seinem Zugang an die Erben nicht mehr einseitig vom Testamentsvollstrecker rückgängig gemacht werden.[639] Aufgrund seiner schuldrechtlichen Wirkung verpflichtet der Auseinandersetzungsplan die Erben, einander die ihnen zugeteilten Nachlaßgegenstände zu übertragen.[640] Dies gilt selbst dann, wenn die Testamentsvollstreckung vor der Durchführung des Plans, etwa durch den Tod des Testamentsvollstreckers weggefallen ist,[641] allerdings nur dann, wenn vorher bereits ein verbindlicher Plan - nicht lediglich ein Planentwurf - den Erben zugegangen war. Dem eigentlichen Plan wird, insbesondere bei komplizierten Nachlässen, oftmals ein Entwurf des Planes vorausgehen. Der Testamentsvollstrecker hat bei Erstellung des Auseinandersetzungsplanes nämlich die Vorschriften der §§ 2042 bis 2056 BGB und die §§ 750 bis 758 BGB beachten. Demnach muß der Testamentsvollstrecker die Erben vor der Ausführung des Teilungsplanes anhören.[642] Daher empfiehlt es sich, bereits *vor* der Erstellung des eigentlichen Planes, den Erben einen Entwurf zukommen zu lassen und sodann eine Anhörung der Erben vorzunehmen, um Streitigkeiten weitgehend ausschließen zu können und den Erben Gelegenheit zu geben, ihre Wünsche, Bedenken und Anregungen zu äußern.[643]

---

636 Vgl. SOERGEL/DAMRAU, § 2204, Rz. 21; MÜKO-BRANDNER, § 2204, Rz. 4.

637 Vgl. SCHAUB in Handbuch der Testamentsvollstreckung, 4. Kapitel, Rz. 221.

638 STAUDINGER/REIMANN, § 2204, Rz. 30; SCHAUB in Handbuch der Testamentsvollstreckung, 4. Kapitel, Rz. 221.

639 Zutreffend SOERGEL/DAMRAU, § 2204, Rz. 22; STAUDINGER/REIMANN, § 2204, Rz. 30.

640 Vgl. MÜKO-BRANDNER, § 2204, Rz. 4; SOERGEL/DAMRAU, § 2204, Rz. 26; STAUDINGER/REIMANN, § 2204, Rz. 30; HAEGELE/WINKLER, a.a.O., Rz. 523 f.

641 Vgl. RG JW 1938, 2972; ebenso SOERGEL/DAMRAU, § 2204, Rz. 22; STAUDINGER/REIMANN, § 2204, Rz. 30.

642 Vgl. KREGEL, BGB-RGRK, § 2204, Rz. 7.

643 Bei minderjährigen Erben wird insoweit schon eine Pflegerbestellung für unumgänglich gehalten, vgl. REIMANN in Handbuch der Testamentsvollstreckung, 2. Kapitel, Rz. 237; DAMRAU, ZEV 1994, 1,4; SOERGEL/DAMRAU, § 2204 Rz. 24; PALANDT/EDENHOFER, § 2204, Rz. 4.

Eine Genehmigung des Plans durch die Erben ist jedoch nicht erforderlich.[644] Vielmehr kann der Testamentsvollstrecker den Plan auch gegen etwaige Einwendungen der Erben vollziehen.[645] Die Erben können jedoch vor dem Prozeßgericht auf Feststellung der Unwirksamkeit des Teilungsplanes klagen, und bei Eilbedürftigkeit sogar den Erlaß einer einstweiligen Verfügung beantragen, wenn der Testamentsvollstrecker in dem Auseinandersetzungsplan von den gesetzlichen Regeln oder den Erblasseranordnungen abgewichen ist und eine andere Aufteilung des Nachlasses verlangen.[646] Dies gilt auch dann, wenn die Aufteilung offenbar grob unbillig ist.[647] Dabei muß der klagende Miterbe keinen eigenen Teilungsplan vorlegen, nachdem es letztendlich die Aufgabe des Testamentsvollstreckers bleibt, eine wirksame Auseinandersetzung unter den Miterben vorzunehmen. Zudem können die Erben Schadensersatzansprüche gegen den Testamentsvollstrecker geltend machen, der einen unrichtigen Auseinandersetzungsplan gegen ihren Willen vollzieht, § 2219 BGB.

Umgekehrt kann der Testamentsvollstrecker gegenüber dem widersprechenden Erben auf Feststellung der Wirksamkeit des von ihm aufgestellten Auseinandersetzungsplanes klagen.[648] Wird dabei die Unwirksamkeit des Teilungsplanes festgestellt, so sind sowohl die Erben als auch der Testamentsvollstrecker nicht an den Teilungsplan gebunden. Entsprechende Verfügungen des Testamentsvollstreckers, die aufgrund des Teilungsplanes vorgenommen wurden, sind als rechtsgrundlos anzusehen.[649]

---

[644] BayObLGZ 1967, 230,240.
[645] So auch KREGEL, BGB-RGRK, § 2204, Rz. 7.
[646] Vgl. etwa OLG Karlsruhe, NJW-RR 1994, 905; wonach sich die Klage nicht auch gegen die übrigen Miterben zu richten hat, da insoweit keine notwendige Streitgenossenschaft besteht. Dies folgt aus der alleinigen Befugnis des Testamentsvollstreckers, den Auseinandersetzungsplan aufzustellen.
[647] Hieran sind jedoch strenge Anforderungen zu stellen, vgl. STAUDINGER/REIMANN, § 2204, Rz. 33.
[648] SCHAUB in Handbuch der Testamentsvollstreckung, 4. Kapitel, Rz. 244; JAUERNIG/STÜRNER, § 2204, Anm. 2; PALANDT/EDENHOFER, § 2204, Rz. 4.
[649] Vgl. SOERGEL/DAMRAU, § 2204, Rz. 27; SCHAUB in Handbuch der Testamentsvollstreckung, 4. Kapitel, Rz. 257; PALANDT/EDENHOFER, § 2204, Rz. 5.

c) Zeitpunkt der Auseinandersetzung

Der Testamentsvollstrecker ist, soweit der Erblasser keinen besonderen Zeitpunkt für die Durchführung der Auseinandersetzung angeordnet hat, jedem Erben gegenüber zu einer unverzüglichen[650] Durchführung verpflichtet und kann von jedem Erben auf Bewirkung der Auseinandersetzung verklagt werden.[651] Die Auseinandersetzung kann nicht aufgeschoben werden, weil noch nicht alle Nachlaßverbindlichkeiten berichtigt sind, vielmehr müssen in diesem Fall etwa erforderliche Beträge, die zur Tilgung streitiger oder betagter Forderungen nötig sein könnten, zurückgehalten werden.[652] Der Testamentsvollstrecker darf seine lediglich zur Abwicklung und Auseinandersetzung bestehende Verwaltungsbefugnis aus § 2205 BGB auch nicht dazu mißbrauchen, die Teilung hinauszuschieben und durch die Hintertür eine nicht angeordnete Verwaltungsvollstreckung durchzuführen.[653] Ein Aufschub der Auseinandersetzung kommt lediglich in den Fällen der §§ 2043 bis 2045 BGB in Betracht, also etwa dann, wenn die Erbteile noch unbestimmt, ein Erbe noch unbekannt oder die Auseinandersetzung durch den Erblasser bis zu einem bestimmten Zeitpunkt ausgeschlossen ist.[654]

Dagegen ist der Testamentsvollstrecker bezüglich der Durchführung der Auseinandersetzung keineswegs an Wünsche oder gar Weisungen der Erben gebunden.[655] Dies ergibt sich bereits aus seinem allgemein bestehenden Recht, die letztwilligen Verfügungen des Erblassers nötigenfalls auch gegen den Willen der Erben durchzusetzen. Die Erben können den Testamentsvollstrecker auch nicht durch eine interne Vereinbarung von der Auseinandersetzung ausschließen.[656] Umgekehrt können die Erben die Nachlaßauseinandersetzung auch nicht selbst, ohne die Mitwirkung des Testamentsvollstreckers vornehmen.[657]

---

[650] Vgl. HAEGELE/WINKLER, a.a.O., Rz. 509; MÜKO-BRANDNER, § 2204, Rz. 3 spricht von einer „tunlichen Beschleunigung"; so auch OLG Zweibrücken, FGPrax 1997, 109,110.

[651] Vgl. MÜKO-BRANDNER, § 2204, Rz. 1; EBENROTH, Erbrecht, § 10 III 1a); HAEGELE/WINKLER, a.a.O., Rz. 507.

[652] Zutreffend STAUDINGER/REIMANN, § 2204, Rz. 12; vgl. auch BayObLGZ 14, 580.

[653] Vgl. MÜKO-BRANDNER, § 2204, Rz. 3.

[654] Vgl. STAUDINGER/REIMANN, § 2204, Rz. 13; ausführlich zu den einzelnen Fallgestaltungen SOERGEL/DAMRAU, § 2204, Rz. 11 ff; vgl. aber auch OLG Zweibrücken, FGPrax 1997, 109; wonach der Testamentsvollstrecker den mit der Auseinandersetzung einhergehenden Verkauf eines Nachlaßgrundstückes nicht im Hinblick auf die schlechte Marktlage hinausschieben muß.

[655] Vgl. HAEGELE/WINKLER, a.a.O., Rz. 528, PALANDT/EDENHOFER, § 2204, Rz. 2.

[656] Vgl. MÜKO-BRANDNER, § 2204, Rz. 1; HAEGELE/WINKLER, a.a.O., Rz. 528.

[657] Vgl. SOERGEL/DAMRAU, § 2204, Rz. 1; MÜKO-BRANDNER, § 2204, Rz. 1.

d) Auseinandersetzungsverbote des Erblassers

Der Erblasser kann jedoch durch letztwillige Verfügung bestimmen, daß die Auseinandersetzung des Nachlasses oder bezüglich einzelner Nachlaßgegenstände, etwa eines bestimmten Grundstücks, in der zeitlichen Grenze des § 2044 Abs. 2 BGB ausgeschlossen sein soll.[658] Wenn der Erblasser etwa anordnet, daß der Testamentsvollstrecker den günstigsten Zeitpunkt für den Verkauf eines Nachlaßgrundstückes zu bestimmen hat, so soll dadurch die Auseinandersetzung bis zu diesem Zeitpunkt ausgeschlossen sein.[659] Damit wird die gleiche Wirkung wie die Anordnung einer Dauer- oder Verwaltungsvollstreckung erreicht.

Umstritten ist, ob ein solches Auseinandersetzungsverbot, welches zwischen den Erben lediglich schuldrechtliche Wirkung hat, gleichwohl Verfügungen des Testamentsvollstreckers auch dinglich unwirksam werden lassen kann, soweit sie zum Zwecke der Auseinandersetzung erfolgen.[660] So hat der BGH in einem Urteil aus dem Jahr 1963[661] zunächst Erwägungen hinsichtlich des Zwecks eines solchen vom Erblasser verfügten Auseinandersetzungsverbotes angestellt und dabei zutreffend die Auffassung vertreten, daß grundsätzlich zwei unterschiedliche Motive des Erblassers zu einer derartigen Anordnung geführt haben können: Zum einen könne der Erblasser die Absicht verfolgt haben, nur den Anspruch des einzelnen Miterben auf die Auseinandersetzung auszuschließen. In diesem Fall wäre nach Auffassung des BGH eine Erbauseinandersetzung im Einverständnis aller Miterben schon deshalb rechtswirksam, weil sie dem Willen des Erblassers gar nicht zuwiderläuft. Zum anderen könnte der Erblasser das Ziel verfolgt haben, den Nachlaß auch gegen den Willen aller Erben zusammenzuhalten und eine Auseinandersetzung auch dann zu verhindern, wenn alle Miterben einverstanden sind. In diesem Fall widerspräche die Erbauseinandersetzung zwar dem ausdrücklichen Willen des Erblassers, sei jedoch dinglich gleichwohl wirksam, weil es sich bei der Ausschlußanordnung des Erblassers nicht um ein gesetzliches, gerichtliches oder behördliches Verbot i.S.d. §§ 134, 135, 136 BGB handele, sondern nur um ein rechtsgeschäftliches Verbot, welches nach § 137 BGB die Verfügungsbefugnis nicht dinglich beschränken kann.[662] Ein solches Verbot begründet daher nur eine schuldrechtliche Unterlassungsverpflichtung für die Erben, die lediglich den Charakter einer Auflage hat und deren Verletzung die dingliche Wirksamkeit des Verfügungsgeschäftes nicht berührt.[663]

---

[658] Vgl. STAUDINGER/REIMANN, § 2204, Rz. 3; SOERGEL/DAMRAU, § 2204, Rz. 12; MÜKO-BRANDNER, § 2204, Rz. 21 unter Berufung auf BGHZ 40, 115, 118.

[659] Vgl. RG WarnR 1934, Nr. 21.

[660] so etwa MÜKO-BRANDNER, § 2204, Rz. 21; anders aber MÜKO-DÜTZ, § 2044, Rz. 8; SOERGEL/DAMRAU, § 2204, Rz. 12; STAUDINGER/REIMANN, § 2244, Rz. 4.

[661] BGHZ 40, 115 = NJW 1963, 2320.

[662] BGHZ 40, 115, 117.

[663] So auch STAUDINGER/REIMANN, § 2204, Rz. 3.

Diese Grundsätze sind nach der Auffassung des BGH auch dann anzuwenden, wenn eine Testamentsvollstreckung angeordnet ist.[664] In diesem Fall hatte der BGH noch offengelassen, ob mit dem Berufungsgericht anzunehmen sei, daß dem Ausschluß der Erbauseinandersetzung wegen § 2208 BGB dingliche Wirkung beizumessen sei, da Testamentsvollstrecker und Erben jedenfalls zusammen auch gegen den Willen des Erblassers über einen Nachlaßgegenstand dinglich verfügen können, da die Anordnung sonst gegen § 137 BGB verstieße.

In einer weiteren Entscheidung ist der BGH jedoch der in der Literatur herrschenden Meinung gefolgt und hat entschieden, daß Testamentsvollstrecker und Erben gemeinsam über einen Nachlaßgegenstand auch dann verfügen können, wenn der Erblasser durch Anordnung von Todes wegen eine Verfügung verboten hatte.[665] Ohne Not hat der BGH seine frühere Rechtsprechung dabei dahingehend erweitert, daß Verfügungsverbote des Erblassers nach § 2208 Abs. 1 BGB die Verfügungsbefugnis des Testamentsvollstreckers entfallen lassen. Jedoch übt der Senat auch in dieser Entscheidung noch Zurückhaltung und läßt die Frage offen, ob die Verfügungsbefugnis, wenn sie dem Testamentsvollstrecker nicht zusteht, wieder dem Erben allein zukommt, nachdem über eine gemeinsame Verfügung von Testamentsvollstrecker und Erben zu entscheiden war, die entgegen einem vom Erblasser angeordneten Auseinandersetzungsverbot erfolgt war. Es muß daher nach wie vor als umstritten angesehen werden, ob der Beschränkung der Rechte des Testamentsvollstreckers und damit auch dem Ausschluß der Auseinandersetzung wegen § 2208 BGB dingliche Wirkung zukommt. Während die eine herrschende Meinung[666] unter Berufung auf die Entscheidung des BGH aus dem Jahr 1970[667] den Verfügungsbeschränkungen dingliche Wirkung zusprechen möchte, gehen einzelne Gegenstimmen von einer lediglich schuldrechtlichen Wirkung der Beschränkungen aus.[668]

Meiner Ansicht nach ist bei der Beurteilung dieser Problematik zu berücksichtigen, daß der Gesetzgeber dem Erblasser in § 2208 BGB ausdrücklich die Möglichkeit eingeräumt hat, dem Testamentsvollstrecker bestimmte *Rechte* zu entziehen. Diese Intention würde weitgehend wirkungslos, wenn man entgegenstehenden Verfügungen gleichfalls Wirksamkeit zubilligen wollte. Der Erblasser muß die Möglichkeit haben, den Wirkungskreis des Testamentsvollstreckers gegenständlich wirksam zu beschränken. Tut er dies, so stehen dem Testamentsvollstrecker die eingeschränkten Rechte nicht zu.

---

[664] BGHZ 40, 115,118.
[665] Vgl. BGHZ 56, 275.
[666] Vgl. STAUDINGER/REIMANN, § 2208, Rz 3; PALANDT/EDENHOFER, § 2208, Rz. 1; MÜKO-BRANDNER, § 2208 Rz. 7 sowie § 2205, Rz. 81; LANGE/KUCHINKE, § 31 I 1 a).
[667] Vgl. BGHZ 56, 275.
[668] Vgl. LEHMANN, AcP 188, 1,17; DAMRAU in JR 1985, 106; SOERGEL/DAMRAU, § 2208, Rz. 3.

Dies ergibt sich bereits aus dem Wortlaut des § 2208 Abs. 1 S. 1 BGB, wonach der Testamentsvollstrecker im Falle einer Beschränkung bestimmte Rechte nicht *hat* und nicht lediglich nicht ausüben soll.[669] Es handelt sich also nicht um eine obligatorische Anordnung, sondern um einen vollständigen Entzug der dem Amt des Testamentsvollstreckers normalerweise innewohnenden Rechtsposition. Hat der Testamentsvollstrecker aber bestimmte Rechte nicht, so müssen diese an den eigentlichen Rechtsinhaber zurückfallen.
Da sie einerseits dem Testamentsvollstrecker nicht zustehen, andererseits aber nicht untergegangen sein können, stehen sie nunmehr wieder dem ursprünglich Berechtigten, dem Erben zu.[670] Hiergegen hat LEHMANN eingewandt, zu den „in den §§ 2203 bis 2206 bestimmten Rechten", die dem Testamentsvollstrecker nach dem Willen des Erblassers nicht zustehen sollen, könne die Verfügungsbefugnis nicht zählen.[671] Zur Begründung will er dabei die Grundsätze des Typenzwangs des Sachenrechts bemühen. Wo das Gesetz Alternativen nicht nenne, sei für eine rechtsgeschäftliche Gestaltungsfreiheit der Beteiligten kein Raum. Nachdem § 2208 Abs. 1 BGB lediglich eine Auslegungsregel des Testamentsvollstreckungsrechtes sei und in erster Linie nur den Umfang der Verwaltung betreffe, müsse davon ausgegangen werden, daß eine sachgerechte Verwaltung nur durch eine volle Verfügungsbefugnis des Testamentsvollstreckers gewährleistet sei.[672] Diese Norm könne daher nicht von anderen zwingenden Vorschriften, etwa den des Sachenrechts oder § 137 BGB entbinden. Demnach könne der Erblasser die Verfügungsbefugnis nicht durch Anordnungen gem. § 2208 Abs. 1 BGB beschränken oder ausschließen.

Diese Auffassung wird jedoch weder dem Wortlaut des Gesetzes, noch dem Willen des Gesetzgebers oder den praktischen Anforderungen an die Testamentsvollstreckung gerecht und geht zudem von der unzutreffenden Prämisse aus, daß auch im Erbrecht ein Typenzwang herrsche, der nicht durch rechtsgeschäftliche Handlungen der Beteiligten überwunden werden kann. Der Gesetzgeber ist nämlich vom Leitbild des Generalvollstreckers ausgegangen und hat daher sehr wohl die Notwendigkeit gesehen, daß die Befugnisse des Testamentsvollstreckers durch Anordnungen des Erblassers auch wieder eingeschränkt werden können müssen. Dem erkennbaren Erblasserwillen sollte ein Vorrang zukommen, der in den Beschränkungsmöglichkeiten des § 2208 BGB seinen Ausdruck gefunden hat.

---

[669] Vgl. STAUDINGER/REIMANN, § 2208, Rz. 17.
[670] Dies folgt bereits aus dem Grundsatz „nemo minus iuris transferre potest, quam ipse habet", vgl. auch KEGEL, in FS für Richard Lange, 927, 940; STAUDINGER/REIMANN, § 2204, Rz. 5.
[671] Vgl. LEHMANN, AcP 188, 1,18.
[672] So LEHMANN, a.a.O., S. 20, 21 unter Hinweis auf Otto von Gierkes, Verhandlungen des 21. Deutschen Juristentages 1891, Bd. 1 S. 3 ff. und Bd. 3, S. 223 ff.

Auch ist keineswegs ersichtlich, warum die „ordnungsgemäße" Verwaltung des Nachlasses oder bestimmter Nachlaßgegenstände zwingend die Verfügungsbefugnis über diese Gegenstände enthalten soll. Vielmehr sind zahlreiche Fallgestaltungen denkbar, in denen es dem Erblasser gerade darauf ankommen kann, eine Verwaltung der Nachlaßgegenstände herbeizuführen, ohne daß dem Testamentsvollstrecker eine Verfügung über diese Nachlaßgegenstände möglich ist. Auch kann aus der umgekehrten Prämisse, daß dem Testamentsvollstrecker die Verfügungsmacht nur insoweit zusteht, wie ihm auch die Verwaltung des Nachlasses obliegt, nicht der von LEHMANN gezogene Umkehrschluß entnommen werden, daß die Verfügungsbefugnis stets „vollumfänglich" mit der Verwaltungsbefugnis einhergeht. Selbst wenn man davon ausgeht, daß die Verfügungsmacht des Testamentsvollstreckers Ausfluß und notwendiger Bestandteil des Verwaltungsrechts ist, so muß nach dem Willen des Gesetzgebers, der in § 2208 Abs. 1 BGB seinen Niederschlag gefunden hat und auch nach der ratio legis davon ausgegangen werden, daß dem Erblasser die Möglichkeit zustehen sollte, den Testamentsvollstrecker zwar mit der Verwaltung des Nachlasses zu betrauen, ihm aber bestimmte, mit der Verwaltung einhergehende Rechte auch wieder zu entziehen.

Die Verfügungsmacht des Testamentsvollstreckers kann demnach durch den Erblasser wirksam dinglich beschränkt werden.[673] Fest steht, daß sich der Testamentsvollstrecker nicht allein über ein Auseinandersetzungsverbot des Erblassers hinwegsetzen darf. Tut es dies doch, so verfügt er als Nichtberechtigter. Verfügungen, die im offenen Gegensatz zum Erblasserwillen stehen, sind deshalb gem. § 185 BGB unwirksam, soweit nicht die Berechtigten zustimmen.[674] Der Rechtsverkehr ist gleichfalls hinreichend geschützt, da das Vertrauen eines gutgläubigen Dritten in die unbeschränkte Verfügungsmacht des Testamentsvollstreckers durch den Inhalt des Testamentsvollstreckerzeugnisses geschützt wird.[675] Beschränkungen der Rechte des Testamentsvollstreckers nach § 2208 sind daher in das Testamentsvollstreckerzeugnis aufzunehmen.[676] Bei Beschränkungen, welche in dem Testamentsvollstreckerzeugnis nicht enthalten sind, spricht der öffentliche Glaube für die uneingeschränkte Verfügungsmacht des Testamentsvollstreckers, es sei denn, daß der Dritte die Beschränkung kennt. Logisch ist demnach auch die von der Rechtsprechung gezogene Schlußfolgerung, daß der Testamentsvollstrecker mit Zustimmung der Erben trotz eines Auseinandersetzungsverbotes wirksam über Nachlaßgegenstände verfügen kann, nachdem eine Verfügung eines Nichtberechtigten jedenfalls dann nach § 185 Abs. 1 BGB wirksam ist, wenn sie mit der Einwilligung des Berechtigten erfolgt. Berechtigte in diesem

---

[673] So auch MÜKO-BRANDNER, § 2208, Rz. 7; STAUDINGER/REIMANN, § 2205, Rz. 81; PALANDT/EDENHOFER, § 2208, Rz. 1; SCHAUB in Handbuch der Testamentsvollstreckung, 4. Kapitel, Rz. 187; einschränkend SOERGEL/DAMRAU, § 2208, Rz. 1.
[674] Vgl. LANGE/KUCHINKE, § 31 V 1a).
[675] Vgl. MÜKO-BRANDNER, § 2205, Rz. 82.
[676] Vgl. dazu oben Teil B III 3 dieser Arbeit.

Sinne sind vorliegend die Erben, mit deren Zustimmung die Verfügung vorgenommen wird.[677] So hat auch der BGH in seiner Entscheidung vom 18. Juni 1971[678] ausgeführt, daß die Einigung zwischen Erben und Testamentsvollstrecker stärker als eine entgegenstehende Erblasseranordnung sein muß. Ausgehend von der bereits in BGHZ 40, 115, 118 aufgestellten These geht der Senat davon aus, daß Verfügungen des Testamentsvollstreckers über einen Nachlaßgegenstand, die einer Anordnung des Erblassers von Todes wegen widersprechen, durch Zustimmung der Erben wirksam werden können, und begründet dies mit folgender Argumentation: Nach § 137 Satz 1 BGB könne die Befugnis zur Verfügung über ein veräußerliches Recht nicht durch Rechtsgeschäft mit dinglicher Wirkung ausgeschlossen oder beschränkt werden. Diese Regel werde zwar vom Gesetz mehrfach durchbrochen - so sei auch bei der Anordnung einer Testamentsvollstreckung die Verfügungsbefugnis des Erben, welcher Rechtsinhaber sei und bleibe, „für den Normalfall mit dinglicher Wirkung ausgeschlossen und dem Testamentsvollstrecker anvertraut." Allerdings verbiete die Vorschrift des § 137 Satz 1 BGB, kraft Parteiautonomie mit dinglicher Wirkung „Gegenstände extra commercium zu stellen" und damit eine Erstarrung des Güterverkehrs herbeizuführen. Eine dieses Gebot der Verfügungsfreiheit dinglich durchbrechende Norm sei auch nicht in den Bestimmungen über die Testamentsvollstreckung zu finden. Zwar sei, soweit der Testamentsvollstrecker verfügungsbefugt ist, dem Erben die Verfügungsbefugnis mit dinglicher Wirkung entzogen; hierin liege jedoch nur eine „Verlagerung" der weiterhin bestehenden Verfügungsbefugnis und nicht auch der Ausschluß der Verfügungsbeschränkung überhaupt.

Nachdem das Gesetz also nur die Person des Verfügungsbefugten bestimmen, nicht aber die Verfügungsmöglichkeit generell ausschließen wolle, sei weder eine gesetzliche Bestimmung noch ein innerer Grund ersichtlich, der für eine Durchbrechung des Grundsatzes des § 137 BGB spreche, daß der Erblasser die Verfügung über einen Nachlaßgegenstand nicht überhaupt unmöglich machen können soll. Die sonst vom Gesetz betonte Bindung des Testamentsvollstreckers an den Willen des Erblassers müsse „hinter das Gebot des § 137 BGB zurücktreten."[679] Dieser Argumentation ist zuzustimmen, da die Testamentsvollstreckung nicht zu einer Regentschaft des Erblassers über den Tod hinaus verkommen soll, sondern allgemein anerkannt ist, daß diese - im Rahmen zulässiger Erblasseranordnungen - den Interessen der Erben dienen soll und diese Interessen auch durch eine Überschreitung der vom Erblasser gezogenen Schranken nicht beeinträchtigt werden, wenn der Erbe selbst zustimmt.

---

[677] Zutreffend LANGE/KUCHINKE, § 31 V 1 a).
[678] BGHZ 56, 275.
[679] Vgl. BGHZ 56, 275, 281.

Eine Einigung zwischen Testamentsvollstrecker und Erben muß demnach als „stärker“ anzusehen sein, als eine entgegenstehende Erblasseranordnung.[680] Eine dritte Entscheidung des BGH vom 09.05.1984[681] hat die vorgenannten Grundsätze erstmals in einem Leitsatz zusammengefaßt und dabei sogar noch verstärkt. In diesem Urteil hat der BGH festgestellt, daß Anordnungen des Erblassers, die die Art und Weise der Auseinandersetzung regeln, den Testamentsvollstrecker schuldrechtlich binden und ihm darüber hinaus auch *dinglich* das Recht nehmen, über die Nachlaßgegenstände in einer Weise zu verfügen, die im Widerspruch zu den Anordnungen des Erblassers steht.[682] Im Leitsatz der Entscheidung wird sodann ausgeführt:

> *„Ist der Testamentsvollstrecker gehalten, über Nachlaßgegenstände in bestimmter Weise zu verfügen, dann ist seine Befugnis zu Verfügungen, die dazu in Widerspruch stehen in der Regel auch dinglich ausgeschlossen (Anschluß an BGHZ 56, 275,278; 40, 115,118).“*

Diese Entscheidung ist von DAMRAU[683] in einer Urteilsanmerkung kritisiert worden. Eine Beschränkung dahingehend, daß nur „ordnungsgemäße Verfügungen“ des Testamentsvollstreckers Wirksamkeit entfalten, sei vom Gesetzgeber erklärtermaßen im Interesse des Rechtsverkehrs abgelehnt worden. Auch in der Rechtsprechung sei eine einschränkende Auslegung des § 2208 Abs. 1 BGB angewandt worden, nachdem Teilungsanordnungen und Auseinandersetzungsverboten keine dingliche Wirkung beigemessen worden sei. Ohne daß sich die Rechtsprechung an irgendeiner Stelle darauf berufen habe, müsse davon ausgegangen werden, daß hierfür „der Verkehrsschutz maßgeblich gewesen“ sei.[684] Das Nachlaßgericht müsse entsprechende Beschränkungen ins Testamentsvollstreckerzeugnis eintragen, diese seien jedoch für Dritte weitgehend unverständlich. Mit dieser Argumentation werden jedoch zwei Problemkreise vermengt. Zuzustimmen ist DAMRAU zwar insoweit, als die Eintragung komplizierter Verfügungsbeschränkungen in das Testamentsvollstreckerzeugnis dieses nicht gerade transparenter macht, dies darf jedoch nicht dazu führen, daß der Verfügungsbeschränkung *grundsätzlich* ihre dingliche Wirkung abgesprochen wird. Denn dabei geht es vielmehr um die Frage, inwieweit der Erblasser die Rechtsmacht des Testamentsvollstreckers mit Außenwirkung beschränken kann und nicht darum, wie derartige Beschränkungen praktisch umgesetzt werden können und inwieweit die mit dermaßen beschränkten Testamentsvollstreckern in rechtsgeschäftlichen Kontakt tretenden Verkehrskreise zu schützen bzw. aufzuklären sind.

---

680 So auch HAEGELE/WINKLER, a.a.O., Rz. 541; JAUERNIG/STÜRNER, § 2204, Anm. 1 und § 2205, Anm. 3a); ausführlich auch KEGEL, Lange-Festschrift, S. 934.
681 Vgl. BGH JR 1985, 104; mit krit. Anm. von DAMRAU
682 BGH JR 1985, 104,105.
683 Vgl. DAMRAU JR 1985, 106; ebenso SOERGEL/DAMRAU, § 2208, Rz. 1.
684 DAMRAU, a.a.O., S. 107.

Allerdings scheint auch DAMRAU der Verfügungsbschränkungen eine dingliche Wirkung nicht generell absprechen zu wollen, nachdem er den Leitsatz des BGH umdreht und formuliert: „Meist wirken Anordnungen des Erblassers darüber, wie mit bestimmten Nachlaßgegenständen verfahren werden soll, nicht dinglich, sondern nur schuldrechtlich“[685]. Dieser These ist insoweit zuzustimmen, als nicht allen Anordnungen, wie mit einem Nachlaßgegenstand zu verfahren ist, ohne weiteres ein eindeutiges Verfügungsverbot entnommen werden kann. Dies hat die Literatur etwa auch für eine Teilungsanordnung angenommen.[686] Der Wille des Erblassers wird, um eine wirksame dingliche Beschränkung der Rechtsmacht des Testamentsvollstreckers herbeiführen zu können, schon eine eindeutige Beschränkung der Verfügungsmacht enthalten müssen.

e) Vereinbarungen der Erben über die Auseinandersetzung

Gleichfalls umstritten ist, was geschehen soll, wenn die Erben einstimmig beschließen, daß eine Auseinandersetzung nicht erfolgen soll, um die Erbengemeinschaft für immer oder eine bestimmte Zeit, fortbestehen zu lassen. Nach einer Auffassung soll dieser Beschluß den Testamentsvollstrecker binden, da nach §§ 2043, 2045 die Miterben den Aufschub der Auseinandersetzung verlangen könnten. Der Testamentsvollstrecker, der die Auseinandersetzung nach Maßgabe dieser Vorschriften zu vollziehen habe, sei daher an einen derartigen Beschluß der Erbengemeinschaft gebunden.[687] Die Erben schließlich hätten zwar ein Recht, aber keine Pflicht die Auseinandersetzung durchzuführen.[688] Auch aus §§ 2042 II, 749 II BGB ergebe sich, daß die Erben das Recht auf Auseinandersetzung durch Vereinbarung mit gewissen Einschränkungen auf Dauer oder sogar für immer ausschließen könnten.[689] Wollte man dieser Argumentation folgen, so würde dies jedoch dazu führen, daß die Erben die Testamentsvollstreckung praktisch unterlaufen könnten. Dies ist jedoch, wie sich durch die Gesamtheit der gesetzlichen Bestimmungen zeigt, vom Gesetzgeber nicht gewollt. Auch läßt sich aus den §§ 2042-2045 BGB entnehmen, daß ein Aufschub oder eine Ausschließung der Auseinandersetzung nur unter engen Voraussetzungen verlangt werden kann.

---

[685] Vgl. DAMRAU, A.A.O., S. 108.

[686] Vgl. etwa BROX, Erbrecht, Rz. 493.

[687] So auch BayObLGZ 21, 312; OLG München DNotZ 1936, 810, PALANDT/EDENHOFER, § 2204 Rz. 2; HAEGELE/WINKLER, a.a.O., Rz. 542; STAUDINGER/REIMANN, § 2204, Rz 6; SOERGEL/DAMRAU, § 2204, Rz. 5; MÜKO-BRANDNER, § 2204, Rz. 22.

[688] Vgl. SOERGEL/DAMRAU, § 2204, Rz 5; PALANDT/EDENHOFER, § 2204, Rz. 2.

[689] Vgl. STAUDINGER/REIMANN, § 2204 Rz. 6.

Daher könnte man einwenden, daß ein Recht der Erben, die Auseinandersetzung pauschal auf Dauer oder bis zum Eintritt eines bestimmten Zeitpunktes auszuschließen, sich aus den gesetzlichen Bestimmungen nicht entnehmen läßt. Auch sonst ist der Testamentsvollstrecker nicht an einstimmige Beschlüsse oder Wünsche der Erben gebunden, sondern vielmehr zunächst dem Willen des Erblassers verpflichtet.[690] Auch könnten die Erben durch Drohung mit dem zeitweiligen Ausschluß der Auseinandersetzung Druck auf den Testamentsvollstrecker ausüben und ihn hinsichtlich der Durchführung der Auseinandersetzung beeinflussen.[691] Nachdem auch sonstige Vereinbarungen der Erben über die Art und Weise der Auseinandersetzung den Testamentsvollstrecker nicht binden[692], ist nicht ersichtlich, wieso ein Beschluß der Erbengemeinschaft die Auseinandersetzung generell auf Dauer verhindern können soll.[693] Schließlich handelt es sich im Gegensatz zu der zuvor dargestellten Problematik, bei der zwischen Erben und Testamentsvollstrecker Einigkeit besteht und beide gemeinsam über einen Nachlaßgegenstand verfügen, hier um einen Fall, bei dem sich der einheitliche Wille gegenüber dem des Erblassers und des Testamentsvollstreckers durchsetzen soll. Ob man dies in dieser Allgemeinheit bejahen soll, erscheint äußerst fraglich. Die Befürworter des einstimmigen Auseinandersetzungsausschlusses stützen sich insbesondere auf die §§ 2042 Abs. 2, 749 Abs. 2 BGB.[694] Insoweit stellt sich aber die Frage, ob die Vorschriften über die Testamentsvollstreckung nicht eine Durchbrechung der Regeln über die Gemeinschaft bzw. Erbengemeinschaft darstellen. So ist zumindest anerkannt, daß die Erben dem Testamentsvollstrecker gegen dessen Willen die Auseinandersetzung nicht entziehen können und ein entsprechender Beschluß der Erben die Testamentsvollstreckung jedenfalls nicht zu beenden vermag.[695] Auch ist der Testamentsvollstrecker trotz eines Widerspruchs der Erben nicht gehindert, den von ihm aufgestellten Auseinandersetzungsplan zu vollziehen. Die Erben können in diesem Fall lediglich Klage gegen den Teilungsplan erheben und eine anderweitige Verteilung verlangen.[696] Dagegen spricht jedoch, daß § 2204 Abs. 1 BGB eben nicht andere Grundsätze für die Auseinandersetzung des Nachlasses aufstellt, sondern ohne Einschränkung auf die §§ 2042 bis 2056 BGB verweist. Hätte der Gesetzgeber also eine Durchbrechung der gemeinschaftlichen Vorschriften im Auge gehabt und dem Testamentsvollstrecker Befugnisse auch entgegen dem Willen der Gemeinschaft zubilligen wollen, so hätte dies an dieser Stelle einen Ausdruck im Gesetz finden müssen.

---

690 Vgl. nur MüKo-Brandner, § 2204, Rz. 1; Palandt/Edenhofer, § 2203 Rz. 2.

691 Diese Gefahr erkennt auch Staudinger/Reimann, a.a.O., Rz. 6, der jedoch gleichwohl von einem wirksamen Ausschluß der Auseinandersetzung ausgeht.

692 Vgl. Ebenroth, a.a.O., Rz. 643.

693 Einschränkend auch MüKo-Dütz, § 2042 Rz. 10.

694 Vgl. Staudinger/Reimann, § 2204, Rz. 6; Soergel/Damrau, § 2204, Rz. 5.

695 Vgl. Soergel/Damrau, § 2204, Rz. 5.

696 So auch Schaub in Handbuch der Testamentsvollstreckung, 4. Kapitel, Rz. 244.

Da es an einer entsprechenden Bestimmung jedoch mangelt, besteht kein Anlaß, davon auszugehen, daß der Gesetzgeber dem Testamentsvollstrecker uneingeschränkte Befugnisse gegenüber der Gemeinschaft der Erben im Hinblick auf die Auseinandersetzung des Nachlasses zugestehen wollte. Einschränkende und vermittelnde Stimmen finden sich in der Literatur und Rechtsprechung aber zu Recht jedenfalls dann, wenn ein „wichtiger Grund" im Sinne des § 749 Abs. 2 BGB vorliegt.[697] In diesem Fall geht auch die herrschende Meinung einhellig davon aus, daß der Testamentsvollstrecker die Auseinandersetzung selbst *entgegen* einer Erbenvereinbarung vornehmen muß.[698] Der Testamentsvollstrecker wird demnach bei einer derartigen Fallgestaltung die Umstände des Einzelfalles genau zu prüfen haben, bevor er sich dazu entschließt, die Auseinandersetzung gegen den ausdrücklichen Willen aller Erben vorzunehmen, nachdem entgegenstehende Verfügungen des Testamentsvollstreckers durch einen derartigen Beschluß keineswegs unwirksam werden und der Testamentsvollstrecker sich möglicherweise Schadensersatzansprüchen der Erben gegenübersieht.[699]

f) Der Auseinandersetzungsvertrag

Anstelle des Auseinandersetzungsplans, welcher durch den Testamentsvollstrecker vollzogen wird, können die Beteiligten auch einen Auseinandersetzungsvertrag schließen und dabei die bestehenden Unsicherheiten und Streitigkeiten vermeiden. Der Auseinandersetzungsvertrag bildet sodann den Rechtsgrund für den Erwerb der Nachlaßgegenstände durch die Erben.[700] Damit tritt der Vertrag zwischen Testamentsvollstrecker und Erben an die Stelle des Aufteilungsplans.[701] Auch dem Auseinandersetzungsvertrag kommt nur schuldrechtliche Wirkung zu, so daß es zum Vollzug der Vereinbarung noch der dinglichen Übertragungsakte bedarf.[702] Der Auseinandersetzungsvertrag ist zwar grundsätzlich formfrei, sofern jedoch Grundstücke zum Nachlaß gehören bedarf er wegen § 313 BGB der notariellen Beurkundung.[703]

---

[697] Vgl. etwa HAEGELE/WINKLER, a.a.O., Rz. 542; ERMAN/SCHMIDT, § 2204, Rz. 2; LG Düsseldorf, FamRZ 1965, 303, das jedoch das Vorliegen eines wichtigen Grundes bei Zerrüttung der Familienbande verneint hat, wenn der Testamentsvollstrecker die Spannungen der Gemeinschaftsmitglieder neutralisiert.

[698] Vgl. MÜKO-BRANDNER, § 2204, Rz. 22; STAUDINGER/REIMANN, § 2204, Rz. 6.

[699] So auch SCHAUB in Handbuch der Testamentsvollstreckung, 4. Kapitel, Rz. 251; MÜKO-BRANDNER, § 2204, Rz. 22; HAEGELE/WINKLER, a.a.O., Rz. 542.

[700] Vgl. STAUDINGER/REIMANN, § 2204, Rz. 42; SCHAUB, Handbuch der Testamentsvollstreckung, 4. Kapitel, Rz. 259.

[701] Vgl. BayObLG ZEV 1995, 370,371.

[702] So auch SCHAUB, Handbuch der Testamentsvollstreckung, 4. Kapitel, Rz. 259.

[703] Vgl. HAEGELE/WINKLER, a.a.O., Rz. 518; STAUDINGER/REIMANN, § 2204, Rz. 43.

Eine notarielle Beurkundung des Auseinandersetzungsvertrages ist nach § 2033 BGB auch dann erforderlich, wenn einer der Erben durch den Vertrag alle anderen Erbteile übernimmt. Die Vorteile des Auseinandersetzungsvertrages liegen zum einen darin, daß Streitigkeiten vermieden werden können und die Erben an der Aufteilung des Nachlasses unmittelbar beteiligt werden. Dabei kann insbesondere bezüglich einzelner Wertgegenstände eine Einigung erzielt werden, wobei dem Testamentsvollstrecker oftmals die Rolle eines Mediators zukommen wird. Zum anderen besteht die Möglichkeit, abweichend von den Anordnungen des Erblassers zu tragfähigen Lösungen bezüglich der Erbmasse zu kommen, wobei die Parteien auch eine von der gesetzlichen oder vom Erblasser angeordneten Quote abweichende Regelung finden können. Schließlich kann der Testamentsvollstrecker auch von einer erhöhten „Rechtssicherheit" ausgehen, nachdem die Zustimmung der Erben zu der vorgenommen Verteilung des Nachlasses durch den Vertragsschluß dokumentiert wird. Es ist in diesem Fall kaum noch damit zu rechnen, daß sich einer der Miterben zu einem späteren Zeitpunkt entschließen könnte, die vorgenommene Aufteilung durch das Gericht überprüfen zu lassen.

Andererseits sind verschiedene Genehmigungs- und Schutzvorschriften zu beachten, insbesondere wenn eine Vor- und Nacherbschaft angeordnet ist, Vermächtnisse angeordnet wurden oder einer der Erben noch minderjährig ist.[704] Steht etwa ein Miterbe unter Vormundschaft, Pflegschaft oder Betreuung, so muß der Vertrag dem Vormundschaftsgericht zur Genehmigung vorgelegt werden, § 1822 Ziff. 2 BGB. Für minderjährige Miterben muß ein Ergänzungspfleger bestellt werden, wenn die Eltern gleichfalls an der auseinanderzusetzenden Erbengemeinschaft beteiligt sind und ihre Kinder insoweit nicht vertreten können.[705] Schließlich muß ein im gesetzlichen Güterstand der Zugewinngemeinschaft lebender Ehegatte die Zustimmung des anderen Ehegatten nach § 1365 BGB einholen, wenn der Erbteil sein ganzes oder zumindest doch wesentliches Vermögen darstellt.[706] Soweit Nacherbschaft angeordnet ist, müssen auch die Nacherben an dem Vertrag beteiligt werden und diesem zustimmen. Gleiches gilt auch für Vermächtnisnehmer, deren Vermächtnisse zum Zeitpunkt der vertraglichen Auseinandersetzung noch nicht erfüllt sind.[707]

---

[704] Vgl. SCHAUB, Handbuch der Testamentsvollstreckung, 4. Kapitel, Rz. 264 f.

[705] ausführlich hierzu DAMRAU ZEV 1994, 1,3; vgl. auch STAUDINGER/REIMANN, § 2204, Rz. 44.

[706] So auch BGHZ 35, 135 = NJW 1961, 1301.

[707] Vgl. HAEGELE/WINKLER, a.a.O., Rz. 518; zu diesem Problemkreis in anderem Zusammenhang auch BGHZ 57, 84 = NJW 1991, 2264.

4. Die Ausführung von Vermächtnissen

Die Aufgabe des Testamentsvollstreckers kann auch (ausschließlich) darin bestehen, für die ordnungsgemäße Erfüllung eines Vermächtnisses zu sorgen oder die Erfüllung von Auflagen durch die Erben zu überwachen.[708] Die Mittel und Möglichkeiten, die dem Testamentsvollstrecker hierzu zur Verfügung stehen, ergeben sich auch aus seinen allgemeinen Befugnissen gem. § 2205, 2206 BGB. Auch zum Zwecke der Vermächtnisausführung kann der Testamentsvollstrecker daher den Nachlaß oder zumindest Teile hiervon in Besitz nehmen, verwalten und über einzelne Nachlaßgegenstände verfügen, etwa ein bestimmtes Nachlaßgrundstück an einen Vermächtnisnehmer auflassen.[709] Kann der Testamentsvollstrecker ein Vermächtnis nicht mit den Mitteln des Nachlasses erfüllen, so wird er wegen § 2208 Abs. 2 BGB von den Erben verlangen können, daß diese das Vermächtnis erfüllen. Mit Auflagen verhält es sich entsprechend, § 2208 Abs. 2, 2194 BGB.[710]

Die Verwaltungsvollstreckung bei Vermächtnissen ist zwar nur im Pflichtteilsrecht in den §§ 2306, 2307 und 2338 BGB gesetzlich geregelt, gleichwohl ergeben sich keine Besonderheiten, da die Verwaltungsvollstreckung jedenfalls auch für einen einzelnen Nachlaßgegenstand angeordnet werden kann. Der Erblasser kann daher in gleicher Weise wie für einen Erben auch für einen Vermächtnisnehmer Verwaltungsvollstreckung bezüglich eines einzelnen Nachlaßgegenstandes anordnen.[711]

Der Erblasser kann aber auch bestimmen, daß der Testamentsvollstrecker (nur) für die Ausführung der einem Vermächtnisnehmer auferlegten Beschwerungen zu sorgen hat, § 2223 BGB. Hierunter fallen insbesondere Untervermächtnisse, Nachvermächtnisse und Auflagen. In diesem Fall tritt an Stelle des Nachlasses das beschwerte Vermächtnis.[712] Der Vermächtnisvollstrecker ist dem Vermächtnisnehmer und den aus den Beschwerungen Berechtigten gegenüber verantwortlich.[713] Der Erblasser kann aber auch dem für die Erben ernannten Testamentsvollstrecker auch noch die Ausführung der Vermächtnisvollstreckung übertragen, so daß der Testamentsvollstrecker für Erben und Vermächtnisnehmer zugleich ernannt ist.[714]

---

708 Vgl. BGHZ 13, 203,205; MAYER, Handbuch der Testamentsvollstreckung, 5. Kap. Rz. 296; KREIß, BwNotZ 1986, 12.

709 STAUDINGER/REIMANN, § 2203, Rz. 29; HAEGELE/WINKLER, a.a.O., Rz. 162.

710 STAUDINGER/REIMANN, § 2203, Rz. 29;

711 Ausführlich hierzu TRAGESER, Die Verwaltungsvollstreckung bei Vermächtnissen, Diss. Frankfurt 1978, S. 34 ff.

712 Vgl. PALANDT/EDENHOFER, § 2223, Rz. 1; MÜKO-BRANDNER, § 2223, Rz. 2.

713 Vgl. BENGEL, NJW 1990, 1826,1829.

714 So auch BGHZ 13, 354,356 = NJW 1954, 1036; KIPP/COING, § 76 I 1; MÜKO-BRANDNER, § 2223, Rz. 2.

Der Vermächtnisvollstrecker ist in diesem Fall nicht gegenüber den Erben, sondern den Berechtigten gegenüber verantwortlich.[715] Nachdem sich die Aufgaben und Befugnisse bei der Ausführung der Vermächtnisse von den normalen Testamentsvollstreckeraufgaben nicht wesentlich unterscheiden, soll hierauf an dieser Stelle nicht näher eingegangen werden.[716]

III. Die Verwaltung des Nachlasses im Rahmen der Abwicklungsvollstreckung

1. Das Wesen des Verwaltungsrechts

Entgegen dem Wortsinn ist der Testamentsvollstrecker auch bei der Abwicklungsvollstreckung verpflichtet, den Nachlaß in Besitz zu nehmen und ordnungsgemäß zu verwalten. Dies ergibt sich bereits aus § 2205 S. 1 BGB, der im Rahmen der allgemeinen Befugnisse des Testamentsvollstreckers anordnet, daß dieser den Nachlaß zu verwalten hat. Schon aus der Stellung der Vorschrift ergibt sich, daß diese Aufgabe nicht lediglich bei der Verwaltungs- oder Dauervollstreckung nach den §§ 2209 ff. BGB zu erfüllen ist. Darüber hinaus ist bereits dargestellt worden, daß die Pflicht zur Auseinandersetzung auch bei der Abwicklungsvollstreckung aus verschiedenen Gründen zunächst eine mehr oder minder lang andauernde Verwaltung notwendig machen kann. Die Verwaltung im Rahmen der Abwicklungsvollstreckung ist aber kein Selbstzweck sondern lediglich Mittel zum Zweck.[717] Der Testamentsvollstrecker hat also auch im Rahmen der Abwicklungsvollstreckung ein Verwaltungsrecht. § 2205 BGB nimmt damit den Nachlaß aus der Rechtsphäre des Erben heraus und stellt ihn als Sondervermögen unter das Verwaltungsrecht des Testamentsvollstreckers. Dadurch erfolgt eine Doppelzuordnung des verwalteten Nachlasses an den Erben und an den Testamentsvollstrecker, die zu einem Auseinanderfallen von Rechtsinhaberschaft und Rechtsausübung führt.[718] Der Erbe bleibt zwar Rechtsträger (Inhaber) des Nachlasses, andererseits ist es jedoch der Testamentsvollstrecker, der die tatsächliche und rechtliche Herrschaft über den Nachlaß auszuüben vermag.

---

[715] Vgl. Reimann, NJW 1990, 1829;
Mayer, Handbuch der Testamentsvollstreckung, 5. Kap. Rz. 296.
[716] Eine ausführliche Darstellung findet sich insoweit bei Trageser, Die Verwaltungsvollstreckung bei Vermächtnissen, Diss. Frankfurt 1978.
[717] Vgl. Protokolle V, S. 277; vgl. auch Staudinger/Reimann, § 2205, Rz. 1.
[718] Lehmann, AcP 188, 1; MüKo-Brandner, § 2205, Rz. 1.

Der Nachlaß wird von dem Privatvermögen des Erben abgesondert, wodurch eine Entmachtung[719] des Erben herbeigeführt wird, dem die Ausübung seiner Rechte, etwa als Eigentümer eines Nachlaßgrundstückes verwehrt ist, soweit und solange sie der Erblasser dem Testamentsvollstrecker übertragen hat. Die Verwaltung beginnt demnach mit der Annahme des Testamentsvollstreckeramtes durch den Ernannten, dieser kann sich jedoch schon vor Antritt seines Amtes die Durchführung der Verwaltung vorbehalten, so daß der Erbe von ihr bereits für den Zeitraum zwischen Erbfall und Annahmeerklärung ausgeschlossen ist.[720]

Das Verwaltungsrecht des Testamentsvollstreckers - welches zugleich auch eine seiner Hauptpflichten darstellt - umfaßt alle Maßnahmen, die „zur Erhaltung, Sicherung, Nutzung und Mehrung des verwalteten Gutes erforderlich sind."[721] Hier zeigt sich auch wieder der „treuhänderische Wesenszug" der Testamentsvollstreckung.[722] Die sich hieraus ergebenden Aufgaben können vielfältig sein. So gehört zur Verwaltung des Nachlasses sicherlich nicht nur seine Inbesitznahme, sondern auch die Pflege und Werterhaltung einzelner Nachlaßgegenstände[723], die sichere aber dennoch gewinnbringende Anlage von Geld[724], aber auch das Führen von Rechtsstreitigkeiten hinsichtlich der Nachlaßgegenstände.[725] Der Testamentsvollstrecker ist also auch zur Instandhaltung und Bewirtschaftung der Nachlaßgegenstände verpflichtet. Dazu gehört auch die Kündigung und Einziehung von Nachlaßforderungen, die Zahlung von Nachlaßverbindlichkeiten und die Nutzung der Nachlaßgegenstände, etwa die Vermietung eines zum Nachlaß gehörenden Ein- oder Mehrfamilienhauses.

2. Der Grundsatz der ordnungsgemäßen Verwaltung

Das Wesen des Verwaltungsrechts des Testamentsvollstreckers wird durch § 2216 Abs. 1 BGB dahingehend ergänzt, daß er zu einer *ordnungsgemäßen* Verwaltung verpflichtet ist. Dieser Grundsatz, der auch für die Verwaltung nach § 2205 BGB gilt, verpflichtet den Testamentsvollstrecker zu besonderer Gewissenhaftigkeit und Sorgfalt bei der Verwaltung des Nachlasses.[726]

---

[719] Vgl. KLUMPP, in Handbuch der Testamentsvollstreckung, Kap. 5, Rz. 1.

[720] Vgl. BGHZ 48, 214, 220; der Entscheidung folgend SOERGEL/DAMRAU, § 2205, Rz. 3.

[721] So treffend STAUDINGER/REIMANN, § 2205, Rz. 4.

[722] Vgl. MÜKO-BRANDNER, § 2205, Rz. 2, der davon spricht , daß der Testamentsvollstrecker in seiner Stellung als Treuhänder den Nachlaß zu verwalten habe.

[723] STAUDINGER/REIMANN, § 2205, Rz. 4 nennt als Beispiel die Umbaumaßnahmen an einem zum Nachlaß gehörenden Hausanwesen.

[724] Vgl. dazu unten Teil D II 4 dieser Arbeit.

[725] STAUDINGER/REIMANN, § 2205, Rz. 4.

[726] Vgl. RGZ 130, 131,135; HAEGELE/WINKLER, a.a.O., Rz. 167; MÜKO-BRANDNER, § 2205, Rz. 2; KLUMPP in Handbuch der Testamentsvollstreckung, 5. Kapitel, Rz. 431.

Der Testamentsvollstrecker muß demnach alles tun, um das ihm anvertraute Vermögen zu sichern, Verluste zu vermeiden und die Nutzungen zu gewährleisten.[727] Dazu gehört auch die Kontrolle desjenigen, dem das unter Testamentsvollstreckung stehende Vermögen überlassen ist, um rechtzeitig mit geeigneten Mitteln Gefahren und Verlusten begegnen zu können, die den Inhabern des Vermögens drohen.[728] Das Verwaltungsrecht muß außerdem so ausgeübt werden, daß die vom Erblasser testamentarisch festgelegten Aufgaben möglichst sachgerecht, vollständig und unter Berücksichtigung des Erblasserwillens und auch der Interessen der Erben ausgeführt werden können. Jeder einzelne Erbe kann vom Testamentsvollstrecker die ordnungsgemäße Durchführung der Verwaltung, aber auch die Nichtüberschreitung der Verwaltungsbefugnisse verlangen und ist nicht darauf beschränkt, die Entlassung des Testamentsvollstreckers nach § 2227 BGB oder Schadensersatz nach § 2219 BGB zu verlangen.[729] Auch der Erblasser kann den Testamentsvollstrecker nicht von der Pflicht zur ordnungsgemäßen Verwaltung befreien, § 2220, 2216 BGB.

Andererseits ist der Testamentsvollstrecker nicht an die Wünsche und Meinungen der Erben bezüglich der Art und Weise der Verwaltung gebunden. Eine insoweit von dem Testamentsvollstrecker den Erben gegenüber abgegebene Verpflichtung, nur solche Handlungen vorzunehmen, denen die Erben zuvor zugestimmt haben, ist zu Recht von der Rechtsprechung als nichtig angesehen worden, da sie den Testamentsvollstrecker in eine Stellung bringen würde, die mit dem Wesen seines Amtes unvereinbar ist.[730] Die Frage, welche Verwaltungsmaßnahmen die richtigen sind , hat der Vollstrecker vielmehr nach eigenem Ermessen zu entscheiden.[731] Dieser Ermessensspielraum beruht insbesondere auf dem, dem Testamentsvollstrecker vom Erblasser eingeräumten Vertrauen.[732] Dennoch wird sich der Testamentsvollstrecker bei seinen Entscheidungen aber nach objektiven wirtschaftlichen Gesichtspunkten zu richten haben.[733] Seine Aufgabe liegt darin, diese Gesichtspunkte zu erkennen und unaufgefordert nach ihnen zu handeln. Das Erfordernis der ordnungsgemäßen Verwaltung wird dabei von der Rechtsprechung als erfüllt angesehen, wenn die Beweggründe für das Verwaltungsgeschäft klar und substantiiert vorgetragen werden können, verständlich und der Wirklichkeit gerecht werdend erscheinen und wenn irgendwelche Zweifel an der Pflichtmäßigkeit der Handlung nicht ersichtlich sind.

---

727 HAEGELE/WINKLER, a.a.O., Rz. 167.
728 Vgl. BGH Urteil vom 4. Nov. 1998 – IV ZR 266/97 n.v.
729 Vgl. BGHZ 25, 275,283 = BGH NJW 1957, 1916; BGH NJW 1983, 40;BGH FamRZ 1997, 905,908; MÜKO-BRANDNER, § 2205, Rz. 2; HAEGELE/WINKLER, a.a.O., Rz. 166.
730 Vgl. BGHZ 25, 275,279.
731 Vgl. dazu auch KLUMPP in Handbuch der Testamentsvollstreckung, 5. Kapitel, Rz. 433.
732 Vgl. BGH NJW-RR 1995, 577 = ZEV 1995, 110.
733 Vgl. HAEGELE/WINKLER, a.a.O., Rz. 167.

Wenn der Testamentsvollstrecker aber die Grenzen des ihm eingeräumten Ermessens überschreitet oder sein Vorgehen dazu führt, den Nachlaß zu schädigen, verstößt er gegen die Pflicht der ordnungsgemäßen Verwaltung.[734] Die Rechtsprechung hat insoweit strenge Anforderungen an die ordnungsgemäße Verwaltung des Testamentsvollstreckers gestellt,[735] sie verlangt jedoch nicht explizit, daß der Testamentsvollstrecker die Nachlaßwerte vermehrt.[736] Andererseits wird jedoch verlangt, daß sich der Testamentsvollstrecker nicht mit einem „mäßigen Erfolg" seiner Tätigkeit zufriedengeben dürfe, sondern wie ein „dynamischer Geschäftsführer" Möglichkeiten wahrnehmen müsse, einen besseren Erfolg zu erzielen.[737]

Das schließt es aber zugleich aus, den Testamentsvollstrecker, welcher ein erhebliches Vermögen zu verwalten hat, bei der Anlage von Geldmitteln stets an den sichersten Weg zu binden und etwa „mündelsichere"[738] Anlageformen von ihm zu verlangen.[739] Die Stellung des Testamentsvollstreckers ist also mit der von Beratern, Rechtsanwälten und Notaren nicht vergleichbar, die ihrem Mandanten den sichersten Weg aufzuzeigen haben, damit der Beratene anschließend in die Lage versetzt wird, seine vorsichtigen oder aber gewagteren Entscheidungen selbst zu treffen.[740] Der Testamentsvollstrecker hingegen ist hinsichtlich seiner Ermessensentscheidung dem Erblasser oder einem Unternehmer ähnlich gestellt. Er ist nicht nur Berater sondern auch Entscheidungsträger.[741] Er muß in eigener Verantwortung entscheiden, welche der vertretbaren wirtschaftlichen Entscheidungen die beste für den zu verwaltenden Nachlaß darstellt, und diese Entscheidung notfalls auch gegen den Willen der Erben treffen.[742] In diesem Sinne hat der BGH zu Recht darauf abgestellt, daß der Testamentsvollstrecker mit dem Leitbild eines „umsichtigen und soliden, aber gleichwohl dynamischen Geschäftsführer" vergleichbar ist, der nach seiner eigenen Ermessensentscheidung und entsprechend seinem Können und Wissen einzelne Chancen und Risiken gegeneinander abwägt und dabei entweder bewußt Risiken eingeht oder diese eben vermeidet.

---

[734] Vgl. BGHZ 25, 275, 283 f; ebenso BGH NJW 1987, 1070,1071; BGH FamRZ 1997, 905,908.

[735] BGH NJW 1959, 1820; BGH NJW 1967, 433 = WM 1967, 25,27.

[736] So ausdrücklich BGH NJW-RR 1989, 642,643.

[737] Vgl. BGH NJW 1987, 1070,1071 = FamRZ 1987, 377,378; BGH NJW 1989, 642,643; BGH NJW-RR 1995, 577 = ZEV 1995, 110 = FamRZ 1995, 478.

[738] Vgl. §§ 1807 ff. BGB, das Gesetz schreibt, wo es den Aspekt der Sicherheit der Geldanlagen in den Vordergrund rückt, mündelsichere Anlagen vor. Auch im Erbrecht gibt es mit § 2119 BGB eine solche Anlagevorschrift, sie gilt aber nach einhelliger Meinung nicht für den Testamentsvollstrecker.

[739] Vgl. BGH NJW 1987, 1070,1071; vgl. auch HAEGELE/WINKLER, a.a.O., Rz. 169; KLUMPP in Handbuch der Testamentsvollstreckung, 5. Kapitel, Rz. 432.

[740] Vgl. BGH NJW 1987, 1070,1071.

[741] So formuliert KLUMPP in Handbuch der Testamentsvollstreckung, 5. Kapitel, Rz. 434 zutreffend in seiner Überschrift über den 2. Abschnitt.

[742] Vgl. BGH NJW 1989, 1070,1071; vgl. auch KLUMPP, ZEV 1994, 65,66.

Der Testamentsvollstrecker ist also so freigestellt, wie das Vormundschaftsgericht einen Vormund äußerstenfalls nach § 1811 BGB stellen darf.[743] Der Testamentsvollstrecker kann daher alle Entscheidungen treffen, die „nach Lage des Falles einer wirtschaftlichen Vermögensverwaltung nicht zuwiderlaufen".[744] Daher ist eine Ermessensentscheidung des Testamentsvollstreckers nur eingeschränkt überprüfbar. Bei ihrer Bewertung ist auf allgemeine wirtschaftliche Grundsätze abzustellen. Dabei sind die konkreten Umstände des Einzelfalles, die Kenntnisse und Fähigkeiten des Testamentsvollstreckers und die von ihm verfolgten wirtschaftlichen Ziele zu beachten. Es ist zu prüfen, ob der Testamentsvollstrecker sachfremde Kriterien in seine Entscheidungen eingestellt, oder allgemein anerkannte wirtschaftliche Denkgesetze verletzt hat. Gegen seine Verpflichtung zur ordnungsgemäßen Verwaltung des Nachlasses verstößt der Testamentsvollstrecker dann, wenn er die Grenzen dieses Ermessensspielraumes überschreitet.[745]

3. Wirkung und Inhalt des Verwaltungsrechts

Die Aufspaltung der Nachlaßzuordnung an den Testamentsvollstrecker einerseits und den Erben, welcher Rechtsträger bleibt, andererseits, führt dazu, daß der Nachlaß vom Privatvermögen der Erben abgesondert wird und ein vom Testamentsvollstrecker verwaltetes Sondervermögen bildet, über dessen Gegenstände nur dem Testamentsvollstrecker, nicht aber den Erben (§ 2211 BGB) das Verwaltungs- und Verfügungsrecht zusteht.[746] Dieses Verwaltungsrecht umfaßt regelmäßig den gesamten Nachlaß, soweit der Erblasser die Aufgaben und Befugnisse des Testamentsvollstreckers nicht gem. § 2208 BGB auf einzelne Nachlaßgegenstände, Teile des Nachlasses oder bestimmte Aufgaben beschränkt hat. Durch die Absonderung des Nachlasses vom Privatvermögen der Erben wird dieser dem Zugriff der persönlichen Gläubiger des Erben entzogen.[747] Umgekehrt steht dem Testamentsvollstrecker über persönliche Forderungen der Erben kein Verfügungsrecht zu. Auch die höchstpersönlichen Rechte des Erben kann der Testamentsvollstrecker nicht wahrnehmen, da seine Aufgabe nur in der Verwaltung des Nachlasses liegt.[748]

---

[743] So auch der Leitsatz in BGH NJW 1987, 1070.

[744] Vgl. § 1811 S. 2 BGB; vgl. auch KLUMPP in Handbuch der Testamentsvollstreckung, 5. Kapitel, Rz. 441.

[745] Vgl. BGH FamRZ 1997, 905,908; sowie unten Teil E II 4. dieser Arbeit.

[746] BGHZ 48, 214,219; vgl. auch MüKo-BRANDNER, § 2205, Rz. 2.

[747] Vgl. STAUDINGER/REIMANN, § 2205, Rz. 11; MüKo-BRANDNER, § 2205, Rz. 2; eingehend auch HAEGELE/WINKLER, a.a.O., Rz. 180.

[748] Vgl. PALANDT/EDENHOFER, § 2205, Rz. 4; STAUDINGER/REIMANN, § 2205, Rz. 17 f.

Auch auf die Rechtsstellung der Erben in Bezug auf den Nachlaß hat der Testamentsvollstrecker keinen Einfluß. Er kann insbesondere nicht die Erbschaft (mit Wirkung für die Erben) annehmen, ausschlagen oder diese Erklärung anfechten. Ein Anfechtungsrecht steht ihm auch nicht bezüglich der letztwilligen Verfügungen des Erblassers zu.[749] Andererseits gehören erbrechtliche Positionen, die schon der Erblasser erworben hatte, als einzelne Nachlaßgegenstände zu dem vom Testamentsvollstrecker verwalteten Nachlaß., etwa ein dem Erblasser zugefallener Erbteil aus einem anderen Nachlaß.[750] Höchstpersönliche Rechte des Erblassers gehören im allgemeinen ebenfalls nicht zum Nachlaß, sondern erlöschen mit dem Tod des Berechtigten. Auch das allgemeine Persönlichkeitsrecht oder das Namensrecht kann von dem Testamentsvollstrecker nicht wahrgenommen werden. Allerdings kann es zur Verwaltungsaufgabe des Testamentsvollstreckers gehören, Angriffe auf die Ehre des Erblassers abzuwehren,[751] insbesondere, wenn mit der Verletzung der allgemeinen Persönlichkeitsrechte auch eine Gefährdung des Nachlasses verbunden sein kann. Auch Urheberrechte sind vererblich und können daher zum Nachlaß gehören; ihre Ausübung kann dem Testamentsvollstrecker ohne die zeitliche Beschränkung des § 2210 BGB übertragen werden.[752] Darüber hinaus gehört auch der Ausgleichsanspruch des Handelsvertreters nach § 89 b HGB, der auch in den Nachlaß fällt, zu den Verwaltungsrechten, die der Testamentsvollstrecker geltend machen kann.[753]

Der Testamentsvollstrecker kann auch einen Schadensersatzanspruch gegen einen früheren Testamentsvollstrecker geltend machen, der den Erben aus einer Pflichtverletzung des früheren Testamentsvollstreckers erwachsen ist, da auch ein solcher Anspruch gem. § 2041 BGB analog zum Nachlaß gehört.[754] Umgekehrt ist auch die Begleichung von Steuerschulden des Erblassers sowie die Begleichung der Erbschaftssteuer Aufgabe und Teil der Verwaltungsaufgabe des Testamentsvollstreckers.[755] Auch die Rechte des Erben zu dessen Haftungsbeschränkung bei unzureichendem Nachlaß kann der Testamentsvollstrecker wahrnehmen.

---

[749] Vgl. MüKo-Brandner, § 2205, Rz. 7; Palandt/Edenhofer, § 2205, Rz. 4; Staudinger/Reimann, § 2205, Rz. 18.

[750] Vgl. hierzu etwa den von BGH NJW 1984, 2464 entschiedenen Fall; wie hier auch Kipp/Coing, § 68 III 9.; MüKo-Brandner, § 2205 Rz. 7. a.A. Staudinger/Reimann, § 2205, Rz. 18; Soergel/Damrau, § 2205, Rz. 4 unter Hinweis auf den höchstpersönlichen Charakter des Erwerbes von Todes wegen.

[751] Vgl. Soergel/Damrau, § 2205, Rz. 6; vgl. auch MüKo-Brandner, § 2205, Rz. 9; a.A. Staudinger/Reimann, § 2205, Rz. 18

[752] Vgl. MüKo-Brandner, § 2205, Rz. 9; Haegele/Winkler, a.a.O., Rz. 124; Fromm, NJW 1968, 1244,1245.

[753] Vgl. Soergel/Damrau, § 2205, Rz. 8; Staudinger/Reimann, § 2205, Rz. 21; MüKo-Brandner, § 2205, Rz. 9.

[754] RGZ 138, 132 ff.

[755] Hierzu ausführlich Haegele/Winkler, a.a.O., Rz. 749-781; Piltz, in Handbuch der Testamentsvollstreckung, 8. Kapitel, Rz. 1 ff.

Er kann also Nachlaßkonkurs (§ 217 KO) und Nachlaßverwaltung (§ 1981 BGB) sowie Zwangsversteigerung eines Nachlaßgrundstückes (§ 175 ZVG) beantragen.[756] Zu den besonderen Verwaltungsrechten des Testamentsvollstreckers gehört seine Prozeßführungsbefugnis, die an späterer Stelle noch in einem eigenen Kapitel behandelt werden soll.[757]

Das Verwaltungsrecht des Testamentsvollstreckers ist so ausgestaltet, daß dem Testamentsvollstrecker einige Einzelbefugnisse zustehen, welche dem Erben insoweit gem. § 2111 BGB entzogen sind. So ist er gem. §§ 2205, 2206 BGB insbesondere berechtigt, Verbindlichkeiten für den Nachlaß einzugehen und über Nachlaßgegenstände zu verfügen. Diese Verfügungsbefugnis wurde jedoch durch § 2205 Satz 3 der Norm wieder eingeschränkt, nach dem der Testamentsvollstrecker zu unentgeltlichen Verfügungen nicht ohne weiteres berechtigt ist. Auf diese Problemkreise soll nunmehr im einzelnen eingegangen werden.

4. Die Verpflichtungsbefugnis des Testamentsvollstreckers

Wie sich aus § 2206 Satz 1 BGB hervorgeht, ist der Testamentsvollstrecker berechtigt, Verbindlichkeiten für den Nachlaß einzugehen. Dabei muß der Testamentsvollstrecker erkennbar in seiner Funktion als Testamentsvollstrecker auftreten, sonst gerät er wegen § 164 Abs. 2 BGB analog in die Gefahr, durch die eingegangenen Verbindlichkeiten selbst als Privatperson verpflichtet zu werden.[758] Er darf also Kauf-, Miet-, Werk- und Dienstverträge für den Nachlaß eingehen, zumindest wenn die Gegenleistung nicht unangemessen gering und die Bonität des Vertragspartners nicht zweifelhaft ist.[759] Diese Einschränkung folgt bereits aus dem Grundsatz der ordnungsgemäßen Verwaltung, §§ 2206 Abs. 1, 2216 BGB. Das Recht, Verbindlichkeiten für den Nachlaß einzugehen, steht dem Testamentsvollstrecker also nicht frei und unbeschränkt zu, sondern ist regelmäßig kausal bedingt. Das bedeutet, daß der Vollstrecker nur insoweit Verbindlichkeiten eingehen kann, als dies zur Durchführung der ordnungsgemäßen Verwaltung des Nachlasses erforderlich ist.[760]

---

[756] So auch PALANDT/EDENHOFER, § 2205, Rz. 5; MÜKO-BRANDNER, § 2205, Rz. 4; HAEGELE/WINKLER, a.a.O., Rz. 170.

[757] Vgl. unten Teil C V dieser Arbeit.

[758] Vgl. SOERGEL/DAMRAU, § 2206, Rz. 4; HAEGELE/WINKLER, a.a.O., Rz. 183, SCHLÜTER, a.a.O., Rz. 805; ausführlich dazu auch TREES, Die Begründung von Nachlaßverbindlichkeiten durch rechtsgeschäftliches Handeln des Testamentsvollstreckers, Diss. Mainz, 1981, S. 89.

[759] Vgl. BENGEL in Handbuch der Testamentsvollstreckung, 1. Kapitel, Rz. 80.

[760] Vgl. STAUDINGER/REIMANN, § 2206, Rz. 2; HAEGELE/WINKLER, a.a.O., Rz. 183, BENGEL in Handbuch der Testamentsvollstreckung, 1. Kapitel, Rz. 80; MÜKO-BRANDNER, § 2206, Rz. 3; SOERGEL/DAMRAU, § 2206, Rz. 1.

Sinn dieser Einschränkung ist es, daß die Verwaltung des Nachlasses und damit auch die Eingehung von Verbindlichkeiten dem Testamentsvollstrecker regelmäßig nur in dem Umfang zustehen soll, wie es zu einer Durchführung der ihm nach dem Willen des Erblassers übertragenen Aufgaben im Rahmen einer ordnungsgemäßen Verwaltung notwendig ist.[761] So hatte die Zweite Kommission die Auffassung vertreten, die durch den Begriff der Ordnungsmäßigkeit kausal beschränkte Verpflichtungsbefugnis des Vollstreckers entspreche seiner primären Aufgabe, regelmäßig lediglich den Nachlaß zu regulieren und dafür zu sorgen, daß alle Beteiligten das ihnen Gebührende erhalten.[762] Dabei ging man von der Überlegung aus, daß dem Testamentsvollstrecker die Verwaltung und dauernde Nutzbarmachung des Nachlasses nicht schlechthin obliege. Sie sei ihm vielmehr regelmäßig nur zu dem Zweck eingeräumt, die Regulierung des Nachlasses zu ermöglichen, schwebende Geschäfte abzuwickeln und die hierfür erforderlichen Geldmittel flüssig zu machen. Für eine unbeschränkte Verpflichtungsbefugnis bestand bei diesem Bild des „Regeltypus" eines Testamentsvollstreckers kein Bedürfnis. Sollte es nach dem Willen des Erblassers erforderlich sein, einmal eine länger andauernde Verwaltung des Nachlasses durchzuführen, so stand es diesem frei, dem Testamentsvollstrecker die Eingehung von Verbindlichkeiten gem. § 2207 BGB unbeschränkt zu gestatten.[763]

a) Reine Verpflichtungsgeschäfte

Bei reinen Verpflichtungsgeschäften, also solchen die keine Verfügung bezwecken,
„sondern sich in der obligatorischen Verbindlichkeit erschöpfen",[764] ist der Testamentsvollstrecker also durch das Erfordernis der ordnungsgemäßen Verwaltung beschränkt. Dieses Erfordernis muß jedoch nicht *objektiv* bestehen.[765] Bei der Beurteilung, ob das Geschäft wirksam ist, kommt es nicht auf einen allwissenden objektiven Beobachter an. Ausschlaggebend ist vielmehr, ob der Vertragspartner des Testamentsvollstreckers davon ausgehen durfte, die Eingehung der Verbindlichkeit halte sich im Rahmen der ordnungsgemäßen Verwaltung des Nachlasses.[766]

---

[761] vgl. Prot. V S. 528 f.
[762] Prot. V S. 529.
[763] Prot. V, S. 529.
[764] So v. LÜBTOW, a.a.O., S. 952; vgl. auch LANGE/KUCHINKE, § 31 VI 3c), der als Beispiele Miet-, Dienst- oder Darlehensverträge nennt.
[765] Vgl. STAUDINGER/REIMANN, § 2206, Rz, 11, SOERGEL/DAMRAU, § 2206, Rz. 3.
[766] Vgl. bereits RGZ 83, 348,353; 130,131,134; so auch BGH NJW 1983, 40,41; PLANCK/FLAD, BGB, § 2206, Anm. 3; PALANDT/EDENHOFER, § 2206, Rz. 1; HAEGELE/WINKLER, a.a.O., Rz. 184; BENGEL in Handbuch der Testamentsvollstreckung, 1. Kapitel, Rz. 86; MüKo-BRANDNER, § 2206, Rz. 7; KIPP/COING, § 68 III 7a; LANGE/KUCHINKE, § 31, VI 3 c; SCHLÜTER, § 37 III 4 a.

Die Verbindlichkeit gilt also im Interesse des Verkehrsschutzes als zur ordnungsgemäßen Verwaltung als erforderlich, wenn der Gläubiger annehmen darf, daß sie zu diesem Zwecke eingegangen werde, auch wenn dies objektiv nicht der Fall war.[767] Auch wenn dieser Satz im Wortlaut des § 2206 Abs. 1 Satz 1 BGB nicht zum Ausdruck gekommen ist, so beruht er doch auf einer zum Schutz des Rechtsverkehrs naheliegenden und zwingenden Überlegung: Der Vertragspartner des Testamentsvollstreckers kann bei Vertragsschluß nur schwer erkennen, ob die Eingehung der Verbindlichkeit den Grundsätzen der ordnungsgemäßen Verwaltung entspricht, nachdem ihm der hierzu erforderliche Einblick in die näheren Umstände der Testamentsvollstreckung regelmäßig fehlt.[768] Wollte man ihm gleichwohl die Gefahr hierfür aufbürden, wäre mit einer großen Unsicherheit des Rechtsverkehrs mit Testamentsvollstreckern zu rechnen, die letztendlich sogar den Erben selbst schaden würde.[769] Der Rechtsverkehr mit einem Testamentsvollstrecker würde dermaßen mit Risiken behaftet, daß eine ordnungsgemäße Verwaltung umfangreicher Nachlässe quasi unmöglich würde. Schon aus diesem Grund muß der gewählte Ansatz zutreffend sein: Hat der Vertragspartner die Überschreitung der Befugnisse des Testamentsvollstreckers erkannt - oder hätte er sie zumindest erkennen müssen, weil sich der Testamentsvollstrecker etwa „ersichtlich verdächtig“[770] verhalten hat - so kann er keine Rechte gegen den Nachlaß geltend machen, sondern muß sich gem. § 179 Abs. 1 BGB an den Testamentsvollstrecker halten, sofern die Erben das ordnungswidrige Verpflichtungsgeschäft nicht nachträglich genehmigen.[771]

Haben der Testamentsvollstrecker und der Dritte bewußt im Wege der Kollusion zum Nachteil der Erben zusammengewirkt, so ist der Vertrag gem. § 138 Abs. 1 BGB nichtig, mit der Folge, daß der Dritte keine Rechte gegen die Erben geltend machen kann.[772] Im Streitfall ist der Dritte beweispflichtig für seine Behauptung, er habe ohne Fahrlässigkeit annehmen dürfen, daß der Testamentsvollstrecker in den Grenzen seines Amtes handele.[773] Reine Verpflichtungsgeschäfte stehen demnach nur unter der kausalen Beschränkung der Ordnungsmäßigkeit. Gegen die Ordnungsmäßigkeit des Geschäfts spricht nicht ein außergewöhnlicher Umfang oder eine besondere Dauer des Vertragsverhältnisses. Es müssen vielmehr andere Umstände erkennbar hinzutreten, die das Geschäft als mit dem Grundsatz der ordnungsgemäßen Verwaltung unvereinbar erscheinen lassen.

---

767 SOERGEL/DAMRAU, § 2206, Rz. 3.

768 Vgl. EBENROTH, a.a.O., Rz. 665; OFFERGELD, a.a.O., S. 146.

769 vgl. STAUDINGER/REIMANN, § 2206, Rz. 11.

770 BGH NJW-RR 1989, 642.

771 Vgl. EBENROTH, a.a.O., Rz. 665; STAUDINGER/REIMANN, § 2206, Rz. 12.

772 BGH NJW-RR 1989, 642.

773 Vgl. ERMAN/SCHMIDT, § 2206, Rz. 1; PALANDT/EDENHOFER, § 2206, Rz. 1; STAUDINGER/REIMANN, § 2206, Rz. 12.

Bei Dauerschuldverhältnissen besteht sogar die Möglichkeit, die Erben über den Zeitpunkt der Beendigung des Testamentsvollstreckeramtes hinaus zu verpflichten.[774] Die Begründung von Gesellschaftsverhältnissen oder die Beteiligung an Gesellschaften kann der Testamentsvollstrecker dagegen nicht ohne weiteres für den Nachlaß oder die Erben vornehmen. Eine Ausnahme zu diesem Grundsatz gilt jedoch dann, wenn sichergestellt ist, daß durch die Beteiligung an der Gesellschaft nur der Nachlaß, nicht aber auch das Eigenvermögen der Erben verpflichtet wird.[775] Dementsprechend ist anerkannt, daß sich der Testamentsvollstrecker jedenfalls wirksam zum Erwerb von Aktien verpflichten oder diese veräußern kann.[776]

b) Verpflichtungsgeschäfte zu Verfügungen über Nachlaßgegenstände

Soweit der Testamentsvollstrecker allerdings über Nachlaßgegenstände verfügen will, ist die Rechtsmacht des Testamentsvollstreckers bezüglich des zugrundeliegenden Verpflichtungsgeschäftes nicht auf solche Geschäfte beschränkt, die zur ordnungsgemäßen Verwaltung erforderlich sind, § 2206 Abs. 1 Satz 2 BGB. Die Einschränkung des § 2206 Abs. 1 Satz 1 BGB ist hier also ausgeschaltet.[777] Damit war bezweckt worden, die Gültigkeit von Verpflichtungen zur Verfügung über Nachlaßgegenstände ebensoweit zu fassen, wie Gültigkeit von Verfügungen nach § 2205, um ein Auseinanderklaffen von obligatorischem und dinglichem Geschäft zu verhindern.[778]

Die Befugnis des Testamentsvollstreckers zur Eingehung von Verbindlichkeiten, die eine Verfügung über Nachlaßgegenstände zum Inhalt haben, reicht demnach soweit, wie die Befugnis zur Verfügung selbst.[779] Dem Testamentsvollstrecker wird damit die Möglichkeit gegeben, Kaufverträge über Nachlaßgegenstände abzuschließen und sich flüssige Mittel für den Nachlaß zu verschaffen oder aber Erhaltungsmaßnahmen an Nachlaßgegenständen durchzuführen.[780]

---

[774] BENGEL in Handbuch der Testamentsvollstreckung, 1. Kapitel, Rz. 82.

[775] Vgl. STAUDINGER/REIMANN, § 2206, Rz. 4 und § 2205, Rz. 143.

[776] Vgl. dazu etwa den bei BGH NJW 1987, 1070 entschiedenen Fall.

[777] Vgl. PALANDT/EDENHOFER, § 2206, Rz. 2; BENGEL in Handbuch der Testamentsvollstreckung, 1. Kapitel, Rz. 80.

[778] Vgl. EBENROTH, a.a.O., Rz. 666; SOERGEL/DAMRAU, § 2206, Rz. 1, der jedoch davon ausgeht, daß dieser Unterschied durch die Rechtsprechung zum Mißbrauch des Vollstreckeramtes im praktischen Ergebnis weitgehend beseitigt sei.

[779] Zutreffend OFFERGELD, a.a.O., S. 147.

[780] So auch MÜKO-BRANDNER, § 2206, Rz. 1.

c) Die erweiterte Verpflichtungsbefugnis des § 2207 BGB

Der Erblasser kann darüber hinaus anordnen, daß der Testamentsvollstrecker bei der Eingehung von Verbindlichkeiten nicht beschränkt sein soll, und den Testamentsvollstrecker damit von der Beschränkung des § 2206 befreien, § 2207 BGB. Der Testamentsvollstrecker kann in diesem Fall nach außen hin alle Verbindlichkeiten mit Wirkung für den Nachlaß eingehen.[781] Die Bestimmung des § 2207 BGB regelt jedoch nur das Verhältnis des Vollstreckers zu Dritten. Sie bedeutet nur, daß weder der Erbe noch der Geschäftsgegner dem Testamentsvollstrecker entgegenhalten können, die Verpflichtung sei unwirksam, weil sie gegen den Grundsatz der ordnungsgemäßen Verwaltung verstoße.[782] Die Norm regelt jedoch nicht das Verhältnis zwischen Testamentsvollstrecker und Erbe.

Hier bleibt es dabei, daß der Erblasser den Testamentsvollstrecker gem. den §§ 2220, 2216 BGB nicht vom Erfordernis der ordnungsgemäßen Verwaltung befreien kann und der Testamentsvollstrecker dem Erben gegenüber unmittelbar zu einer diesen Grundsätzen entsprechenden Verwaltung verpflichtet ist.[783] Der Testamentsvollstrecker kann sich daher dem Erben gegenüber auch bei einer nach § 2207 BGB erweiterten Verpflichtungsbefugnis schadenersatzpflichtig machen, wenn die von ihm eingegangenen obligatorischen Geschäfte mit den Grundsätzen der ordnungsgemäßen Verwaltung nicht in Einklang zu bringen sind. Darüber hinaus wird auch bei einer erweiterten Verpflichtungsbefugnis keine Nachlaßverbindlichkeit begründet, wenn der Mißbrauch der Verwaltungsbefugnis für den Geschäftspartner ersichtlich war[784] oder beide etwa zur Schädigung der Erben zusammengewirkt haben, § 138 Abs. 1 BGB.[785] Dies folgt bereits aus dem Grundsatz, daß der Dritte bei erkennbarem Überschreiten der Verpflichtungsbefugnis nicht schutzwürdig ist.[786]

[781] Vgl. HAEGELE/WINKLER, a.a.O., Rz. 191; STAUDINGER/REIMANN, 2207, Rz. 1 und 4.
[782] Vgl. STAUDINGER/REIMANN, § 2207, Rz. 4.
[783] SOERGEL/DAMRAU, § 2207, Rz. 1; PALANDT/EDENHOFER, § 2207, Rz. 2.
[784] So auch KIPP/COING, § 68 V 1; SOERGEL/DAMRAU, § 2207, Rz. 2; MÜKO-BRANDNER, § 2207, Rz. 3.
[785] Vgl. BGH NJW-RR 1989, 642; STAUDINGER/REIMANN, § 2206, Rz. 12; MÜKO-BRANDNER, § 2207, Rz. 3; KIPP/COING, § 68 V 1.
[786] So auch MÜKO-BRANDNER, § 2207, Rz. 3.

d) Die Einwilligung des Erben zur Eingehung von Verbindlichkeiten

Nach § 2206 Abs. 2 BGB hat der Testamentsvollstrecker das Recht, von den Erben die Zustimmung zu den von ihm eingegangenen Verpflichtungsgeschäften zu verlangen. Der Sinn dieser Vorschrift liegt darin, dem Testamentsvollstrecker wegen seiner Haftung nach § 2219 BGB die Möglichkeit zu geben, Klarheit zu bekommen, ob es sich bei dem Verpflichtungsgeschäft um ein solches handelt , das sich noch im Rahmen der ordnungsgemäßen Verwaltung bewegt.[787] In diesem Fall ist der Erbe verpflichtet, dem Testamentsvollstrecker die Einwilligung zu erteilen.[788] Dagegen kann der Erbe seine Einwilligung verweigern, wenn die Eingehung der Verbindlichkeit den Grundsätzen der ordnungsgemäßen Verwaltung zuwiderläuft.[789] Dies gilt entgegen dem Wortlaut des § 2206 Abs. 2 BGB auch dann, wenn der Testamentsvollstrecker eine Verbindlichkeit zu einer Verfügung eingehen will, zu der er zwar befugt ist, die aber nicht den Grundsätzen der ordnungsgemäßen Verwaltung entspricht.

In einem solchen Fall wäre nach dem Wortlaut des § 2206 Abs. 2 davon auszugehen, daß die Einwilligung auch hier zu erteilen ist. Dagegen spricht jedoch, daß der Erbe bei ordnungswidriger Verwaltung Schadensersatzansprüche gem. § 2219 BGB gegen den Testamentsvollstrecker haben könnte, wenn sich aus der schuldhaften Überschreitung der Verpflichtungsbefugnis, die den Grundsätzen der ordnungsgemäßen Verwaltung widerspricht, ein Schaden für den Nachlaß ergibt. Der Erbe würde sich aber in einen unlösbaren Selbstwiderspruch begeben, wenn er auf der einen Seite die Einwilligung zu der Verpflichtung erteilen, andererseits zu einem späteren Zeitpunkt Schadensersatzansprüche gegen den Testamentsvollstrecker geltend machen wollte. Daher kann in den Fällen des § 2206 Abs. 1 Satz 2 BGB, nach dem der Testamentsvollstrecker auch Verbindlichkeiten für Verfügungen eingehen kann, zu denen er nach § 2205, 2208 BGB befugt ist, die aber nicht der ordnungsgemäßen Verwaltung entsprechen, keine Verpflichtung des Erben bestehen, seine Einwilligung für Rechtsgeschäfte zu erteilen, die für ihn Schadensersatzansprüche gegen den Testamentsvollstrecker auslösen.[790]

---

[787] So zutreffend STAUDINGER/REIMANN, § 2206, Rz. 14.

[788] Vgl. STAUDINGER/REIMANN § 2206, Rz. 15; PALANDT/EDENHOFER, § 2206, Rz. 3, SOERGEL/DAMRAU, § 2206, Rz. 5; MÜKO-BRANDNER, § 2206, Rz. 11; HAEGELE/WINKLER, A.A.O., Rz. 185, LANGE/KUCHINKE, § 31 VI 3 f.

[789] So auch SOERGEL/DAMRAU, § 2206, Rz. 5; STAUDINGER/REIMANN, § 2206, Rz. 15, MÜKO-BRANDNER, § 2206, Rz. 11.

[790] Vgl. ERMAN/SCHMIDT, § 2206, Rz. 3; KIPP/COING, § 68 III 7d; STAUDINGER/REIMANN, § 2206, Rz. 15; MÜKO-BRANDNER, § 2206, Rz. 11; PALANDT/EDENHOFER, § 2206, Rz. 3.

Umstritten ist, ob durch die Zustimmung der Erben ein ordnungswidriges Rechtsgeschäft gem. § 177 BGB analog nach außen hin Wirksamkeit erlangt.[791] Hiergegen ist eingewandt worden, daß der Testamentsvollstrecker seine Legitimation ausschließlich vom Erblasser ableite und Einwilligungen der Erben auf die Überschreitung seiner Befugnisse im Interesse der Rechtssicherheit keinen Einfluß haben dürften.[792] Ein Teil der Literatur will unter Berufung auf eine Entscheidung des Reichsgerichts[793] die Wirksamkeit des Verpflichtungsgeschäfts auch bei einer Einwilligung des Erben verneinen, wenn ein Anspruch auf Einwilligung gem. § 2206 Abs. 2 zweifellos nicht begründet war.[794] Es soll demnach bei offenkundig über die Befugnisse des Testamentsvollstreckers hinausgehenden Verpflichtungsgeschäften - insbesondere solchen zu unentgeltlichen Verfügungen - auch durch Einwilligung des Erben nicht zu einer Wirksamkeit der Verbindlichkeit kommen können.

Diese Auffassung verkennt jedoch, daß die Einschränkung der Verpflichtungsbefugnis des Testamentsvollstreckers gem. § 2206 BGB dem Schutz des Erben dient. Eines solchen Schutzes bedarf es jedoch nicht, wenn der Erbe hierauf durch seine Einwilligung verzichtet. Nachdem sogar Verfügungen des Testamentsvollstreckers, welche seine Verfügungsmacht übersteigen, durch Zustimmung der Erben wirksam werden sollen,[795] ist kein Grund ersichtlich, den Verpflichtungsgeschäften in entsprechenden Fällen die Wirksamkeit zu versagen.[796] Zudem wäre der Dritte in diesen Fällen schlechter gestellt als bei unentgeltlichen Verfügungen. Auch verdient der Erbe gerade bei offensichtlicher Überschreitung der Verpflichtungsbefugnis keinen besonderen Schutz, nach dem er die Einwilligung ja trotz der erkennbaren Überschreitung der Testamentsvollstreckerbefugnisse erteilt, so daß in diesen Fällen dem Schutz des Rechtsverkehrs der Vorrang gebühren muß. Hieraus folgt, daß die Einwilligung des Erben nicht nur den Testamentsvollstrecker aus seiner Haftung nach § 2219 BGB befreit, sondern auch den Vertragsgegner vor Einwendungen nach § 2206 Abs. 1 schützt. Nach der Einwilligung des Erben ist für einen Streit über die Wirksamkeit des Verpflichtungsgeschäftes unter dem Gesichtspunkt der Verpflichtungsbefugnis des Testamentsvollstreckers kein Raum mehr.[797]

---

791 Vgl. BENGEL, in Handbuch der Testamentsvollstreckung, 1. Kapitel, Rz. 88; SOERGEL/DAMRAU, § 2206, Rz. 5.

792 Vgl. LANGE/KUCHINKE, § 31 VI 3 f mit zahlreichen Nachweisen.

793 Vgl. RGZ 74, 215,219.

794 So etwa STAUDINGER/REIMANN, § 2206, Rz. 6; ERMAN/SCHMIDT, § 2206, Rz. 3; v. LÜBTOW, Erbrecht II, S. 955.

795 Vgl. dazu BGHZ 40, 115,118 = NJW 1963, 2320; BGHZ 56, 275,281 = NJW 1971,1805 sowie unten Teil C III 5 dieser Arbeit.

796 Zutreffend MÜKO-BRANDNER, § 2206, Rz. 12.

797 So auch LANGE/KUCHINKE, § 31 VI 3 f; MÜKO-BRANDNER, § 2206, Rz. 12.

Dagegen verliert der Erbe durch seine Einwilligung nicht die Möglichkeit, die Beschränkung seiner Haftung auf den Nachlaß geltend zu machen.[798] Seinen Anspruch auf Einwilligung der Erben kann der Testamentsvollstrecker nötigenfalls im Klageweg geltend machen.[799] Umgekehrt kann der Erbe gegen den Testamentsvollstrecker auf Unterlassung eines ordnungswidrigen Verpflichtungsgeschäftes oder aber auf Feststellung der Unwirksamkeit eines vom Testamentsvollstrecker mit einem Dritten eingegangenen Verpflichtungsgeschäftes klagen. Wenn die Voraussetzungen des § 256 ZPO vorliegen, kann die Klage auch gegen den Dritten gerichtet werden.[800]

5. Verfügungsgeschäfte des Testamentsvollstreckers

Gem. § 2205 S. 2 BGB ist der Testamentsvollstrecker zur Verfügung über Nachlaßgegenstände berechtigt. Diese Verfügungsbefugnis ist dem Testamentsvollstrecker jedoch nur zur Verwirklichung seiner Aufgaben eingeräumt.[801] Sie soll insbesondere dazu dienen, die letztwilligen Anordnungen des Erblassers ausführen zu können, die Nachlaßschulden zu berichtigen und die Auseinandersetzung unter den Erben zu bewirken.[802] Die Verfügungsmacht ist demnach ein notwendiger Ausfluß seines Verwaltungsrechts.[803] Soweit dieses Recht reicht, steht es dem Testamentsvollstrecker alleine und ausschließlich zu. Die Verfügungsbefugnis des Erben wird dadurch gem. § 2211 BGB eingeschränkt.

Der Nachlaß ist als Sondervermögen der Verfügungsbefugnis der Erben entzogen.[804] Allein dem Testamentsvollstrecker steht damit die Befugnis zu , etwa eine Grundschuld für ein Nachlaßgrundstück eintragen zu lassen oder deren Löschung zu bewilligen. Dies gilt auch für den Testamentsvollstrecker, der nur zur Verwaltung des Nachlasses berufen ist.[805] Der Begriff der Verfügung umfaßt dabei einseitige oder vertragliche Rechtsgeschäfte, die im Gegensatz zum schuldrechtlichen (obligatorischen) Geschäft die Rechtslage eines Gegenstandes unmittelbar ändern, also ein Recht übertragen, belasten, ändern oder aufheben.[806]

---

798 Vgl. MÜKO-BRANDNER, § 2207, Rz. 13.
799 Vgl. EBENROTH, a.a.O., Rz. 668; LANGE/KUCHINKE, § 31 VI 3 f.
800 Vgl. STAUDINGER/REIMANN, § 2206, Rz. 13; MÜKO-BRANDNER, § 2206, Rz. 11.
801 Zutreffend KREGEL, BGB-RGRK, § 2205, Rz. 14.
802 Vgl. MÜKO-BRANDNER, § 2205, Rz. 50; KIPP/COING, § 68 IV 1.
803 So auch SOERGEL/DAMRAU, § 2205, Rz. 64; PALANDT/EDENHOFER, § 2205, Rz. 27.
804 EBENROTH, a.a.O., Rz. 650; ERMAN/SCHMIDT, § 2205, Rz. 8.
805 Vgl. MÜKO-BRANDNER, § 2205, Rz. 50; HAEGELE/WINKLER, a.a.O., Rz. 194; vgl. dazu auch unten Teil C IV dieser Arbeit.
806 BGHZ 1, 294,304; SOERGEL/DAMRAU, § 2205, Rz. 64; MÜKO-BRANDNER, § 2205, Rz. 52; STAUDINGER/REIMANN, § 2205, Rz. 32.

Zu den Verfügungen gehören also die Veräußerung von Gegenständen oder Rechten, die Abtretung, Umwandlung oder Aufrechnung von Forderungen und auch die Annahme einer Leistung.[807] Zu den Verfügungen gehören auch die Gestaltungsrechte (etwa Anfechtung, Kündigung, Rücktritt), da sie auf die Rechtsstellung des Erklärungsempfängers ohne dessen Zutun einwirken.[808]

Im Gegensatz zur Verpflichtungsbefugnis ist die Verfügungsmacht des Testamentsvollstreckers auch nicht durch den Grundsatz der ordnungsgemäßen Verwaltung eingeschränkt.[809] Insoweit hat der Gesetzgeber die Wirksamkeit von Verfügungen des Testamentsvollstreckers im Interesse der Rechtssicherheit von dessen treuhänderischer Aufgabe abgekoppelt.[810] Die Verfügung des Testamentsvollstreckers ist also auch dann wirksam, wenn sie die Grundsätze der ordnungsgemäßen Verwaltung verletzt. Allerdings befreit auch die nach außen wirksame unbeschränkte Verfügungsmacht den Testamentsvollstrecker nicht im Innenverhältnis zu Erben oder Vermächtnisnehmern. Insoweit ist der Testamentsvollstrecker weiterhin verpflichtet, nur solche Verfügungen vorzunehmen, die den Grundsätzen der ordnungsgemäßen Verwaltung entsprechen, mit der Folge, daß er sich im gegenteiligen Fall schadenersatzpflichtig machen kann, § 2219 BGB.[811] Auch von der Zustimmung der Erben ist die Verfügungsbefugnis des Testamentsvollstreckers nicht abhängig.[812] Der Testamentsvollstrecker kann sich den Erben gegenüber auch nicht wirksam verpflichten, Verfügungen nur mit Zustimmung der Erben vorzunehmen.[813] Umgekehrt kann aber der Erblasser anordnen, daß der Testamentsvollstrecker in seiner Verfügungsbefugnis beschränkt sein soll und ihn an die Zustimmung der Erben binden.[814] Die Befugnis des Testamentsvollstreckers, über Nachlaßgegenstände zu verfügen, bezieht sich auf alle Nachlaßgegenstände, die auch seiner Verwaltungsbefugnis unterstehen.[815] Ist der Testamentsvollstrecker also nur zur Verwaltung einzelner Vermögensgegenstände berufen, so erstreckt sich seine Verfügungsmacht ebenfalls nur auf diese.

---

807 Vgl. MüKo-Brandner, § 2205, Rz. 52; Staudinger/Reimann, § 2205, Rz. 32.

808 Vgl. Staudinger/Reimann, § 2205, Rz. 32; Bengel in Handbuch der Testamentsvollstreckung, 1. Kapitel, Rz. 101.

809 Kipp/Coing, § 68 IV 1; MüKo-Brandner, § 2205, Rz. 50; Lange/Kuchinke, § 31 VI 2.

810 Protokolle, S. 7083, 7084; vgl. auch Schlüter, § 37 III 3 a; Kipp/Coing, § 68 IV 1.

811 Zutreffend Soergel/Damrau, § 2205, Rz. 66; Kipp/Coing, § 68 IV 1.

812 So auch Kregel, BGB-RGRK, § 2205, Rz. 14; MüKo-Brandner, § 2205, Rz. 51.

813 Vgl. BGHZ 25, 275,279; vgl. auch MüKo-Brandner, § 2206, Rz. 51; Haegele/Winkler, a.a.O., Rz. 145.

814 Vgl. MüKo-Brandner, § 2205, Rz. 51; v. Lübtow, a.a.O., S. 975; Haegele/Winkler, a.a.O., Rz. 145.

815 Vgl. Palandt/Edenhofer, § 2205, Rz. 27; Ebenroth, a.a.O., Rz. 650; MüKo-Brandner, § 2205, Rz. 53; Haegele/Winkler, a.a.O., Rz. 194; Lange/Kuchinke, § 31 VI 2 a.

Die Verfügungsmacht des Testamentsvollstreckers erfaßt dagegen nicht die Anteile der Erben am Nachlaß selbst.[816] Eine Verfügung über einen Anteil am Nachlaß steht vielmehr nur den Miterben zu, § 2033 BGB. Eine derartige Erbteilsveräußerung schmälert die Rechte des Testamentsvollstreckers jedoch nicht. Seine Rechtsmacht, über Nachlaßgegenstände zu verfügen, bleibt unverändert fortbestehen.[817] Auch führt die Veräußerung des Erbteils durch einen Miterben nicht dazu, daß der Erwerber die Stellung eines Miterben erlangt. Er wird lediglich wirtschaftlich so gestellt, als ob er Erbe sei. Einen die Rechte des Testamentsvollstreckers schmälernden gutgläubigen Erbteilserwerb kennt das BGB nicht. Andererseits unterliegt der von dem Veräußerer erzielte Gegenwert - der Kaufpreis - nicht der Verwaltung des Testamentsvollstreckers.[818]

Auch bei angeordneter Nacherbfolge bestimmt sich die Verfügungsmacht des Testamentsvollstreckers nach § 2205 Satz 2 BGB.[819] Die Verfügungsbeschränkungen des § 2113 BGB gelten nicht für den Testamentsvollstrecker, zumindest dann nicht, wenn er zugleich für den Vor- und den Nacherben eingesetzt ist.[820] Dies folgt schon daraus, daß sich in seiner Person die Verfügungsbefugnis des Vorerben und das Zustimmungsrecht des Nacherben vereinigen.[821] Dagegen ist der Testamentsvollstrecker in der Verfügungsmacht wie ein Vorerbe beschränkt, wenn er zugleich Mitvorerbe oder als alleiniger Vorerbe Mittestamentsvollstrecker ist.[822]

Dagegen ist umstritten, ob dies auch dann gelten soll, wenn der Testamentsvollstrecker nur für den - nicht befreiten - Vorerben ernannt ist, ohne selbst Nacherbe zu sein, oder zugleich dessen Rechte mitzuverwalten. Während ein Teil der Literatur davon ausgeht, daß in diesem Fall seine Verfügungsmacht wie die des Vorerben nach § 2113, 2114 BGB beschränkt ist[823], will ein Teil der Rechtsprechung und andere Literaturstimmen davon ausgehen, daß das Verwaltungsrecht des Testamentsvollstreckers das des Vorerben verdrängt und der Testamentsvollstrecker daher nicht wie der Vorerbe beschränkt sein soll.[824]

---

[816] Vgl. STAUDINGER/REIMANN, § 2205, Rz. 32; ERMAN/SCHMIDT, § 2205, Rz. 8.
[817] BENGEL in Handbuch der Testamentsvollstreckung, 1. Kapitel, Rz. 105.
[818] So auch STAUDINGER/REIMANN, § 2205, Rz. 34; PLANCK/FLAD, § 2205, Anm. 19.
[819] Vgl. LANGE/KUCHINKE, § 31 VI 2 a.
[820] BGHZ 40, 115,119; OLG Neustadt, NJW 1956, 1881; PALANDT/EDENHOFER, § 2205, RZ. 28; KIPP/COING, §68 IV 3; LANGE/KUCHINKE, § 31 VI 2a; JAUERNIG/STÜRNER, § 2205, Anm. 3 a; MÜKO-BRANDNER, § 2205, Rz. 55.
[821] Zutreffend MÜKO-BRANDNER, § 2205, Rz. 55.
[822] Vgl. HAEGELE/WINKLER, a.a.O., Rz. 216; PALANDT/EDENHOFER, §2205, Rz. 28.
[823] LANGE/KUCHINKE, § 31 VI 2 a; MÜKO-BRANDNER, § 2205, Rz. 55; SCHAUB in Handbuch der Testamentsvollstreckung, 4. Kapitel, Rz. 198, BROX, Erbrecht, Rdnr. 389; v. LÜBTOW, S. 892.
[824] So etwa RG JW 1938, 1454; OLG Neustadt, NJW 1956, 1881; OLG Stuttgart, BwNotZ 1980, 92; SOERGEL/DAMRAU, § 2205, Rz. 58; HAEGELE/WINKLER, a.a.O., Rz. 215.

Die §§ 2113, 2114 BGB sollen nach dieser Ansicht nur im Verhältnis zwischen Vor- und Nacherben gelten.[825] Diese Ansicht verkennt jedoch, daß der Testamentsvollstrecker nur diejenigen Rechtspositionen übernehmen kann, die sonst dem Erben zustehen würden. Aus diesem allgemeinen Grundsatz ergibt sich, daß der Testamentsvollstrecker des nicht befreiten Vorerben auch eine beschränkte Rechtsmacht erhalten hat. Der Testamentsvollstrecker kann also nicht mehr Rechte haben, als dem Vorerben ohne die Anordnung der Testamentsvollstreckung zustehen würden.[826] Vielmehr hat der Erblasser durch die Anordnung der Nacherbfolge gewissermaßen selbst dafür gesorgt, daß dem Testamentsvollstrecker eine zusätzliche Beschränkung auferlegt ist.[827] Diese dient dem Schutz des Nacherben und kann nicht ohne weiteres durch die Anordnung der Testamentsvollstreckung als kraftlos angesehen werden. So hat bereits daß Reichsgericht[828] zutreffend festgestellt, daß der Erblasser dem Vorerben auch durch die gleichzeitige Ernennung als Testamentsvollstrecker keine Rechtsstellung verleihen kann, die ihn „mittelbar in den Stand setzt, Handlungen vorzunehmen, die ihm als Vorerbe verboten sind". Habe sich der Erblasser einmal dazu entschlossen, das Institut der Nacherbfolge anzuordnen, so sei er auch an diejenigen Regelungen gebunden, die das Bürgerliche Gesetzbuch mit diesem Rechtsinstitut verbunden habe. Die Nacherbfolge sei jedoch von dem Gedanken beherrscht, daß der Nacherbe gegen willkürliches, nachlässiges oder böswilliges Handeln des Vorerben geschützt sein soll. Dagegen könne man auch nicht einwenden, dem Erblasser müsse es freistehen, die Rechtslage des von ihm letztwillig Bedachten in der einen oder anderen Beziehung besonders ungünstig zu gestalten. Insoweit wird man zumindest davon auszugehen haben, daß der Erblasser, wenn er die Verfügungsmacht des Vorerben oder des Testamentsvollstreckers erweitern wollte, dies im Testament durch Anordnung einer befreiten Vorerbschaft hätte zum Ausdruck bringen müssen. Hat er dies nicht getan, so muß zum Schutz des Nacherben davon ausgegangen werden, daß die Verfügungsbeschränkungen der §§ 2113, 2114 wirksam sein sollten und auch durch die angeordnete Testamentsvollstreckung keine andere Zielsetzung zum Ausdruck gekommen ist, sofern sich aus der letztwilligen Verfügung keine gegenteiligen Anhaltspunkte ergeben. Demnach sind auch entgeltliche Verfügungen über Nachlaßgrundstücke ohne die Zustimmung des Nacherben diesem gegenüber unwirksam, soweit sie von einem Testamentsvollstrecker vorgenommen werden, welcher nur für den - nicht befreiten - Vorerben ernannt ist. Die Zustimmung des Nacherben ist gegenüber dem Testamentsvollstrecker oder gegenüber dem Vertragspartner zu erklären. Bei Grundstücksgeschäften bedarf sie der Form des § 29 GBO.[829]

---

[825] So etwa HAEGELE/WINKLER, a.a.O., Rz. 215.
[826] Vgl. SCHAUB, in Handbuch der Testamentsvollstreckung, 4. Kapitel, Rz. 198.
[827] Vgl. auch MÜKO-BRANDNER, § 2205, Rz. 55.
[828] RGZ 77, 177,178.
[829] SCHAUB, in Handbuch der Testamentsvollstreckung, 4. Kapitel, Rz. 198.

6. Unentgeltliche Verfügungen - Das Schenkungsverbot des § 2205 Satz 3 BGB.

Die oft als unbeschränkt bezeichnete Verfügungsmacht des Testamentsvollstreckers ist gem. § 2205 Satz 3 BGB durch den Ausschluß unentgeltlicher Verfügungen beschränkt. Zu unentgeltlichen Verfügungen soll der Testamentsvollstrecker nur berechtigt sein, soweit sie einer sittlichen Pflicht oder einer auf den Anstand zu nehmenden Rücksicht entsprechen. Dieser - oft auch als Schenkungsverbot bezeichneten[830] - Verfügungsbeschränkung kommt dingliche Wirkung zu, so daß gleichwohl vorgenommene unentgeltliche Verfügungen absolut unwirksam sind.[831] Auf den guten Glauben des Begünstigten kommt es nicht an.[832]

Diese Rechtsfolge beruht auf dem auch in § 816 BGB zum Ausdruck gekommenen Grundsatz, daß derjenige, der unentgeltlich erwirbt, weniger Schutz verdient.[833] Allerdings ordnet das Gesetz lediglich Unwirksamkeit und nicht etwa Nichtigkeit einer gleichwohl vorgenommenen Schenkung an. Es handelt sich nämlich um eine schwebende Unwirksamkeit, so daß die Erben und Vermächtnisnehmer die Möglichkeit haben, die Verfügung zu genehmigen.[834] Die Vorschrift dient dem Schutz der Erben, denen der Testamentsvollstrecker durch den Erblasser meist „aufgenötigt" wurde, und soll verhindern, daß dieser Verfügungen vornimmt, die den Nachlaß zum Nachteil der Erben schmälern.[835] Aus diesem Schutzgedanken folgt auch, daß der Erblasser den Testamentsvollstrecker nicht von der Beschränkung des § 2205 Satz 3 BGB befreien kann.[836] Andererseits ist anerkannt, daß die ordnungsgemäße Erfüllung einer Teilungsanordnung oder einer sonstigen, vom Erblasser von Todes wegen angeordneten Leistungspflicht - etwa aus Vermächtnissen oder Auflagen - keine unentgeltliche Verfügung in diesem Sinne darstellt.[837] So ist eine Verfügung, der keine Gegenleistung aus dem Nachlaß gegenübersteht, auch dann nicht unentgeltlich, wenn sie in Erfüllung einer Nachlaßverbindlichkeit vorgenommen wird.

---

[830] Vgl. etwa PALANDT/EDENHOFER, § 2205, Rz. 32.

[831] STAUDINGER/REIMANN, § 2205, Rz. 39; PALANDT/EDENHOFER, § 2205; Rz. 35; MÜKO-BRANDNER, § 2205; Rz. 57; LANGE/KUCHINKE, § 31 VI 2 b; SCHLÜTER, a.a.O.:, Rz. 845; vgl. auch BGH NJW 1984, 2464; ihm folgend OLG Düsseldorf, NJW-RR 1991, 1056.

[832] Vgl. ERMAN/SCHMIDT, § 2205, Rz. 9.

[833] So auch KIPP/COING, § 68 IV 2.

[834] So auch STAUDINGER/REIMANN, § 2205, Rz. 40, BENGEL in Handbuch der Testamentsvollstreckung, 1. Kapitel, Rz. 113.

[835] Vgl. BENGEL in Handbuch der Testamentsvollstreckung, 1. Kapitel, Rz. 113.

[836] Vgl. KREGEL, BGB-RGRK, § 2205, Rz. 21; STAUDINGER/REIMANN, § 2205, Rz. 41.

[837] So auch LANGE/KUCHINKE, § 31 VI 2 b; HAEGELE/WINKLER, a.a.O., Rz. 197, STAUDINGER/REIMANN, § 2205, Rz. 41; OLG Düsseldorf, NJW-RR 1991, 1056.

Der Gegenwert der Zuwendung liegt in diesem Fall in der Rechtswirkung der Verfügung selbst, weil die dadurch herbeigeführte Befreiung des Nachlasses von einer Verbindlichkeit einen Vermögensvorteil für die Erbschaftsmasse bedeutet.[838] Dies gilt für alle Verfügungen, die der Testamentsvollstrecker in ordnungsgemäßer Ausführung wirksamer letztwilliger Anordnungen des Erblassers über einen Nachlaßgegenstand trifft, also sowohl für die Erfüllung eines Vermächtnisses als auch einer Auflage.[839] Bei kleineren, vom Erblasser formlos geäußerten Schenkungswünschen wird hingegen von einer Pflicht- und Anstandsschenkung auszugehen sein.[840]

Für das Vorliegen einer unentgeltlichen Verfügung müssen im übrigen objektive und subjektive Merkmale zusammentreten. In objektiver Hinsicht wird gefordert, daß ein Wert aus dem Nachlaß hingegeben wird, ohne daß die dadurch eingetretene Verringerung durch Zuführung eines entsprechenden Vermögensvorteils ausgeglichen wird.[841] Subjektiv ist erforderlich, daß der Testamentsvollstrecker weiß oder zumindest wissen müßte, daß die Gegenleistung fehlt oder unzulänglich ist.[842] Eine objektive Gleichwertigkeit von Leistung und Gegenleistung ist nach richtiger Auffassung nicht erforderlich.[843] Es kommt also nicht darauf an, ob bei Veräußerung einer Sache ein höherer Preis hätte erzielt werden können.[844] Vielmehr genügt es für die Annahme der Entgeltlichkeit, wenn die beiden Leistungen von den Beteiligten für die von ihnen verfolgten Zwecke einander gleichgestellt sind und der Testamentsvollstrecker diese nach dem Maßstab einer ordnungsgemäßen Verwaltung auch für gleichwertig halten durfte. Dieses Erfordernis beruht auf der Notwendigkeit, daß dem Testamentsvollstrecker ein gewisser Handlungsspielraum überlassen bleiben muß. Hat der Testamentsvollstrecker dagegen die Unzulänglichkeit der Gegenleistung erkannt oder hätte er sie zumindest erkennen müssen, so liegt eine unentgeltliche und damit unwirksame Verfügung vor.[845] Neben den objektiven Wertverhältnissen spielen also auch die subjektiven Vorstellungen der Beteiligten eine Rolle, um das Erfordernis einer exakten Leistungsbemessung in Grenzfällen nicht automatisch mit der strengen Sanktion der Unwirksamkeit zu verbinden.[846]

---

[838] Vgl. RGZ 105, 246,248; KG OLGZ 1992, 139,143.
[839] KG OLGZ 1992, 143.
[840] Vgl. KIPP/COING, § 68 IV 1 Fn. 45; LANGE/KUCHINKE, § 31 VI 2 b.
[841] So etwa PALANDT/EDENHOFER, § 2205; Rz. 33; vgl. SCHLÜTER, a.a.O., Rz. 845.
[842] Vgl. LANGE/KUCHINKE, § 31 VI 2 b; KREGEL, BGB-RGRK, § 2205, Rz. 21; BGH NJW 63, 1613.
[843] Vgl. STAUDINGER/REIMANN, § 2205, Rz. 42.
[844] So auch HAEGELE/WINKLER, a.a.O., Rz. 197 b.
[845] BayObLG DNotZ 1989, 182; BENGEL in Handbuch der Testamentsvollstreckung, 1. Kap., Rz. 140; HAEGELE/WINKLER, a.a.O., Rz. 197 b.
[846] Vgl. ERMAN/SCHMIDT, § 2205, Rz. 10.

Der Begriff der unentgeltlichen Verfügung setzt - anders als im Schenkungsrecht - jedoch nicht voraus, daß sich die Beteiligten über die Unentgeltlichkeit einig sind. Maßgebend ist nach Ansicht des BGH vielmehr das Gesamtbild, das sich dem Testamentsvollstrecker im Zeitpunkt der Verfügung darbietet. Als Formel wird man mit dem Leitsatz des BGH[847] demnach sagen können, daß eine unentgeltliche Verfügung im Sinne des § 2205 Satz 3 BGB stets dann vorliegt, wenn der Testamentsvollstrecker ohne gleichwertige Gegenleistung ein Opfer aus der Erbschaftsmasse bringt und dabei weiß, daß diesem Opfer keine gleichwertige Gegenleistung gegenübersteht, oder zumindest bei Anwendung der Grundsätze einer ordnungsgemäßen Verwaltung des Nachlasses das Fehlen oder die Unzulänglichkeit der Gegenleistung hätte erkennen können.[848]

Auf die Erkennbarkeit der Pflichtverletzung *durch den Dritten* kommt es dagegen nicht an, auch wenn kritische Stimmen in der Literatur zu Recht feststellen, daß der Verfügungsgegner durch diese Formel der unerkennbaren Würdigung des Innenverhältnisses zwischen Testamentsvollstrecker und Erbe ausgesetzt wird und es für richtiger halten, eine objektive Ungleichwertigkeit und eine dem Gegner erkennbare Pflichtverletzung im Verhältnis zum Erben zu fordern.[849] Die Kritik geht insbesondere dahin, daß dem Geschäftsgegner das Risiko aufgebürdet wird, daß sich das Rechtsgeschäft aus Gründen, die für ihn unüberschaubar sind und ausschließlich aus dem Verantwortungsbereich der Testamentsvollstreckung stammen, als unwirksam erweist.[850] Dadurch werde einerseits die Verkehrssicherheit maßgeblich beeinträchtigt und zum anderen auch die Möglichkeit des Testamentsvollstreckers zu einer effektiven Verwaltung beschnitten.[851] Beide Argumente greifen jedoch nicht. Dem ersten fehlt es an Schlagkraft, weil der Gesetzgeber im Interesse des Schutzes der Erben bewußt eine Beeinträchtigung des Rechtsverkehrs mit dem Testamentsvollstrecker in Kauf genommen hat. Eine zusätzliche Hürde bezüglich der Bösgläubigkeit ist bei unentgeltlichen Verfügungen des Testamentsvollstreckers daher nicht erforderlich. Das zweite Argument erfaßt ohnehin nur den seltenen Fall, daß ein potentieller Geschäftspartner des Testamentsvollstreckers von einem Geschäft Abstand nimmt, weil er befürchtet, daß es sich um eine unentgeltliche Verfügung handeln könnte und es daher an der Verfügungsmacht des Testamentsvollstreckers fehlt.

---

[847] Vgl. BGH JuS 1971, 157.

[848] Ständige Rechtsprechung, vgl. etwa RGZ 87, 364; 105, 245; BGHZ 5, 174; 7, 224; BGH NJW 1963, 1613; BGH NJW 1991, 842; so auch STAUDINGER/REIMANN, § 2205, Rz. 42; JAUERNIG/STÜRNER, § 2205, Anm. 3 c; SOERGEL/DAMRAU, § 2205; Rz. 75; KREGEL, BGB-RGRK, § 2205, Rz. 21; ERMAN/SCHMIDT, § 2205, Rz. 10.

[849] Vgl. LANGE/KUCHINKE, § 31 VI 2 b; krit. auch PYSZKA, Unentgeltliche Verfügungen des Vorerben und des Testamentsvollstreckers, S. 45, 67 ff.

[850] Vgl. PYSZKA, a.a.O., S. 70.

[851] Vgl. PYSZKA, a.a.O., S. 74.

Dabei läßt es schließlich außer Acht, daß gerade in derartigen Zweifelsfällen dem Schutz des Nachlasses vor Schmälerung durch unentgeltliche Verfügung der Vorrang zukommen muß. In weniger zweifelhaften Fällen wird der Dritte schließlich unproblematisch selbst in der Lage sein, sicher zu beurteilen, ob eine als gleichwertig anzusehende Gegenleistung in den Nachlaß fließt.[852]

Andererseits darf nicht übersehen werden, daß ein Verfügungsgeschäft sehr wohl auch dann unwirksam ist, wenn der Testamentsvollstrecker seine Verfügungsmacht zum Nachteil der Erben mißbraucht und dies für den Dritten auch erkennbar war.[853] In diesem Fall ist der gute Glaube des Geschäftsgegners nicht geschützt, so daß schon nach den allgemeinen Grundsätzen des Mißbrauchs der Vertretungsmacht eine wirksame Verfügung zu verneinen ist.[854] So ist etwa dann von einer unwirksamen Verfügung auszugehen, wenn Testamentsvollstrecker und Käufer bewußt zum Nachteil des Nachlasses zusammengewirkt haben, etwa wenn der Testamentsvollstrecker ein Nachlaßgrundstück zu einem zu niedrigen Preis an seine Ehefrau verkauft.[855] Für die Sittenwidrigkeit ist demnach zweierlei erforderlich: Zum einen ein Treuebruch des Testamentsvollstreckers und zum anderen eine bewußte Ausnutzung durch den Käufer.

Zu Recht geht die Rechtsprechung davon aus, daß es dem Geschäftsherrn auch bei fehlendem Vorsatz des Vertragspartners nicht verwehrt ist, sich auf einen Mißbrauch der Vertretungsmacht durch den Bevollmächtigten zu berufen.[856] Der Dritte ist bereits dann nicht schutzwürdig, wenn er den Mißbrauch der Verfügungsmacht fahrlässig nicht erkannt hat.[857] Dazu ist jedoch erforderlich, daß der Bevollmächtigte bzw. der Testamentsvollstrecker in „ersichtlich verdächtiger Weise" von seiner Vollmacht Gebrauch macht.[858] Auch eine teilweise Unentgeltlichkeit hat die Unwirksamkeit der Verfügung zur Folge.[859] Eine solche liegt - wie bereits oben dargestellt -jedoch nicht schon dann vor, wenn Leistung und Gegenleistung nicht völlig gleichwertig sind oder ein höherer Preis hätte erzielt werden können. Dies würde nämlich dazu führen, daß der Testamentsvollstrecker Nachlaßgegenstände nur noch dann veräußern könnte, wenn er einen besonders günstigen Preis für sie erzielt.

---

[852] Vgl. auch MüKo-Brandner,, § 2205, Rz. 63.
[853] Vgl. BGHZ 30, 67,71; MüKo-Brandner, § 2205; Rz. 59; Kipp/Coing, § 68 V 1; Kregel, BGB-RGRK, § 2205, Rz. 15.
[854] BGH NJW-RR 1989, 642; krit. zu diesem Problemkreis Soergel/Damrau, § 2205, Rz. 87.
[855] Vgl. das Beispiel bei Kipp/Coing, § 68 V 1.
[856] Vgl. BGH NJW 1966, 1911; BGH NJW-RR 1989, 642.
[857] So auch MüKo-Brandner, § 2205, Rz. 59.
[858] Vgl. BGH NJW-RR 1989, 642,643.
[859] Vgl. BGHZ 5, 173,185; OLG Düsseldorf, NJW-RR 1991, 1056.

Dieses Ergebnis ist jedoch mit den Vorstellungen des Gesetzgebers über Aufgaben und Stellung des Testamentsvollstreckers nicht vereinbar.[860] Umgekehrt kann eine (teilweise) Unentgeltlichkkeit jedoch dann angenommen werden, wenn der Verkauf eines Nachlaßgegenstandes zu einem unangemessen niedrigen Preis erfolgt. Auch ein Vergleich kann nach zutreffender Auffassung des BGH eine (ganz oder teilweise) unentgeltliche Verfügung darstellen. Der BGH hatte einen Fall zu entscheiden, bei dem ein Testamentsvollstrecker einen Vergleich abgeschlossen und dabei auf einen erheblichen Teil einer bereits titulierten Forderung verzichtet hatte und nunmehr auf Schadensersatz in Anspruch genommen wurde.[861] Wo genau die Grenze verläuft, bei der ein Vergleich wegen § 2205 S. 3 BGB als unwirksam anzusehen ist, hat der BGH in dieser Entscheidung zwar offengelassen, aber immerhin betont, daß diese Grenze jedenfalls dann überschritten sei, wenn der Nachlaß infolge des Vergleichs „nahezu zwei Drittel des Wertes der aufgegebenen Forderung eingebüßt hat".[862]

Damit soll dem Testamentsvollstrecker jedoch nicht grundsätzlich die Möglichkeit genommen werden, Vergleiche über Nachlaßforderungen abzuschließen. Vielmehr gesteht der BGH dem Testamentsvollstrecker ausdrücklich einen entsprechenden Ermessensspielraum zu. Bei der Überprüfung der Äquivalenz der Leistungen wird man vielmehr auch berücksichtigen müssen, daß der Vergleich regelmäßig zur Beseitigung von Streit oder Ungewißheit geschlossen wird und sich der Wert der Gegenleistung auch dadurch erhöhen kann, daß durch den Vergleichsschluß Rechtssicherheit eintritt und ein kostspieliger Prozeß vermieden werden kann.[863] Der BGH hatte in dem vorgenannten Fall über diese Problematik jedoch nicht zu entscheiden, weil die vom Testamentsvollstrecker großteils preisgegebene Forderung bereits tituliert und daher auch unstreitig und gewiß war.

Der BGH hat bei dieser Gelegenheit jedoch eine andere Problematik noch einmal aufgegriffen und unter Berufung auf BGHZ 57, 84 festgestellt, daß die Zustimmung der Erben geeignet sei, die Unwirksamkeitsfolge nicht eintreten zu lassen.[864] Der Testamentsvollstrecker sei nämlich über Pflicht- und Anstandsschenkungen hinaus jedenfalls dann zu unentgeltlichen Verfügungen befugt, wenn die Erben und die Vermächtnisnehmer zustimmen. Mit dieser Entscheidung hat der BGH die früher vorherrschende, gegenteilige Auffassung aufgegeben.[865]

---

[860] Vgl. BGH NJW-RR 1989, 642.
[861] Vgl. mit ausführlicher Sachverhaltsdarstellung BGH JZ 1991, 727 = NJW 1991, 842.
[862] BGH JZ 1991, 727,728 mit zustimmender Anm. von BORK.
[863] So auch BORK, a.a.O., S. 729.
[864] BGH JZ 1991, 727,728.
[865] Vgl. dazu NEUSCHWANDER, BwNotZ 1978, 73; LANGE/KUCHINKE, § 31 VI 2 b.

Nach dieser - auch vom Reichsgericht[866] geäußerten - Auffassung, sollte der Testamentsvollstrecker im Gegensatz zum Vorerben auch dann nicht zu unentgeltlichen Verfügungen befugt sein, wenn die Erben der Verfügung zustimmen.[867] Diese Auffassung stützt sich zum einen darauf, daß der Testamentsvollstrecker nicht nur die Interessen des Erben vertrete und im Gegensatz zum Vorerben nicht zur unentgeltlichen Verfügung berechtigt sei. Zum anderen sei dem Erben bei bestehender Testamentsvollstreckung wegen § 2211 BGB nicht nur die Verfügungsbefugnis sondern gleichfalls auch die Zustimmungsbefugnis entzogen, so daß der Testamentsvollstrecker auch mit Zustimmung der Erben nicht wirksam unentgeltlich verfügen könne.[868]

Der BGH hat diese Auffassung jedoch widerlegt und dabei festgestellt, daß es nicht allein auf den Willen des Erblassers ankommen könne. Demnach könnten sich Erbe und Testamentsvollstrecker gemeinsam über letztwillige Verfügungsschranken hinwegsetzen.[869] § 2205 Satz 3 BGB sei zwar ein vom Erblasserwillen unabhängiges, gesetzliches Verbot, es diene als Schutzvorschrift jedoch vornehmlich dem Schutz des nichtverfügungsberechtigten Erben vor der Willkür des verfügungsberechtigten Testamentsvollstreckers.[870] Nachdem § 2205 Satz 3 BGB nur darauf ausgerichtet sei, den Schutz der Erben zu gewährleisten, so sei kein innerer Grund erkennbar, warum der Erbe nicht darauf solle verzichten können, indem er einer unentgeltlichen Verfügung des Testamentsvollstreckers zustimmt.[871] Nach dem vom BGH und der Literatur zwischenzeitlich fast einmütig vertretenen Auffassung können Testamentsvollstrecker und sämtliche Erben gemeinsam mit etwa vorhandenen Vermächtnisnehmern[872] unentgeltlich über Nachlaßgegenstände verfügen - auch ein irgendwie zum Ausdruck gebrachter entgegenstehender Wille des Erblassers kann insoweit überwunden werden.

---

[866] Vgl. etwa RGZ 74, 215,219; 105, 246,249.

[867] So auch SCHLÜTER, Rz. 845; OLG Düsseldorf, NJW 1963, 162.

[868] SCHLÜTER, a.a.O., Rz. 845.

[869] BGHZ 57, 84,87 f. unter Verweisung auf BGHZ 56, 275.

[870] BGHZ 57, 84,92 ihm folgend auch NEUSCHWANDER, Testamentsvollstrecker und unentgeltliche Verfügung, BwNotZ 1978, 73,74.

[871] Im Hinblick auf diese Entscheidung hat KIPP/COING § 68 IV 2 c die noch in der Vorauflage vertretenen Gegenauffassung ausdrücklich aufgegeben. Auch sonst ist diese Auffassung auf breite Zustimmung gestoßen und kann getrost als heute überwiegende Meinung bezeichnet werden; vgl. etwa MÜKO-BRANDNER, § 2205, Rz. 60; SOERGEL/DAMRAU, § 2205, Rz. 78; STAUDINGER/REIMANN, § 2205, Rz. 56; LANGE/KUCHINKE, § 31 VI 2 b; PALANDT/EDENHOFER, § 2205, Rz. 32; KREGEL, BGB-RGRK, § 2205, Rz. 21; ERMAN/SCHMIDT, § 2205, Rz. 13; HAEGELE/WINKLER, a.a.O., Rz. 199.

[872] Hiergegen jedoch NEUSCHWANDER, a.a.O., S. 73 f., der mit wenig überzeugender Begründung die Zustimmung der Vermächtnisnehmer ebenso wie die der sonstigen Nachlaßbeteiligten nicht für erforderlich hält.

Ob neben der Zustimmung der Erben auch die Zustimmung der Vermächtnisnehmer zu unentgeltlichen Verfügungen generell erforderlich ist, ist umstritten. Während der BGH und ihm folgend große Teile der Literatur[873] dies ohne Einschränkung bejaht haben, weisen verschiedene Literaturstimmen[874] zutreffend daraufhin, daß der Vermächtnisnehmer kein Eigentümer des ihm zugewendeten Gegenstandes wird und den Erben in dieser Hinsicht also nicht gleichgestellt werden dürfe. KEGEL wirft dabei die Frage auf, warum der Vermächtnisnehmer einer Verfügung zustimmen müsse, wenn ein anderer als der ihm zugewendete Gegenstand verschenkt werde.[875] Selbst wenn der dem Vermächtnisnehmer vermachte Gegenstand verschenkt werde, sei kein Grund ersichtlich, den Vermächtnisnehmer besser als denjenigen zu stellen, dem der Testamentsvollstrecker oder der Erblasser den betreffenden Gegenstand verkauft habe.[876]

Zuzugeben ist der Kritik, daß der BGH das Zustimmungserfordernis der Vermächtnisnehmer ohne Not uneingeschränkt auf alle Fälle unentgeltlicher Verfügungen ausgedehnt hat, auch wenn das Vermächtnis durch die Schenkung gar nicht betroffen wird. Gleichwohl darf die stärkere Stellung der Vermächtnisnehmer gegenüber anderen Nachlaßgläubigern nicht verkannt werden. Auch diesen gegenüber ist der Testamentsvollstrecker gem. § 2216 BGB zur ordnungsgemäßen Verwaltung verpflichtet.[877] Außerdem haftet der Testamentsvollstrecker sowohl den Erben als auch den Vermächtnisnehmern gegenüber aus § 2219 Abs. 1 BGB. Die Vermächtnisnehmer können sich mit Schadensersatz-, Auskunfts- oder Rechnungslegungsansprüchen unmittelbar an den Testamentsvollstrecker halten.[878] Diese Möglichkeit steht anderen Nachlaßgläubigern nicht zur Seite. Auf die Zustimmung der Vermächtnisnehmer kann daher jedenfalls dann nicht verzichtet werden, wenn ihre Ansprüche noch nicht voll erfüllt sind und durch die Vornahme der unentgeltlichen Verfügung in irgendeiner Weise berührt werden.[879] Zwar ist zuzugeben, daß die Vermächtnisnehmer den Erben - was die Berücksichtigung ihrer Interessen angeht - in Beziehung zum Testamentsvollstrecker nicht gleichgestellt sind.

---

[873] Vgl. etwa PALANDT/EDENHOFER, § 2205, Rz. 32; STAUDINGER/REIMANN, § 2205, Rz. 56; ERMAN/SCHMIDT, § 2205, Rz. 13.

[874] So etwa SOERGEL/DAMRAU, § 2205, Rz. 79; KEGEL, in Festschrift für R. Lange; S. 927, 935; NEUSCHWANDER, a.a.O., S. 73 f.

[875] Vgl. KEGEL, a.a.O., S. 935: „Warum soll er (der Vermächtnisnehmer) zustimmen müssen, wenn der Testamentsvollstrecker die Nachlaß-Ente verschenkt, wenn ihm die Nachlaß-Gans vermacht ist?"

[876] KEGEL a.a.O., S. 935; vgl. auch die Argumentation bei SOERGEL/DAMRAU, § 2205, Rz. 79.

[877] Vgl. BGHZ 57, 84,94; KG OLGZ 1992, 139,146.

[878] Vgl. MÜKO-BRANDNER, § 2219, Rz. 7.

[879] In Ergänzung zu HAEGELE/WINKLER, a.a.O., Rz. 206.

Daraus kann jedoch nicht der Schluß gezogen werden, ihre Zustimmung sei entbehrlich, wenn die geschützten Interessen der Zustimmungspflichtigen anderweitig (nämlich durch Zustimmung der Erben) ausreichend gesichert seien.[880] Die Vermächtnisnehmer genießen auch bei einer Kooperation von Testamentsvollstrecker und Erben keine Besserstellung.[881] So hatte das Kammergericht im Jahr 1991[882] über einen Fall zu entscheiden, bei dem die unentgeltliche Übertragung eines Hausgrundstückes an einen gemeinnützigen Verein die Rechtsposition einer Vermächtnisnehmerin dadurch berührte, daß ihr anstelle des vom Erblasser vermachten Wohnrechts eine Entschädigung in Geld zufließen sollte. Testamentsvollstrecker und Alleinerbin hatten bei der Übertragung des Hausgrundstückes an den gemeinnützigen Verein einvernehmlich zusammengewirkt. Das KG hat die Sache an das zuständige Landgericht zurückverwiesen, da nicht geklärt war, ob die Vermächtnisnehmerin ihre Zustimmung zu der sie beeinträchtigenden unentgeltlichen Verfügung erteilt hatte. Es hat dabei festgestellt, daß die Verfügung unwirksam ist, falls eine Zustimmung der Vermächtnisnehmerin nicht vorliegt.[883] Es sei nicht ausreichend, ihre Zustimmung im Hinblick auf die angebliche Sicherung ihrer Ansprüche durch die vereinbarte Geldentschädigung für entbehrlich zu halten. Dieser Entscheidung ist zuzustimmen. Es ist nicht ausreichend, wenn die Erben einer unentgeltlichen Verfügung des Testamentsvollstreckers zustimmen, die auch Rechte eines Vermächtnisnehmers beeinträchtigt. Die stärkere Stellung der Vermächtnisnehmer, die über § 2216 auch in den Schutzbereich des § 2205 Satz 3 BGB einbezogen sind, erfordert es, daß auch ihre Zustimmung bei gemeinsamen unentgeltlichen Verfügungen über Nachlaßgegenstände vorliegen muß, wenn sie von einer derartigen Verfügung betroffen werden.[884]

Das Grundbuchamt schließlich ist von Amts wegen verpflichtet, die Frage der Entgeltlichkeit der Verfügung zu prüfen.[885] Dies folgt aus dem Grundsatz, daß das Grundbuchamt zu prüfen hat, ob die Auflassung eines Grundstücks ordnungsgemäß erfolgt ist. Wenn der Testamentsvollstrecker als Veräußerer eines Grundstückes die Auflassung erklärt, muß das Grundbuchamt demnach seine Verfügungsbefugnis prüfen. Da eine solche im Normalfall - von Pflicht- und Anstandsschenkungen abgesehen - nur zu entgeltlichen Verfügungen berechtigt, wird das Grundbuchamt bei unentgeltlichen Verfügungen auch einen Nachweis über die Zustimmung der Erben und möglichen Vermächtnisnehmer verlangen können.[886] Unbestritten kann dies

---

[880] Unzutreffend NEUSCHWANDER, a.a.O., S. 74.
[881] So aber NEUSCHWANDER, a.a.O., S. 75;
[882] Vgl. KG OLGZ 1992, 139.
[883] Vgl. KG OLGZ 1992, 139,146.
[884] Vgl. HAEGELE/WINKLER, a.a.O., Rz. 203, 206; SOERGEL/DAMRAU, § 2205, Rz. 79;
[885] STAUDINGER/REIMANN, § 2205, Rz. 52; BayObLG NJW-RR 1989, 587.
[886] Vgl. LANGE/KUCHINKE, § 31 VI 2 b; HAEGELE/WINKLER, a.a.O., Rz. 204.

zu erheblichen praktischen Schwierigkeiten führen.[887] Diese Schwierigkeiten dürfen aber nicht als Argumentationshilfe dazu mißbraucht werden, auf die Zustimmung der Vermächtnisnehmer verzichten zu wollen.[888] Dem Grundbuchamt wird vielmehr nichts anderes übrig bleiben, als durch eine Einsichtnahme in die Nachlaßakten oder beglaubigte Testamentsablichtungen festzustellen, ob Vermächtnisse angeordnet sind und ob die vorhandenen Vermächtnisnehmer durch die unentgeltliche Verfügung betroffen werden.[889]

7. Insichgeschäfte des Testamentsvollstreckers

Ein besonderes Problem bringen auch Rechtsgeschäfte mit sich, die der Testamentsvollstrecker in dieser Eigenschaft mit sich selbst als Rechtsträger oder als Vertreter von Dritten abschließt. Solche Insichgeschäfte kommen vor allem dann vor, wenn einer von mehreren Miterben zum Testamentsvollstrecker ernannt wird und Nachlaßgegenstände in seiner Eigenschaft als Testamentsvollstrecker an sich selbst in seiner Eigenschaft als Erbe überträgt.[890] Außerdem kann es auch bei einem nicht zum Miterben ernannten Testamentsvollstrecker zu problematischen Fallgestaltungen kommen, etwa dann, wenn der Testamentsvollstrecker Geldmittel aus dem Nachlaß entnimmt und sich selbst als Darlehen gewährt.[891]

In beiden geschilderten Fallkonstellationen können die vom Testamentsvollstrecker vorgenommenen Insichgeschäfte zu Interessenkonflikten führen. Eine direkt anwendbare gesetzliche Regelung existiert nicht. Zwar verbietet es § 181 BGB einem Vertreter grundsätzlich, mit sich im eigenen Namen oder als Vertreter eines Dritten ein Rechtsgeschäft vorzunehmen - ausgenommen, das Rechtsgeschäft besteht in der Erfüllung einer Verbindlichkeit oder ihm ist das Selbstkontrahieren gestattet. Diese Vorschrift soll verhindern, daß verschiedene und einander entgegenstehende Interessen durch ein und dieselbe Person vertreten werden, soweit dies nicht ausnahmsweise durch Gesetz oder Vollmacht gestattet ist, nachdem ein solches Selbstkontrahieren stets die Gefahr eines Interessenkonfliktes und damit eine Schädigung des einen oder anderen Teils mit sich bringen kann.[892]

---

[887] Vgl. etwa HAEGELE, Einzelfragen der Testamentsvollstreckung, BwNotZ 74, 109, 116.
[888] So aber argumentieren SOERGEL/DAMRAU, § 2205, Rz. 98.
[889] Zutreffend HAEGELE/WINKLER, a.a.O., Rz. 206.
[890] Vgl. etwa den Fall bei BGHZ 30, 67; dazu eingehend von LÜBTOW, Insichgeschäfte des Testamentsvollstreckers, JZ 1960, 151; MATTERN, In-sich-Geschäfte des Testamentsvollstreckers, BwNotZ 1961, 149.
[891] Vgl. dazu den jüngst vom OLG Frankfurt am 6.2.1998 entschiedenen Fall, abgedruckt nunmehr in NJW-RR 1998, 795 in dem ein unzulässiges Insichgeschäft bejaht wurde.
[892] BGHZ 51, 209,215.

Nachdem der Testamentsvollstrecker aber nach der herrschenden Amtstheorie kein Vertreter der Erben sondern Inhaber eines privaten Amtes ist, ist nach heute nahezu einhelliger Auffassung eine unmittelbare Anwendung des § 181 BGB auf die hier in Rede stehende Konfliktsituation nicht möglich.[893] Andererseits ist die Problemstellung ähnlich, da § 181 das Mitwirken ein und derselben Person auf beiden Seiten eines Rechtsgeschäfts verbieten will und eine ausdrückliche Regelung für den Testamentsvollstrecker fehlt. Auch die Vorstellungen des Gesetzgebers erscheinen widersprüchlich zu sein und geben für die Lösung der möglichen Probleme kaum etwas Brauchbares her.[894]

Die Rechtsprechung hat sich daher schon frühzeitig mit der Frage auseinandersetzen müssen, ob und inwiefern solche Insichgeschäfte des Testamentsvollstreckers zulässig sind. Dabei hatte das Kammergericht schon im Jahr 1902 die Auffassung vertreten, der Testamentsvollstrecker übe sein Amt in fremdem Interesse aus und daher sei es mit seiner Amtsstellung unvereinbar, wenn er in seinem eigenen Interesse tätig werde.[895] Demnach könne der Testamentsvollstrecker schlichtweg keine Verfügung zu seinen Gunsten treffen, sofern der Erblasser ihn nicht ausdrücklich dazu ermächtigt habe. Zur Begründung wurde im wesentlichen auf § 181 BGB abgestellt. Zwar sei der Testamentsvollstrecker kein Vertreter des Erben, er sei jedoch für die Anwendung des § 181 BGB einem Vertreter der Erben gleichzustellen.[896]

Das Reichsgericht ist dieser Ansicht mit seinem Beschluß vom 28.6.1905 entgegengetreten.[897] Es hatte über einen Fall zu entscheiden, bei dem ein Testamentsvollstrecker, der gleichzeitig Miterbe war, ein Nachlaßgrundstück sich selbst zu einem Bruchteil aufgelassen hatte. Das Grundbuchamt hatte die aufgrund der Auflassung beantragte Eintragung abgelehnt, weil der Testamentsvollstrecker als Miterbe nicht befugt sei, sich selbst einen Bruchteil des Nachlasses aufzulassen. Das Reichsgericht, dem die Frage nach § 79 Abs. 2 GBO vorgelegt worden, hat in seiner Entscheidung die Norm des § 181 BGB weder direkt noch analog auf den Testamentsvollstrecker angewandt. Dieser sei weder Vertreter der Erben noch schließe er bei der Auseinandersetzung eines Nachlaßgrundstückes Rechtsgeschäfte mit anderen ab.[898] Er vollstrecke vielmehr nur den Willen des Erblassers.

---

[893] Vgl. SOERGEL/DAMRAU, § 2205, Rz. 67; MÜKO-BRANDNER, § 2205, Rz. 73; ERMAN/SCHMIDT, § 2205, Rz. 18; HAEGELE, Der Testamentsvollstrecker und das Selbstkontrahierungsverbot des § 181 BGB, in Rpfleger 1958, 370,371; KIPP/COING, § 68 V 2; SCHLÜTER, Erbrecht, Rz. 850; ungenau PALANDT/EDENHOFER, § 2205, Rz. 30.

[894] Vgl. dazu ADAMS, Interessenkonflikte des Testamentsvollstreckers, S. 31.

[895] KG OLGE 4, 435; 8, 277.

[896] Eine ausführliche Interpretation der Rechtsprechung des KG zu dieser Frage findet sich bei ADAMS, a.a.O., S. 34 f.

[897] Vgl. RGZ 61,139 f.

[898] Vgl. RGZ 61, 139,145.

Auch folge aus der amtlichen Stellung des Testamentsvollstreckers nicht, daß es diesem verwehrt sei, Verfügungen über Nachlaßgegenstände zu seinen Gunsten zu treffen. Der Testamentsvollstrecker dürfe alle Handlungen vornehmen, die in den Rahmen seiner Aufgaben fallen, selbst wenn sie gleichzeitig zu seinem Vorteil wirken. Der Testamentsvollstrecker sei daher auch zu derartigen Verfügungen berechtigt, solange kein entgegenstehender Wille des Erblassers erkennbar sei oder ein Widerstreit der beteiligten Interessen bestehe. Der Fall einer „eigentlichen Interessenkollision" liege hier nicht vor.[899] Aus diesem Grund hielt das Reichsgericht den Miterbentestamentsvollstrecker für befugt, bei der Auseinandersetzung eines Nachlaßgrundstückes den ihm zukommenden Teil an sich selbst aufzulassen.

Auch die Literaturmeinungen zeigten unterschiedliche Lösungsansätze zu diesem Problem. Während diejenigen Stimmen, die in dem Testamentsvollstrecker ohnehin einen Vertreter des Erben sahen, konsequent von einer direkten Anwendung des § 181 BGB ausgingen[900], waren die Auffassungen der Vertreter der herrschenden Amtstheorie keineswegs einheitlich.[901] Während sich ein Teil der Lehre für eine vorbehaltlose analoge Anwendung des § 181 BGB ausgesprochen hat[902], hielten andere den § 181 prinzipiell für unanwendbar.[903]

STAUDINGER/COING[904] schließlich gingen davon aus, daß § 181 weder unmittelbare Anwendung finde, weil der Testamentsvollstrecker kein Vertreter sei, noch sei diese Norm analog anzuwenden, weil der Testamentsvollstrecker häufig selbstkontrahieren müsse, um seine Aufgaben erfüllen zu können. HAEGELE[905] geht von einer analogen Anwendung des § 181 BGB aus, die aber dazu führen müsse, daß ein Verstoß nur dann anzunehmen sei, wenn ein Interessenwiderstreit vorliege, der den Grundsätzen der ordnungsgemäßen Verwaltung zuwiderlaufe. Damit sieht er die Problematik in einem vergleichbaren Licht zu den unentgeltlichen Verfügungen.[906] Nur wenn der Widerstreit der Interessen so schwerwiegend sei, daß der Testamentsvollstrecker durch das Geschäft die Grundsätze der ordnungsgemäßen Verwaltung verletze, soll es nach § 181 BGB unwirksam sein.

---

[899] Vgl. RGZ 61, 139,143; umgekehrt stellt das RG hier jedoch den Satz auf, daß bei Vorliegen einer eigentlichen Interessenkollision eine entsprechende Verfügung durch den Testamentsvollstrecker unwirksam ist, gleichwohl ob er Miterbe ist oder nicht.
[900] Vgl. etwa KIPP, in der 5. Auflage, § 118, VII.
[901] Ausführlich hierzu v. LÜBTOW, JZ 1960, 151,153.
[902] So etwa LANGE, Allgemeiner Teil, 4. Auflage, S. 291.
[903] SOERGEL/ERHARD-EDER, Anm. 2 b zu § 2205; PALANDT/RECHENMACHER, Einf. 1 vor § 2197.
[904] Vgl. STAUDINGER/COING, Auflage 1957, § 181, Rz. 27.
[905] Vgl. HAEGELE, in Rpfleger 1958, 370,371.
[906] HAEGELE, a.a.O., S. 371; vgl. auch v. LÜBTOW, JZ 1960, 151,158.

Der BGH hat sich in seinem Urteil vom 29.4.1959[907] grundlegend mit der Problematik der Insichgeschäfte des Testamentsvollstreckers befaßt und dabei klargestellt, daß das Selbstkontrahieren des Testamentsvollstreckers nicht grundsätzlich unzulässig ist, seine Grenze jedoch im Willen des Erblassers und in dem Grundsatz der Ordnungsmäßigkeit der Verwaltung finde. Es sei dogmatisch richtig, wegen „Gleichheit der Konfliktlage" die Regelung des § 181 BGB auf den Testamentsvollstrecker grundsätzlich zu bejahen. Allerdings sei beim Testamentsvollstrecker in weitem Umfang von einer Gestattung des Insichgeschäftes auszugehen, die durch den Erblasser erfolgen könne und durch Auslegung der letztwilligen Verfügung zu ermitteln sei.[908] Die dort vom BGH aufgestellten Grundsätze sind vom Schrifttum[909] und der Rechtsprechung[910] übernommen worden. Das Selbstkontrahieren des Testamentsvollstreckers setzt demnach zweierlei voraus: Zum einen muß es dem Testamentsvollstrecker das Insichgeschäft ausdrücklich oder nach den Umständen des Falles zumindest unzweifelhaft konkludent durch den Erblasser *gestattet* sein.[911] Ohne eine solche Gestattung ist dem Testamentsvollstrecker daher das Selbstkontrahieren auch nach der heute vorherrschenden Auffassung verboten, da es die Gefahr des Mißbrauchs der ihm anvertrauten Verfügungsmacht in sich birgt und der Zweck des § 181 in der Rücksichtnahme auf die Belange des Vertretenen liegt.[912] Hier müssen daher - auch wenn der Testamentsvollstrecker anerkanntermaßen kein Vertreter des Erblassers ist - dessen Wünsche Berücksichtigung finden. Mangels abweichender Anhaltspunkte im Testament wird man mit dem BGH annehmen können, daß eine Gestattung bei dem zum Testamentsvollstrecker ernannten Miterben vorliegt.[913] Denn hierin liegt ein besonderer Vertrauensbeweis des Erblassers, der grundsätzlich die Annahme rechtfertigt, der Erblasser habe diesem Miterben zugetraut, mit dem möglicherweise entstehenden Interessenwiderstreit fertig zu werden und dabei die ordnungsgemäße Verwaltung des Nachlasses über eigene Belange zu stellen.[914] Im übrigen ist die Frage, wie weit die Gestattung des Erblassers reicht, eine Frage der Auslegung.[915]

---

[907] BGHZ 30, 67.
[908] BGHZ 30, 67,69 f.; zustimmend v LÜBTOW, JZ 1960, 151.
[909] Vgl. etwa SOERGEL/DAMRAU, § 2205, Rz. 67; MÜKO-BRANDNER, § 2205, Rz. 73 ff.; SCHAUB, in Handbuch der Testamentsvollstreckung, 4. Kapitel, Rz. 165 f.
[910] Vgl. BGH WM 1960, 1419,1420; BGHZ 51, 209,215.
[911] Vgl. SCHAUB, in Handbuch der Testamentsvollstreckung, 4. Kapitel, Rz. 165 f.; v. LÜBTOW, JZ 1960, 151,154; LANGE/KUCHINKE, § 31 VI 3 h.
[912] Vgl. v. LÜBTOW, JZ 1960, 151,154.
[913] Vgl. BGHZ 30, 67,70.
[914] BGHZ 30, 67,70 = BGH NJW 10959, 1429,1430; BGHZ 51, 209, 217; vgl. auch SCHAUB, in Handbuch der Testamentsvollstreckung, 4. Kapitel, Rz. 165.
[915] Vgl. LANGE/KUCHINKE, § 31 VI 3 h; SOERGEL/DAMRAU, § 2205, Rz. 70; ERMAN/SCHMIDT, § 2205, Rz.18; KIPP/COING, § 68 V 2 b.

So hat der BGH in einer späteren Entscheidung eine Gestattung des Selbstkontrahierens bereits darin erblickt, daß der Erblasser in Kenntnis der Tatsache, daß zum Nachlaß Anteilsrechte an einer GmbH gehören, einen Testamentsvollstrecker zum Zwecke der Nachlaßverwaltung eingesetzt hat.[916] Es sei anzunehmen, daß er damit dem Testamentsvollstrecker auch die Befugnis habe geben wollen, sich mit seiner eigenen Stimme zum Geschäftsführer wählen zu lassen, um auf diese Weise seiner Verwaltungsaufgabe am besten gerecht werden zu können. In der Berufung liege auch hier ein besonderer Vertrauensbeweis, mit dem der Erblasser seine Erwartung zum Ausdruck gebracht habe, daß der Testamentsvollstrecker seine Pflicht zur ordnungsgemäßen Ausübung seines Amtes über seine persönlichen Belange stellen werde.

Zum anderen kann auch der Testamentsvollstrecker, dem das Selbstkontrahieren durch den Erblasser gestattet wurde, nur solche Rechtsgeschäfte mit sich selbst vornehmen, die den *Grundsätzen der ordnungsgemäßen Verwaltung* nicht zuwiderlaufen.[917] Hier kommt das zweite einschränkende Kriterium ins Spiel. Die Handlungsmacht des Testamentsvollstreckers für Insichgeschäfte kann nämlich nicht weiter gehen, als die für „Fremdgeschäfte."[918] Das Gebot der Ordnungsmäßigkeit wird durch § 181 BGB weder beseitigt, noch kann es durch den Erblasser außer Kraft gesetzt werden, § 2220 BGB.[919] Nach der Meinung von BRANDNER tritt dieses Zulässigkeitsmerkmal sogar in den Vordergrund, nachdem bei ordnungsgemäßen Rechtsgeschäften regelmäßig von einer Gestattung durch den Erblasser auszugehen sei.[920] Umgekehrt sei bei einem Rechtsgeschäft, das den Grundsätzen der ordnungsgemäßen Verwaltung nicht entspricht, selbst eine Gestattung durch den Erblasser wirkungslos, weil dieser wegen § 2220 BGB von der Verpflichtung zur ordnungsgemäßen Verwaltung nicht befreien kann.[921] Eine etwaige Gestattung wird dann also wirkungslos und die Regelvorschrift des § 181 BGB kommt wieder zum Zug.

Dem ist jedoch nur eingeschränkt zuzustimmen. Richtig ist zwar, daß das Zulässigkeitskriterium der ordnungsgemäßen Verwaltung wichtiger erscheint, weil ohne sein Vorliegen auch eine Gestattung durch den Erblasser nutzlos ist. Allerdings kann BRANDNER nicht gefolgt werden, soweit er offenbar meint, daß regelmäßig bei einem Geschäft, welches den Grundsätzen der ordnungsgemäßen Verwaltung entspricht, auch eine (konkludente) Gestattung vorliegen wird.

---

[916] BGHZ 51, 209,217.
[917] Vgl. BGH WM 1960, 1419,1420.
[918] Zutreffend MATTERN, BwNotZ 1961, 149,154.
[919] Vgl. v. LÜBTOW, JZ 1960, 151,154.
[920] Vgl. MÜKO-BRANDNER, § 2205, Rz. 76.
[921] So auch SCHAUB, in Handbuch der Testamentsvollstreckung, 4. Kapitel, Rz. 168.

Es muß nämlich berücksichtigt werden, daß es der Erblasser im Hinblick auf die entstehenden Interessenkonflikte nicht ohne weiteres gewollt haben wird, daß der Testamentsvollstrecker, der nicht zum Miterben berufen ist, Rechtsgeschäfte über Nachlaßgegenstände mit sich selbst abschließt. Auch ein bloßer, inhaltlich nicht näher bestimmter Vertrauensbeweis genügt hierfür nicht. Man wird nicht sagen können, daß der Erblasser generell Vertrauen in den von ihm möglicherweise gar nicht selbst ernannten Testamentsvollstrecker hat, daß dieser nur *ordnungsgemäße* Rechtsgeschäfte mit sich selbst abschließt. Jeder Testamentsvollstrecker genießt eine bestimmte Vertrauensstellung. Dies gilt insbesondere dann, wenn der Erblasser nicht nur die Testamentsvollstreckung anordnet, sondern auch selbst einen Testamentsvollstrecker ernennt. Ob diese jedoch soweit geht, daß ihm das Selbstkontrahieren gestattet sein soll, kann nicht anhand der Ordnungsmäßigkeit der von ihm abgeschlossenen Rechtsgeschäfte beurteilt werden. Der Grundsatz erscheint aber dann besonders fragwürdig, wenn nicht der Erblasser, sondern das Nachlaßgericht den Testamentsvollstrecker ausgewählt und ernannt hat. Von einer besonderen Vertrauensbeziehung zwischen Testamentsvollstrecker und Erblasser kann in diesem Fall keine Rede sein. Auf einen irgendwie zum Ausdruck gekommenen Willen des Erblassers, dem Testamentsvollstrecker das Selbstkontrahieren zu gestatten, kann demnach nicht verzichtet werden, auch wenn das zweite Erfordernis erfüllt ist und das Geschäft also den Grundsätzen der ordnungsgemäßen Verwaltung genügt. Dementsprechend wird ein Erwerb von Nachlaßgegenständen durch den Testamentsvollstrecker, der nicht Miterbe ist, regelmäßig als ein Verstoß gegen § 181 BGB angesehen, auch wenn die Veräußerung ansonsten den Grundsätzen der ordnungsgemäßen Verwaltung nicht zuwiderläuft.[922] Auch das OLG Frankfurt hat jüngst eine Darlehensentnahme durch den Testamentsvollstrecker - mangels einer Gestattung - als unzulässiges Insichgeschäft eingestuft, auch wenn dem Testamentsvollstrecker nicht abgesprochen werden konnte, daß er eine besonders zinsgünstige Anlageform hat wählen wollen.[923] Dem Gestattungserfordernis kommt neben dem Zulässigkeitsmerkmal der ordnungsgemäßen Verwaltung also nach wie vor eine eigenständige Bedeutung zu.

Wann ein Insichgeschäft den Grundsätzen der ordnungsgemäßen Verwaltung entspricht, läßt sich also nicht allgemein sagen, sondern muß nach dem Einzelfall festgestellt werden. Dabei kann jedoch folgender Maßstab angelegt werden: Das Insichgeschäft muß dem Zweck der Verwaltung oder Auseinandersetzung des Nachlasses zu dienen bestimmt sein. Es muß weiter zur Vorbereitung oder Erledigung der dem Testamentsvollstrecker nach den Anordnungen des Erblassers obliegenden Aufgaben erforderlich sein.[924] Demnach kann die Veräußerung eines Nachlaßgrundstückes durch den

---

[922] Vgl. SOERGEL/DAMRAU, § 2205, Rz. 71.
[923] OLG Frankfurt, NJW-RR 1998, 795,796.
[924] Vgl. v. LÜBTOW, JZ 1960, 151,154.

Testamentsvollstrecker an sich selbst mit den Grundsätzen der ordnungsgemäßen Verwaltung im Einklang stehen, auch wenn persönliche Interessen im Spiel sind, wenn der Verkauf nicht zur Unzeit erfolgt und der Testamentsvollstrecker sich bei Bemessung des Kaufpreises am Verkehrswert orientiert hat. Allerdings ist auch hier zu berücksichtigen, daß sich der Testamentsvollstrecker nicht mit einem „mäßigen Erfolg“ begnügen darf und daher unter Berücksichtigung seiner Kenntnisse und Fähigkeiten den bestmöglichen Kaufpreis erzielen muß.[925] Von diesem Grundsatz darf er selbstverständlich auch dann nicht abweichen, wenn er selbst als Käufer des zu veräußernden Gegenstandes auftritt. Ein Eigenerwerb von Nachlaßgegenständen durch den Testamentsvollstrecker ist, wenn er unter Wert erfolgt, daher als Verstoß gegen § 181 BGB anzusehen.[926]

Als Ergebnis ist daher festzuhalten, daß bei der Beurteilung, ob ein Insichgeschäft des Testamentsvollstreckers zulässig ist, auf beide Zulässigkeitsmerkmale abgestellt werden muß. Zum einen muß stets geprüft werden, ob eine Gestattung durch den Erblasser vorliegt, zum anderen muß das Geschäft seinem Charakter nach den Grundsätzen der ordnungsgemäßen Verwaltung entsprechen. Vom Verbot des Selbstkontrahierens nicht erfaßt werden allerdings Rechtsgeschäfte, mit denen der Testamentsvollstrecker lediglich in Erfüllung einer Verbindlichkeit handelt, § 181 BGB analog. Dazu gehört etwa die Erfüllung von Vermächtnissen oder Vorausvermächtnissen, auch soweit sie dem Testamentsvollstrecker selbst zugewendet worden sind[927] oder die Entnahme einer fälligen angemessenen Vergütung.[928] In einem Rechtsstreit über die Wirksamkeit eines Insichgeschäftes muß der Testamentsvollstrecker die Gestattung des Selbstkontrahierens durch den Erblasser beweisen.[929] Dies kann er dadurch tun, daß er die ausdrückliche oder konkludente Gestattung durch den Erblasser nachweist. Gelingt ihm dies, obliegt den Erben die Beweislast dafür, daß das Insichgeschäft den Rahmen der Grundsätze der ordnungsgemäßen Verwaltung verlassen hat.[930]

---

925 Vgl. BGH WM 1960, 1419, 1421.
926 So auch SCHAUB, in Handbuch der Testamentsvollstreckung, 4. Kapitel, Rz. 168.
927 Vgl. BayObLG Rpfleger 1982, 344.
928 Vgl. MÜKO-BRANDNER, § 2205, Rz. 75; SOERGEL/DAMRAU, § 2205, Rz. 69.
929 So auch MÜKO-BRANDNER, § 2205, Rz. 78; vgl. auch BGHZ 30. 67,71.
930 Vgl. SCHAUB, in Handbuch der Testamentsvollstreckung, 4. Kapitel, Rz. 172.

Nach einer im Vordringen befindlichen Auffassung soll es auch ausreichend sein, wenn der Testamentsvollstrecker den Beweis führt, daß er die Grundsätze der ordnungsgemäßen Verwaltung beachtet hat.[931] In diesem Fall soll es nunmehr der Gegenseite obliegen nachzuweisen, daß die Gestattung geringeren Umfang hatte. Diese Auffassung fußt jedoch auf der hier abgelehnten Prämisse, daß die (unausgesprochene) Gestattung grundsätzlich ordnungsgemäße Insichgeschäfte umfasse.[932] Die Kommentarliteratur verallgemeinert dabei in einer unzulässigen Weise den vom BGH - wenn auch unausgesprochen - nur für den zum Testamentsvollstrecker berufenen *Miterben* entschiedenen Fall. Hier hatte der BGH die Auffassung vertreten, daß man mangels abweichender Anhaltspunkte im Testament davon ausgehen dürfe, daß der Miterbe, dem der besondere Vertrauensbeweis des Erblassers gilt, zur Vornahme all derjenige Rechtsgeschäfte ermächtigt sein soll, die sich im Rahmen der Grundsätze der ordnungsgemäßen Verwaltung halten.

Dieser Grundsatz kann jedoch nicht ohne weiteres auf Fälle übertragen werden, in denen eine Miterbenstellung des Testamentsvollstreckers nicht vorliegt und sich auch sonst kein Anhaltspunkt für eine Gestattung der Insichgeschäfte im Testament findet. Verkauft ein Testamentsvollstrecker ein Nachlaßgrundstück an sich selbst zum Verkehrswert, so mag ihm wohl der Nachweis gelingen, daß sich dieses Geschäft im Rahmen einer ordnungsgemäßen Verwaltung bewegt. Gleichwohl wird man dieses Geschäft jedoch mangels Genehmigung durch den Erblasser als unwirksam ansehen müssen, wenn ein irgendwie gearteter Hinweis auf eine Gestattung des Selbstkontrahierens nicht erkennbar ist. Ein Beweis für die Gestattung kann dann nicht generell durch die Ordnungsgemäßheit des Geschäfts geführt werden. Sonst würde auf diesem Wege über die Beweislastverteilung doch noch für den „Normalfall" der Testamentsvollstreckung eine Aufgabe des Gestattungserfordernisses eintreten, die nach dem vom BGH selbst aufgestellten Grundsatz und der gesetzgeberischen Intention des Schutzes der Erben nicht gewollt sein kann.

---

[931] Vgl. BGHZ 30, 67,71; BGH WM 60, 1419 für den Fall des zum Testamentsvollstrecker berufenen Miterben; verallgemeinernd MÜKO-BRANDNER, § 2205, Rz. 78; PALANDT/EDENHOFER, § 2205, Rz. 30; SOERGEL/DAMRAU, § 2205, Rz. 73; KREGEL, BGB-RGRK, § 2205, Rz. 14; einschränkend SCHAUB, in Handbuch der Testamentsvollstreckung, 4. Kapitel, Rz. 173, für diejenigen Fälle, in denen der Testamentsvollstrecker als Miterbe berufen ist und aus diesem Grund keine ausdrückliche Gestattung nachgewiesen werden kann.

[932] Vgl. STAUDINGER/REIMANN, § 2205, Rz. 67.

IV. Der erweiterte Aufgabenbereich bei der Verwaltungsvollstreckung

1. Die Verwaltung des Nachlasses als Selbstzweck

Während bei der Abwicklungsvollstreckung die Verwaltung des Nachlasses nur ein Mittel zum Zweck darstellt, kann der Erblasser sie bei der Dauer- oder Verwaltungsvollstreckung quasi auch zum Selbstzweck erheben. So gibt es neben der Abwicklungsvollstreckung, deren Zwecken das Verwaltungsrecht nach § 2205 BGB untergeordnet ist, noch zwei weitere Arten der Testamentsvollstreckung, nämlich die sog. *Dauervollstreckung* nach § 2209 Satz 1 Halbs. 2 und die hiervon nicht immer scharf zu trennende *reine Verwaltungsvollstreckung*, bei der der Erblasser dem Testamentsvollstrecker lediglich Verwaltungs-, aber keine Vollziehungsaufgaben überträgt. Die Zulässigkeit der reinen Verwaltungsvollstreckung ergibt sich bereits aus § 2208 BGB. Aus dieser Norm kann darüber hinaus auch gefolgert werden, daß die reine Verwaltungsvollstreckung nicht bloß allgemein, sondern auch im Hinblick auf einzelne Nachlaßgegenstände oder bestimmte Verwaltungsaufgaben angeordnet werden kann.[933] Der Erblasser kann dem Testamentsvollstrecker etwa die Aufgabe übertragen, den Nachlaß bis zur Abwicklung bestimmter Nachlaßverbindlichkeiten, etwa der Pflichtteilsansprüche, zu verwalten oder die Verwaltung auf ein einzelnes Nachlaßobjekt, etwa ein Hausgrundstück oder ein Handelsgeschäft beschränken.

Der Zweck der Verwaltungsvollstreckung unterscheidet sich demnach von dem der Abwicklungsvollstreckung dadurch, daß die Aufgabe des Testamentsvollstreckers nicht in erster Linie in der Abwicklung der schwebenden Geschäfte und der Auseinandersetzung unter den Miterben liegt, sondern der Nutzbarmachung des Nachlasses und dem Zusammenhalt größerer Vermögen oder wirtschaftlicher Unternehmen dient.[934] Der Erblasser kann dabei jedoch ganz unterschiedliche - billigenswerte und zu mißbilligende - Motive verfolgen. Zum einen kann ihn die Sorge um sein Werk dazu bringen, die Erben vor ihrer eigenen Unzulänglichkeit in Schutz zu nehmen.[935] Andererseits kann er auch verhindern, daß Eigengläubiger der Erben auf den Nachlaß Zugriff nehmen, nachdem dieser ein Sondervermögen wird, § 2214 BGB. Selbst der jährliche Reinertrag ist gem. § 863 Abs. 1 ZPO dem Zugriff der Privatgläubiger der Erben entzogen.[936] Die Verwaltungsvollstreckung kann schließlich auch ein Mittel der *Enterbung in guter Absicht* sein, um zu verhindern, daß ein verschwenderischer oder überschuldeter Erbe den Nachlaß leichtsinnig verschleudert.

---

[933] BayObLGZ, 1956, 186,189 f.

[934] So auch BENGEL in Handbuch der Testamentsvollstreckung, 1. Kapitel, Rz. 145.

[935] Vgl. STAUDINGER/REIMANN, § 2209, Rz. 6.

[936] Vgl. MÜKO-BRANDNER, § 2209, Rz. 6.

Dieses Mittel stellt einen Akt der Zwangsfürsorge dar, um „das Familienvermögen den Familienangehörigen mindestens insoweit zu erhalten, daß es nicht sofort mit dem Erwerb in Folge der Verschwendungssucht oder der Überschuldung des Erwerbers der Gefahr des Verlustes ausgesetzt ist".[937] So hatte in einem vom OLG Bremen[938] im Jahre 1982 entschiedenen Fall ein Erblasser bestimmt, daß die Testamentsvollstreckung enden solle, wenn sein Sohn und Alleinerbe nicht mehr derart überschuldet sei, daß der Nachlaß ohne Fortsetzung der Testamentsvollstreckung erheblich gefährdet wäre. Der Senat hat die Anordnung als wirksam angesehen und sie sogar dahingehend ausgelegt, daß nach dem Willen des Erblassers dem Schutz des Nachlasses der Vorrang gebühren sollte, selbst wenn die Überschuldung des Erben bis an dessen Lebensende fortdauert. Neben dieser Fürsorge oder einem Mißtrauen gegenüber den Erben kann jedoch auch eine Hochschätzung der eigenen Person, eine Überbewertung der eigenen Ziele, Mißgunst und Neid des Erblassers eine Rolle spielen.[939] So kann der Erblasser versuchen, einen Erben auf diesem Weg „an die Kandare zu nehmen" und ihn zu bestimmten Verhaltensweisen anzuhalten. Die Ausführung von Auflagen oder Vermächtnissen kann überwacht, die Veräußerung von Grundstücken langfristig verhindert und die Unternehmensleitung eines zum Nachlaß gehörenden Unternehmens im Sinne des Erblassers auf diese Weise sichergestellt werden. Das Ziel kann aber auch sein, einen verschuldeten Elternteil oder unerwünschten Vormund des Erben von der Verwaltung des Nachlasses auszuschließen. Nachdem das Verwaltungsrecht des gesetzlichen Vertreters nicht weiter reichen kann als das Verwaltungsrecht des Erben selbst und dieses durch das Verwaltungsrecht des Testamentsvollstreckers gem. § 2211 BGB ganz oder zumindest teilweise ausgeschlossen wird, kann der Erblasser auf diese Weise verhindern, daß ein ihm unliebsamer gesetzlicher Vertreter eines Erben die Verwaltung des Nachlasses ausüben kann.[940] Der Erblasser kann auch dem überlebenden Ehegatten in vermögensrechtlicher Beziehung die Stellung eines Familienoberhauptes einräumen, indem er ihn und die Kinder zu Erben einsetzt und dem überlebenden Ehegatten zugleich eine Stellung als Verwaltungsvollstrecker nach § 2209 BGB einräumt. Den überlebenden Ehegatten treffen dann die Verpflichtungen und Beschränkungen nicht, die ihn treffen würden, wenn er die Erbteile der Kinder nur aufgrund seiner elterlichen Gewalt zu verwalten hätte.[941] Insbesondere unterliegt der Testamentsvollstrecker nicht der Aufsicht durch das Vormundschaftsgericht und nicht der Genehmigungsvorschrift des § 1643 BGB, nach der die elterliche Vertretungsmacht durch das Erfordernis einer vormundschaftsgerichtlichen Genehmigung bei bestimmten Geschäften eingeschränkt wird.[942]

---

[937] Protokolle V, 569; vgl. auch MüKo-Frank, § 2338, Rz. 1, 15.
[938] Vgl. OLG Bremen FamRZ 1984, 213.
[939] Vgl. Lange, JuS 1970, 101.
[940] Haegele/Winkler, a.a.O., Rz. 133; so auch Staudinger/Reimann, § 2209, Rz. 7.
[941] Vgl. dazu MüKo-Brandner, § 2209, Rz. 4; Staudinger/Reimann, § 2209, Rz. 8.
[942] Vgl. Jauernig/Schlechtriem, § 1643, Anm. 1.

2. Verwaltungs- und Dauervollstreckung

Wie aus § 2209 BGB folgt, gibt es zwei Formen der Verwaltungsvollstreckung. Man unterscheidet die *Verwaltungsvollstreckung im engeren Sinn,*[943] bei der der Erblasser dem Testamentsvollstrecker überhaupt keine anderen Aufgaben zuweist, als die reine Verwaltung des Nachlasses und die sogenannte *Dauervollstreckung*, bei deren Anordnung der Testamentsvollstrecker zunächst die ihm sonst zugewiesenen Aufgaben auszuführen hat und danach die Verwaltung des Nachlasses für eine bestimmte Dauer fortsetzt, während sie sonst mit der Erledigung aller Aufgaben endet.[944] Der Erblasser kann also durch die Anordnung der Dauervollstreckung praktisch eine Abwicklungs- und eine Verwaltungsvollstreckung zeitlich aneinanderreihen.[945] Er kann auch dem Testamentsvollstrecker die Verwaltung des Nachlasses zusätzlich übertragen, nachdem dieser sonstige Aufgaben erledigt hat, § 2209 Satz 1 Halbsatz 2 BGB. Derartige Aufgaben können in der Erziehung der Kinder, Herausgabe eines literarischen Nachlasses oder der Mitwirkung an der Errichtung einer Stiftung bestehen.[946] Dabei treten die Besonderheiten des selbständigen Verwaltungsrechts auch in diesem Fall sofort ein und nicht erst nach Erledigung der sonstigen Aufgaben.[947] Nachdem hinsichtlich der Befugnisse des Testamentsvollstreckers bei der Dauer- und Verwaltungsvollstreckung lediglich im Hinblick auf die sonstigen Aufgaben nennenswerte Unterschiede bestehen, soll fortan aus Vereinfachungsgründen von der Verwaltungsvollstreckung die Rede sein. Die Ausführungen gelten - soweit keine Abweichungen genannt sind - auch für die Dauervollstreckung.

3. Die Erweiterung der Befugnisse des Verwaltungsvollstreckers

Durch die Anordnung einer Verwaltungsvollstreckung entsteht eine schwerwiegende Erweiterung der Testamentsvollstreckerbefugnisse gegenüber der reinen Abwicklungsvollstreckung, die bereits mehrfach Anlaß zu kritischen Überlegungen bezüglich der Machtfülle des Testamentsvollstreckers gegeben hat.[948] Die Kritik beruht zum einen auf dem langdauernden Entzug der Erbmasse aus der Verfügungsbefugnis des Erben und zum anderen aus den fehlenden gerichtlichen Kontrollmöglichkeiten.

---

[943] Vgl. STAUDINGER/REIMANN, § 2209, Rz. 3; MÜKO-BRANDNER, § 2209, Rz. 1 spricht auch von einer schlichten Verwaltungsvollstreckung.
[944] Vgl. STAUDINGER/REIMANN, § 2209, Rz. 4.
[945] Vgl. MÜKO-BRANDNER, § 2205, Rz. 2.
[946] Vgl. KREGEL, BGB-RGRK, § 2209, Rz. 3.
[947] Vgl. PLANCK/FLAD, § 2209, Anm. 4b.
[948] Vgl. etwa REIMANN, Die Kontrolle des Testamentsvollstreckers, FamRz 1995, 588,589 m.w.N.

So steht dem Nachlaßgericht anders als bei der Nachlaßpflegschaft und bei der Nachlaßverwaltung kein allgemeines Aufsichtsrecht über die Amtsführung des Testamentsvollstreckers zu.[949] Es hat weder Überwachungs- noch Weisungsbefugnisse und kann weder eine Entlassung des Testamentsvollstreckers noch eine Beendigung der Testamentsvollstreckung an sich herbeiführen. Auch Entlassungsverfahren nach § 2227 BGB werden regelmäßig nur auf Antrag der Erben durchgeführt.[950] Der Erbe steht dem Verwaltungsvollstrecker in der Regel passiv gegenüber. Er ist von allen eigenen Verwaltungsmaßnahmen ausgeschlossen. Eine eigene Verfügungsbefugnis über Nachlaßgegenstände steht ihm nicht zu, so daß er sich nicht selbst wirtschaftlich betätigen kann, sondern quasi die Stellung eines Rentenempfängers einnimmt, dem die Erträge des Nachlasses periodisch ausgekehrt werden.[951] Die Verwaltungsvollstreckung wird demnach auch als fürsorgliche Bevormundung der Erben angesehen.[952] Der Erblasser will seine Herrschaft über den Nachlaß auch mit dem Tod nicht aufgeben, sondern ist bemüht, die Geschicke des von ihm angehäuften Vermögens noch länger durch eine Vertrauensperson steuern zu können.[953]

Ob eine Verwaltungsvollstreckung angeordnet ist, muß - soweit der Wortlaut des Testaments nicht eindeutig ist - im Wege der Auslegung der letztwilligen Verfügungen ermittelt werden.[954] Dabei ist insbesondere nach dem Zweck und Ziel der testamentarischen Anordnungen zu fragen. So ist mit dem BGH[955] davon auszugehen, daß eine Anordnung, durch die lediglich ein Alleinerbe eingesetzt und für diesen Testamentsvollstreckung angeordnet wurde, als Anordnung einer Dauervollstreckung auszulegen ist, weil - mangels vorzunehmender Auseinandersetzung oder anderer Aufgaben - die Anordnung ansonsten keinen Sinn ergibt. Gleichwohl ist aufgrund der weitreichenden Konsequenzen der Verwaltungsvollstreckung eine sorgfältige Prüfung erforderlich, ob der Erblasser die Erben dauerhaft von der Verwaltung des Nachlasses ausschließen wollte. Die Literatur fordert, hier einen strengen Maßstab anzulegen und begründet dies mit der einschneidenden Wirkung einerseits und dem Ausnahmecharakter der Dauervollstreckung anderseits.[956] Im Zweifelsfall solle *nicht* von einer Verwaltungsvollstreckung auszugehen sein.

---

[949] Vgl. KG, JR 1951, 732.
[950] Vgl. dazu unten Teil E II 2 dieser Arbeit.
[951] So auch LANGE, JuS 1970, 101.
[952] Vgl. STAUDINGER/REIMANN, § 2209, Rz. 5; PALANDT/EDENHOFER, § 2209, Rz. 2.
[953] Krit. auch LANGE, JuS 1970, 101.
[954] Vgl. SOERGEL/DAMRAU, § 2209, Rz. 3; STAUDINGER/REIMANN, § 2209, Rz. 10; MÜKO-BRANDNER, § 2209, Rz. 7; ERMAN/SCHMIDT, § 2209, Rz. 1.
[955] Vgl. BGH NJW 1983, 2247,2248.
[956] Vgl. STAUDINGER/REIMANN, § 2209, Rz. 10, SOERGEL/DAMRAU, § 2209, Rz. 3; BENGEL in Handbuch der Testamentsvollstreckung, 1. Kapitel, Rz. 146; MÜKO-BRANDNER, § 2209, Rz. 7.

Eine solche soll etwa dann nicht ohne weiteres vorliegen, wenn der Erblasser bestimmt hat, daß der Testamentsvollstrecker die den Hauptbestandteil des Nachlasses bildende Villa des Erblassers verwalten, verpachten und verkaufen solle.[957] BRANDNER verlangt zu Recht, daß der Anordnung der Dauervollstreckung das gleiche Maß an Deutlichkeit abverlangt werden muß wie der Anordnung der Testamentsvollstreckung überhaupt.[958] Andererseits ist festzuhalten, daß die Rechtsprechung bezüglich der Anordnung weitgehende Zugeständnisse an den Wortlaut der letztwilligen Verfügungen macht[959] und auch dieses Kriterium dadurch seine Schärfe eigentlich schon eingebüßt hat. Maßgeblich muß jedenfalls sein, daß sich der Anordnung des Erblassers der irgendwie zum Ausdruck gekommene Wille entnehmen läßt, daß dem Testamentsvollstrecker das Verwaltungsrecht nicht nur bis zur Auseinandersetzung oder Erledigung der ihm sonst übertragenen Aufgaben sondern auch darüber hinaus zustehen soll.

Ist eine entsprechende Anordnung vorhanden, so hat der Testamentsvollstrecker ein dinglich wirkendes Verwaltungsrecht an einem fremden Vermögen.[960] Sein Verwaltungsrecht umfaßt sämtliche Rechte und Befugnisse, die dem Testamentsvollstrecker auch im Rahmen der Abwicklungsvollstreckung zustehen.[961] Insbesondere steht dem Verwaltungsvollstrecker auch die Befugnis zu, über Nachlaßgegenstände nach Maßgabe des § 2205 BGB zu verfügen.[962] Die Befugnisse des Verwaltungsvollstreckers unterscheiden sich aber durch die besonderen Aufgaben des Testamentsvollstreckers, nach dem Willen des Erblassers und dem besonderen Zweck der Vollstreckung, die nicht in der Verteilung des Nachlasses sondern in dessen Nutzbarmachung liegt.[963] Die Nachlaßverwaltung erfordert jedoch, daß der Testamentsvollstrecker regelmäßig immer wieder neue Geschäfte bezüglich des Nachlasses eingeht. So müssen gerade bei der Unternehmensfortführung oder der Verwaltung größerer Grundbesitztümer durch den Verwaltungsvollstrecker zahlreiche Maßnahmen getroffen werden, um den Nachlaß zu erhalten oder zu sichern. Hierbei wäre eine Beschränkung der Verpflichtungsbefugnis gem. § 2206 Abs. 1 BGB hinderlich, da ansonsten die Sicherheit des Rechtsverkehrs nicht ausreichend gewährleistet wäre.[964]

---

[957] Vgl. BayObLGZ 21, 312.
[958] MüKo-BRANDNER, § 2209, Rz. 7.
[959] Vgl. dazu oben Teil B I 2 dieser Arbeit.
[960] Vgl. Coing, AcP 167, 99,103; MüKo-BRANDNER, § 2209, Rz. 10; SOERGEL/DAMRAU, § 2209, Rz. 5.
[961] Vgl. STAUDINGER/REIMANN, § 2209, Rz. 15; MüKo-BRANDNER, § 2209, Rz. 10.
[962] OLG Düsseldorf, NJW 1952, 1259; SOERGEL/DAMRAU, § 2209, Rz. 5; MüKo-BRANDNER, § 2205, Rz. 10; STAUDINGER/REIMANN, § 2209, Rz. 15; ERMAN/SCHMIDT, § 2209, Rz. 3; KREGEL, BGB-RGRK, § 2209, Rz. 4.
[963] Vgl. MüKo-BRANDNER, § 2209, Rz. 10.
[964] Vgl. KREGEL, BGB-RGRK, § 2209, Rz. 6; MüKo-BRANDNER, § 2209, Rz. 11.

Deshalb stellt § 2209 Satz 2 BGB die Vermutung auf, daß der Erblasser mit der Anordnung der Verwaltungsvollstreckung gleichzeitig gewollt hat, daß der Testamentsvollstrecker in der Befugnis, Verbindlichkeiten für den Nachlaß einzugehen, nicht beschränkt sein soll. Nach dieser Vorschrift ist im Zweifel davon auszugehen, daß der Testamentsvollstrecker die erweiterte Verpflichtungsbefugnis des § 2207 BGB hat. Auch in diesem Fall darf aber nicht außer Acht bleiben, daß der Testamentsvollstrecker im Verhältnis zum Erben gem. § 2296 BGB nach wie vor zur ordnungsgemäßen Verwaltung des Nachlasses verpflichtet bleibt und hiervon auch vom Erblasser wegen § 2220 BGB nicht befreit werden kann. Die Erweiterung der Verpflichtungsbefugnis entfaltet ihre Wirkung - wie beim Abwicklungsvollstrecker auch - eben nur im Verhältnis zu dem Dritten, mit dem der Testamentsvollstrecker Verpflichtungsgeschäfte abschließt.[965]

Der Inhalt der Verpflichtung des Testamentsvollstreckers zur ordnungsgemäßen Verwaltung läßt sich nicht für jeden Fall einheitlich beschreiben, weil der Erblasser mit der Anordnung der Verwaltungsvollstreckung die unterschiedlichsten Ziele verfolgt haben kann.[966] Der Umfang der Verwaltungsvollstreckung kann sich dementsprechend auch nur auf einen Teil des Nachlasses, insbesondere auf einen Erbteil oder auf einzelne Nachlaßgegenstände beschränken.[967] Bei einer Mehrheit von Erben kann sich die Vollstreckung auf alle oder aber nur einen Miterben erstrecken. Sind alle Miterben von der Verwaltungsvollstreckung betroffen, so liegt in deren Anordnung regelmäßig ein Auseinandersetzungsverbot, wonach die Auseinandersetzung des Nachlasses solange zu unterbleiben hat, wie die Testamentsvollstreckung besteht.[968] Soweit seine Verwaltungsbefugnis reicht, hat der Verwaltungsvollstrecker das Recht und die Pflicht, die zu verwaltenden Nachlaßgegenstände in seinen Besitz zu nehmen und auf Dauer in seinem Besitz zu behalten.[969] Eine Herausgabepflicht gegenüber den Erben besteht nur hinsichtlich der Gegenstände, an denen eine Verwaltung nicht möglich oder aber nicht angeordnet ist. Insoweit findet § 2217 BGB bei der Verwaltungsvollstreckung eine Einschränkung, da der Verwaltungsvollstrecker im Gegensatz zum Abwicklungsvollstrecker nicht verpflichtet ist, Nachlaßgegenstände, deren er zur Erfüllung von Verbindlichkeiten nicht mehr bedarf, an die Erben herauszugeben.[970]

---

[965] Vgl. MÜKO-BRANDNER, § 2207, Rz. 2.
[966] BGH FamRZ 87, 377; BGH FamRZ 88, 279; PALANDT/EDENHOFER, § 2209, Rz. 3.
[967] Vgl. STAUDINGER/REIMANN, § 2209, Rz. 13.
[968] Ebenso PLANCK/FLAD, § 2209, Anm. 6; MÜKO-BRANDNER, § 2209, Rz. 9; STAUDINGER/REIMANN, § 2209, Rz. 5; PALANDT/EDENHOFER, § 209, Rz. 6.
[969] Vgl. PALANDT/EDENHOFER, § 2209, Rz. 3; ERMAN/SCHMIDT, § 2209, Rz. 3.
[970] Vgl. STAUDINGER/REIMANN, § 2209, Rz. 15; PLANCK/FLAD, § 2209, Anm. 5b.

Teilweise geht die Kommentarliteratur sogar davon aus, daß § 2217 BGB bei der Verwaltungsvollstreckung überhaupt nicht anwendbar sei, nachdem der Testamentsvollstrecker, dem die Verwaltung des Nachlasses als Selbstzweck übertragen sei, zur Erfüllung dieser Obliegenheit sämtliche Nachlaßgegenstände benötige, an denen fremde Verwaltung möglich ist.[971] Diese Auffassung wird der gesetzlichen Regel des § 2217 BGB jedoch nicht gerecht. Zwar ist anerkannt, daß für eine Freigabepflicht des Verwaltungsvollstreckers an den der Verwaltung unterworfenen Gegenständen vor dem Ende der Verwaltungsvollstreckung regelmäßig kein Raum sein wird.[972] Ausnahmen hiervon sind jedoch denkbar, insbesondere bei Nachlaßgegenständen, wie etwa persönlichen Andenken, die der Testamentsvollstrecker definitiv nicht zur Ausführung seiner Verwaltungsaufgabe benötigt und deren Verwaltung keinen Sinn ergibt.

Die Freigabepflicht dient nämlich dazu, den von der Verwaltung des Nachlasses ausgeschlossenen Erben möglichst frühzeitig in eine Position zu versetzen, in der er die uneingeschränkte Verfügungsmacht über Nachlaßgegenstände erhält, die zur Fortsetzung der Testamentsvollstreckung durch den Testamentsvollstrecker zweifelsfrei nicht mehr vonnöten sind.[973] Herauszugeben sind daher solche Gegenstände, an denen eine Verwaltung des Testamentsvollstreckers aus Rechtsgründen nicht möglich ist[974], sowie solche, die der Testamentsvollstrecker zur Ausübung des ihm zustehenden Verwaltungsrechts nicht bedarf. Eine generelle Verneinung der Freigabepflicht[975] im Sinne einer Unanwendbarkeit des § 2217 BGB kommt daher nicht in Betracht, wenn es nach den Anordnungen des Erblassers nichts mehr zu verwalten gibt oder ein bestimmter Gegenstand für die Verwaltung des Nachlasses nicht von Bedeutung ist.[976]

Dogmatisch ist es richtiger, diese Fälle unter den Anwendungsbereich des § 2217 BGB zu fassen, wenn auch die Gegenmeinung zum gleichen Ergebnis gelangt, indem sie die Prämisse aufstellt, daß diese Gegenstände von vornherein nicht dem Verwaltungsrecht des Testamentsvollstreckers unterliegen sollen.[977]

---

[971] Vgl. STAUDINGER/REIMANN, § 2209, Rz 16 unter Berufung auf Prot. VI 357; KREGEL, BGB-RGRK, § 2209, Rz. 9.
[972] Allgem. Meinung, vgl. BGHZ 56, 275, 284 = NJW 1971, 1805; BayObLG DNotZ 1993, 399; JAUERNIG/STÜRNER, § 2217, Anm. 1; MÜKO-BRANDNER, § 2217, Rz. 3; SOERGEL/DAMRAU, § 2217, Rz. 2; LANGE, JuS 1970, 101,106.
[973] Vgl. MÜKO-BRANDNER, § 2217, Rz. 1.
[974] Vgl. BGHZ 12, 100,102.
[975] Zur Freigabepflicht des Testamentsvollstreckers gem. § 2217 BGB vgl. unten Teil D II 3 b).
[976] Vgl. MÜKO-BRANDNER, § 2217, Rz. 3; für eine Anwendbarkeit des § 2217 BGB auch PALANDT/EDENHOFER, § 2209, Rz. 3.
[977] So offenbar STAUDINGER/REIMANN, § 2209, Rz. 16.

Der Streit hat jedoch wenig praktische Relevanz, zumal anerkannt ist, daß der Erblasser die Freigabepflicht des Testamentsvollstreckers durch entsprechende Anordnungen weitgehend einschränken und den Testamentsvollstrecker sogar von der gesetzlichen Pflicht des § 2217 BGB befreien kann, nachdem § 2217 BGB nicht zu den gem. § 2220 BGB zwingenden Vorschriften im Recht der Testamentsvollstreckung gehört.

Bedeutungsvoller ist die Frage, was mit den Erträgen zu geschehen hat, die der Verwaltungsvollstrecker durch seine Verwaltung des Nachlasses erwirtschaftet. Der Inhalt der Testamentsvollstreckertätigkeit liegt in der auf Dauer angelegten Nutzbarmachung des Nachlasses. Zum Nachlaß gehören auch die Nutzungen, die im Rahmen der Verwaltung erwirtschaftet werden.[978] Auch hinsichtlich dieser Erträge hängt es vornehmlich vom Willen des Erblassers ab, was mit ihnen zu geschehen hat.[979] Der Erblasser kann angeordnet haben, daß diese in bestimmten periodischen Zeitabständen an die Erben herauszugeben oder aber als Rücklagen durch den Testamentsvollstrecker gewinnbringend anzulegen sind. Der Testamentsvollstrecker ist daher grundsätzlich nicht verpflichtet, die Erträgnisse der Verwaltungstätigkeit jährlich an den Erben auszuliefern.[980] Der Erbe kann die Herausgabe des Ertrages nur dann verlangen können, wenn dies den Grundsätzen der ordnungsgemäßen Verwaltung entspricht oder nach den letztwilligen Anordnungen des Erblassers von einer entsprechenden Pflicht auszugehen ist.[981] Zwar ist anerkannt, daß sich die Pflicht zur Herausgabe von Nutzungen und Erträgen aus dem Nachlaß nicht nach § 2217 BGB sondern nach § 2216 BGB bestimmt, gleichwohl kann jedoch der Rechtsgedanke des § 2217 BGB bei der Beantwortung der Frage herangezogen werden, ob der Testamentsvollstrecker die Nachlaßerträge an den Erben auskehren muß.[982] Danach wird der Testamentsvollstrecker diejenigen Erträge, die er zur Fortführung seiner Verwaltungstätigkeit aller Voraussicht nach nicht mehr benötigt, an den Erben herauszugeben haben, sofern ein entgegenstehender Wille des Erblassers - etwa zum Schutz des überschuldeten oder spielsüchtigen Erben - nicht erkennbar geworden ist.

Allerdings wird man andererseits auch zu berücksichtigen haben, daß der Verwaltungsvollstrecker insbesondere im Bereich der Fortführung von Unternehmen oder bei der Verwaltung größerer Hausanwesen auch Rücklagen bilden und Investitionen tätigen muß, um seiner Verwaltungsaufgabe gerecht zu werden.[983]

---

978 BGH FamRZ 1988, 279,280.

979 Vgl. ERMAN/SCHMIDT, § 2209, Rz. 3.

980 Vgl. STAUDINGER/REIMANN, § 2209, Rz. 19.

981 Vgl. BGH Rpfleger 1986, 434; BGH FamRZ 1988, 279; PALANDT/EDENHOFER, § 2209, Rz. 3; MÜKO-BRANDNER, § 2209, Rz. 12; ERMAN/SCHMIDT, § 2209, Rz. 3.

982 Vgl. MÜKO-BRANDNER, § 2209, Rz. 12.

983 Vgl. MÜKO-BRANDNER, § 2209, Rz. 12.

Unter diesem Aspekt steht dem Testamentsvollstrecker ein weiter Ermessensspielraum zu, inwieweit die Erträge aus dem Nachlaß an die Erben ausgekehrt werden. Der Inhalt der Grundsätze der ordnungsgemäßen Verwaltung läßt sich auch hier nicht allgemein formulieren. Er wird vielmehr durch die dem Testamentsvollstrecker im Einzelfall gestellten Aufgaben bestimmt.[984] Nur wenn der Testamentsvollstrecker die Grenzen des ihm im Einzelfall eingeräumten Ermessens überschreitet, verstößt er gegen seine Pflicht zur ordnungsgemäßen Verwaltung, insbesondere dann, wenn es dadurch zu einer Schädigung des Nachlasses kommt. Bezüglich der Freigabe von Nutzungen oder Nachlaßgegenständen bedeutet dies, daß der Testamentsvollstrecker im Einzelfall sorgfältig zu prüfen hat, ob er Nachlaßgegenstände oder -erträge den Erben überläßt, nachdem diese durch die Freigabe unwiderruflich aus seiner Verwaltungszuständigkeit ausscheiden.[985] Diese Wirkung tritt sogar unabhängig von einem entsprechenden Willen und sogar bei einer entgegenstehenden Willenserklärung des Testamentsvollstreckers ein.[986] Soweit eine Freigabe nach § 2217 BGB oder im Wege einer Teilauseinandersetzung erfolgt, so kann diese auch nicht mehr rückgängig gemacht werden.[987]

4. Die dreißigjährige Frist der Verwaltungsvollstreckung

Nach § 2210 Satz 1 BGB wird eine nach § 2209 BGB angeordnete Verwaltungs- oder Dauervollstreckung unwirksam, wenn seit dem Erbfalle dreißig Jahre verstrichen sind. Damit sollte eine übermäßig lange Bindung des Nachlasses verhindert werden. Zudem könnte der Erblasser ohne die zeitliche Schranke des § 2210 BGB unter Umgehung der gesetzlichen Vorschriften eine Stiftung oder einen Fideikommiß ins Leben rufen.[988] Dagegen gilt diese zeitliche Grenze bei der Abwicklungsvollstreckung nicht.[989] Der Gesetzgeber ging dabei offenbar davon aus, daß bei sorgfältiger Amtsführung die Abwicklung und Auseinandersetzung des Nachlasses bereits zu einem viel früheren Zeitpunkt beendet sei.[990] Dennoch sind Fallkonstellationen denkbar, bei denen die Abwicklung einen längeren Zeitraum in Anspruch nimmt. Während die Verwaltungsvollstreckung dann regelmäßig spätestens nach 30 Jahren seit dem Erbfall endet, kann die Abwicklungsvollstreckung die Verwaltungsvollstreckung überdauern, sofern noch nicht alle Aufgaben des Testamentsvollstreckers erledigt sind.[991]

---

[984] So auch BGH FamRz 88, 279,280.
[985] Vgl. BayObLG DNotZ 1993, 399,401.
[986] OLG Hamm, OLGZ 1973, 258,261; BayObLG DNotZ 1993, 399,401.
[987] So auch BayObLG DNotZ 1993, 399,401; OLG Köln, OLGZ 1965, 117,118.
[988] Vgl. Protokolle V, S. 308; STAUDINGER/REIMANN, § 2210, Rz. 5.
[989] So etwa RGZ 155, 350,352; JAUERNIG/STÜRNER, § 2210, Anm. 1; SOERGEL/DAMRAU, § 2210, Rz. 1; MÜKO-BRANDNER, § 2210, Rz. 3.
[990] Vgl. MÜKO-BRANDNER, § 2210, Rz. 1; KIPP/COING, § 69 III.
[991] Zutreffend MÜKO-BRANDNER, § 2210, Rz. 3.

Auch bei der Verwaltungsvollstreckung ist der von § 2210 Satz 1 BGB aufgestellte Grundsatz der dreißigjährigen Frist für die Verwaltungsvollstreckung mehrfach durchbrochen. So steht es dem Erblasser nach § 2210 Satz 2 BGB frei, Anordnungen zu treffen, durch die auf verschiedene Weise die Dauer der Verwaltungsvollstreckung erheblich verlängert werden kann. Insbesondere kann der Erblasser anordnen, daß die Testamentsvollstreckung erst mit dem Tod eines Erben oder eines Nacherben oder aber erst mit dem Tod eines Testamentsvollstreckers dauern soll.[992] Auf diese Weise kann der Erblasser eine für den Erben „lebenslänglich" bestehende Testamentsvollstreckung herbeiführen und umgekehrt einem Testamentsvollstrecker einen „Lebensberuf" verschaffen.[993] Der Erblasser kann aber auch bestimmen, daß die Testamentsvollstreckung bis zum Eintritt einer auflösenden Bedingung, etwa der Heirat des Erben oder des Erreichens eines bestimmten Lebensalters fortdauern soll.[994]

Eine besonders lange Dauer der Testamentsvollstreckung läßt sich erzielen, wenn der Erblasser anordnet, daß die Testamentsvollstreckung bis zum Tode des Testamentsvollstreckers andauern soll, dieser aber berechtigt ist, einen Nachfolger zu benennen oder ein entsprechendes Ersuchen an das Nachlaßgericht (§ 2200 BGB) erfolgt. Hier stellt sich die Frage, ob die Verwaltungsvollstreckung nunmehr mit dem Tod des ersten Testamentsvollstreckers oder erst mit dem Tod des Nachfolgers oder sogar erst mit dem Tod des letzten aus einer Kette von bereits ernannten oder vom Gericht zu ernennenden Testamentsvollstreckern enden soll.[995] Dabei würde jedoch ein unerträgliches, mit dem Sinn der Vorschrift unvereinbares Ergebnis eintreten, wenn der Erblasser auf diesem Wege eine quasi unendliche Verwaltungsvollstreckung installieren könnte.[996] Andererseits ist nach der gesetzlichen Regelung eine Anordnung wirksam, mit welcher der Erblasser einen Nachfolger des ersten Testamentsvollstreckers ernennt, etwa für den Fall, daß der erste Testamentsvollstrecker vorzeitig stirbt. Demnach wird auch hier davon auszugehen sein, daß der Erblasser die Fortdauer der Verwaltungsvollstreckung bis zum Tode des zweiten Testamentsvollstreckers gewollt hat. Daß eine solche Verlängerung gewollt ist, kann insbesondere aus der Anordnung einer Nacherben-Testamentsvollstreckung geschlossen werden.[997] Der Erblasser kann durch die Kombination von Ersatzvollstreckern und Nacherbentestamentsvollstreckung deutlich machen, daß die Laufzeit der Vollstreckung über den Tod des ersten Testamentsvollstreckers hinaus bis zum Tod des letztversterbenden Vorerben andauern soll.

---

992 Vgl. SOERGEL/DAMRAU, § 2210, Rz. 2; STAUDINGER/REIMANN, § 2210, Rz. 7; MÜKO-BRANDNER, § 2210, Rz. 5; PALANDT/EDENHOFER, § 2210, Rz. 3.

993 Vgl. LANGE/KUCHINKE, § 29 V 2; MÜKO-BRANDNER, § 2210, Rz. 5.

994 So auch STAUDINGER/REIMANN, § 2210, Rz. 7.

995 STAUDINGER/REIMANN, § 2210, Rz. 9; SOERGEL/DAMRAU, § 2210, Rz. 2.

996 Vgl. MÜKO-BRANDNER, § 2210, Rz. 6.

997 Vgl. BayObLG ZEV 1995, 22, mit zust. Anm. KLUMPP.

In diesem Fall kann ebenfalls nicht auf den Tod des ersten Testamentsvollstreckers abgestellt werden, um den Endzeitpunkt der Testamentsvollstreckung zu bestimmen. KREGEL[998] will dabei einschränkend darauf abstellen, daß der betreffende Nachfolger vor Ablauf der Dreißigjahresfrist bereits ernannt sein muß. Dies war jedoch in dem vom BayObLG entschiedenen Fall noch nicht erfolgt. Das Gericht hat sich jedoch damit beholfen, anzunehmen, daß ein Ersuchen des Erblassers gem. § 2200 BGB im Wege der ergänzenden Testamentsauslegung bejaht wurde.[999] Richtigerweise wird aber auf das Erleben des Erbfalles abzustellen sein. Die Testamentsvollstreckung endet demnach mit dem Tod des Nachfolgers, sofern dieser zur Zeit des Erbfalles bereits gelebt hat.[1000] Die Dauer der Verwaltungsvollstreckung kann sich nämlich nur dann nach der Lebensdauer eines Ersatz-Testamentsvollstreckers richten, wenn dieser zum Zeitpunkt des Erbfalles bereits existiert hat.[1001] Dies folgt schon daraus, daß der Erblasser nur eine existierende Person zum Testamentsvollstrecker ernennen kann. Anderenfalls endet die Testamentsvollstreckung, um eine überschaubare Gesamtdauer zu gewährleisten, mit Ablauf der dreißigjährigen Frist.

---

[998] KREGEL, BGB-RGRK, § 2210, Rz. 2.

[999] BayObLG ZEV 1995, 22,23.

[1000] Vgl. ERMAN/SCHMIDT, § 2210, Rz. 3.

[1001] Vgl. KIPP/COING, § 69, III; MÜKO-BRANDNER, § 2210, Rz. 6; STAUDINGER/REIMANN, § 2210, Rz. 9; SOERGEL/DAMRAU, § 2210, Rz. 2; ERMAN/SCHMIDT, § 2210, Rz. 3.

5. Sittenwidrigkeit der Dauervollstreckung ?

In der Literatur wird teilweise die Auffassung vertreten, die Anordnung der Dauervollstreckung könne wegen einer übermäßigen Beschränkung der Erben sittenwidrig sein.[1002] Allerdings wird andererseits selbst die Anordnung auf Lebenszeit des Erben nicht als sittenwidrig angesehen.[1003] In der Rechtsprechung findet sich für die eine Sittenwidrigkeit bejahende Auffassung offensichtlich lediglich ein einziger Nachweis.[1004] Allerdings hatte in dem vom OLG München zu entscheidenden Fall der Erblasser die Verwaltung des gesamten Nachlasses durch den Testamentsvollstrecker angeordnet, weitgehende einzelne Verwaltungsanordnungen getroffen und die Erben verpflichtet, dem Testamentsvollstrecker eine unwiderrufliche Generalvollmacht sowie Prokura zu erteilen. Lediglich in der Kombination dieser Anordnungen hat das Gericht eine zu weitreichende Beschränkung der Persönlichkeit der Erben gesehen und die Anordnungen daher für sittenwidrig erklärt.

Dagegen hat der BGH bereits in einem Urteil aus dem Jahre 1954 in einem Fall, in dem der Erblasser Testamentsvollstreckung bezüglich seines Handelsgeschäftes angeordnet hatte, festgestellt, daß eine solche Anordnung, die auch im Interesse der Erbin erfolgt sei, bei der gegebenen Lage des Falles nicht gegen die guten Sitten verstoße.[1005] Zu Recht stellt der BGH darauf ab, daß es dem Erben unbenommen ist, die Erbschaft auszuschlagen,[1006] wenn er das in einer derartigen Ermächtigung des Testamentsvollstreckers liegende Risiko vermeiden möchte, daß der Testamentsvollstrecker auch über den Rahmen des § 2206 BGB hinausgehende Verbindlichkeiten für den Erben eingeht. Zum anderen hafte der Testamentsvollstrecker nach § 2219 BGB für jedes Verschulden und schließlich sei der Erbe gem. § 2218 BGB berechtigt, von dem Testamentsvollstrecker Auskünfte und eine regelmäßige Rechnungslegung zu verlangen.[1007]

Der Literatur wird man daher entgegenhalten müssen, daß der Gesetzgeber die zugegebenermaßen weitgehende Beschränkung der Erben durch die Verwaltungstestamentsvollstreckung sehr wohl erkannt und letztendlich gebilligt hat.[1008]

[1002] Vgl. etwa PALANDT/EDENHOFER, § 2209, Rz. 2; Lange, JuS 1970, 101,107, einschränkend ERMAN/SCHMIDT, § 2210, Rz. 2.
[1003] Vgl. OLG Zweibrücken, Rpfleger 1982, 106; SOERGEL/DAMRAU, § 2210, Rz. 2.
[1004] Vgl. OLG München, JFG 14, 428.
[1005] BGHZ 12, 100,104.
[1006] Vgl. auch BENGEL in Handbuch der Testamentsvollstreckung, 1. Kapitel, Rz. 148.
[1007] Vgl. BGHZ 12, 100,104.
[1008] Prot. V, S. 305 ff.

Ist ein bestimmtes Instrumentarium ausdrücklich vom Gesetz gestattet, so kann man seine Beseitigung nunmehr nicht durch die Hintertür herbeiführen, auch nicht, wenn sich die Auffassungen in der Gesellschaft hierzu erheblich geändert haben sollten. Hier wäre vielmehr der Gesetzgeber gefragt, den möglicherweise gewandelten Anschauungen Rechnung zu tragen und durch eine Gesetzesänderung eine Bevormundung der Erben durch Einfügung einer kürzeren zeitlichen Grenze oder andere Maßnahmen zu begrenzen. Außerdem darf nicht verkannt werden, daß der Gesetzgeber bereits jetzt zahlreiche Sicherungssysteme in das Recht der Testamentsvollstreckung eingebaut hat, die eine übermäßige und den guten Sitten zuwiderlaufende Beschränkung des Erben verhindern. Sollte dies nicht ausreichend sein, steht es dem Erben in der Tat frei, das Erbe auszuschlagen und den Pflichtteil nach § 2306 BGB geltend zu machen.[1009] Schließlich muß berücksichtigt werden, daß nach den Vorstellungen des Gesetzgebers, die sich auch in der Praxis widerspiegeln, auch billigenswerte Ziele des Erblassers zu der Anordnung einer Verwaltungs- oder Dauervollstreckung führen können. Hier ist nochmals auf die *exheredatio bona mente*[1010] und die Verhinderung des Zugriffs der Privatgläubiger des Erben zu nennen.

Vermittelnd will ein Teil der Literatur eine Nichtigkeit nach § 138 BGB nur dann annehmen, wenn die Verwaltungsvollstreckung zusammen mit weiteren Anordnungen des Erblassers zu einer sittenwidrigen Beschränkung der Person und der wirtschaftlichen Bewegungsfreiheit des Erben führe.[1011] Auch diese Auffassung vermag jedoch nicht zu überzeugen. Vielmehr muß berücksichtigt werden, daß der Erblasser mit der Erbeinsetzung über das materielle Ergebnis seiner Lebensleistung verfügt.

Der deutsche Gesetzgeber hat dies erkannt und dem Erblasser eine weitgehende Testierfreiheit eingeräumt, die ihre Grenze nur da findet, wo ein naher Angehöriger bei der Erbeinsetzung übergangen wird. Daran zeigt sich, daß selbst ein testamentarisch ausgeschlossener naher Angehöriger nach den Vorstellungen des deutschen Gesetzgebers grundsätzlich nicht mehr verlangen kann, als ihm das Pflichtteilsrecht zubilligt. Alles, was er darüber hinaus erhält, sei es auch durch die Anordnung einer Testamentsvollstreckung beschränkt, beruht auf der besonderen Freigiebigkeit des Erblassers, der weder eine gesetzliche noch moralische Verpflichtung korrespondiert, so daß es auch einen über den schuldrechtlichen Pflichtteilsanspruch hinausgehenden Anspruch auf eine durch Beschränkungen nicht belastete Erbenstellung nicht geben kann.

[1009] So auch BENGEL in Handbuch der Testamentsvollstreckung, 1. Kapitel, Rz. 148.
[1010] Vgl. KIPP/COING, § 69 II 2 b).
[1011] So etwa SOERGEL/DAMRAU, § 2209, Rz. 4; STAUDINGER/REIMANN, § 2209, Rz. 14; so auch KIPP/COING, § 69, II 2 d).

Demgemäß wird nach der Rechtsprechung die faktische Reduzierung der Erbenstellung auf den Pflichtteilsanspruch selbst bei den nächsten Angehörigen nur dann als sittenwidrig empfunden, wenn es nach dem Inhalt der letztwilligen Verfügung vom Bedachten nur um den Preis zu erzielen ist, daß er unter Verkürzung seines Persönlichkeitsrechts - etwa seiner Eheschließungsfreiheit - bestimmte Verhaltensweisen an den Tag legt und eine dahingehende Absicht des Erblassers für diesen ein vorrangig bestimmtes Ziel gewesen ist.[1012]

Selbst diese Auffassung begegnet Bedenken, weil der Erblasser auch sonst die Möglichkeit hat, durch Auflagen bestimmte Verhaltensweisen der Bedachten herbeizuführen. Folgerichtig wird man von einem sittenwidrigen Eingriff in die Persönlichkeitsrechte des Erben nur dann sprechen können, wenn sich aufgrund der Umstände des Einzelfalles ergibt, daß es dem Erblasser vorrangig darauf angekommen ist, die Entschließungsfreiheit des Bedachten im Kernbereich der Entfaltung seiner Persönlichkeit zu beeinträchtigen. Die Anordnung einer Verwaltungsvollstreckung vermag - weder für sich allein noch bei Hinzutreten weiterer Anordnungen - ein derartiges Werturteil herbeizuführen, auch wenn sie von den Betroffenen als unzumutbare Gängelung empfunden wird. Vielmehr müssen zunächst die Motive des Erblassers festgestellt werden. Wenn billigenswerte Motive des Erblassers vorhanden sind und die Beschränkung des Persönlichkeitsrechts des Bedachten diesen gegenüber nicht als vorrangiger Beweggrund festgestellt werden kann, so kann auch die faktische Begrenzung der Rechtsposition des Erben auf den ihm ohnehin von Gesetzes wegen lediglich zustehenden Pflichtteil nicht als sittenwidrig angesehen werden.

[1012] Vgl. OLG Rostock, SeuffA 49, Nr. 4; OLG Düsseldorf NJW 1988, 2215,2216.

V. Die Prozeßführungsbefugnis des Testamentsvollstreckers

1. Allgemeine Grundsätze

Im Rahmen der Verwaltung des Nachlasses kann es erforderlich sein, daß der Testamentsvollstrecker zur Wahrung des Nachlasses auch um diesen kämpft und dazu nötigenfalls auch gerichtliche Hilfe in Anspruch nimmt, entweder um Nachlaßforderungen einzutreiben oder aber um Beeinträchtigungen des Nachlasses abzuwehren. Dazu ist dem Testamentsvollstrecker die gesetzliche Befugnis verliehen, als Partei kraft Amtes[1013] und nicht nur als Vertreter der Erben Prozesse in Ansehung des Nachlasses zu führen. Prozesse in Ansehung des Nachlasses in diesem Sinne sind solche, die ein der Verwaltung des Testamentsvollstreckers unterliegendes Recht oder einen gegen den Nachlaß gerichteten Anspruch eines Dritten zum Gegenstand haben. In solchen Fällen kann der Testamentsvollstrecker im Prozeß nur als Partei vernommen werden, §§ 445 ff ZPO.[1014] Der Erbe kann dagegen in einem vom Testamentsvollstrecker geführten Prozeß als Zeuge vernommen werden, soweit er nicht als Streitgenosse des Testamentsvollstreckers selbst Partei ist.[1015] Das Prozeßführungsrecht des Testamentsvollstreckers gehört zum Verwaltungsrecht im weiteren Sinn, also dem Verwaltungsrecht, welches sowohl dem Abwicklungsvollstrecker als auch dem Dauer- oder Verwaltungsvollstrecker zusteht.[1016] Der Testamentsvollstrecker erhält dadurch eine selbständige prozessuale Position, die dadurch deutlich wird, daß er im eigenen Namen, aber als Testamentsvollstrecker über den Nachlaß des verstorbenen Erblassers prozessiert.[1017] Dies muß auch im Rubrum der Klage und des Urteils deutlich zum Ausdruck kommen.[1018] Dementsprechend wird auch der Testamentsvollstrecker, wenn er im Prozeß unterliegt, verurteilt, die Kosten des Rechtsstreits zu tragen, § 91 ZPO. Diese Kostenhaftung trifft den Testamentsvollstrecker als Partei kraft Amtes jedoch nicht persönlich, sondern den Nachlaß, so daß aus dem Kostenfestsetzungsbeschluß nicht in das Privatvermögen des Testamentsvollstreckers, sondern nur in den Nachlaß vollstreckt werden kann.[1019]

[1013] Vgl. dazu BGH NJW 1988, 1930; STAUDINGER/REIMANN, § 2205, Rz. 150; MAYER, in Handbuch der Testamentsvollstreckung, 5. Kapitel, Rz. 372; PALANDT/EDENHOFER, § 2212, Rz. 2; SOERGEL/DAMRAU, § 2212, Rz. 8; ERMAN/SCHMIDT, § 2212, Rz. 6; HAEGELE/WINKLER, a.a.O., Rz. 432; Tiedtke, Der Testamentsvollstrecker als gesetzlicher und gewillkürter Prozeßstandschafter, JZ 1981, 429; Kessler, Der Testamentsvollstrecker im Prozeß, DRiZ 1965, 195.

[1014] Vgl. MÜKO-BRANDNER, § 2212, Rz. 12; PALANDT/EDENHOFER, § 2212, Rz. 2.

[1015] Der Erbe kann Neben- und Hauptintervenient oder Streitverkündeter sein; vgl. PALANDT/EDENHOFER, § 2212, Rz. 2.

[1016] Vgl. STAUDINGER/REIMANN, § 2212, Rz. 1.

[1017] MÜKO-BRANDNER, § 2212, Rz. 12.

[1018] Vgl. SOERGEL/DAMRAU, § 2212, Rz. 1.

[1019] Vgl. STAUDINGER/REIMANN, § 2212, Rz. 4; PALANDT/EDENHOFER, § 2212, Rz. 2; STEIN/JONAS/LEIPOLD, ZPO, vor § 91, Rz. 23.

Dementsprechend kann und muß der Testamentsvollstrecker auch einen Antrag auf Prozeßkostenhilfe stellen, sofern die zur Führung des Rechtsstreites notwendigen Mittel nicht vom Nachlaß und nicht von den Erben getragen werden können und die beabsichtigte Rechtsverfolgung Aussicht auf Erfolg verspricht und nicht mutwillig erscheint.[1020] Unterläßt er dies oder ist seine Prozeßführung in sonstiger Weise pflichtwidrig oder unsorgfältig, so kann er den Erben zum Schadensersatz gem. § 2219 BGB verpflichtet sein.[1021] Gleiches gilt jedoch umgekehrt auch dann, wenn der Testamentsvollstrecker die Prozeßführung zu Unrecht scheut oder ablehnt. In diesem Fall können die Erben den Testamentsvollstrecker auf Prozeßführung verklagen oder sogar seine Entlassung gem. § 2227 BGB verlangen.[1022]

Etwas anderes gilt für Prozesse, die der Testamentsvollstrecker nicht als Repräsentant des Nachlasses, sondern in eigenem Interesse führt. Entsteht etwa ein Streit zwischen dem Testamentsvollstrecker und den Erben über die Amtsführung oder um die Gültigkeit des Testaments, so haftet der Testamentsvollstrecker beim Unterliegen den Erben persönlich, nicht jedoch der Nachlaß, da ein solcher Prozeß weder ein „der Verwaltung des Testamentsvollstreckers unterliegendes Recht“ noch „einen gegen den Nachlaß gerichteten Anspruch“ zum Gegenstand hat.[1023] Dies gilt selbst dann, wenn die Erben Schadensersatzansprüche gegen den Testamentsvollstrecker geltend machen, da es in diesem Fall nicht um den Nachlaß, sondern um das Eigenvermögen des Testamentsvollstreckers geht.[1024]

In der Rechtsprechung des Reichsgerichts und im Schrifttum ist verschiedentlich die Auffassung vertreten worden, der Testamentsvollstrecker könne auch keinen Rechtsstreit über *das Erbrecht als solches* führen. Selbst zur Führung eines Prozesses über die Feststellung des Erbrechts oder des wahren Erben sei er in der Regel nicht berechtigt.[1025] Dies sei ausschließlich Sache derjenigen Erbprätendenten, welche ein Erb- oder Nacherbrecht zu ihren Gunsten geltend machen (Erbprätendenstreit).[1026] Diesen Grundsatz wird man jedoch heute in der früher zum Ausdruck gekommenen Absolutheit nicht mehr aufrechterhalten können.

1020 So auch STAUDINGER/REIMANN, § 2212, Rz. 4.

1021 Vgl. MAYER, in Handbuch der Testamentsvollstreckung, 5. Kapitel, Rz. 381.

1022 zutreffend PALANDT/EDENHOFER, § 2212, Rz. 2; vgl. auch unten Teil E IV 1 dieser Arbeit.

1023 BGHZ 41, 23,24; STAUDINGER/REIMANN, § 2212, Rz. 4; STEIN/JONAS/LEIPOLD, ZPO, § 327, Rz. 4.

1024 TIEDTKE, JZ 1981, 429, KEßLER, DRiZ 1965, 195,196; dementsprechend ist im Folgenden von Eigenprozessen des Testamentsvollstreckers die Rede.

1025 Vgl. etwa RG JW 1909, 52; so zuletzt auch BGH NJW 1960, 523.

1026 RGZ 81, 151; 106, 46,47; STAUDINGER/REIMANN, § 2212, Rz. 25; KIPP/COING, § 71 I 2; MÜKO-BRANDNER, § 2212, Rz. 10; MAYER, in Handbuch der Testamentsvollstreckung, 5. Kapitel, Rz. 376.

Nach der Rechtsprechung des BGH ist vielmehr davon auszugehen, daß der Testamentsvollstrecker immer dann als Partei kraft Amtes klagen kann, wenn die Prozeßführung im Rahmen seiner Verwaltungsaufgabe liegt.[1027] In seinem Urteil vom 4. Februar 1987 hat der BGH die Klage eines Testamentsvollstreckers zugelassen, mit welcher dieser die Feststellung begehrt hatte, daß die Beklagten nicht Erben geworden seien. Hierzu hat der Senat ausgeführt, daß entscheidend darauf abzustellen sei, „ob der Testamentsvollstrecker gerade in dieser seiner Eigenschaft ein rechtliches Interesse an der begehrten Feststellung hat". Dies sei im Hinblick auf die von den Beklagten erhobenen Ansprüche nicht zweifelhaft. Der Testamentsvollstrecker habe ein eigenständiges Recht, den letzten Willen des Erblassers zu verwirklichen und zu verteidigen.[1028] Diesem Grundsatz ist zuzustimmen. Auch in den Fällen, in denen dem Testamentsvollstrecker die Prozeßführungsbefugnis aufgrund fehlender materieller Verfügungsbefugnis fehlt, kann sich ein rechtliches Interesse des Testamentsvollstreckers ergeben, festgestellt zu wissen, wer tatsächlich Erbe geworden ist oder wem ein bestimmter Nachlaßgegenstand zugewendet wurde. Dies muß insbesondere dann gelten, wenn der Testamentsvollstrecker aufgrund der fehlenden Kenntnis über den berechtigten Erben, seiner Pflichten zur Ausführung der letztwilligen Verfügung oder aber zur Auseinandersetzung des Nachlasses nicht vollständig nachkommen kann und sich aufgrund dieser Ungewißheit sogar Schadensersatzansprüchen gem. § 2219 BGB ausgesetzt sieht.[1029] Auch das Schrifttum hat den modifizierten Grundsatz weitgehend übernommen und geht von einer Zulässigkeit entsprechender Feststellungsklagen des Testamentsvollstreckers aus.[1030] Die Prozeßführungsbefugnis des Testamentsvollstreckers hat im Gesetz in den § 2212 und 2213 BGB ihren Ausdruck gefunden, wobei der Gesetzgeber die Prozeßführungsbefugnis bei Aktiv- und Passivprozessen getrennt und unterschiedlich ausgestaltet hat.[1031] Unter Aktivprozessen versteht man dabei solche, bei denen der Testamentsvollstrecker selbst ein Recht, welches zum Nachlaß gehört, gegen eine andere Partei geltend macht, § 2212 BGB. Passivprozesse sind dagegen diejenigen, in denen ein Anspruch gegen den Nachlaß gerichtlich geltend gemacht wird, § 2213 BGB.[1032] Daher soll - der gesetzlichen Unterscheidung folgend - nunmehr auf die Prozeßführungsrechte im Aktivprozeß und im Passivprozeß getrennt eingegangen werden. Anschließend wird zu untersuchen sein, welche besondere Rolle dem Testamentsvollstrecker in Eigenprozessen, also etwa bezüglich seiner eigenen Rechtsstellung zukommt.

[1027] Vgl. BGH NJW-RR 1987, 1090,1091.
[1028] BGH NJW-RR 1987, 1090,1091 unter Hinweis auf BGHZ 69, 235,241.
[1029] Vgl. MüKo-Brandner, § 2212, Rz. 10; Löwisch, DRiZ 1971, 273.
[1030] Vgl. Soergel/Damrau, § 2212, Rz. 6; Ebenroth, a.a.O., Rz. 669; Jauernig/Stürner, § 2212, Anm. 1; Staudinger/Reimann, § 2212, Rz. 26; MüKo-Brandner, § 2212, Rz. 10.
[1031] Kipp/Coing, §71 sprich von einer „überaus verwickelten Regelung".
[1032] Vgl. Mayer, in Handbuch der Testamentsvollstreckung, 5. Kapitel, Rz. 373.

2. Aktivprozesse des Testamentsvollstreckers

Ist wirksam eine Testamentsvollstreckung angeordnet, so kann nur der Testamentsvollstrecker die seiner Verwaltung unterliegenden Nachlaßforderungen einklagen.[1033] Aus § 2212 BGB folgt, daß ein der Verwaltung des Testamentsvollstreckers unterliegendes Recht nur von diesem gerichtlich geltend gemacht werden kann. Die Prozeßführungsbefugnis folgt demnach grundsätzlich dem Verfügungsrecht.[1034] Im Aktivprozeß gilt, daß für die Fälle, in denen der Testamentsvollstrecker nach §§ 2205, 2211 BGB verfügungsbefugt ist, auch ausschließlich ihm die Prozeßführungsbefugnis zusteht. In den Fällen, in denen der Erblasser dem Testamentsvollstrecker die Verfügungsbefugnis nach § 2208 BGB entzogen hat, steht dementsprechend auch die Prozeßführungsbefugnis den Erben zu.

Soweit ein Recht oder eine Forderung also der Verwaltungs- und Verfügungsbefugnis des Testamentsvollstreckers unterliegt, kann der Erbe dieses Recht nicht wirksam gerichtlich geltend machen. Der Mangel der Prozeßführungsbefugnis führt nämlich, wie der einer anderen Prozeßvoraussetzung auch, ohne Prüfung der sachlichen Begründetheit zur Abweisung der Klage als unzulässig.[1035] Es kommt dabei nicht darauf an, ob dem Testamentsvollstrecker die Verwaltung des gesamten Nachlasses übertragen ist, sondern nur darauf, ob gerade das konkret geltend gemachte Recht der Verfügungsbefugnis des Testamentsvollstreckers unterliegt.[1036] In diesem Fall ist das Prozeßführungsrecht der Erben verdrängt. Es lebt auch nicht dadurch wieder auf, daß der Testamentsvollstrecker eine gebotene Rechtsverfolgung unterläßt.[1037] Tut er dies, müssen die Erben vielmehr zunächst den Testamentsvollstrecker auf Vornahme einer Handlung und ggf. auf Schadensersatz in Anspruch nehmen. Andererseits ist es zulässig, daß der Testamentsvollstrecker die ihm obliegende Prozeßführungsbefugnis auf die Erben überträgt und diese damit zur Prozeßführung ermächtigt. Während die Zulässigkeit dieser gewillkürten Prozeßstandschaft früher abgelehnt wurde, wird es heute allgemein als zulässig angesehen, daß der Testamentsvollstrecker den Erben zur Prozeßführung ermächtigt.[1038] Voraussetzung ist jedoch, daß der Erbe ein eigenes schutzwürdiges Interesse an der Geltendmachung des Rechts im eigenen Namen hat.

[1033] Vgl. TIEDTKE, JZ 1981, 429.

[1034] BGHZ 31, 279,284.

[1035] So auch BGHZ 31, 279,281.

[1036] Vgl. STAUDINGER/REIMANN, § 2212, Rz. 5; MÜKO-BRANDNER, § 2212, Rz. 15; MAYER, in Handbuch der Testamentsvollstreckung, 5. Kapitel, Rz. 374.

[1037] Vgl. MÜKO-BRANDNER, § 2212, Rz. 3 und 15.

[1038] Vgl. BGHZ 35, 180,183 für den Konkursverwalter, BGHZ 38, 281,286 für den Nachlaßverwalter und Testamentsvollstrecker; STAUDINGER/REIMANN, § 2212, Rz. 8; ERMAN/SCHMIDT, § 2212, Rz. 4; MÜKO-BRANDNER, § 2212, Rz. 18; einschränkend aber noch KOCH, JZ 1984, 809,812.

Dieses Interesse wird sich in der Mehrzahl der Fälle jedoch unproblematisch bereits aus der Rechtsträgerschaft des Erben ergeben.[1039] Denkbar sind auch Fallkonstellationen, in denen die Verfügungsbefugnis und demnach auch die Prozeßführungsbefugnis dem Testamentsvollstrecker nicht allein, sondern nur gemeinsam mit dem Erben zusteht. Davon ist auszugehen, wenn der Erblasser etwa angeordnet hat, daß über einen bestimmten Nachlaßgegenstand Erbe und Testamentsvollstrecker nur gemeinsam verfügen können. Hier wird im Aktivprozeß ein Fall von notwendiger Streitgenossenschaft vorliegen, da Erbe und Testamentsvollstrecker diese Ansprüche dann nur gemeinsam geltend machen können, § 62 Abs. 1 2. Alt. ZPO.[1040] Gleiches gilt für mehrere Testamentsvollstrecker, sofern sie nur gemeinschaftlich verfügungs- und damit prozeßführungsbefugt sind. Ist die Prozeßführung jedoch erforderlich, um einen bestimmten, der Verwaltung mehrerer Testamentsvollstrecker unterliegenden Gegenstand zu erhalten, so kann wegen § 2224 Abs. 2 BGB jeder einzelne der Testamentsvollstrecker wirksam Klage erheben.[1041] Über den direkten Anwendungsbereich des § 2212 BGB hinaus kann es aber auch Fälle geben, in denen das geltend gemachte Recht zwar nicht der Verfügungsbefugnis des Testamentsvollstreckers unterliegt, die Prozeßführung aber ein Teil der ihm übertragenen Verwaltungsaufgabe ist.[1042] So hat der BGH auch eine Ausnahme von dem bereits dargestellten Grundsatz zugelassen, daß der Testamentsvollstrecker keinen Rechtsstreit über das Erbrecht selbst führen kann (Erbprätendenstreit).[1043] Auch in diesem Fall wird zwar kein Anspruch erhoben, der der Verwaltung des Testamentsvollstreckers unterliegt, so daß der Testamentsvollstrecker grundsätzlich nicht berufen ist, über die Erbberechtigung einzelner Personen an dem von ihm verwalteten Nachlaß eine Entscheidung herbeizuführen.[1044]

Etwas anderes gilt jedoch dann, wenn der Testamentsvollstrecker ein eigenes rechtsschutzwürdiges Interesse an der Feststellung des Erbrechts eines Erbprätendenden hat. Dies kann etwa dann zu bejahen sein, wenn der Testamentsvollstrecker nur für den Fall ernannt ist, daß eine bestimmte Person Erbe wird oder aber die Aufgabe hat, bestimmte laufende Zuschüsse an den Erbprätendenden auszukehren.[1045]

[1039] So auch STAUDINGER/REIMANN, § 2212, Rz. 8.
[1040] Vgl. dazu THOMAS-PUTZO, ZPO, § 62, Rz. 7 f.; STAUDINGER/REIMANN, § 2212, Rz. 6.
[1041] Vgl. RGZ 98, 173,174; OLG Saarbrücken, NJW 1967, 1137; MÜKO-BRANDNER, § 2212, Rz. 3; STAUDINGER/REIMANN, § 2212, Rz. 6.
[1042] Vgl. BGH NJW-RR 1987, 1090,1091 = BGH WM 1987, 564.
[1043] Vgl. dazu oben Teil C V 1 dieser Arbeit.
[1044] Vgl. LÖWISCH, Kann der Testamentsvollstrecker Prozesse über das Erbrecht bestimmter Personen führen ?, DRiZ 1971, 272,273.
[1045] Vgl. RG LZ 1922, 197 Nr. 7.

Bei derartigen Fallkonstellationen kann ihm zur Verteidigung des Erblasserwillens, aber auch zur Vermeidung einer eigenen Inanspruchnahme nach § 2219 BGB ein entsprechendes Feststellungsinteresse nicht abgesprochen werden.[1046] Nach allgemeiner Auffassung ist der Testamentsvollstrecker jedoch nicht generell zur Verteidigung des Testaments berufen. Nachdem seine Ernennung unabhängig von der Wirksamkeit der übrigen letztwilligen Verfügungen ist, ist eine Feststellungsklage auf Gültigkeit des Testaments nur insoweit zulässig, als damit auch die Wirksamkeit der Ernennung des Testamentsvollstreckers überprüft und festgestellt werden soll.[1047]

Schließlich kann umgekehrt der Erbe seine Prozeßführungsbefugnis auf den Testamentsvollstrecker übertragen, sofern die allgemeinen Voraussetzungen für eine Prozeßstandschaft vorliegen.[1048] Eine solche Übertragung kann insbesondere dann sinnvoll sein, wenn ein enger sachlicher Zusammenhang mit Rechten vorliegt, die der Geltendmachung durch den Testamentsvollstrecker unterliegen. Einen bereits vor dem Tod des Erblassers begonnenen und durch dessen Tod gem. § 239 Abs. 1 ZPO unterbrochenen Aktivprozeß kann nur der Testamentsvollstrecker wieder aufnehmen.[1049] Den Erben fehlt es an der Prozeßführungsbefugnis, eine Aufnahme des Prozesses durch sie ist daher ausgeschlossen.[1050] Wird der Prozeß dem zuwider gleichwohl von den Erben fortgesetzt, so kann der Testamentsvollstrecker die Prozeßführung der Erben genehmigen.[1051] Urteile, die zwischen dem Erben und einem Dritten ergehen, wirken jedoch nicht für und gegen den Testamentsvollstrecker. Dies gilt auch dann, wenn der Testamentsvollstrecker der Prozeßführung durch den Erben zugestimmt hatte, nicht jedoch dann, wenn ein Fall der gewillkürten Prozeßstandschaft vorliegt.[1052] Ist schon für den Erblasser ein Urteil erwirkt worden, so wirkt dieses auch für und gegen den Testamentsvollstrecker.

Hat der Testamentsvollstrecker selbst einen Titel über ein seiner Verwaltung unterliegendes Recht erstritten, so wirkt das Urteil gem. § 327 Abs. 1 ZPO auch für und gegen den Erben. Hat der Testamentsvollstrecker dagegen ein seiner Verwaltung nicht unterliegendes Recht geltend gemacht, so wirkt das Urteil nicht für und gegen den wahren Erben, da die Prozeßführungsbefugnis durch den Umfang der Verwaltungsbefugnis beschränkt ist.

[1046] So auch Löwisch, DRiZ 1971, 272,273.
[1047] Vgl. STAUDINGER/REIMANN, § 2212, Rz. 27.
[1048] Vgl. dazu THOMAS-PUTZO, ZPO, § 50, Rz. 31 f.
[1049] So auch PALANDT/EDENHOFER, § 2212, Rz. 1; STAUDINGER/REIMANN, § 2212, Rz. 18.
[1050] Vgl. BGHZ 104, 1,3 = BGH NJW 1988, 1390.
[1051] Vgl. SOERGEL/DAMRAU, § 2212, Rz. 2.
[1052] So auch STAUDINGER/REIMANN, § 2212, Rz. 21; KIPP/COING, § 71 I 1; MÜKO-BRANDNER, § 22212, Rz. 18; PALANDT/EDENHOFER, § 2212, Rz. 5.

3. Prozeßführungsbefugnis im Passivprozeß

In Passivprozessen, also solchen, in denen ein Dritter eine Leistung aus dem Nachlaß oder die Feststellung einer Nachlaßverbindlichkeit geltend macht, sind dagegen grundsätzlich sowohl der Erbe als auch der Testamentsvollstrecker zur Prozeßführung berechtigt.[1053] Die Prozeßführungsbefugnis des Erben ist bei Passivprozessen auch bei Bestehen einer Testamentsvollstreckung nicht eingeschränkt.[1054] Die Nachlaßgläubiger können ihre Ansprüche also auch dann uneingeschränkt gegen den Erben geltend machen, wenn der Testamentsvollstrecker sein Amt bereits angenommen hat. Der Gesetzgeber hat damit dem Grundsatz Rechnung getragen, daß der Erbe auch mit seinem Privatvermögen für Nachlaßverbindlichkeiten haftet. Die Zugriffsmöglichkeit der Nachlaßgläubiger auf das Privatvermögen des Erben sollte nicht durch Anordnung einer Testamentsvollstreckung erschwert oder vereitelt werden können.[1055] Mit dem gegen den Erben erstrittenen Urteil kann jedoch nicht in das der Verwaltung des Testamentsvollstreckers unterliegende Nachlaßvermögen vollstreckt werden, § 748 Abs. 1 ZPO. Hierfür ist vielmehr ein Titel gegen den Testamentsvollstrecker erforderlich und ausreichend.[1056] Allerdings ermöglicht der gegen den Erben erwirkte Titel eine Zwangsvollstreckung in dessen übriges Privatvermögen. Dem Erben steht in diesem Fall aber die Möglichkeit offen, die Beschränkung seiner Haftung auf den Nachlaß gem. §§ 780 Abs. 1, 781,785 ZPO geltend zu machen.[1057] Das Urteil gegen den Erben selbst ist bei bestehender Testamentsvollstreckung also für die Nachlaßgläubiger von geringem Nutzen, da sie soweit und solange der Nachlaß der Verwaltung des Testamentsvollstreckers unterliegt, einen Titel gegen den Testamentsvollstrecker benötigen, um in den Nachlaß vollstrecken zu können, § 748 ZPO.[1058] Aus diesem Grund ist es erforderlich, auch dem Testamentsvollstrecker eine Prozeßführungsbefugnis in Passivprozessen einzuräumen. Wenn der Testamentsvollstrecker den ganzen Nachlaß verwaltet, ist es ausreichend, wenn die Nachlaßgläubiger ihre Klage allein gegen den Testamentsvollstrecker richten, außer daß es sich bei dem geltend gemachten Recht um einen Pflichtteilsanspruch handelt, § 2213 Abs. 1 Satz 3 BGB. Gegenüber der Geltendmachung eines Pflichtteilsanspruches ist nur der Erbe passivlegitimiert.[1059]

[1053] Vgl. STAUDINGER/REIMANN, § 2213, Rz. 1; KREGEL, BGB-RGRK, § 2213, Rz. 1.
[1054] Vgl. BGHZ 104, 1,4 = BGH NJW 88, 1390.
[1055] Prot. V, S. 291; MüKo-BRANDNER, § 2213, Rz. 1; STAUDINGER/REIMANN, § 2213, Rz. 4.
[1056] Vgl. BROX, Erbrecht, 17. Auflage, Rz. 394.
[1057] So auch OFFERGELD, a.a.O., S. 158.
[1058] Vgl. MüKo-BRANDNER, § 2213, Rz. 1; MAYER, in Handbuch der Testamentsvollstreckung, 5. Kapitel, Rz. 387; KIPP/COING, § 71 II 2 a; ERMAN/SCHMIDT, § 2213, Rz. 11; KREGEL, BGB-RGRK, § 2213, Rz. 1.
[1059] HAEGELE/WINKLER, a.a.O., Rz. 441; MAYER, in Handbuch der Testamentsvollstreckung, 5. Kapitel, Rz. 389; STAUDINGER/REIMANN, § 2213, Rz. 8; BROX, Erbrecht, Rz. 395.

Das gleiche gilt, wenn es sich um einen Anspruch bezüglich eines Nachlaßgegenstandes handelt, der durch Verfügung von Todes wegen der Verwaltungsbefugnis des Testamentsvollstreckers entzogen wurde, oder den der Testamentsvollstrecker bereits nach § 2217 BGB freigegeben hat.[1060] Steht dem Testamentsvollstrecker die Verwaltung des gesamten Nachlasses zu, so können die Nachlaßgläubiger also wahlweise den Testamentsvollstrecker oder den Erben verklagen.[1061] Ist dem Testamentsvollstrecker dagegen nur die Verwaltung einzelner Nachlaßgegenstände übertragen, so ist die Geltendmachung von Ansprüchen gegen den Nachlaß nur gegenüber dem Erben zulässig.[1062] Eine Leistungsklage gegen den Testamentsvollstrecker scheitert insoweit an der fehlenden Prozeßführungsbefugnis. Allerdings ist eine Duldungsklage gegen den Testamentsvollstrecker erforderlich, sofern der Gläubiger in die Nachlaßgegenstände vollstrecken will, die der Verwaltung des Testamentsvollstreckers unterliegen. Ist die Leistungsklage fälschlicherweise dennoch gegen den Testamentsvollstrecker gerichtet worden, so kann eine Umdeutung in die erforderliche Duldungsklage gegen den Testamentsvollstrecker in Betracht kommen.[1063]

Die Leistungsklage gegen den Erben und die Duldungsklage gegen den Testamentsvollstrecker können miteinander verbunden, aber auch getrennt erhoben werden.[1064] Der Testamentsvollstrecker kann also nicht erst dann auf Duldung in Anspruch genommen werden, wenn bereits vorher ein Leistungsurteil gegen die Erben erstritten wurde.[1065] Es wird sich im Regelfall aber schon aus prozeßökonomischen Gründen empfehlen, die Klagen zusammen zu erheben und damit auch die Gefahr einander widersprechender Entscheidungen zu minimieren.[1066] Die Rechtskraft des gegen den Erben ergangenen Leistungsurteils erstreckt sich nämlich nicht auf die Duldungsklage gegen den Testamentsvollstrecker.[1067] Vielmehr kann dieser dem Nachlaßgläubiger alle materiellen Einwendungen entgegensetzen, die dem Erben gegen den Leistungsanspruch zustehen.[1068]

[1060] Vgl. STAUDINGER/REIMANN, § 2213, Rz. 8; JAUERNIG/STÜRNER, § 2213, Anm. 1; PALANDT/EDENHOFER, § 2213, Rz. 3.

[1061] Vgl. EBENROTH, a.a.O., Rz. 671.

[1062] Vgl. MAYER, in Handbuch der Testamentsvollstreckung, 5. Kapitel, Rz. 388.

[1063] Vgl. MÜKO-BRANDNER, § 2213, Rz. 10; STAUDINGER/REIMANN, § 2213, Rz. 12.

[1064] Vgl. HAEGELE/WINKLER, a.a.O., Rz. 441.

[1065] Vgl. RGZ 109, 166; STAUDINGER/REIMANN, § 2213, Rz. 11, HAEGELE/WINKLER, a.a.O., Rz. 441.

[1066] Vgl. EBENROTH, a.a.O., Rz. 673.

[1067] Vgl. MAYER, in Handbuch der Testamentsvollstreckung, 5. Kapitel, Rz. 391; STAUDINGER/REIMANN, § 2213, Rz. 6; KREGEL, BGB-RGRK, § 2213, Rz. 1.

[1068] Vgl. PLANCK/FLAD, § 2213, Anm. 2b; MAYER, in Handbuch der Testamentsvollstreckung, 5. Kapitel, Rz. 388; STAUDINGER/REIMANN, § 2213, Rz. 13; MÜKO-BRANDNER, § 2213, Rz. 10.

Auch umgekehrt braucht der Erbe ein gegen den Testamentsvollstrecker auf Duldung der Zwangsvollstreckung ergangenes Urteil nicht gegen sich gelten zu lassen, da Duldungsurteile an der Rechtskrafterstreckung gem. § 327 ZPO nicht teilhaben.[1069] Auch gegen den Erben ergangene Leistungsurteile wirken nicht gegen den Testamentsvollstrecker.[1070] Ansonsten könnte der Erbe etwa durch nachlässige Prozeßführung die Rechtsstellung des Testamentsvollstreckers beeinträchtigen.[1071]

Dagegen kann sich der Testamentsvollstrecker jedoch auf ein dem Erben günstiges Urteil berufen, mit dem etwa die Leistungsklage gegen den Erben abgewiesen wurde.[1072] Ist nämlich rechtskräftig festgestellt, daß ein bestimmter Dritter nichts von dem Erben zu fordern hat, so soll nicht auf dem Umweg über eine Klage gegen den Testamentsvollstrecker doch noch eine Vollstreckung in den Nachlaß und damit in das Vermögen des Erben ermöglicht werden.[1073] Eine entgegenstehende Verurteilung des Testamentsvollstreckers würde nach § 327 Abs. 2 ZPO auch gegen den Erben wirken und daher im Widerspruch zur Rechtskraft des ersten Urteils stehen.[1074]

Der Pflichtteilsanspruch kann dagegen nur gegen den Erben und nicht gegen den Testamentsvollstrecker geltend gemacht werden.[1075] Der Grund für diese Regelung des § 2213 Abs. 1 Satz 3 BGB besteht darin, daß der Pflichtteilsanspruch einen direkten Ausfluß des Erbrechtes selbst darstellt und dieses gerade nicht der Disposition des Testamentsvollstreckers unterliegt.[1076] Dieser Anspruch kollidiert mit dem Erbrecht des berechtigten Erben, so daß in einem Rechtsstreit auch der Erbe selbst und nicht nur der Testamentsvollstrecker beteiligt werden soll.[1077]

1069 Vgl. THOMAS-PUTZO, ZPO, § 327, Rz. 4; MÜKO-BRANDNER, § 2213, Rz. 11; STAUDINGER/REIMANN, § 2213, Rz. 13.

1070 Vgl. RGZ 56, 327,329; SOERGEL/DAMRAU, § 2213, Rz. 15.

1071 So auch BROX, Erbrecht, Rz. 394.

1072 Vgl. MAYER, in Handbuch der Testamentsvollstreckung, 5. Kapitel, Rz. 391; PALANDT/EDENHOFER, § 2213, Rz. 7; STAUDINGER/REIMANN, § 2213, Rz. 13; EBENROTH, a.a.O., Rz. 672.

1073 Vgl. Prot. V, S. 539.

1074 Vgl. KIPP/COING, § 71 II 2 a; STAUDINGER/REIMANN; § 2213, Rz. 6.

1075 Vgl. KREGEL, BGB-RGRK, § 2213, Rz. 9; MAYER, in Handbuch der Testamentsvollstreckung, 5. Kapitel, Rz. 389; BROX, Erbrecht, Rz. 395; HAEGELE/WINKLER, a.a.O., Rz. 441.

1076 Vgl. MÜKO-BRANDNER, § 2213, Rz. 13.

1077 Prot. V, S. 300; STAUDINGER/REIMANN, § 2213, Rz. 16.

Gleiches gilt für die damit verbundenen Auskunftsansprüche und den Erbersatzanspruch des nichtehelichen Kindes.[1078] Erkennt der Erbe den Anspruch des Pflichtteilsberechtigten an, so ist der Testamentsvollstrecker hieran nicht gebunden.[1079] Auch hier ist vielmehr ein Duldungstitel gegen den Testamentsvollstrecker erforderlich, sofern in den Nachlaß vollstreckt werden soll, der der Verwaltung des Testamentsvollstreckers unterliegt.[1080]

In dem Duldungsprozeß stehen dem Testamentsvollstrecker ebenfalls sämtliche Einwendungen und Einreden zur Verfügung, die auch der Erbe hätte erheben können.[1081] Diese Regelung ist nötig, um das Verwaltungsrecht des Testamentsvollstreckers zu wahren und ein unlauteres Zusammenwirken zwischen dem Erben und dem (vermeintlichen) Pflichtteilsberechtigten zu verhindern.[1082] Andererseits kann der Testamentsvollstrecker nichtstreitige Pflichtteilsansprüche nach den Grundsätzen der ordnungsgemäßen Verwaltung erfüllen, ohne die Zustimmung des Erben einholen zu müssen.[1083] Einen streitigen Pflichtteilsanspruch kann der Testamentsvollstrecker jedoch nicht mit Wirkung für und gegen den Erben rechtsgeschäftlich anerkennen.[1084] Sonst wäre es dem Testamentsvollstrecker möglich, der vom Erben beabsichtigten Verteidigung gegen einen bestrittenen Pflichtteilsanspruch von vornherein den Boden zu entziehen. Dies würde jedoch zu einer zu weit gehenden Beschneidung der Rechte der Erben führen.

Klagen gegen den Erben und/oder den Testamentsvollstrecker wegen einer Nachlaßverbindlichkeit können sowohl am Gerichtsstand der Erbschaft nach §§ 27, 28 ZPO als auch an ihrem eigenen allgemeinen Gerichtsstand erhoben werden. Soweit erforderlich, kann gem. § 36 Nr. 3 ZPO auch ein gemeinsamer Gerichtsstand bestimmt werden.[1085]

[1078] Durch die Änderung des Kindschaftsrechtes haben sich hier erhebliche Änderungen ergeben, die jedoch nicht zum Gegenstand dieser Arbeit gehören.
[1079] Vgl. OLG Celle, MDR 1967, 46; KREGEL, BGB-RGRK, § 2213, Rz. 9.
[1080] Vgl. LG Heidelberg, NJW-RR 1991, 969.
[1081] So auch MAYER, in Handbuch der Testamentsvollstreckung, 5. Kapitel, Rz. 389.
[1082] Vgl. STAUDINGER/REIMANN, § 2213, Rz. 16; MÜKO-BRANDNER, § 2213, Rz. 13.
[1083] KREGEL, BGB-RGRK, § 2213, Rz. 9; MAYER, in Handbuch der Testamentsvollstreckung, 5. Kapitel, Rz. 389.
[1084] Vgl. BGHZ 51, 125, 130 f.; vgl. auch MERKEL, NJW 1969, 1285;
[1085] Vgl. MÜKO-BRANDNER, § 2213, Rz. 17; a.A. THOMAS-PUTZO, ZPO, § 28, Rz. 4.

4. Persönliche Prozesse des Testamentsvollstreckers

Von den Prozessen, die der Testamentsvollstrecker als Partei kraft seines Amtes führt, sind solche Prozesse zu unterscheiden, in denen es um seine persönlichen Interessen geht, auch wenn diese Interessen ihren Ursprung unmittelbar in der Amtsinhaberschaft haben. Ein sogenannter „persönlicher Prozeß" des Testamentsvollstreckers liegt etwa dann vor, wenn der Testamentsvollstrecker einen Rechtsstreit bezüglich seiner Rechtsstellung führt[1086], die Erben einen Entlassungsantrag nach § 2227 BGB aufgrund einer Pflichtverletzung des Testamentsvollstreckers gestellt haben, Schadensersatz nach § 2219 BGB fordern[1087] oder der Testamentsvollstrecker umgekehrt seine Vergütung nach § 2221 BGB verlangt. In diesen Fällen handelt der Testamentsvollstrecker nicht für den Nachlaß und Kraft seines Amtes, sondern er wird persönlich in eigener Sache tätig.

Derartige Rechtsstreitigkeiten fallen nicht unter die Regelung der §§ 2212, 2213 BGB, nachdem der Testamentsvollstrecker in diesen Fällen eigene Ansprüche geltend macht, oder aber persönlich in Anspruch genommen wird. Auch Klagen, die die Wirksamkeit der Ernennung des Testamentsvollstreckers zum Gegenstand haben, fallen nicht unter § 2213 BGB.[1088] Sie sind vom Testamentsvollstrecker persönlich und nicht in seiner Eigenschaft als Inhaber eines privaten Amtes zu führen. Dies gilt sogar dann, wenn die Erben behaupten, der Testamentsvollstrecker habe seine Pflicht zur ordnungsgemäßen Verwaltung des Nachlasses nicht oder nur schlecht erfüllt. Sofern die Erben sich unter diesem Gesichtspunkt eines Schadensersatzanspruches gegen den Testamentsvollstrecker berühmen, so kann der Testamentsvollstrecker eine negative Feststellungsklage mit dem Ziel erheben, eine Feststellung dahingehend zu erlangen, daß eine Verpflichtung zum Schadensersatz nicht besteht.

Ein solcher Prozeß hängt zwar eng mit der Tätigkeit des Testamentsvollstreckers und mit seiner Amtsinhaberschaft zusammen, gleichwohl ist dem Testamentsvollstrecker verwehrt, in seiner Eigenschaft „als Testamentsvollstrecker des Nachlasses ..." zu klagen. Vielmehr muß er den Prozeß selbst anstrengen, da es um seine persönliche Verpflichtung zum Schadensersatz und damit um sein Privatvermögen, nicht um das Nachlaßvermögen geht.[1089] Die Unterscheidung, ob der Testamentsvollstrecker als Partei kraft Amtes oder in eigenem Namen streitet, wird auf den ersten Blick nicht immer einfach zu beurteilen sein. Maßgeblich ist zunächst, ob es um die Interessen des Nachlasses oder die eignen Interessen des Testamentsvollstreckers geht.

[1086] So auch SOERGEL/DAMRAU, § 2213, Rz. 6.
[1087] TIEDKE, JZ 1981, 429.
[1088] Vgl. STAUDINGER/REIMANN, § 2213, Rz. 3; HAEGELE/WINKLER, a.a.O., Rz. 448; MAYER, in Handbuch der Testamentsvollstreckung, 5. Kapitel, Rz. 396.
[1089] Vgl. KESSLER, DRiZ 1965, 195,196; TIEDKE, JZ 1981, 429.

KESSLER[1090] empfiehlt, die Frage zu stellen, welches Vermögen - das des Testamentsvollstreckers oder der Nachlaß - von dem Rechtsstreit betroffen wird und in welches gegebenenfalls vollstreckt werden muß. Maßgeblich wird diese Unterscheidung insbesondere dann, wenn es um die Frage der Kostentragung bezüglich des Rechtsstreites geht. Hier hängt es nämlich allein davon ab, ob der Testamentsvollstrecker den Rechtsstreit im Rahmen seiner Amtspflichten oder in einer persönlichen Sache geführt hat. Nur im ersten Fall steht ihm nämlich ein Anspruch auf Kostenerstattung aus dem Nachlaßvermögen zu. Wird der Testamentsvollstrecker dagegen in einer persönlichen Angelegenheit gerichtlich in Anspruch genommen oder geht er selbst in einer persönlichen Angelegenheit gerichtlich vor, so hat er, wenn er gem. § 91 ZPO zur Kostentragung verurteilt wird, diese Kosten aus seinem Privatvermögen zu tragen.[1091]

Wegen dieser Kosten kann der Testamentsvollstrecker auch keinen Aufwendungsersatz verlangen. So hat der BGH im Jahre 1964[1092] über einen Fall entschieden, in dem ein Testamentsvollstrecker als Kläger von den Erben Freistellung von Prozeßkosten begehrt hatte, die ihm in einem Vorprozeß auferlegt worden waren, den er in seiner Eigenschaft als Testamentsvollstrecker geführt hatte. Der Senat hat sich dabei der Vorinstanz angeschlossen und festgestellt, daß die Kostenpflicht den Kläger persönlich und nicht in seiner Eigenschaft als Testamentsvollstrecker trifft. Obwohl der Kläger in dem Prozeß um den geltend gemachten Aufwendungsersatz - zu Unrecht - als Testamentsvollstrecker aufgetreten war, hatte er nach Auffassung des BGH keinen Kostenanspruch gegen den Nachlaß, wobei der BGH die rechtliche Konstellation mit der des nicht befugten gesetzlichen Vertreters vergleicht, dem ebenfalls kein Kostenanspruch gegen den Vertretenen zusteht.[1093]

Als Grundsatz ist daher festzuhalten, daß der Testamentsvollstrecker in persönlichen Prozessen im Falle des Unterliegens die Kosten des Rechtsstreites selbst zu tragen hat. In diesen Fällen steht ihm regelmäßig auch kein Anspruch auf Aufwendungsersatz gem. §§ 2218 Abs. 1, 670 BGB zu.[1094] Eine Ausnahme von diesem Grundsatz wird es jedoch dann geben, wenn der Testamentsvollstrecker den Prozeß für erforderlich halten durfte, um den letzten Willen des Erblassers zu verteidigen.[1095]

[1090] KESSLER, DRiZ 1967, 299, 301.
[1091] So auch HAEGELE/WINKLER, a.a.O., Rz. 449; SOERGEL/DAMRAU, § 2212, Rz. 12.
[1092] Vgl. BGHZ 40, 23,24.
[1093] BGHZ 41, 23,30 unter Hinweis auf BGH MDR 1956, 468.
[1094] Vgl. auch OFFERGELD, a.a.O., S. 160.
[1095] Vgl. HAEGELE/WINKLER, a.a.O., Rz. 449; STAUDINGER/REIMANN, § 2218, Rz. 31; SOERGEL/DAMRAU, § 2212, Rz. 12.

So kann nach Auffassung des Reichsgerichts der Testamentsvollstrecker auch in einem Verfahren, in dem über einen Antrag auf seine Absetzung oder die Ernennung eines Mitvollstreckers entschieden wird, Ersatz seiner Aufwendungen von den Erben verlangen, sofern sich der Testamentsvollstrecker in berechtigter Verteidigung des letzten Willens des Erblassers befunden hat.[1096] Auch der BGH hat - wenn auch in anderem Zusammenhang - festgestellt, daß die Prozeßkosten, die dem Testamentsvollstrecker im Rahmen einer berechtigten Verteidigung des Erblasserwillens entstanden sind, zu den Aufwendungen gehören, die der Testamentsvollstrecker nach §§ 2218 Abs.1, 670 BGB ersetzt verlangen kann.[1097] Dies gilt selbst in Fällen, in denen der Prozeß gegen den Erben geführt worden ist[1098] und auch dann, wenn die Prozeßführung im Ergebnis ohne Erfolg bleibt.[1099]

Nach der Rechtsprechung des BGH können die Kosten eines vom Testamentsvollstrecker geführten und verlorenen Prozesses dem Nachlaß nämlich immer dann zur Last fallen, wenn und soweit der Testamentsvollstrecker die Führung des Rechtsstreits nach den Grundsätzen der ordnungsgemäßen Verwaltung für erforderlich und gerechtfertigt ansehen durfte.[1100] Der Erbe muß dabei auch Aufwendungen des Testamentsvollstreckers gegen sich gelten lassen, die dieser aufgrund eines rechtlichen Irrtums gemacht hat, sofern er zu seiner Auffassung bei Anwendung der Sorgfalt eines ordentlichen Hausvaters kommen durfte.[1101] Dagegen hat der Testamentsvollstrecker für den Schaden einzustehen, der durch eine erkennbar überflüssige, leichtfertige oder durch persönliche Interessen verursachte Prozeßführung entsteht.[1102]

In dem vom BGH im Jahre 1964 entschiedenen Fall hatte der Testamentsvollstrecker vergeblich versucht, ein Testamentsvollstreckerzeugnis zu erlangen und die Erteilung eines Erbscheins ohne Testamentsvollstreckervermerk zu verhindern. Der BGH hat dem Testamentsvollstrecker zugute gehalten, daß seine Bemühungen eine berechtigte Verteidigung des Erblasserwillens darstellten und ihm auch nicht vorgeworfen werden konnte, den Instanzenzug voll ausgeschöpft zu haben.[1103] Voraussetzung für den Aufwendungsersatzanspruch ist demnach, daß der Testamentsvollstrecker den Prozeß zur Verteidigung des Erblasserwillens für *erforderlich* halten durfte.

[1096] RG JW 1936, 3388, 3390.
[1097] Vgl. BGHZ 69, 235,241 = BGH NJW 1977, 1726.
[1098] Staudinger/Reimann, § 2218, Rz. 31.
[1099] Vgl. Haegele/Winkler, a.a.O., Rz. 449.
[1100] Vgl. BGH WM 1967, 25,29.
[1101] Vgl. RG Recht 1910, Nr. 724.
[1102] Vgl. BGH WM 1967, 25,29.
[1103] BGHZ 69, 235, 241.

In Fällen, in denen die Prozeßführung überflüssig, leichtfertig oder mutwillig erscheint, kann dem Testamentsvollstrecker kein Aufwendungsersatzanspruch bezüglich der Kosten des Rechtsstreits gegen den Nachlaß oder die Erben zustehen.[1104] Hat der Testamentsvollstrecker die Kosten eines derartigen Verfahrens bereits dem Nachlaß entnommen, so ist er nach § 2219 BGB zur Rückzahlung verpflichtet.[1105]

5. Persönliche Prozesse des vermeintlichen Testamentsvollstreckers

Problematisch wird die Frage der Kostenerstattung für persönliche Prozesse des Testamentsvollstreckers dann, wenn eine wirksame Testamentsvollstreckung gar nicht bestand und der Testamentsvollstrecker unverschuldet irrig davon ausging, den Erblasserwillen verteidigen zu müssen.
Zu einer solchen Fallkonstellation kann es etwa dann kommen, wenn nach Amtsbeginn ein späteres Testament des Erblassers wiedergefunden wird, mit dem das frühere Testament, auf welches der Testamentsvollstrecker seine Ernennung stützt, widerrufen wird und der Testamentsvollstrecker nunmehr in einem Prozeß gegen die Erben die Echtheit oder die Auslegung einer solchen letztwilligen Verfügung anzweifelt. In einem derartigen Fall geht es jedoch nicht um die Frage, ob ein Testamentsvollstrecker Aufwendungsersatz bezüglich der von ihm erforderlich gehaltenen Prozeßkosten verlangen kann, sondern vielmehr darum, ob ein entsprechender Aufwendungsersatzanspruch auch dem vermeintlichen Testamentsvollstrecker zusteht.[1106]

Dem BGH lag diese Frage offenbar erstmals in der vielbeachteten Entscheidung vom 6.7.1977[1107] vor. Ausgehend von dem Grundsatz, daß ein Testamentsvollstrecker Ersatz der zur Verteidigung des Erblasserwillens notwendigen Prozeßkosten nach §§ 2218 Abs. 1; 670 BGB verlangen kann, prüfte der BGH, ob solche Ansprüche auch einem vermeintlichen Testamentsvollstrecker zustehen, der infolge irriger Testamentsauslegung annimmt, wirksam als Testamentsvollstrecker ernannt zu sein. Der BGH stellte zunächst fest, daß für diesen Fall keine gesetzliche Anspruchsgrundlage existiert.[1108]

1104 Vgl. BGH WM 1967, 25,29; MÜKO-BRANDNER, § 2218, Rz. 19; STAUDINGER/REIMANN, § 2218, Rz. 31.

1105 Vgl. STAUDINGER/REIMANN, § 2218, Rz. 31.

1106 Ausführlich hierzu NAEGELE, Das vermeintliche Testamentsvollstreckeramt, Diss. Konstanz 1986, S. 81 ff.; ZEUNER, Festschrift für Mühl, S. 721 f.

1107 BGHZ 69, 235 = NJW 1977, 1726; vgl. hierzu ZEUNER, Festschrift für Otto Mühl, S. 721 f.; SCHELTER; DNotZ 1978, 493; vgl. MÖHRING/SEEBRECHT, JurBüro 1978, 146; JOHANNSEN WM 1979, 598, 607.

1108 BGHZ 69, 235,239.

Der Anspruch könne wegen § 683 BGB auch nicht auf die Vorschriften der Geschäftsführung ohne Auftrag gestützt werden, da sämtliche Erben der Tätigkeit des Testamentsvollstreckers von Anfang an widersprochen hätten. Damit sei für den Kläger von vornherein erkennbar gewesen, daß der Wille der Erben, die als Geschäftsherren anzusehen seien, seiner Geschäftsführung entgegenstehe. Schließlich prüfte der BGH eine analoge Anwendung des § 2218 Abs. 1 BGB. Dies setze allerdings voraus, daß zwischen Erben und Testamentsvollstrecker ein Rechtsverhältnis mit gegenseitigen Rechten und Pflichten bestehe oder zumindest bestanden habe, dessen Grundlage im Willen des Erblassers zu finden sei. Hieran fehle es bei Vorliegen einer vermeintlichen Testamentsvollstreckung, wenn diese zugleich mit einem Wechsel der Erben einherginge und die Erben der Amtsführung des Testamentsvollstreckers von Anfang an widersprochen haben. Der „bösgläubige" Testamentsvollstrecker könne seine Aufwendungen daher auch nicht über § 2218 BGB analog ersetzt bekommen, da es nämlich an einem Rechtsverhältnis zwischen dem vermeintlichen Testamentsvollstrecker und den Erben fehle, so daß eine Anwendbarkeit des § 2218 Abs. 1 BGB daher ausgeschlossen sei.

Der BGH hat dabei zwar erkannt, daß dieser Grundsatz möglicherweise einen zum Testamentsvollstrecker Berufenen davon abhalten wird, das Amt anzunehmen und sich mit den Erben auseinanderzusetzen. In diesem Fall wird der Wille des Erblassers nicht verwirklicht, dies müsse - so der BGH - jedoch hingenommen werden, weil das Interesse des Erblassers an der Verwirklichung der von ihm angeordneten Testamentsvollstreckung hinter dem Interesse der mit der Testamentsvollstreckung belasteten Erben zurücktreten müsse. Diese Entscheidung ist in der Literatur[1109] auf Kritik gestoßen, da sie zu einem erheblichen Risiko für den Testamentsvollstrecker führt, bei Prozessen persönlich für die Kosten des Rechtsstreits zu haften, wenn die unentdeckte Beendigung des Amtes auch mit einem Wechsel in der Person des Erben verbunden ist.[1110] Der BGH hat dieses Risiko meines Erachtens aber gesehen und bewußt auf den Testamentsvollstrecker abgewälzt, da sich der von ihm entschiedene Fall von denen unterschied, in dem ein vermeintlicher Testamentsvollstrecker guten Glaubens und ohne daß die Erben widersprechen, für den Nachlaß tätig wird.

Daraus ergibt sich folgender Grundsatz: Ist ein Testament auslegungsbedürftig, so wird derjenige, der das Amt des Testamentsvollstreckers für sich in Anspruch nimmt, sorgfältig prüfen müssen, ob eine wirksame Ernennung durch den Erblasser vorliegt.

[1109] ZEUNER, Festschrift für Otto Mühl, S. 721 f.; SCHELTER; DNotZ 1978, 493; MÖHRING/SEEBRECHT, JurBüro 1978, 146; zustimmend JOHANNSEN WM 1979, 598, 607.
[1110] Vgl. ZEUNER, a.a.O., S. 724 f.

Nachdem nur der gutgläubige Testamentsvollstrecker nach der Rechtsprechung des BGH mit Aufwendungsersatz rechnen kann, sollte er sich, bevor er mit der Amtsführung beginnt und sogar Rechtsstreitigkeiten bezüglich seiner Stellung führt, Gewißheit verschaffen, daß keine begründeten Zweifel an der letztwilligen Verfügung und deren Wirksamkeit bestehen. Dies muß nach Auffassung des BGH um so mehr dann gelten, wenn die Erben bezüglich der Auslegung des Testaments eine gegenteilige Meinung vertreten und der Amtsführung widersprechen. Das verbleibende Restrisiko und die im Falle einer unwirksamen Ernennung mit der begonnenen Amtsführung verbundenen Kosten, insbesondere die im Streit mit den Erben entstandenen Prozeßkosten, hat der vermeintliche Testamentsvollstrecker in diesem Fall selbst zu tragen.[1111] Soweit er das Amt zu Unrecht für sich in Anspruch genommen hat, kann er diese Kosten nicht auf den Nachlaß abwälzen, da er sie vorwiegend in seinem eigenen Interesse aufgewandt hat.[1112]

Im Ergebnis ist daher festzuhalten, daß dem vermeintlichen Testamentsvollstrecker zwar grundsätzlich ein Aufwendungsersatzanspruch gegen die Erben zusteht, der sich auch auf notwendige Prozeßkosten erstreckt. Dieser besteht jedoch nur dann, wenn gegenüber den Erben ein Rechtsverhältnis bestand, welches eine analoge Anwendung der §§ 2218 Abs. 1, 670 BGB rechtfertigt. Von einem solchen Verhältnis ist auszugehen, wenn der Testamentsvollstrecker widerspruchslos für den Nachlaß tätig geworden ist. Hat der Erbe jedoch der Testamentsauslegung widersprochen, so trägt derjenige, der für sich in Anspruch nimmt, Testamentsvollstrecker zu sein, das Risiko der mit der Testamentsauslegung verbundenen Kosten, insbesondere das Prozeßkostenrisiko.[1113] Haben die Erben der Amtsführung widersprochen, so können nach einer im Schrifttum verschiedentlich vertretenen Auffassung als Anspruchsgrundlage für den Ersatz der Aufwendungen lediglich noch bereicherungsrechtliche Ansprüche[1114] oder Ansprüche auf Ersatz des Vertrauensschadens[1115] in Betracht kommen. Voraussetzung hierfür ist jedoch im ersteren Fall, daß durch die Tätigkeit des vermeintlichen Testamentsvollstreckers überhaupt eine Bereicherung des Nachlasses eingetreten ist,[1116] für den letzteren Fall, daß der vermeintliche Testamentsvollstrecker aufgrund besonderer Umstände davon ausgehen durfte, wirksam ernannt zu sein.[1117]

1111 Vgl. auch JOHANNSEN, WM 1979, 598, 607.

1112 So auch BGHZ 69, 235,240.

1113 Vgl. auch STAUDINGER/REIMANN, § 2218, Rz. 33; MÜKO-BRANDNER, § 2218, Rz. 18.

1114 Vgl. DITTUS, NJW 1961, 590,591; SCHELTER, DNotZ 1978, 493,495; vgl. MÖHRING/SEEBRECHT, JurBüro 1978, 146,148.

1115 Vgl. ZEUNER, a.a.O., 732 f.

1116 Vgl. BGHZ 69, 235,239; MÖHRING/SEEBRECHT, JurBüro 1978, 146,147 will hierfür schon die vergeblich aufgewendeten Dienste des Tv ausreichen lassen.

1117 ZEUNER, a.a.O., S. 732 will insoweit die Grundsätze der c.i.c. anwenden; SCHELTER, DNotZ 1978, 493,494 will zugunsten des gutgläubigen vermeintlichen Testamentsvollstreckers bei einem vom Erblasser schuldhaft gesetzten Rechtsschein sogar die §§ 2218, 2221 BGB analog anwenden.

Hierfür wird es allerdings nicht ausreichen, daß das Nachlaßgericht die Erklärung über die Annahme des Amtes entgegengenommen, den Testamentsvollstrecker ernannt oder ihm ein Testamentsvollstreckerzeugnis ausgestellt hat,[1118] da Grund für die Vertrauenshaftung nicht ein Fehlverhalten des Nachlaßgerichtes, sondern nur eine aus dem Verhalten des Erblassers resultierende Unklarheit sein kann. Insoweit wird man jedoch im Einzelfall zunächst genau feststellen müssen, ob die Tatbestandsvoraussetzungen der Anspruchsgrundlagen erfüllt sind.

Als Konsequenz derartiger Überlegungen ist aber festzuhalten, daß derjenige, der sich berechtigt für einen wirksam ernannten Testamentsvollstrecker halten durfte, nicht generell fürchten muß, die Kosten eines mit den Erben in Ansehung seiner Rechtsstellung ausgetragenen Konfliktes selbst tragen zu müssen. Es besteht insoweit auch kein Grund, bei Widerspruch der Erben sofort zurückzuweichen und von einer Annahme des Amtes und der damit verbundenen Verteidigung des Erblasserwillens abzusehen.[1119] Allerdings wird genau zu prüfen sein, ob der vermeintliche Testamentsvollstrecker gutgläubig darauf vertrauen darf, wirksam ernannt zu sein, bevor ihm Ersatzansprüche gegen die Erben zugebilligt werden. Wenn der Testamentsvollstrecker dagegen wider besseres Wissen oder grob fahrlässig den Erben seine Aufwendungen aufdrängt, so sind diese unter keinem rechtlichen Gesichtspunkt als ersatzfähig anzusehen.

6. Der Testamentsvollstrecker in der Zwangsvollstreckung

Die Rechtsstellung des Testamentsvollstreckers im Zwangsvollstreckungsverfahren hängt eng mit den bereits dargestellten Aufgaben und Befugnissen des Testamentsvollstreckers im Zivilprozeß zusammen.[1120] So ist auch hier zwischen Fällen zu unterscheiden, bei denen in den Nachlaß vollstreckt wird und umgekehrt denen, bei denen der Testamentsvollstrecker Ansprüche des Nachlasses im Wege der Zwangsvollstreckung gegen Dritte verfolgt. Hatte die Zwangsvollstreckung zum Zeitpunkt des Erbfalls bereits begonnen, so kann der Gläubiger die gegen den Erblasser selbst begonnene Vollstreckungshandlung gem. § 779 Abs. 1 ZPO auch gegen den Nachlaß fortsetzen, ohne daß es einer neuen Vollstreckungsklausel bedarf.[1121] Daran ändert auch die Anordnung einer Testamentsvollstreckung nichts.

[1118] Vgl. DITTUS, NJW 1961, 590.
[1119] Vgl. ZEUNER, a.a.O., S. 734.
[1120] Vgl. dazu oben Teil C IV 1 dieser Arbeit.
[1121] MüKo-BRANDNER, § 2213, Rz. 18.

Soweit die Zwangsvollstreckung gegen den Erblasser noch nicht begonnen hatte und der Dritte nunmehr erstmals gegen den Nachlaß vorgeht, ist zunächst zu unterscheiden: Steht dem Testamentsvollstrecker die Verwaltung des gesamten Nachlasses zu, so ist für die Zwangsvollstreckung in den Nachlaß gem. § 748 Abs. 1 ZPO ein Leistungs- und Duldungstitel gegen den Testamentsvollstrecker erforderlich.[1122] Fehlt es an einem solchen Titel, so kann aufgrund der fehlenden Verfügungsbefugnis des Erben nicht in den Nachlaß, sondern nur in das Privatvermögen des Erben vollstreckt werden. Dieser Grundsatz gilt, solange die Testamentsvollstreckung andauert und beginnt bereits mit dem Erbfall und nicht erst mit der Annahme des Amtes.[1123] Wenn allerdings bereits vor dem Erbfall ein vollstreckbares Urteil gegen den Erblasser ergangen war, so kann der Gläubiger gem. § 749 ZPO ohne eine neuerliche Klage erheben zu müssen, den vorliegenden Titel umschreiben und sich eine vollstreckbare Ausfertigung gegen den Testamentsvollstrecker erteilen lassen.[1124] Steht dem Testamentsvollstrecker dagegen nur die Verwaltung einzelner Nachlaßgegenstände zu, so ist ein Leistungsurteil gegen den Erben und ein Duldungstitel gegen den Testamentsvollstrecker erforderlich; § 748 Abs. 2 ZPO. Liegt bereits ein vollstreckbarer Titel vor, so ist die Vollstreckungsklausel gegen den Testamentsvollstrecker und den Erben umzuschreiben.[1125] In diesem Fall ist dem Gläubiger nämlich nur die gerichtliche Geltendmachung der Ansprüche gegenüber dem Erben möglich. Ein Duldungstitel gegen den Testamentsvollstrecker ist jedoch erforderlich, wenn der Gläubiger in die der Verwaltung des Testamentsvollstreckers unterliegenden Nachlaßgegenstände vollstrecken will.[1126]

Zur Vollstreckung in den Nachlaß wegen eines Pflichtteilsanspruches ist dagegen - unabhängig von der Frage, ob dem Testamentsvollstrecker die Verwaltung hinsichtlich des gesamten Nachlasses oder nur bezüglich einzelner Nachlaßgegenstände unterliegt - ein Leistungstitel gegen die Erben erforderlich, da der Pflichtteilsanspruch immer nur gegen die Erben geltend gemacht werden kann.[1127] Zur Zwangsvollstreckung in die Teile des Nachlasses, die der Verwaltung des Testamentsvollstreckers unterliegen, ist darüber hinaus ein entsprechender Duldungstitel gegen den Testamentsvollstrecker erforderlich, § 748 Abs. 3 ZPO.

[1122] Vgl. HAEGELE/WINKLER, a.a.O., Rz. 450.
[1123] Zutreffend THOMAS-PUTZO, ZPO, § 748, Rz. 1.
[1124] Vgl. STAUDINGER/REIMANN, § 2213, Rz. 26.
[1125] Vgl. STEIN/JONAS/MÜNZBERG, ZPO. § 749, Rz. 1, STAUDINGER/REIMANN, § 2213, Rz. 26.
[1126] MÜKO-BRANDNER, § 2213, Rz. 10.
[1127] Vgl. HAEGELE/WINKLER, a.a.O., Rz. 453; MÜKO-BRANDNER, § 2213, Rz. 13.

Wird aus einem Urteil gegen den Testamentsvollstrecker vollstreckt und ist der Nachlaß zur Befriedigung der Forderung nicht ausreichend, so ist der Testamentsvollstrecker gegebenenfalls verpflichtet, die eidesstattliche Versicherung gem. § 807 ZPO bezüglich des Nachlasses oder der von ihm verwalteten Nachlaßgegenstände abzugeben.[1128] Wird der Testamentsvollstrecker im Rahmen seiner Verwaltungstätigkeit selbst tätig und vollstreckt er Forderungen des Erblassers gegen Nachlaßschuldner, so kann der für den Erblasser erwirkte Vollstreckungstitel für den Testamentsvollstrecker umgeschrieben werden, wenn das Recht nachweislich seiner Verwaltung unterliegt.[1129] In diesem Fall kann der Testamentsvollstrecker die Zwangsvollstreckung gegen die Nachlaßschuldner nach den allgemeinen Vorschriften betreiben. Nach Beendigung der Testamentsvollstreckung kann der Erbe die vom Testamentsvollstrecker erstrittenen Titel nach §§ 728 Abs. 2, 727 ZPO auf sich umschreiben lassen. Will er aber vollstrecken, bevor der Titel umgeschrieben ist, so findet gegen die Vollstreckungsmaßnahme Erinnerung gem. § 766, nicht aber eine Vollstreckungsabwehrklage statt.[1130]

7. Testamentsvollstreckung bei Nachlaßverwaltung und Nachlaßinsolvenz

Das Nachlaßinsolvenzverfahren und die Nachlaßverwaltung sind, abgesehen von einem Vergleichsverfahren zur Abwendung des Nachlaßkonkurses,[1131] die gesetzlich vorgesehenen Möglichkeiten des Erben,[1132] sich der gem. § 1967 BGB grundsätzlich unbeschränkten Erbenhaftung zu entziehen und damit einen Zugriff der Nachlaßgläubiger auf sein Privatvermögen zu verhindern. Der Erbe wird ein derartiges Verfahren wählen, wenn feststeht, daß der Nachlaß dürftig oder überschuldet ist und die Nachlaßgläubiger sich an ihn selbst halten könnten, um ihrer Forderungen zu befriedigen. Der ursprünglich in der Konkursordnung geregelte Nachlaßkonkurs ist durch die Einführung der am 1. Januar 1999 in Kraft getretenen Insolvenzordnung[1133] neu geregelt worden und trägt nunmehr die Bezeichnung Nachlaßinsolvenzverfahren, §§ 315 ff. InsO.

[1128] So bereits KG LZ 1916, 865; STAUDINGER/REIMANN, § 2213, Rz. 27.

[1129] Vgl. MÜKO-BRANDNER, § 2212, Rz. 21.

[1130] THOMAS-PUTZO, ZPO, § 727, Rz. 1.

[1131] Vgl. dazu § 113 Abs. 1 Nr. 4 VerglO; kommt es zu einem derartigen Vergeich, ist die Haftung endgültig auf den Nachlaß beschränkt, die VerglO tritt jedoch zum 01.01.1999 außer Kraft.

[1132] Vgl. MÜKO-SIEGMANN, § 1975, Rz. 1 f., der zutreffend darauf hinweist, daß regelmäßig eine amtliche Nachlaßabsonderung, eine sog. *seperatio bonorum*, notwendig ist, um die Haftungsbeschränkung herbeizuführen. Zwar stellt auch die Testamentsvollstreckung eine Nachlaßabsonderung dar, die wie Nachlaßverwaltung und Nachlaßkonkurs eine Fremdverwaltung zur Folge hat, gleichwohl wird die Haftung des Erben durch das Bestehen einer Testamentsvollstreckung nicht beschränkt, § 2213 Abs. 1 BGB.

[1133] BGBl. I S. 2866.

Auch das Nachlaßinsolvenzverfahren dient wie die im BGB selbst geregelte Nachlaßverwaltung der Haftungsbeschränkung durch Separation der Vermögensmassen. Die amtliche Nachlaßabsonderung soll das Recht der Gläubiger auf eine Befriedigung aus dem ungeschmälerten Nachlaß sichern. Dementsprechend sind bestimmte Rechtshandlungen, die der Erbe in Ansehung des Nachlasses bereits vor Eröffnung des Nachlaßinsolvenzverfahrens vorgenommen hat, anfechtbar nach § 322 InsO. Auch bei der Nachlaßverwaltung findet eine Nachlaßabsonderung statt. Das Nachlaßvermögen wird im Wege einer Pflegschaft zur Befriedigung der Nachlaßgläubiger verwaltet. Dementsprechend sind auf die Nachlaßverwaltung grundsätzlich die Regeln über die Pflegschaft (§§ 1915 ff.) anwendbar.[1134]

Gleichwohl hat sich auch für den Nachlaßverwalter die Amtstheorie durchgesetzt. Er wird daher heute überwiegend als Träger eines öffentlichen Amtes angesehen und hat nicht die Stellung eines gesetzlichen Vertreters inne, wie dies bei Pfleger und Vormund der Fall ist.[1135] Auf die einzelnen Regelungen der Nachlaßverwaltung und des Nachlaß- insolvenzverfahrens soll an dieser Stelle nicht näher eingegangen werden, da dies den Rahmen der vorliegenden Arbeit sprengen würde. Zu untersuchen ist jedoch, wie sich die Mittel der Nachlaßabsonderung auf eine bestehende Testamentsvollstreckung auswirken.

a) Testamentsvollstreckung bei Nachlaßverwaltung

Der Nachlaßverwalter führt sein Amt unabhängig und eigenverantwortlich, ist im Gegensatz zum Testamentsvollstrecker jedoch der Aufsicht des Nachlaßgerichts unterworfen. Die Nachlaßverwaltung wird auf Antrag eines Erben durch das Nachlaßgericht angeordnet. Ist ein verwaltender Testamentsvollstrecker vorhanden, so steht diesem ein selbständiges Antragsrecht zu, welches aus einer entsprechenden Anwendung der §§ 217 KO, 317 InsO folgt.[1136] Der Testamentsvollstrecker ist zwar dem Erben gegenüber nicht verpflichtet, die Haftungsbeschränkung herbeizuführen, andererseits ist jedoch anerkannt, daß der Testamentsvollstrecker gem. § 2219 BGB für den dem Erben entstandenen Schaden haftet, wenn er trotz erkannter Dürftigkeit des Nachlasses[1137] von seinem Antragsrecht keinen Gebrauch macht.[1138]

[1134] Vgl. RGZ 72, 263.
[1135] So auch MüKo-Siegmann, § 1975, Rz. 3; Palandt/Edenhofer, § 1985, Rz. 2 spricht von einem „amtlich bestellten Organ".
[1136] Vgl. Palandt/Edenhofer, § 1981, Rz. 3; MüKo-Siegmann, § 1981, Rz. 4.
[1137] Ab 1.1.1999 ist durch das Inkrafttreten der Insolvenzordnung auch die drohende Zahlungsunfähigkeit als Antragsgrund ausreichend; § 320 InsO.
[1138] Vgl. MüKo-Siegmann, § 1980. Rz. 11.

Mit der Anordnung der Nachlaßverwaltung verliert der Erbe gem. § 1984 BGB die Befugnis, über Nachlaßgegenstände zu verfügen und den Nachlaß zu verwalten. Diese Regel gilt im Falle einer bestehenden Testamentsvollstreckung entsprechend für den Testamentsvollstrecker.[1139] Daher ist das Verwaltungsrecht des Testamentsvollstreckers ausgeschaltet, soweit und solange die Nachlaßverwaltung besteht. Allerdings führt die Nachlaßverwaltung nicht zu einer Beendigung des Amtes des Testamentsvollstreckers.[1140] Dessen Verwaltungsrecht ruht vielmehr[1141] und lebt vielmehr mit dem Ende der Nachlaßverwaltung unmittelbar wieder auf, so daß der Testamentsvollstrecker in diesem Moment automatisch seine Befugnisse wiedererlangt.[1142] Der Testamentsvollstrecker kann gegen die Anordnung der Nachlaßverwaltung sofortige Beschwerde gem. den §§ 1981 Abs. 2 BGB, 76 Abs. 2 FGG einlegen.[1143] Dieses Beschwerderecht steht ihm jedoch nur dann zu, wenn die Anordnung auf Antrag eines Nachlaßgläubigers hin erfolgt. Hat ein Erbe den Antrag gestellt, so steht dem Testamentsvollstrecker hiergegen gem. § 76 Abs. 1 FGG kein Beschwerderecht zu.[1144]

Andererseits kann der Testamentsvollstrecker während der Nachlaßverwaltung die Rechte des Erben wahrnehmen und daher - wie der Erbe - etwa einen Antrag auf Entlassung des Nachlaßverwalters stellen, wenn die Gründe des § 1886 BGB vorliegen.[1145] Der Testamentsvollstrecker ist berechtigt und verpflichtet, den Nachlaßverwalter zu überwachen und Mängel in der sorgfältigen Amtsführung durch geeignete Anträge beim Nachlaßgericht zu beseitigen.[1146] Die Schlußrechnung des Nachlaßverwalters kann dementsprechend sowohl der Erbe als auch der Testamentsvollstrecker zur Überprüfung entgegennehmen.[1147] Auch hat eine vorzeitige Herausgabe des Nachlaßrestes oder einzelner Nachlaßgegenstände durch den Nachlaßverwalter (sog. Ausantwortung, § 1986 BGB) bei Vorhandensein eines Testamentsvollstreckers nicht an den Erben, sondern an den Testamentsvollstrecker zu erfolgen, dessen Verwaltungsrecht an den Gegenständen durch die Ausantwortung wieder auflebt.[1148]

[1139] RG LZ 19, 875; MüKo-Siegmann, § 1984, Rz. 2.
[1140] Vgl. Haegele/Winkler, a.a.O., Rz. 823, 174.
[1141] Vgl. Palandt/Edenhofer, § 1985, Rz. 1.
[1142] So auch Lange/Kuchinke, § 49 III 5; Staudinger/Marotzke, § 1984, Rz. 4; Planck/Flad, § 1985, Anm. 1 c; MüKo-Siegmann, § 1984, Rz. 2.
[1143] Haegele/Winkler, a.a.O., Rz. 174.
[1144] Vgl. Schaub, in Handbuch der Testamentsvollstreckung, 4. Kapitel, Rz. 275; Palandt/Edenhofer, § 1981, Rz. 5.
[1145] Dies ist etwa dann der Fall, wenn der Nachlaßverwalter seine Pflichten grob verletzt und beispielsweise trotz Mahnung und Androhung seiner Entlassung unterläßt, die fälligen Rechenschaftsberichte vorzulegen; vgl. BayObLG Rpfleger 1988, 264.
[1146] Vgl. KG OLGE 18, 316; so auch Schaub, in Handbuch der Testamentsvollstreckung, 4. Kapitel, Rz. 279.
[1147] Vgl. Haegele/Winkler, a.a.O., Rz. 174.
[1148] Vgl. MüKo-Siegmann, § 1986, Rz. 3.

Umgekehrt ist es aber auch unbedenklich möglich, dem Testamentsvollstrecker das Amt des Nachlaßverwalters zu übertragen.[1149] Die Auswahl obliegt dem Rechtspfleger, der sie im pflichtgemäßen Ermessen unter Anwendung der für die Pflegschaft geltenden Grundsätze der §§ 1960, 1915, 1779 Abs. 2 Satz 1 BGB zu treffen hat.[1150] Wird der Testamentsvollstrecker zum Nachlaßverwalter ernannt, so stehen ihm neben seinen ursprünglichen Aufgaben ohne weiteres sämtliche Rechte und Pflichten des Nachlaßverwalters zu. Zu seiner Stellung als Inhaber eines privaten Amtes tritt die neue Stellung als Träger eines öffentlichen Amtes zur Verwaltung einer fremden Vermögensmasse hinzu. In diesem Fall ist der Testamentsvollstrecker als Nachlaßverwalter allerdings der Aufsicht durch das Nachlaßgericht unterworfen. In seiner Eigenschaft als Nachlaßverwalter umfaßt seine Verwaltungsbefugnis grundsätzlich den gesamten Nachlaß, ist allerdings in entsprechender Anwendung der § 1 KO, 36 InsO auf das pfändbare Vermögen beschränkt. Deshalb können die nach § 811 ZPO geschützten Nachlaßgegenstände auch nicht vom Nachlaßverwalter beansprucht werden.[1151] Die Frage der Pfändbarkeit beurteilt sich jedoch nach der Person des Erben und nicht der des Erblassers, so daß Gegenstände, die zu Lebzeiten des Erblassers unpfändbar waren, etwa weil der Erblasser sie zur Ausübung seines Berufes benötigte (§ 811 Nr. 5 ZPO), nunmehr durchaus pfändbar sein können und damit auch dem Verwaltungsrecht des Nachlaßverwalters unterfallen.[1152] Sobald der Nachlaßverwalter ernannt ist, steht ihm auch das ausschließliche Prozeßführungsrecht in Ansehung des Nachlasses zu. Es gilt für Aktiv- und Passivprozesse gleichermaßen. Eine gegen den Erben gerichtete Klage auf Befriedigung aus dem Nachlaß ist im Falle bestehender Nachlaßverwaltung ohne weiteres abzuweisen. Auch eine Klage des Erben gegen einen Nachlaßschuldner ist mangels Prozeßführungsbefugnis unzulässig.[1153] Der Nachlaßverwalter kann jedoch den Erben zur Prozeßführung ermächtigen, wenn der Erbe ein eigenes berechtigtes Interesse an der Prozeßführung im eigenen Namen hat.[1154] Ein solches Interesse ergibt sich nach der Rechtsprechung des BGH regelmäßig schon aus der Tatsache, daß der Erbe selbst der Träger des materiellen Rechts ist. Dieser kann nämlich mit der Fortdauer seiner Rechtsträgerschaft nach dem Ende der Nachlaßverwaltung rechnen, woraus sich ein legitimes Interesse an der Prozeßführung ergibt.[1155]

[1149] Vgl. STAUDINGER/MAROTZKE, § 1981, Rz. 14; PLANCK/FLAD, vor § 2197, Anm. 5c; MÜKO-SIEGMANN, § 1981, Rz. 4 und 8; HAEGELE/WINKLER, a.a.O., Rz. 174; PALANDT/EDENHOFER, § 1981; Rz. 7; SCHAUB, in Handbuch der Testamentsvollstreckung, 4. Kapitel, Rz. 279.

[1150] Vgl. PALANDT/EDENHOFER, § 1981, Rz. 7.

[1151] Vgl. LANGE/KUCHINKE, § 49 III 4; MÜKO-SIEGMANN, § 1985, Rz. 4.

[1152] MÜKO-SIEGMANN, § 1985, Rz. 4.

[1153] Vgl. PALANDT/EDENHOFER, § 1984, Rz. 5.

[1154] So bereits BGHZ 35, 180 = BGH NJW 1961, 1528.

[1155] Vgl. BGH NJW 1963, 297,300.

Im übrigen ist zu beachten, daß dem Nachlaßverwalter als Partei kraft Amtes nur die Prozeßführung in vermögensrechtlichen Streitigkeiten obliegt. Nichtvermögensrechtliche kann er nur insoweit wahrnehmen, als die Hauptsache mit dem Tod des Erblassers erledigt ist und nur noch über die Kosten des Rechtsstreits zu entscheiden ist.[1156] Der zum Nachlaßverwalter ernannte Testamentsvollstrecker ist vom Nachlaßgericht gem. § 1789 BGB zu verpflichten. Ihm ist eine Bestallungsurkunde auszuhändigen. Sodann obliegt ihm die Verwaltung des Nachlasses nach den Vorschriften der §§ 1985 ff. BGB. Seine Hauptaufgabe ist die Berichtigung der Nachlaßschulden, wozu er den Nachlaß unter Beachtung der Interessen der Gläubiger und der Erben zu verwerten hat.[1157] Die Nachlaßverwaltung endet mit Eröffnung des Nachlaßkonkurses/Nachlaßinsolvenzverfahrens, mit Aufhebung mangels Masse oder mit Zweckerreichung, §§ 1988, 1986 Abs. 2 BGB. Nunmehr hat der Nachlaßverwalter gewöhnlich den Nachlaßrest an den Erben herauszugeben. Ist der Nachlaßverwalter jedoch zugleich als Testamentsvollstrecker mit der Verwaltung des Nachlasses betraut, so kommt eine Herausgabe an den Erben außer in den Fällen des § 2217 BGB nicht in Betracht, da mit der Beendigung der Nachlaßverwaltung die Rechte und Pflichten des Testamentsvollstreckers in ihrem ursprünglichen Umfang wieder aufleben und dem Testamentsvollstrecker daher auch wieder die Verwaltung des Nachlaßrestes und dessen Inbesitznahme zusteht.

b) Testamentsvollstrecker und Nachlaßinsolvenz

Auch durch das Nachlaßinsolvenzverfahren wird die Testamentsvollstreckung als solche nicht automatisch beendet.[1158] Vielmehr kann der Testamentsvollstrecker, soweit ihm die Verwaltung des gesamten Nachlasses zusteht, bei Überschuldung des Nachlasses selbst die Eröffnung des Insolvenzverfahrens über den Nachlaß beantragen, § 317 Abs. 1 InsO. Ein Insolvenzverfahren über einen Erbteil ist hingegen nach § 316 Abs. 3 InsO nicht zulässig, so daß es bei Vollstreckung über einen Teil des Nachlasses an einem entsprechenden Antragsrecht fehlt. Das Antragsrecht nach § 317 Abs. 1 InsO steht selbstverständlich auch den Erben und den Nachlaßgläubigern zu. Stellt der Erbe einen Eröffnungsantrag, so ist der Testamentsvollstrecker nach § 317 Abs. 3 InsO zu hören, gleiches gilt auch umgekehrt. Darüber hinaus nennt die Vorschrift den Nachlaßverwalter oder einen anderen Nachlaßpfleger als weitere Antragsberechtigte. Mehrere Testamentsvollstrecker müssen den Antrag gemeinschaftlich stellen und bei Meinungsverschiedenheiten gegebenenfalls eine Entscheidung des Nachlaßgerichtes gem. § 2224 BGB herbeiführen.[1159]

[1156] Vgl. MüKo-Siegmann, § 1984, Rz. 5.
[1157] MüKo-Siegmann, § 1985, Rz. 8.
[1158] Haegele/Winkler, a.a.O., Rz. 171, für den Nachlaßkonkurs.
[1159] Vgl. Schaub, in Handbuch der Testamentsvollstreckung, 4. Kapitel, Rz. 281.

Umstritten ist, ob dem Testamentsvollstrecker auch eine Pflicht zur Stellung eines entsprechenden Antrages obliegt. Dagegen spricht neben dem Wortlaut, der ein *Antragsrecht* statuiert, daß der Testamentsvollstrecker grundsätzlich nicht dazu verpflichtet ist, das (Privat-) Vermögen des Erben zu schützen und eine Haftungsbeschränkung hinsichtlich des Nachlasses herbeizuführen. Andererseits ist der Testamentsvollstrecker gem. § 2216 Abs. 1 BGB dem Erben gegenüber zu einer ordnungsgemäßen Verwaltung des Nachlasses verpflichtet.

Fraglich ist aber, ob sich aus dieser Verpflichtung auch die Pflicht ergibt, bei erkennbarer Überschuldung des Nachlasses einen Antrag nach § 317 InsO zu stellen. Dies ist in der Literatur zu dem früheren Nachlaßkonkurs teilweise bejaht[1160], überwiegend jedoch abgelehnt worden.[1161] Dieser ablehnenden Auffassung ist jedoch nicht zuzustimmen. Zwar hat der Gesetzgeber eine dem § 1985 Abs. 2 BGB entsprechende Vorschrift, durch die die Vorschrift des § 1980 BGB auch für den Nachlaßverwalter Gültigkeit erlangt und seine Verpflichtung begründet, bei Vorliegen der Voraussetzungen einen Antrag auf Eröffnung des Konkursverfahrens zu stellen, nicht aber für den Testamentsvollstrecker in das BGB aufgenommen und auch in der InsO nur ein Antragsrecht statuiert, eine besondere Sorgfaltspflicht des Testamentsvollstreckers gegenüber Nachlaßgläubigern existiert somit nicht. Andererseits ist die Aufgabenstellung des Nachlaßverwalters und des Testamentsvollstreckers gegenüber dem Erben durchaus vergleichbar, so daß eine analoge Verpflichtung nicht von vornherein ausscheidet. Der Nachlaßverwalter ist für die Erfüllung seiner Aufgaben zunächst den Trägern des verwalteten Vermögens, also den Erben verantwortlich. Daneben besteht eine entsprechende Verantwortlichkeit auch gegenüber den Nachlaßgläubigern. Der Nachlaßverwalter muß seine Verwaltungsaufgaben also unter Berücksichtigung der Interessen der Nachlaßgläubiger und der Erben ausführen. Auch der Testamentsvollstrecker ist gegenüber zwei verschiedenen Beteiligten verpflichtet. Seine ureigenste Verpflichtung besteht zwar in der Ausführung der letztwilligen Anordnungen des Erblassers, daneben hat der Testamentsvollstrecker jedoch auch die Interessen der Erben zu wahren und macht sich bei schuldhafter Verletzung seiner Pflicht zur ordnungsgemäßen Verwaltung des Nachlasses schadenersatzpflichtig, § 2219 BGB. Die Pflicht zur ordnungsgemäßen Verwaltung umfaßt dabei die Nutzbarmachung des Nachlasses nach allgemeingültigen wirtschaftlichen Regeln im Sinne des Erblassers unter Berücksichtigung der Interessen des Erben.[1162]

[1160] Vgl. HAEGELE/WINKLER, a.a.O., Rz. 170; KILGER-K.SCHMIDT, KO, § 217, Anm. 2.

[1161] So etwa PALANDT/EDENHOFER, § 1980, Rz. 2; MAYER, in Handbuch der Testamentsvollstreckung, 5. Kapitel, Rz. 409; STAUDINGER/REIMANN, § 2205, Rz. 152; MÜKO-SIEGMANN, § 1980, Rz. 11; JAEGER-WEBER, KO, § 217 bis 220, Rz. 24; JAUERNIG/STÜRNER, § 1980, Anm. 1.

[1162] Vgl. STAUDINGER/REIMANN, § 2216, Rz. 3.

Diese darf der Testamentsvollstrecker keinesfalls völlig außer Acht lassen oder gar eine Gefährdung des Nachlasses als Vermögen des Erben herbeiführen. Vielmehr muß der Testamentsvollstrecker umgekehrt alles tun, um den Erben vor einer Schädigung zu bewahren, welche sich aus der Erbschaft ergeben könnte. Dies ergibt sich auch aus dem in § 2216 Abs. 2 Satz 2 BGB zum Ausdruck gekommenen Grundsatz, der dem Testamentsvollstrecker gebietet, beim Nachlaßgericht die Aufhebung letztwilliger Anordnungen des Erblassers zu beantragen, die den Nachlaß gefährden würden. Nach zutreffender Auffassung ist der Testamentsvollstrecker zur Stellung eines entsprechenden Antrages gegenüber dem Erben verpflichtet.[1163] Diese Verpflichtung des Testamentsvollstreckers folgt aus der allgemeinen Pflicht, Schädigungen des Erben, welche mit dem Nachlaß in Zusammenhang stehen, zu verhindern, und wird als Teil der ordnungsgemäßen Verwaltung des Nachlasses angesehen werden können. Dementsprechend gehört zu einer ordnungsgemäßen Verwaltung auch eine Herbeiführung der beschränkten Erbenhaftung, insbesondere in Fällen, in denen nur der Testamentsvollstrecker in der Lage ist, sich bei unklarem Nachlaß überhaupt rechtzeitig einen Überblick über die Höhe der Nachlaßverbindlichkeiten zu verschaffen und sicher zu beurteilen, ob der Nachlaß zur Befriedigung der Nachlaßgläubiger ausreichen wird. Daher muß der Testamentsvollstrecker von seinem Konkursantragsrecht Gebrauch machen, wenn er Kenntnis von einer Nachlaßüberschuldung erlangt, die zu einer Gefährdung des Eigenvermögens des Erben führen würde.[1164] Dabei soll nicht in Abrede gestellt werden, daß den Testamentsvollstrecker keine Verantwortlichkeit im Hinblick auf die Nachlaßgläubiger gem. § 1980 BGB trifft, doch im Verhältnis zu den Erben, für die er den Nachlaß zu verwalten hat, ist er im Rahmen seiner Verpflichtung zur ordnungsgemäßen Verwaltung bei Vorliegen der Voraussetzungen zur Stellung eines Antrages auf Eröffnung eines Nachlaßinsolvenzverfahrens oder auf Nachlaßverwaltung verpflichtet.[1165] Wird ein Antrag auf Eröffnung des Nachlaßinsolvenzverfahrens gestellt und das Konkursverfahren eröffnet, so geht die Befugnis des Testamentsvollstreckers zur Inbesitznahme, Verwaltung und Verfügung über Nachlaßgegenstände auf den Insolvenzverwalter über, § 80 InsO.[1166] Die Tätigkeit des Testamentsvollstreckers beschränkt sich in diesem Fall auf die Verwaltung der nicht dem Insolvenzverfahren unterliegenden Teile des Nachlasses.[1167] Rechtshandlungen des Testamentsvollstreckers können, soweit die Voraussetzungen des § 322 InsO vorliegen, genauso durch den Insolvenzverwalter angefochten werden, wie

---

[1163] Vgl. LANGE/KUCHINKE, § 31 VII 1.

[1164] MÜKO-BRANDNER, § 2216, Rz. 10.

[1165] So auch SOERGEL/DAMRAU, § 2216, Rz. 5.

[1166] Vgl. MAYER, in Handbuch der Testamentsvollstreckung, 5. Kapitel, Rz. 407.

[1167] So auch HAEGELE/WINKLER, a.a.O., Rz. 171, der jedoch zu Recht zu bedenken gibt, daß es sich hierbei vielfach um Rechtspositionen handeln wird, die auch dem Verwaltungsrecht des Testamentsvollstreckers nicht unterliegen.

solche des Erben.[1168] Andererseits kann – wie bereits beim Nachlaßkonkurs - der Testamentsvollstrecker gegen den Eröffnungsbeschluß Beschwerde einlegen, sofern er mit der Verwaltung des ganzen Nachlasses betraut ist.[1169] Aus seiner Prozeßführungsbefugnis für Passivprozesse gem. § 2213 BGB fließt darüber hinaus die Befugnis des Testamentsvollstreckers, neben dem Erben eine Forderung im Prüfungstermin nach § 176 InsO zu bestreiten.[1170] Entgegen der früher geltenden Rechtslage wird durch den Widerspruch des Schuldners eine Feststellung der Forderung gem. § 178 Abs. 1 Satz 2 InsO nicht verhindert.[1171]

Schließlich kann der Testamentsvollstrecker auch selbst zum Insolvenzverwalter für den dürftigen Nachlaß bestellt werden.[1172] Soweit SCHAUB[1173] die Auffassung vertritt, in diesem Fall könne es angezeigt sein, den Testamentsvollstrecker nach § 2227 BGB zu entlassen, so ist dem entgegenzuhalten, daß für eine Entlassung nach § 2227 ein wichtiger Grund sowie der Antrag eines Beteiligten erforderlich ist.[1174] Ein wichtiger Grund liegt nicht in der Erschöpfung des Nachlasses[1175] und kann daher auch nicht in der Ernennung zum Insolvenzverwalter gesehen werden. Ein etwa daraus resultierender Interessengegensatz von geringer Bedeutung reicht als wichtiger Grund im Sinne von § 2227 BGB nicht aus, ebensowenig eine Verhinderung des Testamentsvollstreckers, an einzelnen Nachlaßangelegenheiten mitzuwirken.[1176] Ein völliger Interessengegensatz, welcher die aufeinanderfolgende Wahrnehmung beider Ämter ausschließt, ist gleichfalls nicht ersichtlich. Vielmehr muß berücksichtigt werden, daß der Testamentsvollstrecker nach Beendigung des Nachlaßinsolvenzverfahrens wieder voll in seine Rechte eintritt[1177] und sein Amt weiterzuführen hat, sofern nicht aus anderen Gründen eine Beendigung der Testamentsvollstreckung eingetreten ist. Es ist daher durchaus möglich, daß der Testamentsvollstrecker zunächst die Aufgaben des Insolvenzverwalters im Nachlaßinsolvenzverfahren ausführt und anschließend noch zu erfüllende Aufgaben wahrnimmt, welche ihm in seiner Eigenschaft als Testamentsvollstrecker obliegen.

[1168] Vgl. BGH NJW 1954, 1036; SCHAUB, in Handbuch der Testamentsvollstreckung, 4. Kapitel, Rz. 288.

[1169] Vgl. MAYER, in Handbuch der Testamentsvollstreckung, 5. Kapitel, Rz. 410.

[1170] Vgl. MüKo-BRANDNER, § 2205, Rz. 87 für das Konkursverfahren.

[1171] Vgl. dagegen zur früheren Rechtslage MAYER, in Handbuch der Testamentsvollstreckung, 5. Kapitel, Rz. 414; MüKo-BRANDNER, § 2205, Rz. 87; HAEGELE/WINKLER, a.a.O., Rz. 171.

[1172] HAEGELE/WINKLER, a.a.O., Rz. 171; MüKo-BRANDNER, § 2205, Rz. 87; KIPP/COING, § 72 II; SCHAUB, in Handbuch der Testamentsvollstreckung, 4. Kapitel, Rz. 285.

[1173] SCHAUB, IN HANDBUCH DER TESTAMENTSVOLLSTRECKUNG, 4. KAPITEL, RZ. 285.

[1174] Vgl. dazu unten Teil E II dieser Arbeit.

[1175] Vgl. STAUDINGER/REIMANN, § 2227, Rz. 19.

[1176] Vgl. RGZ 98, 174.

[1177] So auch HAEGELE/WINKLER, a.a.O., Rz. 171.

D. Das Rechtsverhältnis zwischen Erbe und Testamentsvollstrecker

I. Allgemeine Grundlagen

1. Gesetzliches Schuldverhältnis

Durch die Testamentsvollstreckung wird der Nachlaß der Verwaltungsbefugnis und Verfügungsmacht des Erben entzogen. Der Nachlaß wird vom übrigen Vermögen des Erben abgesondert und als Sondervermögen der Verwaltung des Testamentsvollstreckers unterstellt. Durch diese „Entmachtung"[1178] des Erben wird umgekehrt eine Verantwortlichkeit zwischen dem Testamentsvollstrecker als Inhaber der Verwaltungsbefugnis und der Verfügungsmacht und dem Erben als Rechtsträger des Nachlasses erzeugt. Wie dieses Rechtsverhältnis ausgestaltet ist, soll nunmehr im einzelnen untersucht werden.

Hierbei ist zunächst festzustellen, daß das Gesetz eine eigene Bezeichnung für dieses Rechtsverhältnis nicht gewählt, sondern lediglich bestimmt hat, daß die für den Auftrag geltenden Vorschriften der §§ 664, 666 bis 668, 670, des § 673 Satz 2 und des § 674 entsprechende Anwendung finden. Der Gesetzgeber verweist damit zwar auf das Auftragsrecht, gleichwohl handelt es sich bei dem Rechtsverhältnis zwischen Testamentsvollstrecker und Erbe nicht um ein Auftragsverhältnis oder ein ähnliches Vertragsverhältnis.[1179] Der Testamentsvollstrecker ist weder Beauftragter des Erblassers noch Beauftragter des Erben, denn das Rechtsverhältnis ist weder aufgrund einer Vereinbarung zwischen Erbe und Testamentsvollstrecker zur Entstehung gelangt, noch beruht es auf einer vertraglichen oder vertragsähnlichen Rechtsbeziehung zwischen Erblasser und Testamentsvollstrecker. Dies folgt insbesondere aus dem Grundsatz, daß der Testamentsvollstrecker nicht wie ein Beauftragter an Weisungen des Erben gebunden ist, sondern nur den letzten Willen des Erblassers zu erfüllen hat.[1180] Der Testamentsvollstrecker handelt aufgrund seiner gesetzlichen Verpflichtung, die allein auf dem Willen des Erblassers beruht.[1181] Das Rechtsverhältnis zwischen Testamentsvollstrecker und Erbe findet seine Grundlage allein in der vom Gesetz angeordneten Rechtsfolge der Vermögensabsonderung, aufgrund derer der Machtfülle des Testamentsvollstreckers einerseits gewisse Schranken und Kontrollmechanismen andererseits gegenübergestellt werden sollten.[1182]

[1178] Vgl. KLUMPP in Handbuch der Testamentsvollstreckung, 6. Kapitel, Rz. 1.

[1179] Vgl. MÜKO-BRANDNER, § 2218, Rz. 1; STAUDINGER/REIMANN, § 2218, Rz. 2; EBENROTH, a.a.O., Rz. 677; BROX, Erbrecht, Rz. 399; HAEGELE/WINKLER, a.a.O., Rz. 467.

[1180] Vgl. LANGE/KUCHINKE, § 31 VII 1; der den Erblasser zwar als „Auftraggeber des Tv" bezeichnet, gleichwohl aber klarstellt, das ein Weisungsrecht nicht besteht; vgl. auch HAEGELE/WINKLER, a.a.O., Rz. 467; STAUDINGER/REIMANN, § 2218, Rz. 2.

[1181] Vgl. PALANDT/EDENHOFER, § 2218, Rz. 1.

[1182] So auch KLUMPP in Handbuch der Testamentsvollstreckung, 6. Kapitel, Rz. 1.

Es ist daher anerkannt, daß es sich bei dem Rechtsverhältnis zwischen Testamentsvollstrecker und Erbe um ein gesetzliches Schuldverhältnis eigener Art handelt.[1183] Soweit der Gesetzgeber auf die Auftragsvorschriften verwiesen hat, so stellt dies eine Rechtsfolgenverweisung dar und dient nur der kürzeren Fassung des Gesetzes.[1184] Aus den in § 2218 Abs. 1 genannten Vorschriften ergibt sich die Verpflichtung des Testamentsvollstreckers zur persönlichen Amtsführung und zur Haftung für Gehilfen (§ 664 BGB), die Auskunfts- und Benachrichtigungs- und Rechenschaftspflicht (§ 666 BGB), die Herausgabepflicht nach Beendigung des Amtes und die Verzinsungspflicht des Testamentsvollstreckers (§ 668 BGB). Aus § 670 BGB ergibt sich der Aufwendungsersatzanspruch des Testamentsvollstreckers. Weitere Vorschriften aus dem Auftragsrecht, nämlich die Vorschriften des § 671 Abs. 2 und 3 werden über § 2226 Satz 3 BGB für anwendbar erklärt. Danach ist eine Kündigung des Testamentsvollstreckers, die zur Unzeit erfolgt, unwirksam, gegebenenfalls kann der Erbe Schadensersatz verlangen. Andere Vorschriften aus dem Auftragsrecht, insbesondere die §§ 665, 669, 671 Abs. 1, 672, 673 Satz 1 BGB sind hingegen nicht, auch nicht entsprechend auf den Testamentsvollstrecker anwendbar.[1185] Ergänzende Regeln für die Ausgestaltung des Rechtsverhältnisses finden sich in den § 2206 Abs. 2 und § 2208 Abs. 2, welche besondere Rechte des Testamentsvollstreckers gegenüber dem Erben statuieren und in den §§ 2215 und 2217 BGB, welche zusätzliche Ansprüche des Erben gegen den Testamentsvollstrecker enthalten.

2. Abweichende vertragliche Gestaltungen

Der Gesetzgeber hat in § 2220 BGB bestimmt, daß die in § 2218 Abs. 1 BGB genannten Auftragsvorschriften zwingender Natur sind, also auch durch Vereinbarung zwischen Testamentsvollstrecker und Erblasser oder entsprechende letztwillige Verfügungen nicht abbedungen werden können. Andererseits können der Erbe und der Testamentsvollstrecker auf bestimmte Rechte verzichten, der Testamentsvollstrecker etwa auf seine Ersatzansprüche nach § 670 BGB und der Erbe auf Auskunftsansprüche nach § 666 oder Zinsansprüche nach § 668 BGB.[1186] Soweit ein solcher Verzicht möglich ist, können der Erbe und der Testamentsvollstrecker auch wirksam Verträge über die Durchführung der Testamentsvollstreckung schließen, durch die die Rechtsstellung des Erben nachteilig beschränkt oder erweitert wird.[1187]

[1183] Vgl. MüKo-Brandner, § 2218, Rz. 1; Klumpp in Handbuch der Testamentsvollstreckung, 6. Kapitel, Rz. 2.

[1184] Dazu auch Planck/Flad, § 2218, Anm. 1; Staudinger/Reimann, § 2218, Rz. 2; Ebenroth, a.a.O., Rz. 677 spricht von „technischen Gründen" aufgrund derer die Verweisung erfolgt sei.

[1185] Vgl. Staudinger/Reimann, § 2218, Rz. 2.

[1186] Klumpp in Handbuch der Testamentsvollstreckung, 6. Kapitel, Rz. 4.

[1187] So auch MüKo-Brandner, § 2218, Rz. 2, Staudinger/Reimann, § 2218, Rz. 3.

Eine derartige vertragliche Regelung muß ihre Grenze jedoch da finden, wo die Machtfülle des Testamentsvollstreckers zu groß und der Schutz des Erben durch entsprechende Kontrollmöglichkeiten völlig aus der Hand gegeben wird. So kann der Erbe nicht auf Schadensersatzansprüche aufgrund einer vorsätzlichen Schädigung des Nachlasses verzichten[1188]. Durchaus zulässig ist dagegen eine Vereinbarung, durch die die Haftung für Schäden, die durch vom Testamentsvollstrecker herangezogene Gehilfen verursacht werden, auf grobe Fahrlässigkeit und Vorsatz beschränkt wird.[1189] Umgekehrt kann sich auch der Testamentsvollstrecker nicht wirksam dem Willen des Erben unterwerfen und etwa eine Vereinbarung treffen, wonach er sich verpflichtet, nur solche Handlungen vorzunehmen, die vorher die Zustimmung des Erben gefunden haben. Auch eine Verpflichtung, das Amt jederzeit auf Verlangen des Erben niederzulegen, wird als unwirksam angesehen.[1190] Inhaltlich können also nur solche Vereinbarungen Wirksamkeit entfalten, durch die die Testamentsvollstreckung in ihrer gesetzlichen Ausgestaltung nicht völlig ausgehöhlt wird.[1191]

3. Einbeziehung Dritter

Die Regelungen des § 2218 BGB betreffen nur das gesetzliche Schuldverhältnis zwischen Testamentsvollstrecker und Erbe. Auf Vermächtnisnehmer, Pflichtteilsberechtigte und Nachlaßgläubiger sind die Regeln nicht ohne weiteres anwendbar.[1192] Hier ist im einzelnen zu prüfen, ob bestimmte Rechte und Pflichten auch im Verhältnis zwischen dem Testamentsvollstrecker und diesen Personen bestehen. Auf die Vermächtnisnehmer sind die Auftragsregeln nach herrschender Ansicht nicht anwendbar.[1193] Zwar wird die Rechtsstellung der Vermächtnisnehmer derjenigen des Erben über § 2219 BGB in haftungsrechtlicher Hinsicht angenähert, gleichwohl ist eine generelle Übertragung der übrigen aus § 2218 BGB folgenden gegenseitigen Rechte und Pflichten auch gegenüber den Vermächtnisnehmern nicht möglich.

[1188] Vgl. KIPP/COING, § 73 II 7.

[1189] Vgl. KLUMPP in Handbuch der Testamentsvollstreckung, 6. Kapitel, Rz. 4.

[1190] BGHZ 25, 275,279; 30, 67,73.

[1191] So auch MÜKO-BRANDNER, § 2218, Rz. 2; KLUMPP in Handbuch der Testamentsvollstreckung, 6. Kapitel, Rz. 6.

[1192] MÜKO-BRANDNER, § 2218, Rz. 3 und Rz. 23; STAUDINGER/REIMANN, § 2218, Rz. 5 f.

[1193] Vgl. PALANDT/EDENHOFER, § 2218, Rz. 9; ERMAN/SCHMIDT, § 2218, Rz. 10; RGRK/KREGEL, § 2218, Rz. 3; STAUDINGER/REIMANN, § 2218, Rz. 6; KLUMPP in Handbuch der Testamentsvollstreckung, 6. Kapitel, Rz. 34.

So besteht insbesondere kein genereller Anspruch auf Auskunft oder Rechenschaftslegung gegen den Testamentsvollstrecker.[1194] Andererseits kann sich aus der Natur des Vermächtnisses im Einzelfall ergeben, daß ein Auskunftsanspruch als Bestandteil des Vermächtnisses selbst anzusehen ist. Dies gilt etwa dann, wenn der vermachte Gegenstand nur auf diesem Wege bestimmt werden kann, weil z. B. ein Sachinbegriff mit wechselndem Bestand oder eine bestimmte Quote aus einer dem Testamentsvollstrecker bekannten Bezugsgröße vermacht wurde[1195] oder wenn der Vermächtnisnehmer mit einem Nießbrauch an einem Erbteil bedacht ist.[1196] Etwas anderes gilt für einen Pflichtteilsberechtigten, der seinen Auskunftsanspruch gem. § 2213 Abs. 1 Satz 3 BGB nur gegen den Erben geltend machen kann.[1197] Auch hier ist der Grund darin zu sehen, daß das Pflichtteilsrecht dem außerhalb der Verwaltung des Testamentsvollstreckers liegenden Erbrecht nahesteht, so daß im Streitfall ein Auskunftsanspruch nur gegen den Erben geltend gemacht werden kann.[1198]

Dagegen hat der BGH in einer neueren Entscheidung[1199] den Auskunftsanspruch des Nacherben gegen einen Testamentsvollstrecker bejaht, der zugleich als Testamentsvollstrecker für die Vorerben und als Nacherbenvollstrecker gem. § 2222 BGB eingesetzt war. Der BGH hat dabei zwar zutreffend festgestellt, daß den Nacherben vor dem Nacherbfall lediglich eine Anwartschaft auf den Nachlaß zusteht. Gleichwohl haben die Nacherben gem. § 2121 BGB einen Anspruch gegen den Vorerben auf ein Verzeichnis der zur Erbschaft gehörenden Gegenstände. Unterliegt die Vorerbschaft nun der Testamentsvollstreckung, so ist der Testamentsvollstrecker gem. § 2218 BGB verpflichtet, auch den Nacherben Auskunft über den Bestand des Nachlasses durch Vorlage eines entsprechenden Verzeichnisses zu erteilen.[1200] Darüber hinaus kann ein über die Mitteilung des Anfangsbestands hinausgehender Auskunftsanspruch der Nacherben begründet sein, wenn der Testamentsvollstrecker gem. § 2218 Abs. 1 i.V.m. § 666 BGB über „den Stand des Geschäfts" Auskunft erteilen muß.

[1194] Vgl. RGZ 50, 224; PALANDT/EDENHOFER, § 2218, Rz. 1; SOERGEL/DAMRAU, § 2218, Rz. 15; a.A. FUCHS, Recht 1910, 636.

[1195] Siehe dazu auch BGH WM 1964, 950,953; MÜKO-BRANDNER, § 2218, Rz. 23; OFFERGELD, a.a.O., S. 76.

[1196] RG JW 1904, 338.

[1197] Vgl. dazu auch BayObLG FamRZ 1997, 905,909, wonach gegenüber den Pflichtteilsberechtigten nicht einmal ein Pflicht des Tv zur ordnungsgemäßen Verwaltung des Nachlasses besteht.

[1198] Vgl. HAEGELE/WINKLER, a.a.O., Rz. 441, 475.

[1199] Vgl. BGHZ 127, 360 = BGH NJW 1995, 456 = JuS 1995, 459 = ZEV 1995, 67 mit Anm. SKIBBE.

[1200] Vgl. BGHZ 127, 360,365.

Solche Geschäfte können etwa darin liegen, daß die Vorerben, bzw. der Testamentsvollstrecker Nachlaßgegenstände veräußert hat, über die er nicht ohne Zustimmung der Nacherben verfügen kann.[1201] Den Anspruch kann jeder der Nacherben unmittelbar gegen den Testamentsvollstrecker geltend machen. Er richtet sich auf Auskunftserteilung an alle Nacherben. Andererseits hat der BGH einen Anspruch der Nacherben auf jährliche Rechnungslegung gem. § 2218 Abs. 2 BGB verneint. Ein solcher Anspruch setzt eine mit Einnahmen und Ausgaben verbundene Verwaltung voraus, deren Voraussetzungen die Nacherben in dem vom BGH entschiedenen Fall nicht hatten darlegen können.[1202] Schließlich steht auch dem Amtsnachfolger ein Auskunftsanspruch gegen den vorherigen Testamentsvollstrecker zu. Zwar sind die rechtlichen Beziehungen zwischen einem aus dem Amt ausgeschiedenen Testamentsvollstrecker und seinem Nachfolger im Gesetz nicht geregelt, gleichwohl sind auch hier die Auftragsvorschriften entsprechend anwendbar.[1203] Der Testamentsvollstrecker nimmt nämlich in diesem Fall die Rechte der Erben wahr, welche diese auch gegenüber dem Amtsvorgänger innehatten. Die Stellung des neuen Testamentsvollstreckers gleicht dabei derjenigen, die die Erben ihm gegenüber bei Beendigung des Amtes innehaben.[1204] Der Amtsvorgänger hat seinem Nachfolger daher Auskunft zu erteilen und die notwendigen Unterlagen herauszugeben, wie er hierzu gegenüber den Erben verpflichtet wäre.[1205]

II. Die Pflichten des Testamentsvollstreckers im Verhältnis zum Erben

Das zwischen Testamentsvollstrecker und Erbe bestehende gesetzliche Schuldverhältnis begründet u.a. die Pflicht des Testamentsvollstreckers, das Amt persönlich auszuüben (§ 664 BGB), unverzüglich nach Annahme des Amtes ein Nachlaßverzeichnis zu erstellen und dem Erben vorzulegen (§ 2215 BGB), den Nachlaß entsprechend den Grundsätzen der ordnungsgemäßen Verwaltung zu verwalten (§ 2216 BGB), Rechnung zu legen (§ 2218 BGB) und bei einer schuldhaften Verletzung dieser Pflichten gegebenenfalls Schadensersatz zu leisten (§ 2219 BGB). Die einzelnen sich aus diesem Rechtsverhältnis ergebenden Rechte und Ansprüche des Erben sollen im Folgenden untersucht werden.

1201 Ausführlich hierzu SKIBBE, ZEV 1995, 69.
1202 Vgl. BGHZ 127, 360,367.
1203 Vgl. BGH NJW 1972, 1660 = DNotZ 1973, 107; STAUDINGER/REIMANN, § 2218, Rz. 8; KLUMPP in Handbuch der Testamentsvollstreckung, 6. Kapitel, Rz. 53; PALANDT/EDENHOFER, § 2218, Rz. 10.
1204 Vgl. STAUDINGER/REIMANN, § 2218, Rz. 8; KLUMPP in Handbuch der Testamentsvollstreckung, 6. Kapitel, Rz. 53.
1205 Vgl. BGH NJW 1972, 1660.

1. Die höchstpersönliche Verpflichtung des Testamentsvollstreckers

a) Keine Übertragung des Amtes im Ganzen

Zunächst ist festzuhalten, daß sich aus § 664 Satz 1 BGB ein Verbot für den Testamentsvollstrecker ergibt, sein Amt vollständig auf einen Dritten zu übertragen, sofern ihm dies nicht ausdrücklich oder den Umständen nach durch den Erblasser gestattet ist. Dies folgt aus seiner Stellung als Vertrauensperson des Erblassers und der höchstpersönlichen Natur des Amtes.[1206] Selbst mit Zustimmung der Erben ist eine solche Übertragung des Amtes im Ganzen nicht wirksam.[1207] Davon ist allerdings die Ernennung eines Nachfolgers gem. § 2199 BGB nicht betroffen. Diese stellt nämlich keine Übertragung des Amtes im Sinne des § 664 BGB dar. Zudem ist die Ernennung eines Nachfolgers nach § 2199 BGB nur dann zulässig, wenn der Erblasser den Testamentsvollstrecker hierzu ermächtigt hat, so daß eine Umgehung der Pflicht zur höchst-persönlichen Amtsausführung nicht zu besorgen ist.[1208] Diesem Gebot des § 664 Abs. 1 Satz 1 BGB kommt in der Praxis jedoch keine herausgehobene Bedeutung zu, nachdem der „amtsmüde" Testamentsvollstrecker sein Amt gem. § 2226 BGB jederzeit kündigen kann.[1209] Hierdurch wird - in Verbindung mit der Ernennung eines Nachfolgers gem. § 2199 BGB in zulässiger Weise erreicht, was nach § 664 Abs. 1 Satz 1 BGB ausgeschlossen ist. Der Widerspruch wird hingenommen, nachdem die Vorschrift des § 2199 BGB eine Nachfolgerernennung nur bei entsprechender Anordnung des Erblassers zulasse und daher keine Umgehung des Höchstpersönlichkeitsgebotes darstelle.

b) Die Übertragung einzelner Aufgaben auf einen Substituten

Bedeutungsvoller erscheint da schon die Verweisung auf § 664 Abs. 1 Satz 2 BGB, wonach der Testamentsvollstrecker, sofern er sich erlaubterweise bei der Übertragung von Pflichten eines Dritten bedient, nur für die schlechte Auswahl, Unterrichtung oder Beaufsichtigung dieser Person haftet.[1210] Zwar kann der Testamentsvollstrecker im Zweifel auch einzelne Aufgaben nicht auf einen Dritten „zu eigener Verantwortung (Substitution)" übertragen,

---

[1206] Vgl. RGZ 81, 166,170; vgl. MüKo-Brandner, § 2218, Rz. 5; Klumpp in Handbuch der Testamentsvollstreckung, 6. Kapitel, Rz. 8.

[1207] Vgl. Mot. V, 219; RGZ 81, 170; Staudinger/Reimann, § 2218, Rz. 9; Palandt/Edenhofer, § 2218, Rz. 2; Lange/Kuchinke, § 31 VII 1; Ebenroth, a.a.O., Rz. 677.

[1208] So auch Staudinger/Reimann, § 2218, Rz. 9; Klumpp in Handbuch der Testamentsvollstreckung, 6. Kapitel, Rz. 20.

[1209] Sofern die Kündigung nicht zur Unzeit erfolgt, vgl. dazu auch unten Teil E I 3 dieser Arbeit.

[1210] Vgl. Ebenroth, a.a.O., Rz. 677.

selbst mit Zustimmung der Erben ist ihm dies nicht gestattet.[1211] Die Gestattung der Substitution kann aber durch den Erblasser erfolgen. Sie kann, wenn sie im Testament nicht ausdrücklich eingeräumt ist, aus den Umständen des Einzelfalles geschlossen werden[1212] oder nach den Grundsätzen der ordnungsgemäßen Verwaltung insbesondere bei umfangreichen Nachlässen zulässig sein.[1213] Nach diesen Grundsätzen kann der Testamentsvollstrecker unter bestimmten Umständen sogar verpflichtet sein, die Ausübung des Amtes im Hinblick auf bestimmte Einzelaufgaben an einen geeigneten Dritten zu übertragen.[1214] Beispielhaft sei hierfür an Fälle längerer Erkrankungen oder Auslandsreisen des Testamentsvollstreckers gedacht, wenn die Erledigung bestimmter Aufgaben keinen Aufschub duldet. In diesem Fall muß der Testamentsvollstrecker die Aufgabe zur Ausführung an einen Dritten übertragen, und sich dabei davon überzeugen, daß der Dritte die zu bewältigende Aufgabe auch erfüllen kann. Nach der sorgfältigen Auswahl hat der Testamentsvollstrecker den Dritten einzuweisen und - sofern erforderlich - auch zu beaufsichtigen. Der Testamentsvollstrecker haftet hierbei für jedes Verschulden, § 276 BGB.[1215] Hat er das hiernach Erforderliche getan, hat er für ein Verschulden des Substituten gem. § 664 Abs. 1 Satz 2 BGB nicht mehr einzustehen.[1216]

c) Die Hinzuziehung von Hilfspersonen

Neben der Vollübertragung einzelner Aufgaben (Substitution) kann es notwendig sein, daß der Testamentsvollstrecker Gehilfen für bestimmte Aufgaben hinzuzieht, insbesondere wenn es sich um umfangreiche Nachlässe handelt. Als Gehilfe ist dabei derjenige anzusehen, der nur zur Unterstützung des Testamentsvollstreckers hinzugezogen wird.[1217] Die Einschaltung von Gehilfen wird allgemein als zulässig angesehen.[1218] Die nach den Grundsätzen der ordnungsgemäßen Verwaltung zulässige Hinzuziehung von Gehilfen unterscheidet sich von der im Zweifel unzulässigen Vollübertragung der Aufgabe dadurch, daß bei der ersteren die Verantwortlichkeit unverändert beim Testamentsvollstrecker verbleibt. Die Abgrenzung ist nicht immer einfach zu bestimmen.

[1211] Vgl. RGZ 81, 166,170; LANGE/KUCHINKE, § 31 VII 1; v. LÜBTOW, Erbrecht II, S. 985.
[1212] So auch v. LÜBTOW, S. 986; MÜKO-BRANDNER, § 2218, Rz. 5.
[1213] Vgl. STAUDINGER/REIMANN, § 2218, Rz. 10.
[1214] STAUDINGER/REIMANN, § 2218, Rz. 10; zustimmend KLUMPP in Handbuch der Testamentsvollstreckung, 6. Kapitel, Rz. 11; vgl. auch RGRK/KREGEL, § 2218, Rz. 5.
[1215] Vgl. KIPP/COING, § 73 II 5 a); KLUMPP in Handbuch der Testamentsvollstreckung, 6. Kapitel, Rz. 12.
[1216] Vgl. v. LÜBTOW, a.a.O., S. 986.
[1217] So auch v. LÜBTOW, a.a.O., S. 986.
[1218] Vgl. KLUMPP in Handbuch der Testamentsvollstreckung, 6. Kapitel, Rz. 14; MÜKO-BRANDNER, § 2218, Rz. 5a.

KLUMPP schlägt als Kriterium vor, zu prüfen, ob der Testamentsvollstrecker „die Sache in der Hand behält", also die Ausführung veranlaßt, bestimmt und überwacht.[1219] Dieses Kriterium erweist sich als brauchbar, wenn man den Willen des Testamentsvollstreckers hinzunimmt, die Verantwortlichkeit für die ordnungsgemäße Aufgabenerledigung bei sich selbst zu behalten. Ein derartiger Gehilfe stellt einen Erfüllungsgehilfen im Sinne des § 278 BGB dar. Der Testamentsvollstrecker haftet daher nicht nur für sein eigenes Verschulden bei der Auswahl, Einweisung und Überwachung des Gehilfen, sondern ist nach § 278 BGB auch für jedes Verschulden des Gehilfen bei der Ausführung verantwortlich, § 664 Abs. 1 Satz 3 BGB.[1220]

d) Einschaltung selbständiger Vertragspartner

Von den beiden genannten Fallkonstellationen unterscheidet die Literatur diejenigen Fälle, in denen der Testamentsvollstrecker mit selbständigen Vertragspartnern Dienst- oder Werkverträge abschließt, um seine Aufgaben durchzuführen.[1221] So kann die Hinzuziehung eines Rechtsanwalts, Anlage- oder Steuerberaters für die Verwaltung des Nachlasses genauso erforderlich werden wie die Beauftragung eines Handwerkers, um ein geplatztes Wasserrohr in einem zum Nachlaß gehörenden Hausanwesen instandzusetzen oder erforderliche Renovierungsarbeiten vorzunehmen. Man unterscheidet dabei zwischen Aufgaben, die der Testamentsvollstrecker selbst erfüllen muß, und solchen, die er lediglich zu veranlassen und sodann zu überwachen hat.[1222] Für die letzteren kann und muß der Vollstrecker naturgemäß Hilfspersonen heranziehen, insbesondere, wenn er die Aufgaben aus tatsächlichen Gründen gar nicht alleine wahrnehmen kann.[1223] Bei solchen Verrichtungen, die stets eine besondere Sachkunde erfordern, erschöpft sich die Verpflichtung des Testamentsvollstreckers darin, geeignete Fachkräfte zu finden, mit der Ausführung der Aufgabe zu beauftragen und ihn mit den nötigen Geldmitteln zu versehen und schließlich die Erledigung der Aufgabe zu überwachen. Es kann bei derartigen Aufgaben gar keine Rede davon sein, daß der Testamentsvollstrecker einen Substituten bestellt, weil er keine ihm obliegende Aufgabe auf einen Dritten überträgt.[1224]

[1219] Vgl. KLUMPP in Handbuch der Testamentsvollstreckung, 6. Kapitel, Rz. 14.
[1220] Vgl. KIPP/COING, § 73 II 5 b.
[1221] Vgl. MüKo-BRANDNER, § 2218, Rz. 5a; STAUDINGER/REIMANN, § 2218, Rz. 10; KLUMPP in Handbuch der Testamentsvollstreckung, 6. Kapitel, Rz. 16.
[1222] Vgl. KIPP/COING, § 73 II 5 b; Lange spricht von Aufgaben, deren Erledigung der Testamentsvollstrecker nicht selbst schuldet, vgl. LANGE/KUCHINKE, § 31 VII 1.
[1223] Dies gilt etwa bei umfangreichen Renovierungsarbeiten an einem Hausanwesen oder der Prozeßführung, wenn der Testamentsvollstrecker selbst kein Rechtsanwalt ist; vgl. die Beispiele bei STAUDINGER/REIMANN, § 2218, Rz. 10.
[1224] Vgl. KIPP/COING, § 73 II 5 b; STAUDINGER/REIMANN, § 2218, Rz. 10.

In Fällen, die eine besondere Sachkunde erfordern, über die der Testamentsvollstrecker selbst nicht verfügt, obliegt ihm nämlich nicht die Pflicht, die Aufgabe höchstpersönlich zu erfüllen, sondern nur die Ausführung zu veranlassen. Diese Pflicht wird durch die Beauftragung des Fachmannes nicht übertragen, sondern erfüllt. Bei solchen Handlungen dagegen, die der Testamentsvollstrecker nur zu veranlassen hat, vor allem bei der Beauftragung von Personen zur Verrichtung von Tätigkeiten, zu denen eine bestimmte Sachkunde erforderlich ist, haftet der Testamentsvollstrecker nur für sorgfältige Auswahl, Anweisung und Aufsicht.[1225] So hat der Testamentsvollstrecker die Erbschaftssteuererklärung nicht höchstpersönlich anzufertigen. Erforderlich ist aber, daß er einen geeigneten Steuerberater ausfindig macht, diesen mit der Anfertigung der entsprechenden Steuererklärung beauftragt, dem Steuerberater die notwendigen Unterlagen und Belege zur Verfügung stellt und die rechtzeitige Erledigung überwacht.

Ist der Testamentsvollstrecker dagegen selbst aufgrund eigener Sachkunde in der Lage, die Aufgabe zu bewältigen, etwa weil er selbst Steuerberater ist, so kann er die Ausführung selbst übernehmen.[1226] Andererseits kann es möglich sein, daß der Erblasser durch die Ernennung einer bestimmten, besonders qualifizierten Person sicherstellen wollte, daß die Ausführung der Aufgabe durch den Testamentsvollstrecker persönlich erfolgt und daß daher eine Übertragung auf einen Dritten ausgeschlossen ist.[1227] So wird auch ohne besondere Anordnung davon auszugehen sein, daß ein Erblasser, der einen bestimmten Rechtsanwalt zu seinem Testamentsvollstrecker ernennt, auch gewollt haben wird, daß dieser Rechtsanwalt auch die mit der Testamentsvollstreckung einhergehenden Rechtsstreitigkeiten *selbst* führt. BRANDNER[1228] meint, in diesem Fall dürfe der Auftrag nicht an eine dritte Person vergeben werden und stützt diese Auffassung auf eine nicht ganz passende Entscheidung des BGH aus dem Jahre 1982.[1229]

Hierbei darf jedoch nicht verkannt werden, daß der Testamentsvollstrecker zwar zur persönlichen Amtsausübung verpflichtet ist, nicht jedoch die persönliche Erledigung bestimmter Einzelaufgaben schuldet. Der Testamentsvollstrecker ist daher auch nicht verpflichtet, ohne besondere Vergütung seine berufsspezifischen Kenntnisse in den Dienst des Nachlasses zu stellen.

[1225] Vgl. MÜKO-BRANDNER, § 2218, Rz. 5a; EBENROTH, a.a.O., Rz. 677; HAEGELE/WINKLER, a.a.O., Rz. 468; v. LÜBTOW, a.a.O., S. 986.
[1226] So auch STAUDINGER/REIMANN, § 2218, Rz. 10.
[1227] KLUMPP in Handbuch der Testamentsvollstreckung, 6. Kapitel, Rz. 17.
[1228] Vgl. MÜKO-BRANDNER, § 2218, Rz. 5a; zutreffend dagegen KLUMPP in Handbuch der Testamentsvollstreckung, 6. Kapitel, Rz. 17.
[1229] Vgl. BGH NJW 1983, 40.

Der Testamentsvollstrecker kann für Spezialaufgaben andere Fachkräfte heranziehen, solange er dadurch nicht gegen die Grundsätze der ordnungsgemäßen Verwaltung des Nachlasses verstößt. Diese können sogar eine Abweichung von den - unterstellten - Wünschen und Vorstellungen des Erblassers gebieten. So ist es als allgemeiner Erfahrungssatz anerkannt, daß man in eigenen Angelegenheiten ein schlechter Ratgeber ist. Dies gilt auch für Anwälte. Auch hier hört man allseits den gutgemeinten Rat, daß ein Anwalt eigene Rechtsangelegenheiten besser einem unbefangenen Kollegen übergebe, dem der Blick nicht durch das eigene Betroffensein verstellt ist. Überträgt man dies auf den Testamentsvollstrecker, der gleichzeitig Anwalt oder Steuerberater ist, so läßt sich kein Grundsatz finden, der eine Übertragung der berufsspezifischen Spezialaufgabe auf einen Dritten verbietet. Vielmehr kann die Übertragung sogar den Grundsätzen der ordnungsgemäßen Verwaltung eher entsprechen, als die eigene Ausführung der Aufgabe.

Allein der Umstand, daß durch die Übertragung der Aufgabe Kosten entstehen, die bei persönlicher Ausführung durch den Testamentsvollstrecker nicht dem Nachlaß zur Last gefallen wären, läßt sich als taugliches Argument für die Verpflichtung des Testamentsvollstreckers heranziehen, bestimmte, innerhalb seiner beruflichen Spezifikation liegenden Aufgaben selbst auszuführen.[1230] Auch dieses Argument steht aber auf wackligen Beinen, wenn man berücksichtigt, daß der Testamentsvollstrecker, wenn er neben seiner Testamentsvollstreckeraufgabe berufsspezifische Arbeiten eines Rechtsanwaltes, Steuer- oder Anlageberaters, Architekten, Bauleiters o.ä. übernimmt, dafür auch eine besondere Vergütung verlangen kann, die sich nach der üblichen berufsspezifischen Vergütung für die wahrgenommene Tätigkeit richtet.[1231] Zusatzkosten fallen daher in jedem Fall an, gleichwohl ob der Testamentsvollstrecker einen Dritten - etwa einen anderen Rechtsanwalt - beauftragt oder etwa selbst neben seiner Aufgabe als Testamentsvollstrecker als Prozeßanwalt des Nachlasses auftritt und hierfür zusätzlich Gebühren vereinnahmt.[1232] Nur wenn der Erblasser bestimmt hat, daß eine bestimmte Aufgabe durch den Testamentsvollstrecker höchstpersönlich zu erfüllen ist und hierfür auch eine besondere Vergütungsanordnung getroffen hat, wird man demnach davon ausgehen können, daß sich aus der hiermit verbundenen Bestimmung ergibt, daß die Aufgabe von dem Testamentsvollstrecker persönlich zu erledigen ist und nicht an einen Dritten übertragen werden darf.

[1230] Dieses Argument zieht offenbar auch KLUMPP in Handbuch der Testamentsvollstreckung, 6. Kapitel, Rz. 17 heran, wenn er meint es würden sonst Verpflichtungen eingegangen, die nicht zur ordnungsgemäßen Verwaltung des Nachlasses erforderlich sind.
[1231] Vgl. HAEGELE/WINKLER, a.a.O., Rz. 635; MÜKO-BRANDNER, § 2221, Rz. 24; KLUMPP in Handbuch der Testamentsvollstreckung, 6. Kapitel, Rz. 18; v. LÜBTOW, a.a.O., S. 986.
[1232] Vgl. RGZ 149, 121; KIPP/COING, § 73 II 5 b.

Überträgt der Testamentsvollstrecker die ihm dann persönlich obliegende Aufgabe doch, so handelt es sich um eine unerlaubte Substitution, bei der der Testamentsvollstrecker nicht nur für ein Auswahlverschulden, sondern für jeden Schaden haftet, auch wenn der eingesetzte Dritte selbst ohne Ausführungsverschulden gehandelt hat.[1233]

e) Die Erteilung einer Generalvollmacht durch den Testamentsvollstrecker

In engem Zusammenhang mit den bisherigen Ausführungen steht die ebenfalls umstrittene Frage, ob der Testamentsvollstrecker eine Generalvollmacht erteilen darf.[1234] Einigkeit besteht insoweit, als der Testamentsvollstrecker zweifelsfrei hinsichtlich einzelner Rechtsgeschäfte eine Vollmacht an einen Dritten erteilen kann. So kann der Vollstrecker insbesondere einem Rechtsanwalt eine Prozeßvollmacht erteilen, oder Geldanlagegeschäfte durch einen Bevollmächtigten vornehmen lassen.[1235] Die Bevollmächtigung eines Dritten zur Führung einzelner Geschäfte oder Geschäftsbereiche wird dabei als zulässig erachtet, weil der Testamentsvollstrecker durch sie die einzelnen Geschäfte noch nicht aus seinen Händen gibt und sich im modernen Rechtsverkehr ohne die Einschaltung Bevollmächtigter viele Rechtshandlungen und Verwaltungsmaßnahmen praktisch gar nicht ordnungsgemäß durchführen lassen. Selbst die Erteilung einer Handlungsvollmacht oder Prokura wird von der Rechtsprechung und Literatur allgemein als zulässig erachtet, wenn der Testamentsvollstrecker ein Handelsgeschäft im eigenen Namen für die Erben weiterführt.[1236] Die Erteilung einer Generalvollmacht wird dagegen teilweise als unzulässig angesehen, soweit nicht dem Erblasserwillen etwas anderes zu entnehmen sei.[1237]

[1233] Vgl. KLUMPP in Handbuch der Testamentsvollstreckung, 6. Kapitel, Rz. 13, STAUDINGER/REIMANN, § 2218, Rz. 12.

[1234] Vgl. zum Streitstand HAEGELE/WINKLER, a.a.O., Rz. 468.

[1235] Vgl. etwa MÜKO-BRANDNER, § 2218, Rz. 6; KIPP/COING, § 73 II 5 b; KLUMPP in Handbuch der Testamentsvollstreckung, 6. Kapitel, Rz. 21.

[1236] Vgl. KGJ 41, 75; STAUDINGER/REIMANN, § 2218, Rz. 13; KLUMPP in Handbuch der Testamentsvollstreckung, 6. Kapitel, Rz. 22; MÜKO-BRANDNER, § 2218, Rz. 6;

[1237] Vgl. KG OLGE 40, 135,136; wohl auch RGZ 81, 166,170; HAEGELE/WINKLER, a.a.O., Rz. 468; KIPP/COING, § 73 II 5 b; einschr. EBENROTH, a.a.O., Rz. 677; SCHLÜTER, Erbrecht, § 42 XII 1 b ee.

Die Gegenauffassung hält eine Generalvollmacht zumindest dann für zulässig, wenn sich der Testamentsvollstrecker den Widerruf vorbehält[1238] und der Erblasser eine solche Bevollmächtigung nicht durch letztwillige Verfügung untersagt hat.[1239] Umgekehrt stellt BRANDNER[1240] darauf ab, daß die Erteilung der Generalvollmacht dann nicht gegen das Verbot der Amtsübertragung verstoße, wenn sie mit dem Erblasserwillen zu vereinbaren ist und die interne Entscheidungsbefugnis gegenüber dem Bevollmächtigten beim Testamentsvollstrecker verbleibt. Dazu gehöre notwendigerweise auch die jederzeitige Widerrufbarkeit der Vollmacht, ohne die von der grundsätzlich gebotenen persönlichen Amtsführung nicht mehr gesprochen werden könne. In ähnlicher Weise vermittelnd äußern sich auch andere Literaturstimmen.[1241] Neuere gerichtliche Entscheidungen zu dieser Frage sind nicht ersichtlich.[1242]

Bei der Beurteilung der Problematik ist indes von den eigentlichen Aufgaben und Pflichten des Testamentsvollstreckers auszugehen, nachdem sich aus den Vorschriften des § 664 BGB ein Verbot einer Generalbevollmächtigung nicht ableiten läßt. Aufgabe des Testamentsvollstreckers ist es, das ihm anvertraute Vermögen zu verwalten, Erhaltungs- und Sicherungsmaßnahmen zu treffen, Verluste zu verhindern und die Nutzung des Vermögens zu gewährleisten.[1243] Dabei hat er sich nach den Grundsätzen der ordnungsgemäßen Verwaltung zu richten, hat aber bei seinen Entscheidungen einen gewissen Ermessensspielraum, den er ausschöpfen kann.[1244] Seine Stellung gleicht nach der Rechtsprechung derjenigen eines dynamischen Geschäftsführers. Auch aufgrund dieses Ermessensspielraums ist besonderes Augenmerk auf die Vertrauensstellung zu legen, die dem Testamentsvollstrecker durch die Ernennung vom Erblasser eingeräumt wurde. Der Erblasser geht davon aus, daß der Testamentsvollstrecker *sein* Ermessen ordnungsgemäß im Sinne der letztwilligen Anordnungen des Erblassers ausüben wird. Daher ist es grundsätzlich nicht mit der dem Testamentsvollstrecker eingeräumten Vertrauensstellung vereinbar, wenn die zu treffenden Ermessensentscheidungen nicht mehr von dem Testamentsvollstrecker persönlich, sondern nunmehr von einem Dritten getroffen werden, sofern nicht der Erblasser dies ausdrücklich oder den Umständen nach gestattet hat.[1245]

1238 PALANDT/EDENHOFER, § 2218, Rz. 2.
1239 STAUDINGER/REIMANN, § 2218, Rz. 13.
1240 Vgl. MÜKO-BRANDNER, § 2218, Rz. 6;.
1241 Vgl. auch LANGE/KUCHINKE, § 31 VII 1; OFFERGELD, a.a.O., S. 79 f.; krit. KLUMPP in Handbuch der Testamentsvollstreckung, 6. Kapitel, Rz. 26, der die Problematik mit dem Gesellschaftsrecht vergleicht.
1242 Zuletzt wohl KG DNotZ 1930, 166, krit dazu aber BRESLAUER, DNotZ 1930, 404.
1243 Vgl. BGH NJW 1959, 1820,1821; BayObLG FamRZ 1997; 905,909.
1244 BGH NJW 1987, 1070,1071; BGH FamRZ 1995, 577 = BGH ZEV 1995, 110.
1245 vgl. KG OLGE 40, 135,136.

Eine Generalbevollmächtigung, auch wenn sie widerruflich ist, kann nur den Zweck verfolgen, die Aufgaben und Befugnisse des Testamentsvollstreckers für einen mehr oder minder langen Zeitraum von dem Testamentsvollstrecker auf eine andere Person zu übertragen und den Testamentsvollstrecker in der gleichen Zeitspanne von der Wahrnehmung der Aufgaben zu entlasten. In diesem Zeitraum ist es also nicht mehr der Testamentsvollstrecker selbst, der die Stellung des *dynamischen Geschäftsführers* ausübt, sondern der Generalbevollmächtigte. Dieser setzt seine Ermessensentscheidungen an die Stelle derer des Testamentsvollstreckers. Dem Erblasser wird es in vielen Fällen jedoch gerade darauf ankommen, daß die maßgeblichen Entscheidungen nicht von einer fremden, sondern von der von ihm mit einem besonderen Vertrauensvorschuß ausgestatteten Person getroffen werden.

Gerade das Vertrauen des Erblassers in die wirtschaftliche Tüchtigkeit und Zuverlässigkeit einer bestimmten Person wird als ausschlaggebend für deren Auswahl anzusehen sein.[1246] Eine unwiderrufliche Erteilung einer Generalvollmacht muß schon aus diesen Gründen ausscheiden. Auch bezüglich einer widerruflichen Generalbevollmächtigung bestehen Bedenken. Zu Recht weist KLUMPP auf die Parallele zum Gesellschaftsrecht hin.[1247] Dort ist anerkannt, daß die von einem GmbH-Geschäftsführer erteilte Generalvollmacht den Geschäftsführer selbst nicht aus seiner Organstellung und Verantwortlichkeit verdrängen darf.

Auch der Testamentsvollstrecker ist als Inhaber eines privaten Amtes in einer vergleichbaren Stellung. Er hat die Verantwortlichkeit und die Ausübung des Amtes in allen wesentlichen Punkten stets in den eigenen Händen zu behalten. Ist ihm dies längerfristig aufgrund Krankheit oder Gebrechlichkeit nicht mehr möglich, so mag er kündigen und gegebenenfalls einen Nachfolger benennen, sofern ihm dies nach § 2199 BGB gestattet ist. Anderenfalls wird das Nachlaßgericht nach entsprechender Testamentsauslegung einen Nachfolger zu ernennen haben, sofern ein Ersuchen des Erblassers anzunehmen ist, § 2200 BGB. Es besteht daher weder ein Bedürfnis für eine Zulassung einer Generalbevollmächtigung, noch läßt sich eine solche mit dem privaten Amt des Testamentsvollstreckers als dynamischer Geschäftsführer und Vertrauensperson des Erblassers vereinbaren. Soweit die Auffassung vertreten wird, es genüge, wenn der Testamentsvollstrecker das Handeln des Generalbevollmächtigten kontrollieren und diesen bei nicht zufriedenstellender Aufgabenerfüllung seiner Befugnisse entheben könne,[1248] so ist der Hinweis angebracht, daß eine derartige Kontrolle im Außenverhältnis oftmals zu spät kommen und daher wirkungslos sein wird.

[1246] Vgl. Protokolle V, S. 281.

[1247] Vgl. KLUMPP in Handbuch der Testamentsvollstreckung, 6. Kapitel, Rz. 27.

[1248] Vgl. OFFERGELD, a.a.O., S. 80.

Hat der Generalbevollmächtigte etwa ein Nachlaßgrundstück zu einem zu niedrigen Preis veräußert oder unsichere Aktiengeschäfte getätigt, so wird sich dies bei nachträglicher Feststellung durch den Testamentsvollstrecker schwerlich rückgängig machen lassen. Eine widerrufliche Generalbevollmächtigung ist daher allenfalls dann zuzulassen, wenn sich aus den letztwilligen Anordnungen des Erblassers ergibt, daß eine solche zulässig sein sollte. Hat der Erblasser dagegen erkennbar Wert darauf gelegt, daß die Amtsführung und -ausübung durch eine bestimmte Person erfolgt, so ist die Bestellung eines Generalbevollmächtigten durch den Testamentsvollstrecker damit nicht zu vereinbaren und daher unzulässig.

2. Die Auskunfts- und Rechenschaftspflichten des Testamentsvollstreckers

a) Die Benachrichtigungspflicht

Nach § 2218 Abs. 1 i.V.m. § 666 BGB ist der Testamentsvollstrecker verpflichtet, den Erben „die erforderlichen Nachrichten" zu geben. Diese Benachrichtigungspflicht ist unaufgefordert zu erfüllen.[1249] Der Testamentsvollstrecker darf also nicht abwarten, bis der Erbe ihn auffordert, gewisse Informationen zu erteilen, er muß diese vielmehr von sich aus ungefragt dem Erben übermitteln. Eine Aufforderung des Erben wird in vielen Fällen auch nicht möglich sein, nachdem dieser oftmals gar nicht wissen kann, welche Rechtsgeschäfte der Testamentsvollstrecker gerade abzuschließen beabsichtigt. Allerdings würde es zu weit gehen, vom Testamentsvollstrecker stets eine lückenlose kontinuierliche Benachrichtigung über sämtliche Rechtsgeschäfte zu verlangen, die abgeschlossen werden sollen.[1250] Eine Benachrichtigungspflicht besteht daher nur dann, wenn nach der jeweiligen *objektiven Lage der Dinge* ein verantwortungsbewußter Testamentsvollstrecker den Erben informiert hätte.[1251] Wann dies der Fall ist, läßt sich schwerlich verallgemeinern. Zum einen ist der Testamentsvollstrecker in seiner Amtsführung grundsätzlich von den Erben unabhängig und kann auf diese Unabhängigkeit nicht einmal rechtswirksam verzichten.[1252]

1249 Vgl. STAUDINGER/REIMANN, § 2218, Rz. 14; KLUMPP in Handbuch der Testamentsvollstreckung, 6. Kapitel, Rz. 54; HAEGELE/WINKLER, a.a.O., Rz. 477; OFFERGELD, a.a.O., S. 81; MÜKO-BRANDNER, § 2218 ; Rz. 9,

1250 Vgl. RGZ 130, 131,139; MÜKO-BRANDNER, § 2218, Rz. 9. der eine allgemeine Benachrichtigungs- und Anhörungspflicht des Testamentsvollstreckers verneint, jedoch die Auffassung vertritt, der Testamentsvollstrecker müsse bei der Unterrichtung der Erben großzügig verfahren.

1251 So auch STAUDINGER/REIMANN, § 2218, Rz. 17; vgl. auch KLUMPP in Handbuch der Testamentsvollstreckung, 6. Kapitel, Rz. 55.

1252 Vgl. BGHZ 25, 275,279 f.

Aufgrund dieser freien Stellung dürfen die an den Testamentsvollstrecker zu stellenden Pflichten nicht überspannt werden. Infolgedessen ist bei Vorgängen, die eine Verwaltungsmaßnahme nur vorbereiten, eine Nachricht an die Erben nach richtiger Auffassung nicht erforderlich.[1253] Auch bei Rechtsgeschäften des täglichen Lebens und einfachen Verwaltungsmaßnahmen kann nicht von einer grundsätzlichen Mitteilungspflicht ausgegangen werden. Man wird jedoch sagen müssen, daß bei allen Rechtsgeschäften, die ein nicht unerhebliches Risiko in sich bergen oder die Substanz des Nachlasses, also etwa zum Nachlaß gehörende Grundstücke betreffen,[1254] objektiv gesehen eine Situation entsteht, in der der Testamentsvollstrecker den Erben rechtzeitig über seine Absichten zu benachrichtigen hat.[1255]

Dagegen wird eine Benachrichtigungspflicht nicht automatisch bereits dann bestehen, wenn der Testamentsvollstrecker Insichgeschäfte abzuschließen gedenkt.[1256] Der BGH hat zwar in seiner Entscheidung vom 29. April 1959 hierzu instruktiv ausgeführt, daß bei Verkauf eines Grundstücks unter Wert im Wege eines Insichsgeschäftes die Annahme einer Ordnungswidrigkeit nach § 2216 BGB und in Verbindung mit einer entsprechenden Anwendung des § 181 BGB die Unwirksamkeit des Geschäftes die Folge sein könnte.[1257] Ausschlaggebendes Kriterium für diese Entscheidung dürfte jedoch nicht die Tatsache gewesen sein, daß der Verkauf im Wege eines Insichgeschäftes erfolgen sollte, sondern daß es sich um ein wertvolles Nachlaßgrundstück handelte und der Grundstückskaufpreis deutlich unter dem von der Testamentsvollstreckerin selbst eingeholten Wertgutachten lag. Aus dieser Entscheidung läßt sich meines Erachtens nach nicht ableiten, daß der Testamentsvollstrecker die Erben vor jedem Insichgeschäft benachrichtigen oder gar anhören muß. Eine solche Verpflichtung kann insbesondere dann nicht bestehen, wenn dem Testamentsvollstrecker Insichgeschäfte gestattet sind und es sich um ein Geschäft von wirtschaftlich untergeordneter Bedeutung handelt. Allerdings wird ein Testamentsvollstrecker auch bei wirtschaftlich weniger bedeutsamen Insichgeschäften gut daran tun, die Erben bereits in seinem eigenen Interesse zu benachrichtigen, um sich ihrer Zustimmung zu versichern und die Gefahr eines auf ein unzulässiges Insichgeschäft gestützten Entlassungsantrages nach § 2227 BGB zu verringern.[1258]

[1253] Allerdings hält BGHZ 30, 67, 73, auch bei derartigen Vorgängen nach den Umständen des Einzelfalles eine Mitteilungspflicht für möglich.

[1254] So lag der Fall auch bei BGHZ 30, 67; zudem sollte das Grundstück unter Wert im Wege eines Insichgeschäftes verkauft werden.

[1255] Vgl. KLUMPP in Handbuch der Testamentsvollstreckung, 6. Kapitel, Rz. 70.

[1256] So aber STAUDINGER/REIMANN, § 2218, Rz. 17 unter Berufung auf BGHZ 30, 67, 72.

[1257] Vgl. BGHZ 30, 67,73.

[1258] Vgl. dazu jüngst OLG Frankfurt NJW-RR 1998, 79 =, ZEV 1998, 350 mit Anm. DAMRAU; vgl. auch unten Teil E II 1 c) dieser Arbeit.

Auch die Frage, wie oft oder in welchen Abständen der Testamentsvollstrecker seiner Benachrichtigungspflicht nachzukommen hat, läßt sich nicht allgemein beantworten. Die Literatur rät für die Praxis, vor allem bei größeren Nachlässen und Dauervollstreckung die Erben fortlaufend in gleichbleibenden Abständen zu unterrichten.[1259] Darüber hinaus hat der Testamentsvollstrecker den Erben jedoch über wichtige Verfahrensabschnitte der Testamentsvollstreckung und die Ergebnisse des Verwaltungshandelns zu unterrichten. Bei besonderen Situationen und Geschäftslagen, bei unerwarteten Ereignissen, oder speziellen Anlässen, wie etwa beim Ausgang eines Prozesses ist schließlich eine besondere Benachrichtigung erforderlich.[1260]

Der Inhalt und Umfang der notwendigen Information hängt ebenfalls vom konkreten Einzelfall ab. Die Benachrichtigung hat dabei aber stets so zu erfolgen, daß der Erbe sich ein hinreichendes Bild von dem Stand der Testamentsvollstreckung bzw. dem abzuschließenden Geschäft machen kann und in die Lage versetzt wird, sich ein eigenes Bild zu machen und seine Rechte wahrzunehmen, seine Pflichten zu erfüllen und selbst sachgerechte Entscheidungen zu fällen.[1261] Der Testamentsvollstrecker wird daher alle notwendigen Fakten und Daten sowie die verkehrswesentlichen Eigenschaften der beteiligten Personen im Sinne des § 119 Abs. 2 BGB mitteilen müssen. Denn der Zweck der dem Testamentsvollstrecker auferlegten Benachrichtigungspflicht liegt darin, dem Erben die Möglichkeit einzuräumen, die jeweilige Situation richtig und vollständig zu beurteilen. Daher begründet § 666 BGB einen umfassenden Anspruch des Auftraggebers - hier des Erben - über die Einzelheiten der Ausführung des Geschäfts informiert zu werden.[1262] Vor diesem Hintergrund sind unvollständige, bruchstückhafte oder verspätete Nachrichten ebenso ungenügend wie solche, die der Erbe aufgrund ihrer sprachlichen Fassung nicht verstehen kann.[1263] Verfügt der Testamentsvollstrecker über eine besondere Rechts- oder Sachkunde, so kann sich eine über die bloße Informationspflicht hinausgehende Verpflichtung zur Warnung und Aufklärung des Erben ergeben, wenn es für den Testamentsvollstrecker erkennbar ist, daß der Erbe etwa aufgrund mangelnder Rechtskenntnis nicht in der Lage ist, die Situation zu überblicken und sich ein eigenes Bild von den Verhältnissen zu machen.

[1259] So etwa KLUMPP in Handbuch der Testamentsvollstreckung, 6. Kapitel, Rz. 71.

[1260] Vgl. die Beispiele bei KLUMPP in Handbuch der Testamentsvollstreckung, 6. Kapitel, Rz. 71.

[1261] vgl. HAEGELE/WINKLER, a.a.O., Rz. 478.

[1262] So auch BGHZ 109, 260,266 hinsichtlich der Informationspflicht eines Rechtsanwalts gegenüber dem Mandant.

[1263] Hat sich der Testamentsvollstrecker mißverständlich ausgedrückt, wird er ggf. verpflichtet sein, noch mal nachzufragen, ob die Information verstanden worden ist oder diese nochmals klarstellen müssen.

Darüber hinausgehende besondere Benachrichtungspflichten können sich schließlich dann ergeben, wenn der Testamentsvollstrecker hierzu aufgrund spezifischer Berufspflichten - etwa aufgrund seiner Eigenschaft als Rechtsanwalt oder Steuerberater - verpflichtet ist. Diese besonderen berufsspezifischen Benachrichtungspflichten gehen jedoch über die auftragsrechtlichen Pflichten des Testamentsvollstreckers hinaus und sollen daher an dieser Stelle nicht weiter vertieft werden.[1264]

Eine bestimmte Form ist für die Nachrichten nicht vorgeschrieben. Diese können daher auch mündlich oder fernmündlich übermittelt werden. Das BayObLG hat in einer neueren Entscheidung insbesondere mehrfache mündliche Besprechungen über die finanzielle Situation für die Erfüllung der Benachrichtigungspflicht als ausreichend erachtet.[1265] Gerade bei komplizierten Sachverhalten kann es jedoch erforderlich sein, die nötigen Information schriftlich zu übermitteln. Wenn es etwa um ausführliches Zahlenmaterial oder vergleichende Statistiken geht, wird eine mündliche Benachrichtigung nicht ausreichend sein, da es dem Erben unmöglich sein wird, alle Informationen sachgerecht aufzuarbeiten. Eine schriftliche Benachrichtigung empfiehlt sich daneben aus Gründen der Beweissicherheit.[1266] Kommt der Testamentsvollstrecker seinen Benachrichtigungspflichten nicht nach, so kann dem Erben daraus ein Schadensersatzanspruch nach § 2219 BGB erwachsen.[1267] Voraussetzung ist jedoch, daß die fehlende oder mangelhafte Benachrichtigung ursächlich für den entstandenen Schaden ist.[1268] Schließlich kann die unterbliebene Benachrichtigung auch einen Entlassungsgrund im Sinne des § 2227 BGB darstellen.[1269]

Einen gesetzlich geregelten Sonderfall der Benachrichtigungspflicht stellt die Pflicht des Testamentsvollstreckers dar, den Erben unverzüglich nach Annahme des Amtes ein Verzeichnis über alle seiner Verwaltung unterliegenden Nachlaßgegenstände und der bekannten Nachlaßverbindlichkeiten zu übermitteln, § 2215 BGB. Auch dieser Pflicht hat der Testamentsvollstrecker *unaufgefordert* nachzukommen.[1270] Der Testamentsvollstrecker ist berechtigt und auf Verlangen der Erben verpflichtet, das Verzeichnis durch die zuständige Behörde oder einen Notar aufnehmen zu lassen, § 2215 Abs. 4 BGB.

[1264] Zur Informationspflicht eines Rechtsanwalts: HANSENS; Die Rechtsprechung zum Anwaltshaftpflichtrecht im Jahre 1991; NJW 1992, 1353,1354.
[1265] Vgl. BayObLG, ZEV 1998, 348,349.
[1266] Vgl. KLUMPP in Handbuch der Testamentsvollstreckung, 6. Kapitel, Rz. 79.
[1267] Vgl. BGHZ 30, 67, 73; HAEGELE/WINKLER, a.a.O., Rz. 477; MÜKO-BRANDNER, § 2218, Rz. 9.
[1268] Vgl. dazu unten Teil D II 4 c) dieser Arbeit.
[1269] OLG Zweibrücken, Rpfleger 1977, 306; HAEGELE/WINKLER, a.a.O., Rz. 478; vgl. dazu auch unten Teil E II 1 aa) dieser Arbeit.
[1270] Vgl. HAEGELE/WINKLER, a.a.O., Rz. 485.

Das Nachlaßverzeichnis kann im übrigen in einer einfachen Aufstellung der Grundstücke, sonstigen Gegenstände und Forderungen bestehen, die der Verwaltung des Testamentsvollstreckers unterliegen. Es dient als Grundlage für die Rechenschaftspflicht des Testamentsvollstreckers, zur Überprüfung der ordnungsgemäßen Verwaltung und als Grundlage seiner Haftung. Da das Nachlaßverzeichnis nach § 2215 BGB jedoch bereits an anderer Stelle dieser Arbeit[1271] ausführlich erläutert wurde, soll es hier nur aus Gründen der Vollständigkeit nochmals im Zusammenhang mit den Benachrichtigungs- und Auskunftspflichten des Testamentsvollstreckers erwähnt werden.

b) Allgemeine Anhörungspflicht ?

Fraglich ist, wieweit eine über die Benachrichtigungspflicht hinausgehende Verpflichtung des Testamentsvollstreckers besteht, den Erben vor wichtigen Entscheidungen anzuhören. Das Reichsgericht hat in einer Entscheidung vom 20. Oktober 1930 eine mit der Benachrichtigungspflicht einhergehende Anhörungspflicht bejaht.[1272] In dem zugrundeliegenden Fall hatte die Testamentsvollstreckerin, die darüber hinaus als Miterbin eingesetzt war, allerdings ein zum Nachlaß gehörendes Grundstück zu einem erheblich unter dem Verkehrswert liegenden Preis an ihre Kinder aus erster Ehe verkauft, ohne die Kinder des Erblassers, welche gleichfalls als Miterben eingesetzt waren, vor dem Verkauf über das Geschäft zu informieren. Dadurch war eine vom Erblasser zugunsten der Erben angeordnete Sicherung unausführbar geworden. Das RG hat hierin einen Mißbrauch der Vertrauensstellung gesehen und die Auffassung vertreten, daß der Testamentsvollstrecker die Erben vor dem Geschäft hätte anhören müssen, damit entstehende Meinungsverschiedenheiten - notfalls im Wege eines Rechtsstreits - hätten geklärt werden können.[1273] Im Zusammenhang mit der Aufstellung des Auseinandersetzungsplanes ist eine Anhörungspflicht des Testamentsvollstreckers gesetzlich normiert worden, § 2204 Abs. 2 BGB. Zwar ist eine Genehmigung des Planes durch die Erben nicht erforderlich, der Testamentsvollstrecker soll den Erben aber Gelegenheit geben, ihre eigenen Anregungen, Wünsche und Bedenken vorzutragen.[1274] Andererseits ergibt sich eine allgemeine Anhörungspflicht nicht aus dem Wortlaut der auftragsrechtlichen Vorschriften der §§ 664 ff BGB. Eine solche ist auch mit der freien Stellung des Testamentsvollstreckers gegenüber dem Erben nicht zu vereinbaren. Wie sich auch aus den Protokollen zum BGB ergibt, haben die Gesetzesväter eine allgemeine Anhörungspflicht des Testamentsvollstreckers nicht für notwendig erachtet.

[1271] Vgl. dazu oben Teil C II 2 dieser Arbeit.

[1272] Vgl. RGZ 130, 131,139.

[1273] Zustimmend offenbar KLUMPP in Handbuch der Testamentsvollstreckung, 6. Kapitel, Rz. 63.

[1274] Vgl. HAEGELE/WINKLER, a.a.O., Rz. 519; MÜKO-BRANDNER, § 2204, Rz. 6.

Selbst eine Verpflichtung des Testamentsvollstreckers, den Erben die Eingehung von Nachlaßverbindlichkeiten bzw. deren Erfüllung vorher anzuzeigen, wurde in den Beratungen abgelehnt.[1275] Es sei nicht richtig, den Vollstrecker auch dann zu einer Benachrichtigung der Erben zu verpflichten, wenn die beabsichtigte Maßnahme im Interesse einer ordnungsgemäßen Verwaltung liege. Zudem könne sich die Ausführung dann erheblich verzögern.[1276]

Eine Anhörungspflicht ist nach den Grundsätzen der ordnungsgemäßen Verwaltung in Verbindung mit einer analogen Anwendung des § 2204 Abs. 2 BGB jedoch dann gegeben, wenn der Testamentsvollstrecker Verwaltungsmaßnahmen plant, die im Zusammenhang oder in Vorbereitung der Auseinandersetzung erfolgen oder bei denen einzelne wertvolle Nachlaßgegenstände zum Zweck der Nutzbarmachung ihres Wertes veräußert werden sollen. In solchen besonderen Einzelfällen kann sich aus der Lage der Dinge und den besonderen Interessen der Erben eine Situation ergeben, bei der ein verantwortungsvoller und umsichtiger Testamentsvollstrecker die Erben nicht nur zu informieren, sondern ihnen auch die Gelegenheit zur Stellungnahme zu geben hat, wie dies auch vor der Aufstellung des Auseinandersetzungsplanes der Fall ist. Bei solchen Fallkonstellationen ist daher auch eine Anhörungspflicht zu bejahen. Maßgeblich ist dabei, ob sich in der konkreten Situation bei der gebotenen Anwendung der Grundsätze der ordnungsgemäßen Verwaltung ergibt, daß eine Anhörung der Erben durchzuführen ist.

c) Auskunftspflicht

Während die Benachrichtigungspflicht ein unaufgefordertes Tätigwerden des Testamentsvollstreckers erfordert, ist dieser im Rahmen der sich aus § 666 BGB ergebenden Auskunftspflicht verpflichtet, den Erben auf *Verlangen* über den Stand der Testamentsvollstreckung Auskunft zu erteilen.[1277] Während bei den Informationspflichten die Erforderlichkeit der Benachrichtigung maßgeblich ist, kann bei der Auskunftspflicht der Erbe durch sein Verlangen den Takt und das Maß der Auskunftserteilung durch den Testamentsvollstrecker bestimmen.[1278] Die Auskunftspflicht erstreckt sich auch auf beabsichtigte Geschäfte[1279] und richtet sich dem Umfang nach den Anforderungen des Erben.[1280]

[1275] Protkolle V, S. 282.
[1276] Protkolle V, S. 282.
[1277] Vgl. BayObLG ZEV 1998, 348,349; SOERGEL/DAMRAU, § 2218, Rz. 6; STAUDINGER/REIMANN, § 2218, Rz. 18.
[1278] KLUMPP in Handbuch der Testamentsvollstreckung, 6. Kapitel, Rz. 83.
[1279] Vgl. RGZ 130, 131,139; vgl. bereits Prot. V, S. 315.
[1280] Vgl. HAEGELE/WINKLER, a.a.O., Rz. 479 f.; EBENROTH, a.a.O., Rz. 678.

Sie ist so umfassend und vollständig zu erteilen, daß der Erbe seine jeweilige Rechtsposition stets richtig und vollständig beurteilen kann.[1281] Dabei kommt der geordneten Zusammenstellung der Einnahmen und der Ausgaben und der Ausweisung eines etwaigen Überschusses besondere Bedeutung zu. Ausgabenposten sind so genau darzulegen, daß der Berechtigte imstande ist, diese ohne übermäßigen Arbeitsaufwand nachzuprüfen.[1282] Der Erbe hat quasi einen Anspruch darauf, immer „auf dem neuesten Stand der Dinge" zu sein. Stellt der Erbe präzise Einzelfragen, so hat der Testamentsvollstrecker diese ordnungsgemäß zu beantworten. Darüber hinaus ist jedoch zu berücksichtigen, daß der Testamentsvollstrecker einen Gesamtauftrag hinsichtlich der Verwaltung des Nachlasses hat. Daraus ergibt sich auch eine Verpflichtung zur umfassenden Auskunft über den Nachlaß. Dazu kann es notwendig sein, einen umfangreichen schriftlichen Bericht nebst Anlagen vorzulegen, welche Geschäfte für den Nachlaß getätigt wurden. Ist etwa ein Rechtsanwalt beauftragt, die Vermögensverhältnisse einer Person allgemein zu regeln, so muß er über alles Aufschluß geben, was unter diesen Auftrag gefallen ist.[1283] Schließlich kann der Testamentsvollstrecker im Einzelfall sogar verpflichtet sein, über sein eigenes Wissen hinausgehende Auskünfte zu erteilen. So etwa, wenn der Testamentsvollstrecker den ihm nicht bekannten Verkehrswert einer Sammlung oder eines Grundstückes angeben soll, dessen Verkauf in Frage steht.[1284] In diesem Fall trifft den Testamentsvollstrecker eine „Wissensverschaffenspflicht", nach der der Testamentsvollstrecker sich die notwendigen Kenntnisse ggf. durch Hinzuziehung eines Sachverständigen oder Einholung eines Gutachtens beschaffen muß.[1285]

Die Auskunftspflicht besteht gegenüber jedem Miterben. Sie kann von einem einzelnen Miterben aber nur in der Gestalt geltend gemacht werden, daß Auskunft an alle Miterben erteilt wird.[1286] Die Verpflichtung des Testamentsvollstreckers besteht, solange der Erbe ein berechtigtes Interesse an der Auskunftserteilung hat, und wird nicht dadurch beseitigt, daß der Nachlaß durch Vermächtnisse oder Auflagen aufgezehrt wird.[1287] Die Auskunft muß wahrheitsgemäß erteilt werden. Sie ist sogar dann zu erteilen, wenn der dazu Verpflichtete sich wegen eines Mißbrauchs seiner Stellung selbst bezichtigen müßte.[1288]

1281 Vgl. BGHZ 109, 260,266 = NJW 1990, 510.

1282 So auch OLG Hamm, NJW-RR 1992, 1029 für den Auskunftsanspruch eines Unterhaltsberechtigten; vgl. auch BGH NJW 1961, 602,603.

1283 Vgl. OLG Neustadt, MDR 1965, 293.

1284 Vgl. das Beispiel bei HAEGELE/WINKLER, a.a.O., Rz. 481.

1285 Vgl. KLUMPP in Handbuch der Testamentsvollstreckung, 6. Kapitel, Rz. 101.

1286 Vgl. BGH NJW 1965, 396,397; so auch PALANDT/EDENHOFER, § 2218, Rz. 3.

1287 SOERGEL/DAMRAU, § 2218, Rz. 4; HAEGELE/WINKLER, a.a.O., Rz. 479.

1288 Sogar wenn der Verpflichtete eine eigene Straftat offenbaren muß, besteht eine rechtliche Verpflichtung zur wahrheitsgemäßen Auskunftserteilung vgl. BGHZ 41, 318,323; OLG Celle, WM 1974, 735; HAEGELE/WINKLER, a.a.O., Rz. 480.

Das Auskunftsrecht des Auftraggebers ist nämlich gerade dann besonders wichtig, wenn der Beauftragte gegen die ihm obliegenden Pflichten verstoßen hat, insbesondere dann, wenn eine treuwidrige Schädigung des Auftraggebers in Betracht kommt. Wollte man solche Fälle von der Auskunftspflicht ausschließen, würde § 666 BGB die ihm zugewiesene Aufgabe gerade bei schweren Verstößen nicht mehr erfüllen können.[1289]

Allerdings ist der Testamentsvollstrecker dem Auskunftsverlangen des Erben nicht schrankenlos ausgesetzt. Die Pflicht zur Auskunftserteilung unterliegt vielmehr dem Schikaneverbot des § 242 BGB.[1290] Der Testamentsvollstrecker kann die Auskunft daher verweigern, wenn der Erbe die Ansprüche in einer Art und Weise geltend macht, die den Testamentsvollstrecker zu einer vorzeitigen Aufgabe des Amtes zwingen soll. Darüber hinaus wird der Anspruch auch durch den Grundsatz der Zumutbarkeit begrenzt.[1291] Die Auskunft muß daher auch dann nicht erteilt werden, wenn das Interesse des Erben zu dem durch die Erteilung der Auskunft stehenden Aufwand in keinem vernünftigen Verhältnis steht.[1292] Umgekehrt kann sich aus dem Grundsatz von Treu und Glauben aber auch ergeben, daß der Testamentsvollstrecker seine Auskunftserteilung wiederholen muß.[1293]

Eine besondere Form der Auskunftserteilung ergibt sich aus § 260 Abs. 1, 2. Alt. BGB. Danach hat derjenige, der verpflichtet ist, über einen Inbegriff von Gegenständen oder über den Bestand eines solchen Inbegriffs Auskunft zu erteilen, dem Berechtigten ein Bestandsverzeichnis vorzulegen. Als Inbegriff im Sinne des § 260 BGB kommt eine Sachgesamtheit, etwa eine Bibliothek oder ein Warenlager und ein Sondervermögen, insbesondere ein Nachlaß in Betracht.[1294] Hat der Testamentsvollstrecker also eine Mehrheit von Vermögensgegenständen zu verwalten, bei denen der Erbe nicht in der Lage ist, alle Gegenstände einzeln zu bezeichnen, so muß er ein schriftliches Bestandsverzeichnis fertigen und dem Erben vorlegen. Eine derartige Verpflichtung trifft den Testamentsvollstrecker zwar bereits gem. § 2215 BGB, wonach er unmittelbar nach Annahme des Amtes den Erben ein Nachlaßverzeichnis als Grundlage seiner ordnungsgemäßen Verwaltung zu übermitteln hat.[1295]

[1289] Ausführlich hierzu auch BGHZ 109, 260,268.

[1290] Vgl. BGHZ 39, 88,92 f. für den Anspruch auf Rechnungslegung; zutreffend auch STAUDINGER/REIMANN, § 2218, Rz. 18; KLUMPP in Handbuch der Testamentsvollstreckung, 6. Kapitel, Rz. 84 f.

[1291] KLUMPP in Handbuch der Testamentsvollstreckung, 6. Kapitel, Rz. 85 spricht von einem „Wertigkeitsgebot“

[1292] BGH WM 84, 1164; PALANDT/THOMAS, § 666, Rz. 1; MÜKO-SEILER, § 666, Rz. 7.

[1293] BGH NJW-RR 1988, 1073; vgl. auch KLUMPP in Handbuch der Testamentsvollstreckung, 6. Kapitel, Rz. 84.

[1294] Vgl. PALANDT/HEINRICHS, §§ 259-261, Rz. 6; MÜKO-KELLER; § 260, Rz. 4.

[1295] Vgl. dazu oben Teil C II 2 und D II 2 a dieser Arbeit.

Gleichwohl kann der Testamentsvollstrecker jedoch auch zu einem späteren Zeitpunkt, insbesondere während einer langdauernden Verwaltungsvollstreckung, verpflichtet sein, erneut ein Bestandsverzeichnis vorzulegen.[1296] Verlangt der Erbe im Rahmen seines Auskunftsanspruches die Vorlage eines Bestandsverzeichnisses, etwa über die der Verwaltung des Testamentsvollstreckers unterliegenden Mietwohnungen und hieraus erzielte Mieteinnahmen, so kann sich der Testamentsvollstrecker nicht darauf berufen, er habe bereits ein Nachlaßverzeichnis nach § 2215 BGB vorgelegt. Die Vorlage des Nachlaßverzeichnisses befreit den Testamentsvollstrecker nämlich nicht von seiner Auskunftspflicht, allerdings kann der Testamentsvollstrecker in diesem Fall auf das Nachlaßverzeichnis Bezug nehmen.[1297] Der Testamentsvollstrecker darf die Auskunftserteilung auch nicht unter Hinweis auf seine fällige Vergütung oder Aufwendungsersatzansprüche verweigern. Ein Zurückbehaltungsrecht steht ihm in diesen Fällen nicht zu. Auch wenn § 273 BGB prinzipiell auch im Verhältnis zwischen Testamentsvollstrecker und Erbe anwendbar ist, kann sich der Testamentsvollstrecker nicht darauf berufen, da er nach richtiger Ansicht vorleistungspflichtig ist.[1298]

Sofern der Testamentsvollstrecker verpflichtet ist, ein Verzeichnis über einen Inbegriff von Sachen vorzulegen, und die Besorgnis besteht, daß dieses Verzeichnis nicht mit der erforderlichen Sorgfalt erstellt worden ist, so hat der Testamentsvollstrecker auf Verlangen des Erben die eidesstattliche Versicherung gem. § 260 Abs. 2 BGB über die Richtigkeit und Vollständigkeit des Verzeichnisses abzugeben.[1299] Für die Annahme dieser Besorgnis ist es jedoch nicht ausreichend, daß der zur Auskunft Verpflichtete die Auskunft zu einem früheren Zeitpunkt verweigert, später dann aber doch noch rechtzeitig erteilt hat, das Verzeichnis ohne Hinzuziehung von Zeugen aufgestellt wurde oder notwendige Belege verspätet vorgelegt wurden.[1300] Allerdings kann die Besorgnis damit begründet werden, daß der Auskunftsschuldner mit allen juristischen Mitteln versucht hat, die Auskunftserteilung zu verhindern oder zumindest zu verzögern.[1301] Das Gleiche gilt, wenn eine mehrfache „Nachbesserung“ oder Korrektur der Angaben bei der Erstellung des Bestandsverzeichnisses erforderlich war.[1302]

1296 Ausführlich KLUMPP in Handbuch der Testamentsvollstreckung, 6. Kapitel, Rz. 105 f.

1297 Vgl. MüKo-BRANDNER, § 2218, Rz. 8; vgl. MÖHRING/BEISSWINGERT/KLINGELHÖFFER, a.a.O., G V 10; KLUMPP in Handbuch der Testamentsvollstreckung, 6. Kapitel, Rz. 107.

1298 Vgl. SOERGEL/DAMRAU, § 2218, Rz. 9; STAUDINGER/REIMANN, Rz. 21.

1299 Vgl. BGH WM 1964, 950,953; OLG München OLGE 40, 134; STAUDINGER/REIMANN, Rz. 24; MüKo-BRANDNER, § 2218, Rz. 12.

1300 Vgl. PALANDT/HEINRICHS, §§ 259-261, Rz. 30.

1301 OLG Frankfurt, NJW-RR 93, 1483.

1302 So etwa BGH NJW 1961, 602.

Eine lückenhafte Erteilung des Verzeichnisses gibt dem Erben jedoch noch keinen Anspruch auf Abgabe der eidesstattlichen Versicherung.[1303] In diesem Fall behält der Erbe vielmehr seinen Erfüllungsanspruch hinsichtlich der Auskunftserteilung. Ist die Auskunft dagegen bereits dem Grunde nach erteilt, besteht aber Anlaß zu der Vermutung, daß dies nicht mit der erforderlichen Sorgfalt geschehen ist, kann keine weitere Auskunftserteilung, sondern nur noch die Abgabe der eidesstattlichen Versicherung verlangt werden.[1304] Um diese Tatbestandsvoraussetzungen festzustellen, ist auf das gesamte Verhalten des Testamentsvollstreckers abzustellen.[1305]

Wenn der Testamentsvollstrecker nach diesen Vorschriften zur Abgabe der eidesstattlichen Versicherung verpflichtet ist, hat er gegenüber dem Prozeßgericht oder dem Vollstreckungsgericht[1306] zu versichern, daß er den Bestand des Nachlasses und der ihm bekannten Nachlaßverbindlichkeiten nach bestem Wissen und Gewissen derart vollständig abgegeben hat, als er hierzu im Stande gewesen ist.[1307] Die eidesstattliche Versicherung hat sich insbesondere auch auf die Passiva zu beziehen und umfaßt die Versicherung, daß die in der Aufstellung aufgeführten Ausgaben auch tatsächlich für Zwecke des Nachlasses geleistet worden sind, um Manipulationen des Schuldners bei den Passiva zu verhindern.[1308] Über den Wortlaut der §§ 259 Abs. 2, 260 Abs. 2 BGB hinaus ist der Testamentsvollstrecker nicht nur hinsichtlich der Richtigkeit eines Bestandsverzeichnisses, sondern hinsichtlich jeder Auskunftsverpflichtung auch zur Abgabe einer eidesstattlichen Versicherung verpflichtet, sofern davon auszugehen ist, daß die geschuldete Auskunft nicht mit der erforderlichen Sorgfalt erteilt worden ist. In diesen Fällen sind die Vorschriften der §§ 259, 260 BGB auch auf andere Auskunftspflichten entsprechend anwendbar, wobei die Verpflichtungsformel entsprechend anzupassen ist.[1309] Die eidesstattliche Versicherung stellt nämlich das einzige Zwangsmittel zur Sicherstellung der Vollständigkeit einer Auskunft dar.

[1303] Vgl. OLG Oldenburg, FamRz 1992, 1104,1105 für den Auskunftsanspruch eines Pflichtteilsberechtigten.

[1304] So auch MüKo-Seiler, § 666, Rz. 13; Klumpp in Handbuch der Testamentsvollstreckung, 6. Kapitel, Rz. 133.

[1305] Vgl. Palandt/Heinrichs, §§ 259-261, Rz. 30.

[1306] Je nachdem ob die Abgabe der Versicherung im Klageverfahren oder im Zwangsvollstreckungs-verfahren erfolgt; zur Vermeidung der Erzwingung kann der Testamentsvollstrecker die eidesstattliche Versicherung aber auch freiwillig vor dem Gericht der freiwilligen Gerichtsbarkeit (Amtsgericht; dagegen ist in Baden-Württemb. das Notariat zuständig, § 38 LFGG BW) abgeben, §§ 163, 79 FGG.

[1307] Vgl. BGH NJW 1961, 602,603; Haegele/Winkler, a.a.O., Rz. 493.

[1308] BGHZ 33, 373,375 zum Auskunftsanspruch eines Pflichtteilsberechtigten; BGHZ 92, 64,68; OLG Hamm NJW-RR 1992, 1029; Klumpp in Handbuch der Testamentsvollstreckung, 6. Kapitel, Rz. 141; Staudinger/Reimann, § 2218, Rz. 24.

[1309] Vgl. MüKo-Keller, § 260, Rz. 65; Palandt/Heinrichs, §§ 259-261, Rz. 29; Klumpp in Handbuch der Testamentsvollstreckung, 6. Kapitel, Rz. 127.

Einen Anspruch auf eine Überprüfung der Auskunft durch das Gericht oder einen Sachverständigen kennt das BGB dagegen nicht.[1310] Verweigert der Testamentsvollstrecker die Abgabe der eidesstattlichen Versicherung, so kann der Erbe diese auf dem Klageweg, ggf. auch mit einer Stufenklage nach § 254 ZPO erzwingen und nach rechtskräftiger Entscheidung ein Zwangsgeld, ersatzweise Zwangshaft nach §§ 889 Abs. 2, 888 ZPO beantragen.[1311]

Während normalerweise der zur Auskunft Verpflichtete auch verpflichtet ist, die Kosten der Auskunftserteilung zu tragen,[1312] fallen die Kosten der Auskunftserteilung im Verhältnis zwischen Testamentsvollstrecker und Erbe grundsätzlich dem Nachlaß zur Last und zwar unabhängig davon, ob der Erbe lediglich eine einfache Auskunft, die Vorlage eines Bestandsverzeichnisses oder gar eine Wertermittlung verlangt hat.[1313] Dies beruht auf dem Umstand, daß es bei der Auskunftspflicht lediglich um das Verhältnis zwischen dem Testamentsvollstrecker als Amtsträger und dem Erben als Rechtsträger des Nachlasses geht. Der Testamentsvollstrecker ist - solange er seinen Pflichten ordnungsgemäß nachkommt - nicht verpflichtet, Kosten, welche im Zusammenhang mit der Amtsführung entstehen, persönlich zu tragen. Diese Kosten fallen ebenso wie Aufwendungen, die der Testamentsvollstrecker in Ansehung seines Amtes hat, dem Nachlaß zur Last. Dieser allgemeine Grundsatz hat seinen Niederschlag auch in der Vorschrift des § 2215 Abs. 5 BGB gefunden, wonach die Kosten des Nachlaßverzeichnisses dem Nachlaß zur Last fallen. Etwas anderes gilt jedoch für zusätzliche Kosten, die dadurch entstehen, daß sich der Testamentsvollstrecker entgegen seiner Verpflichtung geweigert hat, dem berechtigten Auskunftsverlangen der Erben nachzukommen. Derartige Kosten, etwa die Kosten einer Auskunftsklage der Erben gegen den Testamentsvollstrecker, hat dieser persönlich zu tragen.[1314] Die Klage kann an dem allgemeinen Gerichtsstand des Testamentsvollstreckers oder aber bei dem zuständigen Gericht des Ortes erhoben werden, an dem die Vermögensverwaltung geführt wird, § 31 ZPO.[1315]

[1310] Instruktiv dazu BGHZ 92, 62,64 f.

[1311] Vgl. OLG Hamm NJW-RR 1992, 1029 zur Zwangsgeldfestsetzung gegen einen auskunftspflichtigen Unterhaltsschuldner; vgl. auch OLG Köln NJW-RR 1989, 568, das die Beschwerde eines vermeintlichen Testamentsvollstreckers gegen eine Zwangsgeldfestsetzung in Höhe von 1000,-- DM ersatzweise 5 Tagen Zwangshaft wegen unvollständiger Auskunftserteilung zurückgewiesen hat; vgl. auch PALANDT/HEINRICHS, §§ 259-261, Rz. 33, 34; THOMAS-PUTZO, ZPO, § 888, Rz. 2, 14 f.; BAUMBACH-LAUTERBACH/HARTMANN, ZPO, § 888, Rz. 16; KLUMPP in Handbuch der Testamentsvollstreckung, 6. Kapitel, Rz. 153.

[1312] Vgl. etwa BGHZ 84, 31,33 = NJW 1982, 1643 hinsichtlich der Kosten eines Auskunftsanspruches unter Ehegatten wegen des Bestands des Endvermögens.

[1313] So auch KLUMPP in Handbuch der Testamentsvollstreckung, 6. Kapitel, Rz. 113.

[1314] Vgl. KLUMPP in Handbuch der Testamentsvollstreckung, 6. Kapitel, Rz. 115.

[1315] Vgl. MÜKO-BRANDNER, § 2218, Rz. 13.

Eine scheinbare Ausnahme von diesem Grundsatz findet sich, wenn der Testamentsvollstrecker auf Antrag der Erben die eidesstattliche Versicherung über die Vollständigkeit einer von ihm erteilten Auskunft oder eines Bestandsverzeichnisses ablegt. Diese Kosten sind gem. § 261 Abs. 3 BGB von dem Antragsteller zu tragen. Unter diese Ausnahmevorschrift fallen jedoch nicht die Kosten, die als Prozeßkosten im Rechtsstreit über die Verpflichtung zur Abgabe der eidesstattlichen Versicherung angefallen sind, und auch nicht die Kosten des Erzwingungsverfahrens.[1316] Hat der Erbe diese Kosten verauslagt, kann er sie als notwendige Kosten der Rechtsverfolgung von dem Testamentsvollstrecker persönlich ersetzt verlangen.

d) Rechenschaftspflicht

Nach § 666 BGB ist der Beauftragte verpflichtet, nach Beendigung des Auftrags Rechenschaft über die Auftragsausführung abzulegen. Diese Pflicht trifft wegen der Verweisung in § 2218 Abs. 1 BGB auch den Testamentsvollstrecker. Der Erbe kann aber entgegen dem ausdrücklichen Wortlaut auch bereits vor Beendigung der Testamentsvollstreckung Rechenschaftsablegung verlangen, wenn die Aufgaben des Testamentsvollstreckers zwar noch nicht völlig, aber doch in der Hauptsache erledigt sind oder wenn ein bestimmter Teil der Verwaltungstätigkeit abgeschlossen ist.[1317]Inhaltlich ist unter Rechenschaftslegung die Übermittlung einer geordneten und übersichtlichen Zusammenstellung der Einnahmen und Ausgaben zu verstehen, wobei auch die üblichen Belege mit vorzulegen sind.[1318] Die Rechenschaftspflicht besteht wie die Auskunftspflicht nur auf Verlangen des Berechtigten.[1319] Die Rechenschaftspflicht geht aber ihrer Intensität nach über die Auskunftspflicht hinaus. Sie soll den Erben in die Lage versetzen, die Verwaltungstätigkeit des Testamentsvollstreckers in allen wesentlichen Einzelheiten nachzuvollziehen und insbesondere die Richtigkeit der Einnahmen und Ausgabenrechnung nachzuprüfen, damit er seine eigenen Dispositionen treffen und ggf. Schadensersatz- oder sonstige Ansprüche geltend machen kann.[1320] Schon aus diesem Grund ist für die Rechenschaftsablegung regelmäßig die Vorlage eines schriftlichen Rechenschaftsberichtes erforderlich.[1321]

[1316] Vgl. PALANDT/HEINRICHS, §§ 259-261, Rz. 35; MÜKO-KELLER, § 261, Rz. 5.

[1317] So auch OLG München, OLGE 40, 134; MÜKO-BRANDNER, § 2218, Rz. 10; STAUDINGER/REIMANN, § 2218, Rz. 19.

[1318] Vgl. MÜKO-BRANDNER, § 2218, Rz. 10; PALANDT/THOMAS, § 666, Rz. 4.

[1319] Vgl. PALANDT/THOMAS, § 666, Rz. 4; KLUMPP in Handbuch der Testamentsvollstreckung, 6. Kapitel, Rz. 241.

[1320] Vgl. HAEGELE/WINKLER, a.a.O., Rz. 551.

[1321] So auch KLUMPP in Handbuch der Testamentsvollstreckung, 6. Kapitel, Rz. 267; a.A. HAEGELE/WINKLER, a.a.O., Rz. 551, der ohne nähere Begründung meint, hohe Anforderungen seien nicht zu stellen und von Formerfordernissen absehen will; SOERGEL/DAMRAU, § 2218, Rz. 5.

Sinn der Rechnungslegung ist nämlich die Klärung möglicher Ansprüche, etwa der Prüfung, ob noch Herausgabeansprüche gegen den Testamentsvollstrecker bestehen.[1322] Die Rechenschaftsablegung erfordert daher genaue, detaillierte Informationen. Der Berechtigte ist nicht nur über den jeweiligen Stand der Geschäfte, sondern auch über den gesamten Ablauf und die Ergebnisse der Verwaltungstätigkeit so zu unterrichten, daß dieser prüfen kann, was aus dem Vermögen geworden und wie es verwendet worden ist.[1323]

Diese Anforderungen vermag nur eine schriftliche Rechenschaftsablegung zu erfüllen, allenfalls in seltenen Ausnahmefällen, in denen eine Verwaltungstätigkeit nicht stattgefunden hat, mag es ausreichend sein, wenn der Testamentsvollstrecker mündlich erklärt, daß keine Einnahmen und Ausgaben erfolgt sind.[1324] Ein solcher Fall ist in der heutigen Praxis jedoch kaum denkbar. Hat der Testamentsvollstrecker dagegen im Regelfall eine mit Einnahmen und Ausgaben verbundene Verwaltungstätigkeit entfaltet, so hat er für die Ausgestaltung seiner Rechenschaftsablegung neben § 666 BGB auch § 259 BGB zu beachten. Neben einer vollständigen, verständlich aufgebauten und für den Berechtigten nachprüfbaren Mitteilung der Fakten ist in diesem Fall auch eine vollständige Gegenüberstellung der Einnahmen und Ausgaben erforderlich.[1325] Die Aufstellung muß dabei neben dem aktuellen Ist-Bestand auch erkennen lassen, wie sich dieser Bestand im einzelnen aus Daten und Zahlen in der Vergangenheit entwickelt hat.[1326] Auch bei umfangreicheren Verwaltungstätigkeiten, welche etwa mit der Verwaltung von Mehrfamilien-Mietshäusern oder Einzelhandelsgeschäften einhergehen, ist eine genaue, sogar nach den einzelnen Objekten getrennte Aufstellung der Einnahmen und Ausgaben zwingend erforderlich.[1327] Allerdings kann, sofern Geschäftsbücher, eine Bilanz oder ein Jahresabschluß vorhanden sind, auf derartige Bücher verwiesen werden.[1328] Auch eine Verweisung auf frühere Abrechnungen ist zulässig, insbesondere wenn diese periodisch erfolgt ist, sofern die neue Rechenschaftsablegung lückenlos an die früheren Abrechnungen anknüpft und auf diese Weise eine vollständige Übersicht gewährleistet ist.[1329]

[1322] Vgl. KLUMPP in Handbuch der Testamentsvollstreckung, 6. Kapitel, Rz. 243.

[1323] BGHZ 39, 87,95; vgl. auch BGHZ 109, 260,266.

[1324] Vgl. KLUMPP in Handbuch der Testamentsvollstreckung, 6. Kapitel, Rz. 272.

[1325] Vgl. BGH NJW 1982, 573,574 hinsichtlich der Auskunfterteilung und Rechenschaftslegung bei Mietnebenkostenabrechnungen.

[1326] OLG Köln NJW-RR 1989, 568,569; KLUMPP in Handbuch der Testamentsvollstreckung, 6. Kapitel, Rz. 267.

[1327] Dagegen will STAUDINGER/REIMANN, § 2218, Rz. 20 offenbar bei umfangreichen Verwaltungen eine ins einzelne gehende Darstellung der Einnahmen und Ausgaben nicht verlangen. Vielmehr soll eine Angabe in „großen Posten" ausreichend sein; vgl. auch HAEGELE/WINKLER, a.a.O., Rz. 551.

[1328] Vgl. STAUDINGER/REIMANN, § 2218, Rz. 20; HAEGELE/WINKLER, a.a.O., Rz. 551.

[1329] KLUMPP in Handbuch der Testamentsvollstreckung, 6. Kapitel, Rz. 273 f.; PALANDT/THOMAS, § 666, Rz. 4.

Der Rechnungslegung sind die Belege für die Verwaltung des Nachlasses und insbesondere die damit verbundenen Ausgaben beizufügen, soweit sie üblicherweise ausgestellt werden und dem Testamentsvollstrecker zur Verfügung stehen.[1330] Die Vorlage von Belegkopien ist nicht ausreichend. Sind bestimmte Belege nicht mehr auffindbar, so hat der Testamentsvollstrecker diese nach Möglichkeit zu rekonstruieren oder erneut zu beschaffen.[1331] Der Erbe soll dadurch in die Lage versetzt werden, die Angaben des Testamentsvollstreckers in der Rechnungslegung ohne größeren Aufwand, zusätzliche Recherchen oder fremde Hilfe selbst überprüfen zu können.[1332] Daher ist es nicht ausreichend, wenn der Testamentsvollstrecker lediglich ein „Sammelsurium" der angefallenen Belege übergibt, selbst wenn dies mit dem mündlichen Angebot verbunden ist, die Belege ergänzend zu erläutern.[1333] Der Testamentsvollstrecker muß die Belege in einer geordneten, übersichtlichen Form vorlegen und in einer entsprechenden Aufstellung zusammenfassen. Verfügt er über verschiedene Belege nicht mehr, so muß er sich diese notfalls erneut beschaffen. Entsprechend der Wissensverschaffungspflicht des Auskunftsverpflichteten besteht für den Schuldner eines Anspruchs auf Rechenschaftslegung hinsichtlich bedeutsamer Belege die Pflicht, diese nötigenfalls bei Dritten einzufordern, herauszuklagen oder den Erben zumindest die entsprechenden Ansprüche abzutreten.[1334]

Die Rechnungslegung kann auch dann noch verlangt werden, wenn der Testamentsvollstrecker bereits entlassen ist.[1335] Als besonders ausgestaltete Auskunftspflicht unterliegt die Pflicht zur Rechenschaftsablegung ebenfalls dem Schikaneverbot[1336] und darf nach den Grundsätzen von Treu und Glauben nicht geltend gemacht werden, wenn ihre Bedeutung in einem unvernünftigen Verhältnis zu dem Aufwand an Arbeit und Zeit des Verpflichteten steht. KLUMPP[1337] weist jedoch zu Recht daraufhin, daß derartige Fälle im Verhältnis zwischen Testamentsvollstrecker und Erbe kaum denkbar sind. Hier ist vielmehr im Regelfall davon auszugehen, daß bei einer ordnungsgemäßen Verwaltung die Rechenschaftslegung zum einen keinen unverhältnismäßigen Aufwand erfordert und zudem für die Nachprüfbarkeit der Tätigkeit des Testamentsvollstreckers von großer Bedeutung für den Erben ist.

[1330] BGHZ 39, 87,95; BGHZ 109, 260,266; OLG Köln, NJW-RR 1989, 568,569.
[1331] Vgl. BGHZ 39, 87,94; wonach insbesondere Bankunterlagen beschafft werden müssen.
[1332] So allgemein für den zur Rechenschaftslegung Verpflichteten BGH NJW 1982, 573.
[1333] Vgl. OLG Köln, NJW-RR 1989, 568,569; STAUDINGER/REIMANN, § 2218, Rz. 20; PALANDT/HEINRICHS, §§ 259-261, Rz. 23.
[1334] So auch KLUMPP in Handbuch der Testamentsvollstreckung, 6. Kapitel, Rz. 269.
[1335] MÜKO-BRANDNER, § 2218, Rz. 10.
[1336] Vgl. dazu oben Teil D II 2 c dieser Arbeit.
[1337] Vgl. KLUMPP in Handbuch der Testamentsvollstreckung, 6. Kapitel, Rz. 283.

Der Erbe kann nur anhand des Rechenschaftsberichts des Testamentsvollstreckers feststellen, ob der Testamentsvollstrecker die ihm obliegenden Pflichten ordnungsgemäß erfüllt, Gelder und Immobilien sorgfältig verwaltet und nach Abschluß seiner Tätigkeit sämtliche Nachlaßgegenstände vollständig herausgegeben hat. Eine Befreiung des Testamentsvollstreckers von der Rechenschaftspflicht durch den Erblasser ist wegen § 2220 BGB nicht wirksam. Der Erbe kann allerdings auf die Rechnungslegung verzichten.[1338] Schließlich kann die Geltendmachung des Anspruchs auch verwirkt sein, wenn der Erbe ihn in illoyaler Weise verspätet geltend macht.[1339] Allerdings ist eine Verwirkung nicht schon dann anzunehmen, wenn der Erbe die Leistungen des Testamentsvollstreckers vorbehaltlos entgegengenommen hat.[1340] Der Erbe kann vielmehr den Anspruch erst zu einem späteren Zeitpunkt geltend machen, insbesondere wenn er von neuen Tatsachen Kenntnis erlangt, die geeignet sind, Zweifel an der Zuverlässigkeit des Verpflichteten und seiner Geschäftsführung zu begründen.[1341] Verlangt der Erbe die Rechenschaftslegung, so hat der Testamentsvollstrecker die Rechenschaft innerhalb einer angemessenen Frist zu erteilen, ohne daß es einer besonderen Fristsetzung bedarf.[1342] Wie lange die dem Testamentsvollstrecker einzuräumende Frist ist, ergibt sich aus den Umständen des Einzelfalles und kann nicht einheitlich beantwortet werden. Insbesondere wird zu berücksichtigen sein, welchen Umfang die erledigten Aufgaben hatten, ob besondere Schwierigkeiten bei der Rechnungslegung bestanden oder ob der Testamentsvollstrecker erst noch bestimmte Unterlagen beschaffen oder Wertgutachten einholen muß. Bei der Bemessung der Frist sind auch die sonstigen beruflichen Pflichten des Testamentsvollstreckers zu berücksichtigen.[1343]

e) Pflicht zur jährlichen Rechnungslegung

Eine besondere Pflicht zur Rechenschaftslegung ergibt sich abweichend von der Pflicht des § 666 BGB aus § 2218 Abs. 2 BGB.[1344] Danach kann der Erbe von dem Testamentsvollstrecker bei länger andauernder Verwaltung jährlich Rechnungslegung verlangen. Diese Vorschrift findet insbesondere bei der Verwaltungs- und Dauervollstreckung nach den §§ 2209, 2210 BGB, aber auch einer länger andauernden Abwicklungsvollstreckung Anwendung.[1345]

1338 Vgl. STAUDINGER/REIMANN, § 2218, Rz. 23.
1339 Zu den Voraussetzungen der Verwirkung vgl. LARENZ, Allgemeiner Teil, § 13 IV 3 b, vgl. auch PALANDT/HEINRICHS, § 242, Rz. 87 ff.
1340 Vgl. HAEGELE/WINKLER, a.a.O., Rz. 555.
1341 BGHZ 39, 87,93.
1342 Vgl. RGZ 56, 116,118; MÜKO-SEILER, § 666, Rz. 11.
1343 KLUMPP in Handbuch der Testamentsvollstreckung, 6. Kapitel, Rz. 293.
1344 So auch KREGEL, BGB-RGRK, § 2218, Rz. 13.
1345 Vgl. MÜKO-BRANDNER, § 2218, Rz. 11.

Maßgeblich ist, ob die Testamentsvollstreckung insgesamt länger als ein Jahr andauert.[1346] Der Testamentsvollstrecker hat also - abgesehen von der Verpflichtung zur Übermittlung des Nachlaßverzeichnisses nach § 2215 BGB - spätestens nach Ablauf eines Jahres, den Erben Rechnung über seine Verwaltungstätigkeit zu legen. Allerdings ergibt sich bereits unmittelbar aus dem Gesetzeswortlaut, daß die jährliche Rechnungslegung erst auf Verlangen der Erben zu erfolgen hat. Eine vorwerfbare Verzögerung beginnt deshalb nicht bereits zu dem Zeitpunkt, ab dem eine jährliche Rechnungslegung erstmals hätte verlangt werden können, sondern erst dann, wenn der Erbe die Rechnungslegung tatsächlich verlangt hat.[1347] Da die jährliche Rechnungslegung nur eine laufende Unterrichtung der Erben bezweckt, braucht sie vom Umfang her nicht die an die Schlußrechnung zu stellenden Anforderungen erfüllen.[1348] Sie soll dem Erben aber die Möglichkeit eröffnen, sich ein allgemeines Bild über die Art und Weise und den Umfang der Verwaltungstätigkeit zu machen.[1349] Daher muß auch die jährliche Rechnungslegung einen Überblick über die Einnahmen- und Ausgabensituation enthalten.[1350] Unveränderte Bestände, wie etwa eine Kunstsammlung oder brachliegende Grundstücke, müssen nicht jedesmal erneut aufgelistet werden.[1351] Insgesamt bestimmt sich der Inhalt und Umfang der Rechnungslegungspflicht nach den Einzelfallumständen, die durch den Rechnungszweck einerseits und die Zumutbarkeit andererseits beschränkt werden.[1352] Soweit Belege vorhanden sind, hat der Testamentsvollstrecker dem Erben die Möglichkeit zur Einsichtnahme zu geben, er braucht sie jedoch (noch) nicht aus der Hand zu geben, ggf. reicht insoweit auch die Überlassung von Belegkopien aus.[1353]

Fraglich ist, ob die Bestimmungen der §§ 1840, 1841 BGB auf die Verpflichtung des Testamentsvollstreckers entsprechend anwendbar sind.[1354] Danach hat der Vormund mindestens einmal jährlich gegenüber dem Vormundschaftsgericht über die persönlichen Verhältnisse des Mündels zu berichten und Rechnung zu legen.

1346 So auch STAUDINGER/REIMANN, § 2218, Rz. 36; MÜKO-BRANDNER, § 2218, Rz. 11; SOERGEL/DAMRAU, § 2218, Rz. 7.

1347 Vgl. BayObLG ZEV 1998, 348,349.

1348 Vgl. STAUDINGER/REIMANN, § 2218, Rz. 36; KLUMPP in Handbuch der Testamentsvollstreckung, 6. Kapitel, Rz. 296.

1349 HAEGELE/WINKLER, a.a.O., Rz. 483.

1350 Vgl. STAUDINGER/REIMANN, § 2218, Rz. 36; vgl. MÖHRING/BEISSWINGERT/KLINGELHÖFFER, a.a.O., G V 10.

1351 Vgl. KLUMPP in Handbuch der Testamentsvollstreckung, 6. Kapitel, Rz. 296.

1352 Vgl. KREGEL, BGB-RGRK, § 2218, Rz. 13; MÜKO-BRANDNER, § 2218, Rz. 11.

1353 So zutreffend HAEGELE/WINKLER, a.a.O., Rz. 483.

1354 Bejahend KLUMPP in Handbuch der Testamentsvollstreckung, 6. Kapitel, Rz. 300; a.A. dagegen SOERGEL/DAMRAU, § 2218, Rz. 7; HAEGELE/WINKLER, a.a.O., Rz. 483; vermittelnd MÜKO-BRANDNER, § 2218, Rz. 11, der diese Vorschriften zumindest als Orientierungshilfe heranziehen will.

Die Rechnungslegung erfordert eine vollständige und geordnete Zusammenstellung der Einnahmen und Ausgaben, die soweit üblich mit Belegen zu versehen ist.[1355] Betreibt der Vormund ein Erwerbsgeschäft mit kaufmännischer Buchführung, so genügt ein aus den Büchern gezogener Jahresabschluß, § 1841 Abs. 2 BGB. Gegen eine analoge Anwendung dieser Vorschrift spricht, daß es sich nicht um eine vergleichbare Situation handelt, in welcher sich der Testamentsvollstrecker befindet. Denn im Gegensatz zum Vormund ist er nicht gegenüber dem Gericht, sondern nur gegenüber dem Erben zur Rechnungslegung verpflichtet. Während das Vormundschaftsgericht gesetzlich *verpflichtet* ist, die Rechnungslegung auf ihre sachliche und rechnerische Richtigkeit zu überprüfen, existiert eine solche Verpflichtung für die Erben oder gar das Nachlaßgericht nicht. Auch ist die jährliche Rechnungslegung nicht automatisch, sondern nur auf Anforderung der Erben vorzulegen. Schließlich unterliegt der Testamentsvollstrecker auch keiner Aufsicht des Nachlaßgerichtes und ist hinsichtlich der Durchführung der Verwaltungstätigkeit weder an dessen, noch an Weisungen der Erben gebunden. Er ist vielmehr lediglich den letztwilligen Anordnungen des Erblassers verpflichtet und genießt gegenüber den Erben und dem Nachlaßgericht eine relativ freie Stellung, so daß es bereits an einer für die Analogie erforderlichen vergleichbaren Interessenlage fehlt.[1356] Es ist auch nicht davon auszugehen, daß eine planwidrige Gesetzeslücke vorliegt. Denn der Inhalt der Verpflichtung des Testamentsvollstreckers ergibt sich aus den Grundsätzen der ordnungsgemäßen Verwaltung, denen das gesamte Verwaltungshandeln des Testamentsvollstreckers gem. § 2216 BGB unterstellt ist.

Letztendlich dürfen die Anforderungen an den Testamentsvollstrecker auch nicht überspitzt werden, so daß nach den Umständen des Einzelfalles beurteilt werden muß, ob eine detaillierte Aufstellung der Einnahmen und Ausgaben, ggf. getrennt nach einzelnen Objekten erforderlich ist. Es soll also nicht verkannt werden, daß eine den Anforderungen der §§ 1840, 1841 BGB entsprechende Rechnungslegung auch für den Testamentsvollstrecker erforderlich sein kann. Dies ist aber nicht zwangsläufig so, sondern bemißt sich nach dem Inhalt und Umfang der Verwaltungstätigkeit unter Beachtung der Anordnungen des Erblassers. Dabei wird zu berücksichtigen sein, ob eine solch detaillierte Aufstellung nach den Grundsätzen der ordnungsgemäßen Verwaltung erforderlich ist und ob der Erbe sich ohne die entsprechenden Unterlagen kein hinreichendes Bild von der Lage der Testamentsvollstreckung machen kann. Allein die Verpflichtung des Erben, eine Steuererklärung abzugeben zu müssen, rechtfertigt beispielsweise keine Notwendigkeit einer detaillierten Rechnungslegung, da eine solche für die Erstellung einer Einkommensteuererklärung gerade nicht notwendig ist.[1357]

[1355] Vgl. hierzu PALANDT/DIEDERICHSEN, § 1841, Rz. 1.
[1356] A.A. offenbar KLUMPP in Handbuch der Testamentsvollstreckung, 6. Kapitel, Rz. 300.
[1357] So aber KLUMPP in Handbuch der Testamentsvollstreckung, 6. Kapitel, Rz. 306.

Die Vorschriften der §§ 1840, 1841 BGB sind daher nicht ohne weiteres entsprechend anzuwenden.[1358] Allerdings ist BRANDNER zuzustimmen, wonach diese Vorschriften einen Orientierungsmaßstab für den Inhalt der jährlichen Rechnungslegung bilden können.[1359] Auch eine Frist für die jährliche Rechnungslegung ist nicht explizit gesetzlich verankert. Wie bei der Rechnungslegung nach § 666 BGB wird man dem Testamentsvollstrecker jedoch auch bei der Verpflichtung nach § 2218 Abs. 2 BGB eine angemessene Frist einräumen müssen, deren Lauf mit der Anforderung der Erben beginnt.[1360] Diese Erfordernis scheint KLUMPP[1361] zu übersehen, wenn er meint, die jährliche Rechnungslegung müsse jedenfalls so rechtzeitig erfolgen, daß der Erbe ohne Zeitdruck und ohne Fristverlängerung seine Einkommensteuererklärung abgeben könne. Dies kann allenfalls dann gelten, wenn der Erbe wenigstens konkludent die Rechenschaftsablegung hinreichend lang vor diesem Zeitpunkt verlangt hat. Hat der Erbe dem Testamentsvollstrecker eine Frist für die Vorlage des jährlichen Rechenschaftsberichts gesetzt, so muß diese Frist im Hinblick auf Arbeitsaufwand und Umfang des Nachlasses ausreichend lang bemessen sein. Eine Fristsetzung von 12 Tagen ist dabei von der Rechtsprechung als zu kurz beanstandet worden.[1362] Auch für die Pflicht zur jährlichen Rechnungslegung gilt, daß ein schuldhafter Verstoß einen Entlassungsgrund darstellen kann.[1363] Hierzu wird jedoch genau zu prüfen sein, ob die subjektiven Voraussetzungen Anlaß für die Annahme einer groben Pflichtverletzung geben.

f) Kein Recht auf Entlastung

Umstritten ist darüber hinaus die Frage, ob der Testamentsvollstrecker von den Erben Entlastung verlangen kann. Während die eine Auffassung dem Testamentsvollstrecker ein Recht auf Entlastung zusprechen will,[1364] geht die Gegenmeinung davon aus, daß dem Testamentsvollstrecker kein Entlastungsanspruch gegen die Erben zustehe.[1365] Eine gesetzliche Regelung für einen derartigen Anspruch findet sich weder im Erbrecht noch bei den auftragsrechtlichen Vorschriften.

[1358] Vgl. STAUDINGER/REIMANN, § 2218, Rz. 36; SOERGEL/DAMRAU, § 2218, Rz. 7.

[1359] Vgl. MÜKO-BRANDNER, § 2218, Rz. 11.

[1360] Vgl. BayObLG ZEV 1998, 348,349.

[1361] KLUMPP in Handbuch der Testamentsvollstreckung, 6. Kapitel, Rz. 308.

[1362] Vgl. BayObLG ZEV 1998, 348,349.

[1363] Vgl. BayObLG NJW-RR 1988, 645,646; BayObLG ZEV 1998, 348,350; STAUDINGER/REIMANN, § 2218, Rz. 36.

[1364] So auch PLANCK/FLAD, § 2218, Anm. 2 b; KLUMPP in Handbuch der Testamentsvollstreckung, 6. Kapitel, Rz. 338; ERMAN/SCHMIDT, § 2218, Rz. 4; MÜKO-BRANDNER, § 2218, Rz. 14; OFFERGELD, a.a.O., S. 82.

[1365] Vgl. etwa STAUDINGER/REIMANN, § 2218, Rz. 21; HAEGELE/WINKLER, a.a.O., Rz. 484; SOERGEL/DAMRAU, § 2218, Rz. 7.

Die Literatur will einen Entlastungsanspruch aus dem Verlust des Rügerechts und der Treuepflicht des Auftraggebers herleiten. So könne man von einem Auftraggeber verlangen, daß er einen ihm vorgelegten Rechenschaftsbericht nicht nur entgegennehme, sondern auch innerhalb einer angemessenen Zeitspanne überprüfe. Anderenfalls verliere er nach einem gewissen, den Umständen des Einzelfalls angepaßten Zeitablauf nach Treu und Glauben sein Rügerecht.[1366] Umgekehrt sei demnach dem Beauftragten ein Anspruch auf Entlastung zuzubilligen.

Meines Erachtens bedarf es einer solchen Konstruktion nicht. Legt der Testamentsvollstrecker nach den Vorschriften der §§ 2218 Abs. 1, 666 BGB oder nach § 2218 Abs. 2 BGB einen Rechenschaftsbericht ab, so steht damit keineswegs fest, daß keine weitergehenden Ansprüche des Erben gegen den Testamentsvollstrecker bestehen. Solche Ansprüche können selbst bei ordnungsgemäßer Rechnungslegung möglicherweise von dem Erben noch gar nicht erkannt werden und erst zu einem späteren Zeitpunkt zutage treten. BRANDNER ist zuzustimmen, daß dieser ungewisse Zustand eine Belastung für den Testamentsvollstrecker darstellt.[1367] Diese Belastungssituation ist allerdings hinzunehmen, nachdem die Interessen des Erben schutzwürdiger sind. Wollte man dem Vollstrecker nämlich einen Anspruch auf förmliche Entlastung zubilligen, um künftige Streitigkeiten um die ordnungsgemäße Pflichterfüllung auszuschließen, so wäre derjenige Testamentsvollstrecker privilegiert, der seine Versäumnisse und Fehler besonders geschickt zu verbergen versteht. Umgekehrt wäre der Erbe zur Vermeidung einer Entlastung des Testamentsvollstreckers genötigt, vermeintliche Schadensersatzansprüche voreilig, ggf. ins Blaue hinein geltend zu machen. Dies ist nicht interessengerecht. Nicht ohne Grund unterliegen die Schadensersatzansprüche der Erben gegen den Testamentsvollstrecker den allgemeinen Verjährungsfristen.[1368] Die Ansprüche auf Herausgabe verjähren sogar erst innerhalb der dreißigjährigen Verjährungsfrist. Hier wird nämlich der besonderen Problemsituation Rechnung getragen, in der sich der Erbe durch die angeordnete Testamentsvollstreckung befindet. Gerade dem jungen, geschäftlich möglicherweise noch unerfahreneren Erben ist es nicht zuzumuten, eine Rechenschaftslegung innerhalb eines gewissen Zeitraums abschließend prüfen und billigen zu müssen,[1369] nur damit ein „formeller Schlußstrich" gezogen wird. Viel eher ist es doch demgegenüber für den Testamentsvollstrecker zumutbar, der sich möglicherweise bestimmte Versäumnisse hat zuschulden kommen lassen, über die Geltendmachung von Schadensersatzansprüchen längere Zeit im Ungewissen zu sein.

[1366] Vgl. KLUMPP in Handbuch der Testamentsvollstreckung, 6. Kapitel, Rz. 333 unter Berufung auf STEFFEN, BGB-RGRK, § 666, Rz. 26 und MÜKO-SEILER, § 666, Rz. 12.
[1367] MÜKO-BRANDNER, § 2218, Rz. 14.
[1368] Vgl. dazu unten Teil D II 4 d) dieser Arbeit.
[1369] Anders als der Gesellschafter bei der von KLUMPP in Handbuch der Testamentsvollstreckung, 6. Kapitel, Rz. 341 zum Vergleich herangezogenen GmbH-Gesellschafter.

Darüber hinaus besteht für einen solchen Entlastungsanspruch im Rechtsverhältnis zwischen Testamentsvollstrecker und Erbe auch kein Bedürfnis, weil der Testamentsvollstrecker nach einmütiger Auffassung eine negative Feststellungsklage erheben kann, mit dem Ziel festzustellen, daß er bei der Ausführung eines bestimmten Geschäftes seine Pflichten ordnungsgemäß erfüllt habe.[1370] Ein Rechtsschutzbedürfnis für eine solche negative Feststellungsklage besteht auch dann, wenn der Testamentsvollstrecker der Auffassung ist, seiner Rechenschaftspflicht und seinen Herausgabepflichten ordnungsgemäß nachgekommen zu sein und der Erbe sich demgegenüber weiterer Ansprüche berühmt.[1371] Tut der Erbe dies nicht, bedarf es auch weder einer förmlichen Entlastung noch einer gerichtlichen Feststellung. Bei Meinungsverschiedenheiten über ein bestimmtes Geschäft, etwa die Veräußerung eines Hausgrundstücks durch den Testamentsvollstrecker und die Frage hieraus etwa resultierender Schadensersatzansprüche, ist ebenfalls von einem Rechtschutzbedürfnis für eine negative Feststellungsklage auszugehen.[1372] Für einen generellen Entlastungsanspruch, der auch einen Ausschluß der späteren Geltendmachung von Schadensersatzansprüchen zur Folge hätte, ist daneben im Verhältnis zwischen Testamentsvollstrecker und Erbe kein Raum, weil sonst die Möglichkeiten des Erben, sich gegen treuwidriges Handeln des Testamentsvollstreckers zur Wehr zu setzen, übermäßig eingeschränkt würden.

3. Die Herausgabepflichten des Testamentsvollstreckers

a) Die Herausgabepflicht nach § 667 BGB

Grundsätzlich besteht für den Testamentsvollstrecker gem. §§ 2218 Abs. 1, 667 BGB die Pflicht, nach Beendigung seiner Amtsdauer den gesamten Nachlaß und alles, was er in Ausübung seines Amtes erlangt hat, an den Erben herauszugeben. Diese Herausgabepflicht umfaßt daher nicht nur den ursprünglichen Nachlaß, sondern auch alle Surrogate, die der Testamentsvollstrecker durch Rechtsgeschäfte mit Mitteln der Erbschaft erworben hat.[1373] Die Herausgabepflicht umfaßt auch die Unterlagen hinsichtlich der Amtsführung.[1374] „Aus der Geschäftsbesorgung erlangt" ist nämlich insbesondere der gesamte drittgerichtete Schriftverkehr und Belege, die der Testamentsvollstrecker von Dritten erhalten hat.[1375]

[1370] RG WarnR 1909, Nr. 245.

[1371] Vgl. HAEGELE/WINKLER, a.a.O., Rz. 484; STAUDINGER/REIMANN, § 2218, Rz. 21.

[1372] ERMAN/SCHMIDT, § 2218, Rz. 4; KLUMPP in Handbuch der Testamentsvollstreckung, 6. Kapitel, Rz. 345.

[1373] Vgl. KLUMPP in Handbuch der Testamentsvollstreckung, 6. Kapitel, Rz. 228.

[1374] RGZ 105, 392,393; BGH NJW 1972, 1660.

[1375] Vgl. zur Herausgabepflicht eines Rechtsanwalts BGHZ 109, 260,264.

Die Herausgabepflicht erstreckt sich also sowohl auf die Nutzungen, Früchte, Gewinne, das Zubehör und die Nachlaßakten als auch auf die eigenen Unterlagen des Testamentsvollstreckers über seine Tätigkeit hinsichtlich der Verwaltung oder Auseinandersetzung des Nachlasses.[1376] Die Verpflichtung besteht nicht nur gegenüber den Erben, sondern auch gegenüber dem Nachfolger im Amt.[1377] Auch dieser kann die Herausgabeansprüche gerichtlich gegen seinen Vorgänger geltend machen.[1378] Handelt es sich bei den herauszugebenden Gegenständen um einen Inbegriff von Sachen, ist der Testamentsvollstrecker verpflichtet, ein ordnungsgemäßes und vollständiges Verzeichnis der herausgegebenen Gegenstände beizufügen und dessen Richtigkeit ggf. an Eides statt zu versichern.[1379] Im Einzelfall kann eine Bezugnahme auf das nach § 2215 BGB vorgelegte Nachlaßverzeichnis ausreichend sein, wenn sich keine wesentlichen Änderungen im Bestand ergeben haben.[1380] Der Herausgabeanspruch des Erben gegen den Testamentsvollstreckers ist als selbständiger Anspruch abtretbar und pfändbar.[1381] Dem Testamentsvollstrecker steht jedoch gegenüber dem Erben ein Zurückbehaltungsrecht nach §§ 273, 274 BGB zu, bis seine Ansprüche auf Vergütung und Aufwendungsersatz erfüllt sind.[1382]

b) Die Herausgabepflicht nach § 2217 BGB

Während die Herausgabepflicht des § 667 BGB den Testamentsvollstrecker grundsätzlich erst nach Beendigung des Amtes trifft, hat er gem. § 2217 BGB bereits zu einem früheren Zeitpunkt diejenigen Nachlaßgegenstände an die Erben herauszugeben, deren er zur Erfüllung seiner Obliegenheiten offenbar nicht bedarf. Diese Pflicht trifft den Testamentsvollstrecker jedoch nur, wenn der Erbe die Freigabe eines bestimmten Nachlaßgegenstandes verlangt.[1383] Notfalls muß der Erbe eine Herausgabeklage gegen den Testamentsvollstrecker erheben. Die Erfolgsaussichten einer solchen Klage hängen davon ab, ob der Erbe einen durchsetzbaren Anspruch auf vorzeitige Freigabe eines bestimmten Gegenstandes hat.

[1376] So auch KLUMPP in Handbuch der Testamentsvollstreckung, 6. Kapitel, Rz. 229.
[1377] HAEGELE/WINKLER, a.a.O., Rz. 552.
[1378] Vgl. BGH NJW 1972, 1660.
[1379] Vgl. STAUDINGER/REIMANN, § 2218, Rz. 25; MÜKO-BRANDNER, § 2218, Rz. 15.
[1380] MÜKO-BRANDNER, § 2218, Rz. 15; KLUMPP in Handbuch der Testamentsvollstreckung, 6. Kapitel, Rz. 232; PALANDT/EDENHOFER, § 2218, Rz. 4.
[1381] Vgl. MÜKO-BRANDNER, § 218, Rz. 15; SOERGEL/DAMRAU, § 2218, Rz. 10.
[1382] STAUDINGER/REIMANN, § 2218, Rz. 26; KIPP/COING, § 73 IV 3; MÜKO-BRANDNER, § 2218, Rz. 15; SOERGEL/DAMRAU, § 2218, Rz. 10; EBENROTH, a.a.O., Rz. 679.
[1383] Vgl. MÜKO-BRANDNER, § 2217, Rz. 3; KREGEL, BGB-RGRK, § 2217, Rz. 3; PALANDT/EDENHOFER, § 2217, Rz. 3; eingehend hierzu auch MUSCHELER, Die Freigabe von Nachlaßgegenständen durch den Testamentsvollstrecker, ZEV 1996, 401.

Der Anspruch entsteht also nicht mit dem Herausgabeverlangen, sondern muß zum Zeitpunkt der Willenserklärung des Erben bereits vorhanden sein. Es handelt sich um einen sog. verhaltenen Anspruch.[1384] Die Willenserklärung des Erben ist Ausübung und nicht Begründung des Anspruchs. Ob ein Freigabeanspruch überhaupt besteht, bestimmt sich danach, ob der Testamentsvollstrecker den Gegenstand zur Erfüllung seiner Obliegenheiten *offenbar* nicht mehr benötigt. Dies ist der Fall, wenn im Streitfall ohne weitläufige Beweiserhebung festgestellt werden kann, ob der Nachlaßgegenstand für die Durchführung der Verwaltungstätigkeit des Testamentsvollstreckers nicht mehr erforderlich ist.[1385] Dabei hat die Kommission im Gesetzgebungsverfahren dem Gedanken Rechnung getragen, daß der Testamentsvollstrecker eine schwierige und verantwortungsvolle Aufgabe habe und sich im Einzelfall „ehe nicht die Aktiven und Passiven definitiv festgestellt" seien, oftmals nicht sagen lasse, welche Gegenstände entbehrlich seien. Aus diesem Grund müsse vermieden werden, daß der Testamentsvollstrecker ständigen „Belästigungen" durch Herausgabeverlangen der Erben ausgesetzt sei.[1386] Dies versuchte man dadurch zu erreichen, daß eine Freigabepflicht nur hinsichtlich der Gegenstände angenommen wird, bei denen der Erbe, ohne daß eine eingehende Beweiserhebung nötig ist, die Entbehrlichkeit der Sache dartun kann.[1387]

Umgekehrt wurde auch dem Gedanken Rechnung getragen, daß der Erblasser nicht gewollt haben wird, daß den Erben der Genuß der Sachen länger und nachhaltiger entzogen wird, als es zur Ausführung seines letzten Willens notwendig ist.[1388] Der Erbe soll also, wenn der Verwaltungszweck es zuläßt und vom Testamentsvollstrecker zu erfüllenden Verbindlichkeiten nicht entgegenstehen, so frühzeitig wie möglich in die uneingeschränkte Verfügungsmacht über die entsprechenden Nachlaßgegenstände erhalten. Andererseits kann der Erblasser durch letztwillige Anordnung bestimmen, daß dem Erben der Freigabeanspruch nach § 2217 BGB nicht - oder zumindest bezüglich bestimmter Gegenstände nicht - zustehen soll, etwa um zu verhindern, daß der Erbe ihm frühzeitig überlassene Nachlaßgegenstände verschleudert. Damit kann der Erblasser den Testamentsvollstrecker von der Freigabepflicht befreien, nachdem in § 2220 BGB die Vorschrift des § 2217 BGB nicht erwähnt ist.[1389]

[1384] Vgl. MUSCHELER, ZEV 1996, 401; zum Begriff vgl. ENNECERUS/NIPPERDEY, Allgemeiner Teil des BGB, Bd. II; § 222 II 4.
[1385] Vgl. Prot. V, S. 313; KREGEL, BGB-RGRK, § 2217, Rz. 1; PALANDT/EDENHOFER, § 2217, Rz. 3; HAEGELE/WINKLER, a.a.O., Rz. 494; EBENROTH, a.a.O., Rz. 683.
[1386] Vgl. HÄUßERMANN, BwNotZ 1967, 234,235.
[1387] Prot. V, S. 313.
[1388] Prot. V, S. 313; MÜKO-BRANDNER, § 2217, Rz. 1.
[1389] Vgl. MÜKO-BRANDNER, § 2217, Rz. 1; EBENROTH, a.a.O., Rz. 684.

Der Erblasser kann aber sogar noch weitergehen und dem Testamentsvollstrecker die vorzeitige Freigabe der Nachlaßgegenstände untersagen.[1390] Teilweise wird in der Literatur die Auffassung vertreten, eine solche Untersagung liege bereits in der Anordnung einer Verwaltungs- oder Dauervollstreckung, so daß bei dieser eine Freigabe nach der Natur der Sache nicht in Betracht komme.[1391]
Wenn ein Vermögensgegenstand der Dauervollstreckung unterliege, müsse er zwangsläufig in der Verfügungsgewalt des Testamentsvollstreckers verbleiben.[1392] Auch das BayObLG hat sich in einer jüngeren Entscheidung dieser Auffassung angeschlossen.[1393] Gleichwohl ist dieser Grundsatz nicht uneingeschränkt zu bejahen. Zwar kann sich aus dem Zweck der letztwilligen Anordnungen ergeben, daß der Erblasser bei der Dauervollstreckung oder Verwaltungsvollstreckung eine vorzeitige Freigabe verhindern und gerade die bis zu einem gewissen Zeitpunkt andauernde tatsächliche Verwaltung des Nachlasses durch den Testamentsvollstrecker sicherstellen wollte. Aber auch in diesem Fall wird man dem Erben einen Freigabeanspruch hinsichtlich persönlicher Habseligkeiten des Erblassers oder bestimmter Erinnerungsgegenstände zubilligen müssen, die keinen besonderen wirtschaftlichen Wert besitzen und deren Verwaltung ein bloßer Selbstzweck und eine unzumutbare Benachteiligung der Erben darstellen würde.

Der Erbe soll gerade hinsichtlich solcher Gegenstände, die für die Verwaltungstätigkeit des Testamentsvollstreckers nicht vonnöten sind, nicht länger als unbedingt notwendig von der eigenen Verfügungsgewalt ausgeschlossen werden.[1394] Ein anderer Gesetzeszweck dieser Vorschrift ist auch für den Fall der Anordnung einer Dauer- oder Verwaltungsvollstreckung nicht ersichtlich. Man kann daher nicht allgemein sagen, daß der Anwendungsbereich des § 2217 BGB bei der Dauervollstreckung von vornherein ausgeschlossen ist,[1395] zutreffend ist vielmehr, daß es bei der Dauervollstreckung tatsächlich viel seltener zu einer Überlassung von Nachlaßgegenständen an den Erben kommen wird und hierbei in erster Linie persönliche Habseligkeiten des Erblassers ohne besonderen Wert für die Verwaltungstätigkeit des Testamentsvollstreckers in Betracht kommen.[1396]

[1390] Vgl. KLUMPP in Handbuch der Testamentsvollstreckung, 6. Kapitel, Rz. 161.

[1391] So auch KREGEL, BGB-RGRK, § 2217, Rz. 2; ERMAN/SCHMIDT, § 2217, Rz. 1; STAUDINGER/REIMANN, § 2209, Rz. 16; SOERGEL/DAMRAU, § 2217, Rz. 7; HÄUßERMANN, Überlassung von Nachlaßgegenständen durch den Testamentsvollstrecker, BwNotZ 1967, 234, 236.

[1392] Vgl. etwa HAEGELE/WINKLER, a.a.O., Rz. 495; KLUMPP in Handbuch der Testamentsvollstreckung, 6. Kapitel, Rz. 170; MÜKO-BRANDNER, § 2217, Rz. 3.

[1393] Vgl. BayObLG DNotZ 1993, 399 mit Anm. WEIDLICH, DNotZ 1993, 403.

[1394] Vgl. Prot. V, S. 313.

[1395] So aber KLUMPP in Handbuch der Testamentsvollstreckung, 6. Kapitel, Rz. 170; HAEGELE/WINKLER, a.a.O., Rz. 495.

[1396] Zutreffend EBENROTH, a.a.O., Rz. 684; vgl. auch Teil C III 3 dieser Arbeit.

Wo also eine Fortsetzung der Verwaltungstätigkeit keinen Sinn macht und die Nachlaßgegenstände für die Aufgaben des Testamentsvollstreckers nicht mehr benötigt werden, sind diese Gegenstände auf Verlangen der Erben herauszugeben, unabhängig davon, ob es sich um eine Abwicklungsvollstreckung oder um eine Dauervollstreckung handelt.[1397]

Umstritten ist, ob mehrere Erben das Freigabeverlangen gemeinsam geltend machen müssen oder ob auch einer von mehreren Miterben den Anspruch dergestalt geltend machen kann, daß er die Herausgabe an alle Miterben verlangt. Die herrschende Meinung in der Literatur geht dabei bislang davon aus, daß es sich bei dem Freigabeverlangen um eine Verfügung über einen Nachlaßgegenstand handele. Aus diesem Grund könne bei Miterbenschaft der Anspruch gem. § 2040 BGB nur von sämtlichen Erben gemeinsam geltend gemacht werden.[1398] Dagegen geht MUSCHELER davon aus, daß es sich bei dem Verlangen des Erben nicht um eine Verfügung über einen Nachlaßgegenstand handele, eine Verfügung sei vielmehr erst in der Freigabe selbst zu sehen,[1399] wenn also der Anspruch der Erben durch den Testamentsvollstrecker erfüllt werde. Die Geltendmachung des Freigabeanspruchs sei dagegen lediglich die Ausübung eines schuldrechtlichen Anspruchs und könne daher in der Weise erfolgen, daß einer der Miterben die Freigabe an alle Erben in ihrer gesamthänderischen Verbundenheit verlangt.[1400]

Dieser Auffassung ist nach meinem Erachten zuzustimmen. Ein hinreichender Grund, den Anspruch aus § 2217 BGB anders zu behandeln, als die Ansprüche auf Rechnungslegung oder Herausgabe nach den §§ 2218, 667 BGB ist nicht ersichtlich. Hinsichtlich dieser Ansprüche ist jedoch anerkannt, daß sie von jedem Miterben in der Weise geltend gemacht werden können, daß Leistung an alle Miterben verlangt wird.[1401] Wie die Ansprüche auf Auskunft, Rechnungslegung oder Herausgabe des Nachlasses mit Beendigung der Testamentsvollstreckung, gehört auch der Anspruch auf Freigabe nicht benötigter Nachlaßgegenstände zum Nachlaß selbst und entspringt

---

[1397] Einschränkend MÜKO-BRANDNER, § 2217, Rz. 3; PALANDT/EDENHOFER, § 2217, Rz. 1.

[1398] Vgl. STAUDINGER/REIMANN, § 2217, Rz. 8; MÜKO-BRANDNER, § 2217, Rz. 5; KREGEL, BGB-RGRK, § 2217, Rz. 3; ERMAN/SCHMIDT, § 2217, Rz. 1; PALANDT/EDENHOFER, § 2217, Rz. 3; SOERGEL/DAMRAU, § 2217, Rz. 3; KLUMPP in Hdb. der Testamentsvollstreckung, 6. Kapitel, Rz. 176.

[1399] Die dogmatische Einordnung der Freigabe ist umstritten, vgl. hierzu ausführlich MUSCHELER, a.a.O., S. 402 f.; KLUMPP in Handbuch der Testamentsvollstreckung, 6. Kapitel, Rz. 179. Einigkeit besteht jedoch im Wesentlichen darin, daß die Freigabe zumindest Verfügungscharakter hat, vgl. etwa BayObLG DNotZ 1993, 339; STAUDINGER/REIMANN, § 2217, Rz. 16; LANGE/KUCHINKE, § 31 VIII 1, Fn. 368; KLUMPP in Handbuch der Testamentsvollstreckung, 6. Kapitel, Rz. 180.

[1400] Vgl. MUSCHELER, ZEV 1996, 401,402.

[1401] Vgl. etwa BGH NJW 1965, 396; MÜKO-BRANDNER, § 2218, Rz. 13; KLUMPP in Handbuch der Testamentsvollstreckung, 6. Kapitel, Rz. 254.

keineswegs lediglich dem besonderen Rechtsverhältnis zwischen Testamentsvollstrecker und Erbe.[1402] Wie der Herausgabeanspruch nach § 985 BGB unmittelbarer Ausfluß des Eigentumsrechtes des Eigentümers einer Sache ist, folgt der Freigabeanspruch an nicht benötigten Nachlaßgegenständen unmittelbar aus der Rechtsträgerschaft des Erben am Nachlaß und fließt dem Erben somit aus dem Nachlaß selbst zu. Folglich richtet sich der Anspruch auch nicht gegen den Testamentsvollstrecker persönlich, sondern gegen den Testamentsvollstrecker in seiner Eigenschaft als Amtsinhaber.[1403]

Weigert sich der Testamentsvollstrecker, einen bestimmten Nachlaßgegenstand herauszugeben, weil er diesen noch für seine Verwaltungstätigkeit benötige oder der Erblasser die Freigabe ausgeschlossen habe, so wird er nicht in seinem eigenen, persönlichen Interesse, sondern lediglich in seiner Eigenschaft als Amtsträger tätig und verteidigt den Willen des Erblassers oder sein Ermessen, das Amt so zu führen, wie er es für richtig hält.[1404] Die Freigabepflicht ist eine Amtspflicht des Testamentsvollstreckers.[1405] Dementsprechend können auch die Kosten eines solchen Rechtsstreits auch nicht dem Testamentsvollstrecker persönlich auferlegt werden, vielmehr hat dieser das Recht, die Kosten dem Nachlaß zu entnehmen oder aber von den Erben nach §§ 2218, 670 BGB ersetzt zu verlangen, falls er diese Prozeßführung für notwendig erachten durfte und seine Weigerung, den verlangten Nachlaßgegenstand herauszugeben, nicht von vornherein offensichtlich unberechtigt war.[1406]

Mit der Freigabe erlischt das Verwaltungsrecht des Testamentsvollstreckers und damit sowohl seine Verfügungs-, Verpflichtungs- und Prozeßführungsbefugnis.[1407] Ob die sachlichen Voraussetzungen für eine Freigabe tatsächlich vorliegen, ändert an der dinglichen Wirkung der Freigabe nichts.[1408]

1402 A.A. aber MüKo-Brandner, § 2217, Rz. 5, der ohne nähere Begründung davon ausgeht, daß der Anspruch aus § 2217 BGB nicht zum Nachlaß gehöre; wie hier Muscheler, a.a.O., S. 402.

1403 Vgl. Muscheler, a.a.O., S. 402; a.A. aber Soergel/Damrau, § 2217, Rz. 3; MüKo-Brandner, § 2217, Rz. 5; Lange/Kuchinke, § 31 VIII 1 Fn. 366.

1404 Vgl. Klumpp in Handbuch der Testamentsvollstreckung, 6. Kapitel, Rz. 178; Muscheler, a.a.O., S. 402; Garlichs, ZEV 1996, 447, 448, der umgekehrt argumentiert und in der Freigabe eine Amtshandlung des Testamentsvollstreckers erblickt.

1405 Vgl. Staudinger/Reimann, § 2217, Rz. 14 der von einer „Amtshandlung" spricht, die erst nach wirksamer Annahme des Amtes erfolgen könne; vgl. auch Kregel, BGB-RGRK, § 2217, Rz. 4.

1406 Zutreffend Muscheler, a.a.O., S. 402; Klumpp in Handbuch der Testamentsvollstreckung, 6. Kapitel, Rz. 178; a.A. Soergel/Damrau, Rz. 3 unter unzutreffender Berufung auf Staudinger/Reimann Rz. 7; MüKo-Brandner, § 2217, Rz. 5.

1407 Vgl. Ebenroth, a.a.O., Rz. 683; Haegele/Winkler, a.a.O., Rz. 498.

1408 Vgl. BGHZ 56, 275,284; MüKo-Brandner, § 2217, Rz. 8; Häußermann, BwNotZ 1967, 234,235.

Hat der Testamentsvollstrecker jedoch irrtümlich einem Freigabeverlangen der Erben Folge geleistet und einen bestimmten Gegenstand herausgegeben, obwohl dieser noch für die weitere Verwaltungstätigkeit benötigt wird, so kann der Testamentsvollstrecker von den Erben Wiedereinräumung der Verwaltungsbefugnis nach den Vorschriften über die ungerechtfertigte Bereicherung gem. §§ 812 ff. BGB verlangen.[1409] Dem Testamentsvollstrecker steht gegenüber einem Freigabeverlangen auch ein Zurückbehaltungsrecht zu, sofern er noch seine Vergütung beanspruchen oder Aufwendungen von den Erben ersetzt verlangen kann.

Die Literatur[1410] jedoch will dem Testamentsvollstrecker ein solches Zurückbehaltungsrecht versagen und beruft sich dabei teilweise auf eine Entscheidung des RG aus dem Jahre 1930.[1411] Diese Auffassung ist jedoch unzutreffend. Ein Zurückbehaltungsrecht nach § 273 BGB besteht, wenn der Schuldner aus demselben rechtlichen Verhältnis, aus dem seine Verpflichtung herrührt, einen fälligen Gegenanspruch gegen den Gläubiger hat. Die Ansprüche müssen also auf *demselben rechtlichen Verhältnis* beruhen. Dieser Begriff ist im weitesten Sinne zu verstehen, so daß es sich weder um einen Vertrag noch um ein einheitliches Schuldverhältnis handeln muß. Vielmehr genügt es, wenn ihnen ein innerlich zusammenhängendes einheitliches Lebensverhältnis zugrundeliegt.[1412] Es spielt keine Rolle, ob sich die Ansprüche aus Vertrag oder aus Gesetz ergeben. Die erforderliche Konnexität liegt auch im Verhältnis zwischen Testamentsvollstrecker und Erbe vor, so daß bei vergleichbaren Ansprüchen aus § 2218 BGB ein Zurückbehaltungsrecht des Testamentsvollstreckers bejaht wird.[1413] Es ist daher nicht einzusehen, warum dem Testamentsvollstrecker hinsichtlich des Anspruchs der Erben aus § 2217 BGB ein solches Zurückbehaltungsrecht nicht zustehen soll.[1414] Ein Grund, den Testamentsvollstrecker auf diesem Wege vorleistungspflichtig zu machen, besteht nicht. Eine Erklärung hierfür findet sich auch in der Kommentarliteratur nicht.

[1409] Vgl. BGHZ 12, 100,105; KLUMPP in Handbuch der Testamentsvollstreckung, 6. Kap., Rz. 190 f.; MÜKO-BRANDNER, § 2217, Rz. 9; KIPP/COING, § 73 II 4 d; SOERGEL/DAMRAU, § 2217, Rz. 9; STAUDINGER/REIMANN, § 2217, Rz. 20; ERMAN/SCHMIDT, § 2217, Rz. 2; HAEGELE/WINKLER, a.a.O., Rz. 506a.

[1410] Vgl. STAUDINGER/REIMANN, § 2217, Rz. 14; ERMAN/SCHMIDT, § 2217, Rz. 2; MÜKO-BRANDNER, § 2217, Rz. 5; PALANDT/EDENHOFER, § 2217, Rz. 9; vgl. auch HÄUßERMANN, BwNotZ 1967, 234,235.

[1411] Vgl. RG HRR 1930, Nr. 1110.

[1412] Vgl. BGHZ 92, 194,196; PALANDT/HEINRICHS, § 273, Rz. 9.

[1413] Vgl. etwa STAUDINGER/REIMANN, § 2218, Rz. 26; MÜKO-BRANDNER, § 2218, Rz. 15, SOERGEL/DAMRAU, § 2218, Rz. 8.

[1414] So auch MUSCHELER, a.a.O., S. 402; KLUMPP in Handbuch der Testamentsvollstreckung, 6. Kapitel, Rz. 175.

Nach richtiger Ansicht muß dem Testamentsvollstrecker daher nicht nur im Fall der Ansprüche nach §§ 2218, 666, 667 BGB, sondern auch im Fall des Anspruchs nach § 2217 BGB ein Zurückbehaltungsrecht zustehen, bis seine Ansprüche auf Aufwendungsersatz und Zahlung der angemessenen Vergütung bzw. einen Vorschuß hierauf erfüllt sind.

Schließlich ergibt sich aus § 2217 Abs. 2 BGB die Pflicht des Testamentsvollstreckers trotz des Bestehens weiterer Nachlaßverbindlichkeiten i.S.d. § 1967 BGB bestimmte Nachlaßgegenstände an den Erben herauszugeben, wenn der Erbe hierfür Sicherheit leistet. Dadurch erhält der Erbe die Möglichkeit, bestimmte, für ihn bedeutungsvolle Nachlaßgegenstände schon frühzeitig zu erhalten, auch wenn noch nicht offenkundig ist, daß diese für die weitere Verwaltungstätigkeit des Testamentsvollstreckers - insbesondere für die Berichtigung von Nachlaßverbindlichkeiten - nicht mehr benötigt werden. Die Vorschrift beruht auf dem Gedanken, daß „es dem Erblasser nur darauf ankomme, daß die Nachlaßverbindlichkeiten erfüllt werden, nicht darauf, wer sie erfülle“.[1415] Leistet der Erbe daher eine ausreichende Sicherheit, die eine Erfüllung der Verbindlichkeit garantiert, hat der Testamentsvollstrecker die entsprechenden Nachlaßgegenstände herauszugeben.[1416] Etwas anderes gilt jedoch, wenn es sich um Nachlaßgegenstände handelt, die der Testamentsvollstrecker für die Erfüllung von Vermächtnissen und Auflagen benötigt. In diesem Fall kann der Testamentsvollstrecker die Freigabe auch dann verweigern, wenn der Erbe Sicherheit leistet.[1417] Der Testamentsvollstrecker kann sich aber nicht auf bedingte oder betagte Vermächtnisse oder Auflagen berufen, weil in diesen Fällen eine lange Wartezeit entstehen kann, bis geklärt ist, ob die Bedingung überhaupt eintritt.[1418] In diesen Fällen werden die betroffenen Gegenstände von dem Testamentsvollstrecker nicht für Verwaltungsmaßnahmen benötigt, sind andererseits aber bereitzuhalten. Der Erbe müßte nun abwarten, ob und bis die Bedingung eintritt. Diese Wartezeit kann nach § 2217 Abs. 2 BGB durch die Sicherheitsleistung abgekürzt werden, damit der Erbe möglichst frühzeitig in den Genuß der Nachlaßgegenstände kommt. Dagegen findet § 2217 Abs. 2 BGB jedoch keine Anwendung, wenn die Erfüllung eines auflösend bedingten Vermächtnisses in Rede steht und der Nachlaßgegenstand für die Vollziehung des Vermächtnisses benötigt wird.[1419] Für die Sicherheitsleistung gelten die allgemeinen Vorschriften der §§ 232 ff. BGB.[1420]

[1415] Vgl. Prot. V, S. 314.
[1416] Vgl. KIPP/COING, § 73 II 4 e; SOERGEL/DAMRAU, § 2217, Rz. 12.
[1417] Vgl. STAUDINGER/REIMANN, § 2217, Rz. 22.
[1418] So auch KLUMPP in Handbuch der Testamentsvollstreckung, 6. Kapitel, Rz. 200.
[1419] Vgl. MÜKO-BRANDNER, § 2217, Rz. 11; einschr. KLUMPP in Handbuch der Testamentsvollstreckung, 6. Kapitel, Rz. 203, der diesen Grundsatz auf Nachvermächtnisse beschränken will.
[1420] Vgl. STAUDINGER/REIMANN, § 2217, Rz. 22; MÜKO-BRANDNER, § 2217, Rz. 11.

Praktische Relevanz dürfte insoweit insbesondere die Stellung einer unbefristeten selbstschuldnerischen Bankbürgschaft besitzen, da diese die unproblematische und im Rechtsverkehr gängigste Möglichkeit der Sicherheitsleistung darstellt.[1421] Selbst wenn der Erbe umfassend Sicherheit leistet, kann er dadurch die Testamentsvollstreckung selbst nicht beseitigen.[1422] Auch von der Freigabepflicht gegen Sicherheitsleistung kann der Erblasser den Testamentsvollstrecker befreien, denn § 2220 BGB erwähnt die Vorschrift des § 2217 Abs. 2 BGB nicht.[1423]

c) Verzinsungspflicht nach §§ 2218, 668 BGB

Hat der Testamentsvollstrecker während seiner Amtsdauer dem Nachlaß bestimmte Gelder entnommen und für sich verwendet, so ist er gem. § 668 BGB verpflichtet, das Geld von der Zeit der Verwendung an zu verzinsen.[1424] Diese Verpflichtung besteht unabhängig davon, ob der Testamentsvollstrecker wußte, daß er Mittel aus dem Nachlaß für sich verwendet hat. Der gute oder böse Glaube des Testamentsvollstreckers spielt keine Rolle.[1425] Regelmäßig ist bei der Verzinsungspflicht von einem Zinssatz von 4 % auszugehen, § 246 BGB. Der Erbe kann jedoch unter dem Gesichtspunkt des Verzugsschadens nach § 288 BGB einen höheren Zinssatz geltend machen, wenn er selbst mit Bankkredit arbeitet und hierfür einen höheren Zinssatz zahlen mußte oder wenn ihm durch die verspätete Auszahlung günstige Anlagemöglichkeiten entgangen sind.[1426] Bei schuldhafter Nichtherausgabe der für sich selbst verwendeten Gelder kann der Erbe von dem Testamentsvollstrecker darüber hinaus Schadensersatz nach § 2219 BGB fordern[1427] und ggf. einen Entlassungsantrag wegen begründetem Mißtrauen nach § 2227 BGB stellen.[1428]

1421 KLUMPP in Handbuch der Testamentsvollstreckung, 6. Kapitel, Rz. 205.

1422 Vgl. Prot. V, S. 314; PALANDT/EDENHOFER, § 2217, Rz. 10; STAUDINGER/REIMANN, § 2217, Rz. 22; MÜKO-BRANDNER, § 2217, Rz. 11.

1423 Vgl. STAUDINGER/REIMANN, § 2217, Rz. 22; KIPP/COING, § 73 II 4 f.

1424 STAUDINGER/REIMANN, § 2218, Rz. 27.

1425 MÜKO-BRANDNER, § 2218, Rz. 17; STAUDINGER/REIMANN, § 2218, Rz. 27.

1426 Vgl. KLUMPP in Handbuch der Testamentsvollstreckung, 6. Kapitel, Rz. 236; MÜKO-BRANDNER, § 2218, Rz. 17; KIPP/COING, § 73 II 5 e.

1427 Vgl. dazu sogleich unten Teil D II 4 dieser Arbeit.

1428 Vgl. den Fall bei OLG Frankfurt, NJW-RR 1998, 795 = ZEV 1998, 350 mit Anm. DAMRAU.

4. Die Haftung des Testamentsvollstreckers

Eine spezielle Regelung hat die Haftung des Testamentsvollstreckers in § 2219 BGB gefunden. Gleichwohl handelt es sich auch hierbei um eine Rechtsfolge aus dem zwischen Testamentsvollstrecker und Erbe bestehenden gesetzlichen Schuldverhältnis.[1429] Die Vorschrift bestimmt, daß der Testamentsvollstrecker dem Erben und ggf. auch dem Vermächtnisnehmer auf Schadensersatz haftet, wenn er die ihm obliegenden Verpflichtungen schuldhaft verletzt. § 2219 bildet damit einen Ausgleich für die dem Testamentsvollstrecker durch den Gesetzgeber eingeräumte umfassende Machtposition.[1430] Die Gefahr der persönlichen Haftung soll den Testamentsvollstrecker dazu anhalten, seine Verpflichtungen gewissenhaft und mit größtmöglicher Sorgfalt zu erfüllen.[1431] Daher kann auch der Erblasser den Testamentsvollstrecker nicht von der Haftung nach § 2219 BGB befreien oder einen für den Testamentsvollstrecker günstigeren Haftungsmaßstab festlegen.[1432] Der Erblasser soll die ohnehin schon machtvolle Stellung des Testamentsvollstreckers nicht noch zusätzlich erweitern und die Kontrollmöglichkeiten des Erben nicht noch weiter aushöhlen können.[1433] Normzweck des § 2219 BGB war jedoch nicht die Schaffung einer rigorosen Strafvorschrift, sondern der notwendige Schutz der Erben vor willkürlichem Handeln und leichtfertigen Fehlentscheidungen.[1434]

Die Vorschrift des § 2219 BGB gibt - insbesondere zusammen mit der Möglichkeit, einen Entlassungsantrag beim Nachlaßgericht nach § 2227 BGB zu stellen[1435] - dem Erben ein wirksames Instrument in die Hand, um sich gegen fehlerhaftes, rücksichtsloses und willkürliches Verhalten des Testamentsvollstreckers zur Wehr zu setzen und Ersatz derjenigen Schäden zu verlangen, die durch pflichtwidrige, unsachgemäße oder nachlässige Amtsführung entstanden sind.

[1429] Vgl. STAUDINGER/REIMANN, § 2219, Rz. 1; RIEDERER V. PAAR in Handbuch der Testamentsvollstreckung, 12. Kapitel, Rz. 1

[1430] So auch MÜKO-BRANDNER, § 2219, Rz. 1; STAUDINGER/REIMANN, § 2219. Rz. 2.

[1431] Vgl. RIEDERER V. PAAR in Handbuch der Testamentsvollstreckung, 12. Kapitel, Rz. 7; MÜKO-BRANDNER, § 2219, Rz. 1.

[1432] Vgl. RGZ 133, 131,135; SOERGEL/DAMRAU, § 2219, Rz. 1; STAUDINGER/REIMANN, § 2219, Rz. 15; BROX, Erbrecht, Rz. 400; KIPP/COING, § 73 II 7.

[1433] Auch ein Befreiungsvermächtnis (legatium liberationis) wird daher einhellig als unwirksam angesehen; vgl. STAUDINGER/REIMANN, § 2219, Rz. 15; MÜKO-BRANDNER, § 2219, Rz. 3; KIPP/COING, § 73 II 7.

[1434] Vgl. RIEDERER V. PAAR in Handbuch der Testamentsvollstreckung, 12. Kapitel, Rz. 8.

[1435] Vgl. dazu unten Teil E II 2 dieser Arbeit.

Die Haftung des Testamentsvollstreckers stellt damit auch ein Instrument zur Verantwortungssicherung dar.[1436] Die gesetzliche Regelung war darüber hinaus notwendig, weil normalerweise keine vertraglichen Beziehungen zwischen dem Testamentsvollstrecker und dem Erben bestehen und daher vertragliche Schadensersatzansprüche ebensowenig in Betracht kommen, wie solche aus positiver Vertragsverletzung oder culpa in contrahendo und auch die in § 2218 BGB in Bezug genommenen auftragsrechtlichen Normen keine Haftungsregelung enthalten.[1437] Andererseits haftet der Testamentsvollstrecker neben § 2219 BGB auch noch aus unerlaubter Handlung, sofern auch insoweit die Voraussetzungen erfüllt sind.[1438] Allerdings wird es für die Erben und Vermächtnisnehmer aufgrund der weiter gefaßten Spezialvorschrift des § 2219 BGB im Normalfall nicht nötig sein, auf die Vorschriften über die unerlaubte Handlung zurückzugreifen. Nach der gesetzlichen Regelung kommen nur die Erben, auch Nacherben und Vermächtnisnehmer als Gläubiger eines Schadensersatzanspruchs gem. § 2219 BGB in Betracht.[1439]

Anderen Beteiligten gegenüber - zu denen auch Pflichtteilsberechtigte, Auflagenbegünstigte und die sonstigen Nachlaßgläubiger gehören - kommt als Anspruchsgrundlage nur eine persönliche Haftung nach den Vorschriften über die unerlaubten Handlungen gem. § 823 ff. BGB in Betracht.[1440] Über die Haftungsnorm des § 2219 BGB hinaus kann den Testamentsvollstrecker schließlich noch die Haftung nach § 69 AO treffen, auf die im Rahmen der vorliegenden Arbeit jedoch nicht näher eingegangen werden soll.[1441] Vielmehr sollen nachfolgend die einzelnen Haftungsvoraussetzungen dargestellt werden.

a) Objektive Pflichtverletzung

Voraussetzung der Haftung des Testamentsvollstreckers nach § 2219 BGB ist zunächst eine objektive Verletzung der ihm obliegenden Verpflichtungen. Sie kann in einer Handlung aber auch in einem Unterlassen bestehen. Die Pflichten des Testamentsvollstreckers ergeben sich dabei in erster Linie aus dem Gesetz, nämlich den §§ 2203 bis 2209, 2215 bis 2218 und § 2226 Satz 3 BGB.

[1436] Vgl. MüKo-Brandner, § 2219, Rz. 1.
[1437] Riederer v. Paar in Handbuch der Testamentsvollstreckung, 12. Kapitel, Rz. 1.
[1438] Vgl. Staudinger/Reimann, § 2219, Rz. 3; Soergel/Damrau, § 2219, Rz. 8.
[1439] So auch MüKo-Brandner, § 2219, Rz. 6 f.; Palandt/Edenhofer, § 2219, Rz. 3.
[1440] BGHZ 21, 285,293; vgl. Riederer v. Paar in Handbuch der Testamentsvollstreckung, 12. Kapitel, Rz. 18, 19; MüKo-Brandner, § 2219, Rz. 8.
[1441] Vgl. dazu Piltz in Handbuch der Testamentsvollstreckung, 8. Kapitel, Rz. 85.

Insbesondere der Pflicht zur ordnungsgemäßen Verwaltung des Nachlasses kommt als einer Art Generalklausel besondere Bedeutung zu.[1442] Eine Pflichtverletzung kann aber auch dann vorliegen, wenn der Testamentsvollstrecker seine Aufgaben überhaupt nicht ausführt, insbesondere die Auseinandersetzung nicht oder verspätet vornimmt[1443] oder bestimmte Nachlaßgegenstände nicht in Besitz nimmt. Der Testamentsvollstrecker hat nämlich insbesondere die Pflicht, alle Rechte, die zum Nachlaß gehören, ordnungsgemäß wahrzunehmen und notfalls auch gerichtlich geltend zu machen.[1444] Umgekehrt darf der Testamentsvollstrecker aber keine unnötigen und lediglich von persönlichen Interessen beeinflußten Prozesse führen.[1445] Bei seiner Verwaltungstätigkeit hat der Testamentsvollstrecker stets die Grundsätze der ordnungsgemäßen Verwaltung zu beachten, tut er dies nicht, kann bereits hierin eine die Verpflichtung zum Schadensersatz auslösende Pflichtverletzung liegen.

Insbesondere darf sich der Testamentsvollstrecker nicht mit einem *mäßigen Erfolg* seiner Tätigkeit begnügen.[1446] Insbesondere bei Anlageentscheidungen muß der Testamentsvollstrecker besonders sorgsam und gewissenhaft vorgehen.[1447] Er hat die Pflicht, alles zu tun, was von einem nicht im eigenen Interesse tätigen, ordentlichen Verwalter[1448] verlangt werden kann, und dabei wie ein umsichtiger, *dynamischer Geschäftsführer*[1449] oder mit der Sorgfalt eines *ordentlichen Hausvaters*[1450] zu agieren. Die Rechtsprechung stellt demnach hohe Ansprüche an die Pflichten des Testamentsvollstreckers. Er muß für die Sicherung, Nutzung und Mehrung des Nachlasses nach allgemeingültigen wirtschaftlichen Regeln sorgen, wobei er allerdings den sichersten Weg verlassen und alle Handlungen und Verfügungen vornehmen kann, die „nach Lage des Falles den Grundsätzen einer wirtschaftlichen Vermögensverwaltung nicht zuwiderlaufen“.[1451] Die Rechtsprechung räumt dem Testamentsvollstrecker auf der anderen Seite aber auch einen weitgehenden Ermessensspielraum ein. Nur wenn der Testamentsvollstrecker diesen Ermessensspielraum überschreitet, liegt eine im Rahmen des § 2219 BGB relevante Pflichtverletzung vor.

[1442] Vgl. RIEDERER V. PAAR in Handbuch der Testamentsvollstreckung, 12. Kapitel, Rz. 33.
[1443] Vgl. PALANDT/EDENHOFER, § 2219, Rz. 1; STAUDINGER/REIMANN, § 2219, Rz. 5.
[1444] So auch SOERGEL/DAMRAU, § 2219, Rz. 4; MÜKO-BRANDNER, § 2219, Rz. 14.
[1445] Vgl. PALANDT/EDENHOFER, § 2219, Rz. 1; HAEGELE/WINKLER, a.a.O., Rz. 559; STAUDINGER/REIMANN, § 2219, Rz. 5.
[1446] Vgl. etwa BGH NJW 1987, 1070,1071.
[1447] Vgl. RGZ 130, 131,135; ausführlich hierzu KLUMPP, Handlungsspielraum und Haftung bei Vermögensanlagen durch den Testamentsvollstrecker, ZEV 1994, 65,66.
[1448] BGH WM 1967, 25,27 = BGH NJW 1967, 443.
[1449] Vgl. BGH NJW 1987, 1070,1071.
[1450] BGH WM 1967, 25,27 = BGH NJW 1967, 443.
[1451] So BGH NJW 1987, 1070,1071; eingehend dazu KLUMPP, Handlungsspielraum und Haftung bei Vermögensanlagen durch den Testamentsvollstrecker, ZEV 1994, 65,66.

Umgekehrt hat der BGH eine Pflichtverletzung verneint, wenn der Testamentsvollstrecker nach sorgfältiger Ermittlung aller erkennbar erheblichen Anhaltspunkte zu einer immerhin vertretbaren Auslegung der letztwilligen Verfügung gelangt ist und auf dieser Grundlage die beanstandete Verfügung aus Nachlaßmitteln vorgenommen hat.[1452] Daraus wird deutlich, daß eine Pflichtverletzung schließlich auch in einer Mißachtung der letztwilligen Anordnungen des Erblassers liegen kann.[1453] Zur Auslegung kann der Testamentsvollstrecker neben dem Testament aber auch außerhalb des Testaments liegende Umstände heranziehen.[1454] Dabei kann sich für den Testamentsvollstrecker eine Haftungserleichterung ergeben. War nämlich ein bestimmtes Verwaltungshandeln objektiv notwendig und hat der Testamentsvollstrecker danach objektiv die ihm obliegende Verwaltungspflicht verletzt, so liegt eine Pflichtverletzung nach richtiger Auffassung gleichwohl nicht vor, wenn der Erblasser dem Testamentsvollstrecker durch letztwillige Verfügung eine bestimmte Handlungsweise vorgegeben hat.[1455]

Der Testamentsvollstrecker wird jedoch zu berücksichtigen haben, wie sich der Wille des Erblassers in Kenntnis nachträglich bekanntgewordener Umstände dargestellt haben würde und muß dann gegebenenfalls auch gegen den ursprünglichen Willen des Erblassers handeln.[1456] Dagegen sind Weisungen der Erben nicht geeignet, Pflichten des Testamentsvollstreckers zu begründen.[1457] Auf deren berechtigte Wünsche und Bedenken muß er jedoch eingehen, da sich ansonsten eine Pflichtverletzung aus dem Grundsatz der ordnungsgemäßen Verwaltung ergeben kann.[1458] Andererseits besteht für die Erben schon nach dem Grundsatz des *venire contra factum proprium* wohl keine Möglichkeit, den Testamentsvollstrecker nach § 2219 BGB in Anspruch zu nehmen, wenn er in ihrem ausdrücklichen Einverständnis oder gar auf ihre ausdrückliche Weisung hin gehandelt hat.[1459] Die Darlegungs- und Beweislast hinsichtlich angeblicher Pflichtverletzung des Testamentsvollstreckers trägt stets derjenige, der sie behauptet.[1460] Sie erstreckt sich auch auf den Grund bzw. die Herleitung der Verpflichtung.[1461]

[1452] Vgl. BGH NJW-RR 1992, 775.

[1453] Vgl. STAUDINGER/REIMANN, § 2219, Rz. 6; RIEDERER V. PAAR in Handbuch der Testamentsvollstreckung, 12. Kapitel, Rz. 34 f.

[1454] Vgl. BayObLGZ 1976, 67.

[1455] Vgl. STAUDINGER/REIMANN, § 2219, Rz. 6.

[1456] Vgl. BGH NJW-RR 1992, 775.

[1457] Vgl. SOERGEL/DAMRAU, § 2219, Rz. 1.

[1458] BGH WM 1960, 1419,1421; RIEDERER V. PAAR in Handbuch der Testamentsvollstreckung, 12. Kapitel, Rz. 91.

[1459] Ebenso, allerdings mit abweichender Begründung RIEDERER V. PAAR in Handbuch der Testamentsvollstreckung, 12. Kap., Rz. 35; MÜKO-BRANDNER, § 2219, Rz. 3; BROX, a.a.O., Rz. 400.

[1460] Vgl. HAEGELE/WINKLER, a.a.O., Rz. 559; SOERGEL/DAMRAU, § 2219, Rz. 5.

[1461] So auch RIEDERER V. PAAR in Handbuch der Testamentsvollstreckung, 12. Kapitel, Rz. 38.

b) Verschulden des Testamentsvollstreckers

Neben der objektiven Verletzung einer dem Testamentsvollstrecker obliegenden Pflicht setzt § 2219 BGB auch ein subjektives Element, nämlich Verschulden voraus.[1462] Haftungsmaßstab ist dabei § 276 BGB, so daß der Testamentsvollstrecker für Vorsatz und jede Fahrlässigkeit einzustehen hat.[1463] Eine Garantiehaftung oder Gewährleistung, die von einem schuldhaften Verhalten unabhängig wäre, trifft den Testamentsvollstrecker dagegen nicht.[1464] Allerdings kann sich der Testamentsvollstrecker nach der Rechtsprechung des BGH[1465] bei der Bestimmung des Fahrlässigkeitsmaßstabes auch nicht auf eine allgemein verbreitete Handhabung berufen. Für die Bestimmung des Fahrlässigkeitsmaßstabes kommt es nach zutreffender Auffassung nicht auf die Üblichkeit, sondern die Erforderlichkeit eines bestimmten Verhaltens an.

Aus der *Üblichkeit* einer bestimmten Verwaltungsmaßnahme kann daher nicht geschlossen werden, daß der Testamentsvollstrecker die im Verkehr erforderliche Sorgfalt eingehalten hat.[1466] Es ist vielmehr im konkreten Fall zu prüfen, welche Sorgfaltspflichten den Testamentsvollstrecker treffen. Dabei muß auch auf die persönlichen Fertigkeiten und Kenntnisse abgestellt werden. So wird man von einem Rechtsanwalt oder Steuerberater weitergehende rechtliche bzw. steuerrechtliche Kenntnisse erwarten dürfen, als von einer Hausfrau, dagegen wird man von einer Bank oder einem Kaufmann eher wirtschaftliche Kenntnisse über die Führung eines kaufmännischen Betriebes erwarten dürfen. Der Testamentsvollstrecker muß seine Kenntnisse und Fertigkeiten einsetzen. Verfügt er nicht über ausreichende Kenntnisse, so muß er sich notfalls rechtzeitig sachkundigen Rat durch einen Fachmann einholen[1467] und darf auch von den Erben vorgebrachte Anregungen und Bedenken nicht einfach übergehen. Erkennt der Testamentsvollstrecker, daß er den Anforderungen des Amtes nicht gewachsen ist und unterläßt er es trotzdem, sich sachkundiger Unterstützung zu vergewissern, kann bereits das Verbleiben im Amt eine schuldhafte Pflichtverletzung darstellen.[1468]

[1462] Vgl. MüKo-Brandner, § 2219, Rz. 11; Ebenroth, a.a.O., Rz. 682; Palandt/Edenhofer, § 2217, Rz. 1; Brox, Erbrecht, Rz. 400.

[1463] So auch Soergel/Damrau, § 2219, Rz. 1; Riederer v. Paar in Handbuch der Testamentsvollstreckung, 12. Kapitel, Rz. 40.

[1464] Zutreffend Staudinger/Reimann, § 2219, Rz. 7.

[1465] Vgl. BGH NJW 1965, 1075, zu der 1965 offenbar noch allgemein verbreiteten Praxis, Krafträder ohne Schutzhelm zu fahren.

[1466] Vgl. auch Riederer v. Paar in Handbuch der Testamentsvollstreckung, 12. Kapitel, Rz. 46.

[1467] Vgl. allgemein hierzu BGH NJW-RR 1993, 849.

[1468] MüKo-Brandner, § 2219, Rz. 11.

Maßstab für die Beurteilung des Verschuldens ist also nicht, ob ein durchschnittlicher Testamentsvollstrecker ebenso gehandelt hätte, sondern vielmehr, welche Sorgfalt man gerade von diesem Testamentsvollstrecker im konkreten Fall im Hinblick auf seine Vorbildung, seine berufliche Stellung und sonstige persönliche Umstände bei gewissenhafter Ausübung des Amtes hätte erwarten dürfen.[1469] Dabei ist nicht auf den Zeitpunkt des Schadenseintritts, sondern auf den Zeitpunkt der schädigenden Handlung bzw. des Unterlassens abzustellen und zusätzlich zu fragen, ob der Testamentsvollstrecker den schädigen Erfolgseintritt hätte vorhersehen können. So hatte der BGH über einen Fall zu entscheiden, bei dem eine Bank für den Nachlaß vorteilhafte Bankgeschäfte nicht ausgeführt hatte, weil der Testamentsvollstrecker der Bank kein Testamentsvollstreckerzeugnis vorlegen konnte.[1470] Der Testamentsvollstrecker, ein Rechtsanwalt, hatte unter Berufung auf die Rechtsprechung der Bank mitgeteilt, daß sich der Nachweis seiner Verfügungsbefugnis aus dem Testament ergebe, so daß es eines Testamentsvollstreckerzeugnisses nicht bedürfe. Die Bank bestand gleichwohl auf der Vorlage einer solchen Legitimation, nachdem sie erhebliche und begründete Zweifel an der Amtsstellung des Testamentsvollstreckers hatte und führte verschiedene Aufträge zum Erwerb junger Aktien nicht aus.

Der BGH hat dabei ein Verschulden des Testamentsvollstreckers darin gesehen, daß dieser es hätte erkennen müssen, daß die Bank ohne Vorlage des Testamentsvollstreckerzeugnisses seine Aufträge nicht ausführen werde. Gleichwohl habe er es trotz dieser Erkenntnis unterlassen, rechtzeitig ein Testamentsvollstreckerzeugnis zu beantragen, um seine Legitimation nachweisen zu können. Den Hinweis auf die (höchstrichterliche) Rechtsprechung hat der BGH indes nicht für ausreichend erachtet.[1471] Der BGH hat damit die allgemeine Voraussetzung der (objektiven) Vorhersehbarkeit des schädlichen Erfolgs[1472] für die Annahme der Fahrlässigkeit auch bei der Beurteilung des Verschuldens des Testamentsvollstreckers angewandt. Trotz der subjektiven Kenntnis der Rechtslage hätte der Testamentsvollstrecker bei sorgfältiger Betrachtung der Sachlage erkennen müssen, daß sein Verhalten, nämlich die fehlende Beibringung eines Testamentsvollstreckerzeugnisses zu einem schädlichen Erfolg führen würde. Die Vorhersehbarkeit braucht sich jedoch nur auf den Haftungstatbestand zu beziehen, nicht dagegen auf die genaue Schadensentwicklung. Man wird darauf abstellen müssen, ob ein kundiger Beobachter aufgrund der Sachlage den Eintritt eines schädlichen Erfolges hätte vorhersehen können, wobei nunmehr neben dem subjektiven Element auch noch ein objektiver Maßstab anzulegen ist.[1473]

[1469] Vgl. RIEDERER V. PAAR in Handbuch der Testamentsvollstreckung, 12. Kapitel, Rz. 48.
[1470] Vgl. den ausführlichen Sachverhalt bei BGH WM 1967, 25.
[1471] BGH WM 1967, 25,28.
[1472] Vgl. dazu BGHZ 39, 281,285; PALANDT/HEINRICHS, § 276, Rz. 20.
[1473] Zutreffend RIEDERER V. PAAR in Handbuch der Testamentsvollstreckung, 12. Kapitel, Rz. 50.

Neben der Haftung für eigenes Verschulden haftet der Testamentsvollstrecker auch für das Verschulden der Gehilfen, derer er sich zur Ausführung seiner Verbindlichkeiten bedient, § 278 BGB.[1474] Dies gilt allerdings nicht für die Berater, die der Testamentsvollstrecker zur Entscheidungsfindung hinsichtlich schwieriger rechtlicher, steuerrechtlicher oder kaufmännischer Fragen heranzieht, und auch nicht in den Fällen,, in denen der Testamentsvollstrecker eine bestimmte Aufgabe in zulässiger Weise auf eine fachkundige Person überträgt. In diesen Fällen haftet der Testamentsvollstrecker den Erben nur für die sorgfältige Auswahl des Betreffenden.[1475] Hat er einen ihm als zuverlässig und fachkundig bekannten Berater zu seiner Unterstützung herangezogen und fällt ihm auch sonst ein Verschulden nicht zur Last, so hat der Testamentsvollstrecker dann für ein etwaiges schuldhaftes Fehlverhalten des Beraters nicht einzustehen. Etwas anderes gilt allerdings dann, wenn er den Fehler des Beraters bei gehöriger Sorgfalt hätte erkennen können. Ist der Testamentsvollstrecker allerdings selbst nicht sachkundig, so kann ihn, etwa wenn er einen Anwalt oder Steuerberater beauftragt, keine schärfere Überwachungspflicht treffen als dies normalerweise der Fall ist.

Der Testamentsvollstrecker darf in diesen Fällen, sofern er den Berater sorgfältig ausgewählt hat, auf dessen fachliche Kenntnisse vertrauen, so daß seine Haftung regelmäßig nicht in Betracht kommt.[1476] Die allgemeinen Grundsätze über das Mitverschulden des Geschädigten gem. § 254 BGB finden auch auf die gegen den Testamentsvollstrecker gerichteten Schadensersatzansprüche Anwendung.[1477] Daher wird der Erbe, wenn er das pflichtwidrige Handeln oder Unterlassen des Testamentsvollstreckers und die damit verbundenen Gefahren erkennt, zunächst den Testamentsvollstrecker auf seine Bedenken hinweisen und notfalls auf Vornahme der pflichtgemäßen Handlung klagen müssen, da sich der Testamentsvollstrecker ansonsten möglicherweise auf ein Mitverschulden des Erben berufen kann, wenn dieser trotz vorhersehbaren Schadenseintritts nichts unternommen hat und den Testamentsvollstrecker gewähren ließ.[1478]

[1474] Vgl. dazu bereits oben Teil D II 1 c dieser Arbeit.

[1475] BGH NJW-RR 1993, 849; STAUDINGER/REIMANN, § 2219, Rz. 9.

[1476] Vgl. RIEDERER V. PAAR in Handbuch der Testamentsvollstreckung, 12. Kapitel, Rz. 52.

[1477] Vgl. RGZ 138, 132,137; HAEGELE/WINKLER, a.a.O., Rz. 564; STAUDINGER/REIMANN, § 2219, Rz. 11.

[1478] So bereits RGZ 138, 132,137; vgl. auch MÜKO-BRANDNER, § 2219, Rz. 2.

c) Kausalität

Schließlich muß die schuldhafte Pflichtverletzung des Testamentsvollstreckers für einen bei dem Erben oder Vermächtnisnehmer eingetretenen Schaden ursächlich geworden sein. Es muß also im Einzelfall geprüft werden, ob der Schaden auch ohne das pflichtwidrige Verhalten des Testamentsvollstreckers eingetreten wäre bzw. wie sich die Vermögenslage der Erben oder Vermächtnisnehmer sonst entwickelt hätte.[1479] Hierfür gelten die allgemeinen Grundsätze wobei jedoch der Schutzzweck des § 2219 BGB heranzuziehen ist.[1480] Es sind also nur solche Gefahren zu berücksichtigen, zu deren Abwendung die gesetzliche Regel des § 2219 BGB geschaffen wurde. Insbesondere muß geprüft werden, ob die Haftungsnorm den Erben gerade vor diesem Schadenseintritt schützen sollte. Dabei ist von dem Grundsatz auszugehen, daß § 2219 BGB einen Gegenpol zu der freien Stellung und den besonderen Befugnissen des Testamentsvollstreckers im Verhältnis zum Erben bilden und willkürliches oder nachlässiges Handeln des Testamentsvollstreckers verhindern sollte.[1481] Nach einer neueren Auffassung soll der Testamentsvollstrecker als Schädiger schließlich geltend machen können, der Schaden sei auch bei rechtmäßigem Alternativverhalten eingetreten.[1482]

Dieser Einwand wurde vom RG ursprünglich nicht zugelassen,[1483] wird von der neueren Rechtsprechung des BGH jedoch etwa im Bereich der Arzthaftung für fehlerhafte Aufklärung des Patienten für beachtlich gehalten.[1484] Schäden, die auch bei einem rechtmäßigen Verhalten eingetreten wären, sollen regelmäßig nicht vom Schutzzweck der Haftungsnorm erfaßt werden.[1485] Der Testamentsvollstrecker wird daher auch mit diesem Einwand gehört werden müssen. Insbesondere bei Anlage- oder sonstigen Ermessensentscheidungen wird sorgfältig geprüft werden müssen, ob bei ordnungsgemäßem Verhalten, etwa bei einer rechtzeitigen Benachrichtigung der Erben, nicht *auch* ein entsprechender Schaden eingetreten wäre. Dabei ist der Normzweck besonders zu berücksichtigen. Der Testamentsvollstrecker kann sich aber nicht damit verteidigen, daß der Schaden *möglicherweise* auch bei rechtmäßigem Verhalten eingetreten wäre. Er trägt vielmehr die Beweislast dafür, daß der Schaden auf jeden Fall eingetreten wäre.[1486]

1479 Vgl. RIEDERER V. PAAR in Handbuch der Testamentsvollstreckung, 12. Kapitel, Rz. 54.
1480 STAUDINGER/REIMANN, § 2219, Rz. 12.
1481 SOERGEL/DAMRAU, § 2219, Rz. 1; MÜKO-BRANDNER, § 2219. Rz. 1.
1482 Vgl. RIEDERER V. PAAR in Handbuch der Testamentsvollstreckung, 12. Kapitel, Rz. 59.
1483 Vgl. RGZ 102, 391; 163, 138.
1484 BGHZ 90, 111; 96, 173.
1485 Vgl. PALANDT/HEINRICHS; Vorbem v. § 249, Rz. 105.
1486 Allgemein hierzu BGHZ 29, 187; 120, 287.

d) Verjährung der Schadensersatzansprüche

Die Vorschriften über das Rechtsverhältnis zwischen Testamentsvollstrecker und Erben enthalten keine Regelung über den Eintritt der Verjährung der Ansprüche. Die Verjährungsfrist muß daher nach den allgemeinen Vorschriften bestimmt werden. Die herrschende Meinung[1487] will dabei auf die Schadensersatzansprüche des Erben und des Vermächtnisnehmers bislang § 195 BGB anwenden, wonach die Verjährungsfrist regelmäßig[1488] 30 Jahre beträgt. Die Gegenmeinung will dagegen im Anschluß an eine Entscheidung des BGH aus dem Jahre 1985[1489] zu § 82 KO[1490] die dreijährige Verjährungsfrist des § 852 BGB analog anwenden.[1491] In dieser Entscheidung hatte der BGH entschieden, daß auf die Regreßansprüche gegen den Konkursverwalter nach § 82 KO entgegen der bislang herrschenden Auffassung nicht mehr die 30jährige Verjährungsfrist sondern die Verjährungsfrist des § 852 BGB analog anzuwenden sei.

Der BGH ist dabei von dem Grundsatz ausgegangen, daß § 852 BGB auf alle Ansprüche anzuwenden sei, die ihrem Wesen nach mit den deliktischen Schadensersatzansprüchen vergleichbar sind. Es handele sich auch bei dem Anspruch aus § 82 KO um einen Anspruch, der überwiegend deliktsähnliche Merkmale enthalte.[1492] Zwar führe § 82 KO zu einer Sonderbeziehung, die den Kreis der Berechtigten einschränke, diese beruhe jedoch auf der gesetzlichen Vorschrift und nicht auf einem Vertrag, so daß eine Vergleichbarkeit mit der Deliktshaftung nicht ausgeschlossen sei. Schließlich solle über die Anwendung des § 852 BGB die Verjährungsfrist an die Verjährung des Rechtsanwalts gem. § 51 BRAO und des Steuerberaters nach § 68 StbG[1493] angenähert werden, damit für den Fall, daß Angehörige dieser Berufsgruppen als Konkursverwalter tätig werden, nicht unterschiedliche Verjährungsfristen gelten.[1494]

[1487] Vgl. MüKo-Brandner, § 2219, Rz. 15; Haegele/Winkler, a.a.O., Rz. 569; Staudinger/Reimann, § 2219, Rz. 22; Soergel/Damrau, § 2219, Rz. 10; Palandt/Edenhofer, § 2219, Rz. 2; Erman/Schmidt, § 2219, Rz. 6.

[1488] Die regelmäßige Verjährungsfrist des § 195 BGB ist heute jedoch aufgrund zahlreicher Sondervorschriften praktisch die Ausnahme, vgl. Jauernig/Stürner, § 195, Anm. 1.

[1489] Vgl. BGH NJW 1985, 1161 mit Anm. W. Lüke = ZIP 85, 359.

[1490] Vgl. dazu die entsprechende Regelung in § 62 InsO.

[1491] Vgl. Pickel, a.a.O., S. 198,202; Riederer v. Paar in Handbuch der Testamentsvollstreckung, 12. Kapitel, Rz. 78 ff.

[1492] BGH NJW 1985, 1161,1163.

[1493] Die Bestimmung des § 68 StbG stellt jedoch im Gegensatz zu § 51 BRAO nicht auf die Beendigung des Auftrags ab, maßgeblich ist der Zeitpunkt des Schadenseintritts; vgl. Gehre, Steuerberatungsgesetz, § 68, Rz. 2 und 7 ff.

[1494] BGH NJW 1985, 1161,1163.

Diese Rechtsprechung des BGH ist weitgehend begrüßt worden[1495] und die Gegenmeinung geht nun davon aus, daß es angebracht sei, die vom BGH aufgestellten Grundsätze auch auf die Schadensersatzansprüche der Erben und Vermächtnisnehmer gegen den Testamentsvollstrecker nach § 2219 BGB zu übertragen.[1496] Zuzugeben ist dieser Auffassung, daß eine Verkürzung der Verjährungsfrist für die Testamentsvollstrecker ausgesprochen vorteilhaft wäre und darüber hinaus auch ein gewisses Maß an Rechtssicherheit und Klarheit mit sich bringt, da die Ungewißheit, ob die Erben Schadensersatzansprüche geltend machen werden, eine erhebliche Belastung mit sich bringt und die Bereitschaft zur Übernahme dieses privaten Amtes erschweren kann. So wird der Testamentsvollstrecker aufgrund der langen Verjährungsfrist gut daran tun, Abschriften der Unterlagen über die Amtsführung über den gesamten Zeitraum aufzubewahren, obgleich es eine gesetzliche Regelung hierfür nicht gibt.[1497] Unzumutbar ist dies jedoch zweifelsohne nicht und kann insbesondere nicht zu einer Begründung für die Anwendung der kurzen Verjährung nach § 852 BGB herangezogen werden. Erlangt der Erbe oder Vermächtnisnehmer nicht durch Einsichtnahme in die Akten oder sonstige Umstände zu einem früheren Zeitpunkt Kenntnis von der Schadensersatzpflicht des Testamentsvollstreckers, so verbleibt es nach § 852 Abs. 1 BGB ohnehin bei der Verjährungsfrist von 30 Jahren ab Begehung der Handlung.[1498]

Auch einem weiteren Argument der Gegenmeinung kann nicht ohne Einschränkung gefolgt werden: Richtig ist zwar, daß es nach längerer Zeit für die Betroffenen immer schwieriger wird, sich substantiiert gegen Haftungsvorwürfe zur Wehr zu setzen.[1499] Wollte man dies zur Begründung einer Verkürzung der Verjährung der Schadensersatzansprüche der Erben gegen den Testamentsvollstrecker heranziehen, darf aber nicht verkannt werden, daß der Erbe (als Anspruchssteller) und nicht der Testamentsvollstrecker die Darlegungs- und Beweislast für die tatsächlichen Voraussetzungen einer Pflichtverletzung und für das Verschulden des Testamentsvollstreckers trägt.[1500] Je länger der Erbe also mit der Geltendmachung der Schadensersatzansprüche zuwartet, desto schwieriger wird es in erster Linie für ihn, die Voraussetzungen der Haftung des Testamentsvollstreckers darzutun und im Bestreitensfall durch schriftliche Unterlagen oder Zeugen unter Beweis zu stellen.

[1495] Krit. allerdings LÜKE, NJW 1985, 1164, der zwar eine Begrenzung der Haftung des Konkursverwalters grundsätzlich für begrüßenswert, den eingeschlagenen Weg des BGH jedoch nicht für überzeugend hält.

[1496] So auch KLUMPP, ZEV 1994, 65,70; PICKEL, a.a.O., S. 202; NÄGELE, a.a.O.:, S. 65 f.; RIEDERER V. PAAR in Handbuch der Testamentsvollstreckung, 12. Kapitel, Rz. 80.

[1497] Vgl. HAEGELE/WINKLER, a.a.O., Rz. 553.

[1498] Vgl. zum Beginn der dreijährigen Verjährung JAUERNIG/STÜRNER, § 852, Anm. 2.

[1499] So die Argumentation bei RIEDERER V. PAAR in Handbuch der Testamentsvollstreckung, 12. Kapitel, Rz. 80.

[1500] Vgl. STAUDINGER/REIMANN, § 2219, Rz. 10.

Mit diesem Argument läßt sich eine Verkürzung der Verjährungsfrist nach meiner Auffassung daher nicht begründen. Schließlich erscheint eine Übertragung der vom BGH zu § 82 KO aufgestellten Grundsätze auf den Testamentsvollstrecker nicht unproblematisch. Zwischen dem Testamentsvollstrecker und dem Erben besteht nach § 2218 BGB ein gesetzliches Schuldverhältnis eigener Art, auf das überwiegend die Regeln aus dem Auftragsrecht Anwendung finden. Im Gegensatz zu der deliktischen Haftung, bei der ein Schuldverhältnis regelmäßig erst durch die unerlaubte Handlung selbst entsteht, existiert zwischen dem Testamentsvollstrecker und dem Erbe bereits eine schuldrechtliche Verpflichtung. Darüber hinaus geht es sowohl bei § 82 KO als auch bei § 2219 BGB nicht um die Verletzung allgemeiner Verhaltenspflichten, wie dies gerade für die deliktischen Tatbestände charakteristisch ist,[1501] sondern um direkt aus dem gesetzlichen Schuldverhältnis nur zwischen Testamentsvollstrecker und Erbe bestehende, spezielle Pflichten. Die Schadensersatzpflicht bei einer Verletzung der daraus herrührenden Pflichten ähnelt daher eher einer positiven Vertragsverletzung als einer deliktischen Haftung, so daß es durchaus angemessen erscheint, die für die PVV regelmäßig geltende dreißigjährige Verjährung[1502] auch auf die Haftung des Testamentsvollstreckers nach § 2219 BGB anzuwenden. Darüber hinaus ist zu berücksichtigen, daß entgegen der Handhabung bei der Konkursverwaltung keineswegs davon auszugehen ist, daß ausschließlich Rechtsanwälte oder Steuerberater zum Testamentsvollstrecker ernannt werden, so daß auch das Argument der Rechtsangleichung mit den berufsspezifischen Verjährungsfristen der BRAO und des StbG nicht schlagkräftig ist.

Schließlich wird hierbei verkannt, daß es sich auch bei den für Rechtsanwälte und Steuerberater geltenden Haftungsregeln gerade nicht um deliktische, sondern um rein vertragliche Anspruchsgrundlagen handelt.[1503] Die in Bezug genommene Entscheidung des BGH sollte ganz offensichtlich allein den Zweck verfolgen, das Risiko der Haftung der Konkursverwalter erträglicher zu gestalten. Ob sich diese Rechtsprechung daher auf die Haftung des Testamentsvollstreckers nach § 2219 BGB übertragen läßt, erscheint höchst fraglich. Nachdem auch für die Haftung des Vormunds nach § 1833 BGB[1504] und des Nachlaßverwalters nach § 1985 BGB nach richtiger Ansicht bislang die regelmäßige Verjährungsfrist Anwendung findet, ist meines Erachtens für die analoge Anwendung des § 852 BGB kein Raum.[1505]

1501 Vgl. ENNECCERUS-NIPPERDDEY, § 126 II 2; LÜKE, NJW 1985, 1164.

1502 Vgl. BGH NJW 1990, 1302; JAUERNIG/STÜRNER, § 195, Anm. 2 e; PALANDT/HEINRICHS, § 276, Rz. 123.

1503 Zutreffend LÜKE, NJW 1985, 1164; GEHRE, Steuerberatungsgesetz, § 68, Rz. 5.

1504 Vgl. PALANDT/DIEDERICHSEN, § 1833, Rz. 1.

1505 Zweifelnd auch STAUDINGER/REIMANN, § 2218, Rz. 22, der bereits das Vorhandensein einer Regelungslücke in Frage stellt.

Wenn eine Abkürzung der Verjährungsfrist gesellschaftspolitisch oder zur Angleichung der Rechtsverhältnisse gewollt ist, so mag der Gesetzgeber dem § 2219 BGB einen weiteren Absatz hinzufügen und die Dauer der Verjährung explizit regeln. Solange dies nicht erfolgt ist, wird für die Testamentsvollstrecker das Risiko bestehen, bei schuldhaften Pflichtverletzungen, die zu einer Schädigung der Erben oder Vermächtnisnehmer geführt haben, auch noch bis zum Ablauf von 30 Jahren in Anspruch genommen zu werden. Besonders schutzwürdig erscheint der Testamentsvollstrecker überdies in dieser Hinsicht gleichfalls nicht. Denn bei schuldhaften Pflichtverletzungen besteht kein hinreichender Grund den Testamentsvollstrecker gegenüber demjenigen zu privilegieren, der etwa aufgrund einer positiven Vertragsverletzung oder aus dem Rechtsinstitut der culpa in contrahendo haftet. Es erscheint mir daher richtig, die Schadensersatzansprüche gegen den Testamentsvollstrecker der langen Verjährungsfrist des § 195 BGB zu unterstellen.

III. Ansprüche des Testamentsvollstreckers gegen die Erben

1. Der Anspruch auf Aufwendungsersatz

Die Verweisung des § 2218 Abs. 1 BGB auf 670 BGB gibt dem Testamentsvollstrecker einen Anspruch gegen den Erben auf Ersatz der Aufwendungen, die er zur Erfüllung seiner Obliegenheiten für erforderlich halten durfte. Unter Aufwendungen sind nach allgemeiner Meinung freiwillige Vermögensopfer zu verstehen.[1506] Nach dem Grundsatz des § 670 BGB soll der Auftraggeber den durch Aufwendungen des Beauftragten entstandenen Vermögensnachteil möglichst vollwertig ausgleichen, regelmäßig durch Ersatz in Geld.[1507] Dieser Ersatzanspruch des Testamentsvollstreckers wird nicht erst bei Beendigung des Amtes sondern nach § 271 BGB sofort fällig.[1508] Ein Recht auf Vorschuß hat der Testamentsvollstrecker jedoch nicht, nachdem § 2218 Abs. 1 BGB zwar auf § 670 BGB aber nicht auf § 669 BGB verweist.[1509] Ersatzfähig sind nur die Aufwendungen, die der Testamentsvollstrecker für erforderlich erachten durfte. Nicht maßgeblich ist dabei, ob sich die Aufwendungen später tatsächlich als nicht erforderlich herausstellen, etwa weil der Testamentsvollstrecker infolge einer unrichtigen aber schuldlosen Testamentsauslegung davon ausgegangen war, die Aufwendungen seien notwendig.[1510]

Zu den Aufwendungen, die dem Testamentsvollstrecker zu ersetzen sind, gehören die Ausgaben für Schreibwaren, Porto- und Telefongebühren, die Reisekosten und die Kosten für die Hinzuziehung von Beratern und Hilfspersonen, also auch die Kosten eines Rechtsanwalts, Steuerberaters oder eines Sachverständigen, der etwa mit der Feststellung des Wertes eines bebauten Nachlaßgrundstücks beauftragt wird. Das gleiche gilt für Bau- oder Renovierungskosten, die der Testamentsvollstrecker zur Erhaltung eines zum Nachlaß gehörenden Hausgrundstückes aufwendet. Der Testamentsvollstrecker kann die Mittel, die hierfür erforderlich sind, dem Nachlaß entnehmen, ohne diese aus eigenen Mitteln verauslagen zu müssen.[1511] Umgekehrt kann er die Mittel aber aus seinem Privatvermögen vorstrecken und zu einem späteren Zeitpunkt von dem Erben Ersatz fordern. Zu den Auslagen gehören auch die Prozeßkosten für Rechtsstreitigkeiten, die der Testamentsvollstrecker in ordnungsgemäßer Ausübung seines Amtes geführt hat. Unerheblich ist es in diesem Fall, ob der Testamentsvollstrecker im Prozeß unterlegen war.

[1506] Vgl. RGZ 95, 51,53; MüKo-SEILER; § 670, Rz. 6.
[1507] Vgl. MüKo-SEILER; § 670, Rz. 11.
[1508] Vgl. MüKo-BRANDNER, § 2218, Rz. 18; KIPP/COING, § 73 IV 2.
[1509] Zutreffend KREGEL, BGB-RGRK, § 2218, Rz. 9; ERMAN/SCHMIDT, § 2219, Rz. 7;
[1510] Vgl. RG Recht 1910, Nr. 724; vgl. auch KIPP/COING, § 73 IV 1 Fn. 42.
[1511] Vgl. STAUDINGER/REIMANN, § 2218, Rz. 30; MüKo-BRANDNER, § 2218, Rz. 18.

Zwar sind die Kosten in diesem Fall dem Testamentsvollstrecker selbst aufzuerlegen, dies schließt jedoch das Recht des Testamentsvollstreckers nicht aus, diese Kosten aus dem Nachlaß zu entnehmen oder gegen die Erben geltend zu machen, wenn er sich in dem Verfahren in berechtigter Verteidigung des letzten Willens des Testators befunden hat.[1512] Eine persönliche Kostentragungspflicht trifft ihn nur, wenn er die Prozeßführung nicht für erforderlich halten durfte, um den Willen des Erblassers zu verteidigen oder er den Prozeß aus persönlichen Interessen heraus geführt hat. Selbst bei einer irrtümlich unzutreffenden Testamentsauslegung kann der Testamentsvollstrecker Ersatz der Prozeßkosten verlangen, wenn er zu dieser Auffassung auch bei Anwendung der ihm obliegenden Sorgfalt kommen konnte. Dagegen kann der Testamentsvollstrecker in allen Fällen einer leichtfertigen und überflüssigen Prozeßführung keinen Ersatz der ihm durch die Prozeßführung entstandenen Aufwendungen verlangen.[1513]

2. Der Vergütungsanspruch des Testamentsvollstreckers

Über den Anspruch auf Ersatz der notwendigen Auslagen hinaus hat der Testamentsvollstrecker gem. § 2221 BGB einen Anspruch auf eine angemessene Vergütung. Der Erblasser kann durch die letztwillige Anordnung die Höhe der Vergütung festlegen oder eine solche ganz ausschließen. Eine derartige Anordnung ist wirksam, auch wenn sie den Anspruch des Testamentsvollstreckers auf Zahlung einer angemessenen Vergütung beseitigt.[1514] In diesem Fall steht es dem Testamentsvollstrecker allerdings frei, die Annahme des Amtes abzulehnen[1515] oder das Amt kurzerhand niederzulegen,[1516] wobei er beachten muß, daß eine Kündigung nicht zur Unzeit erfolgen darf.[1517] Hat der Erblasser eine bestimmte Vergütung festgesetzt, so kommt es demnach nicht auf deren Angemessenheit an.[1518] Eine außergewöhnlich hohe Vergütung wird als ein durch die Amtsannahme bedingtes Vermächtnis angesehen.[1519] Hat der Erblasser eine bestimmte Vergütung festgesetzt, so kommt eine Herabsetzung der Vergütung in Betracht, wenn das Amt vorzeitig endet oder bestimmte Aufgaben des Testamentsvollstreckers wegfallen.[1520]

[1512] Vgl. OLG Hamburg, MDR 1963, 423,424.
[1513] Vgl. BGH WM 1967, 25,29.
[1514] Vgl. EBENROTH, a.a.O., Rz. 686.
[1515] RGZ 149, 121,124.
[1516] LANGE/KUCHINKE, § 31 VII 3, Fn. 356; EBENROTH, a.a.O., Rz. 686; KIPP/COING, § 73 IV 2 FN. 45 gibt jedoch zu Recht zu Bedenken, daß auch der Geschäftsführer ohne Auftrag in gewissem Umfang eine Entschädigung für seine Arbeitsleistung verlangen kann.
[1517] Vgl. unten Teil E I 3 dieser Arbeit.
[1518] Vgl. STAUDINGER/REIMANN, § 2221, Rz. 4.
[1519] Vgl. MÜKO-BRANDNER, § 2221, Rz. 4; KIPP/COING, § 73 IV 2.
[1520] BGH DRiZ 1966, 398; TILING, ZEV 1998, 331; MÜKO-BRANDNER, § 2221, Rz. 17.

Der Erblasser kann aber auch bestimmen, daß ein Dritter oder sogar der Testamentsvollstrecker selbst bestimmen können soll, wie hoch die Vergütung ist, § 315 BGB.[1521] Ein pauschales Kriterium, wie hoch die angemessene Vergütung zu sein hat, gibt es nicht, insbesondere existiert keine Gebührenordnung.[1522] Rechtsprechung und Literatur haben sich daher schon frühzeitig darum bemüht, einen allgemeinen Maßstab dafür zu finden, wie hoch die angemessene Vergütung des Testamentsvollstreckers zu bemessen ist. In einem Aufsatz in der Juristischen Wochenschrift[1523] aus dem Jahr 1935 hatte der Notar Dr. Plaßmann aus Köln dabei die seit dem Jahre 1925 im Bezirk des Rheinischen Notariats in allgemeiner Übung befindlichen Grundsätze für die Vergütung des Testamentsvollstreckers zusammengestellt, die auch heute noch zur Anwendung kommen.[1524] Diese Grundsätze sind als „Richtlinien des Vereins für das Notariat in Rheinpreussen" oder als „Rheinische Tabelle" zur Testamentsvollstreckervergütung bekannt geworden.[1525] Sie haben folgenden Inhalt:

„Es wird empfohlen, als Gebühr für die Tätigkeit des Testamentsvollstreckers im Regelfall wie folgt zu berechnen:

➢ bei einem Nachlaßwert bis zu 20000 RM Bruttowert	4%
➢ darüber hinaus bis zu 100 000 RM Bruttowert	3%
➢ darüber hinaus bis zu 1 000 000 RM Bruttowert	2%
➢ darüber hinaus	1%

Diese Sätze gelten für normale Verhältnisse und glatte Abwicklung. Folgt dagegen eine längere Verwaltungstätigkeit, z.B. beim Vorhandensein von Minderjährigen, oder verursacht die Verwaltung eine besonders umfangreiche und zeitraubende Tätigkeit, so kann eine höhere Gebühr als angemessen erachtet werden, auch eine laufende, nach dem Jahresbetrag der Einkünfte zu berechnende Gebühr gerechtfertigt sein."[1526]

Schon aus diesen Formulierungen ergibt sich die Schwierigkeit, die bei der Bemessung der *richtigen* Vergütung besteht. Auf der einen Seite ist der Testamentsvollstrecker nicht selbst berechtigt, die angemessene Vergütung eigenmächtig zu definieren und festzusetzen, andererseits existiert auch kein amtliches Verfahren.[1527]

[1521] Vgl. STAUDINGER/REIMANN, § 2221, Rz. 28; MÜKO-BRANDNER, § 2221, Rz. 5; TILING ZEV 1998, 331.
[1522] EBENROTH, a.a.O., Rz. 685; GLASER, MDR 1983, 93; HAEGELE/WINKLER, a.a.O., Rz. 570.
[1523] Vgl. PLAßMANN, JW 1935, 1830.
[1524] Vgl. etwa OLG Köln, FamRZ 1994, 328.
[1525] Vgl. DNotZ 1935, 623 = JW 1935 1831.
[1526] Vgl. DNotZ 1935, 623.
[1527] Vgl. STAUDINGER/REIMANN; § 2221, Rz. 27; REIMANN, ZEV 1995, 57.

Insbesondere ist das Nachlaßgericht nicht für die Festsetzung der Vergütung zuständig.[1528] Andererseits wird dem Testamentsvollstrecker aber die Berechtigung zuerkannt, seine Vergütung in Teilbeträgen oder aber auch die gesamte Vergütung am Ende der Amtsdauer dem Nachlaß zu entnehmen.[1529] Daher ist der Testamentsvollstrecker zumindest faktisch doch selbst zur Festsetzung der von ihm als angemessen erachteten Vergütung berufen.[1530] Er trägt das Risiko, daß der von ihm aus dem Nachlaß entnommene Betrag nicht in voller Höhe geschuldet wird.[1531] Sind die Erben mit der Höhe nicht einverstanden, muß ein Streit um die korrekte Vergütung schließlich vor dem Prozeßgericht ausgetragen werden.[1532]

Das Prozeßgericht muß im Streitfall dann mit Hilfe verschiedener Kriterien versuchen, eine für den jeweiligen Einzelfall gerechte Lösung zu finden und die angemessene Vergütung zu bestimmen. Dies erweist sich oft als schwierig, weil der Begriff „angemessen" in § 2221 BGB eine Beurteilung des Umfangs und der Schwierigkeit der Tätigkeit des Testamentsvollstreckers erforderlich macht. Rechtsprechung und Literatur geben hierbei keine konkreten Hinweise für die Bemessung der Gebühr, sondern stellen ebenfalls meist auf die besonderen Umstände des Einzelfalles ab.[1533] Der BGH geht davon aus, daß maßgebend für die zutreffende Höhe der Vergütung der Pflichtenkreis sei, der dem Testamentsvollstrecker nach der Verfügung von Todes wegen obliege, der Umfang seiner Verantwortung und die von ihm geleistete Arbeit.[1534] Dabei müssen insbesondere die Schwierigkeit der gelösten Aufgaben, die Dauer der Abwicklung oder Verwaltung, die Verwertung besonderer Kenntnisse und Erfahrungen wie auch die Bewährung einer am Erfolg orientierten Geschicklichkeit berücksichtigt werden.[1535] Die Berechnung in Bruchteilen des Nachlasses hält der BGH in dieser Entscheidung ebenfalls für möglich und im Grundsatz dem Rechtsfrieden förderlich. Auch die Richtlinien aus dem Jahre 1925, die „von der Praxis angenommen und in der Rechtsprechung als geeignete Grundlage für die Berechnung einer angemessenen Vergütung im Regelfall anerkannt worden" seien, kämen nach wie vor als Grundlage für die Bemessung der Vergütung in Betracht.

[1528] BGH WM 1972, 101; GLASER, NJW 1962, 1998,1999; TSCHISCHGALE, JurBüro 1965, 90.

[1529] Vgl. BGH NJW 1963, 1615; BGH WM 1972, 101; STAUDINGER/REIMANN, § 2221, Rz. 18; ECKELSKEMPER, in Handbuch der Testamentsvollstreckung, 10. Kap., Rz. 71; TSCHISCHGALE, JurBüro 1965, 89; GLASER, NJW 1962, 1998,1999.

[1530] Zutreffend REIMANN, ZEV 1995, 57.

[1531] Vgl. BGH NJW 1963, 1615; ECKELSKEMPER, in Handbuch der Testamentsvollstreckung, 10. Kap., Rz. 73; STAUDINGER/REIMANN, § 2221, Rz. 19.

[1532] Vgl. BGH NJW 1957, 947; BGH WM 1972, 101; MÜMMLER, JurBüro 1988, 828,830.

[1533] Krit. hierzu TILING, ZEV 1998, 331.

[1534] Vgl. BGH NJW 1963, 487; BGH NJW 1967, 2400.

[1535] Vgl. BGH NJW 1967, 2400.

Allerdings dürften die von Körperschaften oder Vereinigungen hierfür aufgestellten Sätze nicht schematisch angewandt werden, sondern müßten die Besonderheiten des Einzelfalles im Auge behalten.[1536] Dieser Rechtsprechung des BGH hat sich die Kommentarliteratur weitgehend angeschlossen,[1537] wobei sich in der Literatur jedoch noch erhebliche Unterschiede über die konkrete Berechnung der Gebühr, über das Vorliegen verschiedener Gebührentatbestände und die Hinzurechnung der Umsatzsteuer finden, welche im Folgenden dargestellt werden sollen.

a) Der Grundsatz der einheitlichen Gesamtvergütung

Umstritten ist zunächst, ob der Testamentsvollstrecker für seine unterschiedlichen Tätigkeiten, insbesondere die Inbesitznahme des Nachlasses (Konstituierung) und die sich anschließende Verwaltungstätigkeit, schließlich gar für die Auseinandersetzung des Nachlasses jeweils einzelne Gebühren in Rechnung stellen und ggf. dem Nachlaß entnehmen kann. So geht insbesondere die neuere Literatur davon aus, daß die unterschiedlichen Tätigkeiten unterschiedliche Gebührentatbestände zur Folge haben.[1538] So soll der Testamentsvollstrecker eine besondere Konstituierungsgebühr verlangen dürfen, wenn zu Beginn der Tätigkeit im Zusammenhang mit der Inbesitznahme des Nachlasses, der Aufstellung des Nachlaßverzeichnisses und der Regulierung der Nachlaßverbindlichkeiten besondere Schwierigkeiten verbunden gewesen sind.[1539] Wann diese Voraussetzungen vorliegen sollen, wird jedoch ebenfalls uneinheitlich und schwammig beantwortet.[1540] Während zum einen die Auffassung vertreten wird, daß es sich hierbei um eine einmalige Sondervergütung handele, die nur bei einer besonders schwierigen Konstituierung anfalle[1541], gehen andere offenbar davon aus, daß der Testamentsvollstrecker regelmäßig eine solche zusätzliche Vergütung für die bei Beginn der Testamentsvollstreckung anfallenden Tätigkeiten verlangen könne, wenn diese Tätigkeiten nicht bereits von anderer Seite oder einem Amtsvorgänger erbracht worden seien.[1542]

[1536] Vgl. BGH NJW 1967, 2400,2402.

[1537] Vgl. etwa STAUDINGER/REIMANN, § 2221, Rz. 30; MÜKO-BRANDNER, § 2221, Rz. 8.

[1538] Vgl. etwa TILING, ZEV 1998, 331; MÜMMLER, JurBüro 1988, 828,830; MÖHRING, BB 1979, 868; GLASER, AnwBL 1983, 147; MÜKO-BRANDNER, § 2221, Rz. 12 ff; STAUDINGER/REIMANN, § 2221, Rz. 44.

[1539] Vgl. MÜMMLER, JurBüro 1988, 828,830; PALANDT/EDENHOFER, § 2221, Rz. 7; MÜKO-BRANDNER, § 2221, Rz. 13.

[1540] Dies müssen auch die Befürworter der verschiedenen Gebührentatbestände einräumen; vgl. etwa PALANDT/EDENHOFER, § 2221, Rz. 6; TILING, ZEV 1998, 331,334.

[1541] Vgl. etwa GLASER, DB 1979, 877; TILING, ZEV 1998, 331,333.

[1542] So offenbar Möhring, BB 1979, 868; vgl. auch BELDE, JurBüro 1969, 682, der davon ausgeht, daß die ermittelten Gebührensätze mit der Konstituierung des Nachlasses verdient seien und der TV zusätzlich für die weitere laufende Verwaltung eine Verwaltungsgebühr fordern könne.

Eine weitere Auffassung will eine Konstituierungsgebühr nur im Einzelfall oder sogar nur dann zulassen, wenn eine entsprechende Vereinbarung mit den Erben getroffen wurde. Neben[1543] oder ergänzend[1544] zu der Konstituierungsgebühr will die herrschende Meinung zumindest bei langandauernder Verwaltungstätigkeit dem Testamentsvollstrecker noch eine Verwaltungsgebühr zubilligen. Diese soll jährlich berechnet und mit der jährlichen Rechnungslegung nach § 2218 Abs. 2 BGB fällig werden. Mit der Verwaltungsgebühr sollen die dem Testamentsvollstrecker durch die fortdauernde Verwaltungstätigkeit entstandenen Bemühungen honoriert werden. Als Vergütungssätze werden 2 bis 4 % vom Jahresbetrag der Bruttoeinnahmen oder 1/3 bis ½ % des Nachlaßbruttowertes genannt.[1545] Andere gehen von einem Betrag in Höhe von ½ bis 1% des Bruttonachlaßwertes aus.[1546] Bei schwierigen Fällen, insbesondere bei einer unternehmerischen Tätigkeit des Testamentsvollstreckers soll sogar eine Gebühr in Höhe von 10% des Reingewinns für die laufende Verwaltung angemessen sein.[1547] Schon daran zeigt sich, daß es auch in den Fällen, in denen nach der Literatur sowohl ein Konstituierungs- als auch eine Verwaltungsgebühr zugestanden wird, nicht zu einer Verdopplung der Gebühr kommen darf.[1548]

Diejenigen Literaturstimmen, die undifferenziert eine Verwaltungsgebühr und eine Konstituierungsgebühr nebeneinander in gleicher Höhe fordern, haben jedoch bereits zu einer erheblichen Unsicherheit beigetragen, die dazu geführt hat, daß offenbar einige Testamentsvollstrecker in der jüngeren Vergangenheit dazu übergegangen sind, die einzelnen für einschlägig gehaltenen Gebührentatbestände alle nach den entsprechenden Tabellen zu berechnen und sodann zu addieren. Noch unüberschaubarer wird es, wenn man mit einzelnen Literaturstimmen neben der Konstituierungsgebühr und der Verwaltungsgebühr auch noch eine Abwicklungsgebühr[1549], eine Auseinandersetzungsgebühr[1550] und schließlich sogar noch eine Abschlußgebühr[1551] zulassen will und die Konstituierungsgebühr einerseits als Grundvergütung des Testamentsvollstreckers, andererseits als Regelgebühr[1552] bezeichnet wird.

1543 Vgl. MÖHRING, BB 1979, 868; GLASER, AnwBl 1983, 147.
1544 So offenbar MÜKO-BRANDNER, § 2221, Rz. 13; BELDE, JurBüro 1969, 682,684.
1545 Vgl. Möhring/Beisswingert/Klingelhöffer, a.a.O., S. 231; ERMAN/SCHMIDT, BGB, § 2221, Rz. 8; GLASER, AnwBl. 1983, 147,149.
1546 So offenbar MÜMMLER, JurBüro 1988, 628,630.
1547 Vgl. OLG Hamburg MDR, 1959, 761; ERMAN/SCHMIDT, BGB, § 2221, RZ. 8.
1548 Vgl. STAUDINGER/REIMANN, § 2221, Rz. 44.
1549 Vgl. MÜKO-BRANDNER, § 2221, Rz. 12.
1550 Vgl. dazu PALANDT/EDENHOFER, § 2221, Rz. 9; TILING, ZEV 1998, 331,334.
1551 Krit. hierzu HAEGELE/WINKLER, a.a.O., Rz. 571; vgl. MÖHRING/BEISSWINGERT/KLINGELHÖFFER, a.a.O., S. 221.
1552 Vgl. OLG Köln, FamRZ 1994, 328,329.

Es scheint eine kaum noch zu überschauende Vielfalt von Gebührentatbeständen zu bestehen, deren Anwendungsvoraussetzungen unklar und zudem ausgesprochen umstritten sind. Eine Stellungnahme des BGH fehlt bislang. Der Streit um die unterschiedlichen Gebührentatbestände verkennt jedoch, daß es eine gesetzliche Grundlage für die Anknüpfung an bestimmte Vollstreckungshandlungen des Testamentsvollstreckers nicht gibt. Das BGB spricht lediglich von einer angemessenen Gebühr, wobei die Betonung nach zutreffender Auffassung in der Tat auf das Wörtchen „eine" gelegt werden darf.[1553] Für verschiedene Gebührenarten, die nebeneinander gewährt werden, ist daher meines Erachtens nach kein Raum. Das Gesetz geht vielmehr vom Grundsatz einer einheitlichen Gesamtvergütung des Testamentsvollstreckers aus.[1554] Daß diese Gesamtvergütung besondere Schwierigkeiten bei der Konstituierung des Nachlasses oder der Auseinandersetzung berücksichtigen muß, ist eine Sache, eine Aufspaltung der Vergütung in verschiedene Gebührentatbestände, wie dies offenbar zunehmend gefordert wird, rechtfertigt sie jedoch nicht. Die zur Begründung der gesonderten Konstituierungsgebühr immer wieder herangezogene Entscheidung des Reichsgerichts aus dem Jahr 1936[1555] unterscheidet zwar zwischen der Tätigkeit bei der Konstituierung des Nachlasses und der anschließenden Verwaltungstätigkeit des Testamentsvollstreckers, es muß jedoch berücksichtigt werden, daß es bei dem zugrundeliegenden Sachverhalt um einen Fall ging, bei dem ein zwischen den Erben und dem Testamentsvollstrecker getroffenes Honorarabkommen im Streit stand, das eine besondere Gebühr für die Tätigkeit des Testamentsvollstreckers bei der sog. Konstituierung des Nachlasses zum Inhalt hatte.

Das BayObLG hat in einer Entscheidung aus dem Jahr 1972 festgestellt, daß die Entscheidung des RG nicht dahin verallgemeinert werden dürfe, „daß einem Testamentsvollstrecker regelmäßig für die Konstituierung des Nachlasses neben der Vergütung aus § 2221 BGB noch eine besondere Gebühr zugebilligt wird."[1556] Auch der BGH hat - soweit erkennbar - bisher eine Aufspaltung der Vergütung des Testamentsvollstreckers in mehrere einzelne Vergütungstatbestände nicht nachvollzogen, sondern geht offenbar von einer Regelgebühr aus, die unter Anwendung der Grundsätze des Rheinischen Notariats zu berechnen ist und die dann entweder erhöht oder ermäßigt werden kann, wenn die Bemessung nach dem Regelsatz wegen des Umfangs und der Dauer der Testamentsvollstreckung zu einem unangemessenen Ergebnis führen würde.[1557]

[1553] Vgl. TILING, ZEV 1998, 331,334.
[1554] So auch OLG Köln, ZEV 1995, 70.
[1555] Vgl. RG JW 1936, 3388.
[1556] Vgl. BayObLG MDR 1973, 317.
[1557] Vgl. BGH NJW 1967, 2400,2402.

Dieser Ansatz ist richtig. Das Gesetz geht von *einer* angemessenen Vergütung aus. Diese muß anhand des Umfangs, der Schwierigkeit, der Verantwortung und letztlich auch nach der Dauer der Testamentsvollstreckung berechnet werden. Es ist sachgerecht, einen gewissen Gebührenrahmen anzunehmen und für unkomplizierte Fälle die Gebühr nach dem unteren Bereich des Rahmens und für besonders schwierige und umfangreiche Fälle nach dem oberen Bereich des Rahmens zu ermitteln. Eine vergleichbare Regelung, die sich in der Praxis als ausgesprochen gut handhabbar erwiesen hat, findet sich in §§ 11, 12 BRAGO. Nach diesen Regeln für die Gebührenermittlung der Rechtsanwälte wird zunächst durch bestimmte Gebührenstufen, die sich nach dem Streitwert oder Gegenstandswert der Angelegenheit bemessen, die Höhe einer vollen Gebühr festgestellt. Ordnet das Gesetz dann für bestimmte Tätigkeiten - etwa in § 118 BRAGO - eine Rahmengebühr an, so kann der Rechtsanwalt die Gebühr im Einzelfall unter Berücksichtigung der Umstände, insbesondere der Schwierigkeit und des Umfangs der Tätigkeit nach billigem Ermessen selbst festsetzen, wobei er fünf Zehntel bis zehn Zehntel der vollen Gebühr verlangen kann. Diese Festsetzung unterliegt - wie die Testamentsvollstreckervergütung - schließlich nur der Überprüfung durch das Prozeßgericht. Es gibt also einen bestimmten Bruchteil der vollen Gebühr für den Regelfall, bzw. eine Tätigkeit mittlerer Schwierigkeit und Umfangs. Diese Regelgebühr, die sich im Falle des § 118 BRAGO aus 7,5/10 der vollen Gebühr errechnet, kann bei besonders einfach gelagerten Fällen ermäßigt und bei steigender Schwierigkeit und Bedeutung angemessen erhöht werden, bis die volle Gebühr erreicht ist.

Eine ähnliche Regelung sieht auch die neue insolvenzrechtliche Vergütungsordnung vor, die aufgrund des § 65 InsO am 19.08.1998 erlassen worden ist.[1558] Auch hier hat der Gesetzgeber vorgesehen, daß der Regelsatz der dem Insolvenzverwalter zustehenden Vergütung nach dem Wert der Insolvenzmasse berechnet und dem Umfang und der Schwierigkeit der Tätigkeit des Insolvenzverwalters durch Abweichungen vom Regelsatz Rechnung getragen wird.[1559] Zwar ist die Regelung nicht unmittelbar mit der hier in Frage stehenden Vergütung des Testamentsvollstreckers vergleichbar, insbesondere weil das Insolvenzgericht die Vergütung des Insolvenzverwalters nach § 64 InsO durch Beschluß festsetzt und eine Festsetzung der dem Testamentsvollstrecker zustehenden Vergütung durch das Nachlaßgericht gerade nicht stattfindet,[1560] gleichwohl existiert eine vergleichbare Sachlage, die eine Anwendung der dort festgeschriebenen Grundsätze auf die Testamentsvollstreckung sachgerecht erscheinen läßt.

[1558] Vgl. BGBl. I, 2205; abgedruckt bei GEROLD/SCHMIDT-MADERT; BRAGO-Kommentar, 14. Auflage 1999, Teil C Anhang Nr. 7.
[1559] Vgl. MADERT, AnwBL. 1999, 91.
[1560] Vgl. BGH WM 1972, 101; vgl. auch ERMAN/SCHMIDT, § 2221, Rz. 4; KREGEL, BGB-RGRK, § 2221, Rz. 3; MÜKO-BRANDNER, § 2221, Rz. 7.

Auch der Testamentsvollstrecker betreut und verwaltet ein fremdes Vermögen über einen bestimmten Zeitraum und wird dabei treuhänderisch tätig. Bei beiden Fällen muß zur Berechnung der Vergütung an eine Bemessungsgrundlage angeknüpft werden, wobei nur das verwaltete Vermögen hierfür in Betracht kommt. Schließlich gibt es sowohl bei der Tätigkeit des Insolvenzverwalters als auch bei der des Testamentsvollstreckers eine unendliche Vielzahl vorstellbarer Konstellationen, unterschiedlicher Schwierigkeitsgrade und besonders gelagerter Einzelfälle, die nicht in katalogisierter Form erfaßt oder als Fallgruppen angemessen in eine bestimmte Typologie gebracht werden können. Gleichwohl soll in beiden Fällen eine Abstufung der Gebühr nach der Schwierigkeit, dem Umfang und der Verantwortung desjenigen erfolgen, der das Vermögen - sei es für die Erben, sei es zum Schutz der Gläubiger - zu verwalten hat. Die für den Insolvenzverwalter gefundene Lösung bietet sich daher als Denkansatz auch für die Vergütung des Testamentsvollstreckers an.

Auch bei der Testamentsvollstreckervergütung sollte m. E. daher eine dem Normalfall einer durchschnittlich schwierigen Abwicklungsvollstreckung angemessene Regelvergütung bestimmt werden, die sich nach der Größe des zu verwaltenden Vermögens, also des Nachlasses errechnet.[1561] Diese Regelvergütung muß dann den Umständen des Einzelfalles durch eine Erhöhung oder Ermäßigung des Regelsatzes angepaßt werden, wobei ich vorschlage, von einer Regelgebühr von fünf Zehntel auszugehen und diese in einzelnen Zehntelschritten bis zur vollen Gebühr von zehn Zehnteln zu erhöhen oder bis zu einem Zehntel in ganz einfachen Fällen zu ermäßigen.[1562] Dem Testamentsvollstrecker wird es im Streitfalle obliegen, die Schwierigkeit bzw. den Umfang seiner Tätigkeit und die Angemessenheit der von ihm geforderten Gebühr darzulegen, sofern sich eine Einigung mit den Erben nicht erzielen läßt.

[1561] Dazu sogleich unter Teil b)
[1562] Dazu sogleich unter c)

b) Die Berechnung der Regelgebühr

Für die Berechnung der Regelgebühr ist demnach zunächst ein Bezugswert festzulegen, anhand dessen die Vergütung errechnet werden kann. Einigkeit besteht allenfalls darin, daß bei der Berechnung der maßgeblichen Vergütung von dem Brutto-Nachlaßwert auszugehen ist.[1563] Ein Abzug der Nachlaßverbindlichkeiten hat hierbei regelmäßig nicht zu erfolgen, wenn die Regulierung der Schulden auch zu den Aufgaben des Testamentsvollstreckers gehört.[1564] Ansonsten bliebe die mit der Regulierung der Verbindlichkeiten verbundene Mühe und Verantwortung des Testamentsvollstreckers unberücksichtigt und er würde für die besonders schwierige Tätigkeit im Zusammenhang mit der Verwaltung eines hochverschuldeten Nachlasses nur eine geringe Vergütung erhalten.[1565]

Auch der BGH hat in seiner Entscheidung aus dem Jahr 1967 zutreffend darauf hingewiesen, daß in Fällen, in denen die Berechnung der Vergütung des Testamentsvollstreckers nach einem Vomhundertsatz des Nachlasses erfolgt, vom Bruttowert des Nachlasses auszugehen ist, sofern auch die Nachlaßverbindlichkeiten zum Arbeitsbereich des Testamentsvollstreckers gehören, von ihm etwa zu sichten und zu regeln sind.[1566] Die früher teilweise - im Anschluß an eine Entscheidung des OLG Hamburg[1567] - vertretene Gegenmeinung,[1568] wonach die vom Erblasser herrührenden Nachlaßschulden abzuziehen seien, wird heute in der Literatur auch nicht mehr vertreten.[1569] Bei der Ermittlung des Bruttonachlaßwertes ist das gesamte Aktivvermögen miteinzubeziehen, wobei bei Grundstücken nicht der Einheitswert, sondern stets der Verkehrswert maßgeblich ist.[1570] Steuerliche Bewertungsgrundsätze werden nicht für die Berechnung des Bruttonachlaßwertes herangezogen. Allerdings ist auch bei der Wertermittlung den Anordnungen des Erblassers der Vorrang vor allgemeinen Grundsätzen zu geben.[1571]

[1563] Vgl. STAUDINGER/REIMANN, § 2221, Rz. 34; SOERGEL/DAMRAU, § 2221, Rz. 10; PALANDT/EDENHOFER, § 2221, Rz. 10; HAEGELE/WINKLER, a.a.O., Rz. 592; vgl. MÖHRING/BEISSWINGERT/KLINGELHÖFFER, a.a.O., S. 223; MÜKO-BRANDNER, § 2221, Rz. 8; KREGEL, BGB-RGRK, § 2221, Rz. 6; ECKELSKEMPER, in Handbuch der Testamentsvollstreckung, 10. Kap., Rz. 7; ERMAN/SCHMIDT, § 2221, Rz. 6.

[1564] Vgl. HAEGELE/WINKLER, a.a.O., Rz. 592; PALANDT/EDENHOFER, § 2221, Rz. 10; MÜKO-BRANDNER, § 2221, Rz. 8.

[1565] Vgl. ECKELSKEMPER, in Handbuch der Testamentsvollstreckung, 10. Kap., Rz. 7; MÜKO-BRANDNER, § 2221, Rz. 8 und Fn. 17.

[1566] Vgl. BGH NJW 1967, 2400,2402.

[1567] Vgl. OLG Hamburg, HRR 1933, Nr. 1766.

[1568] Zuletzt noch KREGEL, BGB-RGRK, § 2221, Rz. 6.

[1569] Vgl. HAEGELE/WINKLER, a.a.O., Rz. 592; STAUDINGER/REIMANN, § 2221, Rz. 34.

[1570] STAUDINGER/REIMANN, § 2221, Rz. 35.

[1571] So auch SOERGEL/DAMRAU, § 2221, Rz. 10; HAEGELE/WINKLER, a.a.O., Rz. 591; ECKELSKEMPER, in Handbuch der Testamentsvollstreckung, 10. Kap., Rz. 15.

Hat der Erblasser also bestimmt, daß bei der Berechnung der Vergütung des Testamentsvollstreckers hinsichtlich eines Hausgrundstückes oder eines Unternehmens von einem bestimmten Wert auszugehen sei, so ist diese Anordnung bei der Ermittlung der dem Testamentsvollstrecker zustehenden Vergütung maßgebend, auf die Richtigkeit oder Angemessenheit der letztwillien Anordnung kommt es in diesem Fall nicht an.

Steht der Bruttonachlaßwert schließlich fest, so ist allein damit für die angemessene Vergütung nicht viel gewonnen. Die eigentlichen Schwierigkeiten bei der Berechnung der Testamentsvollstreckervergütung beginnen erst jetzt, nachdem nunmehr ein Schlüssel für den richtigen Vomhundertsatz gefunden werden muß, um die Regelvergütung festzulegen. Neben der bereits erwähnten Tabelle des Notariats in Rheinpreußen existiert eine Vielzahl weiterer Tabellen, die in der Praxis nur unterschiedlich Beachtung gefunden haben. Insbesondere die MÖHRINGSCHE TABELLE,[1572] die auch bei HAEGELE/WINKLER [1573]abgedruckt ist, hat neben der RHEINISCHEN TABELLE weitgehende Bedeutung erlangt. Darüber hinaus existieren Tabellen von TSCHISCHGALE,[1574] WEIRICH[1575] und ECKELSKEMPER[1576]. Eine gute Übersicht über die verschiedenen Tabellen und die unterschiedlichen Ergebnisse in der konkreten Anwendung bietet REIMANN[1577] und insbesondere TILING[1578], der zu Recht darauf hinweist, daß sich die für die Berechnung angebotenen Tabellen nur durch die Höhe der Vergütungssätze unterscheiden.

Während der BGH noch in seiner Entscheidung aus dem Jahr 1967[1579] die Rheinische Tabelle für sachdienlich gehalten und deren Anwendung empfohlen hat, wurde diese Tabelle in der Literatur kritisiert, da sie nicht mehr zeitgemäß sei. Der BGH hat diese Kritik jedoch unter Bezug auf MÖHRING[1580] mit dem Hinweis zurückgewiesen, daß die nominale Wertsteigerung zwischenzeitlich zu einer weit höheren Bewertung der Nachlässe als in früheren Jahren geführt habe. Insbesondere die gestiegenen Grundstückspreise und Aktienkurse erbringen nach Auffassung des BGH aus dem Jahr 1967 für den Testamentsvollstrecker einen höheren Betrag als bei einem früheren Erbfall.[1581]

[1572] Vgl. vgl. MÖHRING/BEISSWINGERT/KLINGELHÖFFER, a.a.O., S. 224.

[1573] Vgl. HAEGELE/WINKLER, a.a.O., Rz. 582.

[1574] TSCHISCHGALE, JurBüro 1965, 89 f.; auch abgedruckt bei MÜKO-BRANDNER, § 2221, Rz. 10.

[1575] WEIRICH, Erben und Vererben, 3. Auflage 1991, Rz. 487; auch abgedr. bei HAEGELE/WINKLER, a.a.O., Rz. 582.

[1576] ECKELSKEMPER, in Handbuch der Testamentsvollstreckung, 10. Kap., Rz. 43.

[1577] REIMANN, ZEV 1995, 57,58.

[1578] TILING, ZEV 1998, 331,335 f.

[1579] Vgl. BGH NJW 1967, 2400, 2402.

[1580] MÖHRING, Vermögensverwaltung, 5. Auflage, S. 357.

[1581] Vgl. BGH NJW 1967, 2400,2402.

Auch das OLG Köln hat sich dieser Argumentation angeschlossen und in zwei Entscheidungen aus dem Jahre 1987[1582] und 1993[1583] die RHEINISCHE TABELLE als maßgebliche Grundlage für die Höhe der Testamentsvollstreckervergütung anerkannt. In dem zuletzt entschiedenen Fall ging es - ähnlich wie in dem Sachverhalt der der BGH-Entscheidung von 1967 zugrunde lag - jedoch um einen Nachlaß, der im wesentlichen aus Grundstücken bestand. Es muß daher die Frage gestellt werden, ob an den Prozentsätzen der Rheinischen Tabelle auch dann noch festgehalten werden kann, wenn es sich um einen Nachlaß handelt, der nur zu einem geringen Teil aus Grundvermögen, im übrigen aber aus Beteiligungen oder Festgeldanlagen besteht. Die Literatur beurteilt dies weitgehend kritisch. ECKELSKEMPER[1584] weist zutreffend darauf hin, daß die Veränderungen im Lebenshaltungsindex, im Preisindex für Wohngebäude und auch die Bruttostundenverdienste der Arbeitnehmer in der Zeit von 1967 bis heute deutlich größer sind als die Veränderungen zwischen 1925 und 1967. Insbesondere die Löhne seien am stärksten gestiegen, so daß es nicht einzusehen sei, daß diese Entwicklung an der Testamentsvollstreckervergütung völlig vorbeilaufe, zumal der wesentliche Teil der Bürokosten heute durch die Personalkosten bestimmt werde und diese mit den Sätzen aus dem Jahre 1925 nicht mehr aufzufangen seien.

MÖHRING/BEISSWINGERT/KLINGELHÖFFER rechtfertigen das Aufgeben der Tabelle des Rheinischen Notariats mit der Feststellung, daß die vorzunehmenden Korrekturen so groß sind, daß man im Ergebnis nur noch von einer formalen, nicht aber materiellen Anwendung sprechen könne.[1585] Der tiefere Grund für das Festklammern an der Tabelle sei offenbar die Befürchtung, sonst den Boden unter den Füßen zu verlieren.[1586] HAEGELE/WINKLER weisen darauf hin, daß die Verhältnisse im Jahr 1925 wesentlich einfacher gewesen seien als heute. Der Schwierigkeitsgrad bei Nachlaßabwicklungen sei ungleich stärker gestiegen, als die zugrundeliegenden Nachlaßwerte.[1587] Auch die Erhöhung der Gerichtsgebühren, die im Jahre 1957, 1975 und 1987 durchgeführt worden sei, zeige, daß eine allgemeine Erhöhung der Gebührensätze gefordert werden könne.[1588] Weiter wird auf ein Urteil des LG Frankfurt aus dem Jahr 1987 verwiesen, das die Sätze der Vergütungsordnung für Konkursverwalter aufgrund der eingetretenen Veränderungen im wirtschaftlichen Leben für verfassungswidrig erklärt und neue, ganz erheblich über den bisherigen Bestimmungen liegende Sätze festgelegt habe.[1589]

[1582] Vgl. OLG Köln, Rpfleger 1987, 458.
[1583] OLG Köln, FamRZ 1994, 328,329.
[1584] Vgl. ECKELSKEMPER, in Handbuch der Testamentsvollstreckung, 10. Kap., Rz. 29 ff.
[1585] Vgl. vgl. MÖHRING/BEISSWINGERT/KLINGELHÖFFER, a.a.O., S. 223.
[1586] MÖHRING/BEISSWINGERT/KLINGELHÖFFER, a.a.O., S. 224.
[1587] So auch BELDE, JurBüro 1969, 681,683.
[1588] Vgl. HAEGELE/WINKLER, a.a.O., Rz. 582 und dort Fn. 1).
[1589] Vgl. LG Frankfurt, JurBüro 1987, 572.

Die in den Urteilsgründen angezogenen Überlegungen und das detaillierte statistische Zahlenmaterial könnten ohne weiteres bei der Bemessung der Testamentsvollstreckervergütung in Bezug genommen werden.[1590] Eine maßvolle Erhöhung rechtfertige sich zum einen aus den gestiegenen wirtschaftlichen, steuerlichen und rechtlichen Schwierigkeiten, mit denen der Testamentsvollstrecker fertig zu werden habe, zum anderen müsse auch die ständig wachsende Wirtschaftskraft und auch die im Dienstleistungsgewerbe eingetretene Lohnsteigerung berücksichtigt werden.[1591] Auch andere Literaturstimmen haben immer wieder mit unterschiedlichen Begründungen versucht, einen Weg für eine Erhöhung der Testamentsvollstreckervergütung zu ebnen.[1592] Dabei wird vor allem die gestiegene Schwierigkeit und Verantwortung des Testamentsvollstreckers ins Feld geführt, sowie die zunehmende Fülle von einschlägigen steuerrechtlichen, miet- oder devisenrechtlichen Vorschriften.[1593] Die sog. BERLINER PRAXIS[1594] hat auch gegenüber der MÖHRINGSCHEN TABELLE etwas höhere Prozentsätze entwickelt, um insbesondere bei kleineren Nachlässen den Arbeitsaufwand des Testamentsvollstreckers angemessen zu vergüten. Ein vergleichbarer Ansatz wurde auch in der Insolvenzrechtlichen Vergütungsordnung gewählt, wonach folgende Regelsätze aufgestellt wurden:

- von den ersten	50.000,- DM	40 %
- von dem Mehrbetrag bis	100.000,- DM	25 %
- von dem Mehrbetrag bis	500.000,- DM	7 %
- von dem Mehrbetrag bis	1.000.000,- DM	3 %
- von dem Mehrbetrag bis	50.000.000,- DM	2 %
- von dem Mehrbetrag bis	100.000.000, DM	1 %
- von dem darüber hinausgehenden Betrag		0,5 %

Dabei soll die Vergütung nach § 2 Abs. 2 InsVV mindestens 1000,- DM betragen. Eine direkte Übertragung dieser Prozentsätze auf die Testamentsvollstreckung ist zwar nicht möglich, da es sich keineswegs um völlig vergleichbare Tätigkeiten handelt und der Testamentsvollstrecker auch nicht von gerichtlicher oder behördlicher Seite in sein Amt eingesetzt, sondern lediglich von dem Erblasser ernannt wird. Die Vergütung würde daher im Vergleich zu der bislang von der Rechtsprechung und der Lehre entwickelten Gebührensätze als unangemessen hoch erscheinen.

[1590] So auch MÜMMLER, JurBüro 1988, 828,830.
[1591] Vgl. BELDE, JurBüro 1969, 681,683; MÜMMLER, JurBüro 1988, 828,830.
[1592] So etwa GLASER, NJW 1962, 1998,1999; TSCHISCHGALE, JurBüro 1965, 93; MADERT in GEROLD/SCHMIDT/V.EICKEN/MADERT, BRAGO, § 1 Rz. 25.
[1593] Vgl. GEROLD/SCHMIDT/V.EICKEN/MADERT, BRAGO, § 1 Rz. 25; TSCHISCHGALE, JurBüro 1965, 93; MÖHRING, Vermögensverwaltung in Vormundschafts- und Nachlaßsachen, 5. Aufl. S. 357.
[1594] Abgedruckt bei TILING, ZEV 1998, 331,335
und bei GEROLD/SCHMIDT/V.EICKEN/MADERT, BRAGO, S. 81.

Allerdings zeigt diese jüngste Tabelle, die im Zusammenhang mit der Verwaltung von Vermögenswerten erstellt wurde, daß auch beim Gesetzgeber eine Tendenz zu einer höheren Vergütung für die entsprechenden Tätigkeiten besteht, insbesondere wenn man die Werte mit der Regelvergütung des Konkursverwalters nach der alten Verordnung über die Vergütung des Konkursverwalters, des Vergleichsverwalters, der Mitglieder des Gläubigerausschusses und der Mitglieder des Gläubigerbeirates vom 25. Mai 1960 vergleicht.[1595]

Dort war man für die ersten 10 000 DM Teilungsmasse noch von einem Prozentsatz von 15 % und für den Mehrbetrag bis 50.000 DM von 12 % ausgegangen, so daß zumindest im unteren Bereich die Vergütung annähernd verdreifacht worden ist. Überträgt man dies auf die Testamentsvollstreckervergütung, so wird man nicht umhinkönnen, auch hier eine nicht unwesentliche Erhöhung der Prozentsätze als angemessen zu empfinden. Auch wenn es angesichts der Vielzahl vorhandener Tabellen müßig erscheint, noch einen weiteren Vorschlag zu unterbreiten, so muß doch im Zusammenhang mit der von mir oben vorgeschlagenen Rahmengebühr auch eine Anpassung der Prozentsätze an die heutigen Gegebenheiten erfolgen. Meines Erachtens sollte dabei von folgenden Prozentsätzen ausgegangen werden:

bis	20.000,- DM	10 %
darüber bis	100.000,- DM	6 %
darüber bis	500.000,- DM	5 %
darüber bis	1.000.000 DM	3,5 %
darüber bis	2.000.000 DM	2 %
darüber hinaus		1 %

Zu beachten ist jedoch, daß sich aus diesen Prozentsätzen die „Volle Gebühr“ errechnet, während hinsichtlich der Regelgebühr nach den obigen Grundsätzen nur von einer „5 Zehntel Gebühr“ auszugehen ist. Nimmt man das von TILING[1596] gewählte Beispiel zum Vergleich, wonach es um die Abwicklung eines Nachlasses mit einem Bruttowert von 1.000.000 DM geht, so erhält man nach der

Rheinischen Tabelle	21.200,-- DM
Möhringschen Tabelle	38.800,-- DM
Tabelle von Tschischgale	26.500,-- DM
Berliner Praxis	25.700,-- DM
Tabelle von Eckelskemper	26.000,-- DM
hier vorgeschlagenen Tabelle	42.500,-- DM

[1595] Abgedruckt bei GEROLD/SCHMIDT/V.EICKEN/MADERT, BRAGO, § 1, Rz. 26.
[1596] Vgl. TILING, ZEV 1998, 331,336.

Auf den ersten Blick scheint der Verfasser eine erhebliche Steigerung der Vergütung der Testamentsvolstrecker zu befürworten. Dies ist aber nicht der Fall. Bei einem Vergleich der Werte in der umseitigen Tabelle ist zu beachten ist, daß es sich bei dem Wert, der nach der Methode des Verfassers errechnet wurde, entgegen den anderen Tabellen nicht um die ***Regelgebühr*** sondern um die „*Volle Gebühr*" handelt, von der im Regelfall nur eine 5/10 Gebühr, also nur **26.250,- DM** für eine durchschnittliche Testamentsvollstreckung in Ansatz zu bringen sein wird.

Für den Regelfall und bei dem gewählten Beispiel ergibt sich daher nur eine moderate Abweichung von dem nach der Rheinischen Tabelle ermittelten Ergebnis. Auch von dem Ergebnis nach den Tabellen von Tschischgale, Eckelskemper und der Berliner Praxis ergibt sich auf den ersten Blick keine nennenswerte Abweichung. Die höchstmögliche Vergütung (10/10tel) liegt auch nur geringfügig über der Vergütung, die Möhring dem Testamentsvollstrecker regelmäßig zugestehen will. Allerdings erlaubt die hier gewählte Lösung eine unproblematische, nämlich in Zehntel-Schritten vorzunehmende Anpassung an die Besonderheiten des Einzelfalles und bringt gerade bei kleineren Nachlässen, deren Konstituierung und Auseinandersetzung auch ein erhebliches Risiko und große Schwierigkeiten mit sich bringen kann, einen erheblichen Vorteil für die Praxis. Nach der Methode des Verfassers steht dem Testamentsvollstrecker eine Spanne von

- Mindestgebühr 4.250,- DM (= 1/10) über die
- Regelgebühr 26.250,- DM (=5/10) bis zur
- Vollen Gebühr 42.500,- DM (=10/10)

zur Verfügung, aus der in 10tel-Schritten die im jeweiligen Einzelfall angemessene Gebühr errechnet werden kann.

c) Die Ermittlung der im Einzelfall angemessenen Vergütung

Hat nun auf diese Weise eine Ermittlung der Regelgebühr stattgefunden, so ist damit allerdings erst ein Schritt in die richtige Richtung getan. Nunmehr muß nämlich ermittelt werden, ob es sich um eine von dem Normalfall einer Abwicklung eines typischen bürgerlichen oder gehobenen bürgerlichen Nachlasses[1597] unterscheidet und daher eine Anpassung der Vergütung in den oben beschriebenen Zehntelschritten vorzunehmen ist. Auch hierbei kann auf die in § 3 Abs. 1 InsVV entwickelten Grundsätze zurückgegriffen werden.

[1597] Vgl. ECKELSKEMPER, in Handbuch der Testamentsvollstreckung, 10. Kap., Rz. 44, der einen solchen Nachlaß dann annimmt, wenn der Erblasser über eine Immobilie, einige Wertpapiere, Guthaben bei zwei oder drei Banken und/oder Sparkassen und evtl. noch über eine Versicherungssumme verfügt hat die zur Auszahlung ansteht, der Hausrat einige Wertgegenstände enthält, und ein Auto, sowie gelegentlich einige Antiquitäten umfaßt.

In Anlehnung an diese Grundsätze ist die Vergütung des Testamentsvollstreckers insbesondere dann zu erhöhen, wenn

(1) der Testamentsvollstrecker einen Teilungsplan aufstellt, durchführt und die Auseinandersetzung zwischen mehreren Miterben vornimmt, Vermächtnisse ausführt und die auf dem Nachlaß ruhenden Schulden reguliert.

(2) der Testamentsvollstrecker ein Unternehmen des Erblassers kurzzeitig fortführt und dann an die Erben oder einen Dritten übergibt oder umfangreichen Immobilienbesitz zu verwalten hat.

(3) der Nachlaß ungewöhnlich vielgestaltig und teilweise sogar noch völlig ungeordnet ist, der Testamentsvollstrecker daher also besondere Schwierigkeiten bei der Konstituierung des Nachlasses bewältigen muß.

(4) die Auseinandersetzung des Nachlasses mit erheblichen Streitigkeiten unter den Erben ggf. sogar mit gerichtlichen Auseinandersetzungen verbunden und daher die Auseinandersetzung mit einem erheblichen Zeitaufwand verbunden ist,

(5) dem Testamentsvollstrecker durch den Erblasser zusätzliche Aufgaben übertragen wurden, wie etwa die Überwachung der Erfüllung von Auflagen, die Betreuung des Vermögens für minderjährige Erben, o.ä.

Dagegen ist eine Minderung des Regelsatzes (der Mittelgebühr) vorzunehmen, wenn

(1) bereits ein anderer Testamentsvollstrecker die Konstituierung des Nachlasses durchgeführt oder sogar bereits einen Teilungsplan aufgestellt hat,

(2) der Nachlaß sehr klein und überschaubar ist und nur aus wenigen einzelnen Aktivposten besteht, deren Verteilung unproblematisch oder unstreitig ist,

(3) die Testamentsvollstreckung vorzeitig endet oder der Testamentsvollstrecker sein Amt vorzeitig kündigt,

(4) der Wert des Nachlasses sehr groß ist, die Verwaltung aber keinerlei besondere Anforderungen an die Tätigkeit des Testamentsvollstreckers stellt,

(5) dem Testamentsvollstrecker durch den Erblasser nur eine bestimmte Einzelaufgabe zugewiesen wurde, deren Erfüllung keine besonderen Schwierigkeiten mit sich bringt.

Diese Grundsätze machen die Aufstellung von Fallgruppen im wesentlichen entbehrlich, entsprechen den von der Literatur aufgestellten Fallgruppen[1598] andererseits aber zumindest teilweise. Weder die oben aufgestellten Grundsätze noch die bislang von der Literatur entwickelten Fallgruppen geben jedoch einen greifbaren Ansatzpunkt für die Frage, inwieweit die Mittelgebühr als Regelvergütung bei Vorliegen eines oder mehrerer der Kriterien erhöht oder gemindert werden muß. Es liegt jedoch in der Natur der Sache, daß dies nicht möglich ist und auch nach der gesetzlichen Konzeption der Testamentsvollstreckervergütung gar nicht möglich sein kann. Denn der Gesetzgeber hat mit dem Merkmal „angemessen" ein Kriterium gewählt, welches speziell auf den jeweiligen Einzelfall verweist und jeden Versuch einer vollständigen Schematisierung von vorne herein zum Scheitern verurteilt.

Auch die Rechtsprechung hat dies erkannt und weist zutreffend daraufhin, daß jede von den konkreten Einzelumständen absehende Schematisierung zu vermeiden ist und alle Richtlinien nur für Normalfälle herangezogen werden dürfen.[1599] Die Bestimmung des richtigen Gebührensatzes ist demnach jeweils im Einzelfall vorzunehmen, wobei die oben aufgestellten Kriterien zu berücksichtigen sind.

Anhand eines Vergleichs der tatsächlichen Umstände der Testamentsvollstreckung mit dem Normalfall und den Abweichungskriterien ist sodann die Abweichung von der Mittelgebühr in Zehntel-Schritten vorzunehmen. Hat der Testamentsvollstrecker etwa nach einer längeren Konstituierungsphase eines mittleren Nachlasses einen erforderlichen Teilungsplan aufgestellt und diesen nach längeren außergerichtlichen Verhandlungen schließlich einvernehmlich mit den Erben vollzogen, so wird die angemessene Vergütung nicht in einer fünf-Zehntel, sondern in einer sieben-Zehntel oder acht-Zehntel Gebühr bestehen, die sich nach der oben aufgestellten Tabelle bemißt.[1600] Es darf also nicht verkannt werden, daß es sich letztlich doch um eine Einzelfallentscheidung handelt, bei der trotz aller Kriterien und Tabellen letztlich eine gewisse Unsicherheit verbleibt. Eine erste „Festsetzung" der Vergütung muß der Testamentsvollstrecker vornehmen, nämlich in der Weise, daß er nach dem Vorstehenden den von ihm für angemessen erachteten Gebührenansatz ermittelt und die so berechnete Vergütung den Erben in Rechnung stellt oder dem Nachlaß entnimmt.

[1598] Vgl. ECKELSKEMPER, in Handbuch der Testamentsvollstreckung, 10. Kap., Rz. 45 ff.
[1599] Vgl. OLG Düsseldorf MittRhNotK 1996, 172.
[1600] Auch HAEGELE/WINKLER, a.a.O., Rz. 590 schlägt für einen derartigen Fall eine angemessene Erhöhung der normalen Gebühr vor und hält dabei einen Zuschlag von 40-50 % möglicherweise von 60-70 % der normalen Vergütung für angemessen.

Der Testamentsvollstrecker muß hier mit Fingerspitzengefühl zu Werke gehen und versuchen, die Gebührenrechnung kurz - aber möglichst nachvollziehbar - zu begründen oder ggf. bereits frühzeitig eine Einigung mit den Erben in Form einer Vergütungsvereinbarung herbeizuführen.[1601] Ist eine solche Einigung nicht möglich, und wird die Gebührenrechnung des Testamentsvollstreckers von den Erben beanstandet, etwa weil eine besonders unkomplizierte Abwicklung des Nachlasses geglückt ist, der Testamentsvollstrecker dies aber bei seiner Gebührenrechnung nach Auffassung der Erben nicht hinreichend berücksichtigt hat, so steht die vorläufige Festsetzung des Testamentsvollstreckers unter dem Vorbehalt der Nachprüfung durch das Gericht, welches letztendlich ggf. durch eine zweite endgültige Festsetzung die Höhe der Testamentsvollstreckervergütung bestimmt.[1602] Es empfiehlt sich daher für die Praxis, genaue Aufzeichnungen über die Durchführung der Testamentsvollstreckung anzulegen, damit dem Testamentsvollstrecker der Nachweis über die Besonderheiten des Einzelfalles, den Umfang und die Schwierigkeit der Tätigkeit möglich ist und das Gericht in die Lage versetzt wird, die Angemessenheit der vom Testamentsvollstrecker geltend gemachten Vergütung zu überprüfen.[1603]

Der Testamentsvollstrecker wird bei der prozessualen Geltendmachung der Vergütung zweckmäßigerweise seinen Klageantrag beziffern.[1604] Spätestens darin ist eine vom Testamentsvollstrecker vorgenommene Festsetzung der Vergütung zu sehen. Teilweise geht die Literatur davon aus, daß der Testamentsvollstrecker einen bezifferten Klageantrag stellen muß.[1605] Nach einer anderen Auffassung ist jedoch auch ein unbezifferter Klageantrag zulässig, wenn der Betrag nur geschätzt werden kann, im Antrag ein Mindestbetrag angegeben wird und die Bemessungsgrundlagen angegeben werden.[1606] Noch weitergehend will ERMAN/SCHMIDT auch einen unbezifferten Klageantrag zulassen, wenn der Testamentsvollstrecker die Bemessungsgrundlage und eine Größenangabe mit einem Spielraum von 20 % angibt.[1607]

1601 Vgl. MüKo-BRANDNER, § 2221, Rz. 6; vgl. MÖHRING/BEISSWINGERT/KLINGELHÖFFER, a.a.O., S. 219; HAEGELE/WINKLER, a.a.O., Rz. 574, die dem Testamentsvollstrecker eine Vereinbarung mit den Erben empfehlen, um auf diese Weise einen langwierigen Streit über die Angemessenheitsfrage zu vermeiden.

1602 Vgl. HAEGELE/WINKLER, a.a.O., Rz. 613; STAUDINGER/REIMANN, § 2221, Rz. 27; GEROLD/SCHMIDT/V.EICKEN/MADERT, BRAGO, § 1 Rz. 25.

1603 Vgl. ECKELSKEMPER, in Handbuch der Testamentsvollstreckung, 10. Kap., Rz. 190.

1604 Vgl. HAEGELE/WINKLER, a.a.O., Rz. 621; GEROLD/SCHMIDT/V.EICKEN/MADERT, BRAGO, § 1 Rz. 25; ECKELSKEMPER, in Handbuch der Testamentsvollstreckung, 10. Kap., Rz. 92.

1605 Vgl. etwa PALANDT/EDENHOFER, § 2221, Rz. 16.

1606 So auch MüKo-BRANDNER, § 2221, Rz. 7; ECKELSKEMPER, in Handbuch der Testamentsvollstreckung, 10. Kap., Rz. 92; einschr. HAEGELE/WINKLER, a.a.O., Rz. 621.

1607 Vgl. ERMAN/SCHMIDT, § 2221, Rz. 5; so offenbar auch GEROLD/SCHMIDT/V.EICKEN/MADERT, BRAGO, § 1 Rz. 25.

Zu berücksichtigen ist hierbei, daß bei einer Leistungsklage gem. § 253 Abs. 2 ZPO ein bestimmter Antrag erforderlich ist. Ein unbezifferter Zahlungsantrag wird von der Rechtsprechung aber auch in anderen Fällen dann für zulässig gehalten, wenn der Betrag vom Gericht rechtsgestaltend zu bestimmen oder nach billigem Ermessen zu ermitteln ist.[1608] Dies ist etwa auch bei dem Anspruch aus § 847 BGB auf Zahlung eines Schmerzensgeldbetrages der Fall.[1609] In diesen Fällen ist es lediglich erforderlich, daß der Kläger dem Gericht durch Darlegung der anspruchsbegründenden Tatsachen die notwendige Sachverhaltskenntnis für die Bezifferung des Betrages und die ungefähre Größenordnung des geltend gemachten Anspruchs evtl. unter Nennung eines Mindestbetrages angibt, wobei die Nennung des Betrages auch außerhalb des Antrages ausreichend ist.[1610] Da auch die Festsetzung der Testamentsvollstreckervergütung nach richterlichem Ermessen und in Ausfüllung des Begriffes „angemessene Vergütung" erfolgt, muß ein derartiger Antrag auch bei der Leistungsklage des Testamentsvollstreckers zulässig sein. Der Testamentsvollstrecker muß dabei den Bruttonachlaßwert angeben, den Umfang und die Schwierigkeit der geleisteten Tätigkeiten darlegen und ggf. Unterlagen vorlegen müssen, aus denen sich die Angemessenheit ergibt. Dem Testamentsvollstrecker ist es darüber hinaus auch zumutbar, zumindest außerhalb des Klageantrags eine Berechnung anzustellen, aus der sich die von ihm geforderte Vergütung entnehmen läßt und auf diese Weise anzugeben, welchen Betrag er sich vorgestellt hat.[1611]

Die Tatsacheninstanz muß anhand dieser Bemessungsgrundlagen sodann die angemessene Vergütung bestimmen, eine Nachprüfung in der Revisionsinstanz ist nach zutreffender Auffassung nur eingeschränkt möglich.[1612] So hat der BGH in seinem Urteil vom 24.11.1973 ausgeführt, daß die Revisionsinstanz lediglich überprüfen kann, ob das Gericht alle für die Beurteilung der Angemessenheit in Frage kommenden Umstände erwogen hat und ob es die Grenzen des ihm zustehenden Ermessens überschritten hat.[1613] Sind Ermessensfehler dieser Art nicht erkennbar, so ist die Revisionsinstanz an die tatrichterlichen Feststellungen gebunden.

[1608] Vgl. THOMAS-PUTZO, ZPO, § 253, Rz. 12.
[1609] Vgl. PALANDT/THOMAS, § 847, Rz. 10.
[1610] BGH NJW 1992, 311; THOMAS-PUTZO, ZPO, § 253, Rz. 12.
[1611] Vgl. BGH NJW 63, 487; GEROLD/SCHMIDT/V.EICKEN/MADERT, BRAGO, § 1 Rz. 25.
[1612] Vgl. JOHANNSEN, WM 1973, 536; ECKELSKEMPER, in Handbuch der Testamentsvollstreckung, 10. Kap., Rz. 94.
[1613] BGH WM 1972, 101,102.

d) Zusätzliche Vergütung bei Dauer- oder Verwaltungsvollstreckung

Nur bei langjährigen Verwaltungs- oder Dauervollstreckungen kann dem Testamentsvollstrecker über die nach den vorstehenden Grundsätzen ermittelte Vergütung hinaus noch eine zusätzliche Verwaltungsgebühr zugesprochen werden, die sich an der Masse des (noch) verwalteten Vermögens orientieren muß und jährlich nach erfolgter Rechnungslegung auszubezahlen ist.[1614] Denn die bislang aufgestellten Grundsätze gehen von der Abwicklungsvollstreckung aus und berücksichtigen den mit der Verwaltung des Nachlasses bei langjährigen Vollstreckungen verbundenen zusätzlichen Aufwand nicht. Die Literatur geht dabei im Anschluß an ein Urteil des LG Hamburg[1615] davon aus, daß der Testamentsvollstrecker in Fällen langdauernder Verwaltung eine Vergütung in Höhe von 2-4 % vom Jahresbetrag der Bruttoeinnahmen oder 1/3 bis ½ % des Nachlaßbruttowertes verlangen kann.[1616] Auch bei der Berechnung der Verwaltungsgebühr ist grundsätzlich vom Bruttowert auszugehen.

Umstritten ist jedoch, ob der Bruttowert des gesamten Nachlasses oder nur die Einkünfte oder Zinserträge des Nachlasses als Bemessungsgrundlage in Ansatz zu bringen sind.[1617] Die Kommentar- und Spezialliteratur begnügt sich damit, beide Berechnungsmethoden anzugeben und darauf hinzuweisen, daß anhand der Umstände des Einzelfalles festgestellt werden müsse, welche Vergütung angemessen sei.[1618] GLASER kritisiert jedoch zu Recht, daß es oftmals zu einem unbilligen Ergebnis führen wird, wenn die Testamentsvollstreckervergütung nach Prozentsätzen aus den Zinserträgen oder den Bruttoeinnahmen des Nachlasses berechnet wird. In diesem Fall wird nämlich das so errechnete Honorar selbst bei annähernd gleich großen Nachlässen, deren Verwaltung auch annähernd gleiche Mühe und einen vergleichbaren Zeitaufwand erfordert, unterschiedlich ausfallen, je nach dem, wie der Nachlaß zusammengesetzt ist.[1619] Besteht dieser im wesentlichen aus Bankguthaben und Wertpapieren, so steht der Vergütung des Testamentsvollstreckers nur ein geringer Verwaltungsaufwand entgegen. Zudem hängt die Höhe der Verwaltungsgebühr im wesentlichen auch von der Zinsentwicklung ab. Bei niedrigen Zinssätzen würde der Testamentsvollstrecker für die gleiche Tätigkeit weniger erhalten als in einer Hochzinsphase.

[1614] Vgl. BGH WM 1964, 950,952; TILING; ZEV 1998, 331,333; MÜKO-BRANDNER, § 2221, Rz. 14.

[1615] Vgl. LG Hamburg MDR 1959, 761.

[1616] Vgl. SOERGEL/DAMRAU, § 2221, Rz. 10; MÜKO-BRANDNER, § 2221, Rz. 14; HAEGELE/WINKLER, a.a.O., Rz. 599.

[1617] Vgl. GLASER, DB 1979, 877,878.

[1618] Vgl. MÜKO-BRANDNER, § 2221, Rz. 14; HAEGELE/WINKLER, a.a.O., Rz. 595 f.; ECKELSKEMPER, in Handbuch der Testamentsvollstreckung, 10. Kap., Rz. 21; PALANDT/EDENHOFER, § 2221, Rz. 8.

[1619] Vgl. GLASER, DB 1979, 877,878.

Besteht der Nachlaß hingegen hauptsächlich aus Immobilien oder gar einem Unternehmen, so kann der von der Literatur und Rechtsprechung vorgeschlagene Rahmen der Tätigkeit und Verantwortung des Testamentsvollstreckers keineswegs gerecht werden. Auch SOERGEL/DAMRAU weisen in diesem Zusammenhang daraufhin, daß bei der Verwaltung von Grundstücken zumindest derjenige Betrag als angemessen anzusehen ist, der für eine gewerbliche Hausverwaltung geschuldet wäre, sofern der Testamentsvollstrecker diese Tätigkeiten selbst ausführt.[1620] Sachgerechter erscheint es deshalb, die Verwaltungsgebühr aus dem Bruttonachlaßwert selbst zu errechnen, anstatt nur die Jahreserträge des Nachlasses als Berechnungsgrundlage heranzuziehen. Die Prozentsätze sollten dabei ebenfalls den gestiegenen Anforderungen und Schwierigkeiten Rechnung tragen, welche mit einer Testamentsvollstreckung einhergehen. Zwar hatte das KG in einer Entscheidung aus dem Jahr 1973[1621] die Berechnung der Vorinstanz gebilligt, bei der das Landgericht die Gebühren auf ½ % des Bruttonachlaßwertes festgesetzt hatte, es hat dabei allerdings auch berücksichtigt, daß der Testamentsvollstrecker einen Nachlaß zu verwalten hatte, welche bereits von anderer Seite konstituiert war. Auch ist nicht ersichtlich, daß besondere Pflichten, Arbeitsleistungen oder Verantwortlichkeiten des Testamentsvollstreckers berücksichtigt wurden. Umgekehrt räumt das KG vielmehr ein, daß solche Besonderheiten auf diese Weise zahlenmäßig bewertet werden können. Einen von der Rechtsprechung aufgestellten Satz, daß maximal ½ % des Bruttonachlaßwertes als Verwaltungsgebühr angemessen sind, gibt es demnach nicht. Ein solcher Satz würde auch weder im Gesetz noch in der Anwendung des Begriffes „angemessen" eine Stütze finden.

Dies würde nämlich dazu führen, daß ein Testamentsvollstrecker, der einen durchschnittlichen Grundbesitz, etwa ein Zweifamilienhaus im Wert von 1,2 Millionen DM verwaltet, und dabei Mietparteien zu finden, Verwaltungs- und Instandsetzungsarbeiten zu koordinieren und zu organisieren und sich auch sonst stets um das Anwesen zu kümmern hat, hierfür jährlich lediglich einen Betrag von 6000,- DM verlangen könnte. Dies erscheint m.E. nicht sach- und interessengerecht und führt nicht zu einer angemessenen Vergütung im Sinne des § 2221 BGB. Auch hier besteht dagegen die Möglichkeit, die durch eine Rahmengebühr eröffneten Möglichkeiten auszuschöpfen. Geht man von den Steigerungsraten bei den Gebühren der InsVV im Vergleich zur KO aus und nimmt man an, daß aufgrund der gestiegenen Anforderungen eine Gebühr von bis zu 2 % des Bruttonachlaßwertes angemessen sein kann und geht von diesem Betrag als Volle Gebühr aus, so ergibt sich als Mittel- oder Regelgebühr für die Verwaltung des Nachlasses ein Wert von einem Prozent, der im Fall einfacher Verwaltungen erneut in Zehntelschritten ermäßigt und bei besonders schwierigen und aufwendigen Verwaltungen bis

---

[1620] Vgl. SOERGEL/DAMRAU, § 2221, Rz. 9.
[1621] Vgl. KG NJW 1974, 752,753.

zur vollen Verwaltungsgebühr erhöht werden kann. Daraus ergibt sich für das oben genannte Beispiel Zweifamilienhaus, daß der Testamentsvollstrecker im Regelfall 12.000,- DM und beim Vorliegen von besonderen Umständen bis zu zwischen 2.400,- und 24.000,- DM jährlich verlangen kann. Damit kann also auch dem Umstand Rechnung getragen werden, wenn die Verwaltungsmasse lediglich in Bankguthaben oder festverzinslichen Wertpapieren besteht. In diesem Fall ist eben der untere Gebührenansatz zu wählen. Bei besonders großen Nachlässen ist der Gebührensatz degressiv anzupassen. Demnach sollte zur Berechnung der vollen Gebühr bei Nachlässen mit einem Wert von 10 Millionen nur noch von einem Prozentsatz von 1 % des Bruttonachlaßwertes ausgegangen werden.

e) Vergütung bei Unternehmensfortführung

Einen Sonderfall, dem auch mit diesem Berechnungsansatz nicht beizukommen ist, stellt der Testamentsvollstrecker dar, der ein Unternehmen, etwa ein Handelsgeschäft als Treuhänder fortführt und das damit verbundene Unternehmerrisiko trägt.[1622] Hat der Erblasser für diesen Fall keine Vergütungsanordnung getroffen, so müßte anhand des Verkehrswertes des Unternehmens ein angemessener Prozentsatz gefunden werden, um eine der Tätigkeit und Verantwortung des Testamentsvollstreckers entsprechende Vergütung bestimmen zu können.[1623] Dies erscheint schwierig, so daß auch die Literatur davon Abstand nimmt, eine Berechnung auf dieser Grundlage durchzuführen.[1624] Dagegen wird unter Berufung auf die bereits zitierte Entscheidung des LG Hamburg,[1625] die offenbar auch die Zustimmung des BGH erfahren hat,[1626] teilweise die Auffassung vertreten, 10 % des Reingewinns seien angemessen.[1627] Eine Begründung, wie man gerade auf diesen Prozentsatz kommt, läßt sowohl die Urteilsbegründung als auch die Literatur vermissen. Es wird jedoch auch die Auffassung vertreten, auch in einem solchen Fall sei bei der Berechnung der angemessenen Vergütung nicht von dem Ertrag oder dem Gewinn des Nachlasses, sondern von dem gesamten Nachlaßwert auszugehen, wobei auch hierbei offensichtlich keine verbindlichen Prozentsätze als Richtwerte genannt werden können.[1628]

[1622] Vgl. dazu HAEGELE/WINKLER, a.a.O., Rz. 298, 599; ECKELSKEMPER, in Handbuch der Testamentsvollstreckung, 10. Kap., Rz. 96; MÜKO-BRANDNER, § 2221, Rz. 14.

[1623] Vgl. etwa BELDE, JurBüro 1969, 681,685.

[1624] REIMANN; ZEV 1995, 57,58, schlägt etwa vor, den wert des verwalteten Vermögens einerseits und die Vergütung des Testamentsvollstreckers andererseits zu vergleichen, um sich so empirisch zur richtigen Vergütung vorzutasten.

[1625] LG Hamburg, MDR 1959, 761.

[1626] Vgl. BGH DNotZ 1964, 168,171.

[1627] Vgl. ERMAN/SCHMIDT, BGB, § 2221, Rz. 8; HAEGELE/WINKLER, a.a.O., Rz. 600; SOERGEL/DAMRAU, § 2221, Rz. 9 empfehlen eine Gewinnbeteiligung, ohne jedoch bestimmte Prozentsätze anzugeben.

[1628] vgl. GLASER, AnwBl. 1983, 147,149.

Hierbei muß aber berücksichtigt werden, daß die Fortführung eines kleineren oder mittleren Unternehmens weit mehr Arbeit und Zeitaufwand verursachen kann, als die Fortführung einer großen, mit einem vollständigen Mitarbeiterstab ausgestatteten Firma. Hier müßte ein Ausgleich vorgesehen werden, wenn der Testamentsvollstrecker sich der unternehmenseigenen Mitarbeiter bedient. Praktikable Vorschläge für eine entsprechende Regelung fehlen. Danach kommen allenfalls die angeführten Gewinnbeteiligungsmodelle in Betracht.

Was soll aber geschehen, wenn das Unternehmen aufgrund schwieriger Geschäftslage oder allgemeiner Wirtschaftsflaute einen geringen Gewinn erzielt oder gar eine negative Bilanz erwirtschaftet hat ? Dies kann nach richtiger Auffassung nicht dazu führen, daß der Testamentsvollstrecker nur eine geringe oder sogar überhaupt keine Vergütung für seine Tätigkeit erhält.[1629] Es erscheint daher angemessen, die Vergütung des Testamentsvollstreckers in derartigen Sonderfällen an vergleichbaren Gehältern leitender Angestellter, etwa dem eines GmbH Geschäftsführers, eines entsprechenden Unternehmens zu orientieren.[1630] Die hier zur Verfügung stehende Bandbreite zeigt jedoch, daß gerade in derartigen Sonderfällen die Ermittlung der angemessenen und damit der richtigen Gebühr weiterhin eine Einzelfallentscheidung bleiben wird, die auch durch noch so ausgefeilte Tabellen oder Berechnungsvorschläge nicht verallgemeinert werden kann.

Auch der Nachlaßrichter kann in derartigen Fällen bei der Bemessung der Vergütung nicht hilfreich sein. Zum einen steht ihm generell die Festsetzung der Gebühren nicht zu, zum anderen wird ihm der Einblick fehlen, um die Tätigkeit des Testamentsvollstreckers und die damit angemessene Vergütung überhaupt beurteilen zu können. Auch hier gilt daher, daß es zweckmäßig ist, mit den Erben eine Vergütungsvereinbarung zu treffen, damit ein Rechtsstreit um die angemessene Vergütung vermieden werden kann.[1631]

[1629] Krit. ECKELSKEMPER, in Handbuch der Testamentsvollstreckung, 10. Kap., Rz. 105.

[1630] Vgl. HAEGELE/WINKLER, a.a.O., Rz. 600; vgl. MÖHRING/BEISSWINGERT/KLINGELHÖFFER, a.a.O., S. 231; ECKELSKEMPER, in Handbuch der Testamentsvollstreckung, 10. Kap., Rz. 105; MÜKO-BRANDNER, § 2221, Rz. 14; GEROLD/SCHMIDT/V.EICKEN/MADERT, BRAGO, § 1 Rz. 25.

[1631] Vgl. BELDE, JurBüro 1969, 681, 684.

f) Brutto- oder Nettovergütung ?

Umstritten ist auch, ob der Testamentsvollstrecker neben seiner Vergütung die Erstattung der gesetzlichen Mehrwertsteuer verlangen kann. Bislang geht die herrschende Meinung davon aus, daß selbst der umsatzsteuerpflichtige Testamentsvollstrecker die Mehrwertsteuer zwar ausweisen, aber nicht zusätzlich zu der Vergütung verlangen kann.[1632] Zur Begründung wird ausgeführt, daß es sich bei der zivilrechtlichen Vergütung des Testamentsvollstreckers stets um eine Bruttovergütung handele, die die Mehrwertsteuer bereits enthalte.[1633] Dagegen geht eine im Vordringen befindliche neuere Auffassung davon aus, daß der Testamentsvollstrecker nach Errechnung der angemessenen Vergütung die Umsatzsteuer hinzusetzen und zusätzlich geltend machen könne.[1634]

Grundsätzlich ist hierzu festzuhalten, daß die Testamentsvollstreckervergütung nach allgemeiner Auffassung nach § 1 UStG der Umsatzsteuerpflicht unterliegt.[1635] Teilweise will die Literatur hiervon eine Ausnahme zulassen, wenn die Testamentsvollstreckertätigkeit einmalig und nur für einen überschaubaren Zeitraum ausgeübt wird, weil es dann an dem Merkmal der Nachhaltigkeit des § 2 Abs. 1 UStG und der Geschäftsmäßigkeit fehle.[1636] Diese Auffassung dürfte aber durch die Entscheidung des BFH vom 7.8.1975 überholt sein, worin der BFH die Unternehmereigenschaft eines Testamentsvollstreckers auch bei einmaliger Tätigkeit jedenfalls für den Fall bejaht hat, daß die Testamentsvollstreckung längere Zeit andauert, weil der umsatzsteuerrechtliche Gehalt der Tätigkeit des Testamentsvollstreckers nicht durch den einmaligen Akt der Übernahme des Amtes, sondern durch die Vielzahl der durch seine Aufgabenstellung bedingten Handlungen bestimmt wird.[1637] Auch das FinG Bremen hat in einer vielbeachteten Entscheidung bei einmaliger Übernahme einer Testamentsvollstreckung die Vergütung des Testamentsvollstreckers der Umsatzsteuerpflicht unterworfen.[1638]

[1632] Vgl. KG NJW 1974, 752,753; OLG Köln, FamRZ 1994, 328,329; SOERGEL/DAMRAU, § 2221, Rz. 19; STAUDINGER/REIMANN, § 2221, Rz. 61; HAEGELE/WINKLER, a.a.O., Rz. 660; HAEGELE, Die Justiz 1957, 158,161; ERMAN/SCHMIDT, § 2221, Rz. 20; PALANDT/EDENHOFER, § 2221, Rz. 5.

[1633] Vgl. KG NJW 1974, 752,753; HAEGELE/WINKLER, a.a.O., Rz. 660.

[1634] Vgl. TILING, ZEV 1998, 331,337; KIRNBERGER, ZEV 1998, 342, 344; MÜKO-BRANDNER, § 2221, Rz. 14a; vgl. MÖHRING/BEISSWINGERT/KLINGELHÖFFER, a.a.O., S. 236; Krit. auch ECKELSKEMPER, in Handbuch der Testamentsvollstreckung, 10. Kap., Rz. 135 f.; KLINGELHÖFFER, ZEV 1994, 120,121.

[1635] Vgl. STAUDINGER/REIMANN, § 2221, Rz. 60; KIRNBERGER, ZEV 1998, 342,343; TILING, ZEV 1998, 331,337; differenzierend HAEGELE/WINKLER, a.a.O., Rz. 657.

[1636] Vgl. ERMAN/SCHMIDT, § 2221, Rz. 20; vgl. MÖHRING/SEEBRECHT, BB 1977, 1057; HAEGELE/WINKLER, a.a.O., Rz. 657; HAEGELE, Die Justiz 1957, 158, 161.

[1637] Vgl. BFH, BStBl II 1976, 57,58.

[1638] Vgl. FinG Bremen, EFG 1989, 39.

Das Finanzgericht hat in seiner Entscheidung ausgeführt, daß das allein streitige Tatbestandsmerkmal der Nachhaltigkeit an sich „eine Wiederholung von Handlungen“ voraussetze. Es sei aber ausreichend, wenn sich jemand mit einer einmaligen Übernahmehandlung in ein auf längere Zeit angelegtes Rechtsverhältnis begibt, das „durch eine Vielzahl der durch die Aufgaben des Rechtsverhältnisses bedingten Handlungen bestimmt wird“. Daher wird selbst bei der Abwicklungsvollstreckung das Merkmal der Nachhaltigkeit bejaht, wenn diese mit verschiedenen Abwicklungshandlungen verbunden ist und sich nicht nur auf die Auseinandersetzung eines kleineren, durchschnittlichen bürgerlichen Haushaltes bezieht.[1639] Daher dürfte die Tätigkeit eines Testamentsvollstreckers, der nicht für ein verstorbenes Familienmitglied und dabei nur hinsichtlich der Abwicklung eines kleinen Nachlasses tätig wird, nach der Rechtsprechung der Finanzgerichte und der ihr folgenden Praxis der Finanzbehörden regelmäßig der Umsatzsteuerpflicht unterfallen, so daß sich die Testamentsvollstrecker in der großen Mehrzahl darauf einstellen müssen, zur Umsatzsteuer herangezogen zu werden.[1640]

Wenn nun aber die Testamentsvollstreckervergütung regelmäßig der Umsatzsteuerpflicht unterliegt, so stellt sich die Frage, ob diese in der nach den oben dargestellten Grundsätzen ermittelten, angemessenen Gebühr bereits enthalten ist oder aber noch zusätzlich geltend gemacht werden kann. Die Begründung der bislang herrschenden Meinung, wonach eine zivilrechtliche Vergütung stets eine Bruttovergütung sei und die Mehrwertsteuer bereits enthalte, überzeugt nicht. Zum einen ist festzuhalten, daß auch in der zivilrechtlichen Praxis in zunehmendem Maße Vergütungen bzw. Preise vereinbart werden, die die gesetzliche Mehrwertsteuer noch nicht enthalten, nachdem gerade bei längerfristigen Verträgen sonst stets eine Angleichung an den steigenden Mehrwertsteuersatz erfolgen müßte.

Zum anderen ist auch die Vorstellung, daß es sich bei der Testamentsvollstreckervergütung regelmäßig um eine Bruttovergütung handele, lebensfremd und wird dem Bedürfnis nach einer angemessenen Vergütung nicht gerecht. Wer einen Steuerberater oder Rechtsanwalt mit einer Testamentsvollstreckung beauftragt, weiß in der Regel, daß der Beauftragte neben seiner Vergütung für seine Tätigkeit die gesetzliche Mehrwertsteuer erhält und diese auch abführen muß. Es ist daher nicht einzusehen, warum dieser Personenkreis für seine sonstige Tätigkeit die Mehrwertsteuer gesondert berechnen dürfen soll, für die Testamentsvollstreckung dagegen nicht.[1641]

[1639] Vgl. FinG Hamburg, EFG 1984, 316; ECKELSKEMPER, in Handbuch der Testamentsvollstreckung, 10. Kap., Rz. 124; KIRNBERGER, ZEV 1998, 342,343.

[1640] So auch KIRNBERGER, ZEV 1998, 342,343; TILING, ZEV 1998, 331,336.

[1641] Vgl. REIMANN, ZEV 1994, 120,121.

Darüber hinaus ist nicht einzusehen, warum derjenige Testamentsvollstrecker, der aufgrund seiner anderweitigen beruflichen Tätigkeit oder aber weil er bereits zum wiederholten Male eine Testamentsvollstreckung durchführt, umsatzsteuerpflichtig ist, für die gleiche Tätigkeit eine geringere Vergütung erhalten soll, als derjenige Testamentsvollstrecker, der aufgrund fehlender Nachhaltigkeit nicht unter die Voraussetzungen der Umsatzsteuerpflicht fällt und die Testamentsvollstreckung als private Tätigkeit ausübt.[1642] Zu diesem Ergebnis würde man jedoch kommen, wenn man den Testamentsvollstreckern generell die Möglichkeit nehmen wollte, die Umsatzsteuer zusätzlich zu dem ungekürzten Honorar zu berechnen. Berücksichtigt man schließlich, daß die Umsatzsteuer im Jahre 1925 nur 4 % betrug[1643] und seitdem einem ständig beschleunigten Anstieg unterliegt,[1644] so würde die gegenteilige Auffassung zu einer ständigen Verringerung der tatsächlich dem Testamentsvollstrecker verbleibenden Netto-Gebühr führen. Dies muß insbesondere dann problematisch und mit den sonst ständig steigenden Kosten als unvereinbar angesehen werden, wenn man mit der Rechtsprechung zusätzlich an den Vergütungsrichtlinien des Rheinischen Notariats festhalten will.[1645]
Dies kann jedoch vom Gesetzgeber nicht gewollt gewesen sein, der dem Testamentsvollstrecker eine „angemessene Vergütung" zugedacht hat und unter Vergütung nur das versteht, was der Testamentsvollstrecker dann auch behalten darf.[1646] Es darf nicht verkannt werden, daß die Tätigkeit eines Testamentsvollstreckers kein Ehrenamt darstellt, sondern meist eine sehr zeit- und arbeitsintensive Beschäftigung darstellt, die mit hoher Verantwortung, hohem Konfliktpotential und einer hohen Gefahr einer persönlichen Haftung einhergeht. Zudem stellt die angemessene Entlohnung der Tätigkeit eine wesentliche Voraussetzung dafür dar, überhaupt bei geeigneten Personen Bereitschaft zur Übernahme eines derart schwierigen Amtes zu erzeugen.[1647]
Zum anderen sieht die Rechtsprechung und auch der Gesetzgeber mittlerweile auch bei anderen vergleichbaren Tätigkeiten, wie beim Nachlaßpfleger oder Insolvenzverwalter vor, daß die Umsatzsteuer zusätzlich vergütet wird.[1648]

1642 So auch TILING, ZEV 1998, 331,337.

1643 Vgl. ECKELSKEMPER, in Handbuch der Testamentsvollstreckung, 10. Kap., Rz. 142; TILING, ZEV 1998, 331,337.

1644 Gerade jetzt ist wieder eine Anhebung des Mehrwertsteuersatzes im Zuge des Familienurteils des Bundesverfassungsgerichts Gegenstand der öffentlichen und politischen Diskussion; vgl. nur „Die Rheinpfalz" vom 22.03.1999, S. 1.

1645 Vgl. etwa OLG Köln ZEV 1994, 118,120; mit abl. Anm. von KLINGELHÖFFER; krit. zu diesem „Vergütungsschwund" auch ECKELSKEMPER, in Hdb. der Testamentsvollstreckung, 10. Kap., Rz. 137, 142.

1646 Vgl. TILING, ZEV 1998, 331,337.

1647 Vgl. KIRNBERGER, ZEV 1998, 342; TILING, ZEV 1998, 331,337.

1648 Vgl. MADERT, AnwBl. 1999, 91,92; Klingelhöffer, ZEV 1994, 120,121 unter Hinweis auf OLG Hamburg, NJW 1972, 1427 (Nachlaßpfleger); TILING, ZEV 1998, 331,337 unter Hinweis auf die amtliche Begründung zum Entwurf des Bundesjustizministeriums zur InsVV vom 11.1.1994.

Das LG Mönchengladbach hatte bereits in seiner Entscheidung vom 23.11.1970[1649] hinsichtlich eines zum Nachlaßpfleger ernannten Rechtsanwaltes entschieden, daß dessen Tätigkeit zumindest mittelbar mit seinem Beruf als Rechtsanwalt zusammenhänge und er die ihn daher treffende Steuerpflicht auf den Nachlaß abwälzen könne. Dieser Grundsatz muß auch für den Testamentsvollstrecker gelten, der aufgrund seiner Tätigkeit für den Nachlaß zur Umsatzsteuer herangezogen wird. Zu Recht stellt das LG fest, daß der Nachlaßrichter ansonsten bei Festsetzung der Vergütung stets erst berücksichtigen müsse, ob der Nachlaßpfleger umsatzsteuerpflichtig sei und die Vergütung dann entsprechend erhöhen müsse. Dies sei nicht sachgerecht. Nachdem beim Testamentsvollstrecker eine Festsetzung der Vergütung gerade nicht durch das Nachlaßgericht erfolgt, muß dieser Grundsatz im Recht der Testamentsvollstreckung um so mehr gelten. Es macht keinen Sinn, wenn der Testamentsvollstrecker die Umsatzsteuer bei der Berechnung der angemessenen Vergütung quasi „durch die Hintertür" als Berechnungsfaktor mit heranzieht, um sie auf diesem Wege verdeckt doch noch auf die Erbmasse abzuwälzen.[1650]

Gerade weil der Testamentsvollstrecker zumindest zunächst einmal die geforderte Vergütung selbst bestimmen und dem Erben gegenüber auch nachvollziehbar darlegen muß, ist für eine verdeckte Einbeziehung der Umsatzsteuer kein Raum. Genauso wenig erscheint es sachgerecht, daß derjenige Testamentsvollstrecker, der der Umsatzsteuerpflicht unterliegt, weniger erhalten soll, als derjenige, der die Tätigkeit als „Nicht-Unternehmer" im umsatzsteuerrechtlichen Sinn ausübt.[1651] Insbesondere mit dem Grundsatz einer angemessenen Vergütung ist die bisherige Praxis nicht zu vereinbaren. Zwei Testamentsvollstrecker, die die gleiche Tätigkeit ausüben, haben einen Anspruch auf eine angemessene Vergütung, die nicht ungleich hoch sein darf, nur weil der eine Testamentsvollstrecker umsatzsteuerpflichtig ist, aber der andere nicht. Schließlich soll nach dem deutschen System der Umsatzsteuer stets der Endabnehmer einer Leistung mit dieser Steuer belastet werden.[1652] Auch wenn man davon ausgeht, daß die Testamentsvollstreckung oftmals gerade nicht im Interesse des Erben erfolgt und daher auch nicht als Leistung an den Erben angesehen werden kann,[1653] so geschieht die Tätigkeit des Testamentsvollstreckers doch für den Nachlaß und ist fremdnützig.

[1649] LG Mönchengladbach NJW 1971, 146.

[1650] Krit. dazu auch MÜKO-BRANDNER, § 2221, Rz. 14a, der von „Verschleierungspraxis" spricht.

[1651] Vgl. KIRNBERGER, ZEV 1998, 342,344.

[1652] Vgl. ECKELSKEMPER, in Handbuch der Testamentsvollstreckung, 10. Kap., Rz. 138; KIRNBERGER, ZEV 1998, 342,344.

[1653] So aber KIRNBERGER, ZEV 1998, 342,344.

Auch daraus folgt, daß der Testamentsvollstrecker die Umsatzsteuer auf den Nachlaß abwälzen kann.[1654] Danach muß bei entsprechender Auslegung des § 2221 BGB die Testamentsvollstreckervergütung als Nettovergütung angesehen werden, so daß der umsatzsteuerpflichtige Testamentsvollstrecker berechtigt ist, die Umsatzsteuer zusätzlich zu berechnen und diese auch gesondert in der Rechnung ausweisen muß.

g) Fälligkeit und Recht zur Selbstentnahme der Vergütung

Sofern der Erblasser nicht etwas anderes bestimmt hat, wird die dem Testamentsvollstrecker zustehende Vergütung erst mit Beendigung des Amtes fällig.[1655] Ein Anspruch auf eine Vorschußzahlung besteht nicht.[1656] Allerdings kann der Testamentsvollstrecker bei langandauernder Verwaltungstätigkeit jährlich die Zahlung der Verwaltungsgebühr verlangen, welche jeweils nach erfolgter Rechnungslegung fällig ist.[1657]

Bei besonders langandauernden Vollstreckungen soll dem Testamentsvollstrecker darüberhinaus das Recht zustehen, auch die Konstituierung oder Auseinandersetzung gesondert nach deren Abschluß abzurechnen.[1658] Folgt man der hier vertretenen Auffassung der einheitlichen Gesamtvergütung, so würde dies quasi doch noch auf einen Vorschuß hinauslaufen. Der Auffassung von ECKELSKEMPER[1659] ist jedoch zuzugeben, daß es in der Tat schwierig sein kann, nach Jahren noch festzustellen, welchen Wert bestimmte Gegenstände hatten oder ob die Tätigkeit des Testamentsvollstreckers besonders schwierig war. Zudem ist der Testamentsvollstrecker nicht verpflichtet, mehrere Jahre lang vorzuleisten.

1654 Auch ECKELSKEMPER, in Handbuch der Testamentsvollstreckung, 10. Kap., Rz. 138 hält es für wünschenswert, daß die Zivilgerichte diesen Gesichtspunkt stärker berücksichtigen.

1655 Vgl. STAUDINGER/REIMANN, § 2221, Rz. 17; MÜKO-BRANDNER, § 2221, Rz. 20; ERMAN/SCHMIDT, § 2221, Rz. 12; PALANDT/EDENHOFER, § 2221, Rz. 12.

1656 Vgl. BGH WM 1972, 101,102; OLG Köln, Rpfleger 1987, 458; STAUDINGER/REIMANN § 2221, Rz. 18; PALANDT/EDENHOFER, § 2221, Rz. 12; ERMAN/SCHMIDT, § 2221, Rz. 13.

1657 Vgl. MÜKO-BRANDNER, § 2221, Rz. 20; STAUDINGER/REIMANN, § 2221, Rz. 17; HAEGELE/WINKLER, a.a.O., Rz. 615; ECKELSKEMPER, in Handbuch der Testamentsvollstreckung, 10. Kap., Rz. 68.

1658 Vgl. SOERGEL/DAMRAU, § 2221, Rz. 12; MÜKO-BRANDNER, § 2221, Rz. 20; ECKELSKEMPER, in Handbuch der Testamentsvollstreckung, 10. Kap., Rz. 69, der dem Testamentsvollstrecker das Recht zugesteht, nach Abschluß einer bestimmten Periode der Tätigkeit die in diesem Zeitraum oder für eine bestimmte Tätigkeit angefallene Gebühr insgesamt abzurechnen; vgl. auch HAEGELE/WINKLER, a.a.O., Rz. 618; vgl. MÖHRING/BEISSWINGERT/KLINGELHÖFFER, a.a.O., S. 236.

1659 Vgl. ECKELSKEMPER, in Handbuch der Testamentsvollstreckung, 10. Kap., Rz. 69.

Man wird dem Testamentsvollstrecker daher das Recht einräumen müssen, bei langwierigen Vollstreckungen außer der jährlich zu entrichtenden Verwaltungsgebühr auch einen angemessenen Teil der einheitlichen Gesamtvergütung bereits dann zu beanspruchen, wenn wesentliche Leistungen des Testamentsvollstreckers, die durch diese Gesamtvergütung abgegolten werden sollen, bereits vollständig oder zumindest in wesentlichen Teilleistungen erbracht sind. Der Testamentsvollstrecker kann in einem derart gelagerten Fall etwa zunächst die ihm zustehende Gesamtvergütung berechnen und sofern die Aufgaben - insbesondere die Konstituierung des Nachlasses - vollständig abgeschlossen und nur noch Verwaltungsaufgaben zu erfüllen sind, an die sich zu einem späteren Zeitpunkt die Auseinandersetzung anschließen wird, bereits die Hälfte, bei einer besonders schwierigen Konstituierung sogar bereits 2/3 der Gesamtvergütung fordern, ohne daß dies auf einen Vorschuß im Sinne des § 669 BGB hinauslaufen würde. Beachtet man jedoch den hier hervorgehobenen Grundsatz der einheitlichen Gesamtvergütung, so muß beachtet werden, daß es sich bei den Zwischenabrechnungen wie im Baurecht nur um Abschlagsrechnungen für bereits erbrachte Teilleistungen handeln kann.[1660]

Soweit ihm danach Beträge zustehen, kann der Testamentsvollstrecker die Vergütung selbst ermitteln und dem Nachlaß entnehmen.[1661] Dies ist mittlerweile allgemein anerkannt, nachdem es sich bei dem Vergütungsanspruch um eine Nachlaßverbindlichkeit handelt und der Testamentsvollstrecker nach dem zumindest entsprechend anwendbaren Schlußhalbsatz des § 181 BGB insoweit zum Selbstkontrahieren berechtigt ist.[1662] Mißverständlich ist hierbei der teilweise verwendete Begriff, wonach der Testamentsvollstrecker die Vergütung selbst „festsetzen“ und danach entnehmen könne. Die Verwendung dieses Begriffes suggeriert, daß die von dem Testamentsvollstrecker getroffene Bestimmung der Vergütung verbindlich sei. Dies ist jedoch gerade nicht der Fall. Der Testamentsvollstrecker trägt vielmehr das Risiko, daß die von ihm vorgenommene Berechnung der Vergütung unzutreffend und der entnommene Betrag nicht der geschuldete ist.[1663] Maßgebend ist also letztendlich nur die Festsetzung des Prozeßgerichts.[1664]

[1660] Vgl. TILING, ZEV 1998, 331,338.

[1661] Vgl. BGH WM 72, 101; STAUDINGER/REIMANN, § 2221, Rz. 18; TILING, ZEV 1998, 331,337; ECKELSKEMPER, in Handbuch der Testamentsvollstreckung, 10. Kap., Rz. 70 f.; MÜKO-BRANDNER, § 2221, Rz. 22; PALANDT/EDENHOFER, § 2221, Rz. 14.

[1662] Vgl. BGHZ 30, 67,69; BGH NJW 1963,1615,1616; TSCHISCHGALE, JurBüro 1965, 89; STAUDINGER/REIMANN, § 2221, Rz. 18; KIPP/COING, § 73 IV 3; ECKELSKEMPER, in Handbuch der Testamentsvollstreckung, 10. Kap., Rz. 70.

[1663] Zutreffend TILING, ZEV 1998, 331,337; STAUDINGER/REIMANN, § 2221, Rz. 19.

[1664] Vgl. BGH WM 1972, 101,102; BGH WM 1973, 360,361.

Die Entnahme einer unangemessen hohen Vergütung verpflichtet den Testamentsvollstrecker zur Rückerstattung unter dem Gesichtspunkt der ungerechtfertigten Bereicherung sowie ggf. zum Schadensersatz nach § 2219 BGB und kann schließlich sogar einen Entlassungsgrund nach § 2227 BGB darstellen.[1665] Zudem darf nicht übersehen werden, daß die Berechtigung zur Entnahme der Vergütung regelmäßig erst nach Rechnungslegung entsteht, § 2218 i.V.m. § 666 BGB.[1666]

Das Recht zur Entnahme bedeutet jedoch nicht, daß der Testamentsvollstrecker ohne weiteres berechtigt ist, zur Beschaffung liquider Mittel, bestimmte Nachlaßgegenstände oder Wertpapiere aus dem Nachlaß zu veräußern.[1667] Ob der Testamentsvollstrecker zur Geldbeschaffung einzelne Nachlaßgegenstände veräußern darf, bestimmt sich vielmehr nach den allgemeinen Grundsätzen der ordnungsgemäßen Verwaltung, § 2216 BGB.[1668] Danach muß im Einzelfall beurteilt werden, ob die Veräußerung der Nachlaßgegenstände aufgrund besonderer Umstände nach den Grundsätzen der ordnungsgemäßen Verwaltung gerechtfertigt erscheint. So wird eine Veräußerung von Nachlaßgegenständen insbesondere dann nicht in Betracht kommen, wenn in naher Zukunft Zinserträge zu erwarten sind, oder ein Festgeld frei wird.[1669] In diesem Fall ist es dem Testamentsvollstrecker zuzumuten, die Verfügbarkeit der liquiden Mittel abzuwarten. Die Veräußerung wertvoller Nachlaßgegenstände muß demnach das letzte Mittel des Testamentsvollstreckers sein, Geldmittel zu beschaffen, insbesondere wenn es nicht um die Befriedigung allgemeiner Nachlaßverbindlichkeiten oder die Erledigung dringender Aufgaben sondern *nur* um die Entnahme der Testamentsvollstreckervergütung geht, zumal der Testamentsvollstrecker wegen seines Vergütungsanspruches ein Zurückbehaltungsrecht gegenüber den Herausgabe- und Schadensersatzansprüchen der Erben hat.[1670] Ein derartiges Zurückbehaltungsrecht besteht jedoch nicht hinsichtlich der Auskunfts- und Rechnungslegungsansprüche der Erben.[1671]

1665 Vgl. ECKELSKEMPER, in Handbuch der Testamentsvollstreckung, 10. Kap., Rz. 78; einschränkend TSCHISCHGALE, JurBüro 1965, 90, der darauf hinweist, daß eine Entlassung wegen Entnahme einer überhöhter Vergütung nur in krassen Ausnahmefällen gerechtfertigt sein dürfte.

1666 Vgl. MÜKO-BRANDNER, § 2221, Rz. 20; PALANDT/EDENHOFER, § 2221, Rz. 12; ECKELSKEMPER, in Handbuch der Testamentsvollstreckung, 10. Kap., Rz. 71; HAEGELE/WINKLER, a.a.O., Rz. 619.

1667 Vgl. BGH NJW 1963, 1615,1616; HAEGELE/WINKLER, a.a.O., Rz. 623; TILING, ZEV 1998, 331,337; STAUDINGER/REIMANN, § 2221, Rz. 20.

1668 Vgl. BGH NJW 1963, 1615,1616; BGH WM 1973, 360; MÜKO-BRANDNER, § 2221, Rz. 22.

1669 Zutreffend auch TILING, ZEV 1998, 331,338.

1670 Vgl. STAUDINGER/REIMANN, § 2221, Rz. 23; MÜKO-BRANDNER, § 2221, Rz. 23; SOERGEL/DAMRAU, § 2221, Rz. 15; a.A. TSCHISCHGALE, JurBüro 1965, 89.

1671 Vgl. STAUDINGER/REIMANN, § 2221, Rz. 23; PALANDT/EDENHOFER, § 2221, Rz. 15.

h) Testamentsvollstreckervergütung bei Erbteilsvollstreckungen

Als höchstrichterlich geklärt kann dagegen zumindest ein anderes mit dem Vergütungsanspruch des Testamentsvollstreckers zusammenhängendes Problem nach der jüngsten Entscheidung des BGH vom 22.1.1997[1672] betrachtet werden, nämlich die Frage, ob im Falle einer Erbteilsvollstreckung nur der betroffene Miterbe oder aber die gesamte Erbengemeinschaft Schuldner der Testamentsvollstreckervergütung ist. Es ist anerkannt, daß der Erblasser die Anordnung der Testamentsvollstreckung gem. § 2208 BGB auch dahingehend beschränken kann, daß anstelle aller Erbteile nur der Erbteil eines oder mehrerer bestimmter Erben durch die Testamentsvollstreckung beschränkt sein soll.[1673] Mit der Anordnung einer solchen Erbteilsvollstreckung will der Erblasser in der Regel den betroffenen Miterben vor sich selbst, seinen Gläubigern oder seinen gesetzlichen Vertretern schützen.[1674] Während die h.M. die Auffassung vertreten hat, daß auch in diesem Fall alle Miterben die Vergütung des nur für einen Erbteil eingesetzten Testamentsvollstreckers gemeinsam entsprechend ihren Erbquoten zu tragen haben,[1675] hatte das OLG Hamburg mit seinem Urteil aus dem Jahre 1995[1676] für Unsicherheit gesorgt. In dieser Entscheidung hatte das OLG Hamburg der Rechtsauffassung von BRANDNER[1677] folgend, die Auffassung vertreten, lediglich zwischen dem Testamentsvollstrecker und demjenigen Erben, dessen Erbteil verwaltet werde, bestehe ein gesetzliches Schuldverhältnis nach § 2218 BGB. Daher schulde auch nur der betroffene Erbe die Testamentsvollstreckervergütung, da sie ein Entgelt für eine Leistung zugunsten dieses Erben darstelle.[1678]

Dieses Urteil ist in der Literatur auf Ablehnung gestoßen.[1679] Die Kritik befaßt sich insbesondere mit der Frage, ob es sich bei der Testamentsvollstreckervergütung um eine gemeinschaftliche Nachlaßverbindlichkeit handelt, für die die Erben im Falle einer Erbengemeinschaft gem. § 2058 BGB gesamtschuldnerisch haften.[1680]

[1672] Vgl. BGH DNotZ 1998, 133.
[1673] Vgl. MüKo-BRANDNER, § 2208, Rz. 11; SOERGEL/DAMRAU, § 2218, Rz. 5; MUSCHELER, AcP 195, 35,52; v. MORGEN, ZEV 1996, 170.
[1674] Vgl. MUSCHELER, ZEV 1996, 185,186.
[1675] So etwa HAEGELE/WINKLER, a.a.O., Rz. 639; STAUDINGER/REIMANN, § 2221, Rz. 14; SOERGEL/DAMRAU, § 2221, Rz. 1; KREGEL, BGB-RGRK, § 2221, Rz. 2; a.A. dagegen nur MüKo-BRANDNER, § 2221, Rz. 3.
[1676] Vgl. OLG Hamburg NJW-RR 1996, 457 = ZEV 1996, 184 mit abl. Anm. MUSCHELER.
[1677] Vgl. MüKo-BRANDNER, § 2221, Rz. 3.
[1678] Vgl. OLG Hamburg, ZEV 1996, 184,185.
[1679] Vgl. insbesondere v. MORGEN, ZEV 1996, 170,171; sowie die ablehnende Urteilsanmerkung von MUSCHELER, ZEV 1996, 185; krit. aber auch ECKELSKEMPER, in Handbuch der Testamentsvollstreckung, 10. Kap., Rz. 88.
[1680] Vgl. v. MORGEN, ZEV 1996, 170,171; MUSCHELER, ZEV 1996, 185.

Die Literatur bejaht dies einhellig und führt als Begründung an, daß es sich bei den Kosten der Testamentsvollstreckung um Kosten der gemeinschaftlichen Verwaltung des Nachlasses im Sinne des § 2038 BGB handele, auf die gem. § 2038 Abs. 2 Satz 1 BGB die Vorschrift des § 748 BGB Anwendung findet, so daß alle Miterben als Gesamtschuldner haften mit der Möglichkeit des Rückgriffs gem. § 426 BGB.[1681] Die gegenteilige Auffassung des OLG Hamburg sei dagegen nicht mit der Vorschrift des § 2038 BGB in Einklang zu bringen.[1682] Es sei auch nicht zutreffend, daß lediglich zwischen dem betroffenen Erben und dem Testamentsvollstrecker ein gesetzliches Schuldverhältnis zustande komme, dieses bestehe vielmehr zwischen dem Testamentsvollstrecker und allen, auch den nicht betroffenen Miterben. Richtet der Testamentsvollstrecker etwa bei der Amtsführung einen Schaden an, der alle Erben trifft, erwirbt die Gesamthand gegen ihn einen Schadensersatzanspruch, ohne daß der Umweg über § 278 BGB notwendig wäre.[1683]

Auch folgende Kontrollüberlegung zeigt, daß dieses Ergebnis richtig ist: Wollte man der Auffassung des OLG Hamburg folgen, so müßte man konsequenter Weise auch sagen, daß die Vergütung eines Testamentsvollstreckers, der nur einen Gegenstand, der einem bedingten oder betagten Vermächtnis unterliegt, zu verwalten hat, nur der Vermächtnisnehmer Schuldner der Testamentsvollstreckervergütung sein soll. Dies ist jedoch nicht der Fall. Es kann nicht davon ausgegangen werden, daß der Erblasser den Vermächtnisnehmer auf der einen Seite mit einer Zuwendung versehen und die Erfüllung dieser Zuwendung durch Anordnung einer Testamentsvollstreckung gesichert haben wollte, andererseits dem Vermächtnisnehmer allein die Kosten hierfür aufbürdet. Vielmehr ist davon auszugehen, daß es sich auch bei derartigen Kosten um eine Nachlaßverbindlichkeit handelt, die - wie das Vermächtnis selbst - von den Erben und nicht von dem Vermächtnisnehmer zu tragen ist.[1684] Dementsprechend sei auch bei der Erbteilsvollstreckung die Testamentsvollstreckervergütung gesamtschuldnerisch von der Erbengemeinschaft und nicht von dem betroffenen Miterben zu tragen.

[1681] Vgl. HAEGELE/WINKLER, a.a.O., Rz. 639; MUSCHELER, ZEV 1996, 185, 186; v. MORGEN, ZEV 1996, 170,173.

[1682] So auch ECKELSKEMPER, in Handbuch der Testamentsvollstreckung, 10. Kap., Rz. 88.

[1683] Vgl. MUSCHELER, ZEV 1996, 185,186; v. Morgen, ZEV 1996, 170,171; ECKELSKEMPER, in Handbuch der Testamentsvollstreckung, 10. Kap., Rz. 88.

[1684] Vgl. SKIBBE, Festschrift für Brandner, 1996, S. 769, 775; MUSCHELER, ZEV 1996, 185,186; dagegen ist die Vergütung des Vermächtnisvollstreckers (§ 2223 BGB) nach richtiger Auffassung stets von dem Vermächtnisnehmer zu tragen; vgl. STAUDINGER/REIMANN, § 2221, Rz. 14.

Der BGH hat sich zwischenzeitlich der vorherrschenden Literaturmeinung angeschlossen und das Urteil des OLG Hamburg korrigiert.[1685] Er hat dabei hervorgehoben, daß sich die Verwaltung des Testamentsvollstreckers bei einer Erbteilsvollstreckung auf den gesamten Nachlaß bezieht, solange die Erbengemeinschaft nicht vollständig auseinandergesetzt ist. Der Testamentsvollstrecker stehe daher auch bis zu diesem Zeitpunkt in einem gesetzlichen Schuldverhältnis zu allen, auch den vollstreckungsfreien Erben. Dies folge aus dem Umstand, daß die Verwaltung des Erbteils den Testamentsvollstrecker zur Ausübung aller Miterbenrechte innerhalb der Erbengemeinschaft berechtigte, und er insbesondere auch im Rahmen des § 2038 Abs. 1 Satz 2, 2 Halbsatz BGB beim Abschluß von Verträgen mit Dritten alle Miterben verpflichten könne. Umgekehrt könne sich daher auch für die vollstreckungsfreien Miterben ein Situation ergeben, die sie berechtigte, einen Entlassungsantrag nach § 2227 BGB zu stellen.[1686] Danach lasse sich die Beschränkung der Testamentsvollstreckung auf einen Erbteil nicht als Beschränkung nur dieses Erbteils werten, die Erbteilsvollstreckung wirke vielmehr als Beschränkung aller Miterben, solange die Erbengemeinschaft besteht. Folglich sei die Vergütung des Testamentsvollstreckers keine Erbteilsschuld, sondern eine gemeinschaftliche Nachlaßverbindlichkeit i.S.v. §§ 2046 Abs. 1, 2058 BGB und um gemeinschaftliche Kosten der Verwaltung nach §§ 2038, 748 BGB, für deren Erfüllung im Innenverhältnis § 426 BGB Anwendung finde.[1687]

Dieser Argumentation ist zuzustimmen. Zu Recht geht der BGH in seiner Entscheidung nicht von der in der Literatur teilweise vertretenen Prämisse aus, die Erbteilsvollstreckung komme allen Miterben *zugute*.[1688] Dagegen ist es quasi unter umgekehrten Vorzeichen so, daß die Anordnung der Erbteilsvollstreckung bis zur Auseinandersetzung alle Miterben beschränkt. Hat der Erblasser nämlich zusätzlich zur Anordnung der Erbteilsvollstreckung angeordnet, daß die Auseinandersetzung zwischen den Miterben bis zu einem bestimmten Zeitpunkt ausgeschlossen sein soll, so kann er wegen der gesamthänderischen Bindung der Erben maßgeblichen Einfluß auf die Verwaltung des gesamten Nachlasses nehmen. Die Erbteilsvollstreckung ist entgegen der Vermächtnisvollstreckung nicht gegenständlich beschränkt, sondern bezieht sich bis zur Auseinandersetzung des Nachlasses auf diese Weise auf den gesamten Nachlaß.[1689] Daher ist es auch sachgerecht, daß mangels einer besonderen Vergütungsanordnung des Erblassers, die Erbengemeinschaft gesamtschuldnerisch für die Testaments-

---

1685 BGH DNotZ 1998, 133.

1686 Vgl. BGH DNotZ 1998, 133,134.

1687 Vgl. BGH DNotZ 1998, 133,134.

1688 So aber MUSCHELER, ZEV 1996, 185,186.

1689 Vgl. auch ECKELSKEMPER, in Handbuch der Testamentsvollstreckung, 10. Kap., Rz. 88.

vollstreckervergütung haftet, wobei sich im Innenverhältnis die Höhe der Beiträge der einzelnen Erben nach den Erbquoten bestimmt.

3. Berufsdienste des Testamentsvollstreckers und Aufwendungsersatz

Berufliche Dienste des Testamentsvollstreckers liegen vor, wenn dieser seine besonderen beruflichen Kenntnisse und Erfahrungen in den Dienst der Testamentsvollstreckung stellt und Tätigkeiten verrichtet, zu denen ein Laien-Testamentsvollstrecker nicht in der Lage gewesen wäre und daher gegebenenfalls einen entsprechenden Berufsangehörigen hätte beauftragen müssen.[1690] Zwar ist die berufliche Eigenschaft des Testamentsvollstreckers für die Bemessung seiner Vergütung regelmäßig nicht von Bedeutung.[1691] Es stellt sich jedoch die Frage, ob der Testamentsvollstrecker neben seiner Vergütung nach § 2221 BGB zusätzlich Gebühren oder ein sonstiges Entgelt für Berufsdienste verlangen kann, für die ein anderer Testamentsvollstrecker einen entsprechenden Berufsangehörigen hätte beauftragen müssen.

Bereits das Reichsgericht hatte sich in einer Entscheidung aus dem Jahr 1922 mit dieser Problematik zu befassen, nachdem ein zum Testamentsvollstrecker ernannter Rechtsanwalt neben einer vom Erblasser festgesetzten Vergütung die in der Gebührenordnung festgesetzten Anwaltsgebühren für seine Tätigkeit hinsichtlich der Verfolgung bestimmter, zum Nachlaß gehörender Rechtsansprüche geltend gemacht hat.[1692] Zwar haben sowohl die Instanzgerichte als auch das Reichsgericht die Klage der Testamentsvollstrecker abgewiesen, das Reichsgericht hat jedoch in seiner Entscheidung festgestellt, daß der Testamentsvollstrecker grundsätzlich neben seinem Vergütungsanspruch nach § 2218, 670 BGB auch einen Anspruch auf Ersatz seiner Auslagen gegen die Erben habe, der auch die Gebührenansprüche umfasse, die dem Testamentsvollstrecker aufgrund der im Rahmen seines Berufes geleisteten Dienste nach den gesetzlichen Bestimmungen erwachsen sind.[1693] So könne auch eine Vormund neben der ihm für die unmittelbare vormundschaftliche Verwaltungstätigkeit mach § 1836 BGB zugebilligten Vergütung nach § 1835 Abs. 3 BGB für solche Dienste, die zu seinem Beruf oder seinem Gewerbe gehören und die er deshalb selbst leistet, während sie andernfalls einem das betreffende Gewerbe ausübenden Dritten hätten übertragen werden müssen, das dafür in Frage kommende Entgelt fordern. Nachdem auch der Testamentsvollstrecker berechtigt sei, neben seiner Vergütung Auslagenersatz zu fordern, müsse dieser für den Vormund geltende Grundsatz auch für den Testamentsvollstrecker Anwendung finden.[1694]

[1690] Vgl. TILING, ZEV 1998, 331,338.
[1691] So auch HAEGELE/WINKLER, a.a.O., Rz. 635.
[1692] Vgl. RGZ 149, 121,122.
[1693] Vgl. RGZ 149, 121,124.
[1694] Vgl. RGZ 149, 121,124.

Sinn dieser Vorschrift aus dem Vormundschaftsrecht ist es, dem Vormund auch denjenigen Arbeitsaufwand zu ersetzen, den er dadurch aufwendet, daß er aufgrund seiner speziellen Fähigkeiten und Kenntnisse Dienste verrichtet, die er normalerweise einem auf derartige Tätigkeiten spezialisiertem Dritten hätte übertragen müssen. Das Mündel soll umgekehrt nicht dadurch bereichert werden, daß der Vormund aufgrund seiner spezialisierten Ausbildung zufällig der Heranziehung eines Dritten nicht bedarf.[1695]

Dieser Gedanke läßt sich ohne weiteres auch auf das Recht der Testamentsvollstreckung übertragen. Hat ein Testamentsvollstrecker etwa im Rahmen seiner Verwaltungstätigkeit einen umfangreichen Prozeß für den Nachlaß zu führen oder muß er etwa eine Steuererklärung abgeben, so wird er damit gewöhnlich einen Rechtsanwalt oder Steuerberater beauftragen und diesem dafür die nach der jeweiligen Gebührenordnung anfallenden Gebühren zahlen müssen, welche er als Aufwendungen dem Nachlaß entnehmen kann. Kann der Testamentsvollstrecker aber aufgrund spezieller Fähigkeiten eine entsprechende Tätigkeit selbst ausführen, so soll dem Erben hierdurch kein Vorteil erwachsen, umgekehrt der Testamentsvollstrecker diese Tätigkeit nicht völlig unentgeltlich durchführen müssen. Der Testamentsvollstrecker ist nämlich nicht bereits aufgrund seiner Amtsinhaberschaft verpflichtet, seine Berufstätigkeit unentgeltlich in die Dienste des Nachlasses zu stellen.[1696] Nach einhelliger Auffassung kann der Testamentsvollstrecker daher in diesen Fällen in entsprechender Anwendung des § 1835 Abs. 2 BGB neben seiner Vergütung Ersatz der ihm durch seine berufsmäßigen Dienste erwachsenen Auslagen verlangen.[1697]

Der zum Testamentsvollstrecker ernannte Rechtsanwalt kann daher für diejenigen anwaltlichen Tätigkeiten Gebühren nach der BRAGO verlangen, für die ein juristisch nicht geschulter Testamentsvollstrecker die Hinzuziehung eines Anwaltes hätte für erforderlich halten dürfen.[1698] Dies gilt auch in Verfahren, in denen kein Anwaltszwang herrscht, wenn angesichts der Bedeutung oder der Schwierigkeit der Sache jeder vernünftige Nichtjurist einen Anwalt hinzuziehen würde.[1699] Der Testamentsvollstrecker kann daher nicht nur für die Prozeßführung Gebühren nach der Bundesgebührenordnung für Rechtsanwälte verlangen, sondern auch bei besonders schwierigen außergerichtlichen Verhandlungen.

[1695] Vgl. MüKo-SCHWAB, § 1835, Rz. 17.
[1696] Vgl. MüKo-BRANDNER; § 2221, Rz. 24.
[1697] Vgl. GEROLD/SCHMIDT-MADERT, BRAGO, § 1, Rz. 25; HAEGELE-WINKLER; a.a.O., Rz. 635; MüKo-BRANDNER; § 2221, Rz. 24; ECKELSKEMPER, in Handbuch der Testamentsvollstreckung, 10. Kap., Rz. 60; TILING, ZEV 1998, 331,338.
[1698] Vgl. TILING, ZEV 1998, 331,338; MüKo-BRANDNER; § 2221, Rz. 24; HAEGELE-WINKLER; a.a.O., Rz. 635.
[1699] Vgl. MüKo-SCHWAB; § 1835, Rz. 17; GEROLD/SCHMIDT-MADERT, BRAGO, § 1, Rz. 22.

Nicht zusätzlich erstattungsfähig sind dagegen Dienste, die auch ein nicht juristisch geschulter Testamentsvollstrecker hätte erbringen können oder hinsichtlich derer die Beauftragung eines Rechtsanwalts unnötig war, etwa bei Mahnungen, Geldeinzug, Abschluß gewöhnlicher Mietverträge o.ä.[1700] Zu berücksichtigen ist nämlich, daß auch von einem nicht speziell juristisch geschulten Testamentsvollstrecker erwartet werden kann, daß er im Rahmen der ordnungsgemäßen Amtsführung qualifizierte Verwaltungstätigkeiten, wie Schriftwechsel, Mahnungen etc. selbständig erledigt. Diese Tätigkeiten werden bereits mit der Testamentsvollstreckervergütung nach § 2221 BGB abgegolten und können daher nicht zusätzlich abgerechnet werden.[1701] Entsprechende berufliche Dienste kommen etwa dann in Betracht, wenn der Testamentsvollstrecker Tätigkeiten in seiner Eigenschaft als Architekt, Grundstücksverwalter, Makler, Steuerberater, Wirtschaftsprüfer oder Handwerker für den Nachlaß erbringt.[1702]

Die Abgrenzung, ob es sich noch um eine „normale" Testamentsvollstreckertätigkeit handelt, welche unter die Amtspflichten des Testamentsvollstreckers fällt oder ob bereits besondere Berufsdienste vorliegen, hat nach der Verkehrssitte unter Berücksichtigung des Erblasserwillens zu erfolgen.[1703] Hat der Testamentsvollstrecker Aufgaben, die in seine Amtspflichten fallen, einem Dritten übertragen und hierfür die Honoraransprüche des Dritten dem Nachlaß entnommen, kann umgekehrt der Vergütungsanspruch des Testamentsvollstreckers auch herabzusetzen sein.[1704] Dabei können die vom BGH zur Vermögensverwaltung entwickelten Grundsätze herangezogen werden. In seinem Urteil vom 22.12.1966 hat der BGH dazu folgendes ausgeführt:

> „*Wird einem Rechtsanwalt eine Vermögensverwaltung übertragen, so wird von ihm regelmäßig erwartet werden können, daß er die dabei anfallenden einfacheren Steuerangelegenheiten selbst erledigt, insbesondere auch die Steuererklärungen bearbeitet. Nur wenn verwickelte und schwierige Fragen die Heranziehung eines Spezialisten erforderlich machen, wird das als üblich anzusehen und auf das Honorar des Verwalters ohne Einfluß sein. Maßgebend für die Frage, ob die Heranziehung von Hilfspersonen bei der Honorarbemessung mindernd zu berücksichtigen ist, ist, ob der Verwalter Arbeiten, die er selbst hätte erledigen können, anderen Personen überlassen hat, die dafür aus der Vermögensmasse zu bezahlen waren. War dies der Fall, so wird der Verwalter nicht die Regelgebühr, sondern weniger für sich zu beanspruchen haben.*"[1705]

[1700] Vgl. HAEGELE-WINKLER; a.a.O., Rz. 637; MüKo-SCHWAB; § 1835, Rz. 17; ECKELSKEMPER, in Handbuch der Testamentsvollstreckung, 10. Kap., Rz. 62.
[1701] Vgl. MüKo-BRANDNER; § 2221, Rz. 24.
[1702] Vgl. TILING, ZEV 1998, 331,338.
[1703] Vgl. MüKo-BRANDNER; § 2221, Rz. 24.
[1704] Vgl. HAEGELE-WINKLER; a.a.O., Rz. 637.
[1705] Vgl. BGH BB 1967, 184.

Liegt ein Fall vor, bei dem nach den Grundsätzen der ordnungsgemäßen Verwaltung davon auszugehen ist, daß der Testamentsvollstrecker einen fachkundigen Dritten mit der Dienstleistung beauftragen durfte, und der Testamentsvollstrecker die Dienstleistung dennoch selbst erbringt, so steht dem Testamentsvollstrecker in all diesen Fällen ein zusätzlicher Anspruch auf Aufwendungsersatz zu, der sich danach bemißt, in welcher Höhe sonst dem branchenangehörigen Dritten eine Vergütung zugestanden hätte.[1706] Der Anspruch entsteht neben und unabhängig von dem Vergütungsanspruch des Testamentsvollstreckers nach § 2221 BGB und ist im Gegensatz zu diesem auch sofort fällig.[1707]

Andererseits kann eine Auslegung des Testaments ergeben, daß der Erblasser mit der von ihm festgesetzten Testamentsvollstreckervergütung auch bereits die spezifischen beruflichen Leistungen des Testamentsvollstreckers abgegolten wissen wollte.[1708] Dies soll sich gegebenenfalls auch aus den Umständen entnehmen lassen, etwa dann, wenn der Erblasser bereits ein besonders hohe Vergütung festgesetzt hat.[1709]

Nach einer anderen Auffassung soll eine solche Auslegung schon aufgrund der Tatsache angebracht sein, daß der Erblasser einen Angehörigen einer besonderen Berufsgruppe gezielt im Hinblick auf bestimmte notwendige Tätigkeiten gewählt hat.[1710] Bei einer solchen Auslegung ist meines Erachtens jedoch höchste Zurückhaltung geboten. Allein aus dem Umstand, daß der Erblasser möglicherweise vorhergesehen hat, daß mit der Verwaltung des Nachlasses erhebliche rechtliche Probleme oder eine besondere prozessuale Auseinandersetzung einhergehen würde, bedeutet keineswegs, daß mit dieser Auswahlentscheidung eine Bestimmung des Erblassers dahingehend einhergehen würde, daß der Testamentsvollstrecker keine weitere als die Regelvergütung oder die festgesetzte Vergütung beanspruchen können soll. Es ist daher ein spezielles Augenmerk darauf zu richten, ob sich aus der Erblasseranordnung entnehmen läßt, daß die Auswahlentscheidung und Gebührenfestsetzung gerade zu diesem Zweck erfolgt ist, um etwa den Nachlaß von zusätzlich Kosten zu entlasten. Davon wird im Zweifelsfall nicht ohne weiteres auszugehen sein.

[1706] Vgl. etwa zum zusätzlichen Vergütungsanspruch des Testamentsvollstreckers, der ein umfangreiches Grundvermögen verwaltet BGH WM 1969, 1411.
[1707] Vgl. KIPP/COING, Erbrecht, § 73,IV 2; ECKELSKEMPER, in Handbuch der Testamentsvollstreckung, 10. Kap., Rz. 60; TILING, ZEV 1998, 331,338.
[1708] So auch SOERGEL/DAMRAU; § 2221, Rz. 16; KIPP/COING, Erbrecht, § 73 IV 2; MüKo-BRANDNER; § 2221, Rz. 24.
[1709] Vgl. HAEGELE-WINKLER; a.a.O., Rz. 635; PALANDT/EDENHOFER, § 2218, Rz. 6; ERMAN/SCHMIDT; § 2221, Rz. 17.
[1710] Vgl. Reimann, ZEV 1995, 59; ECKELSKEMPER, in Handbuch der Testamentsvollstreckung, 10. Kap., Rz. 62.

Lediglich bei konkreten Anordnungen oder bei der Festsetzung einer weit über die Regelsätze hinausgehenden Vergütung wird man im Wege der Auslegung dahin gelangen können, daß der Erblasser bei der Bemessung der Vergütung schon die mit der berufsmäßigen Tätigkeit des Testamentsvollstreckers einhergehenden Kosten mitberücksichtigt hat und dem Testamentsvollstrecker kein weiterer Auslagenersatz zusteht. Allein der Umstand, daß der Erblasser bewußt einen Angehörigen einer bestimmten Berufsgruppe ausgewählt hat, ist für eine derartige Auslegung jedoch nicht ausreichend.

E. Die Beendigung der Testamentsvollstreckung

I. Wegfall des Testamentsvollstreckers

1. Allgemeines

Das Gesetz sieht verschiedene Tatbestände vor, bei deren Vorliegen zwar das Amt des Testamentsvollstreckers wegfällt, die Testamentsvollstreckung an sich jedoch noch nicht automatisch ihr Ende findet. Daher ist zunächst immer zwischen dem Ende des Testamentsvollstreckeramtes und dem Ende der Testamentsvollstreckung zu unterscheiden. Zunächst sollen nunmehr die Tatbestände untersucht werden, in denen das Testamentsvollstreckeramt endet. Erst anschließend wird die Frage zu stellen sein, ob und in welchen Fällen mit der Beendigung des Amtes auch die Beendigung der Testamentsvollstreckung selbst einhergeht. Ist dies nicht der Fall, etwa weil ein Ersatztestamentsvollstrecker ernannt wurde und dieser auch bereit ist, das Amt anzunehmen, bleibt es – auch in der Zeit bis zur Amtsannahme des neuen Testamentsvollstreckers - bei der Verfügungsbeschränkung des Erben.[1711] Auch der Testamentsvollstreckervermerk im Grundbuch wird in einem solchen Fall nicht gelöscht und im Testamentsvollstreckerzeugnis kann der Nachfolger im Wege einer einfachen Berichtigung eingetragen werden.

Zu beachten ist auch, daß die in den §§ 2225 bis 2227 BGB enthaltenen Regeln über die Amtsbeendigung unvollständig sind.[1712] Die Rechtsprechung hat daher neben den gesetzlichen Beendigungstatbeständen weitere Fälle entwickelt, in denen sich nach dem Wesen der Testamentsvollstreckung eine Beendigung des Amtes ergibt. Bei Streit über das Erlöschen des Amtes oder die Beendigung der Testamentsvollstreckung ist das Nachlaßgericht nicht zuständig. Ein solcher Streit ist vielmehr vor dem Prozeßgericht auszutragen.[1713] Das Nachlaßgericht kann aber bei einem Verfahren auf Entlassung des Testamentsvollstreckers als Vorfrage prüfen, ob die Testamentsvollstreckung bereits wegen Wegfalls des Vollstreckeramtes oder bereits wegen vollständiger Erfüllung der dem Testamentsvollstrecker obliegenden Aufgaben weggefallen ist.[1714]

[1711] Vgl. MüKo-BRANDNER; § 2225, Rz. 8.
[1712] So auch REIMANN, in Handbuch der Testamentsvollstreckung, 7. Kap., Rz. 2.
[1713] Vgl. BGHZ 41, 23,28; STAUDINGER/REIMANN; § 2225; Rz. 11; MüKo-BRANDNER; § 2225, Rz. 3; BayObLGZ 1953, 357, 360.
[1714] Vgl. OLG Köln, MDR 1963, 763.

2. Die einzelnen Tatbestände für das Erlöschen des Amtes

a) Tod des Testamentsvollstreckers

Nachdem es sich bei dem Amt des Testamentsvollstreckers nach dem Willen der Gesetzesväter um ein unvererbliches Amt handelt[1715], erlischt das Amt mit dem Tod des Testamentsvollstreckers. Ist die zum Testamentsvollstrecker ernannte Person bereits vor dem Erbfall gestorbenen, so ist die Ernennung gegenstandslos. Stirbt der Testamentsvollstrecker dagegen während der Testamentsvollstreckung, so hat sein Erbe den Tod unverzüglich den mit der Testamentsvollstreckung belasteten Erben anzuzeigen und bei Gefahr im Verzug die Tätigkeit sogar fortzusetzen, bis die Erben selbst oder ein Nachfolger im Amt die Verwaltung des Nachlasses übernommen haben.[1716] Dies ergibt sich aus § 673 Satz 2 BGB, der wegen § 2218 Abs. 1 BGB auch auf den Testamentsvollstrecker Anwendung findet.[1717] Auf diesem Umweg kann der Erbe des Testamentsvollstreckers in dringenden Fällen also doch noch Aufgaben des Testamentsvollstreckers wahrzunehmen haben, obwohl generell von einer Unvererblichkeit des Amtes auszugehen ist.[1718] Dagegen ist nicht ohne weiteres davon auszugehen, daß das Amt des Testamentsvollstreckers durch den Tod des Erben erlischt. In diesem Fall wird die Testamentsvollstreckung vielmehr fortgesetzt, sofern nach dem Willen des Erblassers noch andere Aufgaben des Testamentsvollstreckers unerfüllt sind. Der Nachlaß geht dann, durch die Testamentsvollstreckung beschwert, auf die Erben des ersten Erben über.[1719]

b) Geschäftsunfähigkeit des Testamentsvollstreckers

Nach §§ 2225, 2201 BGB erlischt das Amt des Testamentsvollstreckers darüber hinaus auch, wenn hinsichtlich des Testamentsvollstreckers ein Fall eintritt, der eine Unwirksamkeit der Ernennung zur Folge haben würde. Nach § 2201 BGB sind dies insbesondere Fälle, in denen der Testamentsvollstrecker seinen eigenen Vermögensangelegenheiten nicht mehr vorzustehen vermag, so daß auch von einer Amtsunfähigkeit hinsichtlich der Betreuung und Besorgung fremder Vermögensangelegenheiten auszugehen ist.[1720] Es handelt sich dabei im wesentlichen um Fälle der Geschäftsunfähigkeit oder der Beschränkung der Geschäftsfähigkeit; nachdem der Testamentsvollstrecker für die Dauer der Amtsausübung voll geschäftsfähig sein muß.[1721]

[1715] Vgl. Mot. V, S. 219.
[1716] Vgl. HAEGELE-WINKLER; a.a.O., Rz. 782.
[1717] Vgl. dazu auch MüKo-BRANDNER; § 2218, Rz. 21.
[1718] Vgl. PALANDT/EDENHOFER, § 2225, Rz. 1.
[1719] Vgl. OLG München; NJW 1951, 74.
[1720] Vgl. MüKo-BRANDNER; § 2225, Rz. 1 der vom Eintritt einer Amtsunfähigkeit spricht.
[1721] Zutreffend MÖHRING, a.a.O., S. 339; HAEGELE-WINKLER; a.a.O., Rz. 784.

Auch wenn der Testamentsvollstrecker einen Betreuer zur Besorgung seiner sämtlichen Vermögensangelegenheiten nach § 1896 BGB erhalten hat, endet das Amt infolge Amtsunfähigkeit.[1722] Dies soll nach einer Entscheidung des BayObLG vom 26.10.1994 sogar bereits dann gelten, wenn für den Testamentsvollstrecker ein vorläufiger Betreuer für alle Vermögensangelegenheiten nach § 69 FGG bestellt wird.[1723] Der Senat hat in den Entscheidungsgründen dazu ausgeführt, daß schon die Bestellung eines vorläufigen Betreuers für alle Vermögensangelegenheiten den Schluß rechtfertige, daß der Betreute das Amt des Testamentsvollstreckers nicht mehr sachgerecht wahrnehmen könne. Zudem seien auch für die Bestellung eines vorläufigen Betreuers strenge Voraussetzungen erforderlich. Es müßten dringende Gründe für die Annahme bestehen, daß die Voraussetzungen für die Bestellung eines Betreuers nach § 1896 BGB gegeben sind. Es müsse ein ärztliches Zeugnis über den Gesundheitszustand vorliegen und ein Verfahrenspfleger bestellt sein, der ebenso wie der Betroffene vor der Entscheidung anzuhören sei.[1724]

Diese Entscheidung verdient Zustimmung. Von der zum Testamentsvollstrecker ernannten Person muß angesichts der großen Verantwortung und der Komplexität der Aufgaben und Pflichten erwartet werden können, daß sie während der gesamten Dauer der Amtsträgerschaft vollumfänglich über ihre geistigen Fähigkeiten verfügt. Es ist auch umgekehrt den Erben keineswegs zuzumuten, sich anstelle des unter Betreuung gestellten Testamentsvollstreckers mit dessen Betreuer auseinandersetzen zu müssen. Auch bei einer vorläufigen Betreuerbestellung würden unzumutbar Schwierigkeiten hinsichtlich der Wirksamkeit von Amtshandlungen und der Entscheidungskompetenz des Testamentsvollstreckers oder des Betreuers entstehen, die auch der Erblasser keineswegs gewollt haben wird. Daher führt selbst die Wiederaufhebung der Betreuerbestellung oder einer Pflegschaft nach richtiger Auffassung nicht zu einem Wiederaufleben des Testamentsvollstreckeramtes.[1725] Dies gilt allerdings nicht, wenn die Betreuerbestellung zu Unrecht erfolgt war und durch eine Anfechtungsklage nach §§ 672, 684 Abs. 4 ZPO beseitigt wird.[1726] In diesem Fall lebt das Amt des Testamentsvollstreckers wieder auf, allerdings bleiben die zwischenzeitlich erfolgten Verfügungen des Erben oder eines Ersatztestamentsvollstreckers nach § 32 FGG analog grundsätzlich wirksam.[1727]

[1722] Vgl. STAUDINGER/REIMANN; § 2225, Rz. 1;REIMANN, in Handbuch der Testamentsvollstreckung, 7. Kap., Rz. 5; HAEGELE-WINKLER; a.a.O., Rz. 784.

[1723] BayObLG NJW-RR 1995, 330 = ZEV 1995, 63 mit zustimmender Anm. DAMRAU; zweifelnd dagegen MüKo-BRANDNER; § 2201, Rz. 2.

[1724] Zu den medizinischen Voraussetzungen PALANDT/DIEDERICHSEN, § 1896, Rz. 10 ff.

[1725] Vgl. STAUDINGER/REIMANN; § 2225, Rz. 14; MüKo-BRANDNER; § 2225, Rz. 5; SOERGEL/DAMRAU; § 2201, Rz. 4.

[1726] Vgl. STAUDINGER/REIMANN; § 2201, Rz. 6.

[1727] So auch REIMANN, in Handbuch der Testamentsvollstreckung, 7. Kap., Rz. 5.

c) Verlust der Rechtsfähigkeit bei juristischen Personen

Entsprechend dem Verlust der Geschäftsfähigkeit bei natürlichen Personen, führt bei einer juristischen Person, etwa einer Bank oder Versicherungsgesellschaft, der Verlust der Rechtsfähigkeit zu einer Beendigung des Amtes.[1728] Schwieriger zu beurteilen ist dagegen die Frage, ob die Amtsinhaberschaft auch dann endet, wenn das Vermögen der juristischen Person im Wege der Gesamtrechtsnachfolge auf einen anderen Rechtsträger übergeht oder die Handelsgesellschaft nach den Tatbeständen des Umwandlungs-gesetzes umgewandelt wird.[1729] Im Grundsatz gilt dabei, daß die Testamentsvollstreckung fortbesteht, wenn der Rechtsträger erhalten bleibt, dagegen erlischt die Testamentsvollstreckung, wenn der Rechtssträger erlischt. Der Formwechsel nach § 190 ff. UmwG schließlich hat keine Auswirkungen auf die Testamentsvollstreckung.[1730]

3. Die Kündigung des Testamentsvollstreckers

Nach § 2226 BGB kann der Testamentsvollstrecker sein Amt jederzeit kündigen. Einer Angabe von Kündigungsgründen bedarf es nicht, auch die Einhaltung einer Kündigungsfrist ist nicht erforderlich.[1731] Mit diesem Kündigungsrecht sollte dem Testamentsvollstrecker die Möglichkeit eingeräumt werden, sich den Unannehmlichkeiten des nicht selten unangenehmen Amtes durch Niederlegung zu entziehen, ohne die oft persönlichen oder familiären Gründe darlegen und erörtern zu müssen.[1732] Wie die Annahme des Amtes soll auch dessen Fortführung freiwillig sein.[1733] Auch hier zeigt sich die Nähe zum Auftragsrecht, nachdem auch der Auftragnehmer gem. § 671 BGB ein entsprechendes Kündigungsrecht hat. Aus der entsprechenden Anwendung der auftragsrechtlichen Vorschriften ergibt sich andererseits jedoch, daß eine Kündigung zu Unzeit eine Schadensersatzpflicht nach § 671 Abs. 2 BGB nach sich ziehen kann.[1734] Das Verbot der Kündigung zur Unzeit schließt jedoch die Kündigung aus wichtigem Grund nicht aus, so daß der Testamentsvollstrecker bei dem Vorliegen von wichtigen Gründen stets auch zur Unzeit kündigen kann.[1735]

[1728] Vgl. MüKo-BRANDNER; § 2225, Rz. 4; REIMANN, in Hdb. d. Testamentsvollstreckung, 7. Kap., Rz. 6.

[1729] Ausführlich dazu STAUDINGER/REIMANN; § 2225, Rz. 15.

[1730] Vgl. REIMANN, in Handbuch der Testamentsvollstreckung, 7. Kap., Rz. 6.

[1731] Vgl. MüKo-BRANDNER; § 2226, Rz. 1; HAEGELE-WINKLER; a.a.O., Rz. 788.

[1732] Vgl. Prot. V, S. 260.

[1733] Vgl. OLG Koblenz, NJW 1993, 462.

[1734] Vgl. dazu PALANDT/SPRAU, § 671, Rz. 3; MÜKO-SEILER; § 671, Rz. 12; HAEGELE-WINKLER; a.a.O., Rz. 788.

[1735] Vgl. MüKo-BRANDNER; § 2226, Rz. 3; das OLG Koblenz hält in seinem Urteil vom 11.12.1992 in NJW-RR 1993, 462 zwar den Einwand der Kündigung zur Unzeit u.U. auch

Schließlich ist zu berücksichtigen, daß auch die ohne wichtigen Grund erklärte unzeitige Kündigung sofort wirksam ist und daher unmittelbar mit ihrem Zugang zu einer Amtsbeendigung führt.[1736] Auch der Erblasser kann das Kündigungsrecht des Testamentsvollstreckers nicht ausschließen. Er kann allerdings durch Anordnung einer auflösend bedingten Zuwendung an den Testamentsvollstrecker, welche für den Kündigungsfall entfällt, das Kündigungsrecht des Testamentsvollstreckers mit einer zusätzlichen ungünstigen Rechtsfolge versehen und damit die Ausübung des Kündigungsrechtes erschweren.[1737] Allerdings kann der Testamentsvollstrecker in einer Vereinbarung mit dem Erblasser oder den Erben auf sein Kündigungsrecht aus § 2226 BGB verzichten. Ein solcher Verzicht ist wirksam, kann jedoch gleichwohl im Außenverhältnis die Wirksamkeit einer abredewidrig ausgesprochenen Kündigung nicht verhindern.[1738] Eine solche Abrede führt nach richtiger Auffassung im Falle der Kündigung lediglich dazu, daß der Testamentsvollstrecker wie bei der Kündigung zur Unzeit gegebenenfalls einer Schadensersatzpflicht unterliegt und etwa die durch einen Nachfolger entstehenden Mehrkosten, welche mit der Amtsführung verbunden sind, zu tragen hat oder seinen Vergütungsanspruch teilweise verliert.[1739]

Eine abredewidrige Kündigung, ohne daß eine Verpflichtung zum Schadensersatz die Folge wäre, ist dagegen stets zulässig, wenn ein wichtiger Grund vorliegt.[1740] Ein solcher Grund ist dann anzunehmen, wenn es dem Testamentsvollstrecker bei einer Betrachtung sämtlicher Umstände des Einzelfalles nicht zuzumuten ist, das Amt noch weiter fortzuführen. Umgekehrt kann der Testamentsvollstrecker sich in einer Vereinbarung mit den Erben wirksam verpflichten, sein Amt zu einem bestimmten Zeitpunkt niederzulegen.[1741] So geht der BGH davon aus, daß der Testamentsvollstrecker durch eine derartige Vereinbarung mit den Erben lediglich von einer ihm zustehenden rechtlichen Befugnis Gebrauch mache.[1742] Eine derartige Vereinbarung ist nach der Rechtsprechung des BGH jedoch nur dann zulässig und wirksam,

---

als Mißbrauch des Rechts nach § 242 BGB für beachtlich, ohne aber hierauf näher einzugehen oder die damit angedeutete Rechtsfolge zu nennen.

[1736] Vgl. RGZ 100, 95,97; HAEGELE-WINKLER, a.a.O., Rz. 788; MüKo-BRANDNER, § 2226, Rz. 3; REIMANN, Handbuch der Testamentsvollstreckung, 7. Kap., Rz. 7; STAUDINGER/REIMANN, § 2226, Rz. 4; a.A. van VENROY, JZ 1981, 57.

[1737] STAUDINGER/REIMANN, § 2226, Rz. 1; MüKo-BRANDNER, § 2226, Rz. 1.

[1738] Vgl. SOERGEL/DAMRAU, § 2226, Rz. 1; STAUDINGER/REIMANN, § 2226, Rz. 5; a.A. MüKo-BRANDNER, § 2226, Rz. 4, der ohne Begründung davon ausgeht, die dem Verzicht widersprechende Kündigung sei unwirksam, zumindest sei dem Testamentsvollstrecker die Berufung auf die Kündigung verboten.

[1739] Vgl. STAUDINGER/REIMANN, § 2226, Rz. 5; ebenso REIMANN, Handbuch der Testamentsvollstreckung, 7. Kap., Rz. 7.

[1740] Vgl. HAEGELE-WINKLER, a.a.O., Rz. 788; PALANDT/EDENHOFER, § 2226, Rz. 1.

[1741] Vgl. RGZ 156, 75; BGHZ 25, 275,281; BGH NJW 1962, 912; STAUDINGER/REIMANN, § 2226, Rz. 2; HAEGELE-WINKLER; a.a.O., Rz. 790.

[1742] Vgl. BGHZ 25, 275,281.

wenn dadurch die Unabhängigkeit der Amtsführung des Testamentsvollstreckers nicht in Frage gestellt wird.[1743] Dies ist dann nicht der Fall, wenn die Vereinbarung jedem Miterben die Möglichkeit gibt, den Testamentsvollstrecker zu jedem ihm beliebigen Zeitpunkt aus dem Amt zu entfernen, wenn nur eine seiner Maßnahmen dem betreffenden Miterben nicht gefällt. Durch eine Abrede, die den einzelnen Miterben das Recht einräumt, jederzeit vom Testamentsvollstrecker die Niederlegung des Amtes zu verlangen, würde unmittelbar die Unabhängigkeit des Testamentsvollstreckers bei der Amtsführung berührt. Die Folge wäre eine solche Abhängigkeit von den Wünschen der Erben, die mit der Natur des Amtes unvereinbar wäre.[1744] Hat sich der Testamentsvollstrecker nach diesen Voraussetzungen allerdings wirksam verpflichtet, sein Amt zu einem bestimmten Zeitpunkt zu kündigen, so können die Erben die Beendigung im Klageweg erzwingen oder einen Antrag auf Entlassung des Testamentsvollstreckers durch das Nachlaßgericht stellen.[1745]
Die Kündigung hat durch eine formlose Erklärung gegenüber dem Nachlaßgericht zu erfolgen, sogar eine mündliche Erklärung, die zu Protokoll gegeben wird, ist ausreichend.[1746] Sie wird mit Zugang beim Nachlaßgericht wirksam, § 130 BGB. Die Kündigungserklärung ist unwiderruflich, ein Widerruf kann jedoch gegebenenfalls in eine Anfechtungserklärung nach §§ 119, 123 BGB umgedeutet werden, wenn die entsprechenden Anfechtungsgründe vorliegen.[1747]

Eine Teilkündigung ist gesetzlich nicht geregelt, aber schon nach dem Wesen der Testamentsvollstreckung nur zulässig, wenn einzelne abtrennbare Aufgabenbereiche vorliegen und davon auszugehen ist, daß die teilweise Niederlegung des Amtes mit dem letzten Willen des Erblassers vereinbar ist. Andernfalls führt eine unzulässige Teilkündigung aber nicht zu einer Beendigung des Amtes insgesamt, weil ihr regelmäßig gerade nicht der Wille entnommen werden kann, das Amt in seiner Gesamtheit zu kündigen.[1748] Allerdings ist es fragwürdig, ob der Testamentsvollstrecker, der meint, sein Amt nur noch teilweise ausüben zu wollen, nicht insgesamt als ungeeignet anzusehen sein wird, so daß nach einer unwirksamen Teilkündigung umgekehrt ein Entlassungsantrag gerechtfertigt sein könnte.[1749]

[1743] Vgl. BGHZ 25, 275,281.
[1744] So auch BGHZ 25, 275,281.
[1745] Vgl. HAEGELE-WINKLER; a.a.O., Rz. 790; REIMANN, in Handbuch der Testamentsvollstreckung, 7. Kap., Rz. 13; PALANDT/EDENHOFER, § 2226, Rz. 1.
[1746] Vgl. STAUDINGER/REIMANN; § 2226, Rz. 6.
[1747] Vgl. REIMANN, in Handbuch der Testamentsvollstreckung, 7. Kap., Rz. 9; MüKo-BRANDNER; § 2226, Rz. 2.
[1748] Zutreffend OLG Hamm, OLGZ 1991, 388 = FamRZ 1992, 113; PALANDT/EDENHOFER, § 2226, Rz. 1; a.A. dagegen MüKo-BRANDNER; § 2226, Rz. 2; STAUDINGER/REIMANN; § 2226, Rz. 3.
[1749] Vgl. REIMANN, in Handbuch der Testamentsvollstreckung, 7. Kap., Rz. 11.

II. Die Entlassung des Testamentsvollstreckers

Das einzige Mittel der Erben, sich eines unliebsamen Testamentsvollstreckers gegen dessen Willen zu entledigen, ist der Entlassungsantrag nach § 2227 BGB. Dieser Antrag stellt das „schärfste Schwert“[1750] in der Hand der Erben und übrigen Beteiligten dar, die ihnen vom Gesetzgeber eingeräumten Kontrollmöglichkeiten auch umzusetzen. Die Entlassung des Testamentsvollstreckers durch das Nachlaßgericht erfordert materiell einen wichtigen Grund und formell einen Antrag eines Beteiligten.[1751] Als Beispiele nennt das Gesetz die grobe Pflichtverletzung durch den Testamentsvollstrecker oder die Unfähigkeit zur ordnungsgemäßen Geschäftsführung. Diese Aufzählung ist jedoch nicht abschließend, wie sich bereits aus dem Wörtchen „insbesondere“ in § 2227 Abs. 1 BGB ergibt. Abzustellen ist darauf, ob Umstände vorliegen, die objektiv die Fortsetzung des Vollstreckeramtes für die Beteiligten unzumutbar machen.[1752] Der Gesetzgeber ging dabei davon aus, daß ein Surrogat für das sonst auf Seiten des Geschäftsherrn bestehende Recht zum Widerruf der zur Führung fremder Geschäfte erteilten Ermächtigung notwendig sei, da dem Erben ein solches Recht wegen des Zwecks der Vollstreckung versagt werden müsse. Nur das Nachlaßgericht könne daher diese Funktion übernehmen. Allerdings wurde eine Enthebung von Amts wegen abgelehnt, da sie systemwidrig sei. Das Gericht solle nur auf Antrag eines Beteiligten tätig werden und in seinen Aufsichts- und Eingriffsbefugnissen beschränkt sein.[1753]

Es wird jedoch zu zeigen sein, daß die Rechtsprechung bei der Anwendung des § 2227 BGB zunehmend großzügig verfährt und die Voraussetzungen, bei deren Vorliegen der Entlassungsantrag der Erben erfolgreich sein kann, zugunsten der Erben ausgedehnt hat.[1754] Damit ist der Testamentsvollstrecker letztlich doch einer Kontrolle durch das Nachlaßgericht unterworfen.[1755] Dem Antragserfordernis kommt insofern nur geringe Bedeutung zu, nachdem die Erben kaum vor einer Antragstellung gegen einen mißliebigen oder unbequemen Testamentsvollstrecker zurückschrecken werden. Ein Grund für die Ausdehnung der Eingriffsmöglichkeiten scheint darin zu liegen, daß allgemein die Rechtsstellung der Erben und der übrigen Beteiligten im Verhältnis zum Testamentsvollstrecker als zu schwach angesehen wird und eine Tendenz vorhanden zu sein scheint, daß eine Ausweitung der Kontrollmöglichkeiten der Erben erforderlich sei.[1756]

1750 Vgl. MUSCHELER, AcP 197 (1997), 227.

1751 So auch STAUDINGER/REIMANN, § 2227, Rz. 1.

1752 Vgl. EBENROTH, Erbrecht, Rz. 638; REIMANN, in Handbuch der Testamentsvollstreckung, 7. Kap., Rz. 16.

1753 Zur Entstehungsgeschichte der Norm vgl. MUSCHELER, AcP 197 (1997), 227,228 ff.

1754 vgl. STAUDINGER/REIMANN, § 2227, Rz. 2.

1755 vgl. auch LANGE/KUCHINKE, Erbrecht, § 31 VIII 2 b.

1756 Vgl. etwa LANGE, JuS 1970, 101, ff.; REIMANN, FamRz 1995; 588.

Dies darf jedoch nicht dazu führen, daß der Testamentsvollstrecker seine Stellung als vom Erben unabhängiger Vertrauensmann des Erblassers einbüßt. Die Vorschrift des § 2227 BGB gewinnt vor diesem Hintergrund eine zentrale Bedeutung im Rechtsverhältnis zwischen Testamentsvollstrecker und Erbe. Sie stellt das wirksamste Element im Rahmen der vom Gesetzgeber eingerichteten „checks and balances" dar. Betont werden muß an dieser Stelle jedoch nochmals, daß das Nachlaßgericht lediglich für die Entscheidung über die endgültige Entlassung des Testamentsvollstreckers zuständig ist. Es kann dagegen weder eine vorläufige Entlassung aussprechen, noch durch einstweilige Anordnungen in die Amtsführung des Testamentsvollstreckers eingreifen.[1757] Im folgenden sollen die einzelnen Entlassungsvoraussetzungen untersucht werden.

1. Vorliegen eines wichtigen Grundes

Materielle Voraussetzung für die Entlassung des Testamentsvollstreckers ist zunächst das Vorliegen eines wichtigen Grundes, wobei das Gesetz beispielhaft die Pflichtverletzung oder die Unfähigkeit zur ordnungsgemäßen Geschäftsführung aufzählt. Diese Aufzählung ist nicht erschöpfend. Auch Feindschaft[1758] zwischen dem Testamentsvollstrecker und den Erben, deren Mißtrauen[1759] in die unparteiische Amtsführung oder ein erheblicher Interessengegensatz[1760] zwischen den Beteiligten soll als wichtiger Grund für die Entlassung des Testamentsvollstreckers ausreichend sein. Ein wichtiger Grund im Sinne des § 2227 Abs. 1 BGB liegt vor, wenn unter Berücksichtigung der dem Testamentsvollstrecker gestellten Aufgabe und der persönlichen Verhältnisse des Testamentsvollstreckers zu besorgen ist, daß das weitere Verbleiben im Amt zu einer Schädigung oder erheblichen Gefährdung der an der Ausführung oder am Nachlaß Beteiligten führen würde.[1761] Auf ein Verschulden des Testamentsvollstreckers kommt es dagegen nicht an.[1762] Ob nach dieser Formel ein wichtiger Grund vorliegt, hat das Nachlaßgericht unter Berücksichtigung aller Umstände des einzelnen Falles zu entscheiden.[1763]

[1757] Vgl. OLG Köln, DNotZ 1987, 324.
[1758] Vgl. dazu OLG Köln, OLGZ 69, 281; dazu unten Teil E II 1 c) aa) dieser Arbeit.
[1759] Ausführlich dazu unten Teil E II 1 c) bb) dieser Arbeit.
[1760] Vgl. dazu etwa OLG Zweibrücken, Rpfleger 1977, 306; BayObLGZ 1985, 298; sowie unten ausführlich Teil E II 1 c) cc) dieser Arbeit.
[1761] Vgl. BayObLG Rpfleger 1985, 444; BayObLG FamRZ 1991, 235; OLG Düsseldorf, DNotZ 1950, 67; REIMANN, in Hdb der Testamentsvollstreckung, 7. Kap., Rz. 16; MüKo-BRANDNER; § 2227, Rz. 7.
[1762] Vgl. BayObLG NJW-RR 1988, 645,646.
[1763] Vgl. STAUDINGER/REIMANN, § 2227, Rz. 2.

Dabei ist die Tatfrage von der Rechtsfrage scharf zu trennen. Ob ein Entlassungsgrund vorliegt, muß zunächst anhand der tatsächlichen Umstände des konkreten Einzelfalles festgestellt werden. Die Frage, ob die Tatumstände in ihrer Gesamtheit die Entlassung des Testamentsvollstreckers rechtfertigen, hat das Gericht sodann in Anwendung des unbestimmten Rechtsbegriffs „wichtiger Grund" zu entscheiden.[1764] Dabei handelt es sich um eine Rechtsfrage, die der Nachprüfung durch das Beschwerdegericht unterliegt.[1765] Umstritten ist, ob das Nachlaßgericht bei Bejahung dieser Rechtsfrage „automatisch" die Entlassung des Testamentsvollstreckers auf Antrag auszusprechen hat. Die eine Auffassung neigt hier dazu, die Beantwortung der Frage, ob der Testamentsvollstrecker wegen des festgestellten Grundes zu entlassen ist, in das pflichtgemäße Ermessen des Nachlaßgerichts zu stellen.[1766] Das Nachlaßgericht habe dabei zu prüfen, ob überwiegende Interessen für ein Verbleiben des Testamentsvollstreckers im Amt sprechen.[1767] Das Beschwerdegericht dürfe sein Ermessen nicht an die Stelle des Ermessens des Erstgerichts setzen.[1768] Insoweit könne das Beschwerdegericht nur prüfen, ob der Tatsacheninstanz eine Ermessensüberschreitung oder ein Ermessensfehlgebrauch unterlaufen ist oder ob das Gericht das ihm zustehende Ermessen überhaupt ausgeübt hat.[1769]

Die Gegenmeinung geht davon aus, um eine Ermessensentscheidung handele es sich nicht. Entgegen dem Wortlaut des Gesetzes, der hier das Wörtchen „kann" enthält, habe das Gericht den Sachverhalt von Amts wegen zu ermitteln und zu würdigen und wenn es bei der Abwägung zu dem Ergebnis gelangt, daß ein Entlassungsgrund vorliegt, so müsse das Gericht auch die Entlassung aussprechen.[1770] Der Terminus „kann" sei einerseits nur eine Zuständigkeitszuweisung und betreffe nur die dem Nachlaßgericht obliegende Abwägung, ob das Entlassungsinteresse hinter dem Fortführungsinteresse zurücktreten muß.[1771] Diese Auffassung ist abzulehnen, wenngleich sie im Ergebnis über den Umweg des Fortführungsinteresses oftmals zum selben Ergebnis gelangen wird. Es darf nicht verkannt werden, daß die Vorschrift

---

[1764] Vgl. OLG Köln, NJW-RR 1987, 1414,1415; MUSCHELER, AcP 197 (1997), 227, 249.

[1765] Vgl. OLG Celle, OLGZ 1978, 422; BayObLGZ 1969,65,68; HAEGELE-WINKLER, a.a.O., Rz. 800.

[1766] Vgl. etwa STAUDINGER/REIMANN, § 2227, Rz. 2; HAEGELE-WINKLER, a.a.O., Rz. 800; SOERGEL/DAMRAU, § 2227, Rz. 20; PALANDT/EDENHOFER, § 2227, Rz. 9.

[1767] Vgl. BayObLGZ 1976, 67,74; BayObLG FamRZ 1994, 235,237.

[1768] Vgl. OLG Celle, OLGZ 1978, 442; OLG Köln, NJW-RR 1987, 1414; OLG Zweibrücken, DNotZ 1973, 112,113.

[1769] So auch OLG Hamm, Pfleger 1986, 16.

[1770] Vgl. REIMANN, in Handbuch der Testamentsvollstreckung, 7. Kap., Rz. 16; MüKo-BRANDNER, § 2227, Rz. 7; eingehend auch MUSCHELER, AcP 197 (1997), 227,249, der aus der Entstehungsgeschichte der Norm ableiten will, daß mit dem Wörtchen *kann* lediglich die Entlassungskompetenz des Nachlaßgerichts zum Ausdruck komme.

[1771] vgl. BayObLGZ 1957, 317; OLG Hamm, NJW 1968, 800; OLG Hamm FamRZ 1994, 1419; MüKo-BRANDNER, § 2227, Rz. 7.

des § 2227 Abs. 1 BGB keinen zwingenden Charakter hat.[1772] Ein zwingender Charakter läßt sich gerade nicht aus dem Willen des historischen Gesetzgebers ableiten, wonach mit der Entlassung ein Surrogat für das dem Geschäftsherrn sonst aber bei der Fremdverwaltung zustehende Widerrufsrecht geschaffen werden sollte.[1773] Auch bei der Ausübung dieses Widerrufs steht dem Geschäftsherrn nämlich ein weiter Ermessensspielraum zu. Er hat ein Widerrufs*recht*. Eine Verpflichtung zum Widerruf gibt es nicht. Es kann vielmehr durchaus selbst bei Vorliegen schwerwiegender Umstände gewichtige Gründe geben, das Widerrufsrecht – einstweilen noch – nicht auszuüben. Will man jetzt aber die Entlassungsbefugnis des Nachlaßgerichts aus einer vergleichbaren Notwendigkeit ableiten, so kann es auch für das Nachlaßgericht nicht anders sein, als daß dem Tatrichter selbst bei Vorliegen eines wichtigen Grundes noch ein Ermessen dahingehend verbleibt, ob der Testamentsvollstrecker zu entlassen ist.[1774] Dies will ja selbst die Gegenmeinung einräumen, indem sie eine Abwägung zwischen dem Entlassungsinteresse und dem Fortführungsinteresse als zulässig erachtet,[1775] und dabei konstatiert, daß das Nachlaßgericht immerhin doch „im Rahmen eines gewissen Ermessens zu entscheiden haben" wird, ob die Entlassung der Nachlaßabwicklung förderlich ist.[1776]

Zuzugeben ist MUSCHELER, daß die Annahme eines Rechtsfolgenermessens die Gestaltungsmacht der Nachlaßgerichte erweitert und die Besorgnis besteht, daß diese die Neigung entwickeln könnten, eine Belassung im Amt unter Auflagen einzuführen,[1777] dieser Tendenz muß – soweit sie überhaupt vorhanden ist – jedoch auf anderen Wegen entgegengetreten werden. Zudem erfolgt hier die Erweiterung des Spielraums der Nachlaßgerichte entgegen der allgemeinen Tendenz gerade nicht zu Lasten der Testamentsvollstrecker und damit auch nicht entgegen der Grundentscheidung des Gesetzgebers, die Aufsichts- und Kontrollbefugnisse der Nachlaßgerichte gegenüber den Testamentsvollstreckern möglichst gering zu halten. Ungeachtet dessen wird man jedoch davon auszugehen haben, daß der dem Nachlaßgericht verbleibende Spielraum dann auf Null reduziert ist, wenn die Würdigung der Tatumstände eine Situation ergibt, die auch der Ernennung des Betroffenen zum Testamentsvollstrecker nach § 2200 BGB entgegengestanden hätte. Nachdem das Nachlaßgericht keine für das Amt völlig ungeeignet Person zum Testamentsvollstrecker ernennen darf, wird eine Entlassung dann zwingend zu erfolgen haben, wenn eine völlige Ungeeignetheit zur Amtsführung festgestellt wird.[1778]

[1772] Vgl. OLG Hamm, NJW 1968, 800; HAEGELE-WINKLER, a.a.O., Rz. 800;
[1773] so aber MUSCHELER, AcP 197 (1997), 227,250.
[1774] Vgl. OLG Köln, NJW-RR 1987, 1414,1415.
[1775] So offenbar MüKo-BRANDNER, § 2227, Rz. 7.
[1776] Vgl. REIMANN, in Handbuch der Testamentsvollstreckung, 7. Kap., Rz. 16.
[1777] Vgl. MUSCHELER, AcP 197 (1997), 227,251, allerdings unter unzutreffender Berufung auf OLG Hamm, OLGZ 1986,1,8.
[1778] Vgl. MUSCHELER, AcP 197 (1997), 227, 251 f. unter analoger Anwendung § 84 I 2 KO.

a) Unfähigkeit zur Führung der Amtsgeschäfte

Eine Entlassung des Testamentsvollstreckers wegen Unfähigkeit zur ordnungsgemäßen Geschäftsführung kommt insbesondere dann in Betracht, wenn der Testamentsvollstrecker durch langwierige Krankheit, Abwesenheit, Verschollenheit oder Haft dauernd oder zumindest für eine längere Zeit an der ordnungsgemäßen Ausführung der Amtspflichten verhindert ist.[1779] Der Begriff ist im weiten Sinne zu verstehen und zeigt deutlich, daß es auf ein Verschulden des Testamentsvollstreckers im Hinblick auf die Unfähigkeit zur Geschäftsführung nicht ankommt.[1780] Maßgeblich ist vielmehr, ob objektiv Umstände vorliegen, die den Testamentsvollstrecker an der Abwicklung seiner Geschäfte auf längere Zeit hindern und daher ein Verbleiben im Amt dazu führen würde, daß eine ordnungsgemäße Verwaltung des Nachlasses nicht mehr gewährleistet ist. Die Abwesenheit für längere Zeit genügt dagegen nicht, wenn der Testamentsvollstrecker durch Hilfsmittel, wie schriftliche oder telephonische Anweisungen an Hilfspersonen das Amt fortführen kann.[1781]

Die rechtliche Verhinderung eines Vollstreckers, bei einer einzelnen Nachlaßangelegenheit mitzuwirken, ist hingegen kein Entlassungsgrund.[1782] Die Unfähigkeit kann sich darüber hinaus auch aus anderen Umständen ergeben, etwa wenn der Testamentsvollstrecker aufgrund mangelnder Intelligenz oder seiner sonstigen völligen Nichteignung das Amt nicht sachgerecht zu führen imstande ist.[1783] Eine Unfähigkeit zur Amtsführung kann auch bei Konkurs, Insolvenz oder Abgabe der eidesstattlichen Versicherung vorliegen, jedoch müssen in diesen Fällen besondere Umstände vorliegen, die zu der Besorgnis Anlaß geben, daß mit einer erheblichen Gefährdung der Interessen der Beteiligten zu rechnen ist.[1784] Zwar ist nicht von der Hand zu weisen, daß bei der Abgabe der „Offenbarungsversicherung“ und der Tatsache, daß der Testamentsvollstrecker von seinen Gläubigern bedrängt wird, Befürchtungen der Erben berechtigt sein können, daß es zu einer Gefährdung des Nachlaßbestandes kommen werde. Ein Versagen bei der Verwaltung des eigenen Vermögens impliziert aber nicht ohne weiteres, daß der Vollstrecker nicht zu der Verwaltung fremden Vermögens imstande ist oder die ihm obliegenden Pflichten nicht erfüllen und die Interessen der Beteiligten gefährden wird.

[1779] Vgl. STAUDINGER/REIMANN, § 2227, Rz. 7; MüKo-BRANDNER, § 2227, Rz. 9.
[1780] Vgl. etwa BayObLG FamRZ 1991, 235,236.
[1781] Vgl. REIMANN, in Handbuch der Testamentsvollstreckung, 7. Kap., Rz. 18.
[1782] Vgl. RGZ 98, 173,174.
[1783] So auch MüKo-BRANDNER, § 2227, Rz. 9.
[1784] Einschränkend hinsichtlich zurückliegender eidesstattlicher Versicherung auch OLG Hamm, FamRz 1994, 1419 = Rpfleger 1994, 213.

Das Nachlaßgericht muß daher prüfen, ob greifbare Anhaltspunkte für eine Gefährdung der Interessen der Erben tatsächlich vorliegen.[1785] Dabei wird insbesondere zu prüfen sein, ob sich ein früheres Versagen in der Wahrnehmung eigener oder fremder Vermögensangelegenheiten auch auf die bestehende Testamentsvollstreckung noch auswirken kann. Sollten derartige Anhaltspunkte nicht ersichtlich sein, ist zunächst der Wille des Erblassers zu respektieren. Liegen dagegen Tatsachen vor, die ein Verbleiben des Testamentsvollstrecker im Amt als schädlich oder gefährlich für den Nachlaß erscheinen lassen, weil der Testamentsvollstrecker zu einer sachgerechten Amtsführung nicht in der Lage ist, so ist er zu entlassen.

Unerheblich für eine Entlassung wegen Unfähigkeit zur ordnungsgemäßen Geschäftsführung ist es dabei, ob die Gründe, auf denen die Unfähigkeit beruht, vor oder erst nach dem Erbfall eingetreten sind.[1786] Es kann insoweit auch nicht darauf ankommen, ob dem Erblasser der die Unfähigkeit begründende Sachverhalt bekannt war. Es kann auch nicht maßgeblich sein, ob der Erblasser bei Kenntnis der Sachlage die Ernennung des Testamentsvollstreckers widerrufen hätte.[1787] Entgegen dem vor Inkrafttreten des BGB geltenden Rechtszustand knüpft § 2227 BGB nicht mehr an den mutmaßlichen Willen des Erblassers an. Dies ist auch sachgerecht, da den Erben und den übrigen Beteiligten nicht zugemutet werden kann, sich mit einem amtsunfähigen Testamentsvollstrecker auseinandersetzen zu müssen und erst abzuwarten, bis tatsächlich eine Schädigung des Vermögens eingetreten ist.

Die Gegenauffassung[1788] verkennt, daß § 2227 BGB unabdingbar ist und der Erblasser auf diesem Umweg unzulässige Beschränkungen der Entlassungskompetenz des Nachlaßgerichts installieren könnte.[1789] Zwar ist § 2227 BGB in § 2220 BGB nicht genannt, es ist jedoch anerkannt, daß alle Versuche, das Befreiungsverbot zu umgehen, daran gemessen werden müssen, daß die wenigen Schutz- und Kontrollrechte der Erben nicht ausgehöhlt werden.[1790] Demnach verstößt jede Anordnung des Erblassers, durch die der Erbe davon abgehalten werden soll, die den geschützten Verpflichtungen entsprechenden Rechte geltend zu machen, gegen das Befreiungsverbot. Der Erbe muß aber die uneingeschränkte Möglichkeit haben, einem amtsunfähigen Vollstrecker die Verwaltung des Nachlasses zu entziehen. Daher kann auch das Recht des Erben, einen Entlassungsantrag nach § 2227 BGB zu stellen, nicht eingeschränkt oder von bestimmten Bedingungen abhängig gemacht werden.

[1785] Vgl. OLG Hamm FamRZ 1994, 213,214.

[1786] Vgl. STAUDINGER/REIMANN, § 2227, Rz. 9.

[1787] Vgl. MüKo-BRANDNER, § 2227, Rz. 7.

[1788] Vgl. etwa PALANDT/EDENHOFER, § 2227, Rz. 2; STAUDINGER/REIMANN, § 2227, Rz. 3.

[1789] Vgl. MUSCHELER, AcP 197 (1997), 227,281 f.

[1790] vgl. etwa MüKo-BRANDNER, § 2220, Rz. 3.

Genau dies wäre jedoch die Folge, wenn man annehmen wollte, daß Tatsachen, die dem Erblasser bei der Berufung des Testamentsvollstreckers bekannt waren, die Entlassung nicht rechtfertigen können. Zudem kann der Erblasser wegen § 2201 BGB auch keinen geschäftsunfähigen Vollstrecker ernennen. Die Gegenauffassung ist daher als mit der Amtstheorie unvereinbar abzulehnen.[1791]

b) Grobe Pflichtverletzung

Der zweite, im Gesetz ausdrücklich erwähnte Entlassungsgrund setzt regelmäßig ein Verschulden des Testamentsvollstreckers voraus.[1792] Eine grobe Pflichtverletzung liegt vor, wenn der Testamentsvollstrecker den ihm nach dem Erblasserwillen oder dem Gesetz obliegenden Pflichten schuldhaft in erheblicher Weise zuwiderhandelt.[1793] Die Kasuistik zu diesem Begriff ist enorm vielfältig.[1794] So ist die Mißachtung bestimmter Verwaltungsanordnungen des Erblassers[1795] ebenso als grobe Pflichtwidrigkeit angesehen worden, wie die nachhaltige Verletzung der Grundsätze der ordnungsgemäßen Verwaltung.[1796] Einen Entlassungsgrund kann auch die Benachteiligung eines bestimmten Erben[1797] oder eigennütziges Verhalten des Testamentsvollstreckers sein.[1798] Gleiches gilt für eine Übermaßentnahme hinsichtlich der Vergütung,[1799] die Veruntreuung von Nachlaßgeldern bzw. Pfandbriefen,[1800] oder die hartnäckige Weigerung, über den Stand der Verwaltung Auskunft zu erteilen.[1801]

1791 Zutreffend auch MUSCHELER, AcP 197 (1997), 227,283.

1792 Vgl. BayObLG FamRZ 1991, 235; LANGE/KUCHINKE, Erbrecht, § VIII 2 b; v. Lübtow; Erbrecht, 2. Halbbd., S. 997; MüKo-BRANDNER, § 2227, Rz. 8.

1793 Vgl. die Formel bei OLG Zweibrücken, DNotZ 1973, 112;ähnlich auch BayObLG FamRZ 1991, 615,616; BayObLG FamRZ 1998, 325,326; vgl. auch AK-BGB/Finger; § 2227, Rz. 7; ERMAN/SCHMIDT, § 2227, Rz. 3; STAUDINGER/REIMANN, § 2227, Rz. 5; PALANDT/EDENHOFER, § 2227, Rz. 3.

1794 Ein Überblick findet sich bei HAEGELE-WINKLER, a.a.O., Rz. 792; ausführlich auch STAUDINGER/REIMANN, § 2227, Rz. 5 und 6.

1795 Vgl. OLG Zweibrücken, Rpfleger 1989, 370.

1796 Vgl. BayObLG FamRz 1997, 905.

1797 So etwa OLG Celle, OLGZ 78, 442.

1798 Vgl. KG, OLGE 44, 96,98.

1799 OLG Köln NJW-RR 1987, 1097, hier kam jedoch offenbar erschwerend hinzu, daß der Tv die überhöhte Vergütung bereits wenige Tage nach Amtsantritt dem Nachlaß entnommen hatte; ablehnend auch OLG Köln NJW-RR 1987, 1414 das ausführt, die Zuvielentnahme könne für sich allein noch keinen wichtigen Grund zur Abberufung des Tv darstellen, hinzutreten müßten vielmehr besondere Umstände, etwa daß sich die Vergütung nicht einmal mehr in den möglichen Grenzen der Angemessenheit bewege.

1800 Vgl. OLG Zweibrücken, DNotZ 1973, 112,113.

1801 BayObLG NJW-RR 1988, 645.

Auch bei verspäteter Rechnungslegung oder der Nichterstellung eines Nachlaßverzeichnisses ist ein Entlassungsgrund angenommen worden.[1802] Selbst ungerechtfertigtes oder leichtfertiges Prozessieren[1803] oder die Ernennung oder Beibehaltung eines ungeeigneten oder nicht vertrauenswürdigen Vertreters ist als wichtiger Grund für eine Entlassung des Testamentsvollstreckers angesehen worden.[1804] Hervorzuheben ist, daß nicht jede Pflichtverletzung als wichtiger Grund im Sinne des § 2227 BGB ausreichend ist. Hier kommt dem Merkmal „grob“ eine besondere Bedeutung zu.[1805]

Die Kommentarliteratur definiert diesen Begriff in den Kommentierungen zu § 2227 BGB nicht, sondern begnügt sich damit, eine Vielzahl von Beispielsfällen aufzuzählen.[1806] Es muß sich aber um einen erheblichen Pflichtenverstoß handeln, wobei als Auslegungskriterium neben den gefährdeten Interessen der Beteiligten auch subjektive, in der Individualität des jeweiligen Vollstreckers liegende Umstände zu berücksichtigen sind. Ebenso wie bei der Beurteilung der Frage , ob grobe Fahrlässigkeit vorliegt, kann auch bei der Prüfung eines groben Pflichtenverstoßes nicht nur auf objektive Umstände abgestellt werden.[1807] Man wird daher sagen müssen, daß eine grobe Pflichtverletzung nur bei einem schweren oder nachhaltigen Verstoß gegen die gebotenen Verhaltensweisen oder der Verletzung einer besonders wichtigen Pflicht vorliegt.[1808] Der Grad der erforderlichen Abweichung von dem pflichtgemäßen Verhalten muß dieses Fehlverhalten als erhebliche Pflichtverletzung erscheinen lassen. Ein Augenblicksversagen wird daher regelmäßig ebensowenig ausreichend sein, wie die Aufrechterhaltung einer anderen Rechtsauffassung, welche von den Erben abgelehnt wird. Allerdings ist entgegen der Verwandtschaft im Wortlaut keineswegs grobe Fahrlässigkeit erforderlich, einfache Fahrlässigkeit genügt.[1809] Allerdings finden sich Kriterien der groben Fahrlässigkeit vielfach in Begründungen der Gerichte zur groben Pflichtverletzung wieder. So hat etwa das BayObLG die grobe Pflichtverletzung im Zusammenhang mit unternehmerischen Entscheidungen des Testamentsvollstreckers dann bejaht, wenn dieser „schon einfachste und ganz naheliegende Überlegungen nicht angestellt“ und selbst „das nicht beachtet hat, was in dem gegebenen Fall jedem einleuchten mußte".[1810]

[1802] Vgl. OLG Köln, OLGZ 1992, 192; OLG Zweibrücken FGPrax 1997, 109.
[1803] Vgl. KG, DFG 1943, 133.
[1804] Vgl. KGJ 47, 92,95.
[1805] Vgl. MUSCHELER, AcP 197 (1997), 227,279 der fordert, daß die Rechtsprechung dieses Kriterium ernster nehmen sollte.
[1806] Vgl. etwa MüKo-BRANDNER, § 2227, Rz. 8; STAUDINGER/REIMANN, § 2227, Rz. 5; SOERGEL/DAMRAU, § 2227, Rz. 8.
[1807] Vgl. dazu BGHZ 10, 14,17; 119, 147,149.
[1808] Vgl. auch MUSCHELER, AcP 197 (1997), 227,278.
[1809] Vgl. MUSCHELER, AcP 197 (1997), 227, 278.
[1810] Vgl. BayObLG NJW-RR 1990, 1420,1422 = FamRZ 1990, 1279.

Die Beantwortung der Frage, ob die Verfehlung sich als grobe Pflichtverletzung darstellt, kann daher nicht einheitlich für alle Fälle erfolgen, sondern muß neben den besonderen Kenntnissen und Fähigkeiten des Vollstreckers auch die besonderen Umstände des jeweiligen Einzelfalles berücksichtigen.[1811] So wird ein Verstoß gegen die Benachrichtigungs- und Rechenschaftspflicht bei einem Testamentsvollstrecker, der zugleich Rechtsanwalt ist, um so schwerer wiegen, andererseits wird die verspätete Erstellung eines Nachlaßverzeichnisses bei einem vielbeschäftigten Geschäftsmann nicht ohne weiteres als eine grobe Pflichtverletzung angesehen werden können. Vor diesem Hintergrund wird deutlich, warum die Rechtsprechung zwar eine Vielzahl an Kasuistik, jedoch wenig brauchbare Kriterien für das Merkmal der groben Pflichtverletzung liefern kann. Daher sollen die typischen Fallgruppen kurz dargestellt werden:

aa) Mangelnde Information oder Rechnungslegung

Verstöße gegen die Informations-, Benachrichtigungs- und Rechnungslegungspflichten werden für sich genommen regelmäßig noch nicht als grobe Pflichtverletzung anzusehen sein.[1812] So wurde selbst eine um ein Jahr und drei Monate verspätete Rechnungslegung noch nicht als grobe Pflichtverletzung angesehen, nachdem keine hinreichenden Feststellungen vorlagen, daß diese Verzögerung auch schuldhaft erfolgt war.[1813] Sogar die Nichtvorlage eines Nachlaßverzeichnisses durch den Testamentsvollstrecker stellt nicht in jedem Fall eine grobe Pflichtverletzung dar.[1814] Etwas anderes kann sich jedoch dann ergeben, wenn die Pflichtverletzung entweder auf Böswilligkeit oder erheblicher Nachlässigkeit des Testamentsvollstreckers beruht oder aber zu einer erheblichen Gefährdung oder Verletzung der Interessen der Erben geführt hat.[1815] So hat das BayObLG in einer Entscheidung aus dem Jahre 1987 den Leitsatz aufgestellt, daß ein wichtiger Grund für die Entlassung des Testamentsvollstreckers darin liegen könne, daß der Testamentsvollstrecker auf mehrere Ersuchen des Erben um Auskunft und Rechnungslegung nicht antwortet und statt dessen nur unzulänglich Auskunft über den Nachlaß erteilt.[1816] In einer späteren Entscheidung hat das BayObLG diese Auffassung bekräftigt und dabei in einem Fall, bei dem der Testamentsvollstrecker anstelle eines Nachlaßverzeichnisses lediglich zwei unvollständige „Vermögensaufstellungen" vorgelegt hatte, einen Entlassungsgrund bejaht.[1817]

[1811] Vgl. BGHZ 10, 14,17.
[1812] So auch HAEGELE-WINKLER, a.a.O., Rz. 796.
[1813] Vgl. BayObLG ZEV 1998, 348,349.
[1814] Vgl. OLG Zweibrücken, FGPrax 1997, 109.
[1815] So etwa OLG Zweibrücken, FGPrax 1997, 109; OLG Hamm, Rpfleger 1986, 16.
[1816] Vgl. BayObLG NJW-RR 1988, 645, wobei das Gericht zwar eine Pflichtverletzung bejaht, aber das Merkmal „grob" oder „erheblich" in den Urteilsgründen nicht erwähnt hat.
[1817] Vgl. BayObLG FamRZ 1998, 325,327 = ZEV 1997, 381.

Das Gericht hat dabei die Auffassung vertreten, daß es sich bei der Erstellung und Übermittlung des Nachlaßverzeichnisses an die Erben um eine ganz wesentliche gesetzliche (§ 2215 BGB) Pflicht des Testamentsvollstreckers handele. Das Nachlaßverzeichnis sei eine unverzichtbare Grundlage für die ordnungsgemäße Amtsführung des Testamentsvollstreckers. Außerdem sei es das wichtigste Beweismittel für die ordnungsgemäße Abwicklung der Testamentsvollstreckung im Verhältnis zwischen Testamentsvollstrecker und Erben. Nur auf Grundlage des Nachlaßverzeichnisses könnten die Erben überhaupt sinnvoll ihre Kontrollrechte ausüben. Der Testamentsvollstrecker verletze seine Amtspflichten daher in groben Maße, wenn er selbst auf wiederholte Aufforderungen der Erben nur ausweichend reagiere und selbst eine Klage gegen den Testamentsvollstrecker, die ein Jahr nach Übernahme des Amte erhoben worden sei, nicht zur Vorlage eines ordnungsgemäßen Nachlaßverzeichnisses geführt habe.[1818] Das Gericht hat es dabei sogar dahinstehen lassen, ob eine erhebliche Gefährdung der Interessen der Erben Voraussetzung für die Annahme einer groben Pflichtverletzung sei. Die Erben hätten ein gewichtiges Interesse daran, zeitnah zum Beginn der Testamentsvollstreckung eine Nachlaßaufstellung zu erhalten, da nur dann eine wirksame Kontrolle des Testamentsvollstreckers möglich sei. Dieses Interesse der Erben sei jedenfalls dann gefährdet, wenn der Testamentsvollstrecker ein Jahr nach Aufnahme seiner Tätigkeit noch immer kein für die Kontrolle geeignetes Nachlaßverzeichnis zur Verfügung gestellt habe.[1819]

Die Entscheidung verdient Zustimmung. Die Auskunfts-, Rechenschafts- und Rechnungslegungspflichten des Testamentsvollstreckers sowie dessen Pflichten zur Erstellung eines ordnungsgemäßen Nachlaßverzeichnisses sichern die Kontrollrechte der Erben und sind für die Überprüfung der Amtstätigkeit des Testamentsvollstreckers von wesentlicher Bedeutung. Der Entscheidung ist auch insoweit zuzustimmen, daß ohne die Vorlage eines vollständigen Nachlaßverzeichnisses später eine Überprüfung der Verwaltungstätigkeit des Vollstreckers durchweg an der Nichterweislichkeit des Nachlaßbestandes zum Beginn der Amtstätigkeit scheitern dürfte.[1820] Der Gesetzgeber hat das System zwischen Testamentsvollstrecker und Erbe so ausgestaltet, daß der Testamentsvollstrecker handelt und der Erbe dieses Handeln kontrolliert.[1821] Das auf dieser Grundentscheidung aufgebaute Rechtsverhältnis zwischen Testamentsvollstrecker und Erbe kann nicht funktionieren, wenn der Testamentsvollstrecker seinen Informations- und Rechenschaftspflichten nicht nachkommt und damit die Kontrollbefugnisse des Erben zu einer leeren Hülse werden läßt.

[1818] BayObLG FamRZ 1998, 325,327.
[1819] BayObLG FamRZ 1998, 325,327.
[1820] Zur Beweisfunktion des Nachlaßverzeichnisses vgl. STAUDINGER/REIMANN, § 2215, Rz. 5.
[1821] Vgl. MUSCHELER, AcP 197 (1997), 227.

Die Erben sind daher auf eine ordnungsgemäße Erfüllung dieser, dem Testamentsvollstrecker durch das Gesetz auferlegten Pflichten dringend angewiesen. Kommt der Testamentsvollstrecker trotz Aufforderung seinen entsprechenden Pflichten nicht nach, so liegt hierin eine –zunächst einfache – Verletzung einer elementaren Amtspflicht, die sich ohne weiteres in eine grobe Pflichtverletzung ausweitet, wenn der Testamentsvollstrecker auf Anmahnungen nicht oder nur ungenügend reagiert oder die Erfüllung der Verpflichtung ohne Grund hinauszögert.

bb) Verstöße gegen die Erblasseranordnungen

Auch Verstöße gegen die Anordnungen des Erblassers können nach der Rechtsprechung grobe Pflichtverletzungen und damit einen wichtigen Grund für die Entlassung des Testamentsvollstreckers nach § 2227 BGB darstellen.[1822] Hierbei ist zu berücksichtigen, daß die Ausführung der Anordnungen des Erblassers die originäre Hauptaufgabe des Testamentsvollstreckers ist, § 2203 BGB.[1823] Verwaltungsanordnungen, die der Erblasser durch letztwillige Verfügung getroffen hat, sind daher für den Testamentsvollstrecker bindend.[1824] Allerdings kann es nicht ausreichend sein, einen Streit zwischen Testamentsvollstrecker und Erben zum Anlaß für die Entlassung nach § 2227 BGB zu nehmen. Der Testamentsvollstrecker ist nämlich gehalten, den Willen des Erblassers auch gegen den Widerstand der Erben durchzusetzen.

Kommt der Testamentsvollstrecker bei einer fehlerhaften Auslegung gesetzlicher Bestimmungen oder der letztwilligen Verfügung zu einer bestimmten Auffassung hinsichtlich seiner Pflichten, die mit derjenigen der Erben oder anderer Beteiligter nicht übereinstimmt, so liegt hierin nicht automatisch eine grobe Pflichtverletzung, solange sich die Rechtsauffassung des Testamentsvollstreckers nicht als völlig unhaltbar oder willkürlich erweist.[1825] Hat der Testamentsvollstrecker etwa eine Verwaltungsanordnung des Erblassers falsch ausgelegt, so können die daraus entstehenden Streitigkeiten nötigenfalls vor dem Prozeßgericht geklärt werden, dagegen ist – solange der Testamentsvollstrecker nicht vorsätzlich oder willkürlich handelt – ein Entlassungsantrag nicht gerechtfertigt. Etwas anderes gilt jedoch, wenn sich der Testamentsvollstrecker bewußt und eigenmächtig über Anordnungen des Erblassers hinwegsetzt. Solche Anordnungen können die Art und Weise der Verwaltung aber auch die Verwendung von Nachlaß-erträgen, die Zuteilung bestimmter Nachlaßgegenstände bei der Nachlaßaufteilung oder aber das Verbot betreffen, über bestimmte Nachlaßgegenstände zu verfügen.

[1822] Vgl. etwa OLG Zweibrücken, Rpfleger 89, 370.
[1823] Vgl. hierzu SOERGEL/DAMRAU, § 2203, Rz. 2.
[1824] Vgl. MüKo-BRANDNER, § 2216, Rz. 15; STAUDINGER/REIMANN, § 19 f.
[1825] zutreffend MUSCHELER, AcP 197 (1997), 227, 279 f.

Die Erben und Vermächtnisnehmer können von dem Testamentsvollstrecker verlangen, daß dieser die Verwaltungsanordnungen des Erblassers befolgt.[1826] Umgekehrt wirken derartige Verwaltungsanordnungen nach herrschender Auffassung allerdings nur schuldrechtlich.[1827] Setzt sich der Testamentsvollstrecker etwa über ein bestehendes Veräußerungsverbot hinweg, so ist die Verfügung gleichwohl wirksam.[1828] Trotzdem liegt darin eine Pflichtverletzung, die insbesondere bei schweren Verstößen gegen wichtige oder grundlegende Erblasseranordnungen als grobe Pflichtverletzung anzusehen ist.[1829]

Der Testamentsvollstrecker darf von Anordnungen des Erblassers grundsätzlich nur dann abweichen, wenn diese nach § 2216 Abs. 2 BGB durch das Nachlaßgericht außer Kraft gesetzt wurden. Daher bleibt die – gegebenenfalls grobe - Pflichtverletzung sogar in den Fällen bestehen, in denen sich der Testamentsvollstrecker mit dem Einverständnis der Erben oder sogar auf deren Verlangen hin über bestimmte Erblasseranordnungen hinweggesetzt hat. Zwar ist nach der Rechtsprechung des BGH[1830] zu „gemeinsamen Verfügungen von Testamentsvollstrecker und Erben“ anerkannt, daß sich der Testamentsvollstrecker mit Zustimmung aller Erben über Verwaltungsanordnungen und Teilungs- oder Verfügungsverbote des Erblassers hinwegsetzen kann.[1831] In diesen Fällen sind Ansprüche der zustimmenden Erben auf Schadensersatz wegen der Nichtbefolgung der Erblasseranordnung ebenso ausgeschlossen, wie die Stellung eines Entlassungsantrages.[1832] Die Erben würden sonst gegen das allgemeine Verbot des *venire contra factum proprium* verstoßen. Allerdings wirkt die Zustimmung der Erben nicht soweit, daß auch allen anderen Beteiligten die Berufung auf die pflichtwidrige Verhaltensweise verwehrt wäre. Der Testamentsvollstrecker hat die Anordnungen des Erblassers nämlich gegebenenfalls auch gegen den Willen der Erben zu beachten und durchzusetzen.[1833] Hat der Testamentsvollstrecker etwa auf Wunsch der Erben ein vom Erblasser angeordnetes Teilungsverbot mißachtet, so kann ein hiervon betroffener Vermächtnisnehmer gleichwohl einen Entlassungsantrag nach § 2227 BGB stellen.[1834]

[1826] vgl. MüKo-BRANDNER, § 2216, Rz. 15 f; PALANDT/EDENHOFER, § 2216, Rz. 3.
[1827] vgl. STAUDINGER/REIMANN, § 2216, Rz. 25; SOERGEL/DAMRAU, § 2208, Rz. 1 und 3.
[1828] vgl. SOERGEL/DAMRAU, § 2216, Rz. 17; STAUDINGER/REIMANN, § 2216, Rz. 25; MüKo-BRANDNER; § 2216, Rz. 16.
[1829] So auch STAUDINGER/REIMANN, § 2216, Rz. 25.
[1830] Vgl. BGHZ 40, 115,118; BGHZ 56, 275, 278 ff.
[1831] vgl. MüKo-BRANDNER, § 2216, Rz. 16, § 2208, Rz. 15.
[1832] PALANDT/EDENHOFER, § 2216, Rz. 3; STAUDINGER/REIMANN, § 2216, Rz. 19.
[1833] So bereits RGZ 74, 215; STAUDINGER/REIMANN; § 2216, Rz. 19; HAEGELE-WINKLER, a.a.O., Rz. 208.
[1834] Weitergehend MUSCHELER, AcP 197 (1997), 227, 279, der dem Vermächtnisnehmer ein entsprechendes Antragsrecht selbst dann einräumen will, wenn der das Teilungsverbot des Erblassers nur den Schutz der Erben bezweckt.

Ob die Nichtbefolgung der Erblasseranordnungen indes eine grobe Pflichtverletzung beinhaltet oder umgekehrt aufgrund veränderter Verhältnisse sogar zu einer Außerkraftsetzung der Erblasseranordnung nach § 2216 Abs. 2 BGB geführt haben würde, muß im Einzelfall entschieden werden.[1835] Dabei wird zu prüfen sein, wie es dazu gekommen ist, daß sich der Testamentsvollstrecker über die Anordnungen des Erblassers hinweggesetzt hat, welche Beweggründe und Interessen dahinter standen und ob der Erblasser die Anordnung auch dann getroffen hätte, wenn er die spätere Entwicklung vorausgesehen hätte. Hat der Testamentsvollstrecker nicht eigenmächtig und zum Wohl des Nachlasses gehandelt, wird auch in dem Abweichen von konkreten Anordnungen kaum eine grobe Pflichtverletzung zu erblicken sein.

cc) Nichtbeachtung der Grundsätze der ordnungsgemäßen Verwaltung

Nach § 2216 Abs. 1 BGB ist der Testamentsvollstrecker zur ordnungsgemäßen Verwaltung des Nachlasses verpflichtet. Er hat daher die Grundsätze der ordnungsgemäßen Verwaltung zu beachten. Dem Testamentsvollstrecker wird dabei von der Rechtsprechung ein Ermessensspielraum eingeräumt, wonach er in eigener Verantwortung zu entscheiden hat, ob eine Maßnahme wirtschaftlich geboten und für den verwalteten Nachlaß vorteilhaft ist.[1836] Die Rechtsprechung geht dabei von dem Leitbild des „dynamischen Geschäftsführers" aus, der Risiken und Chancen kalkuliert und erst dann entscheidet, ob er sie nutzt.[1837] So kann der Testamentsvollstrecker selbst entscheiden, ob er eine weniger zinsgünstige , aber dafür sichere Anlageform einer gewinnbringenderen aber dafür risikoreicheren Geldanlage vorzieht. Sind die Erben hiermit nicht einverstanden, so können sie zwar ihre Wünsche gegenüber dem Testamentsvollstrecker äußern, dieser ist jedoch nicht daran gebunden, sondern handelt nach den wirtschaftlichen Grundsätzen, die er im eigenen Ermessen abwägen kann. Der Testamentsvollstrecker handelt daher erst dann pflichtwidrig, wenn er die Grenzen überschreitet, die ihm durch die allgemeinen Grundsätze der Wirtschaftlichkeit gezogen werden.[1838]

[1835] Vgl. HAEGELE-WINKLER, a.a.O., Rz. 208; krit. STAUDINGER/REIMANN, § 2216, Rz. 27, dem zuzugeben ist, daß in der Praxis die Gefahr besteht, daß sich der Testamentsvollstrecker zunächst eigenmächtig über die Verwaltungsanordnung hinwegsetzt, in der Hoffnung, daß das Nachlaßgericht die Vorgehensweise nachträglich billigen werde.

[1836] Vgl. BGH NJW-RR 1995, 577 = FamRZ 1996, 478; BayObLG FamRZ 1997, 905,908; OLG Frankfurt, NJW-RR 1998, 795,796; KLUMPP, ZEV 1994, 65 ff.; PALANDT/EDENHOFER, § 2216, Rz. 2; SOERGEL/DAMRAU, § 2216, Rz. 3.

[1837] Vgl. BGHZ 25, 275,280; BGH NJW 1967, 433; BayObLG NJW-RR 1990, 1420,1422.

[1838] Vgl. BGH WM 1967, 25,27; BayObLG FamRZ 1990, 1279 = NJW-RR 1990, 1420,1422; BayObLG FamRZ 1997, 905,908; OLG Zweibrücken FGPrax 1997,109,110; OLG Frankfurt, NJW-RR 1998, 795,796.

Unternehmerische Entscheidungen des Testamentsvollstreckers können daher im Entlassungsverfahren durch die Gerichte nur eingeschränkt nachgeprüft werden.[1839] Der dem Testamentsvollstrecker eingeräumte Ermessensspielraum rechtfertigt es, eine grobe Pflichtverletzung im Zusammenhang mit wirtschaftlichen Entscheidungen nur bei besonders schwerwiegenden Verstößen gegen die Grundsätze der ordnungsgemäßen Verwaltung anzunehmen.[1840] Dies ist etwa dann der Fall, wenn der Testamentsvollstrecker sinnlose oder verschwenderische Geldgeschäfte vornimmt. Ein besonders schwerwiegender Verstoß liegt aber nicht bereits dann vor, wenn der Testamentsvollstrecker bei Geldanlageentscheidungen den „sichersten Weg" verläßt, da die Eingehung eines kalkulierbaren Wagnisses nicht ausgeschlossen und der Testamentsvollstrecker nicht an „mündelsichere" Anlageformen gebunden ist.[1841] Auch umgekehrt wird eine grobe Pflichtverletzung kaum auf den Vorwurf gestützt werden können, der Testamentsvollstrecker habe eine sich bietende bessere Möglichkeit nutzen müssen. Zwar unterwirft die Rechtsprechung den Testamentsvollstrecker bei seinen unternehmerischen Entscheidungen einem gewissen Erfolgszwang,[1842] wonach er etwa Sparbuchanlagen nicht wählen darf, wenn sich andere Anlagen mit höheren Renditen bei vertretbarem Risiko geboten hätten,[1843] ein Mißbrauch des Verwaltungsrechts und damit eine grobe Pflichtverletzung liegt hierin jedoch nicht automatisch begründet. Zum einen ist dafür nämlich erforderlich, daß der Testamentsvollstrecker objektiv die Grenzen der ordnungsgemäßen Verwaltung überschreitet und sich darüber im klaren ist.[1844] Zum anderen kann eine grobe Pflichtverletzung nur bei ganz schwerwiegenden Fehlentscheidungen bejaht werden.

Dabei zieht die Rechtsprechung als Maßstab die Voraussetzungen der groben Fahrlässigkeit nach § 277 BGB heran, so daß eine grobe Pflichtverletzung im Zusammenhang mit unternehmerischen Entscheidungen nur dann vorliege, wenn der Testamentsvollstrecker schon „einfachste und ganz naheliegende Überlegungen nicht angestellt und das nicht beachtet hat, was im gegebenen Fall jedem einleuchten müßte".[1845] Dies wird bei einer Anlageentscheidung zugunsten der Anlageform „Sparbuch" allenfalls dann der Fall sein, wenn große Geldbeträge über einen längeren Zeitraum nicht benötigt werden und daher langfristig angelegt werden können.

[1839] So auch BayObLG NJW-RR 1990, 1420,1422; BayObLG FamRZ 1997, 905,909.

[1840] BayObLG FamRZ 1997, 905,909; zustimmend PALANDT/EDENHOFER, § 2216, Rz. 2.

[1841] Vgl. BGH WM 67, 25; BGH NJW 1987, 1070,1071; STAUDINGER/REIMANN, § 2216, Rz. 13; KLUMPP, ZEV 1994, 65 f.; PALANDT/EDENHOFER, § 2216, Rz. 2.

[1842] Vgl. etwa BGH NJW 1987, 1070,1071.

[1843] Vgl. AG Bremen, WM 1993, 1959, das eine Schadensersatzpflicht eines Pflegers bejaht hat, der für das Mündel ein erhebliches Vermögen auf einem Sparbuch (Zinssatz 2%) angelegt hatte; für eine entsprechende Schadensersatzpflicht KLUMPP, ZEV 1994, 65 f.; STAUDINGER/REIMANN, § 2216, Rz. 15.

[1844] Vgl. KIPP/COING, Erbrecht, § 68 V 1; STAUDINGER/REIMANN, § 2216, Rz. 17.

[1845] Vgl. BayObLG NJW-RR 1990, 1420,1422; BayObLG FamRZ 1997, 905,909.

In diesem Fall kann auch einem in wirtschaftlichen Dingen unerfahrenen Testamentsvollstrecker zugemutet werden, sich über zinsgünstigere Anlageformen zu informieren. Auch eine Darlehensgewährung des Testamentsvollstreckers an sich selbst zu einem Zinssatz von 8% p.a. hat die Rechtsprechung jüngst nicht als Überschreitung des Ermessens angesehen, zumal dem Testamentsvollstrecker nicht zu widerlegen war, daß er eine besonders zinsgünstige Anlageform wählen wollte.[1846] Der Testamentsvollstrecker hat auch die Befugnis, Geld, welches er möglicherweise kurzfristig für die Tilgung von Nachlaßverbindlichkeiten benötigt, bei seiner Hausbank anzulegen und muß sich nicht erst einen Überblick über bessere Anlageformen bei anderen Kreditinstituten verschaffen.[1847] Ansonsten würde man die Anforderungen an den Testamentsvollstrecker überspannen, und den Grundsatz der ordnungsgemäßen Verwaltung in eine Pflicht zur Gewinnmaximierung umwandeln.

Dagegen kann von einer ordnungsgemäßen Verwaltung dann nicht mehr gesprochen werden, wenn die unternehmerischen Entscheidungen des Testamentsvollstreckers zu Risikogeschäften führen, die den gesamten Nachlaß oder einen sehr großen Teil davon erfassen und im Falle eines Mißlingens den Bestand des Nachlasses insgesamt in Frage stellen.[1848] War dies für den Testamentsvollstrecker klar erkennbar, so wird trotz des dem Testamentsvollstrecker eingeräumten Ermessensspielraums eine grobe Pflichtverletzung zu bejahen sein, da die Sicherung und Erhaltung des ihm anvertrauten Vermögens eine besonders wichtige Pflicht ist, die auch besondere Gewissenhaftigkeit und Sorgfalt erfordert. Auch die Führung sinnloser Prozesse kann unter diesen Gesichtspunkten einen wichtigen Grund im Sinne des § 2227 BGB darstellen.[1849] Die Prozeßführung kann dabei als ein Unterfall des unternehmerischen Handelns angesehen werden. Auch hierbei wird dem Testamentsvollstrecker daher zwar ein bestimmter Ermessensspielraum einzuräumen sein. Der Testamentsvollstrecker muß jedoch sein Ermessen sorgfältig unter Abwägung der Chancen und Risiken ausüben, bevor er sich zur Prozeßführung entschließt.

[1846] Vgl. OLG Frankfurt NJW-RR 1998, 795,796 = ZEV 1998, 350 mit Anm. DAMRAU, offenbar war auf dem freien Anlagemarkt aufgrund des niedrigen Zinsniveaus kein besserer Zinssatz zu erzielen, so daß ein grobe Pflichtverletzung von vornherein ausschied. Allerdings hat das OLG Frankfurt dem Entlassungsantrag fehlerhaft stattgegeben und sich zur Begründung auf den Entlassungsggrund Mißtrauen wegen unzulässigem Insichgeschäft gestützt; vgl. dazu unten Teil E II 1 c bb) dieser Arbeit.

[1847] Vgl. BGH NJW-RR 1995, 577 = FamRZ 1995, 478.

[1848] Vgl. BayObLG ZEV 1998, 348,350.

[1849] Vgl. HAEGELE-WINKLER, a.a.O., Rz. 794; MüKo-BRANDNER, § 2227, Rz. 8; SOERGEL/DAMRAU, § 2227, Rz. 9.

Hat der Testamentsvollstrecker etwa eine zum Nachlaß gehörende Forderung einzutreiben, so wird er sich über die Prozeßaussichten zunächst – notfalls nach Einholung fachkundiger Hilfe – ein hinreichendes Bild verschaffen müssen. Umgekehrt muß der Testamentsvollstrecker jedoch - insbesondere um eine drohende Verjährung abzuwenden – zum Nachlaß gehörende Forderungen titulieren lassen und dabei auch die zeitweilige Aussichtslosigkeit der Beitreibung aufgrund einer Insolvenz des Schuldners in Kauf nehmen. Der Testamentsvollstrecker muß also auch hierbei die Chancen und Risiken abwägen und den kostengünstigsten Weg wählen, einen Titel zu erlangen. Leichtfertiges Prozessieren, welches mit einem hohen Kostenrisiko verbunden ist und damit auch geeignet ist, wesentliche Teile des Nachlaßvermögens zu gefährden, kann aber dann als grobe Pflichtverletzung angesehen werden, wenn die Prozeßführung mutwillig erscheint und das Rechtsmittel „offensichtlich unzulässig oder unbegründet" ist und die Prozeßführung „von jedem Einsichtigen als völlig aussichtslos angesehen werden muß".[1850] Die Grenzen des unternehmerischen Ermessens sind überschritten, wenn dem Testamentsvollstrecker die Aussichtslosigkeit seiner Prozeßführung hätte einleuchten müssen, wenn er entsprechende Überlegungen angestellt oder Rechtsrat eingeholt hätte.[1851]

dd) Entnahme einer überhöhten Testamentsvollstreckervergütung

Unter ähnlichen Gesichtspunkten ist auch der Problemkreis der Entnahme einer überhöhten Testamentsvollstreckervergütung zu betrachten. Generell ist an dieser Stelle nochmals zu betonen, daß der Testamentsvollstrecker berechtigt ist, die fällige Vergütung selbst dem Nachlaß zu entnehmen.[1852] Er trägt dabei das Risiko einer Zuvielentnahme, nachdem es eine allgemeinverbindliche Gebührenordnung nicht gibt und auch bei Anwendung der unterschiedlichen Tabellen erhebliche Unterschiede entstehen. Zudem hat der Testamentsvollstrecker stets die besonderen Umstände des Einzelfalles zu berücksichtigen.[1853] Es bestehen daher bei den Testamentsvollstreckern erhebliche Unsicherheiten, wenn es um die Bestimmung der angemessenen Vergütung nach § 2221 BGB geht.

[1850] Unter diesen Voraussetzungen verhängt selbst das BVerfG neuerdings regelmäßig eine sog. Mißbrauchsgebühr, vgl. BVerfG NJW 1999, 1390; die dafür aufgestellten Grundsätze lassen sich problemlos auf die mißbräuchliche Prozeßführung eines Testamentsvollstreckers übertragen.

[1851] Vgl. auch KG DFG 1943, 133.

[1852] Vgl. BGH NJW 1963, 1615; BGH WM 1972, 101; Kipp/Coing, Erbrecht, § 73 IV 3; Palandt/Edenhofer, § 2227, Rz. 14; Soergel/Damrau, § 2227, Rz. 14.

[1853] Vgl. BGH NJW 1963, 1615; BGH WM 1973, 360; Staudinger/Reimann, § 2221, Rz. 19; Palandt/Edenhofer, § 2221, Rz. 14; Eckelskemper, Handbuch der Testamentsvollstreckung, 10. Kap., Rz. 73, Haegele-Winkler, a.a.O., Rz. 623.

Die Testamentsvollstrecker stehen vor einem Dilemma: Entnehmen sie zu wenig, wird die Nachforderung kaum möglich sein, weil es eine „Gebührenfestsetzung" gegen die Erben durch das Nachlaßgericht nicht gibt,[1854] entnehmen sie zu viel, so laufen sie Gefahr, durch die Erben gerichtlich auf Rückerstattung der „widerrechtlichen" Zuvielentnahme in Anspruch genommen zu werden, wenn ihnen das Gericht die entnommene Vergütung nicht zugesteht.[1855]

In diesem Fall droht gar noch ein Entlassungsantrag oder im schlimmsten Fall eine Strafanzeige wegen Untreue.[1856] Ein Ausweg aus dieser schwierigen Situation ist nicht in Sicht. Einige Testamentsvollstrecker neigen dazu, sich zur Festsetzung der Vergütung der Hilfe eines Rechtsanwalts bedienen zu wollen.[1857] Doch auch hiermit läßt sich nur eine relative Sicherheit hinsichtlich der „angemessenen Vergütung" erzielen, nachdem auch die Auskunft des Anwalts nicht verbindlich ist, sofern nicht insoweit eine Einigung mit den Erben erreicht werden kann. Zudem ist auch dieses Verfahren mit Kosten verbunden, nachdem der Anwalt für seine gutachterliche Tätigkeit zumindest eine Ratsgebühr nach § 20 BRAGO verlangen wird.

Vor diesem Hintergrund vermag es nicht zu verwundern, daß sich verschiedene Entscheidungen der Obergerichte um die Zuvielentnahme als Entlassungsgrund ranken, denn es wird dem argwöhnischen Erben oftmals ein willkommener Anlaß sein, sich auf diesem Weg des unliebsamen Testamentsvollstreckers entledigen zu können. Zu Recht handhabt die Rechtsprechung die Entlassung bei Zuvielentnahme des Testamentsvollstreckers restriktiv und macht diesen Entlassungsgrund vom Vorliegen zusätzlicher Voraussetzungen abhängig.[1858] So wird zunächst gefordert, daß sich die entnommenen Beträge „nicht einmal mehr in den möglichen Grenzen der Angemessenheit halten".[1859] Damit wird dem Umstand Rechnung getragen, daß eine einheitliche Vergütungstabelle nicht existiert, sondern sich bei der Anwendung der verschiedenen gebräuchlichen Tabellen auf ein und denselben Sachverhalt bereits unterschiedliche Endbeträge ergeben.[1860]

1854 Vgl. BGH WM 1972, 101,102; SOERGEL/DAMRAU, § 2221, Rz. 8; PALANDT/EDENHOFER, § 2221, Rz. 16; allenfalls hilft im Streitfall ein bezifferter Antrag an das Prozeßgericht.

1855 Zuständig ist das Prozeßgericht, vgl. HAEGELE-WINKLER, a.a.O., Rz. 623; ECKELSKEMPER, Handbuch der Testamentsvollstreckung, 10. Kap., Rz. 91.

1856 Vgl. dazu den Sachverhalt der Entscheidung des OLG Köln NJW-RR 1987, 1098; ECKELSKEMPER, Handbuch der Testamentsvollstreckung, 10. Kap., Rz. 78.

1857 Allein die Kanzlei des Verfassers ist im Jahr 1998 dreimal mit entsprechenden Fragestellungen beauftragt worden.

1858 Vgl. etwa KG, JW 1937, 475; BayObLGZ 1972, 379,380; OLG Zweibrücken, DNotZ 1973, 112; OLG Köln, NJW-RR 1987, 1097,1098;

1859 vgl. BayObLGZ 1972, 379,380; OLG Zweibrücken, FGPrax 1997, 109.

1860 Vgl. dazu oben die Tabelle in Teil D III 2 b) dieser Arbeit.

Zum anderen stützt sich die Rechtsprechung in den zitierten Entscheidungen regelmäßig noch auf andere Gründe, welche die Zuvielentnahme als besonders pflichtwidrig erscheinen lassen. So hat es das OLG Köln etwa als erschwerend angesehen, daß der Testamentsvollstrecker die Vergütung nicht erst bei Fälligkeit, - also etwa bei Beendigung des Amtes[1861] - sondern bereits wenige Tage nach Amtsannahme entnommen hat.[1862] Auch damit wird deutlich, daß die Zuvielentnahme allein nur in ganz extremen Ausnahmefällen alleiniger Grund für eine Entlassung des Testamentsvollstreckers nach § 2227 BGB sein kann. Die Erben können nämlich in diesen Fällen auch vor dem Prozeßgericht, welches für diese Frage originär zuständig ist, die Angemessenheit der entnommenen Vergütung gerichtlich überprüfen lassen. Das Nachlaßgericht sollte bei der Entscheidung dieser Frage daher Zurückhaltung üben. Zu der restriktiven Handhabung wird man bereits dann kommen, wenn man die oben aufgestellten Grundsätze für die Annahme eines grob pflichtwidrigen Verhaltens berücksichtigt, wonach sich dieses als nachhaltiger oder schwerer Verstoß gegen einfache Pflichten oder Verletzung einer besonders wichtigen Pflicht handeln muß. Entnimmt der Testamentsvollstrecker also einen Betrag von 14500,- DM, wohingegen sich bei Anwendung der

- Rheinischen Tabelle eine Vergütung von	7.800,-- DM
- Möhringschen Tabelle eine Vergütung von	14.100,-- DM
- Tabelle von Bengel/Reimann eine Vergütung von	10.900,-- DM

ergibt,[1863] so ist zwar von einer Zuvielentnahme auszugehen, ein schwerer oder nachhaltiger Pflichtenverstoß, welcher eine Entlassung des Testamentsvollstreckers nach § 2227 BGB rechtfertigen würde, liegt nach meiner Auffassung dagegen nicht vor, zumal wenn man berücksichtigt, daß die vom Testamentsvollstrecker errechnete Vergütung keineswegs aus der Luft gegriffen war, sondern dieser – wenn auch zu Unrecht – davon ausgegangen war, 4% des Nachlasses als Vergütung einbehalten zu dürfen. Dies muß vor allem vor dem Hintergrund gelten, daß auch die Tabellen nach richtiger Auffassung keine absolute Geltung für sich beanspruchen können, sondern stets die Umstände des Einzelfalles maßgeblich berücksichtigt werden müssen.[1864] Auch hier muß also bei der Prüfung des wichtigen Grundes dem Erfordernis „grob“ eine besondere Beachtung beigemessen werden.

[1861] Vgl. etwa STAUDINGER/REIMANN, § 2221, Rz. 17.
[1862] Vgl. OLG Köln, NJW-RR 1987, 1097,1098.
[1863] Der Fall stammt aus der jüngsten Praxis des Verfassers und ist gerichtlich noch nicht entschieden.
[1864] Vgl. OLG Köln, NJW-RR 1995, 202 = ZEV 1995, 70; krit. auch REIMANN, ZEV 1995, 57 f.; vgl. auch BayObLGZ 18, 46; das eine Vergütung von rund 12% des Nachlasses in besonderen Einzelfällen zugesprochen hat.

c) Sonstige Entlassungsgründe

Neben diesen Fallgruppen des im Gesetz beispielhaft genannten Entlassungsgrundes der groben Pflichtverletzung hat die Rechtsprechung weitere wichtige Gründe entwickelt, welche eine Entlassung des Testamentsvollstreckers rechtfertigen sollen. Gerade bei diesen Entlassungsgründen neigt die Rechtsprechung teilweise zu einer ausufernden Praxis und zu unsauberen Begründungen. Insbesondere besteht die Tendenz, die eigentlich gerügte Pflichtverletzung zwar zu verneinen oder offenzulassen, dann aber dem Entlassungsantrag aufgrund anderer Umstände, insbesondere aufgrund der zutage getretenen Feindschaft oder des Mißtrauens zwischen Erben und Testamentsvollstrecker stattzugeben.[1865] Die Gerichte sind jedoch gehalten, zunächst die von den Antragstellern behaupteten Pflichtwidrigkeiten zu prüfen, ob eine Pflichtverletzung tatsächlich vorliegt und ob es sich um eine „grobe" Pflichtverletzung handelt.[1866] Daher sollen die entsprechenden Entscheidungen im Zusammenhang der nachfolgend dargestellten Entlassungsgründe kritisch beleuchtet werden.

aa) Feindschaft zwischen Erbe und Testamentsvollstrecker

Besonders Feindschaft zwischen den Beteiligten, insbesondere zwischen den Erben und dem Testamentsvollstrecker wird von der Rechtsprechung und Literatur als wichtiger Grund für die Entlassung des Testamentsvollstreckers angesehen.[1867] Zumeist wird dabei jedoch einschränkend betont, daß eine solche nur „unter besonderen Umständen" zu einer Entlassung des Testamentsvollstreckers nach § 2227 BGB führen könne.[1868] Welche besonderen Umstände dies sind, wird in den wenigsten Entscheidungen konkretisiert. Auch eine Definition des Begriffes „Feindschaft" erfolgt nicht.

[1865] Grobes Beispiel etwa OLG Frankfurt; NJW-RR 1998, 795 = ZEV 1998, 350 mit Anm. DAMRAU; problematisch auch BayObLG NJW-RR 1988, 645; BayObLG NJW-RR 1996, 714 = ZEV 1995, 366; konsequent dagegen BayObLG NJW-RR 1990, 1420,1422; OLG Zweibrücken, FGPrax 1997, 109.

[1866] Zutreffend MUSCHELER, AcP 197 (1997), 227, 280 der hier eine „Flucht in die unbenannten wichtigen Gründe" beklagt.

[1867] Vgl. BayObLGZ 1953, 364; OLG Köln OLGZ 1969, 281,282; BayObLGZ 1988, 42,49; BayObLG NJW-RR 1990, 1420,1422; OLG Düsseldorf, FamRZ 1995, 123,124 = ZEV 1995, 302,303; zustimmend offenbar REIMANN, in Handbuch der Testamentsvollstreckung, 7. Kap., Rz. 22; EBENROTH, Erbrecht, Rz. 638; HAEGELE-WINKLER, a.a.O., Rz. 793; PALANDT/EDENHOFER, § 2227, Rz. 5; SOERGEL/DAMRAU, § 2227, Rz. 4; krit. allerdings MüKo-BRANDNER, § 2227, Rz. 11; STAUDINGER/REIMANN, § 2227, Rz. 11; LANGE/KUCHINKE, Erbrecht, § 31 VIII 2 b; der in diesen Gründen eher Anzeichen für eine sachgerechte Ausübung des Amtes erblickt.

[1868] Vgl. etwa BayObLGZ 1988, 42,49; BayObLG NJW-RR 1990, 1420,1422; PALANDT/EDENHOFER, § 2227, Rz. 5; HAEGELE-WINKLER, a.a.O., Rz. 793; STAUDINGER/REIMANN, § 2227, Rz. 11.

So hat sich etwa das OLG Stuttgart in einem Beschluß aus dem Jahr 1968 damit begnügt, festzustellen, daß „schwerwiegende Spannungen" zwischen Testamentsvollstrecker unter bestimmten Umständen einen wichtigen Grund im Sinne des § 2227 BGB darstellen können.[1869] Das Gericht führt weiter aus, die Feindschaft zwischen dem Testamentsvollstrecker und dem Erben könne dann zu dessen Entlassung führen, wenn die Verhältnisse die gebotene Zusammenarbeit zwischen Testamentsvollstrecker und Erbe unmöglich machen und die Spannungen nicht ganz unwesentlich von dem Testamentsvollstrecker mitverursacht sind.[1870] Dabei wird die Gratwanderung deutlich, auf die sich die Rechtsprechung mit diesem Entlassungsgrund begibt. Einerseits bedarf es für die gedeihliche Durchführung der Testamentsvollstreckung einer gewissen vertrauensvollen Zusammenarbeit zwischen Testamentsvollstrecker und Erbe, andererseits wird es gerade bei Verwaltungsvollstreckungen schon der Natur der Sache nach oftmals zu Spannungen zwischen dem Testamentsvollstrecker und den Erben kommen, insbesondere dann, wenn der Testamentsvollstrecker Verwaltungsanweisungen des Erblassers befolgt, mit welchen die Erben nicht einverstanden sind oder die den Interessen der Erben zuwiderlaufen. Dabei muß berücksichtigt werden, daß der Testamentsvollstrecker in erster Linie dem letzten Willen des Erblassers und nicht dem Willen der Erben verantwortlich ist. Daher ist anerkannt, daß die – möglicherweise vom Erben selbst herbeigeführte – Feindschaft dem Erben nicht die Möglichkeit eröffnen soll, einen unbequemen und daher unliebsamen Testamentsvollstrecker loszuwerden.[1871] Insbesondere soll ein einzelner Miterbe nicht in der Lage sein, einen objektiv im Sinne des Nachlasses handelnden Testamentsvollstrecker dadurch aus dem Amt zu drängen, daß er dem Testamentsvollstrecker unnötig Schwierigkeiten bei der Amtsführung bereitet und dadurch Spannungen erzeugt und den Testamentsvollstrecker anfeindet.[1872]

Die Rechtsprechung tut daher gut daran, hohe Anforderungen an den Entlassungsgrund „Feindschaft" zu stellen. Wollte man die bloße Feindschaft oder sogar bereits das Vorhandensein von „Spannungen" zwischen Testamentsvollstrecker und Erbe als Entlassungsgrund genügen lassen, so wäre in vielen Fällen der mit der Anordnung der Testamentsvollstreckung verbundene Zweck geradezu vereitelt.[1873] Der Erbe hätte es dann in der Hand, nötigenfalls im Laufe der Zeit solange das Verhältnis zu dem Testamentsvollstrecker zu belasten, bis von einer echten Feindschaft ausgegangen werden und der Testamentsvollstrecker daher entlassen werden müßte.

[1869] Vgl. OLG Stuttgart, OLGZ 1968, 457,458.
[1870] Vgl. OLG Stuttgart, OLGZ 1968, 457,458.
[1871] Vgl. OLG Hamm, NJW 1968, 800; BayObLGZ1988, 42,49; BayObLG NJW-RR 1990, 1420,1422; MüKo-BRANDNER; § 2227, Rz. 11; EBENROTH, Erbrecht, Rz. 638;
[1872] Vgl. OLG Stuttgart, OLGZ 1968, 457,459.
[1873] Vgl. OLG Köln, OLGZ 1969, 281,284; BayObLG, OLGE 26, 358.

Die Feindschaft zwischen Testamentsvollstrecker und Erbe kann demnach nur unter engen Voraussetzungen als wichtiger Grund für eine Entlassung nach § 2227 BGB angesehen werden. Zum einen wird gefordert, daß der Testamentsvollstrecker zur Entstehung der Feindschaft durch sein eigenes Verhalten im wesentlichen (mit-) beigetragen hat.[1874] Damit soll verhindert werden, daß der Erbe allein die Voraussetzungen für das Vorliegen eines Entlassungsgrundes schaffen und den Testamentsvollstrecker so aus dem Amt drängen kann. Erforderlich ist jedoch nicht, daß der Testamentsvollstrecker die Feindschaft auch verschuldet hat.[1875] Insbesondere wird es offenbar für ausreichend gehalten, wenn der Testamentsvollstrecker den Erben in grober Weise beleidigt hat[1876] oder erhebliche Pflichtverletzungen die Feindschaft herbeigeführt haben.[1877] Dabei werden jedoch bereits verschiedene Entlassungsgründe vermischt. Es liegt nämlich dann auch der Fall der *groben Pflichtverletzung* vor, der für sich genommen einen Entlassungsgrund darstellt, ohne daß es eines Rückgriffs auf den Entlassungsgrund „Feindschaft" bedarf. Die Rechtsprechung scheint hier recht orientierungslos und ergebnisorientiert zu verfahren. Nachvollziehbare Urteilsgründe, aus denen sich ein schuldhaftes Herbeiführen der Feindschaft durch den Testamentsvollstrecker entnehmen läßt, sind kaum aufzufinden.[1878]

Weiter wird gefordert, daß die Feindschaft unter Berücksichtigung aller Besonderheiten des Einzelfalles dazu führt, daß die geordnete Ausführung der letztwilligen Anordnungen des Erblassers verhindert wird.[1879] Dies sei etwa dann nicht der Fall, wenn der Gegenstand der Testamentsvollstreckung es zuläßt, den persönlichen vom rein geschäftlichen Verkehr zu trennen.[1880] Umgekehrt ist also davon auszugehen, daß die Feindschaft nur dann einen Entlassungsgrund darstellt, wenn die Testamentsvollstreckung im konkreten Einzelfall nach dem Inhalt der Aufgabenstellung des Vollstreckers ein persönliches und vertrauensvolles Zusammenwirken zwischen Erbe und

---

[1874] Vgl. OLG Köln, OLGZ 1969, 282,282; BayObLGZ 1988, 42,49; OLG Stuttgart, OLGZ 1968, 457,458; zustimmend auch STAUDINGER/REIMANN, § 2227, Rz. 11.

[1875] Vgl. MUSCHELER, AcP 197 (1997), 227, 272.

[1876] So etwa in BayObLGZ 1988, 42,49.

[1877] Vgl. OLG Stuttgart, OLGZ 1968, 457,458.

[1878] Vgl. etwa BayObLGZ 1988, 42,49; in dieser Entscheidung hatte die Vorinstanz den Entlassungsgrund Feindschaft abgelehnt, weil die angebliche Feindschaft ihre Ursache lediglich in unterschiedlichen Vorstellungen über die Verwaltung des Nachlasses hatten, die von dem Erben eingeleiteten Strafverfahren gegen den Tv wurden eingestellt, eine beleidigende Äußerung allein stelle für sich noch keine derartige Verletzung der Testamentsvollstreckerpflichten dar, die eine Entlassung wegen Feindschaft rechtfertige. Das BayObLG hat dagegen den Entlassungsgrund Feindschaft ohne nachvollziehbare Begründung bejaht.

[1879] So auch OLG Köln, OLGZ 1969, 281,284.

[1880] Vgl. auch REIMANN in Handbuch der Testamentsvollstreckung, 7. Kap., Rz. 22.

Testamentsvollstrecker erfordert.[1881] Dies wird jedoch nur in den wenigen Fällen der Fall sein, in denen der Erblasser die Testamentsvollstreckung so ausgestaltet hat, daß der Testamentsvollstrecker und der Erbe etwa im Rahmen der gemeinsamen Führung eines Handelsgeschäftes eng zusammenarbeiten müssen. Liegen aber derartige Voraussetzungen vor, so wird eine Pflicht des Testamentsvollstreckers anzunehmen sein, sich mit dem Erben vertrauensvoll ins Benehmen zu setzen und mit diesem zusammenzuarbeiten. Führen die Spannungen zwischen Testamentsvollstrecker und Erbe dazu, daß dies nicht mehr möglich ist, so ist zu prüfen, ob der Testamentsvollstrecker die Spannungen im wesentlichen (mit-) verursacht hat. Ist dies zu bejahen, so wird bereits hierin eine Pflichtverletzung des Testamentsvollstreckers liegen, so daß auch in diesem Fall anhand der Kriteriums „grob" geprüft werden kann, ob der Verursachungsbeitrag des Testamentsvollstreckers so gewichtig ist, daß die Voraussetzungen einer Entlassung nach § 2227 BGB vorliegen, ohne daß es des Abstellens auf das Merkmal der Feindschaft bedarf. Als Ergebnis ist daher festzuhalten, daß dem Entlassungsgrund „Feindschaft" in der Praxis eine zu hohe Bedeutung beigemessen wird. Feindschaft zwischen Testamentsvollstrecker und Erbe kommt als eigenständiger Entlassungsgrund kaum in Betracht. Vielmehr wird in aller Regel eine Pflichtverletzung des Testamentsvollstreckers vorliegen, so daß anhand des Entlassungsgrundes „grobe Pflichtverletzung" geprüft werden kann, ob eine Entlassung des Testamentsvollstreckers zu erfolgen hat. Liegt eine Pflichtverletzung noch nicht vor und ist auch eine dahingehende konkrete Gefährdung (noch) nicht festzustellen, so ist nur aufgrund der festgestellten Feindschaft für die Entlassung des Testamentsvollstreckers kein Raum.[1882]

bb) Mißtrauen der Erben

Ähnliches muß auch gelten, wenn die Erben dem Testamentsvollstrecker ein gesteigertes Maß an Mißtrauen entgegenbringen. Ein gewisses Mißtrauen ist allein schon aufgrund der „Bevormundungssituation" nachvollziehbar und verständlich. Es trägt dazu bei, daß die Erben den Testamentsvollstrecker kontrollieren und dieser – letztlich gerade auch aufgrund der zu erwartenden Kontrolle – sein Amt sorgfältig führen wird, um Haftungsansprüchen keinen Nährboden zu bieten. Unter diesen Gesichtspunkten ist ein gesundes Mißtrauen nicht schädlich. Etwas gilt natürlich, wenn sich das Mißtrauen über Gebühr steigert und zu permanenten Kontrollversuchen durch die Erben führt. Es ist nicht von der Hand zu weisen, daß durch ein derartiges Mißtrauen die Durchführung der Testamentsvollstreckung erschwert und das Verhältnis zwischen Testamentsvollstrecker und Erbe belastet wird.

[1881] Vgl. OLG Köln, 2 Wx 52/67 (nicht veröffentlicht, aber zitiert in OLG Köln, OLGZ 1969, 281,284.); zustimmend MUSCHELER, AcP 197 (1997), 227, 289.
[1882] Vgl. MUSCHELER, AcP 197 (1997), 227, 289.

Ob sich hieraus jedoch ohne weiteres ein wichtiger Grund für die Entlassung des Testamentsvollstreckers nach § 2227 BGB entnehmen läßt, wie dies von Rechtsprechung[1883] und Kommentarliteratur[1884] weitgehend angenommen wird, erscheint im höchsten Maße zweifelhaft. Das Amt des Testamentsvollstreckers und die Ausübung dieses Amtes setzen nämlich keineswegs stets ein Vertrauensverhältnis zwischen Testamentsvollstrecker und Erbe voraus.[1885] Das Amt des Testamentsvollstreckers beruht nicht auf Vertrauen zwischen Erbe und Testamentsvollstrecker, sondern auf einem Vertrauensvorschuß, mit dem der Erblasser den Testamentsvollstrecker ausgestattet hat. Umgekehrt geht die Rechtsprechung aber davon aus, daß ein nicht nur auf subjektiven Gefühlsmomenten, sondern auf Tatsachen beruhendes Mißtrauen der Erben gegen die Amtsführung des Testamentsvollstreckers einen wichtigen Entlassungsgrund darstelle, falls der Testamentsvollstrecker zu diesem Mißtrauen Anlaß gegeben habe.[1886] Die das Mißtrauen begründenden Umstände brauchen sich dabei nicht erst aus der Amtsführung des Testamentsvollstreckers ergeben. Das Mißtrauen kann vielmehr auch auf einem Verhalten des Testamentsvollstreckers beruhen, welches dieser vor Antritt seines Amtes an den Tag gelegt hat.[1887]

Auch damit scheint die Rechtsprechung jedoch unnötigerweise saubere Begründungen vermeiden und ergebnisorientiert entscheiden zu wollen. Anstelle auf den Anlaß des Mißtrauens abzustellen und zu prüfen, ob es sich hierbei um einen konkreten und schwerwiegenden Pflichtenverstoß handelt, der die Entlassung rechtfertigt, wird „das Pferd von der anderen Seite aufgezäumt", wobei die Urteilsbegründungen teilweise die verschiedenen Entlassungsgründe durcheinanderwerfen und sich schlußendlich - ohne eine grobe Pflichtverletzung zu bejahen - mit der Feststellung helfen, daß „jedenfalls ein berechtigtes Mißtrauen der Erben den Entlassungsantrag rechtfertige".[1888] Anstatt auf den Eindruck abzustellen, den das Verhalten des Testamentsvollstreckers bei den Erben hervorruft, sollte das Augenmerk jedoch darauf gelegt werden, ob dieses Verhalten eine pflichtwidrige Verletzung oder zumindest Gefährdung der Interessen der Erben oder der anderen Nachlaßbeteiligten darstellt.[1889]

[1883] Vgl. etwa OLG Hamm NJW 1968, 800; OLG Köln, OLGZ 1969, 281,282; BayObLG NJW-RR 1996, 714,715; OLG Zweibrücken, FGPrax 1997, 109,110; BayObLG FamRZ 1991, 490; BayObLG ZEV 1998, 348,349; OLG Frankfurt/M. ZEV 1998, 350,351.

[1884] Vgl. PALANDT/EDENHOFER, § 2227, Rz. 5; MüKo-BRANDNER, § 2227, Rz. 11; STAUDINGER/REIMANN, § 2227, Rz. 12; KREGEL, BGB-RGRK, § 2227, Rz. 5.

[1885] Zutreffend SOERGEL/DAMRAU, § 2227, Rz. 4; auch MüKo-BRANDNER, § 2227, Rz. 11.

[1886] Vgl. etwa BayObLG FamRZ 1987, 101,102; OLG Hamm Rpfleger 1994, 213,214.

[1887] Vgl. OLG Hamm NJW 1968, 800; BayObLG NJW-RR 1996, 714,715.

[1888] Vgl. etwa BayObLG FamRZ 1987, 101,104; anstelle den Entlassungsgrund einer vorsätzlichen Übermaßentnahme hinsichtlich der Vergütung zu bejahen, wird die Entscheidung darauf gestützt, das Verhalten des Testamentsvollstreckers sei geeignet gewesen, beim Erben Mißtrauen in die Amtsführung zu erwecken.

[1889] Vgl. die Begründung bei BayObLGZ 14, 580,589.

Ist dies der Fall, so kann unter Bejahung einer groben Pflichtverletzung ein wichtiger Grund zur Entlassung festgestellt werden, ohne daß es notwendig wäre, auf den wenig griffigen Entlassungsgrund „Mißtrauen" abzustellen.[1890] In der Mehrzahl der Fälle hat die Rechtsprechung dabei entweder erkannt, daß ein grobes Fehlverhalten des Testamentsvollstreckers vorlag und dabei unnötigerweise (zusätzlich) auf den Entlassungsgrund Mißtrauen abgestellt[1891] oder aber pauschal festgestellt, daß eine *einfache* Pflichtverletzung vorlag. Anstelle aber dann der Frage nachzugehen, ob diese Pflichtverletzung sich als „grob" darstellte, wurde auf das Mißtrauen der Erben abgestellt.[1892] Schließlich finden sich Entscheidungen, bei denen eine (grobe) Pflichtverletzung nicht festgestellt werden konnte und das Mißtrauen der Beteiligten sich entweder auf einen nicht nachweisbaren Verdacht oder ein früheres Fehlverhalten des Testamentsvollstreckers stützte.[1893] In den letzteren Fällen will die Rechtsprechung sogar die Grundsätze der arbeitsrechtlichen *Verdachtskündigung* heranziehen, wonach ein Entlassungsantrag wegen Mißtrauens dann gerechtfertigt sein soll, wenn bereits der Verdacht besonders schwerer Verfehlungen geeignet und ausreichend sei, das Vertrauensverhältnis zwischen Testamentsvollstrecker und Erbe zu zerstören und damit die Fortsetzung der Zusammenarbeit für die Beteiligten unzumutbar zu machen.[1894]

In allen derartigen Fallgestaltungen kann die Vorgehensweise der Rechtsprechung jedoch nicht von Kritik verschont bleiben. Liegt eine Pflichtverletzung vor, so hat das Gericht tunlichst auf diese abzustellen und zu prüfen, ob die Pflichtverletzung erheblich und damit „grob" im Sinne des § 2227 BGB ist. Eines Rückgriffs auf das möglicherweise zwischenzeitlich bei den Beteiligten eingetretene Mißtrauen bedarf es dann nicht. Kann eine grobe Pflichtverletzung dagegen nicht festgestellt werden, so verbietet sich die Flucht in den Mißtrauenstatbestand.[1895] Vielmehr muß sich die Feststellung darauf beschränken, ob aufgrund der bisherigen Entwicklung der Amtsführung begründeter Anlaß zu der Annahme besteht, daß ein längeres Verbleiben des Testamentsvollstreckers im Amt der Ausführung des letzten Willens des Erblassers hinderlich ist oder gar den Interessen der Erben oder sonstiger Nachlaßbeteiligter schädlich oder gar gefährlich sein werde.

[1890] Krit. auch MUSCHELER, AcP 197 (1997), 227, 285 ff.

[1891] So etwa in BayObLG FamRZ 1991, 235,236; OLG Zweibrücken, FamRZ 1989, 788.

[1892] Vgl. BayObLG NJW-RR 1988, 645,646; OLG Frankfurt, NJW-RR 1998, 795 = ZEV 1998, 350, 352 mit Anm. DAMRAU.

[1893] Vgl. BayObLG NJW-RR 1996, 714,715; OLG Hamm, NJW 1968, 800; OLG Hamm, Rpfleger 1994, 213.

[1894] Vgl. BayObLG NJW-RR 1996, 714,715; zustimmend MUSCHELER, AcP 197 (1997), 227, 287 f. der 5 Fallgruppen unterscheidet und die von der arbeitsgerichtlichen Rechtsprechung entwickelten Grundsätze zur Verdachtskündigung ebenfalls auf das Recht der Testamentsvollstreckung anwenden will.

[1895] Konsequent etwa BayObLG NJW-RR 1990, 1420,1422.

Auch dann bedarf es nicht des Rückgriffs auf subjektive Gefühlsmomente, sondern es kann eine an den Tatsachen orientierte ex ante-Betrachtung vorgenommen werden. Ergibt sich bei dieser Betrachtung, daß die Beibehaltung des Vollstreckers dem Nachlaß oder den Interessen der Erben schädlich oder gefährlich sein würde, so kann das Interesse der Erben an einer Erhaltung des Nachlasses und einer ordnungsgemäßen Führung der Nachlaßgeschäfte überwiegen und einen wichtigen Grund für die Entlassung des Testamentsvollstreckers darstellen.[1896] Auf das Mißtrauen der Erben kommt es hierbei allerdings gerade nicht an. Ergibt die vom Gericht vorzunehmende Prüfung allerdings lediglich einen nicht erhärteten Verdacht einer Pflichtverletzung, so reicht dies für eine Entlassung wegen Mißtrauens nicht aus.[1897] Vielmehr muß geprüft werden, ob der Testamentsvollstrecker durch seine Amtsführung diesen Verdacht schuldhaft herbeigeführt hat, etwa indem er sich grundlos über die Interessen und Vorstellungen der Erben oder anderer Beteiligter hinwegsetzt[1898] oder vorsätzlich oder grob fahrlässig den Eindruck einer pflichtwidrigen Amtsführung hervorruft. Bejaht man dies, so liegt hierin eine Pflichtverletzung, die – wenn sie ihrerseits als grob angesehen werden muß – für sich genommen die Entlassung nach § 2227 BGB rechtfertigen kann.

Ist dies nicht der Fall, so ist für eine allein auf die Verdachtsmomente gestützte Entlassung wegen Mißtrauens kein Raum, weil es sich bei dem Verhältnis zwischen Testamentsvollstrecker und Erbe eben nicht um ein Verhältnis handelt, welches dem Vertrauensverhältnis zwischen Arbeitgeber und Arbeitnehmer gleichzusetzen wäre.[1899] Das Amt des Testamentsvollstreckers setzt im Regelfall überhaupt kein Vertrauensverhältnis zwischen dem Testamentsvollstrecker und dem Erben voraus.[1900] Es beruht vielmehr auf einem Vertrauensverhältnis zwischen Testamentsvollstrecker und Erblasser und oftmals sogar auf einem Mißtrauen des Erblassers gegenüber den Erben.

Der Testamentsvollstrecker muß demnach unabhängig davon, ob er das Vertrauen der Erben genießt, seine Aufgaben ausführen und wird sich hierbei

---

[1896] Vgl. die Argumentation bei OLG Zweibrücken, DNotZ 1973, 112,113; obgleich auch hier (unnötigerweise) auch auf das Mißtrauen der Beteiligten abgestellt wird.

[1897] So aber offenbar BayObLG NJW-RR 1996, 714,715.

[1898] Vgl. MüKo-BRANDNER; § 2227, Rz. 11.

[1899] Dagegen will MUSCHELER, AcP 197 (1997), 227,288 die Grundsätze der arbeitsrechtlichen Verdachtskündigung entsprechend anwenden. Zu diesen Grundsätzen vgl. SCHAUB, Arbeitsrechtshandbuch, S. 1187 f.

[1900] So immerhin auch BayObLG FamRZ 1997, 905,910, das allerdings hieraus lediglich folgert, daß an den Entlassungsgrund „Mißtrauen" ein strenger Maßstab anzulegen sei. Ist aufgrund der Besonderheiten des Einzelfalles ausnahmsweise die Testamentsvollstreckung doch auf eine vertrauensvolle Zusammenarbeit zwischen Tv und Erbe angelegt, so gilt das unter aa) gesagte, wonach in diesem Fall bereits die vom Tv veranlaßte schuldhafte Zerstörung der Vertrauensbasis eine erhebliche Pflichtverletzung sein wird.

in vielen Fällen fast zwangsläufig dem Unwillen oder auch dem Mißtrauen der Erben aussetzen, die mit „Argusaugen" jeden seiner Schritte überwachen und befürchten, bei der Verteilung des Nachlasses zu kurz zu kommen. Es darf den Erben nicht der Weg zur Beseitigung eines unliebsamen Testamentsvollstreckers eröffnet werden, indem unbewiesenen Verdachtsmomenten nachgegeben und damit eine Vertrauensbasis zur Grundlage der Ausübung des Testamentsvollstreckeramtes erhoben wird, die das Recht der Testamentsvollstreckung nicht kennt.

Einen derartigen Fall stellt insbesondere die Entscheidung des OLG Frankfurt vom 06.02.1998 dar.[1901] In dieser Entscheidung hat das Gericht die Entlassung des Testamentsvollstreckers auf das „objektiv berechtigte Mißtrauen" einer Erbin gestützt, obwohl der Testamentsvollstrecker zwar keine grobe Pflichtverletzung begangen, aber unzulässige Insichgeschäfte vorgenommen habe. Ein Testamentsvollstrecker hatte sich von einer auf ein von ihm verwaltetes Konto geflossenen Lebensversicherungssumme, welcher einem der Erben zustand, mehrfach selbst im Wege des Insichgeschäfts Darlehen gewährt. In einem Schriftstück hatte der Testamentsvollstrecker angegeben, die Darlehen seien mit 8% Jahreszinsen zu verzinsen. Zur Sicherung der Rückzahlungsansprüche hatte der Testamentsvollstrecker zudem eine Lebensversicherung auf seinen Namen abgeschlossen und als Bezugsberechtigte die Erbin eingesetzt. Später entnahm der Testamentsvollstrecker weitere 8000,-- DM aus dem Nachlaß. In einem weiteren Schreiben bestätigte er, daß dieses Privatdarlehen ebenfalls mit 8% verzinslich sei und zudem als Anzahlung auf die ihm zustehende Testamentsvollstreckervergütung behandelt werden solle. Nachdem für die minderjährige Erbin eine Ergänzungspflegerin bestellt wurde, kam es zwischen den Beteiligten zum Streit. Ein durch die Ergänzungspflegerin beim Nachlaßgericht gestellter Entlassungsantrag hatte Erfolg.[1902] Das OLG Frankfurt führt dazu aus, daß keine sicheren Anhaltspunkte für ein Einverständnis des Erblassers dahingehend zu erkennen seien, daß der Testamentsvollstrecker berechtigt sein sollte, aus dem Nachlaß Darlehen für sich selbst in einer Höhe von insgesamt 105.000,- DM aufzunehmen. Bei der Aufnahme der drei Darlehen handele es sich daher um unzulässige Insichgeschäfte, die „selbst für einen um Objektivität bemühten Erben geeignet seien, den Verdacht zu erwecken, daß der Testamentsvollstrecker im Zusammenhang mit der ihm übertragenen Aufgabe die Wahrnehmung der eigenen Interessen in den Vordergrund gestellt und seine ihm durch den Erblasser eingeräumte Rechtsstellung dazu benutzt hat, sich selbst erhebliche finanzielle Vorteile aus der ihm zur Verwaltung anvertrauten Vermögensmasse zukommen zu lassen."
Dieses Mißtrauen rechtfertige die Entlassung des Testamentsvollstreckers, auch wenn der Verdacht letztlich nicht erhärtet worden sei und dem Testa-

[1901] Vgl. OLG Frankfurt NJW-RR 1998, 795 = ZEV 1998, 350.
[1902] Vgl. den ausführlichen Sachverhalt in ZEV 1998, 350,351.

mentsvollstrecker nicht zu widerlegen war, daß er eine besonders zinsgünstige Anlageform hatte wählen wollen.[1903]

Diese Begründung vermag nicht zu überzeugen. Zum einen läßt die Entscheidung eine differenzierte Auseinandersetzung mit der Frage vermissen, ob dem Testamentsvollstrecker vorliegend möglicherweise die Vornahme eines Insichgeschäftes der streitgegenständlichen Art gem. § 181 BGB analog – zumindest konkludent - gestattet war.[1904] Hierfür spricht insbesondere, daß der Erblasser den Testamentsvollstrecker, welchen er zugleich zum Ergänzungspfleger für seine Minderjährige Tochter bestimmt hatte, nach § 1852 – 1854 BGB von den Hinterlegungs- und Rechnungslegungspflichten befreit und ihm dadurch eine starke Stellung eingeräumt hatte. Darin kommt ein hohes Maß an Vertrauen zum Ausdruck, welches es durchaus als denkbar erscheinen läßt, daß der Erblasser in dieser speziellen Situation davon ausgegangen war, daß der Testamentsvollstrecker seine Amtspflichten über die persönlichen Belange stellen und das Amt ordnungsgemäß ausüben werde.

Der BGH hat für einen Miterben, der zum Testamentsvollstrecker ernannt wurde, sogar das Vorliegen einer konkludenten Gestattung vermutet.[1905] Es wäre daher naheliegend gewesen, sich eingehend und im Wege der ergänzenden Testamentsauslegung mit der Frage zu beschäftigen, ob der Erblasser, der dem Testamentsvollstrecker eine besondere Rechtsmacht einräumt, diesen nicht auch zugleich ermächtigt hat, sich selbst ein Darlehen aus dem Nachlaß zu gewähren. In einer anderen Entscheidung hat der BGH festgestellt, daß eine konkludente Gestattung auch in dem Umstand gesehen werden kann, daß der Erblasser, in Kenntnis des Umstandes, daß zum Nachlaßvermögen Anteile einer GmbH gehören, dem Testamentsvollstrecker auch die Befugnis einräumen wollte, sich selbst mit seiner eigenen Stimme zum Geschäftsführer zu wählen. In dem hier zu prüfenden Fall hat das Gericht dies jedoch ohne nähere Begründung verneint, ohne zu berücksichtigen, daß in einer derart erweiterten Vertrauensstellung die auch von den Kritikern der BGH-Rechtsprechung[1906] geforderte, über das in der Ernennung selbst liegende Maß an Vertrauensbeweis hinausgehende Erlaubnis gesehen werde.[1907]
An zweiter Stelle hätte sodann die Prüfung erfolgen müssen, ob sich die vorgenommenen Insichgeschäfte überhaupt im Rahmen der Grundsätze der ordnungsgemäßen Verwaltung nach § 2216 BGB bewegen, denn Insichge-

[1903] Vgl. OLG Frankfurt, ZEV 1998, 350,352.
[1904] Vgl. zur Problematik der Insichgeschäfte oben Teil C III 7 dieser Arbeit; eingehend auch ADAMS, Interessenkonflikte des Testamentsvollstreckers, S. 58 f.; v. LÜBTOW, JZ 1960, 151,155; MATTERN, BWNotZ 1961, 149,156; SCHAUB, Handbuch der Testamentsvollstreckung, 4. Kap., Rz. 160 ff.
[1905] Vgl. BGHZ 30, 67, 70 f.
[1906] Vgl. BGHZ 30, 67,69; BGHZ 51; 209,217.
[1907] Vgl. v. LÜBTOW, JZ 1960, 151,155; MATTERN, BWNotZ 1961, 149,156.

schäfte die gegen das Gebot ordnungsgemäßer Verwaltung verstoßen sind unwirksam, selbst wenn sie vom Erblasserwillen gedeckt sein sollten.[1908]

Die Handlungsmacht des Testamentsvollstreckers für Insichgeschäfte kann nach zutreffender Auffassung nämlich nicht weiter gehen als die für Fremdgeschäfte.[1909] Zudem kann der Erblasser wegen § 2220 BGB die Verpflichtung des Testamentsvollstreckers zur ordnungsgemäßen Verwaltung des Nachlasses nicht abbedingen. Kommt man nach Prüfung der beiden Wirksamkeitsvoraussetzungen zu dem Ergebnis, daß das Insichgeschäft zulässig war, bleibt für eine Entlassung des Testamentsvollstreckers aus Mißtrauenserwägungen kein Raum, nachdem er weder einen Pflichtenverstoß begangen, noch sonst in erheblicher Weise schuldhaft Tatsachen geschaffen hat, die objektiv zu Mißtrauen Anlaß geben. Kommt man umgekehrt zu dem Schluß, daß es sich bei den Darlehensgewährungen um unzulässige Insichgeschäfte gehandelt habe, so liegt eine Pflichtverletzung vor. Es wäre sodann die Aufgabe des Gerichts gewesen, anhand der hierfür entwickelten Kriterien zu prüfen, ob es sich um eine *grobe* Pflichtverletzung gehandelt hat, die den Entlassungsantrag nach § 2227 BGB rechtfertigt. Sofern dies zu verneinen ist,[1910] bleibt auch für eine auf Mißtrauen gestützte Entlassung kein Raum.

Die Entscheidung steht damit in der langen Tradition derjenigen, die ohne eine grobe Pflichtverletzung zu bejahen, gleichwohl auf der Basis des sich aus einer allenfalls einfachen Pflichtverletzung ergebenden Verdachts zu einer Entlassung des Testamentsvollstreckers kommen. Das Gericht hat diesen Gedanken erstmals auch eindeutig preisgegeben, indem es formuliert, das Verhalten des Testamentsvollstreckers sei geeignet, auch „bei einem um Objektivität bemühten Erben den Verdacht zu erwecken“, daß der Testamentsvollstrecker sein Amt nicht ordnungsgemäß ausführen werde. Dieses Merkmal ist jedoch viel zu konturlos, um das scharfe Schwert der Entlassung nach § 2227 BGB zu rechtfertigen,[1911] vielmehr ist – wie oben bereits dargestellt – zu prüfen, ob nach den Umständen des Einzelfalles überhaupt Bedarf für ein besonderes Vertrauensverhältnis besteht und davon auszugehen ist, daß der Testamentsvollstrecker dieses Vertrauensverhältnis vorsätzlich oder grobfahrlässig zerstört hat. Erst wenn dies bejaht werden kann, kann die Entlassung auf die grob pflichtwidrige Herbeiführung des Mißtrauens gestützt werden. Diese Voraussetzungen lagen in dem vom OLG Frankfurt entschiedenen Fall allerdings keineswegs vor.
Auf das Mißtrauen der Ergänzungspflegerin konnte es nicht ankommen, ob die minderjährige Erbin dem Testamentsvollstrecker tatsächlich derartig schwerwiegendes Mißtrauen entgegengebracht hat, wurde nicht festgestellt.

[1908] Vgl. SCHAUB, in Handbuch der Testamentsvollstreckung, 4. Kap., Rz. 168.
[1909] So auch MATTERN, BWNotZ 1961, 149,154.
[1910] Davon geht offensichtlich auch das OLG Frankfurt aus, hat die Frage aber letztendlich offengelassen, vgl. ZEV 1998, 350,352.
[1911] So auch MUSCHELER, AcP 197 (1997), 227,287.

Das Gericht hat auch keine Feststellungen für eine sonstige schwerwiegende Pflichtverletzung des Testamentsvollstreckers getroffen. Der Testamentsvollstrecker ist zu Unrecht entlassen worden.

Auch in den Fällen, in denen die Verdachtsmomente auf einem früheren Fehlverhalten – etwa im Rahmen einer Geschäftsführung oder anderen Fremdverwaltung – beruhen, bedarf es des Rückgriffs auf den Mißtrauenstatbestand nicht.[1912] Es muß vielmehr auch dann die bereits beschriebene Prognose angestellt und objektiv festgestellt werden, ob das Verbleiben im Amt den Nachlaß bzw. die Interessen der Beteiligten gefährdet, entweder weil das Verhalten des Testamentsvollstreckers den Schluß zuläßt, daß erhebliche Pflichtverletzungen in naher Zukunft mit hoher Wahrscheinlichkeit zu erwarten sind oder der Vollstrecker objektiv zur Amtsführung ungeeignet erscheint.[1913] Ein allgemeines, auf frühere Vorkommnisse oder Verhaltensweisen gestütztes Mißtrauen, welches nicht auf der naheliegenden Gefahr künftiger Pflichtverletzungen beruht, kann für einen Entlassungsantrag nach § 2227 BGB ebenfalls nicht ausreichend sein. Diese Prognose dürfte im Bejahensfall allerdings eher dazu führen, den Vollstrecker wegen Unfähigkeit zur ordnungsgemäßen Amtsführung als wegen Mißtrauens der Erben zu entlassen.

cc) Erheblicher Interessengegensatz

Schließlich soll nach der Auffassung der Rechtsprechung auch ein erheblicher Interessengegensatz zwischen Testamentsvollstrecker und Erbe ein wichtiger Grund für die Entlassung des Testamentsvollstreckers nach § 2227 BGB sein.[1914] Es muß sich jedoch um einen grundlegenden Interessengegensatz handeln, der die Verwaltungsaufgaben in einem solchen Umfang beeinträchtigt, daß eine ordnungsgemäße Geschäftsführung auf Dauer nicht mehr erwartet werden kann.[1915] Ein Interessengegensatz von untergeordneter Bedeutung reicht dagegen nicht aus.[1916]

Insbesondere reicht es keineswegs, wenn der Testamentsvollstrecker selbst Miterbe oder Nachlaßgläubiger ist oder dem Nachlaß etwas schuldet.[1917] In diesen Fällen besteht zwar naturgemäß ein Interessenkonflikt, der jedoch für

---

[1912] So aber OLG Hamm, NJW 1960, 800; Rpfleger 1994, 213; BayObLG FamRZ 1996, 186.

[1913] Vgl. auch MUSCHELER, AcP 197 (1997), 227,288.

[1914] Vgl. OLG Düsseldorf, DNotZ 1950, 67,68; BayObLGZ 1985, 298,303 = FamRZ 1986, 104 = Rpfleger 1985, 444; BayObLG 1988, 42,49; BayObLG FamRZ 1991, 490; BayObLG FamRZ 1997, 905,907; MüKo-BRANDNER, § 2227, Rz. 10; KREGEL, BGB-RGRK, § 2227, Rz. 5; REIMANN, Handbuch der Testamentsvollstreckung, 7. Kap., Rz. 22.

[1915] Vgl. BayObLGZ 1988, 42,50; ebenso MüKo-BRANDNER; § 2227, Rz. 10.

[1916] Vgl. STAUDINGER/REIMANN, § 2227, Rz. 17.

[1917] Vgl. MüKo-BRANDNER; § 2227, Rz. 10.

sich genommen nicht geeignet ist, eine Unzulässigkeit der Testamentsvollstreckung durch gerade diesen Testamentsvollstrecker oder eine Entlassung des Testamentsvollstreckers aufgrund des Interessenkonfliktes zu begründen.[1918] Wann ein erheblicher und für die Amtsführung schädlicher Interessengegensatz vorliegt, läßt sich nicht allgemein, sondern nur nach Abwägung aller konkreten Umstände des Einzelfalles beantworten.[1919] Daran zeigt sich die mit diesem Entlassungsgrund verbundene Problematik: Eine griffige und eindeutige Formel existiert nicht, das Merkmal ist vielmehr geradezu schwammig und öffnet ergebnisorientierten Einzelfallentscheidungen Tür und Tor. So wurde ein hinreichender Interessengegensatz bereits für den Fall bejaht, daß der Testamentsvollstrecker zugleich Nießbraucher am Nachlaß war und deswegen tiefgreifende Meinungsverschiedenheiten zwischen Testamentsvollstrecker und Erbe bestanden.[1920] Testamentsvollstrecker und Erbe hatten diesbezüglich bereits mehrere Prozesse gegeneinander geführt und der Erbe hatte Strafanzeige gegen den Testamentsvollstrecker erstattet, so daß es das Gericht als ausgeschlossen angesehen hat, daß das zwischen beiden Beteiligten erforderliche Mindestmaß an Vertrauen bestehe oder wieder hergestellt werden könne. „Dies und der auf dem Nießbrauch beruhende erhebliche Interessengegensatz" ergebe zusammen betrachtet einen wichtigen Grund für die Entlassung.[1921]

Auch dieser Begründung kann nicht gefolgt werden. Dabei ist zunächst noch einmal zu betonen, daß es anerkannt ist, daß auch der Nießbraucher Testamentsvollstrecker sein kann.[1922] Ein daraus resultierender Interessengegensatz wird also von der Rechtsprechung in Kauf genommen und kann demnach auch – für sich alleine - keinen Entlassungsgrund darstellen. Die neuere Entscheidung des BayObLG basiert auch vielmehr unterschwellig auf der These, daß dem Erben die (weitere) Auseinandersetzung mit dem Testamentsvollstrecker nicht mehr zugemutet werden kann und dieser quasi aufgrund einer Konstellation aus Interessengegensatz, Feindschaft und Mißtrauen zu entlassen sei.

Dabei wird jedoch verkannt, daß die Voraussetzungen einer groben Pflichtverletzung offensichtlich nicht gegeben waren und auch die dargestellte Konstellation selbst nach den Feststellungen des Gerichts (bislang) nicht dazu geführt hatte, daß der Testamentsvollstrecker seine Amtspflichten mit

---

[1918] Vgl. dazu eingehend ADAMS, Interessenkonflikte des Testamentsvollstreckers, S. 81 ff., 100 f., wobei schön aufgezeigt wird, daß die naturgemäß auftretenden Interessenkonflikte auf einer verbindlichen Entscheidung des Erblassers beruhen, der die mit der getroffenen Auswahl des Vollstreckers verbundenen Nachteile billigend in Kauf genommen haben wird.

[1919] Vgl. BayObLGZ 1985, 298 = Rpfleger 1985, 444.

[1920] Vgl. BayObLGZ 1988, 42,50, wobei das Gericht in seiner Begründung Elemente des Entlassungsgrundes Interessengegensatz und Mißtrauen vermengt hat.

[1921] Vgl. BayObLGZ 1988, 42,50.

[1922] Vgl. BayObLG MDR 1978, 142.

Rücksicht auf seine eigenen Interessen vernachlässigt oder zu erkennen gegeben hatte, daß er das Amt nicht mehr in dem von dem Erblasser angeordneten Sinn führen werde. Die festgestellten Spannungen beruhten zudem offenbar zumindest auch auf dem Umstand, daß der Erbe dem Testamentsvollstrecker den ihm zugedachten Nießbrauch mißgönnte und sich selbst zurückgesetzt fühlte. Der zwischen dem Erben und dem Testamentsvollstrecker bestehende Gegensatz und die Auseinandersetzungen führten offenbar dazu, daß auf der „Zumutbarkeitsebene" entschieden wurde.

Derartige Gegensätze werden aber, wenn dem Testamentsvollstrecker zusätzlich etwas aus dem Nachlaß zugewendet wird, für den Erblasser regelmäßig vorhersehbar gewesen sein. Treten die Probleme dann letztendlich tatsächlich auf, können sie die Entlassung des Testamentsvollstreckers nur in ganz besonders schwerwiegenden Fällen rechtfertigen und setzen voraus, daß aufgrund des Interessengegensatzes eine dauerhafte und unlösbare Beeinträchtigung der Verwaltungstätigkeit eintritt, die zu einer Gefährdung des Erblasserwillens oder des Nachlasses führt. Derartige Voraussetzungen hat das BayObLG nicht festgestellt. Alleine der Umstand, daß der Testamentsvollstrecker dem Erben besonders lästig oder unangenehm ist, darf nicht dazu führen, daß der Testamentsvollstrecker auch ohne grobe Pflichtverletzung zu entlassen ist. Auch im Recht der Vormundschaft, welches eine Entlassung des Vormundes wegen eines erheblichen Interessengegensatzes kennt (§ 1796 Abs. 2 BGB), wird es als nicht ausreichend für eine Entlassung angesehen, wenn der Vormund zu erkennen gibt, daß er trotz des Interessengegensatzes im Sinne des Mündels zu handeln gedenkt.[1923]

Überträgt man diesen allgemeinen Gedanken auf das Recht der Testamentsvollstreckung, so muß geprüft werden, ob der Testamentsvollstrecker aufgrund des Interessengegensatzes erkennbar seine Pflichten vernachlässigt oder verletzt oder die Amtsführung ausschließlich an seinen eigenen Interessen ausrichtet. Ist dies der Fall, liegt jedoch eine Pflichtverletzung vor, so daß geprüft werden kann, ob es sich um eine „grobe Pflichtverletzung" im Sinne des § 2227 BGB handelt. Auf den Interessengegensatz, der das Motiv für die Pflichtverletzung darstellt, kommt es dann nicht - oder allenfalls untergeordnet - an. Liegt eine Pflichtverletzung noch nicht vor oder ist die festgestellte Pflichtverletzung nicht erheblich, so liegt ein Entlassungsgrund regelmäßig auch nicht vor.

[1923] Vgl. OLG München DFG 42, 58; vgl. auch PALANDT/DIEDERICHSEN, § 1796, Rz. 3.

Eine Entlassung des Testamentsvollstreckers aufgrund des Interessengegensatzes wird nicht einmal dann angenommen, wenn ein Miterbe zum Testamentsvollstrecker bestimmt wurde. Die Ernennung eines Miterben zum Testamentsvollstrecker wird vielmehr einhellig als zulässig erachtet.[1924] Dabei wird angenommen, daß der Erblasser diesen Miterben mit einem Vertrauensvorschuß dahingehend versehen habe, daß er die Interessen an der ordnungsgemäßen Amtsführung über sein eigenes persönliches Interesse stellen werde. Erst wenn der Testamentsvollstrecker dieses Vertrauen mißbraucht und seine Amtspflicht verletzt, kommt eine Entlassung nach § 2227 BGB in Betracht. Es gibt keinen Grund, einen Testamentsvollstrecker, der gleichzeitig Vermächtnisnehmer, Nießbraucher, Pflichtteilsberechtigter oder ein naher Angehöriger eines Erben ist, schlechter zu stellen und für ihn leichtere Voraussetzungen für die Durchsetzung eines Entlassungsantrages zu schaffen.

Vielmehr ist davon auszugehen, daß derjenige Erblasser, der eine solche Konstellation geschaffen hat, sich auch über daraus eventuell entstehende Spannungen bewußt gewesen ist und diese in Kauf genommen hat.[1925] Ein Anlaß, hier korrigierend einzugreifen, besteht daher nicht, solange es nicht zu erheblichen Pflichtverletzungen kommt oder diese unmittelbar bevorstehen und eine Gefährdung des Nachlasses zu besorgen ist. Dies muß um so mehr gelten, als das Recht der Testamentsvollstreckung ein ausreichendes Instrumentarium zur sachgerechten Behandlung derartiger Interessengegensätze zur Verfügung stellt und dem Testamentsvollstrecker nachhaltige Pflichten bei der ordnungsgemäßen Verwaltung des Nachlasses auferlegt. Werden diese Pflichten verletzt, greift § 2227 BGB ein, ohne daß es hierfür eines Rückgriffs auf das von der Rechtsprechung entwickelte Merkmal des erheblichen Interessengegensatzes bedürfte.[1926] Besteht die konkrete Gefahr künftiger erheblicher Pflichtverletzungen, so greift ebenfalls § 2227 BGB ein, sofern konkrete Indizien für eine Gefährdung des Nachlasses vorliegen.

Soweit die Rechtsprechung allerdings versucht, durch die Anwendung des Kriteriums „Interessengegensatz" der Frage auszuweichen, ob eine erhebliche Pflichtverletzung begangen wurde und Gefahr für die Interessen des Erben allein aus der Größe des Interessengegensatzes abzuleiten, so ist dies unsauber und führt, wie bereits das obige Beispiel eindrucksvoll zeigt, zu falschen Ergebnissen.[1927]

[1924] Vgl. PALANDT/EDENHOFER, § 2197, Rz. 3; MüKo-BRANDNER, § 2197, Rz. 11.

[1925] Vgl. MUSCHELER, AcP 197 (1997), 227,293; so auch ADAMS, a.a.O., S. 100.

[1926] Krit. ebenso MUSCHELER, AcP 197 (1997), 227,294 der zudem eindrucksvoll die Schwächen der Rechtsprechung bei der Anwendung des Begriffs Interessengegensatz aufzeigt.

[1927] Weitere kritikwürdige Beispiele aus der Rechtsprechung finden sich etwa bei OLG Düsseldorf, DNotZ 1950, 67; BayObLG FamRZ 1991, 490; vgl. dazu auch MUSCHELER, AcP 197 (1997), 227,294 ff.

MUSCHELER[1928] weist zu Recht daraufhin, daß es in derartigen Fällen sinnvoller wäre, den Inkompatibilitätskatalog entsprechend zu erweitern und etwa wegen Unvereinbarkeit von Testamentsvollstreckeramt und Nießbraucherstellung eine Unwirksamkeit der Ernennung anzunehmen.[1929] Davon geht die Rechtsprechung[1930] und Lehre[1931] jedoch bislang gerade nicht aus, so daß auch eine Entlassung des Testamentsvollstreckers, die allein auf den sich aus der jeweiligen Konstellation ergebenden Interessengegensatzes nicht in Betracht kommt. Daher muß es bei der Prüfung eines Entlassungsgrundes nach den oben dargestellten Grundsätzen verbleiben.

dd) Unwirksame oder fehlerhafte Ernennung des Testamentsvollstreckers

Als weiterer Entlassungsgrund wird schließlich angesehen, wenn das Nachlaßgericht ohne wirksames Ersuchen des Erblassers gleichwohl einen Testamentsvollstrecker ernannt hat.[1932] Der Beschluß, mit dem der Testamentsvollstrecker ernannt wird, ist trotz des Fehlens eines Ersuchens nach § 2200 BGB wirksam und nach Ablauf der Frist für die sofortige Beschwerde nach § 81 FGG unanfechtbar.[1933] Fehlt es jedoch an einem entsprechenden Ersuchen, so kann nicht davon ausgegangen werden, daß die Belassung des Testamentsvollstreckers in seinem Amt dem mutmaßlichen Willen des Erblassers entsprechen würde.[1934] Nachdem das Nachlaßgericht die Ernennung aber selbst nicht mehr rückgängig machen oder aufheben kann, bedarf es eines Entlassungsverfahrens nach § 2227 BGB, welches allerdings nur auf Antrag eines Beteiligten durchgeführt wird.[1935] In einem solchen Verfahren stellt das fehlerhafte oder fehlende Ersuchen des Erblassers den wichtigen Grund für die Entlassung des Testamentsvollstreckers dar. Das BayObLG geht dagegen in einer neueren Entscheidung davon aus, daß die ohne ein entsprechendes Ersuchen nach § 2200 BGB vorgenommene Ernennung ins Leere gehe und damit „gegenstandslos" sei.[1936] Ein Beteiligter könne den durch die vorgenommene Ernennung entstandenen nachteiligen Rechtsschein mit der Hilfe eines übergeordneten Gerichts beseitigen.

[1928] MUSCHELER, AcP 197 (1997), 227,301; bislang nimmt die hM. Inkompatibilität nur hinsichtlich des Alleinerben und des alleinigen Vorerben während der Zeit der Vorerbschaft an, vgl. dazu oben Teil B II 3 c dieser Arbeit.
[1929] Vgl. KIPP/COING, Erbrecht, § 67 I 9 f), der davon ausgeht, das derjenige, dem ein Nießbrauch am Nachlaß zugewendet sei, nicht Testamentsvollstrecker sein könne.
[1930] Vgl. BayObLG MDR 1978, 142; BayObLGZ 88, 42.
[1931] Vgl. etwa MüKo-BRANDNER, § 2197, Rz. 10; SOERGEL/DAMRAU, § 2197, Rz. 13; PALANDT/EDENHOFER, § 2197, Rz. 3.
[1932] Vgl. KG DNotZ 1955, 649; OLG Hamburg, NJW 1965, 1969; MüKo-BRANDNER, § 2227, Rz. 12; KIPP/COING, Erbrecht, § 67 I 1; STAUDINGER/REIMANN, § 2227, Rz. 20.
[1933] Vgl. dazu KEIDEL/KUNTZE/WINKLER, FGG, § 81, Rz. 2 f.
[1934] Vgl. KG DNotZ 1955, 649, 651.
[1935] Vgl. MüKo-BRANDNER; § 2227, Rz. 12.
[1936] Vgl. BayObLG ZEV 1995, 22,23; mit Anm. KLUMPP.

Das Nachlaßgericht hatte zwar erkannt, daß die Ernennung des Testamentsvollstreckers mangels eines entsprechenden Ersuchens fehlerhaft und von dem Willen des Erblassers nicht gedeckt gewesen war. Es hatte sich jedoch gehindert gesehen, die Ernennung von Amts wegen rückgängig zu machen. Das Beschwerdegericht hat dies anders gesehen und den Beschluß des Nachlaßgerichts aufgehoben, festgestellt daß eine Testamentsvollstreckerernennung zu unterbleiben habe, und weiterhin das Nachlaßgericht angewiesen, das erteilte Testamentsvollstreckerzeugnis einzuziehen. Die dagegen erhobene weitere Beschwerde blieb ohne Erfolg. Das BayObLG hat die Entscheidung der Vorinstanz bestätigt und festgestellt, daß das übergeordnete Gericht bei fehlerhafter Ernennung eines Testamentsvollstreckers zur Klarstellung aussprechen dürfe, daß die gerichtliche Ernennung eines Testamentsvollstreckers zu unterbleiben habe.[1937] Folgt man dieser Entscheidung, so bedarf es eines Entlassungsverfahrens nach § 2227 BGB nicht, wenn die Ernennung des Testamentsvollstreckers fehlerhaft war und noch mit der Beschwerde nach § 81 Abs. 1 FGG angefochten werden kann. Umgekehrt ist in diesem Fall sogar für ein entsprechendes Entlassungsverfahren kein Raum.[1938]

KLUMPP rechtfertigt die Entscheidung mit der Bemerkung, der vom Gericht erzeugte Rechtsschein sei mit dem Rechtsmittel zu beseitigen, welches zulässig wäre, wenn es sich um eine wirkliche und nicht nur „maskenhafte" Entscheidung handeln würde.[1939] Eine Scheinentscheidung in diesem Sinn liegt jedoch bei der streitgegenständlichen Entscheidung gerade nicht vor. Von einer solchen spricht man, wenn ein „Nichtgericht" die Entscheidung gefällt hat oder dieser das Wesen einer Entscheidung fehlt, etwa weil es sich bislang nur um einen nicht zur Verkündung vorgesehenen Urteilsentwurf handelt.[1940] So liegt der Fall aber gerade nicht. Vielmehr leidet die Testamentsvollstrecker-ernennung lediglich materiellrechtlich an einer bestimmten Voraussetzung und ist daher falsch. Es liegt somit keine Scheinentscheidung sondern eine Fehlentscheidung vor, die zunächst unabhängig von ihrer sachlichen Richtigkeit die angeordneten Wirkungen hat.[1941] Derartige Entscheidungen binden das Gericht. Es kann sie selbst nicht mehr rückgängig machen oder von Amts wegen aufheben. Vielmehr müssen die Betroffenen die Entscheidung mit dem jeweils zulässigen Rechtsmittel anfechten oder mit einer Klage auf Feststellung der Unwirksamkeit bekämpfen.[1942]

[1937] Vgl. BayObLG ZEV 1995, 22,23.
[1938] So ausdrücklich BayObLG ZEV 1995, 22.
[1939] Vgl. KLUMPP, ZEV 1995, 24 mit Hinweis auf BAUMBACH/LAUTERBACH/ALBERS/HARTMANN, ZPO, Übers § 300, Rz. 11.
[1940] Vgl. BAUMBACH/LAUTERBACH/ALBERS/HARTMANN, ZPO, Übers § 300, Rz. 11 ff.
[1941] Vgl. etwa BGHZ 57, 110.
[1942] Vgl. BGH VersR 1987, 1195; BAUMBACH/LAUTERBACH/ALBERS/HARTMANN, ZPO, Übers § 300, Rz. 18.

Dieser Weg muß demnach auch den Beteiligten bei der ohne entsprechendes Ersuchen vorgenommenen Testamentsvollstreckerernennung offenstehen. Ein Entlassungsverfahren ist in diesen Fällen entbehrlich, vielmehr kann das Prozeßgericht über die Frage der Wirksamkeit der Ernennung entscheiden.[1943] Die fehlerhafte Ernennung stellt damit keinen wichtigen Grund für eine Entlassung des Testamentsvollstreckers nach § 2227 BGB dar.

2. Das Entlassungsverfahren

Bei dem Entlassungsverfahren handelt es sich um ein Antragsverfahren, d.h. das Nachlaßgericht wird nur auf Antrag eines Beteiligten tätig.[1944] Der Antrag ist bei dem örtlich zuständigen Nachlaßgericht zu stellen, wobei sich die örtliche Zuständigkeit gem. § 73 FGG regelmäßig nach dem letzten Wohnsitz des Erblassers bestimmt. Ein Einschreiten von Amts wegen ist hingegen nicht möglich.

a) Antragsberechtigte

Beteiligt und damit antragsberechtigt sind regelmäßig alle Personen, die ein rechtliches Interesse an der Testamentsvollstreckung haben, deren Rechte und Pflichten durch die Testamentsvollstreckung unmittelbar betroffen werden können.[1945]

Beteiligte in diesem Sinne sind insbesondere die Erben, Nacherben und Erbeserben[1946], Vermächtnisnehmer,[1947] Auflage- und Pflichtteilsberechtigte[1948] und Mittestaments-vollstrecker.[1949] Der Erbe ist selbst dann noch Beteiligter, wenn er seinen Anteil am Nachlaß gem. § 2033 BGB übertragen oder verpfändet hat oder dieser Anteil gepfändet worden ist, nachdem der Erbe auch in diesen Fällen weiterhin für die Nachlaßverbindlichkeiten haftet, §§ 1967, 2058, 2382, 2385 BGB.[1950] Auch der Mitvollstrecker kann, solange er sich noch im Amt befindet, einen Entlassungsantrag stellen.[1951]
Antragsberechtigt ist schließlich auch der Dritte im Sinne des § 2198 BGB, dem der Erblasser die Bestimmung des Testamentsvollstreckers übertragen

[1943] Vgl. BGHZ 41, 23,28 f.; aA. KEIDEL/KUNTZE/WINKLER, FGG, § 81, Rz. 3.
[1944] Vgl. REIMANN, in Handbuch der Testamentsvollstreckung, 7. Kap., Rz. 23; PALANDT/EDENHOFER, § 2227, Rz. 6
[1945] BGHZ 35, 296,300 = NJW 1961, 1717; KEIDEL/KUNTZE/WINKLER, FGG, § 81, Rz. 5.
[1946] Vgl. BayObLG FamRZ 1998, 325; PALANDT/EDENHOFER, § 2227, Rz. 7.
[1947] So bereits KG JFG 5, 154; KG OLGE 40, 137.
[1948] Vgl. KG Rpfleger 1964, 54.
[1949] Vgl. KIPP/COING, Erbrecht, § 75 IV; MüKo-BRANDNER, § 2227, Rz. 5; PALANDT/EDENHOFER, § 2227, Rz. 7; KEIDEL/KUNTZE/WINKLER, FGG, § Rz. 5.
[1950] Vgl. REIMANN, in Handbuch der Testamentsvollstreckung, 7. Kap., Rz. 24; MüKo-BRANDNER, § 2227, Rz. 5.
[1951] Vgl. OLG Köln, NJW-RR 1987, 1098.

hat.[1952] Nicht antragsberechtigt sind dagegen die übrigen Nachlaßgläubiger.[1953] Der BGH hat zu dieser in der früheren Rechtsprechung umstrittenen Frage mit seiner Entscheidung vom 13. Juli 1961[1954] grundlegend Stellung genommen. Der Senat hat dabei die Auffassung des KG[1955] bestätigt und festgestellt, daß der Testamentsvollstrecker zu den gewöhnlichen Nachlaßgläubigern in keinem Rechtsverhältnis stehe. Nachdem der Testamentsvollstrecker den Nachlaß lediglich für die Erben verwalte, hätten die Nachlaßgläubiger zwar ein berechtigtes wirtschaftliches Interesse an einer ordnungsgemäßen Verwaltung des Nachlasses, ein rechtliches Interesse an der Art der Verwaltung und an der Person des Testamentsvollstreckers stünde ihnen dagegen nicht zu, so daß es auch an einer Antragsberechtigung im Sinne des § 2227 BGB fehle.[1956]

Diese Auffassung ist zutreffend, wenngleich man durchaus Verständnis für einen Nachlaßgläubiger haben kann, der einem in seinen Augen unzuverlässigen Testamentsvollstrecker mit Mißtrauen entgegentritt. Ist jedoch eine Gläubigergefährdung zu besorgen, so steht dem Nachlaßgläubiger der Antrag auf Nachlaßverwaltung nach § 1981 Abs. 2 BGB offen.[1957]

Nicht beteiligt in diesem Sinne sind auch diejenigen Miterben, die durch eine persönliche Auseinandersetzung zwischen dem Testamentsvollstrecker und einem anderen Miterben nicht betroffen werden, sofern die Testamentsvollstreckung als solche durch diese Auseinandersetzung nicht belastet wird.[1958] Entgegen einer vereinzelt vertretenen Auffassung ist auch die Staatsanwaltschaft[1959] oder die Devisenstelle[1960] nicht antragsberechtigt, nachdem es an der notwendigen Beteiligteneigenschaft dieser Behörden fehlt.[1961]

1952 vgl. KG KGJ 41, 70; KEIDEL/KUNTZE/WINKLER, FGG, § 81, Rz. 5, FIRSCHING, Nachlaßrecht, S. 291; REIMANN, in Handbuch der Testamentsvollstreckung, 7. Kap., Rz. 24.

1953 Vgl. KEIDEL/KUNTZE/WINKLER, FGG, § 81, Rz. 5; PALANDT/EDENHOFER, § 2227, Rz. 8; MüKo-BRANDNER; § 2227, Rz. 6; SOERGEL/DAMRAU; § 2227, Rz. 16; STAUDINGER/REIMANN, „ 2227, Rz. 22.

1954 BGHZ 35, 296,298 mit umfangreichen Hinweisen zum früheren Streitstand.

1955 KG JFG 5, 154.

1956 Vgl. BGHZ 35, 296,301.

1957 Vgl. PALANDT/EDENHOFER, § 1981, Rz. 6; MüKo-BRANDNER; § 2227, Rz. 6.

1958 Vgl. REIMANN, in Handbuch der Testamentsvollstreckung, 7. Kap., Rz. 24.

1959 So aber FIRSCHING, Nachlaßrecht, S. 291.

1960 so immerhin KG JFG 16, 74; zustimmend KEIDEL/KUNTZE/WINKLER, FGG, § 5; STAUDINGER/REIMANN, § 2227, Rz. 27; ablehnend dagegen PALANDT/EDENHOFER, § 2227, Rz. 8.

1961 Zutreffend SOERGEL/DAMRAU; § 2227, Rz. 16; MüKo-BRANDNER; § 2227, Rz. 6; PALANDT/EDENHOFER, § 2227, Rz. 8.

Dem Testamentsvollstrecker selbst steht ein entsprechendes Antragsrecht nicht zu, nachdem er sein Amt gem. § 2226 BGB jederzeit kündigen kann.[1962] Ein gleichwohl an das Nachlaßgericht gerichteter Entlassungsantrag wird jedoch als Kündigung des Amtes auszulegen sein. Auch einem früheren Testamentsvollstrecker steht ein Antragsrecht nicht zu, nachdem er nach seiner eigenen Amtsbeendigung kein unmittelbares rechtliches Interesse an der Art der Durchführung und der Person seines Nachfolgers mehr hat.[1963]

b) Verfahrensgrundsätze

Die Entscheidung über den Entlassungsantrag obliegt dem Richter.[1964] Liegt ein Entlassungsantrag vor, so ist das Gericht gem. § 12 FGG von Amts wegen verpflichtet, die notwendigen Ermittlungen anzustellen und die geeigneten Beweise aufzunehmen.[1965] Das Verfahren unterliegt als echtes Streitverfahren dennoch dem Dispositionsgrundsatz.[1966] Daher kann der Antrag auf Entlassung des Testamentsvollstreckers bis zur Rechtskraft der Entscheidung zurückgenommen werden.[1967] Umgekehrt kann der Testamentsvollstrecker das Verfahren dadurch abkürzen, daß er sich mit der Entlassung einverstanden erklärt. Diese Erklärung wirkt wie eine Kündigung nach § 2226 BGB, so daß das Nachlaßgericht nicht mehr über den Entlassungsantrag entscheiden muß.[1968] Endet das Amt des Testamentsvollstreckers während des Entlassungsverfahrens aus anderen Gründen, so ist das Entlassungsverfahren in der Hauptsache erledigt.[1969] Dies hat das Gericht von Amts wegen zu berücksichtigen. Eine Entscheidung über den Entlassungsantrag hat es dann nicht mehr zu treffen.

Vor der Entscheidung, die im Beschlußwege erfolgt und kurz zu begründen ist, hat das Gericht den Testamentsvollstrecker anzuhören.[1970] Soweit der Testamentsvollstrecker nach dem Wortlaut des § 2227 Abs. 2 BGB „wenn tunlich" gehört werden soll, so kommt diesem Grundsatz seit dem Inkrafttreten des Art. 103 Abs. 1 GG grundsätzlich zwingende Bedeutung zu.[1971] Auch den übrigen Beteiligten, insbesondere den Miterben, ist Gelegenheit zur Stellungnahme zu geben.[1972]

[1962] Vgl. MüKo-BRANDNER, § 2227, Rz. 6.
[1963] OLG Köln, NJW-RR 1987, 1098.
[1964] Vgl. § 16 Abs. 1 Nr. 5 RpflG.
[1965] So auch FIRSCHING, Nachlaßrecht, S. 292.
[1966] Vgl. dazu KEIDEL/KUNTZE/WINKLER, FGG, § 12, Rz. 198; LINDACHER, JuS 1978, 579.
[1967] Vgl. MüKo-BRANDNER, § 2227, Rz. 2.
[1968] Vgl. FIRSCHING, Nachlaßrecht, S. 292.
[1969] Vgl. BayObLG ZEV 1995, 370,371,mit zust. Anm. WINKLER.
[1970] HAEGELE-WINKLER, a.a.O., Rz. 801; KEIDEL/KUNTZE/WINKLER, FGG, § 81, Rz. 6.
[1971] Vgl. BayObLG ZEV 1998, 348.
[1972] Vgl. OLG Hamm, Rpfleger 1994, 213,215; STAUDINGER/REIMANN, § 2227, Rz. 28.

Vorweg ist sodann die Frage zu klären, ob der Testamentsvollstrecker wirksam ernannt wurde[1973] und ob das Amt des Testamentsvollstreckers nicht bereits durch die vollständige Erfüllung der ihm obliegenden Aufgaben erloschen ist, da die Entlassung zum einen eine wirksame Ernennung voraussetzt[1974] und der Testamentsvollstrecker zum anderen nach Beendigung des Amtes nicht mehr entlassen werden kann.[1975] Als Vorfrage wird das Nachlaßgericht häufig auch Entscheidungen über die von den Beteiligten vorgebrachten Entlassungsgründe zu treffen haben, welche normalerweise in die Zuständigkeit des Prozeßgerichts fallen, etwa die Frage, ob der Testamentsvollstrecker eine überhöhte Vergütung entnommen oder bestimmte Amtspflichten unzureichend erfüllt hat.[1976]

Eine vorläufige Amtsenthebung oder eine teilweise Entlassung, etwa hinsichtlich bestimmter Erbanteile oder bestimmter Aufgaben kommt nicht in Betracht.[1977] Das Nachlaßgericht ist nur für die endgültige Amtsbeendigung des Testamentsvollstreckers durch Entlassung zuständig. Es ist dagegen nicht berechtigt, durch vorläufige Maßnahmen in die Amtsführung des Testamentsvollstreckers einzugreifen, und darf aus diesem Grund auch keine vorläufige Entlassung aussprechen.[1978] Will der Erbe zur Sicherung eines bestimmten Zustandes eine einstweilige Verfügung erwirken, so muß er dies unter den Voraussetzungen der § 935 ff. ZPO bei dem zuständigen Prozeßgericht beantragen.[1979] Sofern der Entlassungsantrag allerdings mehrere Testamentsvollstrecker betrifft, die das Amt gemeinschaftlich ausüben, kann die stattgebende Entlassungsentscheidung auf einzelne Testamentsvollstrecker beschränkt werden.[1980] Die Entscheidung über die Entlassung wird mit ihrer Zustellung an den Testamentsvollstrecker wirksam, § 16 Abs. 1 FGG. Gegen die Entscheidung, durch die der Testamentsvollstrecker aus seinem Amt entlassen wird, findet gem. § 81 Abs. 2 FGG die sofortige Beschwerde statt. Dagegen ist bei Zurückweisung des Entlassungsantrages die einfache Beschwerde gem. § 20 Abs. 2 FGG statthaft.[1981] Hebt das Beschwerdegericht die Entlassungsentscheidung auf, so gilt die Verfügungsmacht des Testamentsvollstreckers mit Rückwirkung als fortbestehend.[1982]

[1973] Vgl. STAUDINGER/REIMANN, § 2227, Rz. 29.

[1974] Vgl. RGZ 168, 177.

[1975] Vgl. BayObLGZ 1953, 357,362; BayObLGZ 1988, 42,46; BayObLG ZEV 1995, 22; BayObLG ZEV 1995, 370; MüKo-BRANDNER, § 2227, Rz. 3.

[1976] Vgl. OLG Köln, MDR 1963, 763; KEIDEL/KUNTZE/WINKLER, FGG, § 81, Rz. 5a;.

[1977] vgl. OLG Köln, NJW-RR 1987, 71 = DNotZ 1987, 324; PALANDT/EDENHOFER, § 2227, Rz. 10; HAEGELE, BWNotZ 1974, 109,119; REIMANN, Hdb. der Testamentsvollstreckung, 7. Kap., Rz. 30.

[1978] Vgl. OLG Köln NJW-RR 1987, 71,72.

[1979] Vgl. SOERGEL/DAMRAU; § 2227, Rz. 19.

[1980] So auch MüKo-BRANDNER; § 2227, Rz. 13.

[1981] Vgl. KEIDEL/KUNTZE/WINKLER, FGG, § 81, Rz. 5a; FIRSCHING, Nachlaßrecht, S. 293.

[1982] BayObLG NJW 1959, 1920; MüKo-BRANDNER; § 2227, Rz. 15, KIPP/COING, Erbrecht, § 75 IV.

Die Kosten für das Entlassungsverfahren hat der Testamentsvollstrecker regelmäßig selbst zu tragen, nachdem es sich bei diesem Verfahren um einen persönlichen Prozeß des Testamentsvollstreckers handelt, bei dem eine Erstattung der Kosten nicht stattfindet.[1983] Etwas anderes kann jedoch ausnahmsweise dann gelten, wenn der Testamentsvollstrecker den Prozeß für die Verteidigung des Erblasserwillens für erforderlich halten durfte.[1984] Diesen Grundsatz will das OLG Oldenburg[1985] auch auf die Kosten des Entlassungsverfahrens anwenden. Dem ist zuzustimmen, wenngleich hier eine eingehende Prüfung erfolgen muß, ob angesichts der Verhaltensweisen des Testamentsvollstreckers davon auszugehen ist, daß überhaupt von der Verteidigung eines entsprechenden Erblasserwillens ausgegangen werden kann. An einem solchen fiktiven Willen wird es fehlen, wenn objektiv Pflichtverletzungen vorliegen, die zu einer Gefährdung des Erblasserwillens geführt haben und die den Erblasser mutmaßlich zum Widerruf der Ernennung veranlaßt haben würden. Bei einer derartigen Fallkonstellation kann dem Testamentsvollstrecker dann auch nicht zugute kommen, daß er sich gehalten sieht, den Erblasserwillen zu verteidigen, so daß es bei der grundsätzlichen persönlichen Kostentragungspflicht zu verbleiben hat.

3. Wirkung und Folgen der Entlassung

Mit der Wirksamkeit der gerichtlichen Entlassungsverfügung endet das Amt des Testamentsvollstreckers. Durch die Beendigung des Amtes verliert der Testamentsvollstrecker die Befugnis, den Nachlaß zu verwalten und Verpflichtungs- oder Verfügungsgeschäfte hinsichtlich des Nachlasses einzugehen. Er ist verpflichtet, den Nachlaß vollständig an die Erben oder einen Amtsnachfolger oder Mittestamentsvollstrecker herauszugeben. Auch die ihm zustehende Vergütung darf der entlassene Testamentsvollstrecker nicht mehr selbst dem Nachlaß entnehmen. Zwar verliert der Testamentsvollstrecker durch die Entlassung grundsätzlich seinen Vergütungsanspruch nicht, ihm steht jedoch aufgrund der mangelnden Verfügungsbefugnis kein Selbstentnahmerecht mehr zu. Der entlassene Testamentsvollstrecker muß seinen Vergütungsanspruch daher gegen die Erben geltend machen. Ist die Entlassung aufgrund eines pflichtwidrigen Verhaltens erfolgt, so kann der Erbe möglicherweise mit Schadensersatzansprüchen gegen die Vergütungsansprüche des Testamentsvollstreckers aufrechnen.

[1983] Vgl. dazu oben Teil C V 4 dieser Arbeit.

[1984] Vgl. BGHZ 69, 235 ff. = NJW 1977, 1726; OLG Hamburg MDR 1963, 423; PALANDT/EDENHOFER, § 2218, Rz. 5.

[1985] OLG Oldenburg NJW-RR 1996, 582.

In besonders schwerwiegenden Fällen kann der Testamentsvollstrecker durch die begangene Pflichtverletzung auch seinen Vergütungsanspruch verwirkt haben, dies wird insbesondere dann anzunehmen sein, wenn der Testamentsvollstrecker nach Amtsübernahme lange Zeit untätig geblieben ist und dadurch den Nachlaß gefährdet oder einen erheblichen Schaden verursacht oder eigene Interessen zu Lasten der Erben verfolgt hat.[1986] Durch die Entlassung wird auch das Testamentsvollstreckerzeugnis kraftlos und ist an das Nachlaßgericht zurückzugeben.[1987] Zwar kann das Zeugnis nicht im Sinne des § 2361 BGB eingezogen oder vom Nachlaßgericht für kraftlos erklärt werden, das Nachlaßgericht soll das Zeugnis jedoch zur Wahrung der Rechtssicherheit von Amts wegen zurückfordern und entweder zu den Gerichtsakten nehmen oder zumindest einen Löschungsvermerk anbringen.[1988] Dies bedeutet jedoch nicht automatisch, daß es auch zu einer Beendigung der Testamentsvollstreckung als solches kommt. Das Nachlaßgericht hat keine Befugnis, die Testamentsvollstreckung als Ganzes aufzuheben.[1989] Allenfalls kann als Vorfrage im Entlassungsverfahren geprüft werden, ob die Testamentsvollstreckung bereits durch die Erledigung sämtlicher Aufgaben ihr Ende gefunden hat.[1990]

Zu einer Beendigung der Testamentsvollstreckung kommt es bei einem erfolgreichen Entlassungsverfahren daher nur, wenn ein weiterer (Mit-) Vollstrecker nicht vorhanden, sowie ein Nachfolger nicht benannt ist und sich der letztwilligen Verfügung des Erblassers auch durch Auslegung kein Ersuchen an das Nachlaßgericht (§ 2200 BGB) oder einen bestimmungsberechtigten Dritten (§ 2198 BGB) entnehmen läßt, eine geeignete Person als Nachfolger zu bestimmen.[1991] Ansonsten wird die Testamentsvollstreckung durch den Nachfolger fortgeführt. Eine Ende der Testamentsvollstreckung selbst findet in diesem Fall nicht statt.

1986 Vgl. ECKELSKEMPER, Handbuch der Testamentsvollstreckung, 10. Kap., Rz. 79; HAEGELE-WINKLER, a.a.O., Rz. 647.

1987 Vgl. MüKo-BRANDNER, § 2227, Rz. 18; REIMANN, Handbuch der Testamentsvollstreckung, 7. Kap., Rz. 71.

1988 Vgl. BayObLG1953, 357; OLG Köln, Rechtspfleger 1986, 261; REIMANN, Handbuch der Testamentsvollstreckung, 7. Kap., Rz. 71; SOERGEL/DAMRAU; § 2227, Rz. 21.

1989 Vgl. BayObLGZ 88, 42; OLG Hamm, Rpfleger 1973, 303; MüKo-BRANDNER, § 2227, Rz. 18; SOERGEL/DAMRAU, § 2227, Rz. 23; HAEGELE-WINKLER, a.a.O., Rz. 811 f.; PALANDT/EDENHOFER, § 2227, Rz. 13.

1990 Vgl. zu diesem Beendigungsgrund unten Teil E II 2 dieser Arbeit.

1991 So auch REIMANN, Handbuch der Testamentsvollstreckung, 7. Kap., Rz. 61.

III. Ende der Testamentsvollstreckung

1. Allgemeines

Von der Amtsbeendigung muß die Beendigung der Testamentsvollstreckung als solches unterschieden werden. Diese tritt ein, wenn der Testamentsvollstrecker alle ihm übertragenen Aufgaben erfüllt hat (dazu unter 2.), die 30-jährige Frist des § 2210 BGB abgelaufen ist (dazu unter 3.), eine auflösende Bedingung eintritt oder bei der Amtsbeendigung nach den soeben geschilderten Voraussetzungen kein Mitvollstrecker oder Amtsnachfolger mehr vorhanden ist. Die Frage, ob und wann eine Beendigung der Testamentsvollstreckung insgesamt eingetreten ist, hat entscheidenden Einfluß auf die Verwaltungs-, Verpflichtungs- und Verfügungsbefugnis des Testamentsvollstreckers und die Stellung der Erben, deren entsprechende Befugnisse durch die des amtierenden Testamentsvollstreckers verdrängt werden und ist auch von maßgebenden Einfluß auf die Frage, wann die Eigengläubiger der Erben auf den Nachlaß zugreifen können. Die Erörterung dieser Problemkreise soll daher die vorliegende Untersuchung abrunden.

2. Erledigung aller Aufgaben

Das Amt des Testamentsvollstreckers erlischt, wenn dieser alle ihm nach der letztwilligen Verfügung des Erblassers zugewiesenen Aufgaben erledigt hat.[1992] Liegt diese Voraussetzung vor, so erlischt das Amt von selbst, ohne daß es einer Niederlegung des Amtes, einer Aufhebung der Testamentsvollstreckung oder einer Entlassung des Testamentsvollstreckers bedarf.[1993] Auch eine Niederlegungserklärung oder Anzeige an das Nachlaßgericht ist nicht erforderlich.[1994] Maßgeblich ist vielmehr, daß objektiv keine weiteren Aufgaben vorliegen, deren Erledigung nach den Anordnungen des Erblassers durch den Testamentsvollstrecker zu bewirken wäre. Hiervon ist bei einer Abwicklungsvollstreckung dann auszugehen, wenn der Nachlaß vollständig unter den Erben aufgeteilt ist, die Nachlaßverbindlichkeiten geregelt sind und keine weiteren Aufgaben zur Erledigung anstehen.[1995]

[1992] Vgl. FIRSCHING, Nachlaßrecht, S. 293; REIMANN, Handbuch der Testamentsvollstreckung, 7. Kap., Rz. 39; HAEGELE-WINKLER a.a.O., Rz. 813.

[1993] Vgl. BGH NJW 1962, 912 = MDR 1962, 470; BGHZ 41, 23,25; BayObLGZ 1953, 357,360; BayObLG ZEV 1995, 370; KIPP/COING, Erbrecht, §75 V; SOERGEL/DAMRAU, § 2225, Rz. 1; MÜKO-BRANDNER, § 2225, Rz. 1; REIMANN, Handbuch der Testamentsvollstreckung, 7. Kap., Rz. 39.

[1994] Vgl. STAUDINGER/REIMANN, § 2225, Rz. 2.

[1995] Vgl. MüKo-BRANDNER, § 2225, Rz. 1; vgl. auch WINKLER, Urteilsanmerkung zum Beschluß des BayObLG v. 266.1995, 1Z BR 158/94 in ZEV 1995, 371.

Ist die Testamentsvollstreckung dagegen nur für einen bestimmten Erben für dessen Lebenszeit angeordnet, so endet die Testamentsvollstreckung mit dem Tod dieses Erben, sofern keine weiteren Aufgaben zu erfüllen sind. Das gleiche gilt, wenn der Nachlaß erschöpft ist[1996] oder die Aufgabe des Testamentsvollstreckers in der Errichtung einer Stiftung besteht, mit der wirksamen Entstehung der rechtsfähigen Stiftung.[1997] Das RG[1998] hat hierzu ausgeführt:„Denn das Amt des Testamentsvollstreckers ist nicht etwas für sich Bestehendes; es erhält seine Grundlage und seinen Inhalt ausschließlich durch die dem Testamentsvollstrecker übertragenen Obliegenheiten. Ist durch die Erledigung der Obliegenheiten der Inhalt weggefallen und ist deshalb der Testamentsvollstrecker nicht mehr in der Lage, irgendwelche Tätigkeiten auszuüben, so kann man nicht mehr von einem Fortbestehen des Amtes sprechen." Bei Erledigung der Aufgaben endet das Amt demnach automatisch, ohne daß es einer Kündigung oder einer Entlassung bedarf.[1999] Ist zum Zeitpunkt der vollständigen Aufgabenerledigung bereits ein Entlassungsverfahren nach § 2227 BGB rechtshängig, so ist dieses Entlassungsverfahren mit der Amtsbeendigung in der Hauptsache erledigt.[2000] Dies hat das Gericht von Amts wegen zu berücksichtigen.[2001]

Die automatische Amtsbeendigung führt zu einem Erlöschen der Testamentsvollstreckerbefugnisse. Ergibt sich zu einem späteren Zeitpunkt, daß doch noch Aufgaben vorliegen, deren Ausführung dem Testamentsvollstrecker übertragen ist, so kann die Testamentsvollstreckung nachträglich wieder aufleben.[2002] Das gleiche gilt, wenn der Testamentsvollstrecker irrig davon ausgeht, sein Amt sei durch Aufgabenerledigung erloschen und die Amtsgeschäfte nicht weiter betreibt. Eine Amtsbeendigung liegt in diesem Fall nicht vor, so daß der Testamentsvollstrecker, wenn er erkennt, daß weitere Aufgaben zu erledigen sind, oder von den Erben hierzu angehalten wird, die Amtstätigkeit ohne weiteres wieder aufnehmen kann.

Fraglich ist, ob eine „automatische" Amtsbeendigung in diesem Sinn auch dann eintritt, wenn die Erben vereinbaren, daß eine dem Testamentsvollstrecker als alleinige Aufgabe übertragene Auseinandersetzung des Nachlasses unterbleiben und die Erbengemeinschaft auf Dauer oder zumindest bis zu einem bestimmten Zeitpunkt fortgesetzt werden soll.

[1996] Vgl. KG OLGE 37, 258,259;SOERGEL/DAMRAU; § 2225, Rz. 1; STAUDINGER/REIMANN, 2225, Rz. 3.
[1997] Vgl. KG OLGE 34, 299.
[1998] RGZ 81, 166,168.
[1999] So auch WINKLER, ZEV 1995, 371.
[2000] Vgl. BayObLG ZEV 1995, 370,371 mit zust. Anm. von WINKLER.
[2001] Vgl. BayObLG ZEV 1995, 370,371; BayObLGZ 1992, 54,57.
[2002] Vgl. BGHZ 41, 23,27; OLG München NJW 1951, 74; REIMANN, in Handbuch der Testamentsvollstreckung, 7. Kap., Rz. 43; MüKo-BRANDNER; § 2225, Rz. 1; HAEGELE-WINKLER; a.a.O., Rz. 820.

Ein Teil der Literatur[2003] will dies unter Berufung auf einzelne Entscheidungen der Rechtsprechung[2004] bejahen, wobei allerdings eingeräumt wird, daß der Testamentsvollstrecker bei Vorliegen eines wichtigen Grundes auch entgegen dem Willen der Erben verpflichtet sein kann, die Auseinandersetzung vorzunehmen.[2005] Insbesondere das OLG München hat in einer Entscheidung aus dem Jahr 1936 die Auffassung vertreten, der Testamentsvollstrecker sei verpflichtet, den Willen der Erben zu respektieren und eine Auseinandersetzung zu unterlassen, wenn die Erben dies vereinbart hätten.[2006] In diesem Fall müsse der Testamentsvollstrecker den Nachlaß ungeteilt den Erben überlassen und sein Amt im Hinblick auf die Auseinandersetzung als beendet ansehen.

KIPP/COING betonen demgegenüber, daß der Testamentsvollstrecker seine Befugnisse von dem Erblasser und nicht von den Erben ableitet, und folgern daraus, daß eine Vereinbarung der Erben unter sich das Amt des Testamentsvollstreckers nicht beenden könne.[2007] Diese Ansicht ist vorzugswürdig, nachdem auch bei Vorliegen einer Vereinbarung der Erben, die Erbengemeinschaft fortzusetzen, noch immer die Verpflichtung des Testamentsvollstreckers bestehen bleibt, die letztwilligen Anordnungen des Erblassers zu vollziehen. Zwar soll der Testamentsvollstrecker auf berechtigte Wünsche der Erben Rücksicht nehmen und wird daher ohne triftigen Grund gegen den Willen der Erben keine Auseinandersetzung des Nachlasses vornehmen, allerdings darf den Erben nicht ein Mittel in die Hand gegeben werden, durch eine Vereinbarung eine Beendigung der Testamentsvollstreckung herbeizuführen oder eine von dem Willen des Testamentsvollstreckers abweichende Verteilung zu einem späteren Zeitpunkt herbeizuführen.[2008]. Zu Recht hat das BayObLG in einer Entscheidung aus dem Jahr 1976 ausgeführt, daß die Bestimmungen des Testamentsvollstreckungsrechts zum Ausdruck bringen, daß „innerhalb der gesetzlichen Schranken der Wille des Erblassers die oberste Norm für die Aufgaben und Befugnisse des Testamentsvollstreckers sowie für die Beendigung seines Amtes ist."[2009]

2003 Vgl. etwa PALANDT/EDENHOFER, § 2225, Rz. 1; MüKo-BRANDNER; § 2225, Rz. 1; STAUDINGER/REIMANN, § 2225, Rz. 2; REIMANN, Handbuch der Testamentsvollstreckung, 7. Kap., Rz. 40; anders dagegen KIPP/COING, Erbrecht, § 75 VI; SOERGEL/DAMRAU, § 2225, Rz. 1.

2004 Vgl. OLG München DNotZ 1936, 810; BayObLGZ 1953, 357; LG Hannover JR 1950, 693.

2005 So etwa MüKo-BRANDNER; § 2204, Rz. 22.

2006 OLG München DNotZ 1936, 810,811.

2007 Vgl. KIPP/COING, Erbrecht, § 75 VI.

2008 Diese Absicht lag offensichtlich auch dem vom OLG München, DNotZ 1936, 810 entschiedenen Fall zugrunde.

2009 Vgl. BayObLG NJW 1976, 1692.

Genauso wie sich der Testamentsvollstrecker nicht wirksam verpflichten kann, das Amt jederzeit auf Verlangen eines Miterben niederzulegen, weil damit die unabhängige Stellung des Testamentsvollstreckers in Frage gestellt wäre,[2010] ist es mit dieser Stellung unvereinbar, den Erben durch eine untereinander getroffene Vereinbarung ein Mittel in die Hand zu geben, welches zwangsläufig zum Wegfall des Testamentsvollstreckeramtes führt. Richtiger wird es sein, davon auszugehen, daß das Amt des Testamentsvollstreckers trotz einer entgegenstehenden Vereinbarung der Erben zunächst fortbesteht und der Testamentsvollstrecker selbst anhand der ihm übertragenen Aufgaben und anhand einer Auslegung der letztwilligen Verfügung sowie unter Berücksichtigung der Umstände des Einzelfalles zu prüfen hat, ob er von der Auseinandersetzung absehen und die Vereinbarung der Erben respektieren wird. In diesem Fall sind für ihn – aktuell – keine weiteren Aufgaben zu erledigen.

Nachdem sich jedoch bei einer ungünstigen Entwicklung der Dinge durchaus eine Gefährdung des letzten Willens des Erblassers, eine Gefährdung des Nachlasses selbst oder sonst ein wichtiger Grund ergeben kann, doch noch eine Auseinandersetzung vorzunehmen, muß eine mit der Vereinbarung der Erben unmittelbar einhergehende Amtsbeendigung ausscheiden. Dem Testamentsvollstrecker steht es selbstverständlich frei, bei einer derartigen Fallkonstellation sein Amt zu kündigen, auch hierbei wird er sich jedoch an dem mutmaßlichen Erblasserwillen zu orientieren haben.

3. Zeitablauf und Eintritt einer auflösenden Bedingung

Das Amt des Testamentsvollstreckers endet zudem mit dem Ablauf einer vom Erblasser bestimmten Frist oder mit Eintritt eines Endtermins.[2011] Das gleiche gilt, wenn eine vom Erblasser zum Endzeitpunkt bestimmte auflösende Bedingung eintritt.[2012] Eine derartige Testamentsbestimmung ist etwa dann anzunehmen, wenn der Erblasser angeordnet hat, daß die Testamentsvollstreckung bis zum 21. Geburtstag des jüngsten Erben andauern soll.[2013] Eine solche Bedingung kann aber auch darin liegen, daß ein suchtkranker Erbe seine Alkohol- oder Drogensucht überwindet oder ein Erbe seine Ausbildung mit Erfolg abgeschlossen hat.

[2010] Vgl. BGHZ 25, 275,281.

[2011] Vgl. REIMANN, Handbuch der Testamentsvollstreckung, 7. Kap., Rz. 34; HAEGELE-WINKLER a.a.O., Rz. 813; KIPP/COING, Erbrecht, § 75 V.

[2012] vgl. STAUDINGER/REIMANN, § 2225, Rz. 4; SOERGEL/DAMRAU § 2225, Rz. 1; PALANDT/EDENHOFER, § 2225, Rz. 1; REIMANN, Handbuch der Testamentsvollstreckung, 7. Kap., Rz. 34.

[2013] Fallbeispiel aus der Praxis des Verfassers.

In derartigen Fällen wird der Testamentsvollstrecker zu prüfen haben, ob die vom Erblasser aufgestellte Bedingung für das Ende der Testamentsvollstreckung tatsächlich eingetreten ist. Bei vorzeitiger Einstellung der Amtstätigkeit kann sich der Testamentsvollstrecker schadensersatzpflichtig machen, § 2219 BGB. Die Verwaltungsvollstreckung endet gem. § 2210 Satz 1 BGB regelmäßig spätestens 30 Jahre nach dem Erbfall. Zu beachten ist jedoch, daß diese gesetzliche Frist nicht für die Abwicklungsvollstreckung gilt. Daher kann das Amt des Testamentsvollstreckers weiterbestehen, wenn nach Ablauf der 30jährigen Verwaltungsdauer noch weitere Aufgaben, etwa die Auseinandersetzung unter den Erben zu bewirken ist.[2014] Auch die Verwaltungsvollstreckung kann in Sonderfällen die 30jährige Frist überdauern, da der Erblasser gem. § 2210 Satz 2 BGB anordnen kann, daß die Verwaltung bis zum Tod des Erben, des Testamentsvollstreckers oder bis zum Eintritt eines anderen Ereignisses in der Person des einen oder anderen andauern soll, oder daß der Testamentsvollstrecker das Recht haben soll einen Nachfolger zu benennen.[2015] In diesem Fall führt der Ablauf der 30jährigen Frist nicht zum Ende der Testamentsvollstreckung.

Hat der Erblasser den Testamentsvollstrecker nur für den Vorerben oder nach § 2222 BGB auf die Dauer der Vorerbschaft für den Nacherben ernannt, so endet das Amt mit dem Eintritt der Nacherbfolge.[2016] In diesem Fall kann sich aber noch eine Verpflichtung des Testamentsvollstreckers ergeben, an der Übernahme des Nachlasses durch den Nacherben mitzuwirken, soweit er den Nachlaß während der Dauer der Vorerbschaft verwaltet und in Besitz gehabt hat.[2017]

[2014] Zutreffend REIMANN, Handbuch der Testamentsvollstreckung, 7. Kap., Rz. 38; STAUDINGER/REIMANN, § 2225, Rz. 4.
[2015] Vgl. dazu oben Teil C IV 4 dieser Arbeit.
[2016] Vgl. SOERGEL/DAMRAU § 2225, Rz. 1; MüKo-BRANDNER; § 2225, Rz. 1; STAUDINGER/REIMANN, § 2225, Rz. 2; REIMANN, Handbuch der Testamentsvollstreckung, 7. Kap., Rz. 58.
[2017] a.A. OLG Dresden, OLGE 34, 297.

IV. Folgen der Beendigung der Testamentsvollstreckung

1. Allgemeine Wirkungen

Mit der Beendigung des Amtes endet die Befugnis des Testamentsvollstreckers, den Nachlaß zu verwalten, sowie Verpflichtungs- und Verfügungsgeschäfte über den Nachlaß oder einzelne Nachlaßgegenstände einzugehen. Der Testamentsvollstrecker hat den gesamten Nachlaß an den Erben herauszugeben, soweit nicht einzelne Nachlaßgegenstände bereits nach § 2217 BGB freigegeben wurden. Herauszugeben ist alles, was der Testamentsvollstrecker durch die Führung des Amtes erlangt hat, also auch Surrogate, die durch Rechtsgeschäft mit den Mitteln der Erbschaft erworben wurden.[2018]

Die Herausgabepflicht erstreckt sich darüber hinaus auf alle Nutzungen, Früchte oder Gewinne sowie das gesamte Zubehör, die Nachlaßakten sowie die eigenen Aufzeichnungen des Testamentsvollstreckers über seine Tätigkeit.[2019] Nach Beendigung des Amtes vorgenommene Rechtshandlungen sind grundsätzlich unwirksam.[2020] Der Erbe gewinnt damit seine Herrschaft über den Nachlaß und seine Verfügungsmacht zurück. Gleichzeitig ist der Nachlaß in diesem Moment aber auch dem Zugriff der Eigengläubiger des Erben ausgesetzt. Der Testamentsvollstrecker hat nach Beendigung des Amtes auf Verlangen der Erben Rechenschaft abzulegen und seine Angaben nötigenfalls eidesstattlich zu versichern.[2021] Bei Amtsbeendigung durch den Tod des Testamentsvollstreckers obliegt diese Pflicht den Erben des Testamentsvollstreckers. Diese können gem. § 2218, 673 BGB verpflichtet sein, unaufschiebbare Geschäfte oder Notfallmaßnahmen auszuführen, bis der verständigte Erbe selbst Maßnahmen zur Sicherung oder Verwaltung des Nachlasses treffen kann.[2022] Eine von dem Testamentsvollstrecker erteilte Vollmacht erlischt. Der Testamentsvollstrecker hat dafür Sorge zu tragen, daß eine entsprechende Vollmachtsurkunde vernichtet oder zurückgegeben wird, ansonsten kommt eine Haftung des Testamentsvollstreckers nach § 179 BGB in Betracht, wenn der Bevollmächtigte unter Vorlage dieser Urkunde Rechtsgeschäfte in Ansehung des Nachlasses tätigt.[2023]

[2018] RGZ 138, 132,134; KLUMPP, Handbuch der Testamentsvollstreckung, 6. Kap., Rz. 228.

[2019] Vgl. BGH NJW 1972, 1660; KIPP/COING, Erbrecht, § 75 VIII.

[2020] Vgl. REIMANN, Handbuch der Testamentsvollstreckung, 7. Kap., Rz. 63; zutreffend weist KIPP/COING, Erbrecht, § 75 VII jedoch darauf hin, daß das Amt des Testamentsvollstreckers auch nach seinem Ende noch zugunsten des Vollstreckers solange als fortbestehend gilt, bis er den Grund des Erlöschens kennt oder kennen muß, § 2218 Abs. 1, 674 BGB.

[2021] Vgl. KLUMPP, Handbuch der Testamentsvollstreckung, 6. Kap., Rz. 291 und Rz. 346 f.

[2022] vgl. SOERGEL/DAMRAU, § 2225, Rz. 5; KIPP/COING, Erbrecht, § 75 I; REIMANN, Handbuch der Testamentsvollstreckung, 7. Kap., Rz. 64; STAUDINGER/REIMANN, § 2218, Rz. 34.

[2023] Vgl. RG DNotZ 1933, 303; vgl. MüKo-BRANDNER, § 2225, Rz. 7; SOERGEL/DAMRAU, § 2225, Rz. 4.

Zugunsten des Testamentsvollstreckers greift ein Gutglaubensschutz ein, falls er den Grund für den Wegfall des Amtes noch nicht kennt und auch noch nicht kennen muß, § 2218 Abs. 1, 674 BGB. Das Amt des Testamentsvollstreckers gilt in diesem Fall als fortbestehend, so daß die Handlungen des Vollstreckers Dritten gegenüber wirksam sind. Dies gilt in analoger Anwendung des § 169 BGB jedoch dann nicht, wenn der Dritte seinerseits das Erlöschen der Testamentsvollstreckung kennt oder kennen muß.[2024] Auch das Rechtsverhältnis zwischen Testamentsvollstrecker und Erbe mit den sich daraus ergebenden Rechten und Pflichten besteht in diesem Fall fort, obgleich das Gesetz das Fortbestehen des Amtes nur zugunsten des Testamentsvollstreckers unterstellt, § 2218 Abs. 1, 674 BGB. Insoweit können jedoch die Regeln über die Geschäftsführung ohne Auftrag analog herangezogen werden.[2025]

2. Löschung der Grundbucheintragung

Ist der Testamentsvollstrecker gem. § 52 GBO bei Amtsbeginn in das Grundbuch eingetragen worden, so ist bei Beendigung des Amtes eine Grundbuchberichtigung vorzunehmen. Der Vermerk im Grundbuch soll Verfügungen der Erben verhindern, die ohne Eintragung des Vermerks durch gutgläubigen Erwerb nach § 892 Abs. 1 Satz 2 BGB wirksam werden könnten.[2026] Bei Wegfall der Testamentsvollstreckung wird das Grundbuch unrichtig. Der Testamentsvollstreckervermerk ist auf Antrag nach § 13, 22 GBO oder von Amts wegen nach § 84 GBO zu löschen.[2027] Es gehört zu den letzten Aufgaben des Testamentsvollstreckers, die Löschung herbeizuführen und dadurch dem Erben die gewonnene Verfügungsmacht auch in grundbuchrechtlicher Hinsicht zu verschaffen.[2028] Nach richtiger Ansicht liegt in dem Löschungsantrag des Testamentsvollstreckers zugleich eine Löschungsbewilligung, so daß der öffentlich beglaubigte Antrag des Testamentsvollstreckers für die Löschung des Testamentsvollstreckervermerks genügt.[2029]

[2024] Vgl. KIPP/COING, Erbrecht, § 75 VII 3; vgl. MüKo-SCHRAMM, § 169, Rz. 5.

[2025] Vgl. STAUDINGER/REIMANN, § 2218, Rz. 35; REIMANN, in Handbuch der Testamentsvollstreckung, 7. Kap., Rz. 65.

[2026] Vgl. KLUMPP, in Handbuch der Testamentsvollstreckung, 3. Kap., Rz. 78.

[2027] SOERGEL/DAMRAU, § 2225, Rz. 7 gehen jedoch davon aus daß eine Löschung von Amts wegen nicht erfolge; HAEGELE-WINKLER, a.a.O., Rz. 830 weist zutreffend daraufhin, daß eine Löschung von Amts wegen nach § 84 GBO kaum in Betracht kommt, weil es ein sog. Negativ-Zeugnis über den Wegfall der Testamentsvollstreckung nicht gibt; wie hier aber MüKo-BRANDNER, § 2225, Rz. 7; STAUDINGER/REIMANN, § 2225, Rz. 9.

[2028] Vgl. HAEGELE-WINKLER; a.a.O., Rz. 830; SCHELTER, DNotZ 1992, 683.

[2029] Zutreffend LG Köln, MittBayNot 1986, 50; KUNTZE/ERTL/HERRMANN/EICKMANN, § 52 GBO, Rz. 16. HAEGELE-WINKLER, a.a.O., Rz. 830; SCHELTER, DNotZ 1992, 683; WINKLER, ZEV 1995, 371,372; a.A. dagegen AG Starnberg, Rpfleger 1985, 57; SOERGEL/DAMRAU, § 2225, Rz. 7; offengelassen bei BayObLG NJW-RR 1990, 906,907.

Erforderlich ist dabei aber, daß der Testamentsvollstrecker den Grund für die Löschung angibt und erklärt, daß die Testamentsvollstreckung insgesamt beendet ist.[2030] Auch wenn eine Bewilligung durch den Testamentsvollstrecker erfolgt ist, muß die zur Löschung des Testamentsvollstreckervermerks erforderliche Grundbuchunrichtigkeit nachgewiesen werden. Der Testamentsvollstrecker hat dazu zusätzlich zu der Bewilligung noch den Grund für die Unrichtigkeit des Grundbuchs zur Überzeugung des Grundbuchamtes darzulegen.[2031] Der Grund kann freilich auch in einer wirksamen Freigabe des Grundstücks nach § 2217 BGB liegen. Auch in diesem Fall genügt eine Erklärung des Testamentsvollstreckers[2032]. Der Wegfall eines bestimmten Vollstreckers hingegen reicht für eine Löschung des Testamentsvollstreckervermerks nicht aus.[2033] Auch wenn der Testamentsvollstrecker nicht selbst den Antrag gestellt hat, ist der Nachweis der Unrichtigkeit erforderlich, § 22 GBO. Liegt der Unrichtigkeitsgrund in der Beendigung der Testamentsvollstreckung, so kann dieser Nachweis durch den Vermerk auf dem Testamentsvollstreckerzeugnis oder durch einen neuen Erbschein erfolgen, auf dem eine Beschränkung durch Testamentsvollstreckung nicht mehr enthalten ist.[2034]

3. Schwebende Prozesse

Ist zum Zeitpunkt der Amtsbeendigung in Ansehung des Nachlasses ein Prozeß rechtshängig, der vom Testamentsvollstrecker geführt wird, so wird das Verfahren gem. § 239 ZPO analog unterbrochen.[2035] Dabei wird der Wegfall des Testamentsvollstreckers dem Tod einer Partei im Sinne des § 239 ZPO gleichgestellt und die Erben werden wie Rechtsnachfolger des Testamentsvollstreckers behandelt.[2036] Diese haben den Prozeß durch einen an das Prozeßgericht gerichteten Schriftsatz aufzunehmen. Solange dies nicht erfolgt ist, sind Prozeßhandlungen der Gegenpartei den Erben gegenüber unwirksam. Der Prozeßgegner kann allerdings die Aufnahme des Verfahrens erzwingen, falls die Erben die Aufnahme grundlos verzögern. § 239 Abs. 5 ZPO ist bei Testamentsvollstreckungen nicht anwendbar.[2037]

[2030] So auch KLUMPP, in Handbuch der Testamentsvollstreckung, 3. Kap., Rz. 79.
[2031] Vgl. AG Starnberg, Rpfleger 1985, 57.
[2032] Vgl. WINKLER, ZEV 1995, 371,372.
[2033] Vgl. KUNTZE/ERTL/HERRMANN/EICKMANN, § 52 GBO, Rz. 17; REIMANN, Handbuch der Testamentsvollstreckung, 7. Kap., Rz. 73.
[2034] So auch SOERGEL/DAMRAU, § 2225, Rz. 7.
[2035] Vgl. STAUDINGER/REIMANN, § 2210, Rz. 14; MüKo-BRANDNER, § 2225, Rz. 7; REIMANN, in Handbuch der Testamentsvollstreckung, 7. Kap., Rz. 69; BAUMBACH/LAUTERBACH/ALBERS/HARTMANN, ZPO, § 239, Rz. 5; a.A. ZÖLLER/GREGER, ZPO, § 239, Rz. 4.
[2036] Vgl. BGH NJW 1964, 2301; OLG Koblenz, NJW-RR 1993, 462,463; THOMAS/PUTZO; § 239, Rz. 2.
[2037] Vgl. ZÖLLER/GREGER, ZPO, § 239, Rz. 14.

Zu einer Unterbrechung des Verfahrens nach § 239 ZPO kommt es dagegen nicht, wenn der Testamentsvollstrecker im Prozeß durch einen Prozeßbevollmächtigten vertreten ist, § 246 ZPO. Das Gericht hat aber auf Antrag des Prozeßbevollmächtigten die Aussetzung des Verfahrens anzuordnen.[2038]

4. Berichtigung von Erbschein und Testamentsvollstreckerzeugnis

a) Erbschein

Fällt mit der Beendigung des Amtes eines Testamentsvollstreckers auch die Testamentsvollstreckung insgesamt weg, so wird auch der Erbschein, der mit einem Testamentsvollstreckervermerk versehen ist, unrichtig.[2039] Umstritten ist, wie mit einem auf diese Weise unrichtig gewordenen Erbschein zu verfahren ist. Grundsätzlich ist ein Erbschein, der ursprünglich unrichtig war oder nachträglich unrichtig geworden ist, gem. § 2361 Abs. 1 BGB vom Nachlaßgericht einzuziehen. Ist eine Einziehung nicht möglich, so hat ihn das Nachlaßgericht nach § 2361 Abs. 2 BGB für kraftlos zu erklären. In Fällen, in denen die Unrichtigkeit allein darauf beruht, daß die ursprünglich bestehende Testamentsvollstreckung beendet und der Erbschein allein dadurch unrichtig geworden ist, ist in der Literatur die Meinung vertreten worden, der Erbschein könne an die geänderte Rechtslage angepaßt und der Vermerk schlichtweg gestrichen werden. Damit könnten unnötige Kosten eingespart werden.[2040] Die Rechtsprechung geht dagegen davon aus, daß auch in diesem Fall zwingend die Einziehung des Erbscheins, hilfsweise die Kraftloserklärung, erfolgen müsse.[2041] Eine Berichtigung des Erbscheins komme dagegen nicht in Betracht.[2042] Dieser Auffassung ist zuzustimmen, da es an einer gesetzlichen Grundlage für die Berichtigung des Erbscheins fehlt und das Gesetz zwingend die Einziehung eines in sachlicher Hinsicht unrichtig gewordenen Erbscheins vorsieht.[2043]

2038 Vgl. MüKo-BRANDNER; § 2225, Rz. 7; REIMANN, in Handbuch der Testamentsvollstreckung, 7. Kap., Rz. 69.

2039 Vgl. OLG Hamm, OLGZ 1983, 59;MüKo-PROMBERGER; § 2261, Rz. 6; REIMANN, in Handbuch der Testamentsvollstreckung, 7. Kap., Rz. 72.

2040 Vgl. STAUDINGER/FIRSCHING, § 2364 Rz. 13.

2041 Vgl. OLG Hamm, OLGZ 1983, 59,60;OLG Frankfurt, Rpfleger 1978, 310; OLG Köln, FamRZ 1993, 1124,1126; SOERGEL/DAMRAU; § 2364, Rz. 2.

2042 Vgl. OLG Hamm, OLGZ 1983, 59 = Rpfleger 1983, 71; OLG Köln, Rpfleger 1984, 102; HAEGELE-WINKLER; a.a.O., Rz. 829; PALANDT/EDENHOFER, § 2364, Rz. 2; MüKo-PROMBERGER; § 2264, Rz. 17; a.A. STAUDINGER/SCHILKEN, § 2364, Rz. 14; ERMAN/SCHLÜTER, § 2364, Rz. 3.

2043 So bereits DREWES; Einziehung und Kraftloserklärung von Erbscheinen und Testamentsvollstreckerzeugnissen; JW 1926, 2427.

Fehlt mit dem Wegfall der Testamentsvollstreckung also ein sachlicher Grund für den Testamentsvollstreckervermerk, so ist der Erbschein einzuziehen. Eine Berichtigung oder Ergänzung eines Erbscheins kommt dagegen nach allgemeinen Rechtsgrundsätzen nur dann in Betracht, wenn es sich um die Beseitigung unzulässiger oder überflüssiger oder um die Aufnahme vorgeschriebener Zusätze handelt, die den sachlichen Inhalt des Erbscheins unberührt lassen und die an dem öffentlichen Glauben des Erbscheins nicht teilhaben.[2044] Ein derartiger Fall liegt bei einem unrichtigen Testamentsvollstreckervermerk nicht vor, nachdem die Ernennung des Testamentsvollstreckers gerade die Verfügungsbefugnis der Erben über den Nachlaß beseitigt und das alleinige Verfügungsrecht des Testamentsvollstreckers gegen die Wirkungen des öffentlichen Glaubens geschützt werden muß. Der Testamentsvollstreckervermerk stellt daher einen wesentlichen Inhalt des Erbscheins dar, der nicht in einem vereinfachten Verfahren hinzugefügt oder beseitigt werden kann. Allerdings kann das Nachlaßgericht schon vor der Einziehung des alten unrichtigen Erbscheins einen neuen, berichtigten Erbschein erteilen.[2045] Einer Einziehung des Erbscheins bedarf es nicht, wenn die Testamentsvollstreckung nicht vollständig endet, sondern lediglich der Testamentsvollstrecker wegfällt und ein Nachfolger das Amt antritt. Der Name des Testamentsvollstreckers braucht in dem Erbschein - im Gegensatz zum Testamentsvollstreckerzeugnis – nämlich nicht angegeben zu werden.[2046] Die namentliche Nennung des Testamentsvollstreckers gehört nicht zum maßgeblichen Inhalt des Erbscheins.[2047] Ein Wechsel der Person des Testamentsvollstreckers berührt die Richtigkeit des Erbscheins daher nicht, selbst wenn der Name des Testamentsvollstreckers gleichwohl im Erbschein angegeben war.[2048]

b) Testamentsvollstreckerzeugnis

Eine förmliche Einziehung des Testamentsvollstreckerzeugnisses bei Beendigung des Testamentsvollstreckung ist dagegen im Gesetz nicht vorgesehen. Das Testamentsvollstreckerzeugnis wird durch die Beendigung des Amtes von selbst kraftlos, § 2368 Abs. 3, 2. Halbsatz BGB. Eine förmliche Einziehung kommt daher nicht in Betracht, wenn das Amt des Testamentsvollstreckers durch Zeitablauf, Erledigung aller Aufgaben, Kündigung oder Entlassung endet.[2049]

2044 Vgl. KG, OLGZ 1966, 612; OLG Hamm, OLGZ 1983, 59,60.

2045 Vgl. MüKo-PROMBERGER; § 2261, Rz. 26.

2046 SOERGEL/DAMRAU, § 2364, Rz. 4; STAUDINGER/SCHILKEN, § 2364, Rz. 11.

2047 Vgl. PALANDT/EDENHOFER, § 2364, Rz. 1; MüKo-PROMBERGER, § 2264, Rz. 14.

2048 MüKo-PROMBERGER, § 2261, Rz. 6; REIMANN, Hdb. der Testamentsvollstreckung, 7. Kap., Rz. 72.

2049 Vgl. OLG München NJW 1951, 74; BayObLGZ 1953, 357,361; KG NJW 1964, 1905; OLG Köln, Rpfleger 1986, 261; PALANDT/EDENHOFER, § 2368, Rz. 10; LANGE/KUCHINKE, § 39 VIII 5; HAEGELE-WINKLER, a.a.O., Rz. 707.

Eine Einziehung ist nach § 2368 Abs. 3, 2361 BGB dagegen dann zulässig, wenn das Testamentsvollstreckerzeugnis inhaltlich unrichtig ist oder wegen eines schwerwiegenden Verfahrensverstoßes nicht in Kraft bleiben darf.[2050] Dies ist etwa dann anzunehmen, wenn die Unrichtigkeit des Testamentsvollstreckerzeugnisses darauf beruht, daß das Testament, etwa infolge einer wirksamen Anfechtung ex tunc unwirksam ist.[2051]

Ein von Anfang an richtiges Zeugnis verliert dagegen seine Bedeutung für den Rechtsverkehr allein durch die Beendigung des Amtes nicht. Vielmehr dient es nach wie vor als Legitimation für alle Rechtshandlungen, die der Testamentsvollstrecker in seiner Eigenschaft als Inhaber dieses privaten Amtes vorgenommen hat.[2052] Eine entsprechende Anwendung der Vorschriften über den Erbschein kommt daher für das richtige, aber nach Beendigung der Testamentsvollstreckung kraftlos gewordene Zeugnis nicht in Betracht. Auch bei einer Beendigung des Amtes nach § 2368 Abs. 3, Hs. 2 BGB darf das Nachlaßgericht das Testamentsvollstreckerzeugnis aber aus Gründen der Rechtssicherheit nicht unverändert im Umlauf lassen.[2053] Auch wenn eine förmliche Einziehung mangels gesetzlicher Ermächtigung nicht stattfindet, soll das Nachlaßgericht das Zeugnis zu den Akten nehmen[2054] oder es zumindest mit einem Vermerk versehen, aus dem sich die Beendigung der Testamentsvollstreckung ergibt.[2055] Auf diese Weise ist hinreichend gewährleistet, daß eine mißbräuchliche Benutzung des Zeugnisses vermieden wird. Das KG vertritt dabei die Auffassung, daß dem Nachlaßgericht beide Mittel, nämlich entweder die Anbringung eines Vermerks oder die Rücknahme des Zeugnisses wahlweise zu Gebote stehen.[2056] Dieser Auffassung ist auch die Literatur gefolgt, wobei betont wird, daß die zweite Methode den Vorteil bietet, daß das Zeugnis noch zu Beweiszwecken über das beendete Amt verwendbar ist.

Dagegen bietet die Rücknahme des Zeugnisses zu den Akten die Möglichkeit, das Zeugnis unverändert wieder in den Verkehr zu geben, wenn sich

[2050] MüKo-PROMBERGER, § 2268, Rz. 29; vgl. dazu auch oben Teil B III 3 a) dieser Arbeit.
[2051] Vgl. etwa OLG Köln, FamRZ 1993, 1124,1126.
[2052] So bereits KGJ 28 A 200,201; KG NJW 1964, 1905,1906.
[2053] Vgl. BayObLGZ 1953, 357,361; OLG Köln, Rpfleger 1986, 261; HAEGELE-WINKLER, a.a.O., Rz. 828; MüKo-PROMBERGER, § 2268, Rz. 27; REIMANN, Hdb. der Testamentsvollstreckung, 7. Kap., Rz. 71.
[2054] Vgl. OLG München NJW 1951, 74; BayObLGZ 1953, 357,361; OLG Köln, Rpfleger 1986, 261; HAEGELE-WINKLER, a.a.O., Rz. 828; MüKo-PROMBERGER; § 2368, Rz. 27; STAUDINGER/SCHILKEN, § 2368, Rz. 24.
[2055] KG NJW 1964, 1905; ; STAUDINGER/SCHILKEN, § 2368, Rz. 24; HAEGELE-WINKLER, a.a.O., Rz. 828; REIMANN, Handbuch der Testamentsvollstreckung, 7. Kap., Rz. 71.
[2056] Vgl. KG JFG 16, 299; KG NJW 1964, 1905,1906.

herausstellt, daß die Testamentsvollstreckung doch nicht beendet ist.[2057] In diesem Fall kann das Nachlaßgericht das zurückgeholte Zeugnis wieder an den Vollstrecker aushändigen.[2058]

Fraglich ist, ob auch nach Beendigung des Amtes noch ein Testamentsvollstreckerzeugnis an den ehemaligen Testamentsvollstrecker erteilt werden darf. Folgt man der vom KG vertretenen Auffassung, daß ein Testamentsvollstreckerzeugnis nach der Beendigung des Testamentsvollstreckeramtes mit einem Beendigungsvermerk versehen und dann an den Testamentsvollstrecker wieder ausgehändigt werden kann, so spricht nichts dagegen, auch nach dem Ende der Testamentsvollstreckung – erstmals - ein Zeugnis über das beendete Amt zu erteilen, sofern sich aus dem Zeugnis zweifelsfrei ergibt, daß dem Inhaber keine Amtsbefugnisse mehr zukommen.[2059] Dagegen ist ein Negativzeugnis über das Nichtbestehen oder den Wegfall einer Testamentsvollstreckung nach zutreffender Auffassung nicht zu erteilen.[2060] Für eine derartige Bescheinigung besteht auch kein Bedürfnis, weil sich das Nichtbestehen einer Testamentsvollstreckung aus dem Erbschein und der Wegfall der Testamentsvollstreckung aus dem Vermerk auf dem Testamentsvollstreckerzeugnis ergibt. Allerdings läßt sich eine derartige Bescheinigung über einen Umweg erreichen, indem absichtlich ein Zeugnis über den Fortbestand des Testamentsvollstreckeramtes beantragt wird.[2061] Ergeht insoweit ein ablehnender Beschluß, mit dem festgestellt, wird, daß die Testamentsvollstreckung beendet ist, liegt praktisch ein Negativzeugnis zumindest für den Fall vor, daß die Testamentsvollstreckung tatsächlich beendet wurde.

[2057] Vgl. MüKo-PROMBERGER, § 2368, Rz. 27; HAEGELE-WINKLER, a.a.O., Rz. 828.

[2058] Vgl. BayObLGZ 1953, 357,362; HAEGELE-WINKLER, a.a.O., Rz. 709; REIMANN, Handbuch der Testamentsvollstreckung, 7. Kap., Rz. 71.

[2059] Vgl. KG NJW 1964, 1905,1906; OLG Stuttgart, DNotZ 1981, 294,295; BayObLGZ 1990, 51,56; zustimmend REIMANN, Handbuch der Testamentsvollstreckung, 7. Kap., Rz. 71; HAEGELE-WINKLER, a.a.O., Rz. 709; MüKo-PROMBERGER, § 2368, Rz. 14.

[2060] Vgl. OLG München NJW 1951, 74; REIMANN, in Handbuch der Testamentsvollstreckung, 7. Kap., Rz. 71; HAEGELE-WINKLER, a.a.O., Rz. 724; FIRSCHING/GRAF, Nachlaßrecht, Rz. 4.472; MüKo-PROMBERGER § 2368, Rz. 16.

[2061] Vgl. MüKo-PROMBERGER, § 2368, Rz. 16 und 13.

Nachwort:

Die gestiegene Bedeutung der Testamentsvollstreckung in der Praxis hat entgegen der vereinzelten Kritik nicht dazu geführt, daß die gesetzlichen Vorschriften neu gefaßt, das Recht der Testamentsvollstreckung neu gestaltet oder das Rechtsverhältnis zwischen Testamentsvollstrecker und Erbe neu definiert werden müssen. Die Bestimmungen des BGB geben einen durchaus brauchbaren Rahmen ab, der auf der einen Seite den Schutzbedürfnissen der Erben Rechnung trägt und auf der anderen Seite den Beteiligten genügend Spielraum läßt, eigene konkrete Vorstellungen umzusetzen. So bestehen insbesondere ausreichende Kontroll- und Haftungsinstrumentarien, die die Machtfülle der Testamentsvollstrecker im Verhältnis zum Erben nachhaltig begrenzen, um die befürchtete „Herrschaft der Toten über die Lebenden" zu verhindern. Ein begründeter Anlaß, das Rechtsinstitut der Testamentsvollstreckung abzulehnen oder vor Testamentsvollstreckungen zu warnen, besteht nach Auffassung des Verfassers nicht.

Probleme können selbstverständlich dann auftreten, wenn ungeeignete Personen mit dem Amt betraut werden. Hier sieht das Gesetz nur wenige Schutzmechanismen vor. Die Verantwortung der Auswahl der richtigen Person trifft daher den Erblasser. Dieser sollte zudem durch möglichst klare und präzise Angaben versuchen, die Befugnisse und Aufgaben des Testamentsvollstreckers möglichst detailliert zu bestimmen und zudem festlegen, wann eine angeordnete Verwaltungsvollstreckung ihr Ende finden soll.

Schwierigkeiten können aber auch entstehen, wenn die Testamentsvollstreckung zum wirtschaftlichen Betätigungsfeld avanciert und selbsternannte „Berufsvollstrecker" oder Geldinstitute in dem „Geschäft mit dem Sterben und Vererben" einen lukrativen Markt entdecken. Derartigen Tendenzen kann zum einen damit begegnet werden, die Vergütung der Testamentsvollstreckers weiterhin auf einem vergleichbar niedrigen Niveau zu halten. Dies wird aber der gestiegenen Bedeutung und Komplexität der Testamentsvollstreckung und den hohen Anforderungen, die an Testamentsvollstrecker gestellt werden, nicht gerecht und führt umgekehrt gerade dazu, daß diejenigen Personen, die von ihrem fachlichen Können durchaus in der Lage wären, das Amt eines Testamentsvollstreckers zu übernehmen, hierzu nicht Willens sind, weil der Aufwand an Zeit und Mühe unverhältnismäßig groß erscheint. Ein anderer Weg könnte darin liegen, von Seiten des Gesetzgebers bestimmte Anforderungen für Testamentsvollstrecker aufzustellen, wie dies auch für Insolvenzverwalter jüngst in § 56 InsO erfolgt ist.[2062]

[2062] Die KO enthielt ein entsprechendes Anforderungsprofil nicht, vgl. dazu eingehend STAPPER, Neue Anforderungen an den Insolvenzverwalter, NJW 1999, 3441; WELLENSIEK, AnwBlatt 1999, 505,507.

Derartige Anforderungen würden jedoch ebenfalls dazu führen, daß sich ein neuer Berufsstand der „professionellen Testamentsvollstrecker" entwickelt und die Auswahlmöglichkeiten für den Erblasser erheblich eingeschränkt wären. Daher muß auch hinsichtlich dieses Problemkreises die Verantwortung bei den Erblassern verbleiben. Wer ein umfangreiches Vermögen, großen Immobilienbesitz oder ein mittelständisches Familienunternehmen zu vererben hat, muß sich der damit verbundenen Verantwortung bewußt werden und – sofern er meint, aus bestimmten Gründen einen Testamentsvollstrecker mit der Ausführung seiner letztwilligen Verfügungen betrauen zu müssen - bereits bei der Auswahl der dafür vorgesehenen Vertrauensperson sehr sorgsam vorgehen. Durch die Auswahl des richtigen Vollstreckers werden sich viele Probleme von vorn-herein nicht stellen.

Nachdem das Recht jedoch die Aufgabe hat, diejenigen Problemfälle zu lösen, bei denen es den Beteiligten nicht gelingt, selbst eine einvernehmliche Regelung zu treffen, muß die Frage gestellt werden, was geschieht, wenn nunmehr doch eine Person mit der Amtsführung betraut wurde, die das Amt eigennützig, in gehässiger Gesinnung oder in einer Art führt, die begründeten Anlaß zu der Sorge bietet, der Nachlaß werde gefährdet. Selbst in derartigen Ausnahmefällen – und um solche handelt es sich bei den Fällen, die die Gerichte beschäftigen – stehen die Erben den Testamentsvollstreckern nicht schutz- und machtlos gegenüber. Sind sie sich ihrer Rechte bewußt, können die Erben den Testamentsvollstrecker und seine Verwaltungstätigkeit nach geltendem Recht hinreichend überwachen, Rechenschaft fordern und bei Pflichtverletzungen Schadensersatz und die Entlassung des Testamentsvollstreckers verlangen. Das zwischen den Erben und dem Testamentsvollstrecker bestehende gesetzliche Schuldverhältnis stellt hierzu ein ausreichendes Arsenal an Kontroll- und Reaktionsmöglichkeiten zur Verfügung. Einer Ausdehnung der Erbenbefugnisse durch die Rechtsprechung bedarf es dabei ebensowenig wie der Schaffung neuer Tatbestände, bei deren Vorliegen der Testamentsvollstrecker nach § 2227 BGB zu entlassen ist. Auch wenn es im Einzelfall schwerfallen mag, sind bestimmte Entscheidungen des Erblassers zu respektieren, nachdem die Testierfreiheit und die damit einhergehende Möglichkeit, eine Testamentsvollstreckung anordnen zu können, Teil der in Art. 14 GG verfassungsrechtlich geschützten Eigentumsgarantie sind. Auch den Entscheidungen des Erblassers gebührt daher ein gesetzlicher Schutz, dessen Durchsetzung eine vornehme Aufgabe der Gerichte ist. Den Erben kommt hingegen ein vergleichbarer Schutz nicht zu, nachdem es – von dem gesetzlich eingeräumten Pflichtteilsanspruch abgesehen – einen gesetzlichen Anspruch auf den Nachlaß oder bestimmte Nachlaßteile nun einmal nicht gibt. Dieser Wertordnung werden die bestehenden Regeln über das Verhältnis zwischen Testamentsvollstrecker und Erbe gerecht.

Jeanette Vollmer

Verfügungsverhalten von Erblassern und dessen Auswirkungen auf das Ehegattenerbrecht und das Pflichtteilsrecht

Ein Reformvorschlag anhand empirisch gewonnenen Tatsachenmaterials

Frankfurt/M., Berlin, Bern, Bruxelles, New York, Oxford, Wien, 2001. XXXVIII, 282 S., zahlr. Graf.
Europäische Hochschulschriften: Reihe 2, Rechtswissenschaft. Bd. 3052
ISBN 3-631-36190-4 · br. € 50.10*

Seit Inkrafttreten des BGB im Jahre 1900 haben sich gravierende Wandlungen in den Grundlagen des gesetzlichen Erbrechts vollzogen. Dies betrifft im wesentlichen die familiensoziologische Entwicklung zur Kleinfamilie, das veränderte Eheverständnis und die eng mit der Verschiebung der Altersstrukturen verbundenen Probleme der sozialen Sicherungssysteme. Die Arbeit geht der Frage nach, inwieweit das Recht der gesetzlichen Erbfolge angesichts der genannten Entwicklungen noch Bestand haben kann. Dabei wird das durch die Verfasserin empirisch ermittelte Verfügungsverhalten von Erblassern in die Untersuchung einbezogen. Die Verfasserin gelangt zu dem Ergebnis, daß der überlebende Ehegatte de lege ferenda alleiniger Vorerbe werden sollte und unterbreitet einen entsprechenden Reformvorschlag.

Aus dem Inhalt: Reform des Ehegattenerbrechts und des Pflichtteilsrechts · Familiensoziologische Entwicklungen · Mutmaßlicher Erblasserwille · Testierverhalten · Erbrechtliche Grundlagen

FSC
www.fsc.org
MIX
Papier | Fördert gute Waldnutzung
FSC® C083411

Kolibri 360 GmbH
Ferdinand-Jühlke-Straße 7
99095 Erfurt, Deutschland
produktsicherheit@kolibri360.de

Druck:
CPI Druckdienstleistungen GmbH
im Auftrag der
Kolibri 360 GmbH
Ferdinand-Jühlke-Str. 7
99095 Erfurt